GHETTO BIENNALE GETO BYENAL

2009-2015

Published November 2017

NO ERASER
PUBLISHING
10 Swingfield House
Templecombe Road
London E9 7LX

www.ghettobiennale.org
www.atis-rezistans.com

Edited and compiled by Leah Gordon.

Proofread and copy-edited by Elizabeth McAlister, LeGrace Benson, Irina Contreras, James Cooper, Gina Cunningham, Fritzgi Dessources, Marg Duston, Elsabe Johnson Dixon, Richard Fleming, Peterson Jean-Pierre, Laurence Kent Jones, Irvine Peck's-Agaya, Carl-Henri Profite, Laura Wagner

Translations by David Charlier, Anna Ferdinand, Darline Gilles, Leah Gordon, Peterson Jean-Pierre, Jean-Daniel Lafontant, Jacques Richard Miguel, Nadine Mondestin, Winter Rae Schneider, Katherine Smith.

Designed by Elizabeth Woodroffe Design.

Printed by Blackwell Print, Great Yarmouth, UK.
Distributed by Central Books, Dagenham, UK.

ISBN 978-1-9998647-0-5

GHETTO BIENNALE
GETO BYENAL

2009-2015

Compiled by / konpile pa Leah Gordon

CONTENTS

TAB MATYÈ

MAP OF SITE
KAT JEWOGRAFI

622 Blvd J-Jacques Dessalines, Port-au-Prince

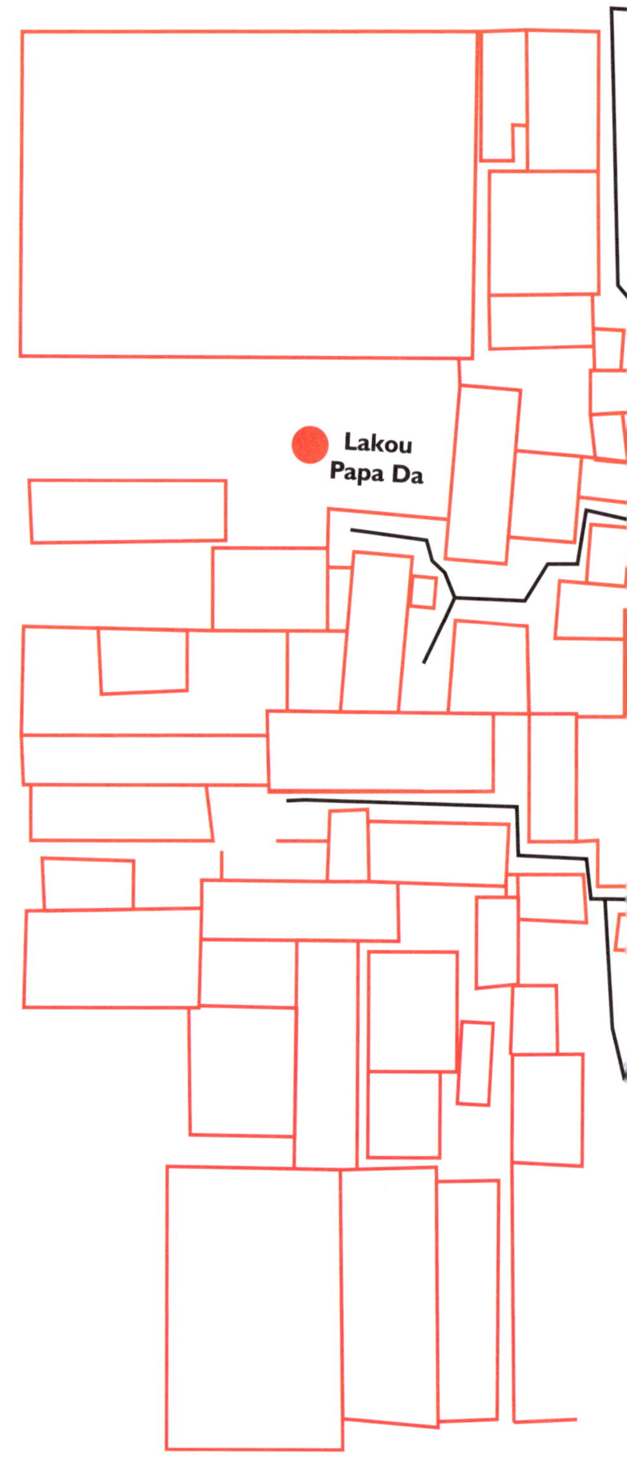

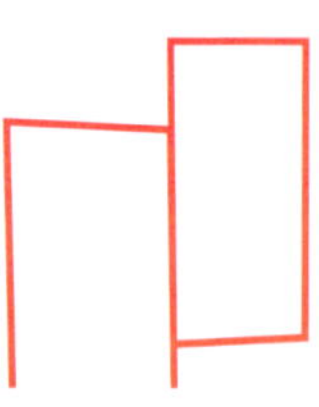

The Ghetto Biennale debuted in December 2009 in downtown Port-au-Prince, just off of Boulevard Jean-Jacques Dessalines, the major street colloquially known as the Gran Rue. This mapping of the neighbourhood helped to lead visitors to the various venues and artist's ateliers and has been used in one form or another in many of the posters and invitations.

Geto Byenal la te kòmanse nan Desanm 2009 anba lavil Pòtoprens, jis nan boulva Jean-Jacques Dessalines, ri prensyal la ki pi konn sou nom Gran Ri. Kat jewografi katye sa a nan te ede nou mennen vizitè yo nan divès kalite lokasyon ak atelye atis yo e nou te itilize li nan yon fòm oswa yon lòt nan postè ak envitasyon yo.

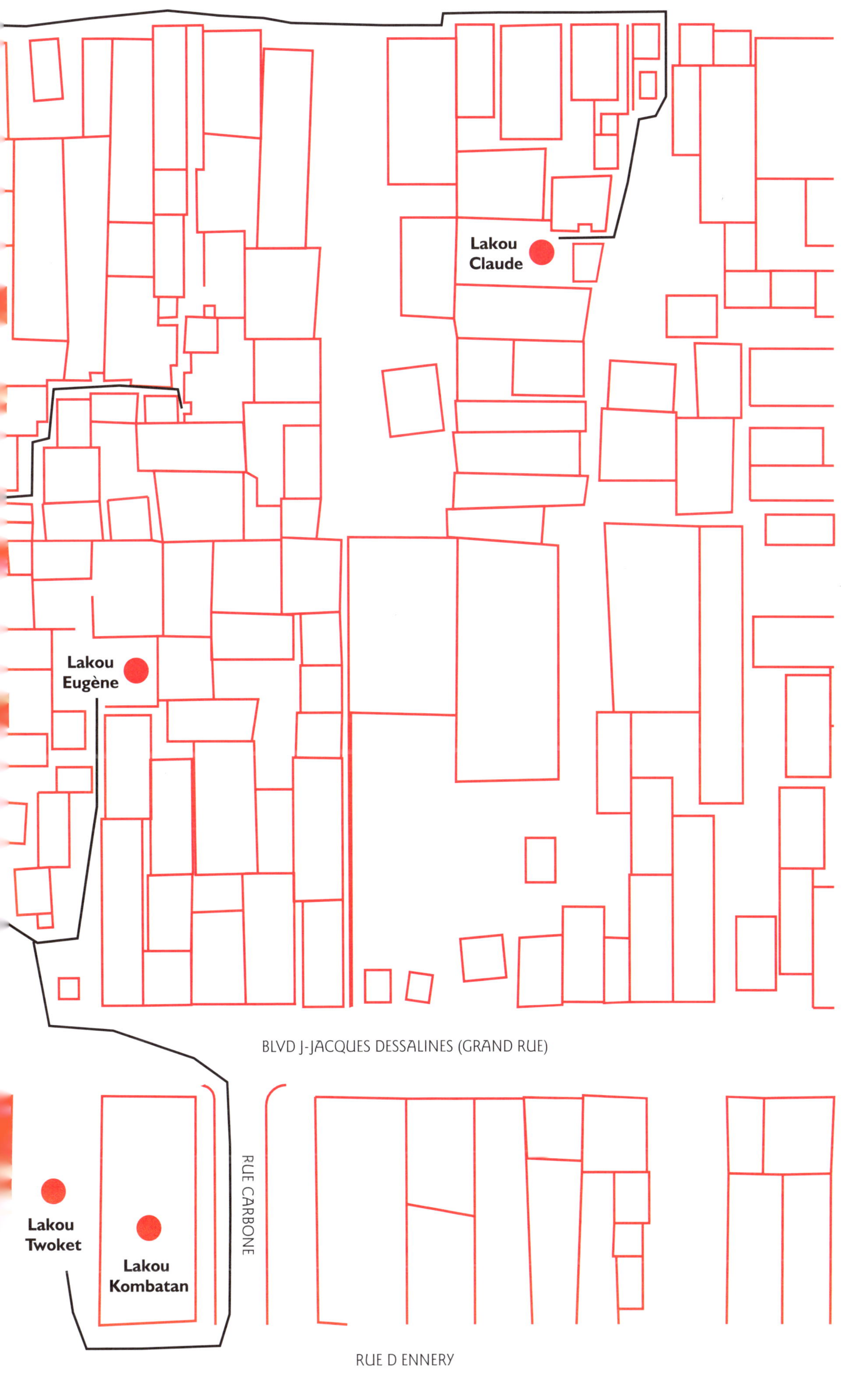

RUE MAGASINS DE L'ETAT
Lakou
Claude
Lakou
Eugène
BLVD J-JACQUES DESSALINES (GRAND RUE)
RUE CARBONE
Lakou
Twoket
Lakou
Kombatan
RUE D ENNERY

REVOLUTION ON THE GRAND RUE
REVOLISYON SOU GRAN RI A

KATHERINE SMITH & TIM AUSTIN

Le Musée d'Art E Pluribus Unum, Atis Rezistans and the Ghetto Biennale

The Ghetto Biennale sprung from two older projects headed by a group of artists based on the Grand Rue, the main north-south thoroughfare of downtown Port-au-Prince. The first project is *Le Musée d'Art E Pluribus Unum* and the second is the Atis Rezistans. Both came out of older models of collaborative art-making that are well established in Haiti, but conceptually the Grand Rue artists (as they were initially called by critics) started something new.

André Eugène established *Le Musée d'Art E Pluribus Unum* in 1997. He grew up in the area along with Céleur Jean Hérard (b.1966), who has since left the project, their neighborhood was, and still is, dominated by wood working. In the late nineties, Hérard was carving wooden sculptures for the tourist trade, items shipped off to more touristic parts of the Caribbean. Eugène was making wooden furniture for the domestic market. He was also an avid soccer player until the field where his team practiced was turned into a junkyard. Auto mechanics began to set up shop around the junkyard. The influx of new materials and industry inspired Hérard to incorporate car parts into his sculptures, and Eugène to start producing his own. They collected and displayed their works in their yards. Eugène christened his *Le Musée d'Art E Pluribus Unum*. [Fig. 1.1]

Le Musée d'Art E Pluribus Unum, Atis Rezistans e Geto Byenal la

Geto Byenal la sòti nan de lòt ansyen pwoje ki te fonde pa yon gwoupman atis ki te baze sou Gran Ri a, wout prinsipal nò-sid nan vil Pòtoprens. Premye pwoje a se *Le Musée d'Art E Pluribus Unum* epi dèzyem lan se Atis Rezistans. Toulede sòti nan pi ansyen modèl pou fè ar kolektif, ki te deja byen etabli an Ayiti, men Atis Gran Ri yo (menm le yo ke kritike yo oparavan) te entwodi yon konsèp ki te nèf nan tradisyon ar Ayisyen.

André Eugène te etabli *Le Musée d'Art E Pluribus Unum* nan 1997. Li te grandi nan zòn nan ak Céleur Jean Hérard (f.1966), ki te deja kite pwojè a. Zòn pa yo a te, e toujou, domine pa atelye bwa. Nan fen lane katrevandis yo, Hérard te konn fè eskilti an bwa pou mache touris, objè yo te konn ekspedye nan zòn ki pi touristik nan Karayib la. An menm tann, Eugène te konn fè mèb an bwa pou mache domestik. Li te renmen jwe foutbòl anpil jouk yo te pran teren foutbòl la pou fè depo vye machin. Mekanisyen yo te komanse enstale chop yo otou depo vye machin nan. Arive foul nèf materyèl ak endistri sa yo te enspire Hérard pou mete pyes machin nan eskilti li yo, e Eugène te kòmanse pwodwi pwop bagay pa li. Yo te kolokte ak ekspoze travay yo nan lakou yo. Eugène te batize espas li, *Le Musée d'Art E Pluribus Unum*. [Fig. 1.1]

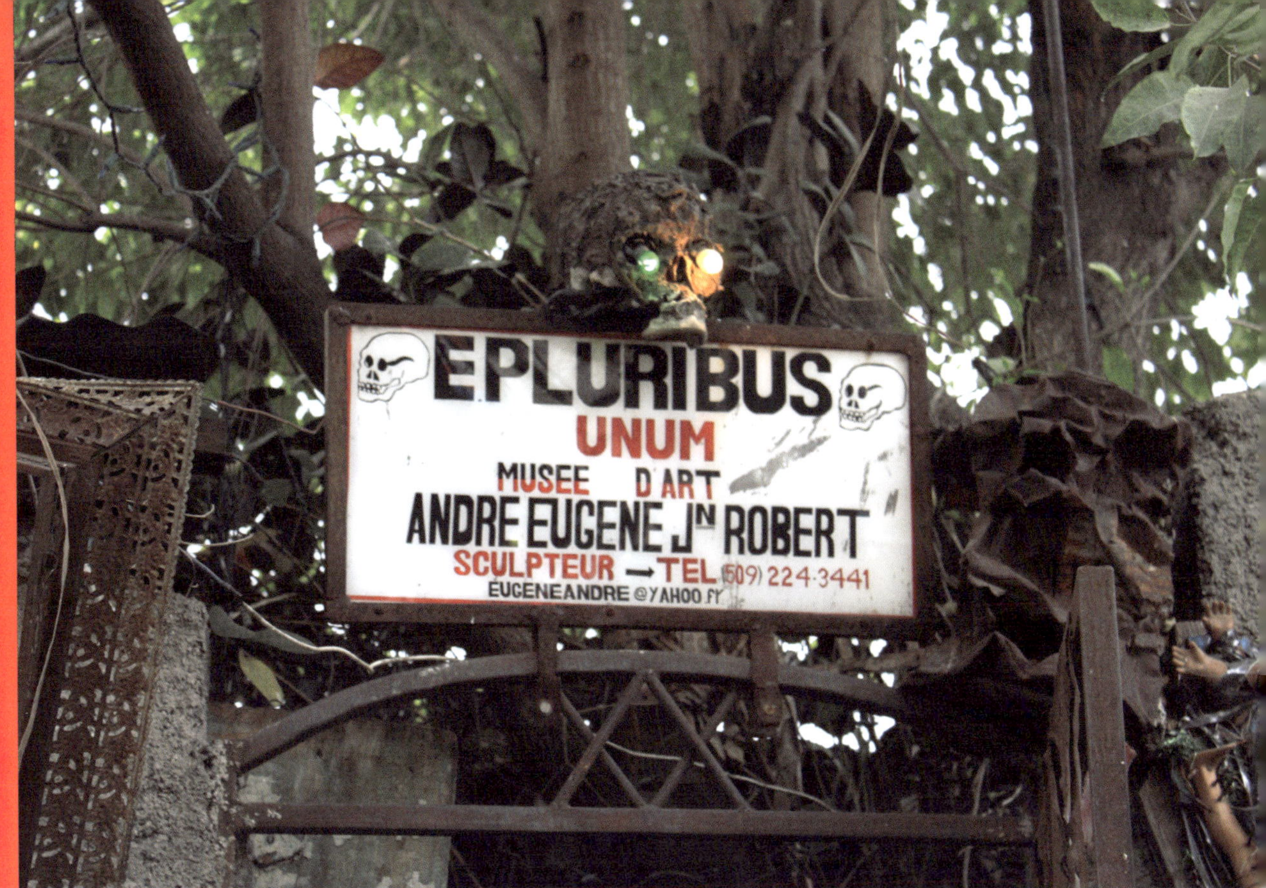

Fig. 1.1 The sign for Andre Eugene's yard and installation, Lakou Cheri. Photo: Polly Savage

Fig. 1.1 Siyen pou lakou ak enstalasyon an pou Andre Eugene, Lakou Cheri. Foto: Polly Savage

The name *Le Musée d'Art E Pluribus Unum* plays with linguistic and institutional markers of power. French has always been Haiti's language of governance, formal education, and power, while Haitian Creole belongs to *pèp la* (the people). In terms of prestige, only Latin would outclass French. By employing Latin, the museum pulls rank on the Haitian elite, and perhaps draws attention to the mongrel origins of French itself. Of course, E Pluribus Unum is also the motto of the United States. As nationalist kitsch, the Latin motto circulates on the American dollar. Appearing in the name of the Musée, it suggests the ascendance of another imperial power.

The logo for *Le Musée d'Art E Pluribus Unum* is a clipart skull. The generic, nonproprietary skull, appearing right next to 'E Pluribus Unum', suggests death as anonymous, as the great equalizer. In Vodou, this idea is personified by Gede, a spirit of death and rebirth. Eugène summarizes Gede's imagery this way: "The skull symbolizes death, the *zozo* (penis) symbolizes life. With these everyone enters the earth. With the *zozo* everyone comes to be on the earth. The skull is the passage to death, the *zozo* is the passage to life, but both are passages."

Non *Le Musée d'Art E Pluribus Unum* nan jwe wol makè de pouvwa enstitisyonèl ak lengwistik. Lang Franse se toujou lang de gouvènans, edikasyon fòmèl, ak pouvwa; Kreyòl se domèn pèp la. Se lang Laten sèlman ki gen plis prestij pase Franse. Epi le yo itilize Laten, yo pase sou tèt elit Ayisyen, epi petet yo montre ke Franse gen yon orijin bata. Evidamman, E Pluribus Unum, se deviz Etazini. Kom yon nasyonalis kitsch, deviz Laten an sikile sou lajan Ameriken. Lè deviz la paret non mize a, li sijere asandans yon lòt pouvwa enpeyal.

Logo a pou *Le Musée d'Art E Pluribus Unum* se yon tèt mò "klip ar". Tèt mò jenerik la, ki pa gen pwopriyetè, ki paret bò kote 'E Pluribus Unum', sijere lanmò se anonim, yon fòs ki balanse moun. Nan Vodou se Gede, yon espri de lavi ak lanmò, ki pèsonifye lide sa a. Eugène dekri imaj Gede a kon sa: "Tèt mò a senbolize lanmò, zozo a senbolize lavi. Ak de bagay sa yo tout moun vini sou tè a. Tèt mò a se pasaj lanmò a, zozo a se pasaj lavi a, men toulede se pasaj."

Espas Eugène te vin yon mize – yon enstitisyon ki pi prestijiye pase yon galeri.

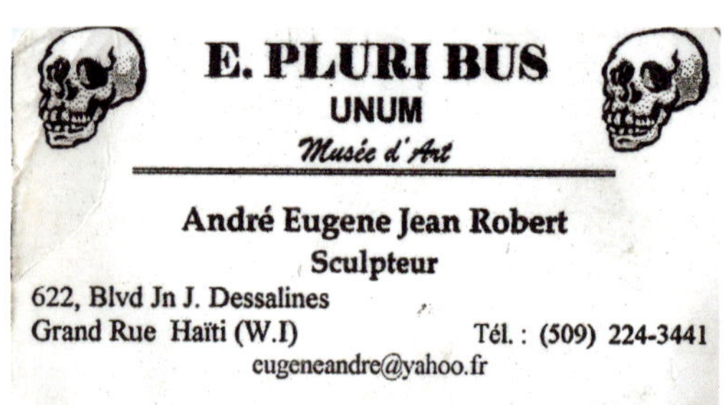

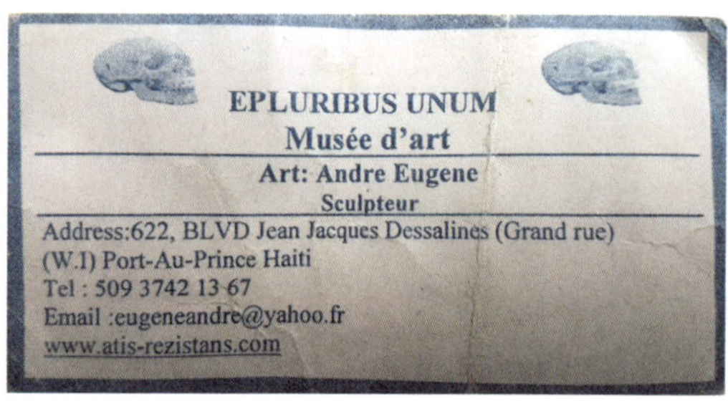

Fig. 1.2 One of Andre Eugene's visiting cards. Photo: Katherine Smith.
Fig. 1.2 Youn nan kat vizit Andre Eugene yo. Foto: Katherine Smith

Fig. 1.3 One of Andre Eugene's visiting cards. Photo: Cat Barich
Fig. 1.3 Youn nan kat vizit Andre Eugene yo. Foto: Cat Barich

Eugène's space became a museum – more prestigious than a gallery. The elites, they claimed, had their museums and now the 'ghetto' would have its own. L'Université de l'État Haïtien, the primary state university, does have an arts program. However, like higher education in general, it remains inaccessible to the majority class (the urban masses and rural peasantry). Le Musée d'Art College Saint Pierre, Haiti's most prominent art museum, opened in 1972 as a project of the Centre d'Art[1]. Even before it was badly damaged in the earthquake of 2010, artists from the majority class complained that it showed little interest in their work. By naming his space a 'museum', Eugène also draws attention to the fact that, outside the Centre d'Art, Haitian art is seldom understood in terms of its institutions.

While Haiti may have few public arts institutions, it has abundant informal collaborations, projects, and galleries. Artists from the majority class rarely work without at least a handful of assistants. For example, the production of sequined flags for the Afro-Haitian religion Vodou relies on apprentice workers who often go on to open their own workshops. Other groups, like Kongo Lawouze, a workshop established by Dubréus Lherisson (b. 1971) and David Boyer (b. 1976) in the Bel Air neighborhood of Port-au-Prince, also share an aesthetic and a common interest in Vodou.[2]

Elit yo te di yo te gen mize pa yo e kounye 'geto' a ta pral gen pwòp pa li. L'Université de l'État Haïtien, premye inivèsite leta, gen yon pwogram deza. Men tankou edikasyon en jeneral, majorite pèp la pa ka partisipe. Le Musée d'Art College Saint Pierre, mize ki pi enpòtan an Ayiti, te ouvri an 1972 kom yon pwoje Centre d'Art[1]. Menm avan li te kraze nan tranbleman tè 2010 la, atis yo nan klas majorite a te plenyen paske li pat vreman enterese nan èv yo. Lè li te rele espas li yon 'mize', Eugène atire atensyon pou montre moun ke, deyò Centre d'Art la, yo pa konprann ar Ayisyen nan kontèks enstitisyon li yo.

Pandan Ayiti pa gen anpil enstitisyon piblik pou sipòte a, men li gen anpil kolaborasyon, pwoje, ak galeri enfòmèl. Atis yo ki soti klas majorite a travay raman san yon gwoupman asistan. Pa egzanp, pwodiksyon drapo an pay pou relijyon Afro-Ayisyen Vodou depan nan travayè apranti yo ki souvan al ouvre pwòp atelye pa yo. Gen lòt gwoup tankou Kongo Lawouze, yon atelye ki te etabli pa Dubréus Lherisson (f. 1971) ak David Boyer (f. 1976) nan zòn Pòtoprens Bel Air, ki pataje yon ayestetik ak yon enterè komen nan Vodou.[2]

Le Musée d'Art E Pluribus Unum te kòmanse nan lakou Eugène. Byento Frantz Jacques (Guyodo) te rantre nan mouvman avek Eugène

1. For a general history of the Centre d'Art Haïtien, see: Selden Rodman, *Where Art is Joy* (New York: Ruggles del Latour, Inc., 1988). For a critique of the "invention narrative" of the Centre, see: Michel-Philippe Lerebours, *Haïti et ses peintres: 1804-1980: Souffrances et espoirs d'un peuple* (Port-au-Prince: Imprimeur II, 1989). For a critique of the Centre's role in labeling of Haitian art "primitive" see: Karen Richman "Innocent Imitations?: Mimesis and Alterity in Haitian Vodou Art" *Ethnohistory*, 55.2 (2008), 203-228. **1.** Pou yon istwa jeneral de Centre d'Art Haïtien: Selden Rodman, *Where Art is Joy* (New York: Ruggles del Latour, Inc., 1988). Pou yon lòt pèspektiv nan sant la wè: Michel-Philippe Lerebours, *Haïti et ses peintres: 1804-1980: Souffrances et espoirs d'un peuple* (Port-au-Prince: Imprimeur II, 1989). Pou yon kritic de "a primitif" nan a ayisyen: Karen Richman "Innocent Imitations?: Mimesis and Alterity in Haitian Vodou Art" Ethnohistory, 55.2 (2008), 203-228.
2. Mireille Pérodin-Jérôme, "Lieux Informels D'Experimentations," in Régine Cuzin, ed., *Haïti: Deux Siècles de Création Artistique* (Paris: Réunion des Musée Nationaux-Grand Palais, 2014), 21-22. **2.** Mireille Pérodin-Jérôme, "Lieux Informels D'Experimentations," nan Régine Cuzin, ed., *Haïti: Deux Siècles de Création Artistique* (Paris: Réunion des Musée Nationaux-Grand Palais, 2014), 21-22.

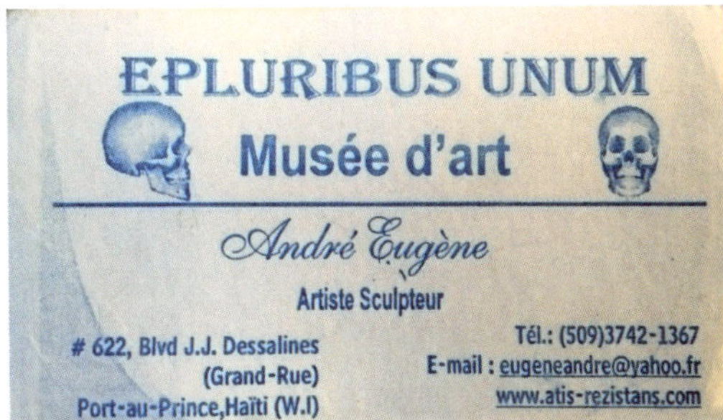

Fig. 1.4 One of Andre Eugene's visiting cards. Photo: Helen Spraos
Fig. 1.4 *Youn nan kat vizit Andre Eugene yo. Foto: Helen Spraos*

Fig. 1.5 One of Andre Eugene's visiting cards. Photo: Laura Heyman
Fig. 1.5 *Youn nan kat vizit Andre Eugene yo. Foto: Laura Heyman*

Le Musée d'Art E Pluribus Unum began in Eugène's *lakou* (yard). Eugène and Hérard were soon joined by Frantz Jacques (aka Guyodo), who has since left. Their work began to draw more attention from critics, curiosity seekers and collectors. Some of the neighborhood artisans and mechanics took notice and started to create their own inspired works. Gradually, the museum became a movement. They adopted the name Atis Rezistans to describe the philosophy and aesthetic that united the diverse neighborhood ateliers.

The Atis Rezistans use materials found locally: wood, car parts, and garbage. Some artists also incorporate human bones from the nearby municipal cemetery. Assemblage characterizes most of their work and much of it tends towards the grotesque. While this is hardly surprising given the available materials, their aesthetic is also a political expression. Using spent car parts, toys and other rubbish—the dross of North American consumerism—highlights the unequal flows of objects and human bodies across national borders. The artists define 'resistance' as the defiance of misery and hunger, transforming the trash dumped on Haiti into a livelihood.

The ideas behind *Le Musée d'Art E Pluribus Unum*, and the philosophy of the Atis Rezistans, have much in common with the Ghetto Biennale. The significance of place, the defiant honesty about power and money, and the invitation to discomfort are all reflected and amplified within the Ghetto Biennale experiment.

ak Hérard, ki te bay vag depi le a. Travay yo te kòmanse atire atansyon kritikè yo, kolektè yo, ak moun ki kirye. Travay yo te atire kèk atisan ak mekanik nan zòn nan. Yo te enspire pou kreye pwop èv yo. Piti piti, mize a te vin yon mouvman. Yo te chwazi non Atis Rezistans paske li dekri filozofi ak ayestetik ki inifye tout atelye divers nan zòn nan.

Atis Rezistans yo itilize materyèl yo jwen tou pre zòn nan: bwa, pati machin, ak fatra. Gen kèk atis ki enkòpore zo moun ki soti simitye minisipal ki tou pre zòn nan. Majorite travay yo se asanblaj avek yon ayestetik grotesk, oubyen dwòl. Epi avek materyèl yo itilize se pa yon sipriz, men ayestetik yo se yon ekspresyon politik. Lè yo itilize vye pati machin, jwèt kraze, ak lòt fatra—fatra Nò Ameriken—montre mouvman inegal ant objè ak kò moun lè yo travèse fwontyè nasyonal. Atis yo defini 'rezistans' kom defi lamizè ak grangou, se transfòme fatra yo te jete sou Ayiti yo kom sibstans pou yo viv l.

Lide yo dèyè *Le Musée d'Art E Pluribus Unum*, ak filozofi Atis Rezistans yo, pataje anpil avek Geto Byenal la. Siyifikasyon espas la, onètete vayan sou lajan ak pouvwa, epi envitasyon pou malèz—tout reflete e anplifye nan eksperyans Geto Byenal la.

Translation from English to Kreyol by Katherine Smith

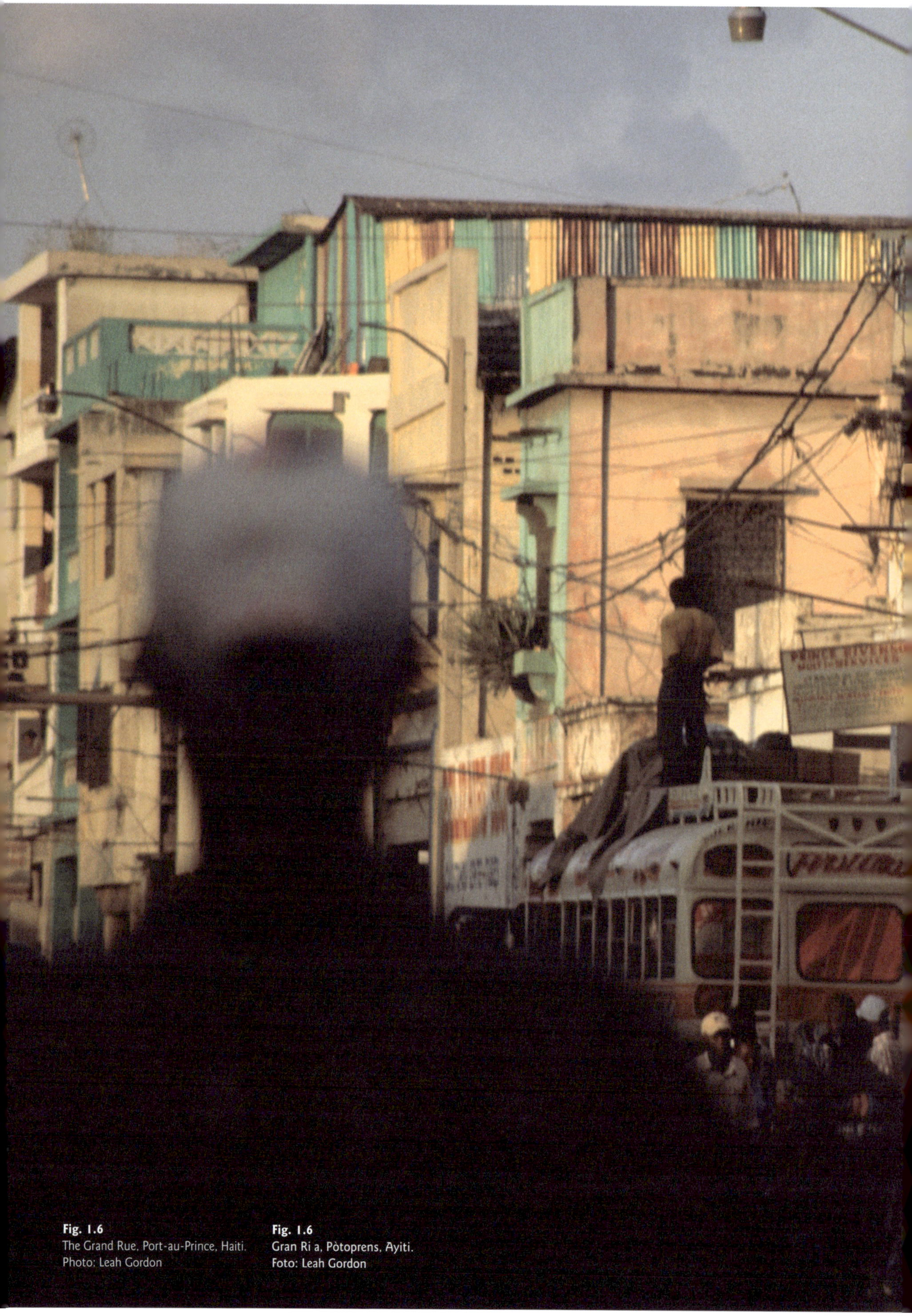

Fig. 1.6
The Grand Rue, Port-au-Prince, Haiti.
Photo: Leah Gordon

Fig. 1.6
Gran Ri a, Pòtoprens, Ayiti.
Foto: Leah Gordon

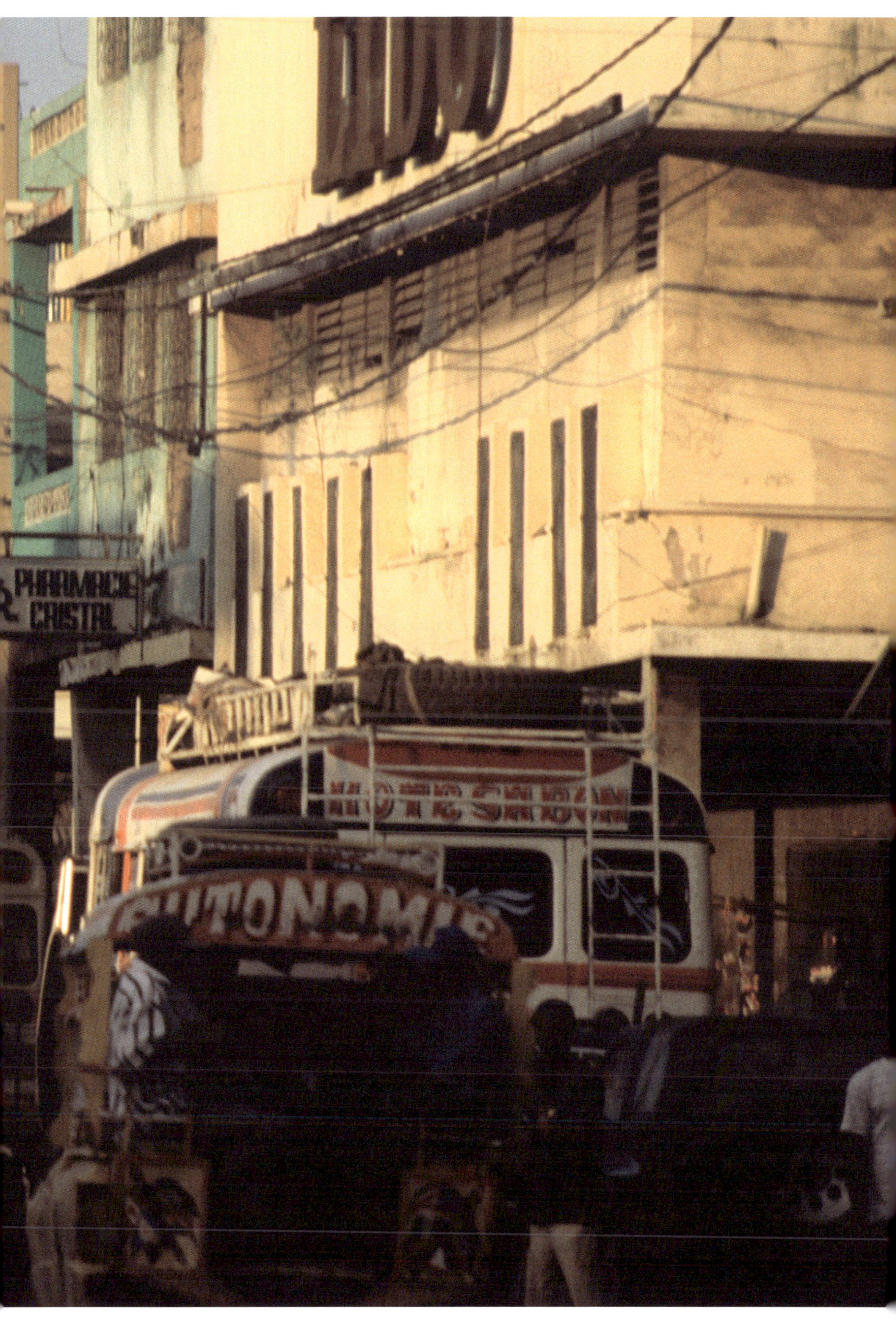

LOCAL ARTIST COMPENDIUM KOLEKSYON ATIS LOKAL

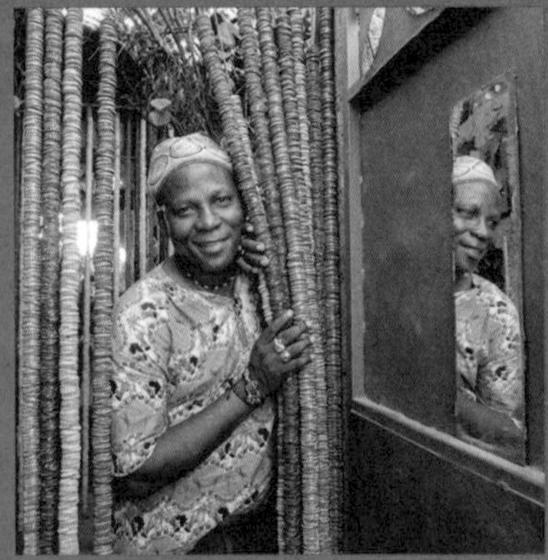

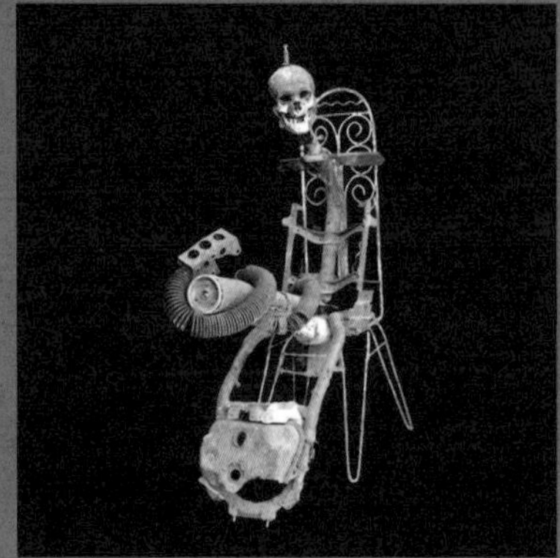

ANDRE EUGENE (1959)

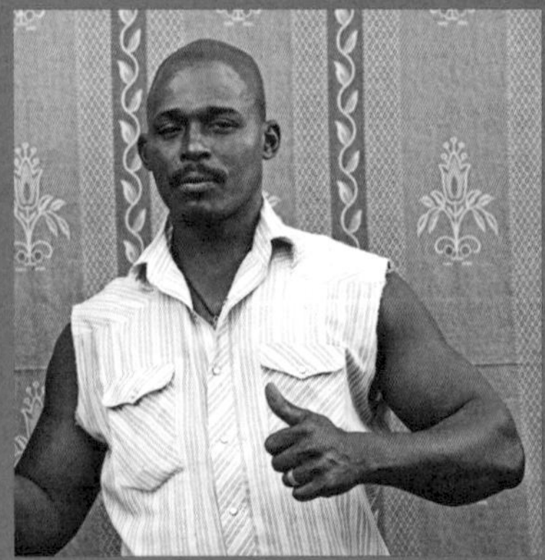

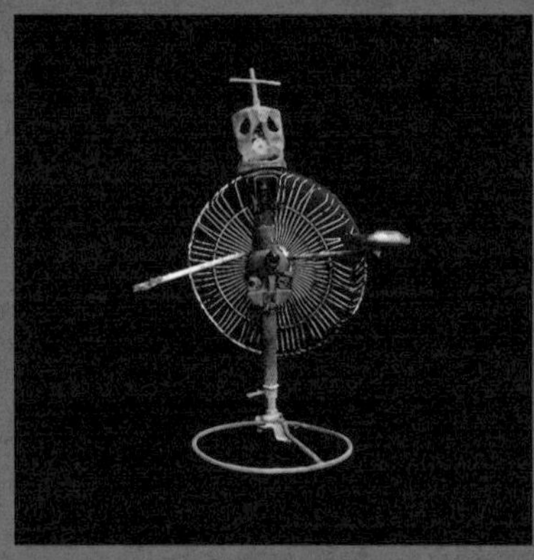

DESTIMARE PIERRE ISNEL AKA LOUKO (1970-2010)

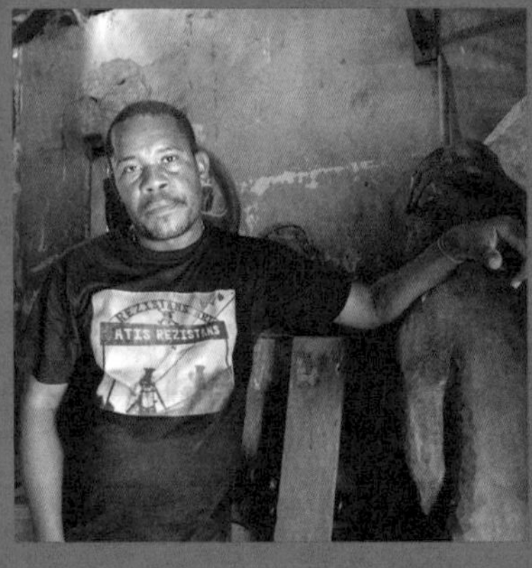

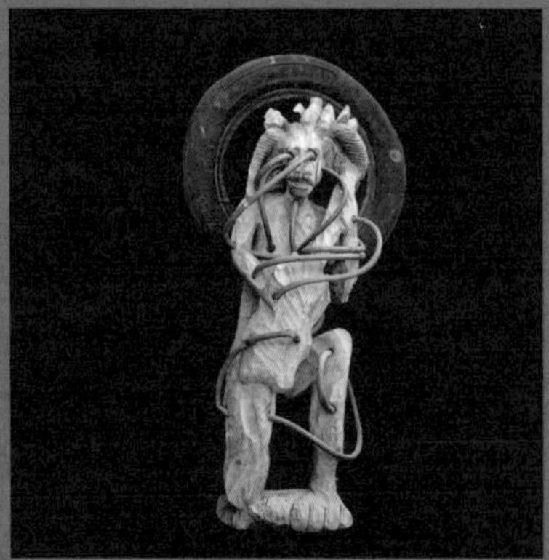

EVEL ROMAIN (1969)

LOCAL ARTIST COMPENDIUM KOLEKSYON ATIS LOKAL

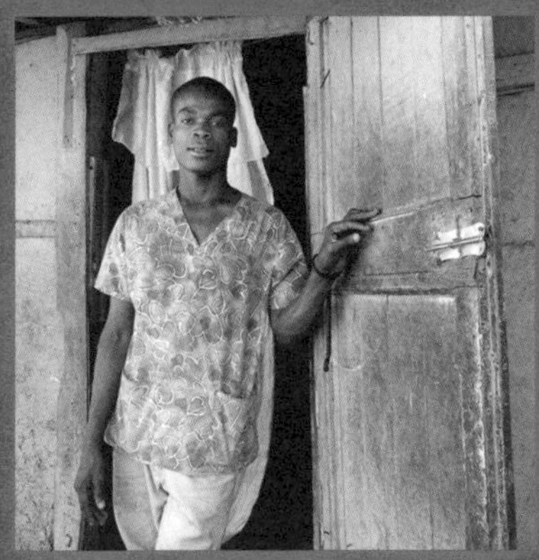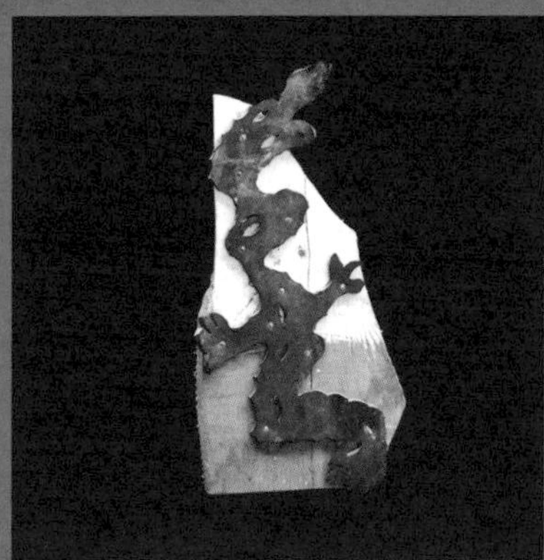

EVANS RICHELIEU AKA TI BOSS (1986)

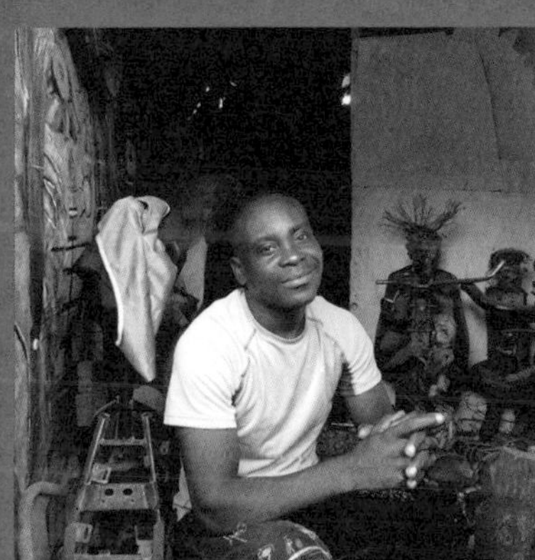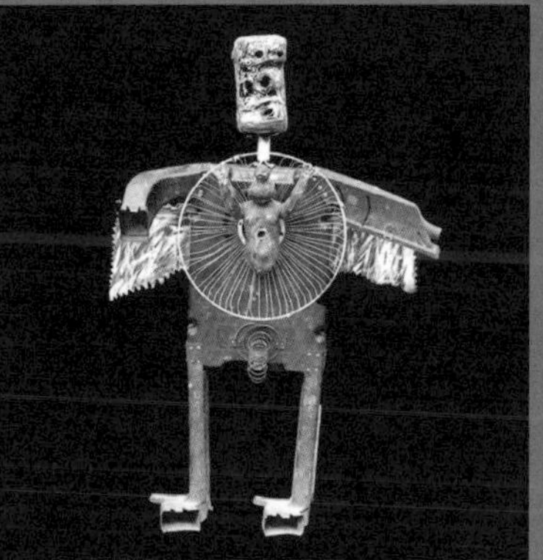

GETHO JEAN BAPTISTE (1972)

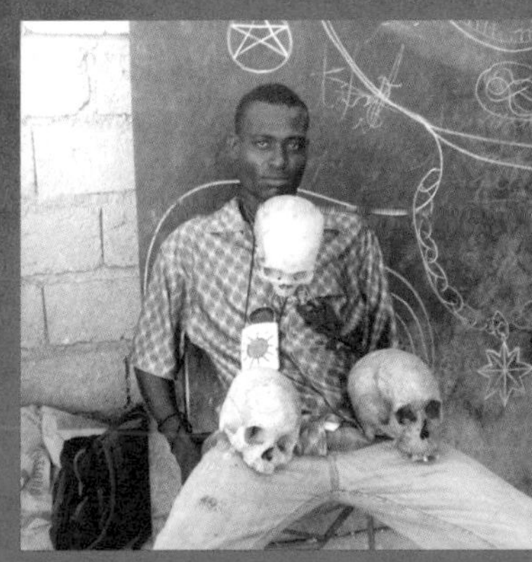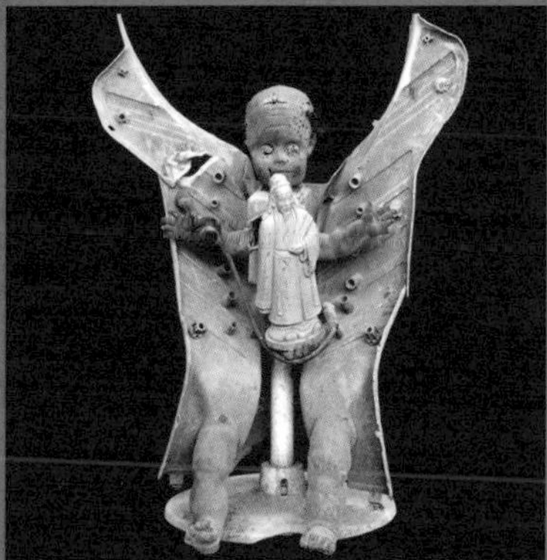

GUERLY LAURENT (1983)

LOCAL ARTIST COMPENDIUM KOLEKSYON ATIS LOKAL

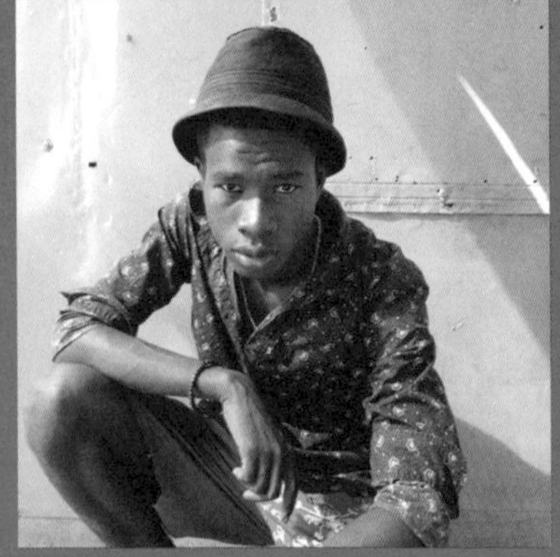

HEROLD PIERRE-LOUIS (1996)

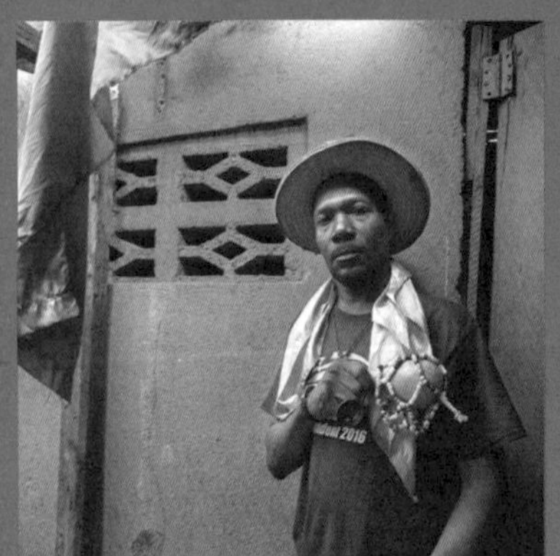
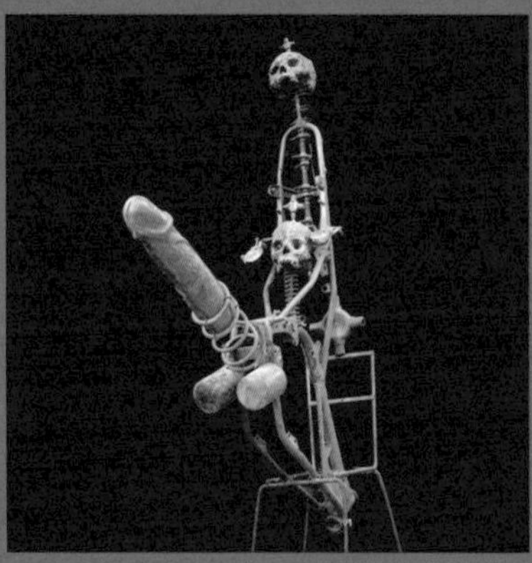

JEAN ALPHONSE JUNIOR AKA PADA DA (1978)

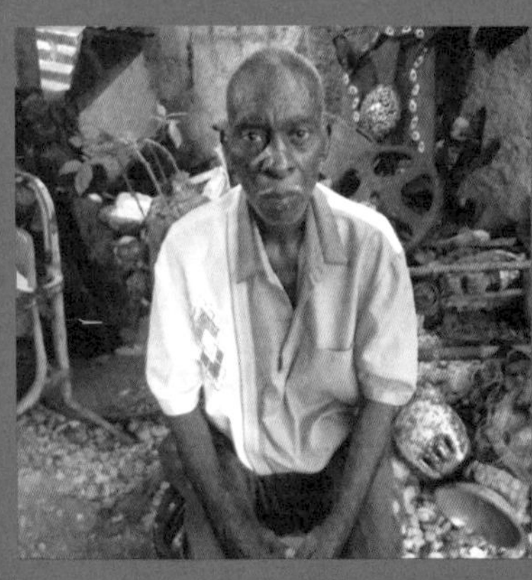
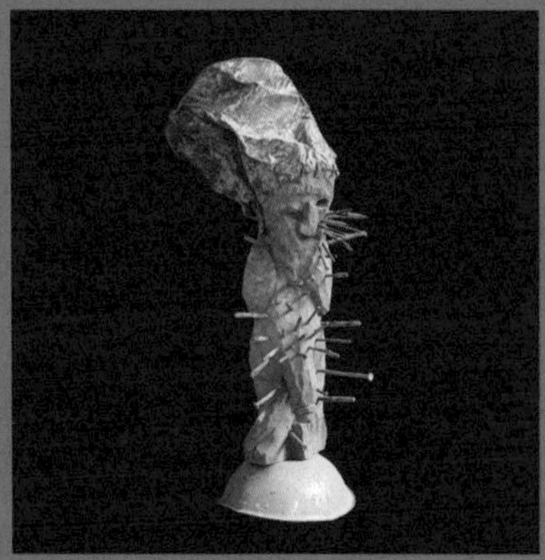

JEAN CLAUDE (1949)

LOCAL ARTIST COMPENDIUM KOLEKSYON ATIS LOKAL

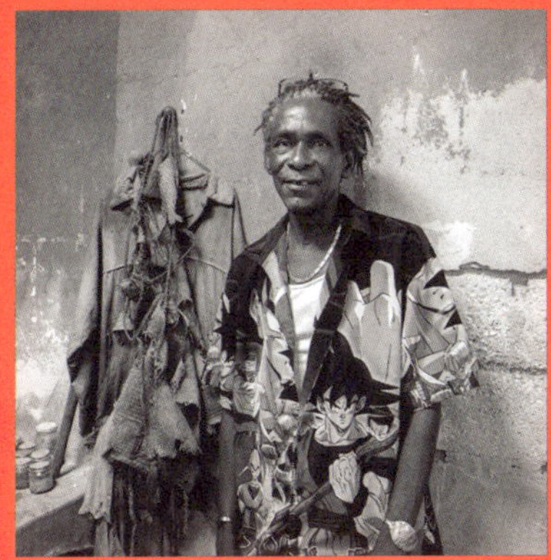
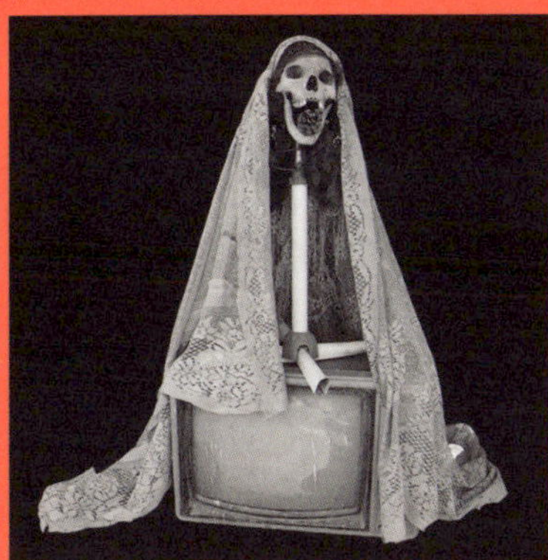

JEAN CLAUDE SAINTILUS (1960)

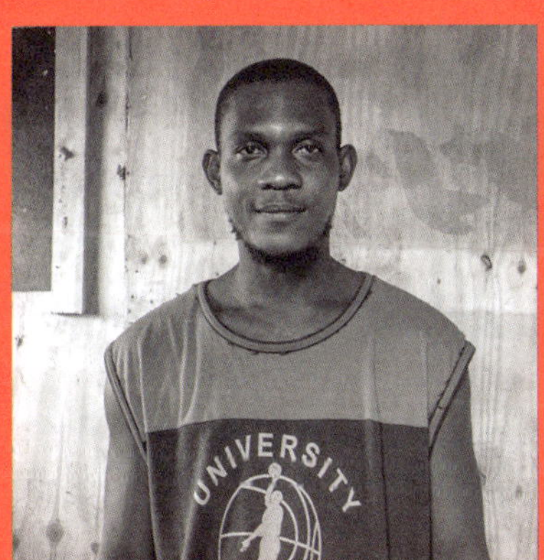
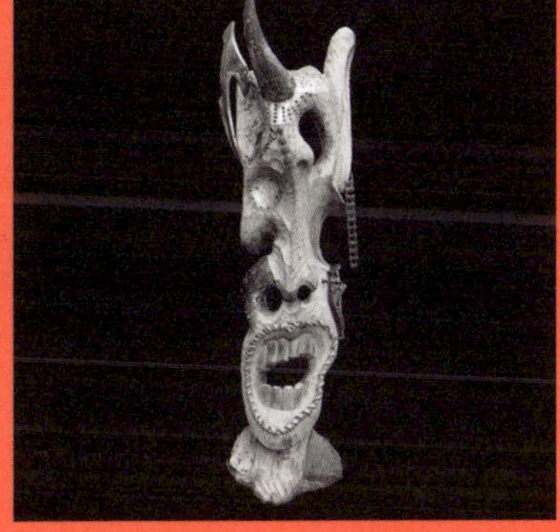

JEAN DANIEL (1983)

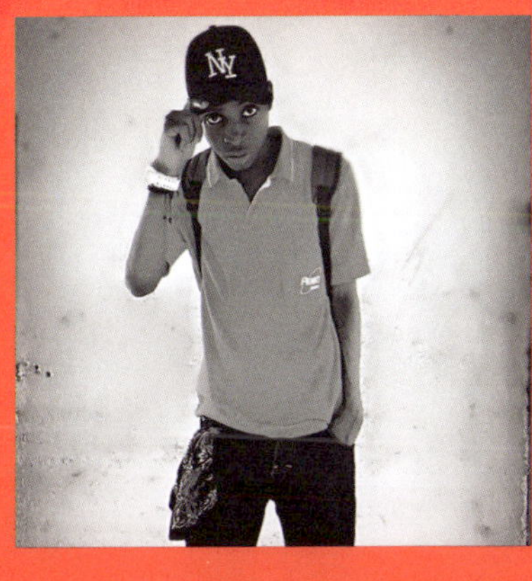
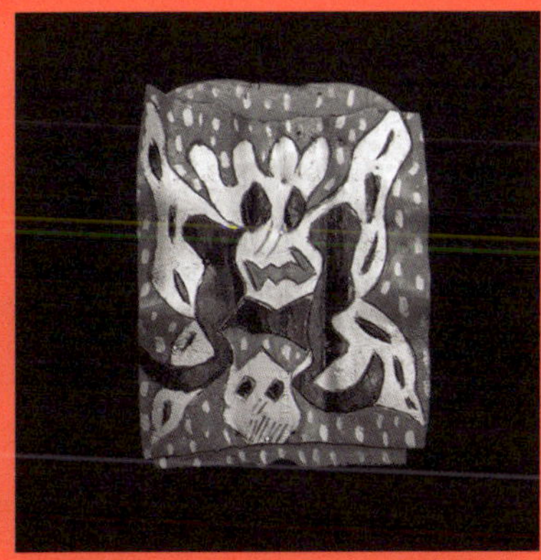

JEAN MULLER MILORD (1996)

LOCAL ARTIST COMPENDIUM KOLEKSYON ATIS LOKAL

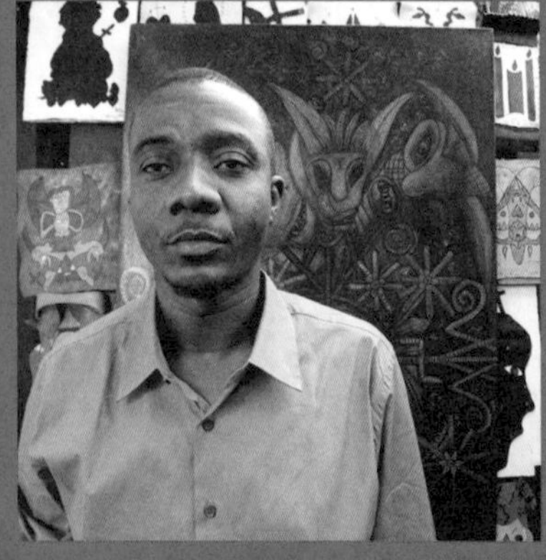
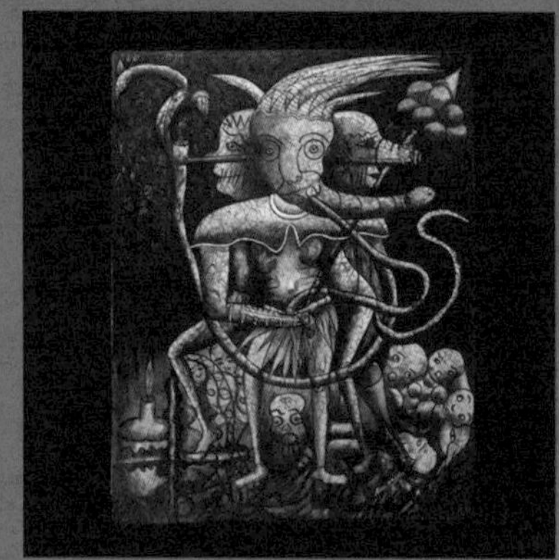

JEAN ROBERT ALEXIS (1980)

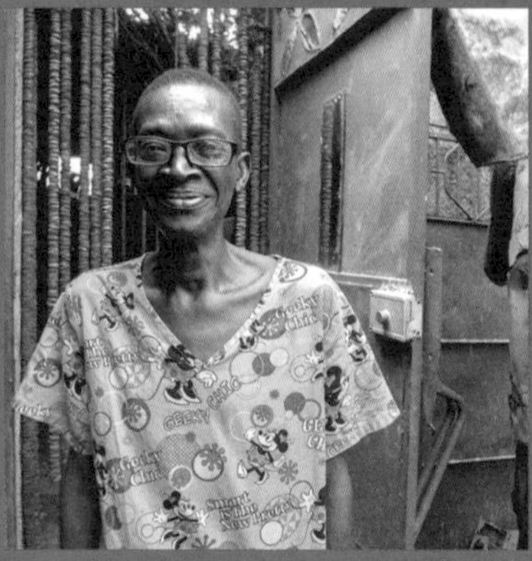
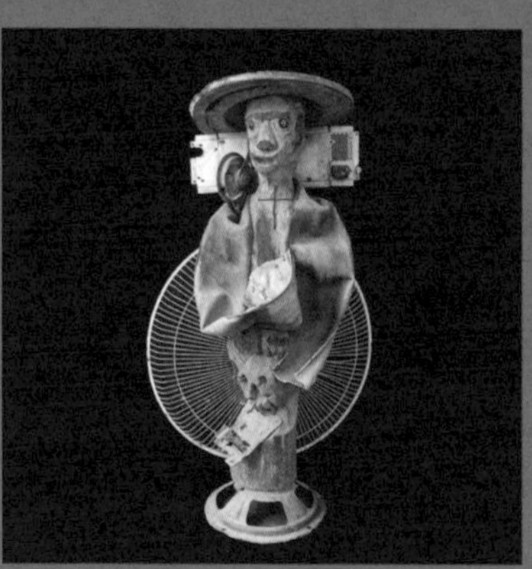

JEAN ROBERT PALENQUET (1963)

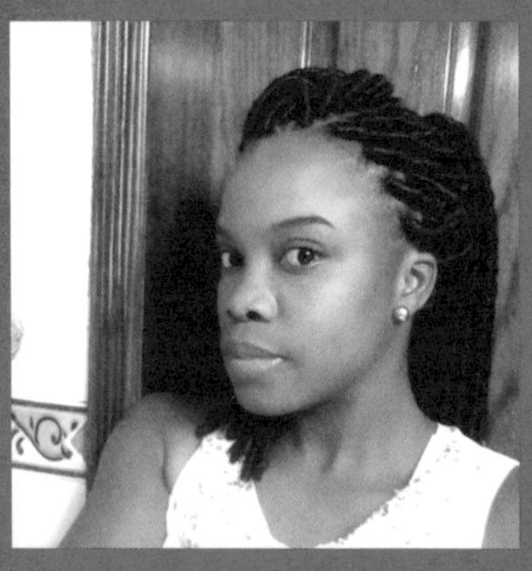
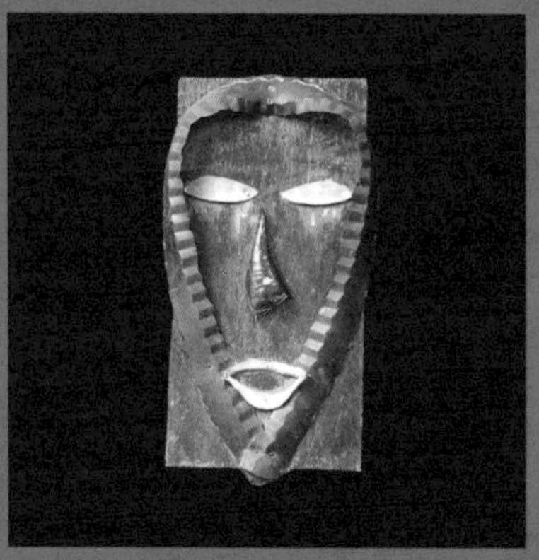

JENNY JOVIN (1989)

LOCAL ARTIST COMPENDIUM KOLEKSYON ATIS LOKAL

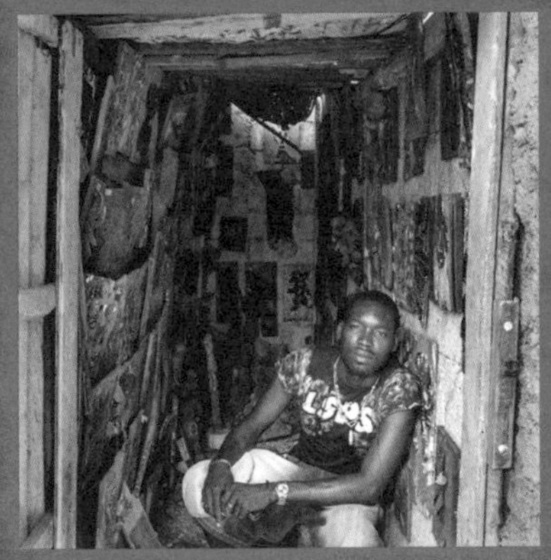 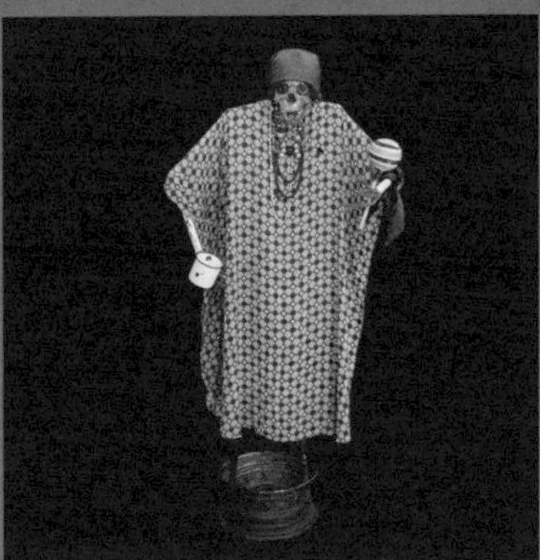

JERRY REGINALD CHERY AKA TWOKET (1981)

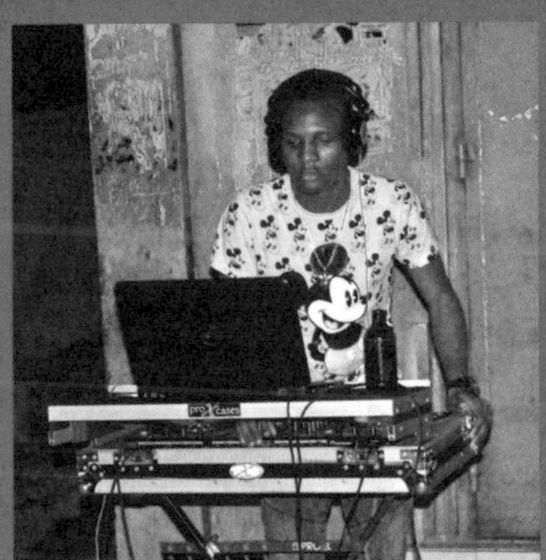 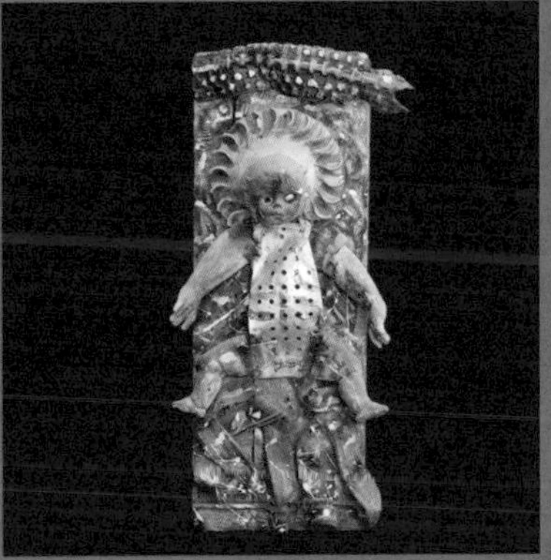

LOVE LEONCE (1995)

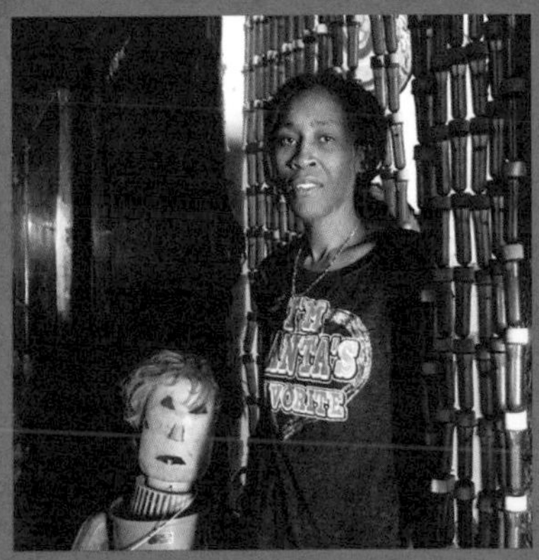 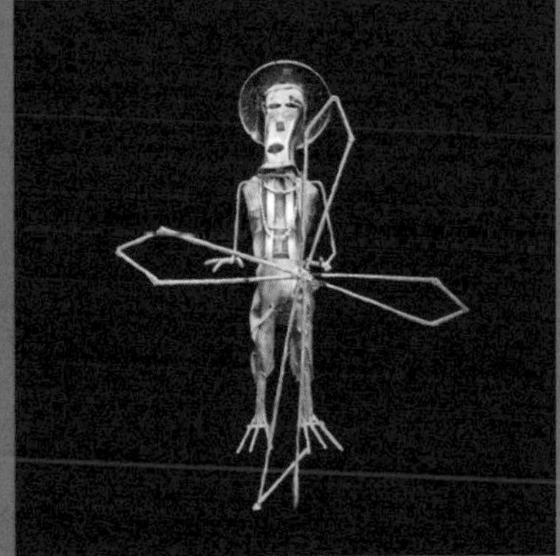

KATELYNE ALEXIS (1976)

LOCAL ARTIST COMPENDIUM KOLEKSYON ATIS LOKAL

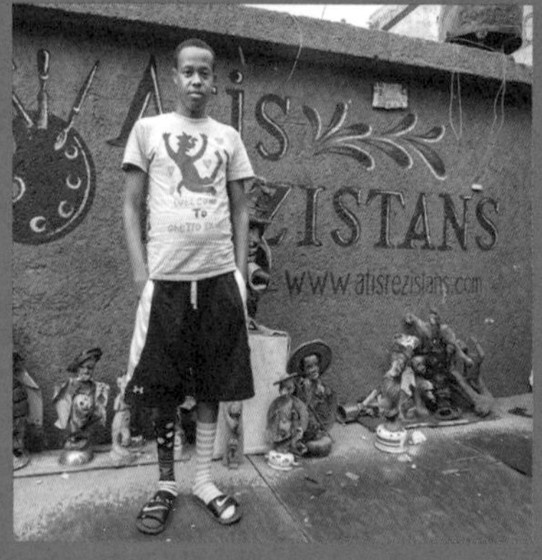
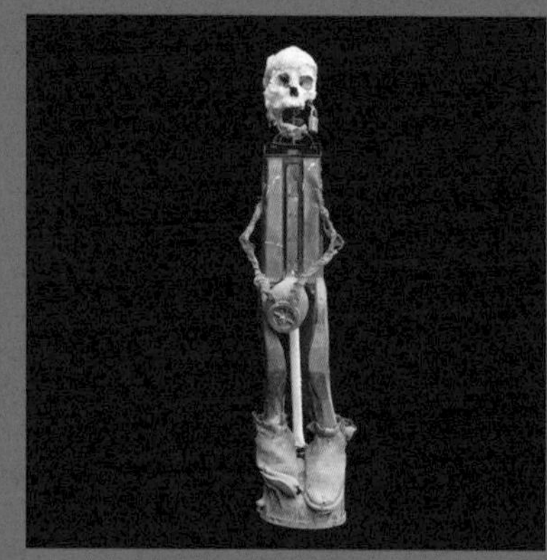

LONDEL INNOCENT (1987)

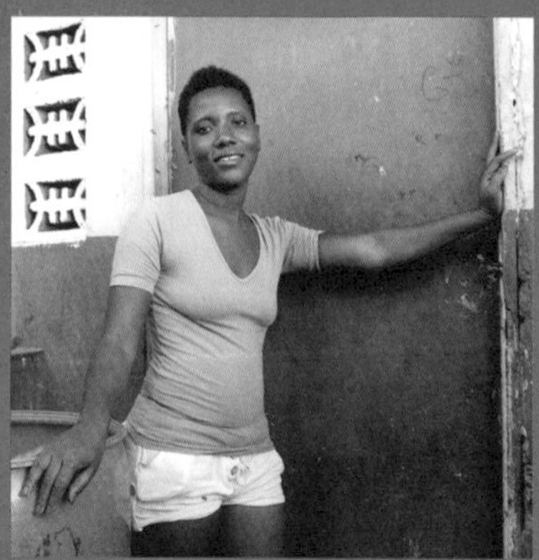
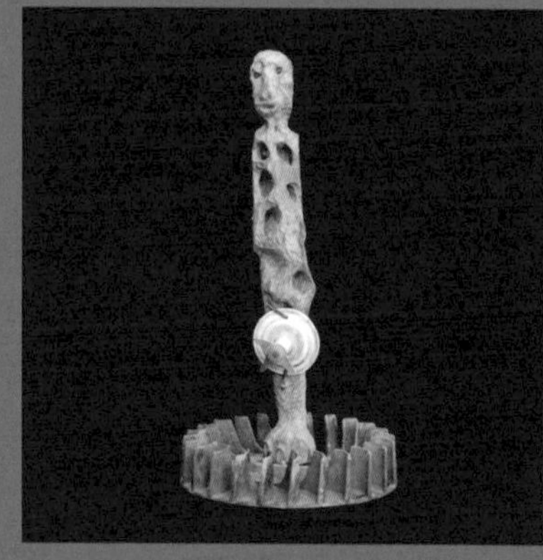

MABELLE WILLIAMS (1978)

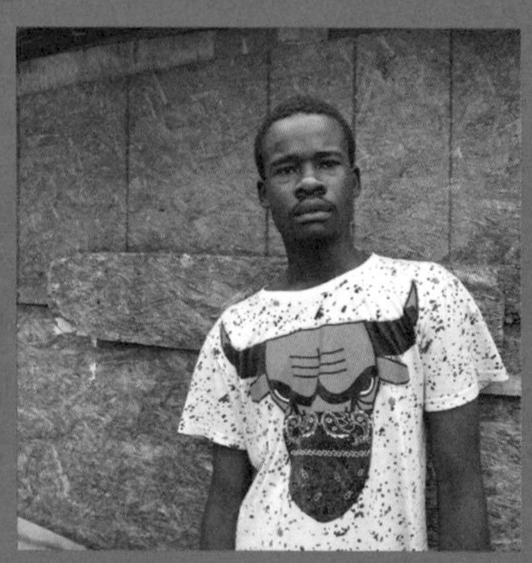
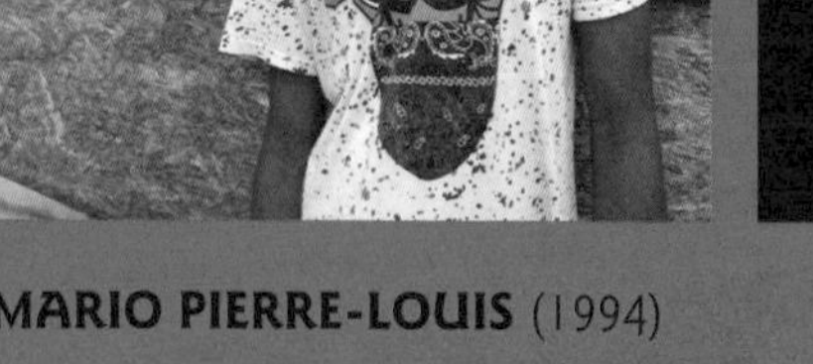
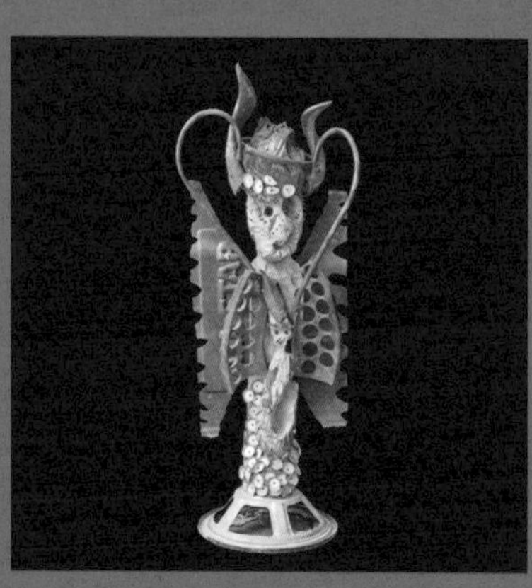

MARIO PIERRE-LOUIS (1994)

LOCAL ARTIST COMPENDIUM KOLEKSYON ATIS LOKAL

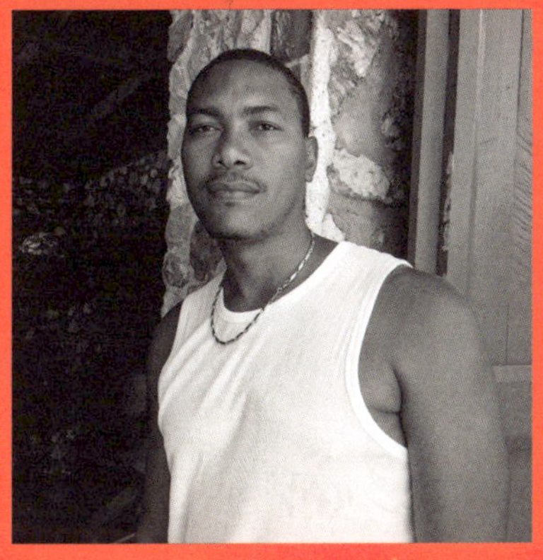
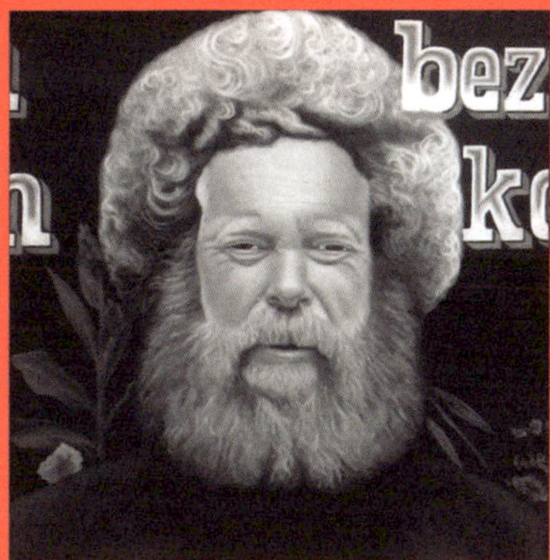

MICHEL LAFLEUR (1981)

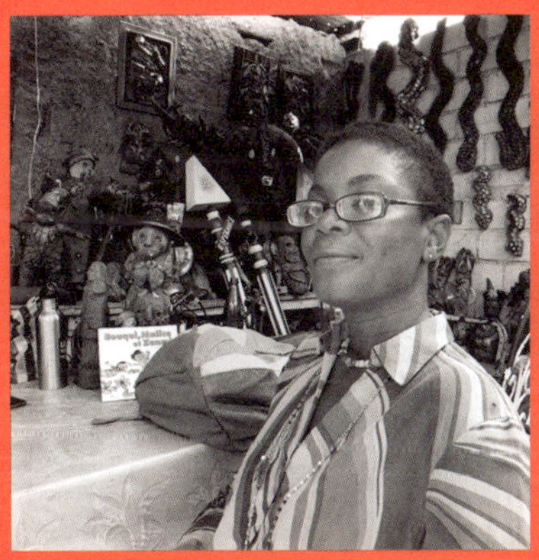
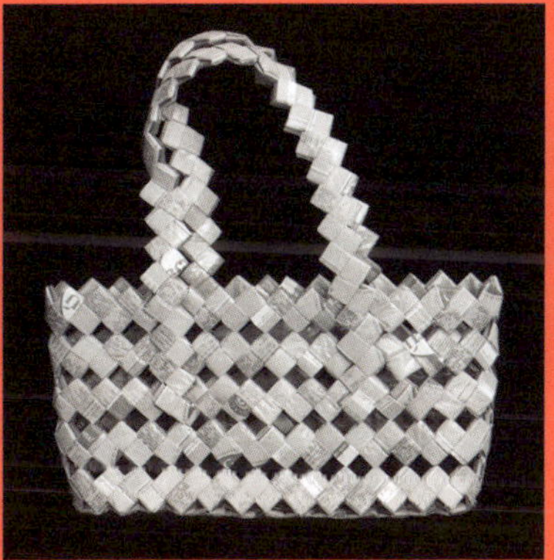

MYRLANDE CARRENARD (1986)

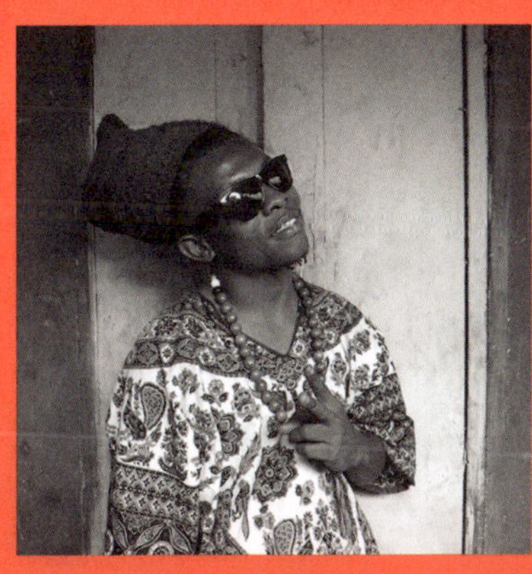
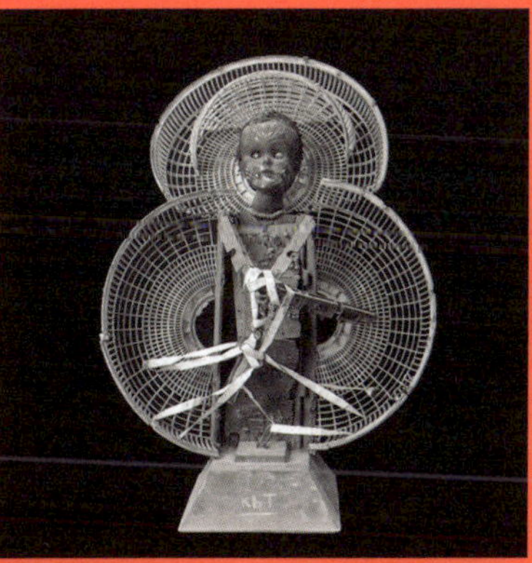

PATRICK ELIE AKA KOMBATAN (1982)

LOCAL ARTIST COMPENDIUM KOLEKSYON ATIS LOKAL

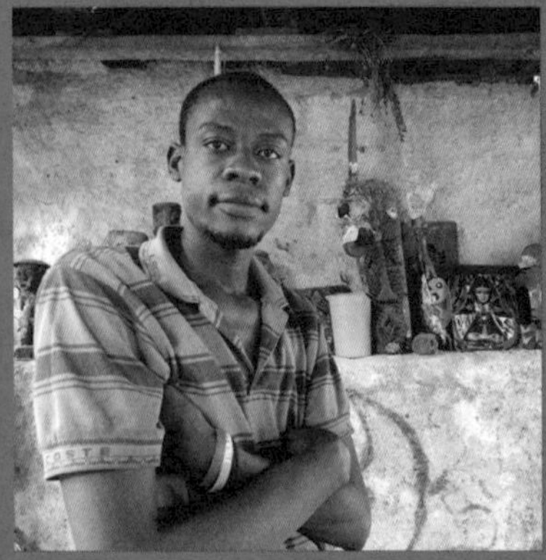 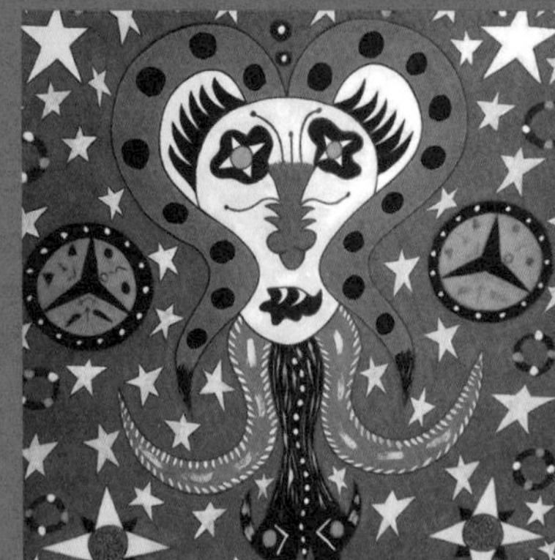

PETERSON ALEXIS (1988)

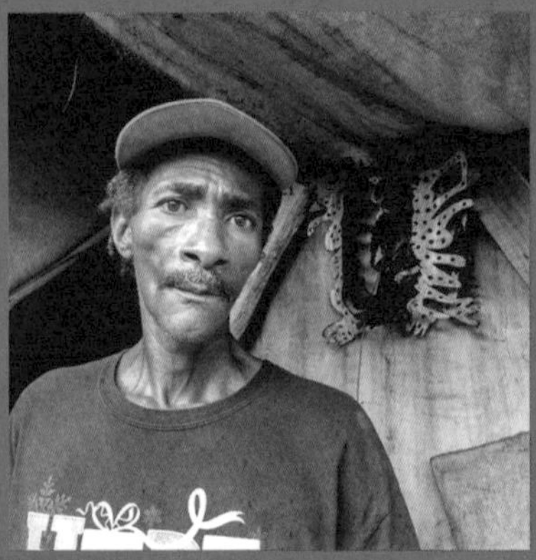 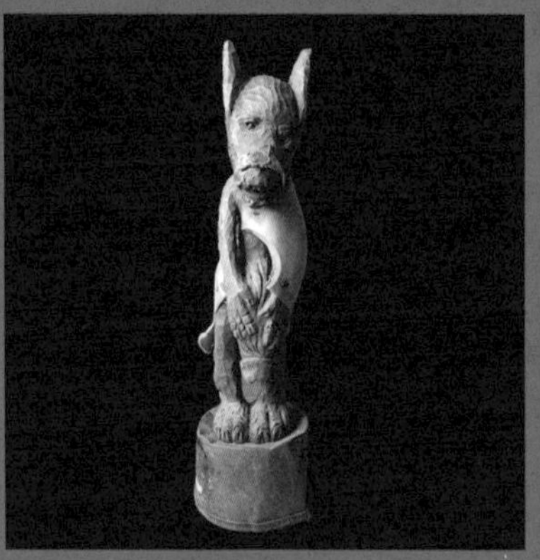

RALPH GEORGES AKA RIKO (1965)

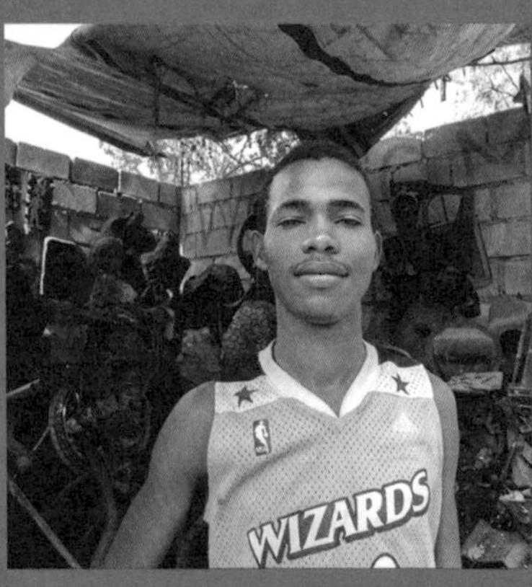 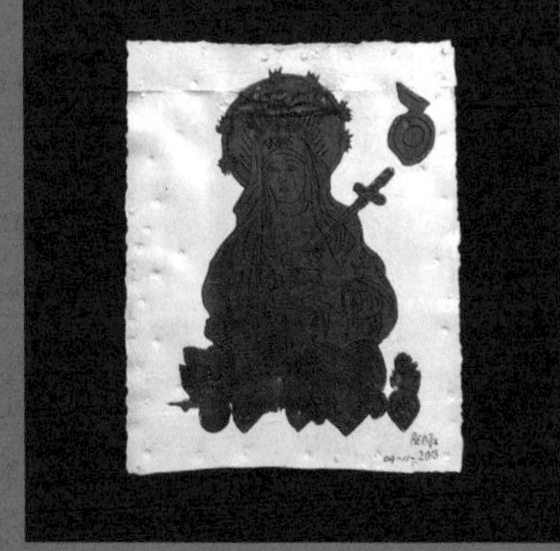

REGINALD SÉNATUS (1994)

LOCAL ARTIST COMPENDIUM KOLEKSYON ATIS LOKAL

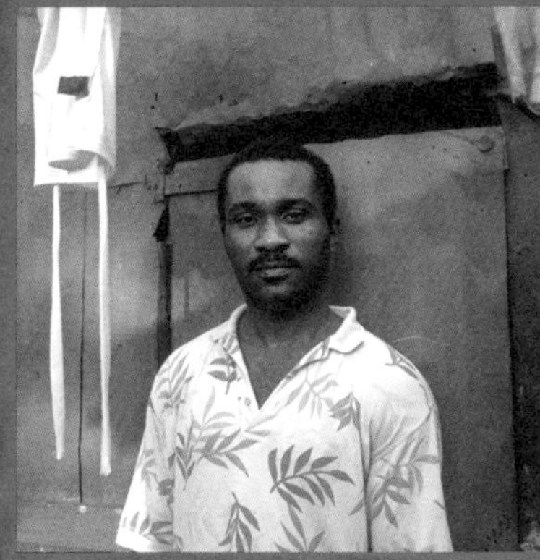
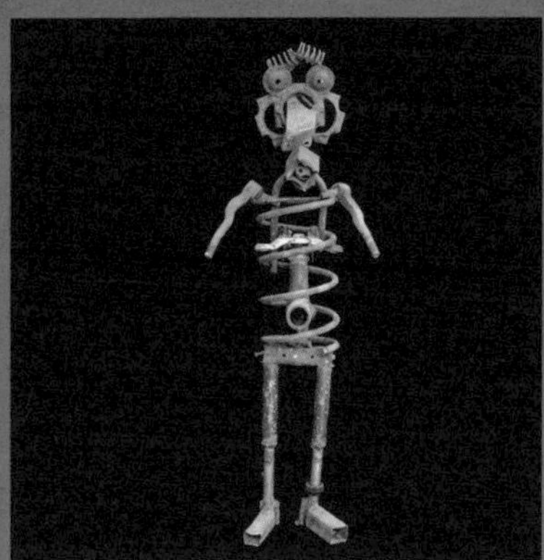

RONALD BAZILE AKA CHEBY (1980)

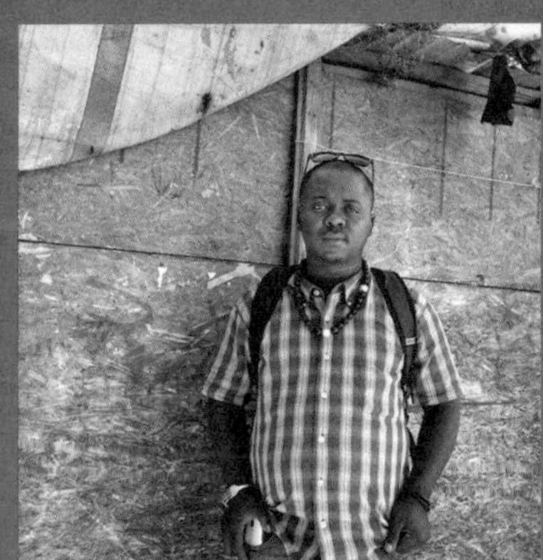
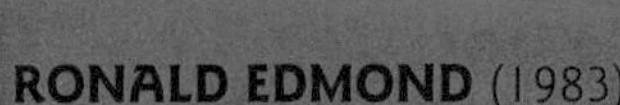
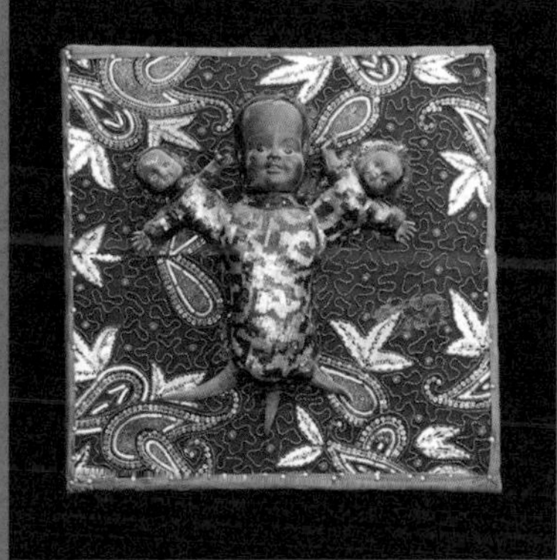

RONALD EDMOND (1983)

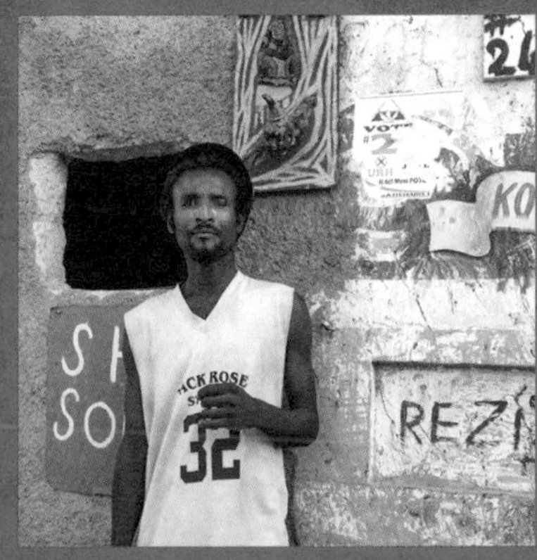
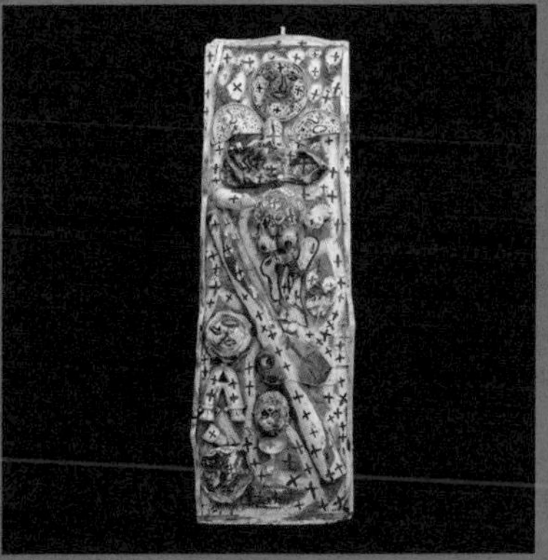

RONY CADET (1980)

LOCAL ARTIST COMPENDIUM KOLEKSYON ATIS LOKAL

ATIS REZISTANS As with all artistic collectives the membership is in constant flux for many different reasons. People leave and join all the time. This compendium attempts to be a snapshot of the people involved with Atis Rezistans in early 2016. Apologies to anyone excluded or any people who have subsequently left the group.

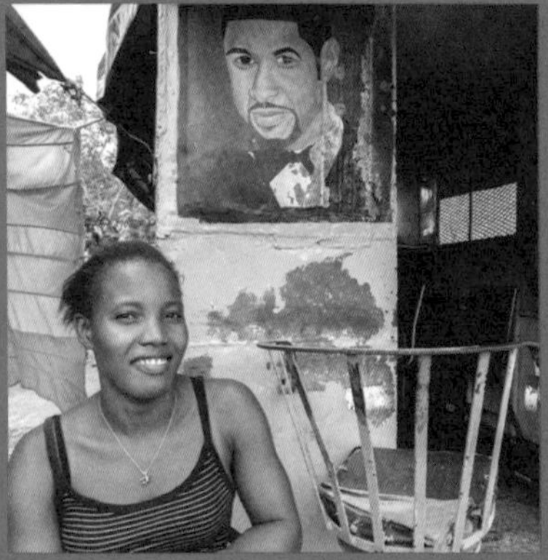 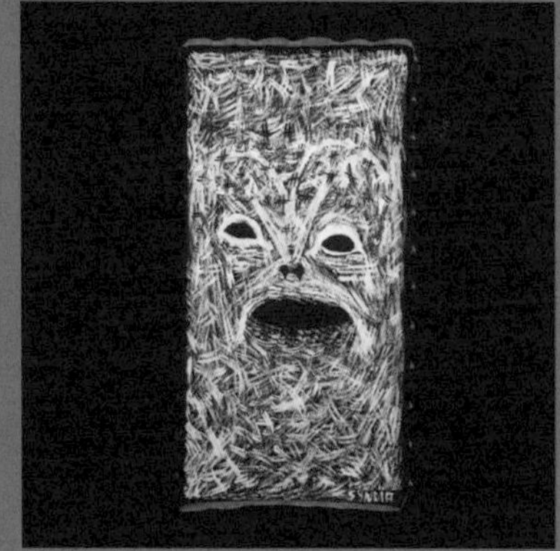

SYNDIA LEONCE (1990)

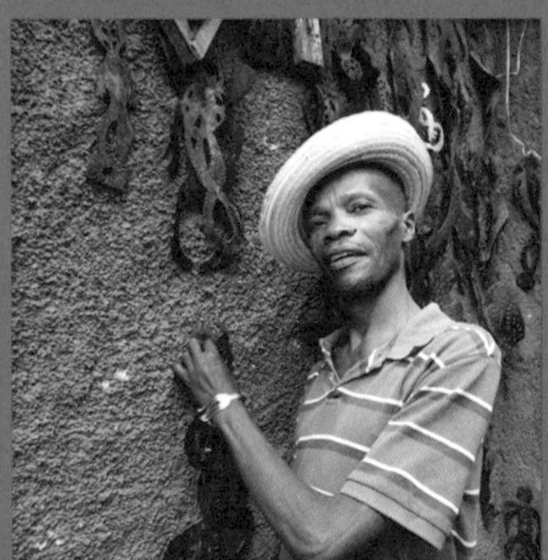 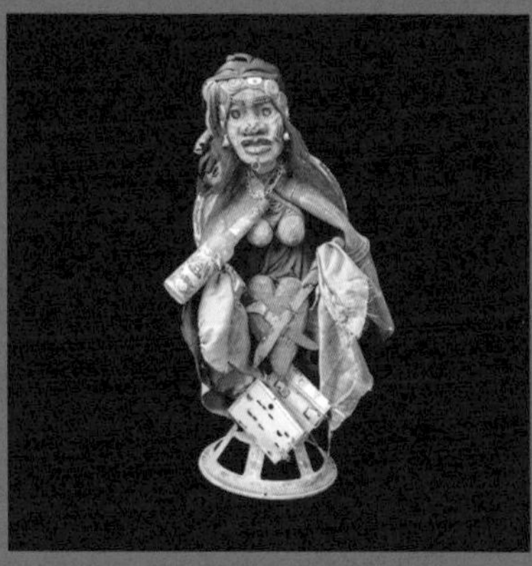

WESNER BAZILE (1961)

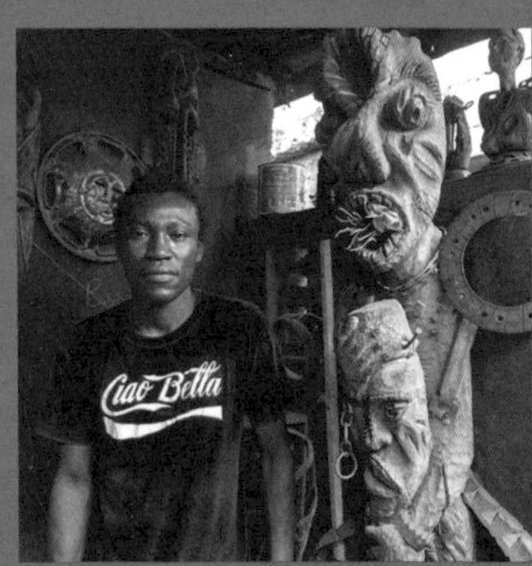 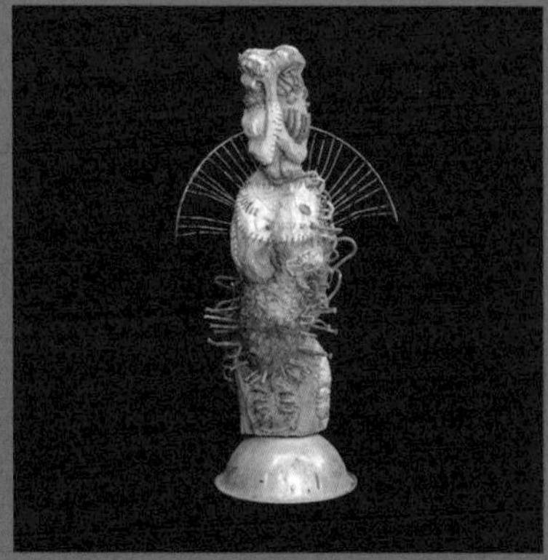

WILERME TEGENIS AKA SOUSOU (1976)

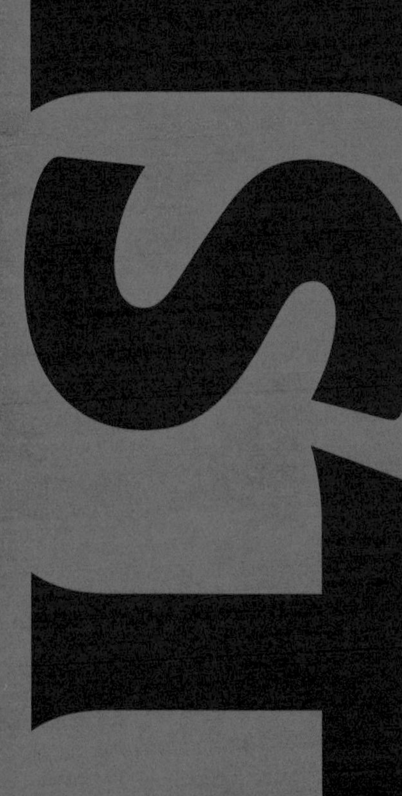

LOCAL ARTIST COMPENDIUM KOLEKSYON ATIS LOKAL

ATIS REZISTANS Menm jan pou tout kolektif atistik toujou gen adezyon pou plizye rezon diferan. Moun kite e rantre toutan. Rekèy sa a eseye dwe yon kliche nan moun ki te enplike nan Atis Rezistans nan kòmansman 2016. Nou mande eskiz a tout moun ki ekskli oubyen a tout moun ki te kite group la apre sa.

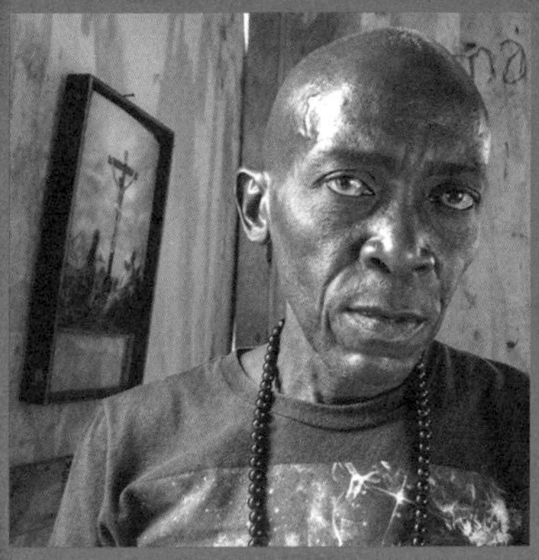

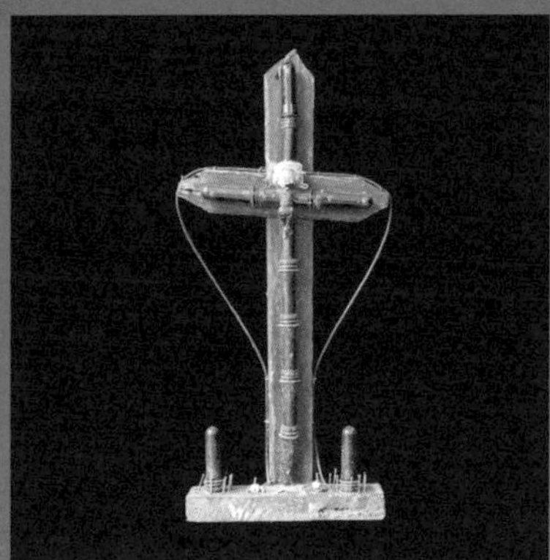

WILSON BONHOMME (1962)

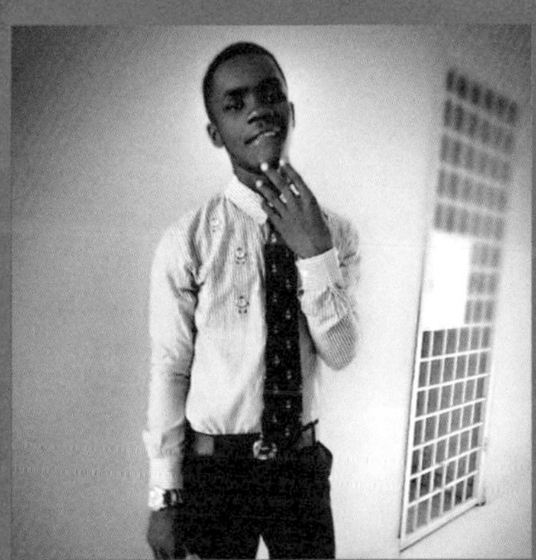

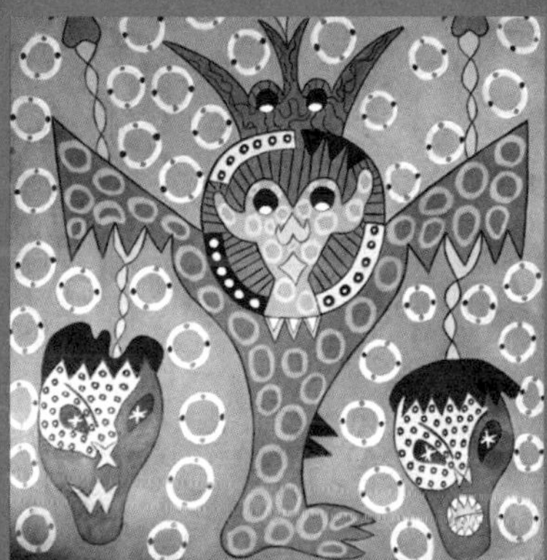

CHARLES ART JERRY (1999)

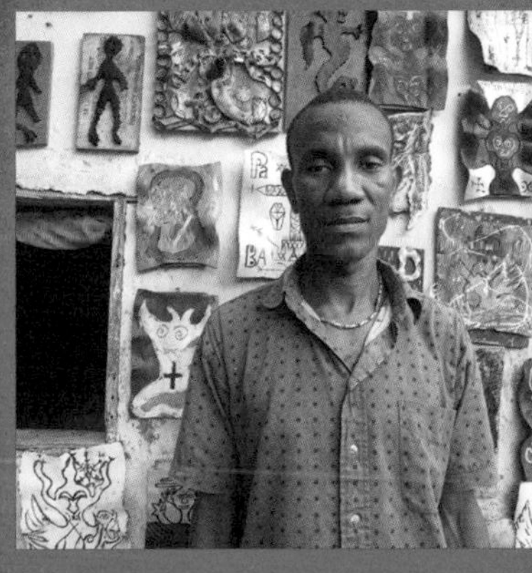

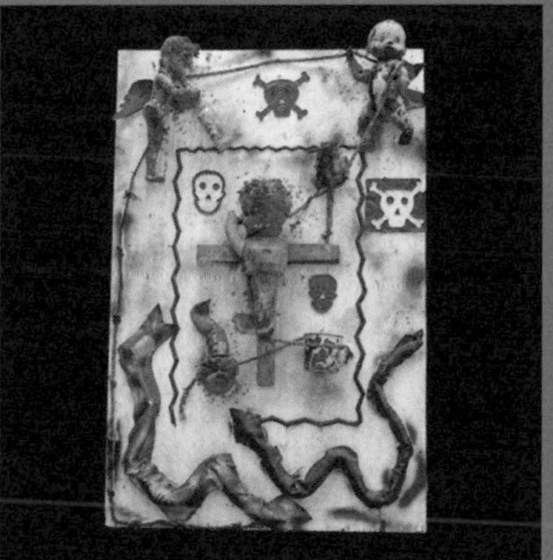

JOSEPH CONSTANT (1979)

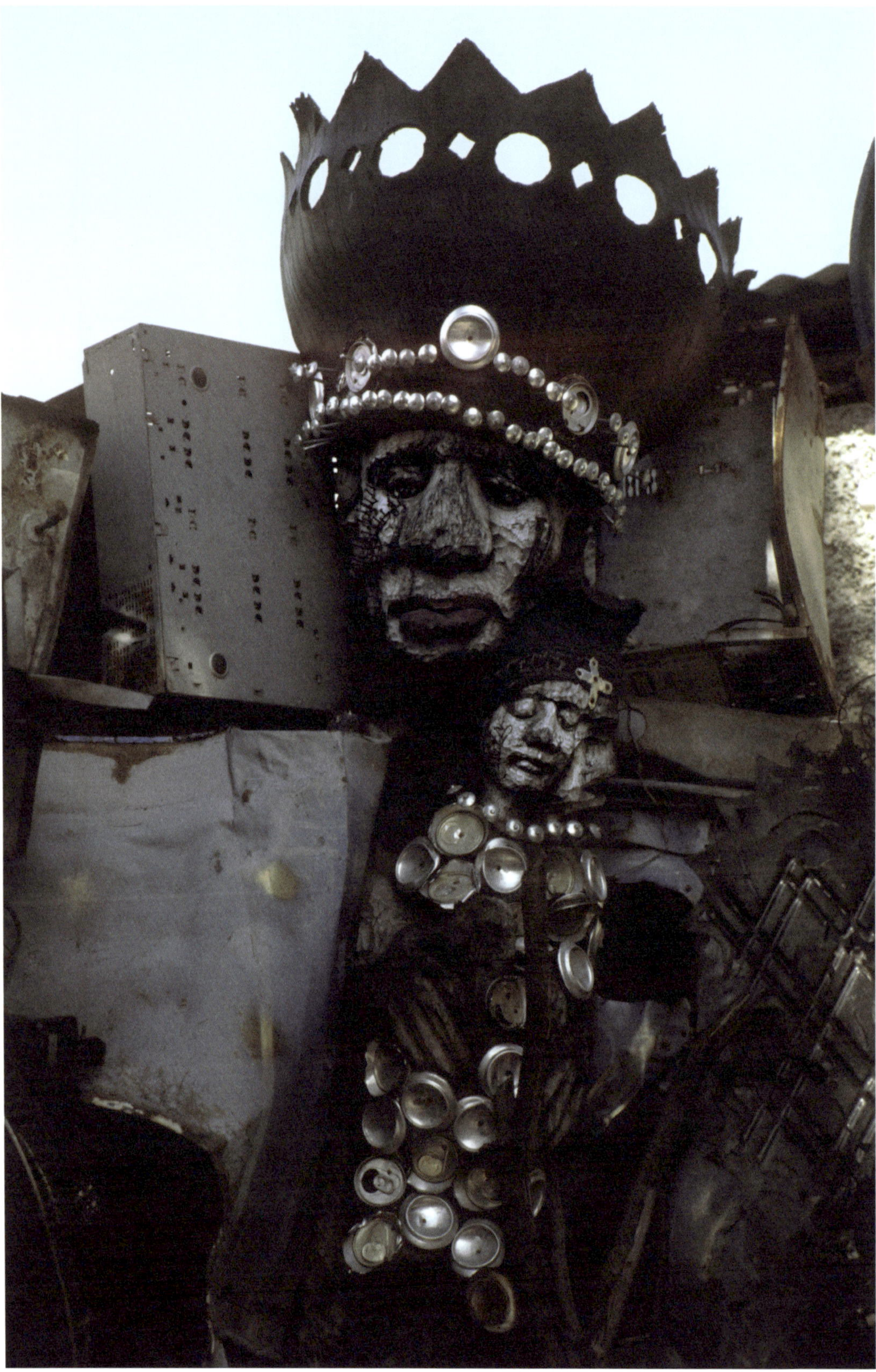

Fig. 1.7 Ezili Danto, sculpture by Andre Eugene installed at his atelier, Port-au-Prince, Haiti. Photo: Leah Gordon

Fig. 1.7 Ezili Danto, eskilti pa Andre Eugene enstale nan atelye'l, Pòtoprens, Ayiti. Foto: Leah Gordon

ACKNOWLEDGMENTS
REMESIMAN

We would like to begin by thanking all the participants to the Ghetto Biennale and the contributors to this catalogue.

This catalogue wouldn't have been possible without the support of our Kickstarter donors:

Nou ta renmen kòmanse pa remèsye tout patisipan yo nan Geto Byenal la e tout moun te kontribitè nan katalòg sa a.

Katalòg sa a pa ta posib san sipò donatè Kickstarter nou yo:

Anne Aghion, Daniela Belinga Agossa, Joe Ahearn, Wassan Al-Khudhairi, Abigail Aldridge, Shana V. Alexander, Ineke Allez, Bonello Ange, Irene Aristizabal, Murray Armstrong, Stuart Baker, Adelaide Bannerman, Monica Barberousse, Raphaël Barontini, Marielle Barrow, Maggie Battles, JoAnn Berman, Pooja Bhatia, Nancy Blair, Hendrik Bogaert, Isabelle Bohard, Bryony Bond, Gian Paolo Bonesini, Linda Brindeau, Peter Bromley (1968 Film Group), K. A. Brown, Barbara Browning, Andrew Bulbeck, Nanne Buurman, Diedrick Brackens, Calverts Co-operative, Douglas Candano, Marielis Cerreda, Vivian Chan, Dasha Chapman, Thomas C. Chung, Paul Clammer, Ron Vron Claws, Anna Colin, Louise Convisser, James Cooper, Donald Cosentino, Marilena Crosato, Gina Cunningham, Darrell Currington, Meryn Cutler, Ffion Davies, Colin Dayan, Robin Lauren Derby, Robert Dimin, Dom, Melani Dowdy, Kirsti Drain, Rowynn Michelle Dumont, Erin Durban-Albrecht, Hannah Durkin, Marg Duston, Christine Dutton, Eli Dvorkin, Jo Edwards, Milly Ellis, Eca Eps, Heidi Etzman, Peter Eves, Patrick Ewing, Julie Farmer, Carl Martin Faurby, Sam Fein, Sibylle Fischer, Richard Fleming, Dominique Fontaine, Charles Forsdick, Romain Forquy, Maggy Fouche, Fallen Fruit, Heather Frost, Gala, Allyn Gaestel, EC Gerety-Crippen, Kevin Gerety-Crippen, Gabriella Gilmore, Dorothy Glee, Victoria Godfrey, Gia Goodrich, Roberto Gomez, Dorothy Gordon, Rosie Gunn, David Grandouiller, Joy Gregory, Peter Haffner, Bastian Hagedorn, Fiona Hale, Lianne Hall, Gareth Halsall, Katharine Hamilton, Charlotte Hammond, Michael Handley, Zeal Harris, Kay Hart, Rosie Hastings, Braden Hassett, Jeremy Henderson, Marius Hermansen, Suz Hinton, Jessica Hodin, Raphael Hoermann, Lena Hoet, John Holden, Cedric Howe, Harriet Huber, Rob Hunter, Metin Huseyin, Jennifer Intan, Brandon J, C.T. Jasper, Jørgen Johansen, Beatrice Johnson, Kwynn Johnson, Vinorthan Joseph, Anna Kayseba, Katya Kazbek, Melanie Kidd, Amy King, Radhika Khimji, Uta Kopp, J Lacroix, Galerie Lakaye, Axel Lapp, Devi Lanphere, Tim Lash, Nicholas Laughlin, Remi Lavelle, Laura Leath, Lee Lee, Adrian Leibowitz, Karen Leicester, Jenny Lessin, Vioulou Lignac, Charles Linehan, Jackie List, Kieran Long, Miguel López, Jacqueline A. Lott, Holly Lubran, Víctor Luengo, Emily Lunz, Hyatt Mannix, Elizabeth McAlister, Marta, Emily McMehen, Kristie Macris, Quentin Mathieu, Ann Mazzocca, D'Ann Mazzocca, Gus Mazzocca, Louis Meno, Jason Metcalf, Blaise Meyrat, Katrina Meyrat, Sam Millen, DC Miller, Nick Miller, Rachael Minott, Wiebke Morgan, Carrie Myers, Henrike Naumann, Ryan Neely, Irina Novarese, Nichole, Jacob Akira Okada, June Oldroyd, Neysa Page-Lieberman, Gill Park, Jennifer Pantaleon, Mariana Past, Georgia Popplewell, James Pyott, Rachael Rakes, Yao Ramesar, Katherine Ramsey, Shannon Randall, Raúl,

Gail Raynor, Whitney Raynor, Marcus Rediker, Hillary Reeves, Chantal Regnault, Yolanda Reus, Micheal David Ricks, Maggie Roberts, Heidi Roepke, Stephen Rose, Allison Rowe, Lucía Ruggia, Petri Saarikko, Sasha Huber Saarikko, Gimena Sanchez, Ryan, Riccardo Sartori, Polly Savage, Josie Ann Scanlan, Pat Scheu, Alexander von Schlinke, Floris Schönfeld, Sam Schumacher, Angela Scott, Graham Selkirk, Jonny Sender, Guelpa Séverin, Nicholas Sharp, Caitlin Shaw, Noah Sherwood, Cheryl Sim, Katherine Smith, Costanza Soprana, Kantara Souffrant, Eduardo Suarez, Helen Spraos, Marisa Tabti-Bartal, Ammo Talwar, Vanessa Tamariz, Ryan Tucker, Tony, James Turnbull, Jennifer Vannerpool, Myriam Vanneschi, Nele Verbruggen, Grete Viddal, Clemens Villinger, Susan Walker, Lena Walter, Eric Damon Walters, Lynne Warberg, Lance D Ward, Michelle Welch, Anne Wester, Liz Wilkinson, Joe Winter, Keisha Rae Witherspoon, Elizabeth Woodroffe, Kelly Wren, Lynn Zetzman.

Major Donors Donatè Majò

Lee Anderson, Wendy Asquith, Cat Barich, LeGrace Benson, Tom Bogaert, Volker Diehl, Ben Fountain, Simryn Gill, Laura Heyman, Albertine Kopp, Laurence Kent Jones, Jason Kelley, Jonathan Ellis King, Pedro Lasch, Nadine Lopez, Ranu Mukherjee, Martin Munro, Anne Parisio, Jon Pender, Thibault Poutrel, Roger Ojopi, Michèle Reymond, Annabel Stacey, David Stacey, Tot Taylor, Pascale Theard, Gina Athena Ulysse.

Special Thanks Remèsye Espesyal

Arcade Fire, Davidoff Art Initiative, Alanna Heiss, Jessica Hodin & Art Basel Crowdfunding, Victoria Rogers & Kickstarter, Pascale Theard Creations, Winthrop-King Institute for Contemporary French and Francophone Studies at Florida State University.

Translators Tradiktè yo

David Charlier, Anna Ferdinand, Leah Gordon, Peterson Jean-Pierre, Jean-Daniel Lafontant, Marie-Ange Magloire, Jacques Richard Miguel, Nadine Mondestin, Winter Rae Schneider, Katherine Smith.

Proof-readers Korektè yo

Elizabeth McAlister, LeGrace Benson, Irina Contreras, James Cooper, Fritzgi Dessources, Gina Cunningham, Marg Duston, Elsabe Johnson Dixon, Richard Fleming, Peterson Jean-Pierre, Laurence Kent Jones, Irvine Peck's-Agaya, Carl-Henri Profite, Chantal Regnault, Laura Wagner.

The Ghetto Biennale has been made possible by our generous funders.
Geto Byenal la te fè posib pa donatè jenere nou.

Bill Bollendorf; Owsley Brown III; Mathieu Carrière; Embassy of the United States, Port-Au-Prince, Haiti; FOKAL Open Society Institute, Haiti; Fondation Culture Creation, Haiti; Haitian Resource Development Foundation, Haiti; Hand Eye Fund; Hotel Oloffson, Port-au-Prince, Haiti; Institute Français, Port-au-Prince, Haiti; KK from Crowing Rooster Arts & TapTap Restaurant, Miami; Sîon Whellens.

The Ghetto Biennale would not have been possible without the generous help of our friends.
Geto Byenal la pa ta posib san èd jenere zanmi nou yo.

Joe Ahearn, Alanna Heiss, Beatrice Johnson & Jake Nussbaum of Clocktower Radio; Rosanne Auguste from APROSIFA; Stuart Baker & Angela Scott of Soul Jazz Records; Adelaide Bannerman & the International Curators Forum; Cat Barich; Jacques Bartoli; Mario Benjamin; Giscard Bouchotte; Brad Butler, James Holcombe & Noor Mirza from No.w.here; Claudel Casseus; Rossi Jacques Casimir; Vivian Chan; John Cussans; Philippe Dodard; Bill Drummond; Marion Duquerroy; Marg Duston; Christine Eyene; Alex Farquharson; Richard Fleming; Laura Heyman; Gus Hutchinson; María Del Carmen Carrión, Kate Fowle, Kimberly Kitada & Renaud Proch from Independent Curators International; the International Biennale Association; Jazon; Kòd Kreyol; Maccha Kasparian; Nelta Kasparian;

Jean-Daniel Lafontant; Marie-Laurence Lassègue; Renald Lally; Lazaros; Yoon Soo Lee; Love Leonce; Syndia Leonce; Anne Lescot; Jorgen Leth; Axelle Liataud & Pascal Monnin from Centre D'Art; Herold Pierre-Louis; Mario Pierre-Louis; Maude Malangrez & Lorraine Mangones from FOKAL; Jonathan Moberly and Tracey Moberly of the Foundry; Emerante Morse, Isabelle Morse, Lunise Morse, Richard Morse and William Morse at the Oloffson; Andre Paultre; Romel Jean Pierre; Barbara Prezeau; Prospery Raymond; Laurie Richardson; Ranu Mukherjee; Chantal Regnault; Monique Rocourt; Evel Romain; Jean-Claude Saintilus; Jean Erian Samson; Helen Spraos; Annabel Stacey; Jean Rodrigue Ulcena; Mabelle Williams; Liz Woodroffe; Nadine Zeidler and all the artists and curators that have taken part. Apologies to anyone forgotten.

The Ghetto Biennale is also indebted to the translators that enabled us to have the call in many languages.
Geto Byenal la tou ta vle remèsye tradiktè yo ki te pèmèt nou gen apèl la nan plizyè lang.

Patricia Verdial (Español), Nelta & Maccha Kasparian (Français), Priscilla Mountford (Português do Brasil), Laurie Richardson (Kreyòl), Cat Barich (Deutsche), Ariadni Liakis (Ελληνικά), Anya Dorofeeva (русский), Yuk Yee Phang (官话)

Thanks to all our contributors – writers, poets, critics and photographers.
Mèsi tout kontribitè nou yo - ekriven, powèt, kritik ak fotogwaf.

Tim Austin, Peter Anderson, Leonard Jean Baptiste, Makenson Bijou, Emilie Boone, Rossi Jacques Casimir, Claudel Casseus, James Cooper, John Cussans, Jean D'Amerique, Andre Eugene, Peter Haffner, Laura Heyman, Per Huttner, Larissa Issler, Melitza Jean-Felix, Kwynn Johnson, John Kieffer, Jean-Daniel Lafontant, Lazaros, Elizabeth McAlister, Tracey Moberly, Roberto Peyre, Moise Pierre, Chantal Regnault, Evel Romain, Jean-Claude Saintilus, Polly Savage, Katherine Smith, Liz Woodroffe.

In memory of lost friends **Nan memwa nan zanmi pèdi**

RIP Destimare Pierre Ismel aka Louko, Flo McGarrell, Camsuze Mondesir, Evans Simeon, Wender Thelisma, Laurens Wyllie.

WHAT
HAPPENS
WHEN
FIRST
WORLD
ART
RUBS UP
AGAINST
THIRD
WORLD
ART?
DOES IT
BLEED?

SAK PASE
LÈ ATIZAY
PREMYE
MOND
LAN
FWOTE
KONT
ATIZAY
TWAZYÈM
MOND
LAN?
ÈSKE LI
BLESE?

1ST GHETTO BIENNALE
1E GETO BYENAL
2009

Andre Eugene (HT)
curator, co-director, site management
konsèvate, ko-direktè, manadjè sit la

Celeur Jean Herard (HT)
curator
konsèvate

Evel Romain (HT)
curator, transport and logistics
konsèvate, transpò, lojistik

Leah Gordon (GB)
curator, co-director, logistics, press
konsèvate, ko-direktè, lojistik, laprès

Maccha Kasparian (FR)
French translation
tradiktè Franse

Myron Beasley (US)
curator, conference management
konsèvate, manadjè konferans

Yoon Soo Lee (US)
graphic design, website creation
desen grafik, kreyasyon sit entènèt

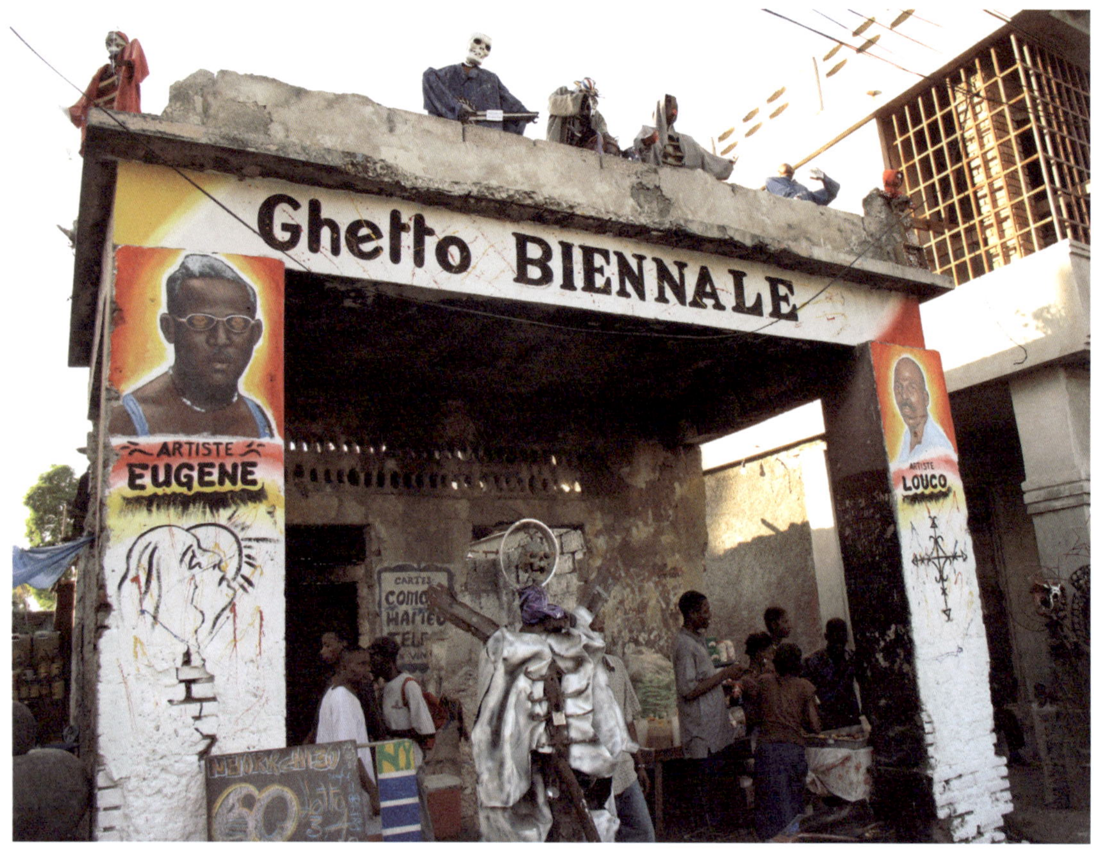

Fig. 2.1
Entrance to the Ghetto Biennale painted by
Michel Lafleur and commissioned by John
Cussans, 1st Ghetto Biennale 2009, Port-au-
Prince, Haiti. Photo: Chantal Regnault

Fig. 2.1
Papòt Geto Byenal la pentire pa Michel Lafleur
e komisyone pa John Cussans, 1ye Geto Byenal
2009, Pòtoprens, Ayiti. Foto: Chantal Regnault

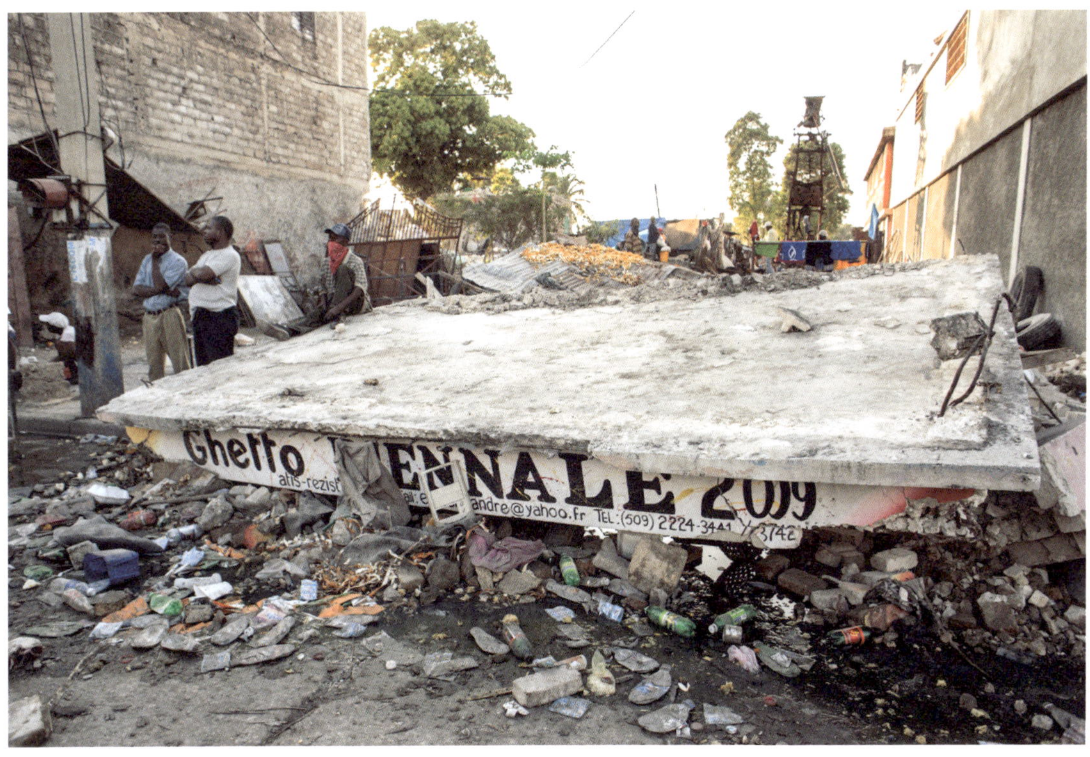

Fig. 2.2
The collapsed entrance to the Ghetto Biennale
after the earthquake in January 2010, Port-au-
Prince, Haiti. Photo: Leah Gordon

Fig. 2.2
Papòt Geto Byenal la te tombe apre
tranbleman tè a nan janvye 2010,
Pòtoprens, Ayiti Foto: Leah Gordon

ARTIST AND PROJECT LIST LIS ATIS AK PWOJÈ YO

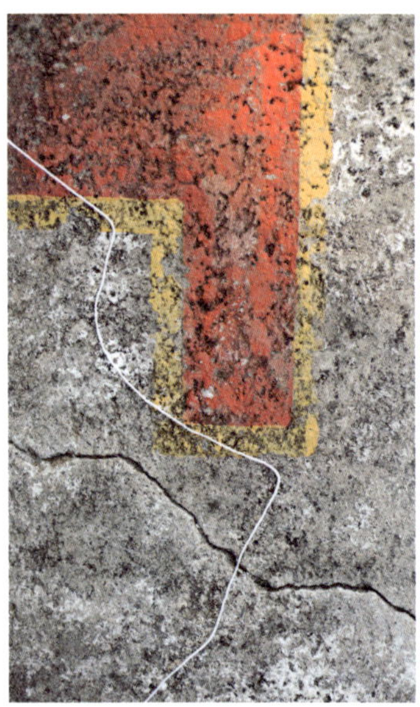

Allison Rowe (CA)

MAPPING THE COAST | KATOGRAFIK KÒT LA

When the earth gets warmer, ocean tides rise and coastal spaces disappear. If, as scientists believe, the current global warming trend continues, our planet is going to look very different in a few short decades. The low lands of coastal cities like Port-au-Prince will soon be gone and replaced by water. In an attempt to prepare people for these massive geographic changes, I will be mapping this new potential coast line of Port-au-Prince during the Ghetto Biennale by rolling out a large ball of string to mark the new coast.

Lè tè a vin pi cho, lanmè monte ak espas zòn bòdmè pral kòmanse disparèt. Si, jan anpil syantis kwè, tandans aktyèl la nan chofman mondyal la kontinye, planèt nou an pral parèt trè diferan nan kek deseni. Vil ki nan zòn ki ba, bò lanmè, tankou Pòtoprens, pral disparèt epi dlo app ran plas yo. Pou eseye prepare moun pou kokenn chanjman jeyografik sa yo, m pral mapifye kòt lavni Pòtoprens ak yon liy pandan Geto Byenal la pa woule yon gwo boul nan fisèl pou make nouvo bòdmè.

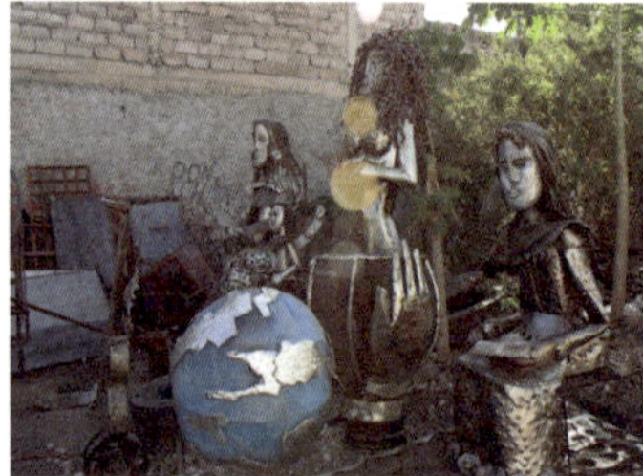

APROSIFA – Fenel Mathial (HT), Ronald Cadet (HT), Nathalie Fanfan (HT), Jean Walgens Pierre (HT) and Jean Robert Almonord (HT)

BUILDING A NEW WORLD | BATI YON NOUVO MOND

Five of APROSIFA's young members want to build a big sculpture that they want to call BUILDING A NEW WORLD. They see today that, social inequality, racism and war are hurting too many people and want to promote social justice and change worldwide.

Senk jèn manm APROSIFA vle bati yon gwo eskilti ke yo vle rele BATI YON NOUVO MOND. Yo konstate ke jounen jodiya, inegalite sosyal, rasis ak lagè ap blese twòp moun epi vle ankouraje jistis sosyal, ak chanjman nan lemond.

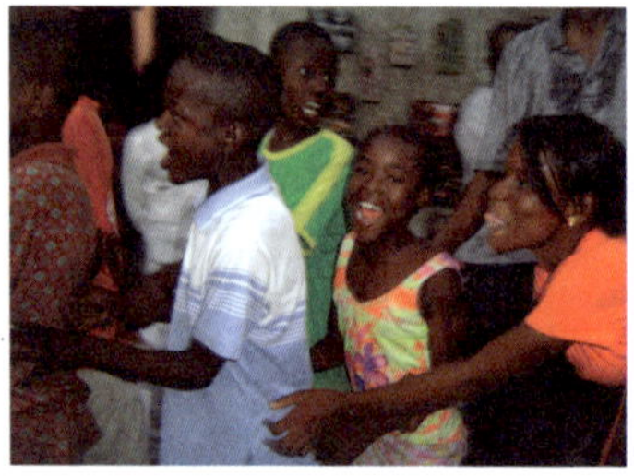

Bill Drummond (GB) & John Hirst (GB)

THE SURROUND | ANTOURE

Take a map of a city. Draw a circle on the map. The circumference of the circle on the city should be no more than five kilometres. Recruit 100 people from the city to be members of THE17. Distribute a copy of this score to each of the recruits. Position THE17 at no more than 50 metre intervals on the circumference of the circle. Each member of THE17 should be in sight and hearing of their neighbour in each direction. Instruct one member of THE17 on the circle to face their clockwise neighbor. And at a given time make a single full throated two note call using the note F (Doe) descending to D (La). On hearing the call the neighbour will repeat the call to their clockwise neighbor. The process will continue until the call has circumnavigated the circle five times. During the performance THE17 are to imagine themselves high above the city watching and listening to the call as it makes its way around the circle. Many years later THE17 are to listen to the memory of this performance in their head. The performance will then be considered complete.

Pran kat jeyografik yon vil. Trase yon wòn sou kat jeyografik la. Sikonferans wòn nan ki sou vil la pa dwe plis pase senk kilomèt. Ranmase san moun nan vil la ki vle patisipe nan 17LA. Bay chak moun nan 17LA yon kopi patisyon mizikal sa-a. Mete chak moun nan 17LA nan entèval pa plis pase 50 mèt sou sikonferans wòn nan. Chak manm 17LA ta dwe kapab wè ak tande vwazen yo nan chak direksyon. Di yon manm nan 17LA nan wòn nan fè anfas vwazen ki agoch li-a. Nan yon moman espesifik fè yon sèl rèl avèk de nòt byen fò, premyeman itilize nòt la rele F epi desann rive nòt la rele D. Lè chak moun tande rèl la lap repete apèl la pou pwochen vwazen ki agoch li. Pwosesis sa-a ap kontinye jiskaske rèl la pase nan tout wonn nan senk fwa. Pandan spektak sa-a 17LA tout manm 17LA dwe imajine tèt yo pi wo vil la, kote yo ka gade epi tande rèl k ap travèse tout wonn nan. Plizyè ane pita 17LA dwe koute memwa-a spektak sa-a nan tèt yo. Se lè sa-a spektak nan ap konsidere fini.

ARTIST AND PROJECT LIST LIS ATIS AK PWOJÈ YO

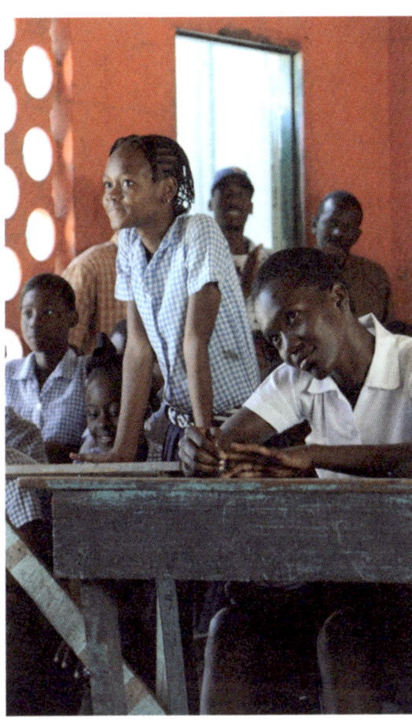

Bill Drummond (GB) & John Hirst (GB)

THE17: PORT-AU-PRINCE 2009 | 17LA: PÒTOPRENS

THE17 is a choir, but the choir is made up of different groups of people every time they perform. The only audience for THE17 are those that are taking part. THE17 began touring in 2006 and have performed more than 300 times all over Europe, including Moscow, Oslo, Stockholm, St Petersburg, Vienna, Zurich and London. THE17's first performance in the new world of the Americas will be in a school just off the Grand Rue, Port-au-Prince, close to the Ghetto Biennale.

17LA se yon koral, men chak fwa koral la fè yon spektak, li gen diferan moun ladan l. Gen yon sèl odyans pou 17LA e sa yo se moun yo kap patisipe. 17LA te kòmanse nan 2006 epi yo fè plis pase 300 spektak nan tout Ewòp, pa egzanp nan Moskou, Oslo, Stòkolm, Vyèn, Zurik epi Lond. Premye spektak 17LA nan Amerik yo pral fèt nan yon lekòl touprè Gran Ri a, Pòtoprens, bò kote Geto Byenal la.

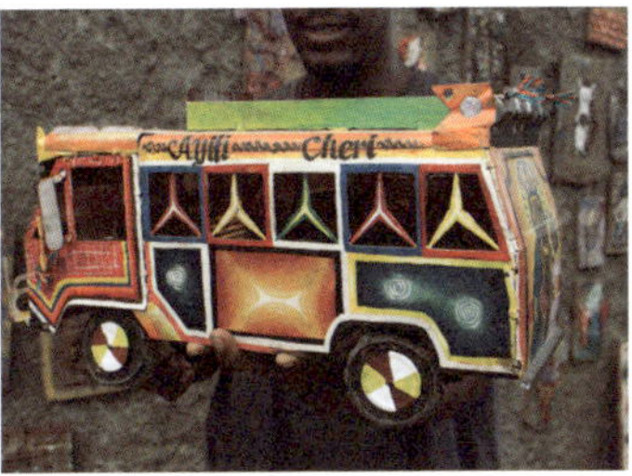

Cameron Brohman (CA) & Reggie Jean François (HT)

BRANDAID TAPTAP PROJECT | PWOJÈ BRANDAID TAPTAP

A home-made toy industry once flourished in the slums of Port-au-Prince. The toys, made from recycled materials, were always affordable to the poor. The slums have their own economy. Perfect little replicas of cars, trucks and buses were hand made from tin cans salvaged from the dump. The toy makers were artisans who crafted the ladles, braziers and cooking utensils from scrap tin. This project aims to resurrect the indigenous toy industry that once enlivened the slums of Haiti. One of the last surviving master artisan toy makers has been located and commissioned to create several prototypes. The first type of toy is called Tap Tap and features replicas of the famous fantastically painted Haitian buses.

Lontan, moun te konn fabrike ti jwèt atizanal nan bidonvil Pòtoprens yo. Jwèt yo, te fè ak materyèl resikle, te toujou abòdab pou pèp la. Depi lontan, moun ki abite nan bidonvil yo gen pwòp ekonomi pa yo. Avèk mamit yo jwenn nan pil fatra, yo te fè bèl ti kopi machinn, kamyon, ak bis ki sanble vrè machinn yo nèt. Menm atizan ki fè jwèt yo te konn fè louch, fou, ak lòt zouti pou kwit manje avèk fèblan resikle. Pwojè sa a ta vle resisite endistri jwèt ki te egziste lontan nan bidonvil Ayiti yo. Youn nan dènye siviv mèt mizisyen jwèt atizan yo te jwenn ak komisyone pou kreye prototip plizyè. Premye kalite a semble nan yon Tap Tap ak karakteristik replike nan pi popilè otobis Ayisyen kip pentire fantastikman.

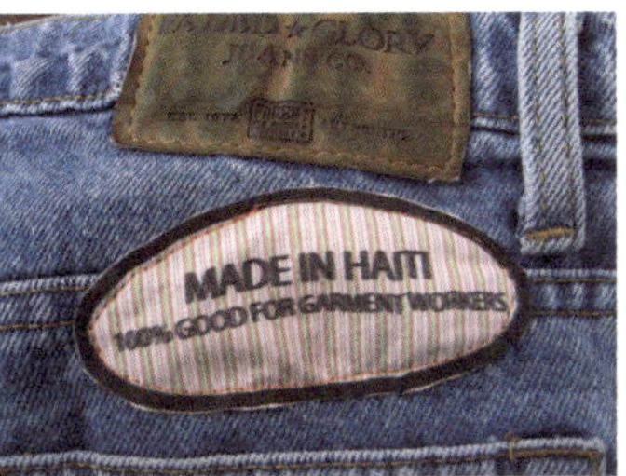

Carole Frances Lung (US) & Jonas Labaze (HT)

MADE IN HAITI | FÈT AN AYITI

In response to Haiti's potential for becoming the next victim of multinational apparel manufacturers, Frau Fiber appointed herself "special envoy to Haiti, apparel workers", and set out to explore the possibilities of using Pepe (second-hand clothes) as a resource for creating a sustainable garment industry in Haiti. Upon her arrival, she was introduced to Jonas Labaze, a tailor, painter, photographer and all around Renaissance man. Jonas agreed to participate and became the local project manager. Jonas secured sewing machines, the Pepe and had a table built. Jonas was paid $50 a day. They worked together for 8 days, produced 30 garments, inspired by the artwork of the Grand Rue.

Ayiti ka tounen pwochenn viktim konpayi miltinasyonal k ap fabrike rad yo. Se konsa kòm yon repons Madam Fiber te rele tèt li "anvwaye espesyal an Ayiti, pou travayè tekstil", ak fè rechèch sou posiblite pou itilize pèpè kòm materyèl pou kreye yon endistri rad dirab an Ayiti. Lè li te rive, li te rankontre ak Jonas Labaze, yon tayè, atis pent, fotograf ak moun ki gen anpil talan. Jonas te dakò patisipe e li te vin manadjè pwojè lokal la. Jonas jwenn machin koud, pèpè epi te gen yon tab bati. Jonas te resevwa $50 pa jou. Yo te travay ansanm pou 8 jou, ki te pwodwi 30 rad, enspire pa artwork la nan Gran Ri a.

ARTIST AND PROJECT LIST LIS ATIS AK PWOJÈ YO

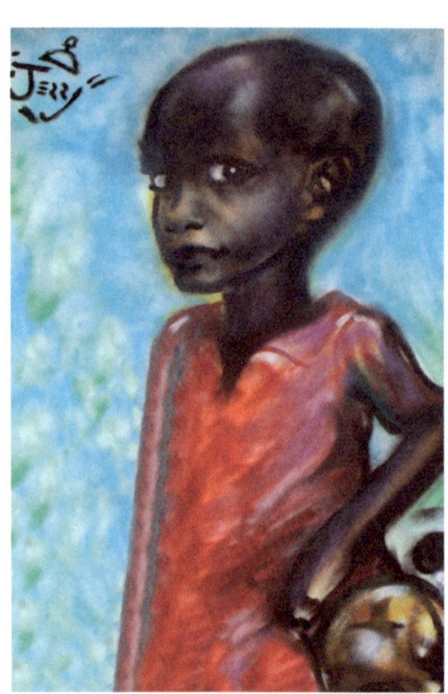

Chantal Regnault (FR), Jerry Moïse Rosembert (HT) & Robert Peterson (US)

HAITIAN GRAFFITI ARTISTS | ATIS GRAFITI AYISYEN

In 2009, graffiti style color and b/w drawings started to appear on downtown Port-au-Prince walls and rather rapidly made it to uptown Pétionville walls. At first, most of them were signed 'Jerry' but were soon joined by two other ubiquitous artists 'Marc' and 'Kadafi'. Finally, they have joined in what they called" the Haitian Graffiti Movement". Shortly after the pop star's death, Jerry's version of Michael Jackson made the New York Times. An audiovisual piece using still photos and video segments will document the artists and their work.

Nan lane 2009, penti nan stil grafiti te kòmanse parèt sou mi anba lavil Pòtoprens, epi byen vit li te monte mòn nan pou l parèt sou mi Petyonvil yo, tou. Okòmansman, anpil ladan yo te siyen "Jerry", men byento de lòt atis ki rele 'Marc' ak 'Kadafi' te kòmanse parèt, tou. Jounen jodiya, yo resi fè yon sèl, nan sa yo rele "Mouvman Grafiti Ayisyen." Yon ti tan aprè lanmò Michael Jackson, yon imaj vedèt la Jerry te pentire te soti nan jounal New York Times. Nou pral fè yon zèv da odyovizyèl avèk foto ak esktrè videyo pou dokimante atis yo ak travay y ap fè a.

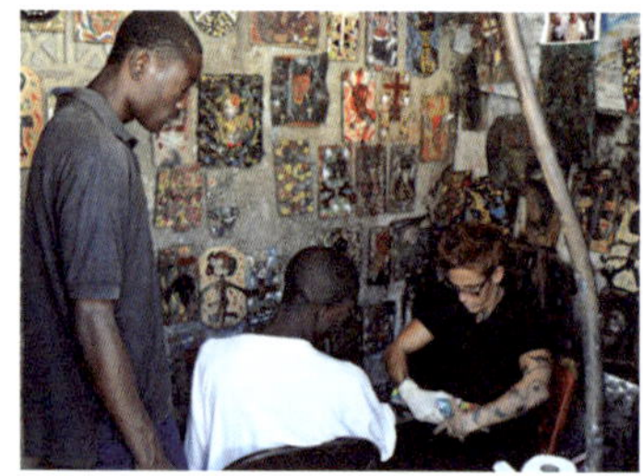

Crow Cianciola (US)

TATTOO | TATOUWAJ

This project wanted to view the Ghetto Biennale as a counter exhibition, disrupting conventional art scene exclusions, as well as a bold conversion of global power systems, centers of art production, and cultural transmission. It was planned to make a project critiquing the proliferation of aid agencies by tattooing oranges that have become part of the Haitian agricultural landscape. On arriving at the Ghetto Biennale it was decided that a better use of the tattoo equipment would be to offer free tattoos to members of the neighbourhood who were able to prove themselves over 18 years old.

Pwojè sa a te vle wè Geto Byenal la kòm yon egzibisyon kontrèman, deranje eksklizyon nan sèn atizay, osi byen kòm yon konvèsyon fonse nan sistèm pouvwa mondyal, sant nan pwodiksyon atistik, ak transmisyon kiltirèl. Nou te planifye pou fè yon pwojè ke kritike pwopagasyon ajans èd yo pa fè tatou yo nan zoranj ki te vin fè pati nan jaden agrikòl Ayisyen an. Le nou rive nan Geto Byenal la nou te deside ke yon pi bon itilize nan ekipman tatou a ta dwe ofri tatou gratis bay manm nan katye a ki te kapab pwouve tèt yo plis pase 18 ane.

Daniele Geminiani (IT)

THE ISLAND GHETTO BIENNALE IN LONDON | ZIL GETO BYENAL NAN LOND

THE ISLAND is a studio and exhibition space located in London East End, which presents the work of various artists and collaborative projects. It is a space open to the public and receptive to interconnections. The studio presupposes by its very nature the exchange among quite dissimilar geographical places, environments and social realities. With this approach, THE ISLAND will exhibit sculptures by Haitian artists André Eugène, Celeur Jean Hérard and Guyodo and it will be a partner in London. Among the many existing curatorial models of art biennials all over the world, the idea of presenting the Ghetto Biennale in the UK, is directly related to the issues that created the Biennale itself, such as for Haitian artists to overcome the dual isolation of an island and of a ghetto.

ZIL LA se yon estidyo ak espas egzibisyon ki sitiye nan Lès Lond, ki prezante travay la nan atis divès kalite ak pwojè kolaborasyon. Li se yon espas ouvè a piblik la ak reseptif pou anpil koneksyon ant moun. Estidyo a pwopoze pa nati li echanj ak diferan kote jeografik, anviwònman ak reyalite sosyal. Ak apwòch sa a, ZIL LA lan pral montre eskilti pa atis Ayisyen André Eugène, Celeur Jean Hérard ak Guyodo epi li pral yon patnè nan Lond. Pami anpil modèl kuratoryal ki deja egziste nan byenal atizay nan tout mond lan, lide prezante yon Geto Byenal nan UK a, gen yon rapò dirèkt ak pwoblèm yo ki te kreye Byenal la premyèman, tankou pou atis Ayisyen simonte izòlman doub nan yon zile ak nan yon geto.

ARTIST AND PROJECT LIST LIS ATIS AK PWOJÈ YO

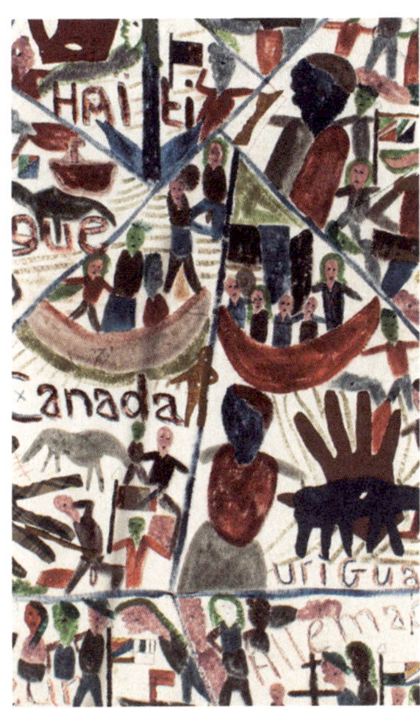

Destin Domond (HT)
A MAN IN ALL LIBERTY | NONM LAN NAN TOUT LIBERTÈ

I am a painter who works with figurative abstraction. For the Ghetto Biennale, I want to make a triangular flag which will represent the nationality of each artist taking part in the Biennale, finishing with a much larger scale Haitian flag. I want to decorate all of the Grand Rue with these flags as a way to illustrate the social and economic differences between all the participating artists. I believe that all artists are brothers who must share knowledge and support one another.

M se yon atis pent ki travay abstraksyon figiratif. Pandan Geto Byenal la m vle kreye yon drapo triyangilè pou nasyonalite chak atis ki ap prezan nan Byenal la epi pou fini ak yon gwo drapo Ayiti ki pi gwo pase tout lòt yo. M vle dekore tout Gran Ri ak yo. Pou mwen menm, se yon fason pou montre ke malgre tout diferans ki genyen ant atis ki soti nan diferan peyi - diferans ekonomik, diferans sosyal - tout atis se frè, nou youn dwe kore lòt ak pataje konesans yo.

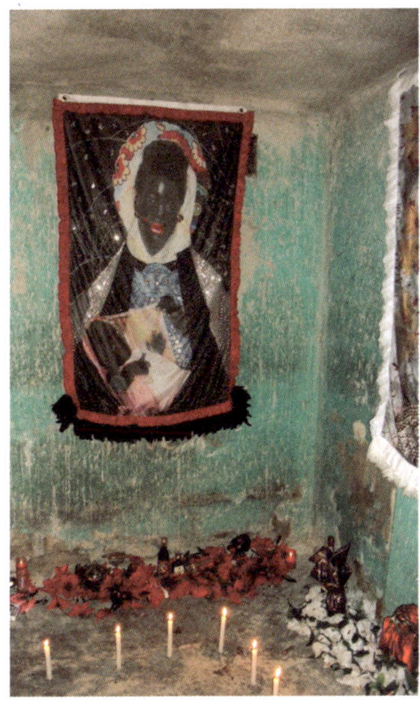

Ebony Patterson (JM/US)
JESSADA | JESADA

This project considers the parallels between my own imagery and Vodou's depiction of Lwa (spirits). I will create six sequin flags, referencing six Vodou spirits, re-contextualized with images of young black males. The Flags will be embellished in sequins and rhinestones but its central image will be photo based. The central photo will make a direct comment on the face of Haiti's gangs and its leadership, which is very reminiscent of Jamaica's gang structure. This was quite apparent in a film, 'Ghosts of Cite Soleil'; which shows the glamorized and idealized machismo associated with gang culture.

Pwojè sa a reflete sou paralèl ki genyen ant ayestetik mwen ak tradisyon ilistrasyon lespri yo nan Vodou. Mwen pral kreye sis drapo ki referans sis lespri Vodou, men yo pral chanje kontèksyalizmen ak fas yo nan jenn gason nwa. Drapo yo pral dekore nan payèt ak pyerri men imaj santral pral baze nan yon foto. Santral foto pral fè yon kòmantè dirèk sou figi gang Ayiti yo ak lidèchip li yo, ki trè okoumansman de estrikti gang nan Jamayik. Sa a te byen aparan nan yon fim, 'Fantom nan Site Solèy'; ki montre makismo ki asosye ak kilti gang glamourize ak idealize.

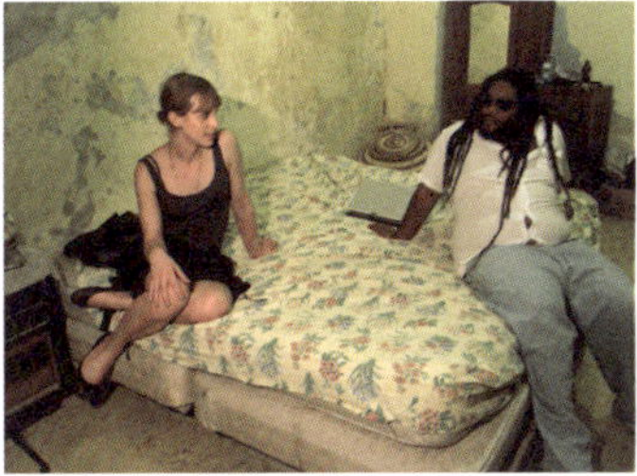

Flo McGarrell (US/HT)
KATHY GOES TO HAITI | KATHY ALE NAN AYITI

A small independent short video production takes place during the the Ghetto Biennale, and the shoot itself is the artwork. We then plan that this project will continue on after the Biennale in the form of a full-fledged film production to be completed in Cap Haïtien and Jacmel next spring. KATHY GOES TO HAITI is an early novel by the avant-garde writer Kathy Acker. The story is of a middle class American white girl who goes to Haiti with no money and knows no one. A promiscuous exploration of Port-au-Prince and Cap Haitian and back ensues. This project is in collaboration with Cary Cronenwett, Zaka Claudel Chery, Herman Desorme, Zackary Drucker, Erin Durban, Andre Eugene, Leah Gordon and Laura Teodosio.

Yon ti endepandan pwodiksyon videyo pral pase pandan Geto Byenal la, epi sa se travay boza. Aprèsa a, nou planifye ke pwojè'n pral kontinye apwe Byenal la nan fòm yon pwodiksyon fim dwe konplete nan Okap ak Jakmèl prochen ane. KATHY ALE NAN AYITI se yon woman yon ekriven 'avant-garde' ki rele Kathy Acker te ekri. Se istwa yon fi, yon blan ameriken, ki ale Ayiti san yon pyès lajan nan men li, san li pa rekonèt pèsonn moun nan peyi a. Yon eksplorasyon seksyèl soti Pòtoprens rive Okap epi tounnen. Pwojè sa a se yon kolaborasyon avèk Cary Cronenwett, Zaka Claudel Chery, Herman Desorme, Zackary Drucker, Erin Durban, Andre Eugene, Leah Gordon ak Laura Teodosio.

ARTIST AND PROJECT LIST LIS ATIS AK PWOJÈ YO

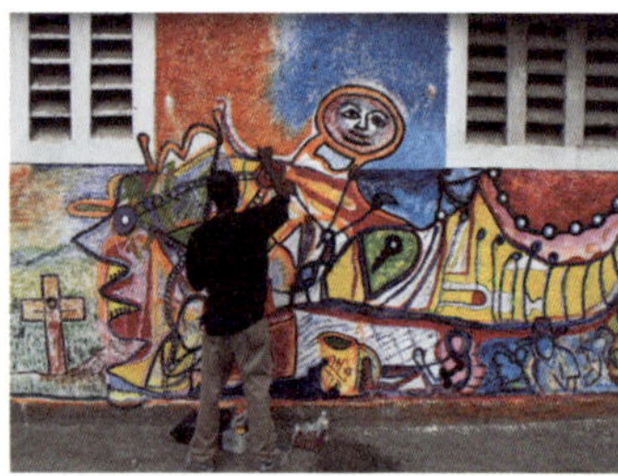

FOSAJ - Badio Joseph Junior (HT), Prince Luc (HT), Lamitie Marc-Arthur (HT), Eder Romeus (HT), Jean-Paul Sylvaince (HT) & Obelto Desire (HT)

WHY DISCRIMINATE? | POUKISA DISKRIMINE?

FOSAJ is an art center in Jacmel, Southern Haiti. This project will take the form of a big outdoor mural on the theme of WHY DISCRIMINATE? Each artist in this group is going to approach this question in their own way, to reflect a sense of their own suffering or else to relate to other forms of discrimination in their environment whether racial, against dreadlocks, religious or people living with a handicap. All this work will be documented by a film-maker (Zaka Chery Claudel) who will shoot time lapse video, which will be projected on the wall of the FOSAJ gallery where they will have an exhibition on the same theme.

FOSAJ se yon sant atizay nan Jakmèl, Sid Ayiti. Pwojè sa a pral pran fòm yon gwo miray deyò sou tèm POUKISA DISKRIMINE? Chak atis nan gwoup sa a pral apwòch kesyon sa a nan pwòp fason yo, pou yo reflete yon sans de soufrans pwòp yo oswa lòt moun pou gen rapò ak lòt fòm diskriminasyon nan anviwònman yo si rasyal, dred, moun k ap viv ak yon andikap oswa diskriminasyon relijye. Yon sineyas (Zaka Chery Claudel) pral fè yon videyo pou dokimane tout travay sa yo, ki nou pral montre sou miray la nan galri FOSAJ la kote nou pral gen yon ekspozisyon sou menm tèm.

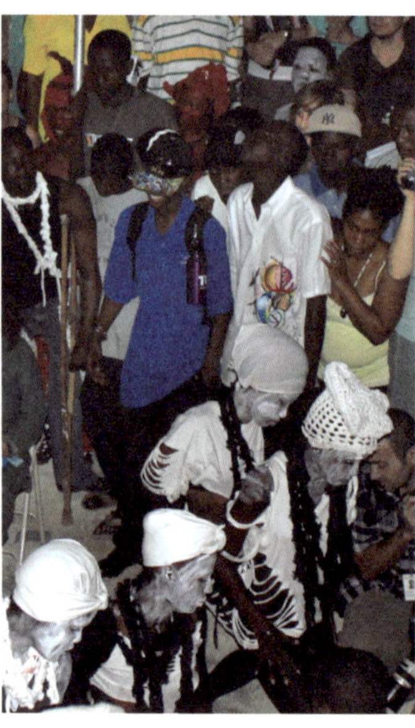

Hermane Desorme (HT), performed by Lakou (HT)

ZOMBIE ZOMBIE | ZONBI ZONBI

ZOMBIE ZOMBIE is a performance that employs dance, text, theater, costume, live video, and live painting. ZOMBIE ZOMBIE explores all types of zonbification – stating that it's not only just after death that a person becomes a zombie - many people become zombies without even knowing it. They can be made into zombies by their job, beliefs, problems, dreams, religion, and fantasies. With all the limits, struggle and necessity that life gives us…We are all Zombie!

ZONBI ZONBI se yon spektak ki itilize dans, tèks, teyat, kostim, videyo an dirèk, ak penti an dirèk. ZONBI ZONBI eksplore tout kalite zonbifikasyon - ki deklare ke li se pa sèlman jis aprè lanmò ke yon moun vin yon zonbi - anpil moun vin zonbi san yo pa menm konnen li. Travay, kwayans, pwoblèm, rèv, relijyon, ak imajinasyon ka fè yo tounen zonbi. Ak tout limit yo, lit ak nesesite ke lavi ka ban nou… Nou tout zonbi!

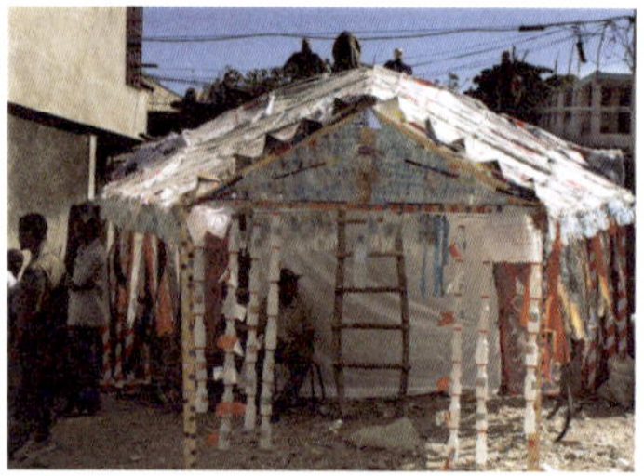

Jesse Darling (GB)

TRASH CHURCH | LEGLIZ FATRA

This project was inspired by the Levi-Strauss's principles of bricolage and magical thinking, rising out of the waste that washes downstream from the mainstream (and from the first world to the third). TRASH CHURCH will be a bricolaged structure for worship, music, film and art built from surplus and obsolete materials. The specific aesthetic will evolve out of available building materials, and from the building process itself, which should be experimental, relational, performative, collaborative and carnivalesque. This will be an immersive and relational work, properly experienced only in real-time, like everything worth doing in and out of the material world.

Projè sa a te enspire pa prensip pa Levi-Strauss sou brikolaj ak panse majik, kap monte soti nan fatra a ki lavalas anba soti prensipal la (ak soti kite mond lan premye pou rive twazyèm nan). LEGLIZ FATRA pral yon estrikti brikolaj pou relijyon, mizik, fim ak atizay bati nan materyèl sipli ak demode. Espesyal ayestetik la pral evolye enfliyanse pa kalite materyèl ki disponib, ak pa pwosesis konstriksyon an, ki ta dwe eksperimantal, relasyonel, pèfòmanatif, kolaboratif ak kanavalesk. Sa a pral yon travay fon ak relasyonèl, byen ki fè eksperyans sèlman nan tan reyèl, tankou tout bagay vo fè nan mond lan vizib e envizib.

ARTIST AND PROJECT LIST LIS ATIS AK PWOJÈ YO

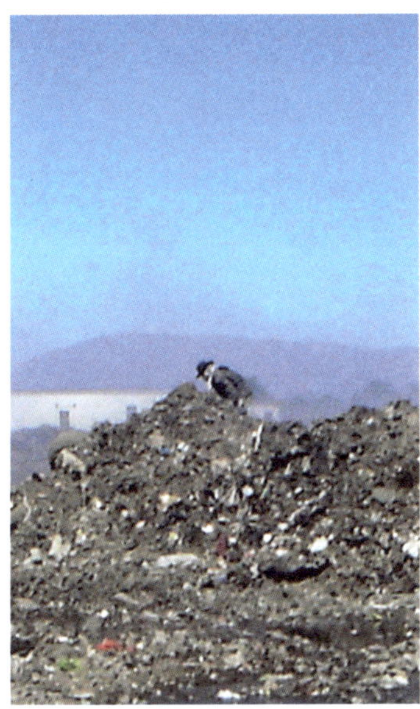

John Cussans (GB)
GUEDE AT THE DUMP | GEDE NAN PIL FATRA A

GUEDE AT THE DUMP was shot during the Ghetto Biennale in Port-au-Prince, Haiti in 2009. A car journey begins at the Oloffson hotel, passes the Grand Rue and eventually arrives at 'the monumental pig' on the park close to United Nations Square. Reginald Jean François tells us stories about the Bwa Kayiman ceremony, secret mirrors in Vodou, black and white magical technologies, pigs in Haiti and the UN war against the armed gangs in 2004. When we arrive at a replica of the Florentine Boar (presumably donated by the Italian government at some point in time), Reggie shows us how, when the UN peacekeeping forces arrived in the country, they ritually defaced the pig as an act of magical warfare against the Chimères (pro-Aristide groups), under the misguided assumption, held by certain Evangelical groups in Haiti, that the effigy was worshiped by Vodouists.

GEDE NAN PIL FATRA A ki te fèt Geto Byenal 2009 la, nan Pòtoprens. Yon vwayaj nan machin an soti nan otèl Oloffson an, pase Gran Ri a ak evantyèlman rive nan 'moniman kochon an' sou pak la prè plas Nasyonzini. Reginald Jean François di nou istwa sou seremoni Bwa Kayiman, miwa sekrè nan Vodou a, teknoloji majik nwa ak blan, kochon an Ayiti ak lagè Nasyonzini kont gang ak zam yo an 2004. Lè nou rive nan yon kopi nan cochon Florentin (prezimableman bay pa gouvènman Italyen an nan kèk pwen nan tan), Reggie montre nou kijan, lè fòs Nasyonzini yo pou lapè te rive nan peyi a, yo defak kochon nan yon seremoni kòm yon aksyon lagè majik kont Chimères yo. Sete yon sipozisyon mal kwè, ki te fèt pa sèten gwoup evanjelik an Ayiti, ki efiji a te adore pa Vodouysan yo.

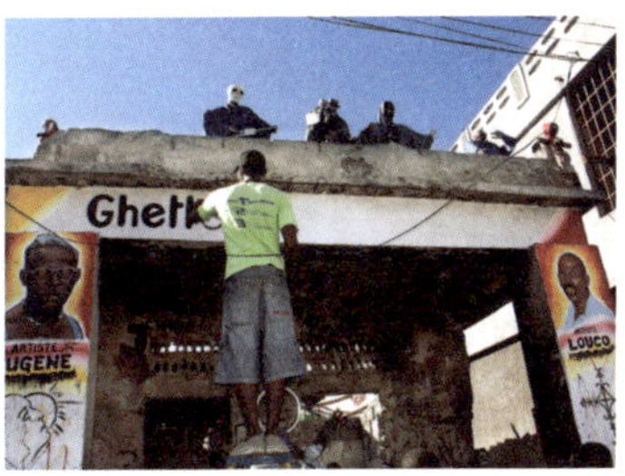

John Cussans (GB) & Michel Lafleur (HT)
SIGN-PAINTING | SIYEN-PENTI

Sign-painting is one of my ancestral family trades. At the Ghetto Biennale I responded to the proliferation of hand-painted shop signs and commissioned Michel Lafleur to make a special sign for the Ghetto Biennale on Grand Rue representing Andre Eugene and Destimare Pierre Isnel aka Louko.

Penti pankat se youn nan echanj familyal fanmi mwen. Nan Geto Byenal la mwen te reponn a pwopagasyon pankat sou lari yo epi te komisyone Michel Lafleur fè yon pankat espesyal pou Geto Byenal la sou Gran Ri a ki reprezante Andre Eugene ak Destimare Pierre Isnel aka Louko.

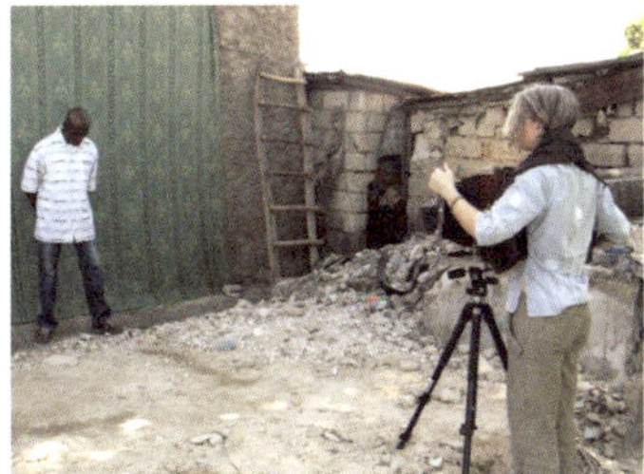

Laura Heyman (US)
PHOTOGRAPHIC PORTRAITS | PÒTRÈ FOTOGRAFIK

Can someone from the first world see/photograph within the third world without voyeurism or objectification? For the period of the Biennale, I will test this query by opening a roaming, formal portrait studio. Members of the local community will be invited to make appointments to have their portrait made. They may then choose to either come to the studio, or have the studio come to them.

Èske yon moun sot nan mond premye a wè/fè foto nan mond twazyèm nan san yo fè voyè oswa wè moun kòm objè? Pandan Byenal la, mwen pral rechèch sa a pa louvri yon fòmèl estidyo pòtrè ki mobil. Manm nan kominote lokal la ap envite pou fè randevou yo ka gen pòtrè yo te fè. Yo ka chwazi lè sa a ka pase, petet vini nan estidyo a, oswa yo ka mande estidyo a ka vini kay yo.

ARTIST AND PROJECT LIST LIS ATIS AK PWOJÈ YO

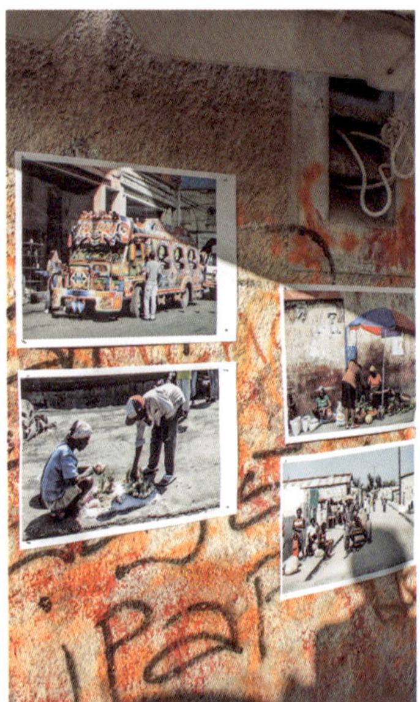

Laurence Kent Jones (US)

PANORAMIC VIEWS OF GRAND RUE | PANORAMA DE GRAN RI

This project aims to exhibit a collection of photographs consisting of street scenes and panoramic cityscapes, focusing on the downtown Grand Rue area. I propose to also give full demonstrations of the creation of digitally stitched panoramic photographs. Recognizing that technical equipment is expensive in the Haiti, I propose to make the technique as accessible as possible by using an inexpensive camera, generic Windows computer and a low end printer. The necessary software is all available as freeware, and I will distribute CDs containing the necessary software.

Pwojè sa a ta renmen ekspoze yon koleksyon foto ki gen sèn lari yo ak panorama vil la, ki fokis sou zòn anba lavil. Mwen pwopoze tou pou bay tout demonstrasyon sou kreyasyon foto panoramik ki koud sou fom nimerik. Mwen rekonèt ekipman teknik sa chè an Ayiti, se konsa mwen pwopoze fè teknik la pi aksesib ke posib pa sèvi avèk yon kodak ki pa chè, òdinatè jenerik ak enprimè senp. Lojisyèl ki disponib kòm lojisyèl gratis, epi mwen pral distribye li nan CD yo ki gen lojisyèl ki nesese a.

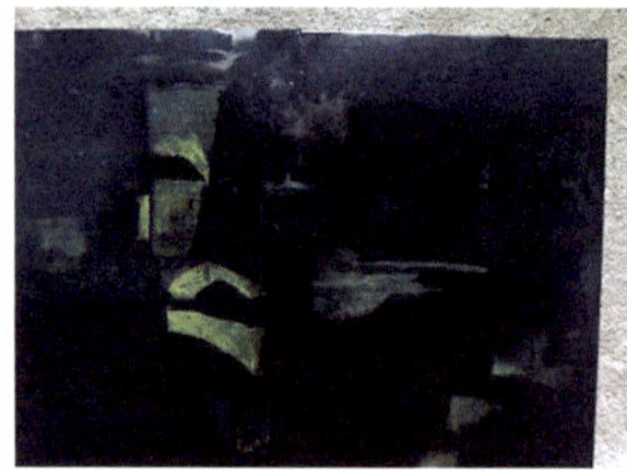

Laurens Wyllie (FR)

THE GATE | BARIYE A

In the spirit of recycling this project will use a large flat discarded gate and use it to create a large scale minimalist painting, thus creating an intersection between high-art Modernism and street-level recuperative art.

Nan lide pou resiklaj, pwwoje sa a ap itilize yon barye ki pa sevi anko pou kreye yon gwo tablo minimalis pou kreye yon enteseksyon ant ar Modenism standa e ar rekiperatif nan nivo lari a.

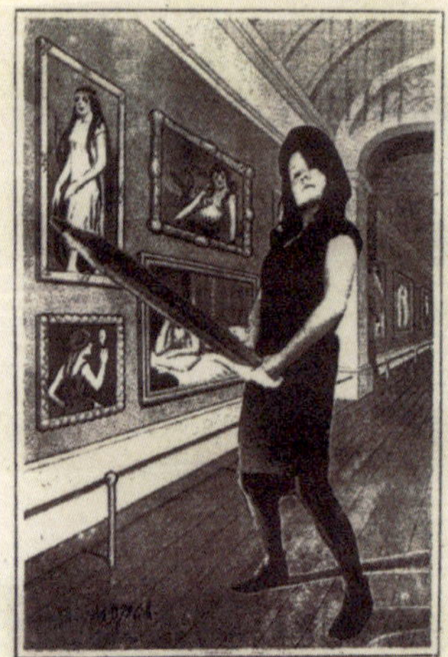

Lisa Cradduck (US)

POSTCARDS FOR GÉDÉ | KAT POSTAL POU GEDE

I am guided by dreams of grinning Papa Gédé, wielding the phallus as a compass needle, pointing a way through the hypnopompic realm towards some sleazy surrealism. I'm attempting to draw pictures with 'kreyon pèp la' (the people's pencil) highlighting the issues that I share with the Gédé Lwa. I aim to draw parallels between the languages of Seaside Smut and 'Betiz' (Haitian teasing); knitting together two kindred, low brows. I am producing a set of POSTCARDS FOR GÉDÉ designed to appeal to Gédé's humour. They will revel in trauma and titillation, possession and pricks. They are an autobiographical assemblage of my native working-class culture and sexually charged near death experiences. I am unable to attend the Biennale in the flesh, due to my lack of several internal organs, the limitations of my surgically reconstructed anatomy, and my dependence on the closest proximity of a hospital. The cards are to be distributed at the Ghetto Biennale. I hope that some will find their way to Gédé.

Mwen te gide pa rèv Papa Gede yo kap souri, kap manyen senbol virilite a tankou yon zegwi konpa, montre yon chemen atrave domèn ki ipnopompik la nan direksyon kèk surrealism grosye. Mwen ap eseye fè desen ak kreyon pèp la pou montre pwoblèm yo ke mwen pataje ak lwa Gede a. Mwen vize trase paralèl ant langaj obsèn bò lanmè Britanik ak betiz; trikote ansanm de menm bagay, ki ba onivo entelektyel. Mwen pwodwi yon seri KAT POSTAL POU GEDE ki dizayn pou montre imè Gede a. Yo pral revel nan chòk ak titilasyon, posesyon ak zozo yo. Yo se yon asanblaj otobiografik klas travay kiltirel natif mwen ak eksperyans pam le m preske mouri ki seksyelman chaje. Mwen pa kapab al nan Byenal la, akòz m manke plizyè ògàn entèn, limit yo nan anatomi rekonstwi chirijikalman, ak depandans mwen nan yon pi pre ke posib yon lopital. Donk yon zanmi pral distribiye kat yo nan Geto Byenal la. Mwen espere ke kèk kat ap tonbe nan men Gede a.

ARTIST AND PROJECT LIST **LIS ATIS AK PWOJÈ YO**

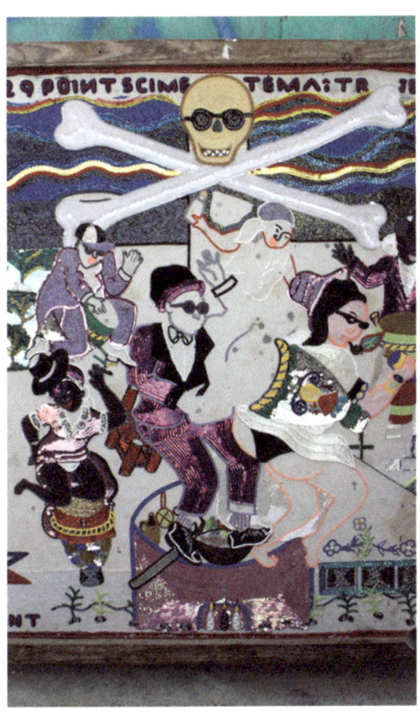

Myrlande Constant (HT)

VODOU FLAGS | DRAPO VODOU

Myrlande Constant is reknowned for her detailed and densely beaded VODOU FLAGS. She learned the craft from her mother, who worked in a Port-au-Prince factory making beaded wedding dresses. When the factory closed down the women accepted beads and sequins as part of their severance pay. They started producing a new form of beaded VODOU FLAGS using the techniques and skills they had learned in the factory. Prior to this, beads were only used to outline the design and to hold the sequins in place. Their new technique enabled them to attach beads quickly so they started producing heavy flags in which the designs were totally portrayed by beads. At the Ghetto Biennale, Myrlande Constant will bring and exhibit a selection of her flag work, some finished and some incomplete so the audience can appreciate the process.

Myrlande Constant seleb pou DRAPO VODOU li ki gen anpil detay ak pèl. Li te aprann metye a nan men manman li, ki tap travay nan yon faktori nan Pòtoprens ki konn te fè bèl ròb maryaj ak pèl. Lè faktori a te fèmen fanm yo te aksepte pèl ak payèt kòm kom yon pati nan sale yo. Yo te kòmanse pwodwi yon nouvo fòm DRAPO VODOU fèt ak pèl avèk teknik e ladrès ki yo te aprann nan faktori a. Anvan sa, pèl yo te itilize sèlman pou yo fè fom dizayn yo epi pou kenbe payèt yo an plas. Nouvo teknik yo te pèmèt yo tache pèl byen vit pou yo ka kòmanse pwodwi drapo yo lou nan ki desen yo te prezante nèt pa pèl. Nan Geto Byenal la, Myrlande Constant ap pote e ekspoze yon seleksyon travay drapo li yo, sa ki fini ak sa ki poko fini pou odyans lan ka apresye pwosesis la.

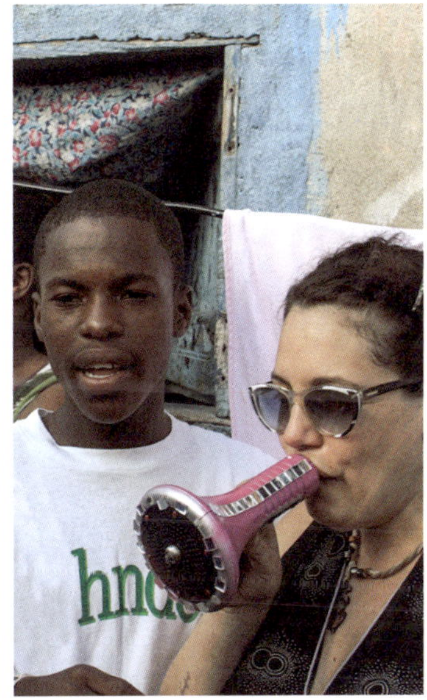

Nancy Mauro-Flude (AU)

DANCES WITH HER SHADOW – PARAPHERNALIA | DANSE AK LONBRAJ LI – PARAFÈNALI

"The clue lies there...The symbols of the divine show up in our world initially at the trash stratum" Philip K Dick

DANCES WITH HER SHADOW – PARAPHERNALIA is a live noise performance act. Moving through a matrix of live electronic curios as a fictional species taking divine samples from diverse sources - glitches, break beats, noise, broken up lyrics and abstract movements make sounds like a radio transmission coming from elsewhere, maybe even as far as Tasmania? DANCES WITH HER SHADOW – PARAPHERNALIA is a playful ode to the history of paraphernalia and its subjugated etymology. This work is also a gesture to a painting 'Rope Dancer accompanies herself with her shadows' (1916) by Man Ray.

"Ide a sot la... Senbòl sakre a paret nan mond nou an okòmansman nan rivo fatra a" Philip K Dick

DANSE AK LONBRAJ LI – PARAFÈNALI Kap deplase atravè yon matris elektwonik se yon piblik kòm yon espès fiktiv kap pran echantiyon diven ki soti nan divès sous - pepen, ritm brek (bit rap), bri, lyrik kap rate ak mouvman abstrè ki fè son tankou yon transmisyon radyo ki soti yon lòt kote, petèt menm distans ak Tasmanya, payi pam? DANSE AK LONBRAJ LI – PARAFÈNALI se yon omaj nan istwa parafènali ak etimoloji sibjige li. Travay sa a tou se yon jès pou yon tablo ki rele 'Dansè kòd ki gen li menm ak lonbraj li' (1916) pa atis ki rele Man Ray.

ARTIST AND PROJECT LIST LIS ATIS AK PWOJÈ YO

Obsidian Arts in partnership with Diaspora Vibe Gallery - Roderic Southall (US), Hugo Moro (CU/US), Edgar Young (US), Jaquenette Arnette (US), Seitu Jones (US)

$2.00 A DAY + THINGS WE OUGHT TO KNOW = WILL CAUSE A REVOLUTION | $2.00 PA JOU + BAGAY NOU DWE KONNEN = AP LAKÒZ YON REVOLISYON

Obsidian Arts approached the proposal idea for the Ghetto Biennale by searching for a process that would accomplish three things, artist to history engagement, artist to self engagement and artist to Haitian community engagement. We were looking for ways in which the artists' bodies, minds, and souls would be 'activated' in the creative process. We believe that the proposed project, $2.00 A DAY + THINGS WE OUGHT TO KNOW = WILL CAUSE A REVOLUTION, does that. Each artist that takes part has to rely only on materials that they can carry from the US plus materials they can buy in Haiti on the average Haitian minimum wage to create their works.

Atizay Obsidian pwoche lide pou Geto Byenal la pa chèche yon pwosesis ki ta akonpli twa bagay, atis ka angaje ak istwa, atis ka angaje a tèt li epi atis ka angaje ak kominote Ayisyen an. Nou te kap chèche fason nan kò atis yo, lespri atis yo, ak nanm atis yo ta dwe 'aktive' nan pwosesis kreyatif la. Nou kwè ke pwojè ki nou te pwopoze, $2.00 PA JOU + BAGAY NOU DWE KONNEN = AP LAKÒZ YON REVOLISYON, ka fè sa. Chak atis ki patisipe ka depann sèlman sou materyèl ke yo ka pote soti US plis materyèl yo ka achte an Ayiti sou salè minimòm Ayisyen an pou kreye travay yo.

Obsidian: Edgar Young (US)

DRAWING | DESEN

I plan to bring a small sketch book, a small pack of unsharpened pencils and sonic recording device in which I will record my findings, both pictorially and literally. I will be translating my finding onto wood with charcoal, etchers, acrylic paint, and aerosol paint for the exhibition in Haiti.

Mwen fè plan pou pote yon ti liv pou fè desen, yon ti pake nan kreyon pa byen file ak aparèy pou anrejistreman sonik la nan ki mwen pral anrejistre refleksyon mwen, tou de vizyal ak vokal. Mwen pral tradwi sa m jwenn la sou bwa ak chabon, penti akrylik, ak penti aerosol pou egzibisyon an an Ayiti.

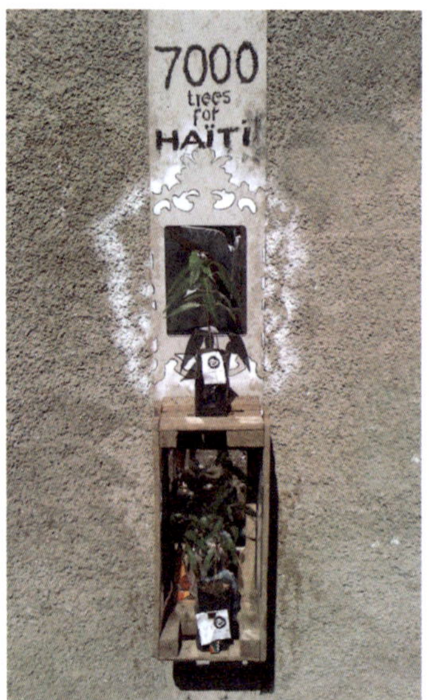

Obsidian: Hugo Moro (CU/US)

7000 TREES FOR HAITI | 7000 PYEBWA POU AYITI

7000 TREES FOR HAITI began as a social action in Miami several months before it was to somehow become part of the biennial. I went to Haiti with an intent to engage the population in a conversation about urban gardening with some saplings, mirrors and baroque

stencils, and ended up clearing out a drainage ditch, and decorating the area where ancient toilette rituals fostered the community's bonds.

7000 PYEBWA POU AYITI te kòmanse kòm yon aksyon sosyal Miami plizyè mwa anvan m te rive an Ayiti pou Byenal la. Mwen te ale nan Ayiti avèk yon entansyon pou angaje ak popilasyon an nan yon konvèsasyon sou jadinaj nan vil la ak kèk jenn pyebwa, miwa ak stensil barok, ak te fini al mwen netwaye yon twou drenaj, ak fè dekorasyon zòn nan kote rituèl ansyen kolektif mennen kominote a ansanm.

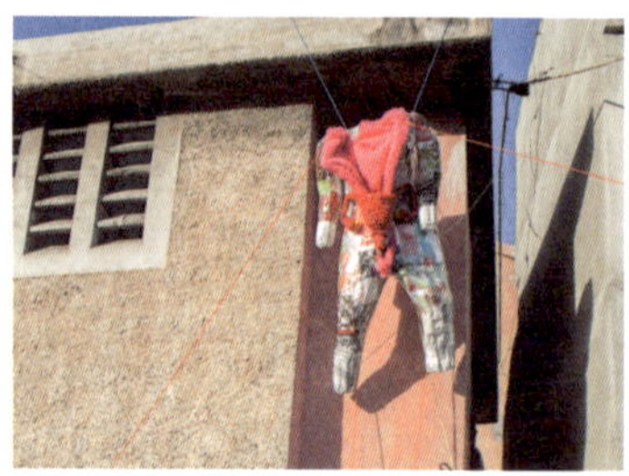

Obsidian: Jacquenette Arnette (US)

MOTHER ZOMBIE | MAMMAN ZONBI

I want to create a body suit, like a mummy's costume out of uniquely Western consumer products packaging. I will wear this suit to Haiti then I will cut it off and suspend it. I am working with the notion of being a zombie, a consumerist zombie that will be unleashed in Haiti, the land of Vodou and souls held by magic.

Mwen vle kreye yon kostim kò, tankou kostim Ejipsyen momi a fè inikman ak anbalaj pou pwodwi konsomatè nan sosyete oksidantal la. Mwen pral mete kostim sa a an Ayiti e apre mwen pral koupe'l e koke li. Mwen ap travay ak nosyon pou vin yon zonbi, yon zonbi konsomatè ki pral deklannche an Ayiti, peyi Vodou ak nanm ki te kenbe pa majik.

ARTIST AND PROJECT LIST LIS ATIS AK PWOJÈ YO

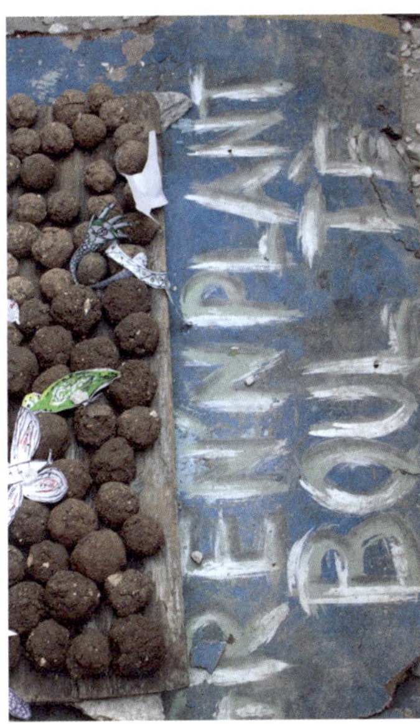

Obsidian: Seitu Jones (US)

SEED BALLS | BOUL SEMANS YO

Haiti's urban and rural environments are being degraded on a scale that is unprecedented in the Americas. I will research which plants, native to Haiti, can thrive in an urban environment and which plants can be grown for food in the streetscape. I will order those seeds from the USDA seed bank and bring them to Haiti. In Port-au-Prince, I propose identifying a group of children to help me mix the seeds with native soil to create at least 1000 SEED BALLS that can be distributed or thrown onto small areas of exposed soil.

Anviwònman iben ak riral Ayiti yo ap degrade sou yon echèl ki san parèy nan payi Amerik yo. Mwen pral fè rechèch sou ki plant ki natif natal an Ayiti ka boujonnen nan yon anviwònman iben ak sa ki plant yo ka grandi pou manje nan lari a. Mwen pral achte grenn sa yo nan USDA bank pou grenn nan epi pote yo an Ayiti. Nan Pòtoprens, mwen pwopoze idantifye yon gwoup timoun ede m melanje grenn yo ak tè natif natal pou kreye omwens 1000 BOUL GRENN ki nou ka distribiye oswa jete sou ti zòn kote tè a ekspoze.

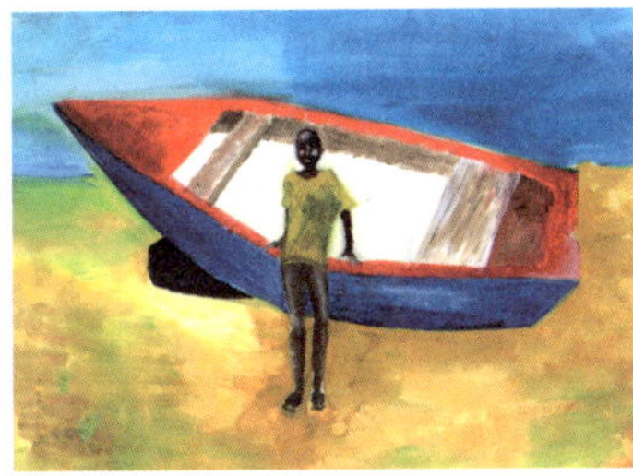

Oceana Granata (IT/UK)

I CAN'T EXPLAIN THIS, I ONLY DESCRIBE IT | MWEN PA KA EKSPLIKE SA, MWEN SÈLMAN DEKRI LI

Over a period of seven days I will visit a number different situations in Port-au-Prince that I may not particularly understand immediately. These may be markets, religious ceremonies, cemeteries, roadside food stalls, mechanics workshops? My visit to each situation will be a life-drawing session. I will watch, 'try to understand' what is happening, choose a scene that might be important or valuable to me and represent it using oil colours and pencils. Finally, I will ask three of the local artists to act as a jury who will choose which representations are finally exhibited. If none of the pieces is successful, none will be exhibited.

Plis pase yon peryòd sèt jou, mwen pral vizite kek sitiyasyon diferan nan Pòtoprens ke mwen pa ka konprann byen imedyatman. Se ka mache yo, seremoni relijye, simityè, manje vann nan lari, atelye mekanik? Vizit mwen nan chak sitiyasyon sa yo pral yon sesyon kote map chita fe desen. Mwen pral gade, 'eseye konprann' sa k ap pase, chwazi yon sèn ka paret ki enpòtan oswa gen valè pou mwen e represente'l avèk koulè lwil ak kreyon. Finalman, mwen pral mande twa nan atis lokal yo aji kòm yon jiri ki pral chwazi ki reprezantasyon ki ka finalman ekspoze. Si pa gen okenn nan moso yo ki reyisi, yo pap ekspoze.

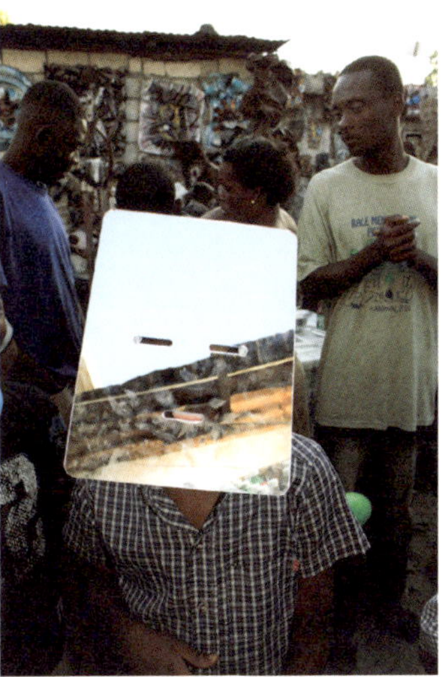

Pedro Lasch (MX/US) and Esther Gabara (US)

1810-1910-2010: BICENTENNIAL | 1810-1910-2010: BISANTNÈ

The project invites participants to create collaborative spaces that critically engage with the various international celebrations of independence happening across Latin America and the Caribbean in 2010. Some of the interventions will be covert, others public. We hope to keep Haiti at the forefront of the debate and artistic creations around the 2010 bicentennials, especially as the Haitian Revolution is continuously excluded from official narratives. There will be a series of workshops and actions on ritual and race discourse led by Pedro Lasch, using mirror masks.

Pwojè a envite patisipan yo pou kreye espas kolaboratif ki kritikman angaje divès selebrasyon entènasyonal endepandans ki ap pase atravè Amerik Latin ak Karayib la an 2010. Kek entèvansyon yo ap sekrè, e lòt ap piblik. Nou espere kenbe Ayiti nan sant deba a ak kreyasyon atistik alantou tout bisantnè yo nan 2010, espesyalman kòm Revolisyon Ayisyen an kontinyèlman eskli nan naratif ofisyèl. Li pral gen yon seri atelye ak aksyon sou diskou seremoni ak ras ki te dirije pa Pedro Lasch, ki sèvi avèk mask glas.

ARTIST AND PROJECT LIST LIS ATIS AK PWOJÈ YO

Rob Peterson (US)

THE APPRENTICESHIP SYSTEM | SISTÈM APRANTISAJ LA

The project will use sound recording technology and deep listening to document accounts of the apprenticeship system.

Pwojè a pral itilize teknoloji anrejistreman son e koute anpwofondè dokimant sou sistèm aprantisaj la.

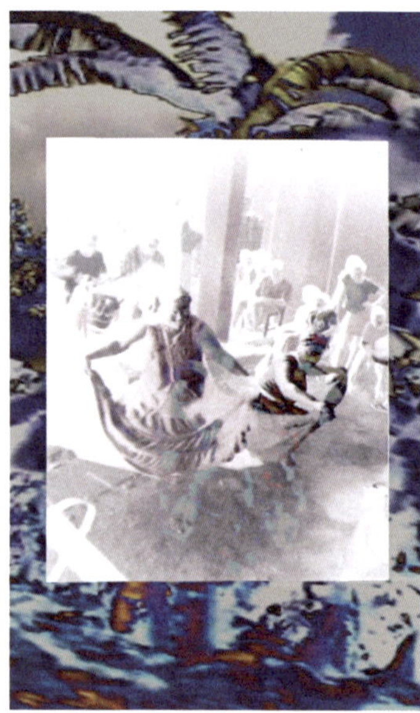

Roberto N Peyre (SE)

SHIP OF FOOLS | BATO ENBESIL

SHIP OF FOOLS is an ongoing long-term project of research, meditation and embodiment of Carnival cultures around the Atlantic Ocean. During the Ghetto Biennale I will stage sessions of live video screenings in a collaborative improvisation with a local artist operating through percussion. Throughout the session pre-recorded video-loops and distortions will be triggered and mutated in relation to the soundscape responding to the visuals and the audience. The event will be presented as a happening or a club night.

BATO ENBESIL se yon pwojè kap kontinye alontèm nan rechèch, meditasyon e enkanasyon kilti Kanaval ozalantou Oseyan Atlantik la. Pandan Geto Byenal la mwen pral mete an sèn anpe sesyon videyo layv seleksyone nan yon enpwovizasyon kolaboratif ak yon atis lokal ki jwe enstriman a pèkisyon. Pandan tout sesyon avan anrejistreman videyo ak deformasyon pral deklanche ak mitasyon an relasyon e sibi vista son an le li reponn ak espektaktè yo e oditè yo. Evènman an pral prezante kòm yon evènman oubyen yon klib lannwit.

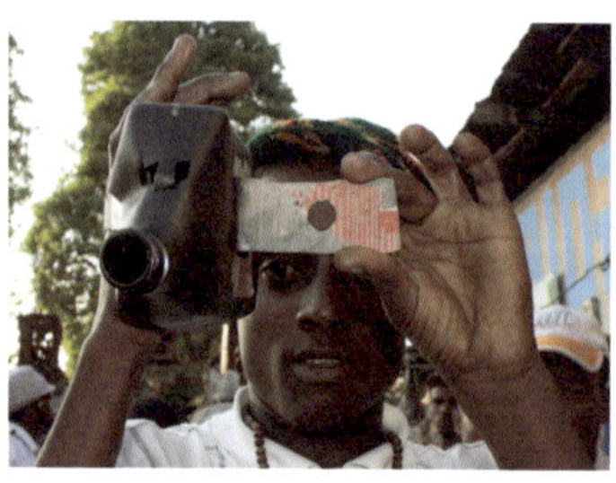

Tele Geto - Rossi Jacques Casimir (HT), Alex Louis (HT), Romel Jean-Pierre (HT), Guerly Laurent & Steevens Simeon (HT)

GHETTO TV | TELE GETO

TELE GETO is a radical piece of performance art which was created and performed by four local teenagers. They had fashioned a pretend video camera from a plastic litre oil container and used a stick with gaffer tape at the end for a microphone. For three-days they ghost filmed the Ghetto Biennale mimicking the movements of foreign filmmakers with uncomfortable accuracy.

TELE GETO, se yon pyes radikal ar espektkilè ki te kreye e pèfome pa kat jèn adolesan lokal. Yo te fè yon kamera videyo fo ak yon botey lwil plastik e itilize yon baton ak tep gafè nan pwen lan pou mikwofòn. Pou twa jou yo te filme Geto Byenal imite mouvman sineyas etranje yo ak yon presizyon enkofotab.

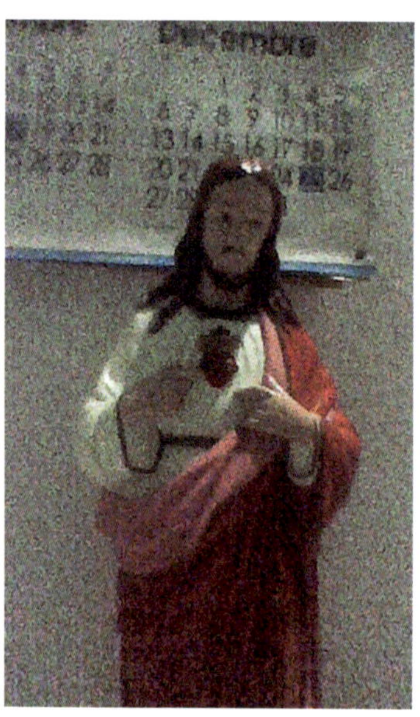

Tracey Moberly (GB)

POWER IN THE BLOOD | POUVWA NAN SAN

POWER IN THE BLOOD is a Socio-Demography arts project created by community members in Port-au-Prince, Haiti, using mobilography, which is a branch of photography that creates pictures using such devices such as cellular phones not originally intended to be used for professional photography. Working with people of varying ages the local participants will be asked to participate, documenting their daily routines, environs & everyday lives developing a complete socio-demographic art.

POUVWA NAN SAN se yon pwojè art sosyo-demografik ki te kreye pa manm kominote yo nan Pòtoprens ki itilize yon bagay ki rele mobilografi, ki se yon branch nan fotografi ki fè foto avèk kamera telefòn selilè ki pat fèt pou fotografi pwofesyonèl. M pral travay avèk patisipan lokal gen laj diferan e mande pou yo dokimante lavi yo avek telefon mobil kap fè foto woutin yo ozalanloutou yo e nan lavi chak jou yo kap devlope ar sosyo-demografik konplè.

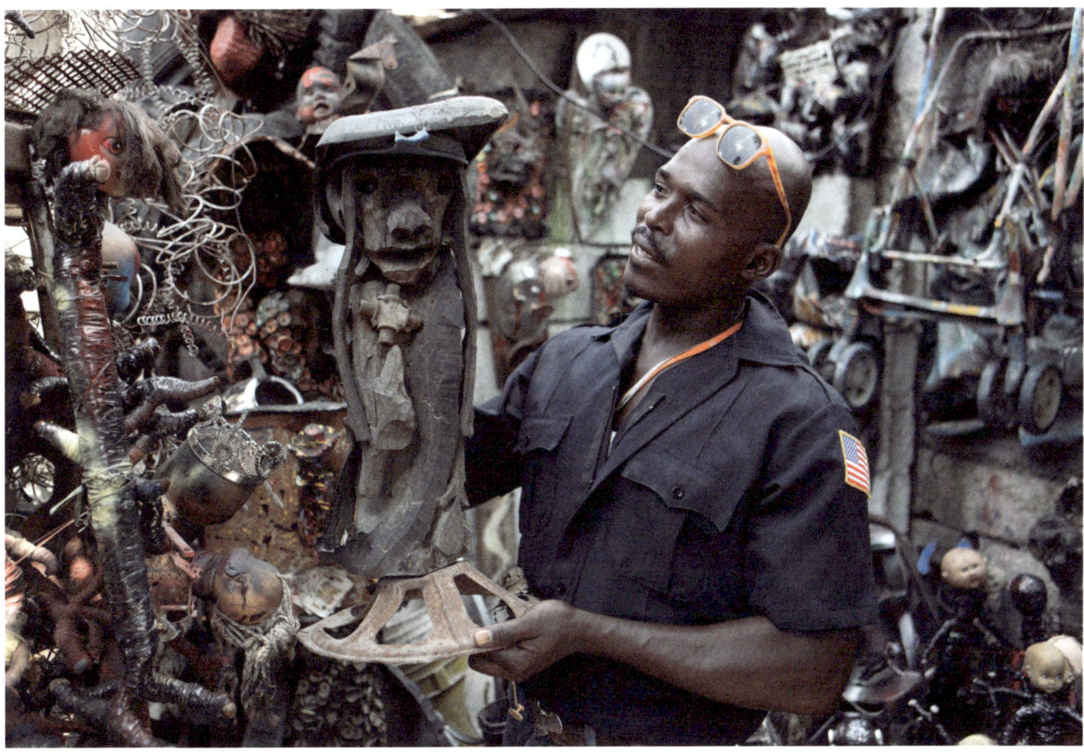

Fig. 2.3
Destimare Pierre Isnel aka Louko, who died in
the earthquake, with his sculpture at the 1st
Ghetto Biennale 2009, Port-au-Prince, Haiti.
Photo: Leah Gordon

Fig. 2.3
Destimare Pierre Isnel aka Louko, ki te
mouri nan tranbleman tè a, ak eskilti li nan
Iye Geto Byenal 2009, Pòtoprens, Ayiti.
Foto: Leah Gordon

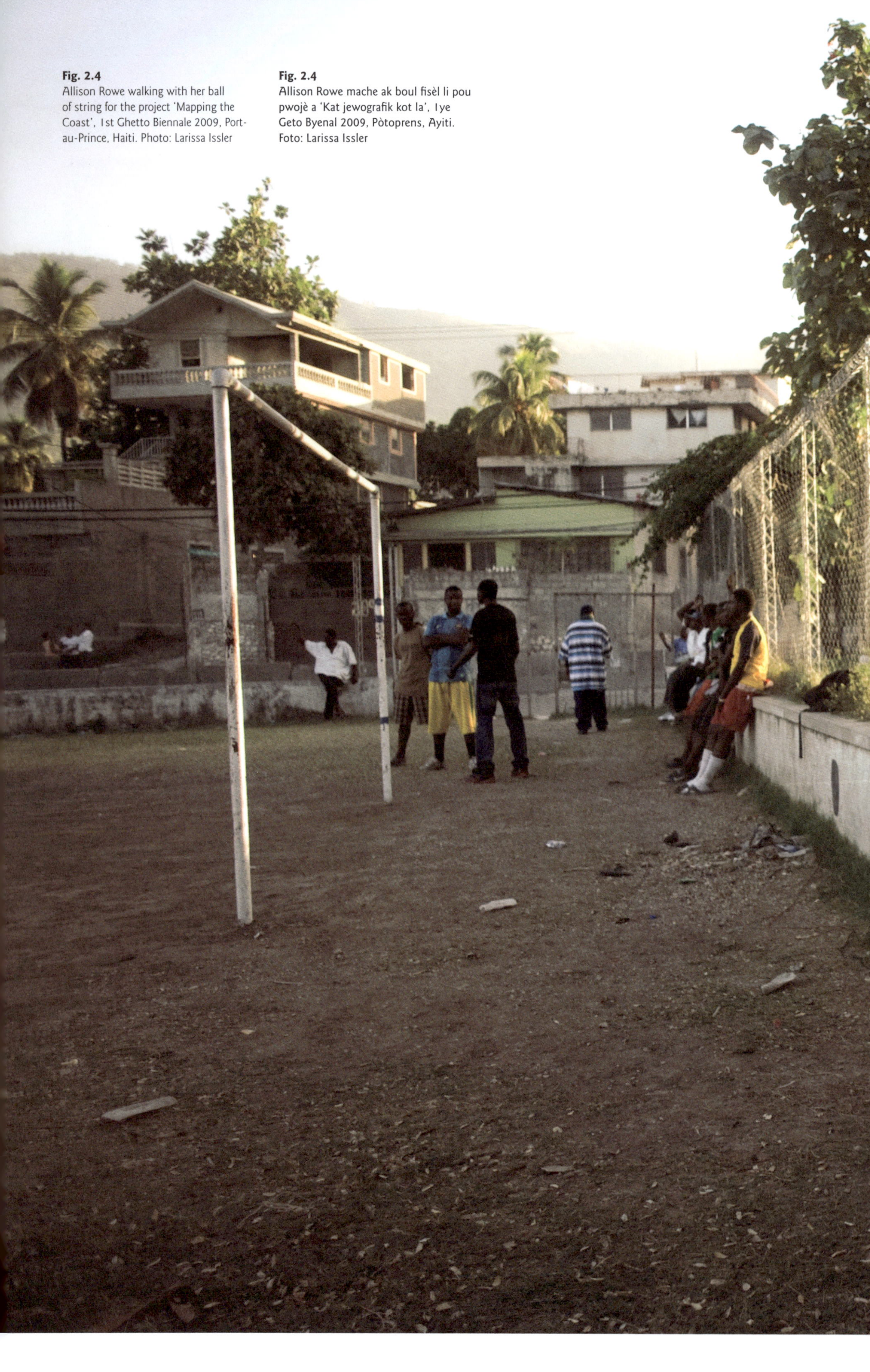

Fig. 2.4
Allison Rowe walking with her ball
of string for the project 'Mapping the
Coast', 1st Ghetto Biennale 2009, Port-
au-Prince, Haiti. Photo: Larissa Issler

Fig. 2.4
Allison Rowe mache ak boul fisèl li pou
pwojè a 'Kat jewografik kot la', 1ye
Geto Byenal 2009, Pòtoprens, Ayiti.
Foto: Larissa Issler

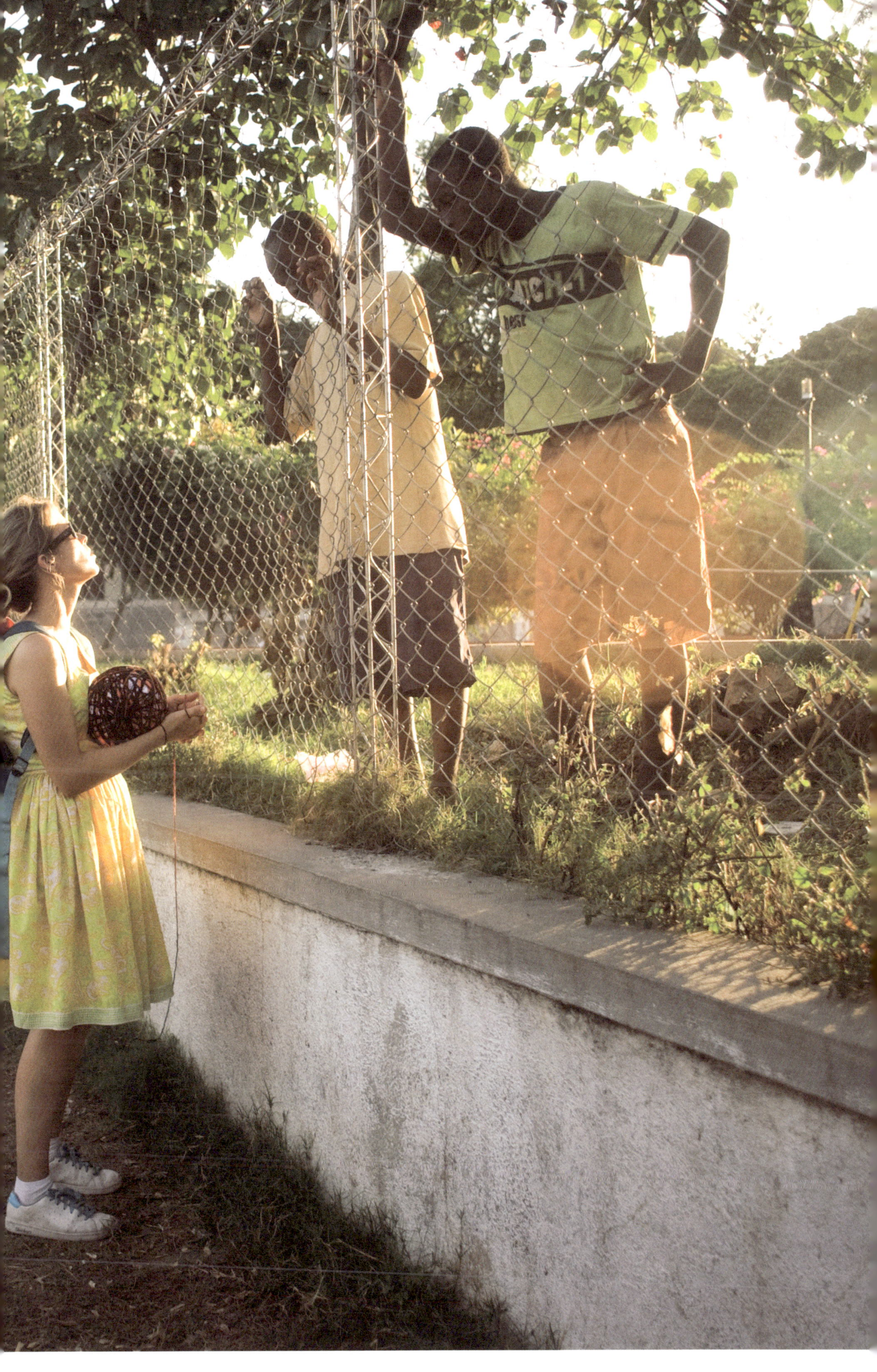

THE GERM OF THE FUTURE?
JÈM DE TAN KAP VINI?

POLLY SAVAGE

In the stampede for heroic press shots, few aid agencies working in Haiti's post-earthquake ruins stopped to consider local strategies for self-organisation and recovery. Now, as 20,000 US troops amass in Port-au-Prince, Haitian People's Group PAPDA[1] predict that the perspectives of Haitian civil society will have 'little to no weight'[2] in the Post Disaster Needs Analysis, or in the reconstruction process, relative to the U.S. government, the IMF, the Inter-American Development Bank, and other global powers.

Since the 1804 declaration of independence, the Haitian experience has been vicariously played out on the international stage, ventriloquised with whichever primitivist, sensationalist or paternalist agenda is in vogue. Most recently, as what Anthony Iles calls 'a concentrated vision of the ravages of capitalism on a population and a study of the desperate means available to those who would oppose it'[3], Haiti's rapidly expanding slum population, along with the rest of the global south's billion-strong pool of surplus labour, have provided a hyper-saturated culture industry with a prophetic vision of a new revolutionary class, prompting Žižek to claim that 'the new forms

Anpil òganizasyon èd k ap travay an Ayiti aprè tranblemantè a te kouri fè foto ewoyik devan laprès. Men pa gen anpil nan òganizasyon sa yo ki eseye konpran estrateji lokal ayisyen genyen pou òganize tèt yo pou retabli sosyete a aprè dezas la. Kounyè a, avek 20,000 sòlda Ameriken ap rasanble nan Pòtoprens, òganizasyon sosyete sivil ki rele PAPDA (Platforme Haïtienne de Plaidoyer pour un Développement Alternatif),[1] prevwa ke gouvènman Etazini a, FMI, BID la, ak lòt pouvwa enténasyonal p ap bay pèspektiv sosyete sivil ayisyen okenn enpòtans,[2] ni nan analiz k ap fèt sou bezwen peyi a aprè dezas la, ni nan pwosèsis rekonstriksyon an.

Depi deklarasyon endepandans lan, eskperyans ayisyen an se kòm yon pyès teyat k ap jwe sou sèn entènasyonal la, kote men ki dèyè maryonèt yo ap pouse nenpòt ki pwogram primivitis, sansansyonalis, oubyen patènalis ki alamòd. Gen sa Anthony Iles rele "yon vizyon konsantre ravaj sistèm kapitalis la ap fè sou yon pèp, ak yon ankèt sou ki mwayen dènye mezi ki disponib pou sa ki ta opoze sistèm sa a."[3] Konsa, popilasyon katyè popilè yo, k

1. Haitian Platform to Advocate Alternative Development. **1.** Haitian Platform to Advocate Alternative Development.
2. Beverly Bell, 'Haiti: "Post Disaster Needs Assessment" - Whose Needs? Whose Assessment?' 26 February 2010, Haiti-London-Konbit Digest, Vol 1, Issue 9, subscription available online at https://lists.aktivix.org/mailman/listinfo/haiti-london-konbit
2. Beverly Bell, 'Haiti: "Post Disaster Needs Assessment" - Whose Needs? Whose Assessment?' 26 Fevriye 2010, Haiti-London-Konbit Digest, Vol 1, Issue 9, jwenn li sou entènèt nan https://lists.aktivix.org/mailman/listinfo/haiti-london-konbit
3. Anthony Iles, 'We are Ugly, but we are Here' *Mute* Vol 2 No 3 London 2006 p33 **3.** Anthony Iles, 'We are Ugly, but we are Here' *Mute* Vol 2 No 3 London 2006 p33

of social awareness that emerge from the slum collectives will be the germ of the future'.[4]

Representations of what Mike Davis calls the 'informal proletariat',[5] whether rooted in 'hyperbolic admiration' or 'ethnographic scorn', have often resulted in what Derrida terms an 'interested blindness'.[6] The imposition of 'bourgeois benevolence',[7] Spivak famously concludes, leaves the subaltern no space from which to 'speak'.[8] One month before Haiti's post-earthquake frenzy of hyper-mediation however, an event took place in Grand Rue, a UN-designated 'red zone' of Port-au-Prince, which set out to momentarily explode this perennial aporia of post-colonial discourse.

The Ghetto Biennale was conceived and organised by Atis Rezistans ('Artist Resistance'), a collective of sculptors who lived and worked in the area, including Andre Eugene, Jean Herard Celeur, Ronald 'Cheby' Bazile and Destima 'Louco' Pierre Isnel, with artist/curator Leah Gordon, and numerous members of the local community. The impoverished downtown district has long been a centre of artistic production, and the narrow alleys bustle with welders, carvers and cabinet-makers. Towering above them stand the group's eight-metre effigies of vodou spirits, fashioned from bed frames and truck chassis salvaged from the nearby scrap yards. [Fig. 2.5] Lining the paths and dotting the roofs, dystopian figures emerge from bald tyres, computer husks, twisted hubcaps, discarded timber, blown speaker cones, dismembered plastic dolls, rusted nails, and human skulls gathered from the city's over-subscribed cemetery.

Over the last decade, the group's works, and its context, have attracted a host of curators who have presented it internationally in service of a range of nationalist, religious, philanthropic or outsider paradigms. In 2007, for example, the group were invited to create a sculpture entitled 'Freedom!' for the International Slavery Museum, Liverpool, with support from development agency Christian Aid. [Fig. 2.6] The artists thus found their work caught at the nexus of several

ap ogmante san rete, vin makonnen avèk rès milya travayè ki nan chomaj nan emisfè sid la, pou bay yon endistri kiltirèl ki deja debòde yon vizyon pwofetik yon nouvo klas revolisyonè. Sa fè Žižek deklare ke "nouvo fòm konsyans sosyal ki soti nan kolektif popilè se jèm lavni a."[4]

Reprezantasyon sa Mike Davis rele yon "pwoletarya enfòmèl,"[5] kit yo baze sou yon "admirasyon egzajere," kit yo baze sou "mepriz etnografik," pi souvan kreye sa Derrida rele yon "avègleman enterese."[6] Dapre sa Spivak konstate, enpozisyon "bonte boujwa,"[7] Spivak te vin konklu - sa a pa bay sa ki peze-souse anba sistèm sa a epsas pou yo "pale".[8] Sepandan, yon mwa anvan tranblemantè a, yon mwa anvan foli ipè-medyasyon an, te gen yon evènman sou Gran Ri — yon zòn Nasyonzini deziyen yon "zòn wouj." Evènman sa a gen objektif pou l eklate paradoks pòskolonyal sa a.

Yon gwoup atis ki rele Atis Rezistans te òganize Geto Byenal la. Se yon kolektif atis skilti ki abite epi travay nan zòn nan. Gwoup sa a gen ladan l André Eugène, Jean Hérard Celeur, Ronald "Cheby" Bazile, ak Destima "Louco" Pierre Isnel. Leah Gordon tou fè pati gwoup la, antanke atis ak konsèvate, epi gen kèk lòt manm kominote lokal la ki patisipe, tou. Depi lontan, katyè pòv anba lavil sa a se yon sant pwodiksyon atizanal. Tout ti koridò yo chaje ak soudè, atis skilti, ak ebenis. Efiji lwa vodou yo ki mezire uit mèt kanpe byen wo sou baz gwoup la; se atis yo menm ki kreye skilti sa yo, avèk fè kabann, chasi kamyon yo te jwenn nan lakou demolisè. [Fig. 2.5] Bò kote wout yo, ak sou tèt kay yo, gen fòm distopik ki fèt avèk vyè kawoutchou lari gentan manje, avèk ansyen òdinatè, avèk kapo wou ki defòme, mòso bwa lòt moun jete, kòn opalè ki gate, poupe demanbre, klou wouye, epi tèt mò ki soti nan simityè Pòtoprens, kote tèlman gen kadav, youn kouche sou lòt.

Pandan dènye dis ane yo, travay gwoup la ap fè, ansanm avèk milye kote yo soti a, atire divès konsèvatè ki prezante zèv yo sou sèn entènasyonal la pou vanse yon seri ajanda

4. Slavov Žižek, 'Knee-Deep' London Review of Books Vol 26 No 17, 02/09/04 4. Slavov Žižek, 'Knee-Deep' London Review of Books Vol 26 No 17, 02/09/04 5. Mike Davis, 'Planet of Slums: Urban Involution and the Informal Proletariat' New Left Review No 26, March - April 2004 pp5-34 5. Mike Davis, 'Planet of Slums: Urban Involution and the Informal Proletariat' New Left Review No 26, Mas - Avril 2004 pp5-34 6. Jacques Derrida Of Grammatology translated by Gayatri Chakravorty Spivak. Baltimore and London: The John Hopkins University Press 1974 p80 6. Jacques Derrida Of Grammatology tradwi pa Gayatri Chakravorty Spivak. Baltimore e London: The John Hopkins University Press 1974 p80 7. Gayatri Chakravorty Spivak A Critique of Postcolonial Reason Cambridge MA and London: Harvard University Press 1999 p228. 7. Gayatri Chakravorty Spivak A Critique of Postcolonial Reason Cambridge MA e London: Harvard University Press 1999 p228. 8. Gayatri Chakravorty Spivak 'Can the Subaltern Speak?' in Marxism and the Interpretation of Culture eds. Cary Nelson and Lawrence Grossberg Urbana and Chicago: University of Illinois Press 1988 8. Gayatri Chakravorty Spivak 'Can the Subaltern Speak?' nan Marxism and the Interpretation of Culture eds. Cary Nelson e Lawrence Grossberg Urbana e Chicago: University of Illinois Press 1988

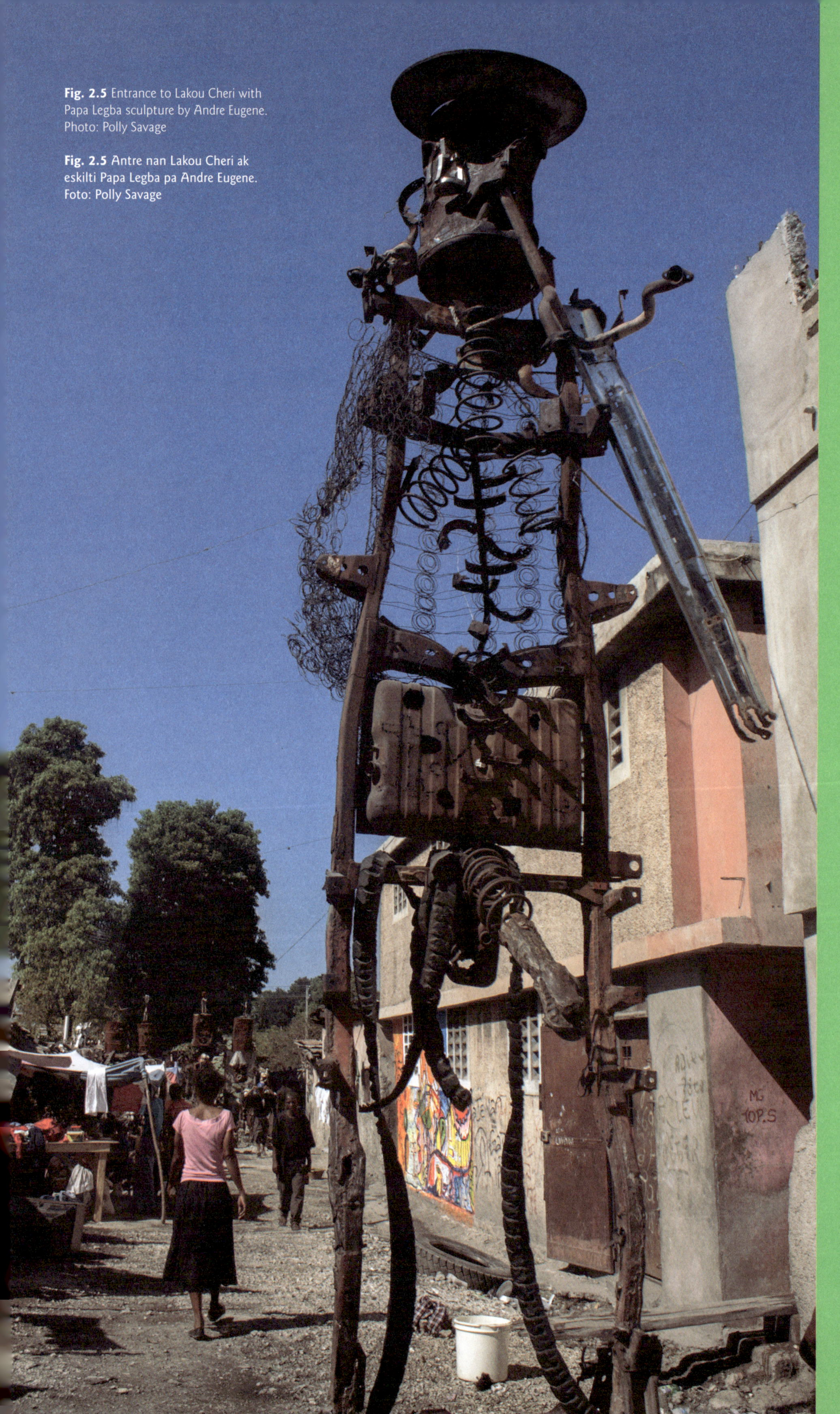

Fig. 2.5 Entrance to Lakou Cheri with Papa Legba sculpture by Andre Eugene. Photo: Polly Savage

Fig. 2.5 Antre nan Lakou Cheri ak eskilti Papa Legba pa Andre Eugene. Foto: Polly Savage

conflicting agendas, enlisted as a social project by the charitable funding body, as an artefact for the museum, as an embodiment of 'Haiti' for the press department, and as a footnote for the redemptive, nationalist narrative of the UK's bicentennial commemoration of the parliamentary abolition of the slave trade. 'I was very happy to do it', said Celeur, 'but ideally I would prefer to work with a gallery than with a charity'.[9] Other exhibitions, the group explained, have used their work to reinforce negative images of Haiti, such as human rights abuse and poverty. 'Often people focus more on the slum than the works themselves'[10] said Guyodo, a former member of the group.

Another catalyst for the Ghetto Biennale came in 2004, when the group was invited to participate in an exhibition of Haitian art at the Frost Art Museum in Miami. Their work was shipped out, ready for exhibition, but when the artists applied to the US Embassy for visas to attend the opening, they were refused. At a presentation two years later, Eugene remarked of one of his pieces: 'that skull belonged to a man – I don't know who he was - but I do know that during his life he would never have got a visa - and now he's in England!' [Fig. 2.7] Largely excluded from the international Biennale circuit, the hollow irony of an apparently 'globalised' art world is bitterly obvious to the artists, who sent Nicolas Bourriard an unanswered invitation to the event, challenging him to defend his notion of the artist as '"homo viator", the prototype of the contemporary traveller',[11] in light of the hardened borders faced by the majority of the world's population.

Confronted with these limitations and misrepresentations, the collective decided to reclaim the mechanisms of exhibition practice on their own terms, and hold an international event in their own space. Eugene had initiated the process several years previously by opening his studio and yard as 'Pluribus e Unum Musee d'Art', explaining: 'I had the idea of making a museum here in my own area, with my own hands, because the artists here never had their own thing. They always let the Big Man exploit them.'[12] In a conversation between Eugene and his partner Leah Gordon, the idea emerged to appropriate the Biennale concept, qualifying it with the incongruous term 'ghetto', the artists' preferred designation for their local area. An announcement was posted online, inviting submissions for a

relijye, nasyonalis, filantwopik, oubyen pou avanse konsèp "l'art brut. " Pa egzanp, na lane 2007, Mize Entènasyonal Esklavaj (International Slavery Museum) nan Liverpool, Angletè te envite gwoup la kreye yon skilti ki rele "Freedom!" ("Libète!"), avèk finansman ajans devlopman ki rele Christian Aid. [Fig. 2.6] Se konsa atis yo vin jwenn tèt yo, ansanm ak travay y ap fè a, bloke nan kafou plizyè ajanda diferan ki pa t dakò youn ak lòt: yon pwojè sosyal pou yon òganizasyon charite, yon objè da pou mize a, yon senbòl Ayiti pou depatman laprès, ak yon parantèz k ap pote delivrans nan istwa nasyonalis peyi Angletè, ki t ap fete bisantnè abolisyon trèt esklav yo. "Mwen te kontan fè li," di Celeur, "men mwen ta pito travay avèk yon galri da pase yon charite".[9] Dapre gwoup la, gen lòt ekspozisyon ki sèvi avèk zèv Atis Rezistans yo pou ranfòse move stereyotip anpil moun gen sou Ayiti, tankou vyolasyon dwa moun ak mizè. "Pi souvan, moun mete aksan sou geto a, yo pa mete aksan sou zèv yo menm,"[10] di Guyodo, yon ansyen manm gwoup la.

Yon lòt bagay ki pouse Geto Byenal la devan te rive nan 2004, lè yo envite gwoup la patisipe nan yon ekspozisyon atizay ayisyen nan Mize Da Frost nan Miyami. Yo te gentan voye tout zèv da yo ale, byen prepare pou ekspozisyon an. Men lè atis yo te enskri nan anbasad Etazini pou yo te ka jwenn viza pou asiste ouvèti ekspozisyon an, anbasad la te refize yo. Pandan yon konferans de zan aprè, Eugène t ap gade yon nan zèv li yo epi li deklare, "Tèt mò sa a te pou yo misye. M pa konn kiyès li te ye, men mwen konnen lè l te vivan li pa ta jwenn viza... epi kounye a li nan Angletè!" [Fig. 2.7] Kanta mond byenal entènasyonal la, atis ayisyen yo pa t ladan. Yo wè iwoni anmè "mondyalizasyon" lemonn atistik la klè. Anfas fwontyè rijid pi fò moun nan mond lan pa ka travèse, atis yo te envite Nicolas Bourriard (konsèvatè anpil Byenal nan tout mond lan), al patisipe nan evènman yo pa t jwenn viza pou yo asiste yo menm, pou l te ka defann lide li a sou atis kòm "homo viator" yon pwototip vwayajè kontanporen.'[11] Men Bourriard pa t janm reponn envitasyon an.

Anfas limit ak move imaj sa yo, kolektif la deside repran mekanis pratik ekspozisyon kòm granmoun tèt yo. Se konsa yo chwazi fè yon

9. Jean Hérard Celeur, Personal Communication, Port-au-Prince, 01/09/07 **9.** Jean Hérard Celeur, Kominikasyon pèsonèl, Pòtoprens, 01/09/07 **10.** Frantz Jacques Guyodo, Personal Communication, Port-au-Prince 03/09/07 **10.** Frantz Jacques Guyodo, Kominikasyon pèsonèl, Pòtoprens 03/09/07 **11.** Nicholas Bourriaud, 'Altermodern Manifesto', in *Altermodern Exhibition Catalogue* London, Tate Publishing 2009 **11.** Nicholas Bourriaud, 'Altermodern Manifesto', nan *Altermodern Exhibition Catalogue* London, Tate Publishing 2009 **12.** Richard Fleming, 'Ghetto Biennale' *The Miami Herald* 2010

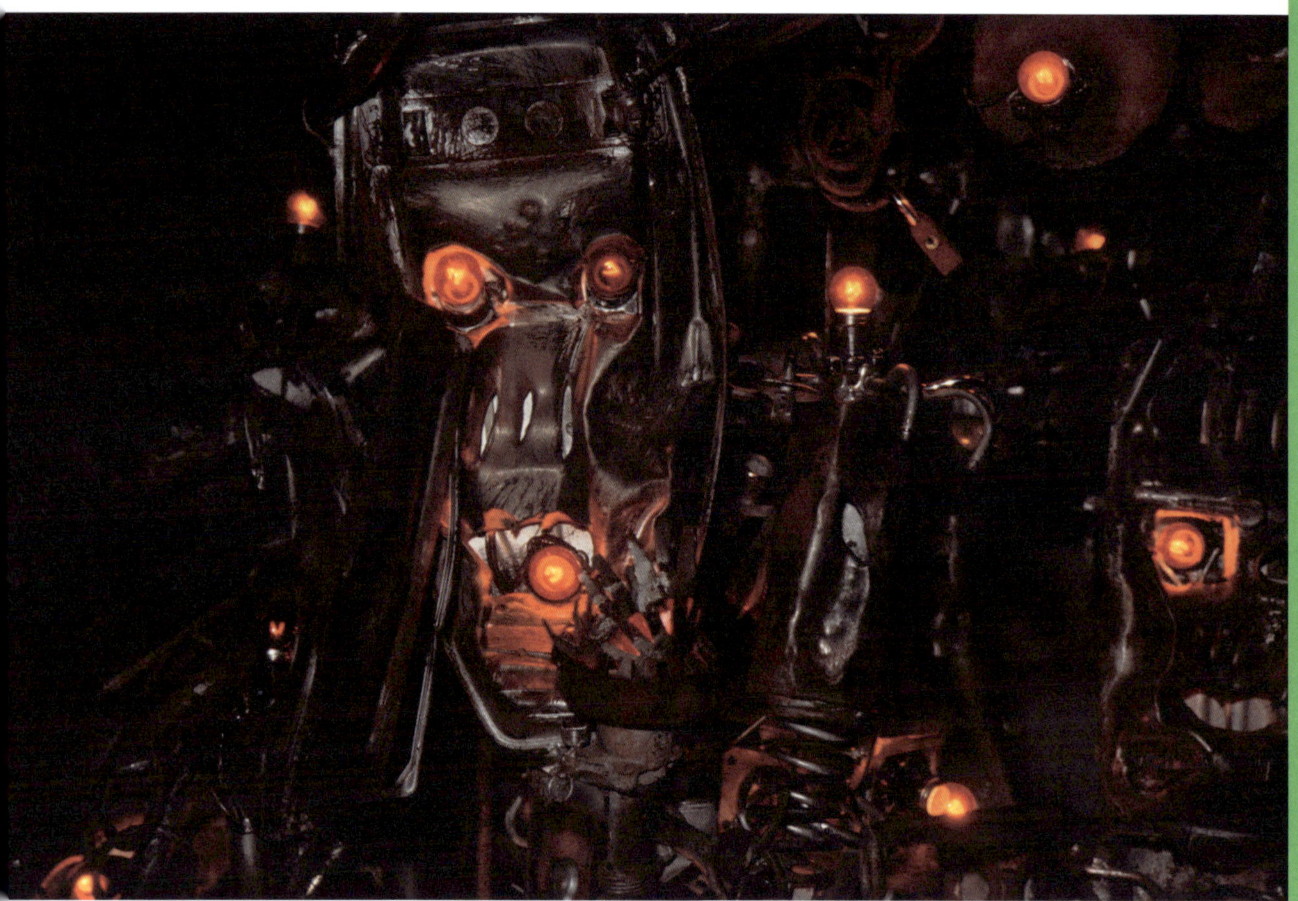

Fig. 2.6 The Freedon Sculpture installed at the International Museum of Slavery, Liverpool, UK. Photo: Leah Gordon
Fig. 2.6 Eskilti Libète enstale nan Mize Entènasyonal la nan Esklavajman, Liverpool, UK. Foto: Leah Gordon

'Salon des Refusés for the 21st Century', and asking 'what happens when first world art rubs up against third world art? Does it bleed?'[13]

The group received over one hundred applications, and selected thirty-five, on the basis of their practical and conceptual sensitivity to the conditions of Grand Rue, with preference given to works produced in situ. Funding was secured for a rental car and two interpreters, but participants otherwise covered their own expenses. On November 28th 2009, artists began arriving from the US, Jamaica, Australia, Sweden, France, Italy and the UK, commencing three weeks of collaboration, before a final day of exhibition and performance in a specially cleared, open-air lot in Grand Rue.

The ghetto and the biennale share strangely intertwined histories, both beginning in the city of Venice, and both entailing the demarcation of identity, and contingent zones of exclusion.

ekspozisyon entènasyonal lakay yo. Eugène te kòmanse pwosesis la depi plizyè ane, lè li lanse stidyo li ak lakou li kòm "Pluribus e Unum Musée d'Art." Li eksplike, "M te gen lide ouvri yon mize lakay mwen, avèk pwòp men pa m, paske atis ki bò isit yo pa t janm gen pwòp aktivite pa yo. Yo toujou kite gwo nèg ap eksplwate yo."[12] Nan yon konvèsayon ant Eugène ak patnè li, Leah Gordon, yon lide soti: pran konsèp Byenal la, epi marye l avèk mo "geto," ki se fason atis yo pito rele zòn kote yo abite a — yon mo ki sanble li pa ale avèk lide "Byenal" la ditou. Yo mete yon anons sou entènet, kote yo envite atis enskri nan yon "Salon des Refusés pou 21yèm syèk la." Yo poze yon kesyon: "Kisa k rive lè atizay premye mond lan fwote avèk atizay twazyèm mond lan? Èske l senyen?"[13]

Yo resevwa plis pase 100 demann, epi yo chwazi 35 ladan yo, baze sou jan aspiran yo eksprime yon sansibilite pratik ak konsèptyèl

12. Richard Fleming, 'Ghetto Biennale' *The Miami Herald* 2010 **13.** Ghetto Biennale 'Call for Submissions' www.ghettobiennale.org Last accessed 12/11/09 **13.** Geto Byenal 'Rele pou aplikasyon' www.ghettobiennale.org denye aksè 12/11/09

Fig. 2.7 Chef Seksyon by Andre Eugene, the skull used in this sculpture has been exhibited in many countries.
Photo: Leah Gordon

Fig. 2.7 Chef Seksyon pa Andre Eugene, kran ki te itilize nan eskilti sa a te ekspoze nan anpil peyi.
Foto: Leah Gordon

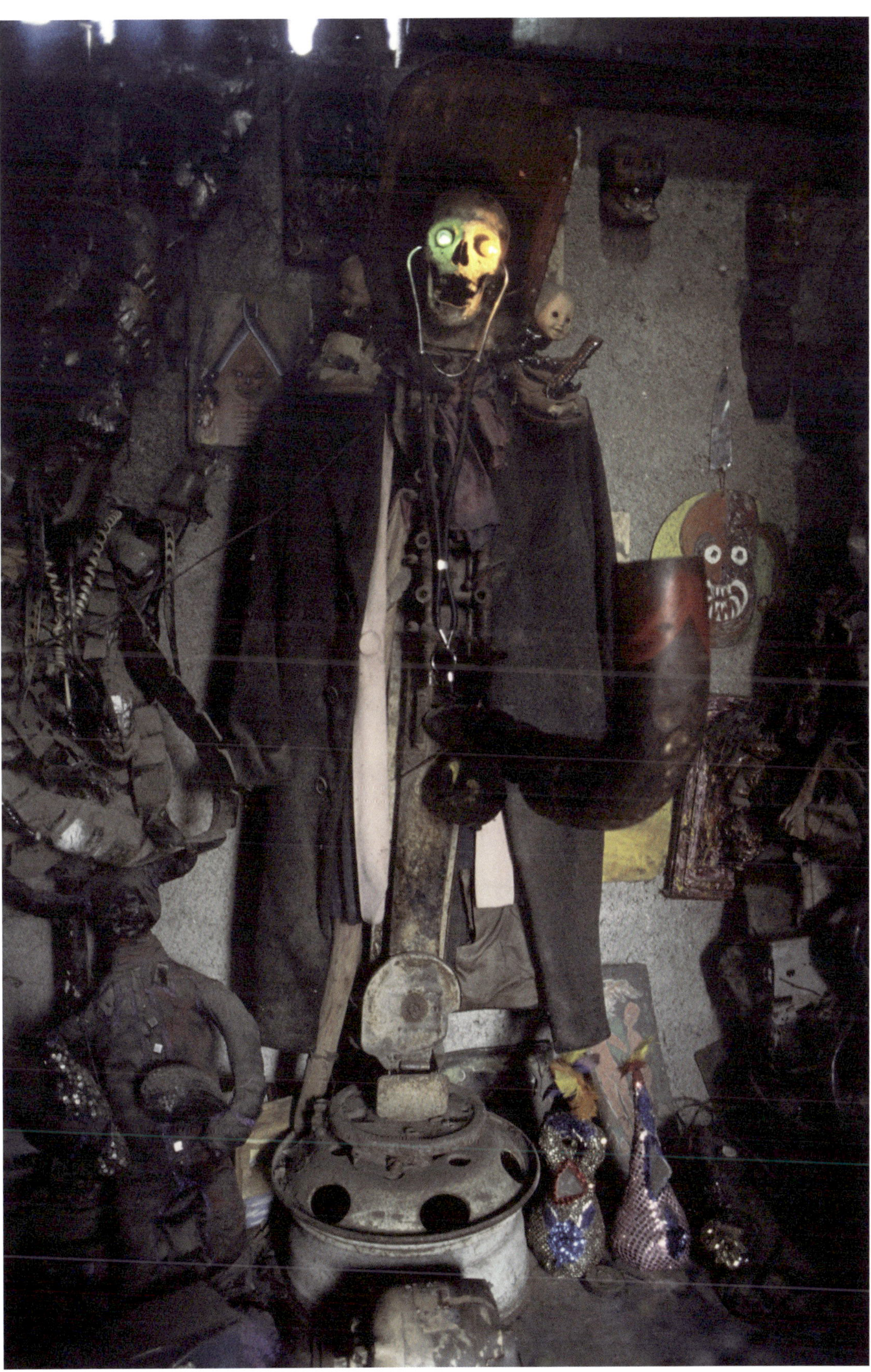

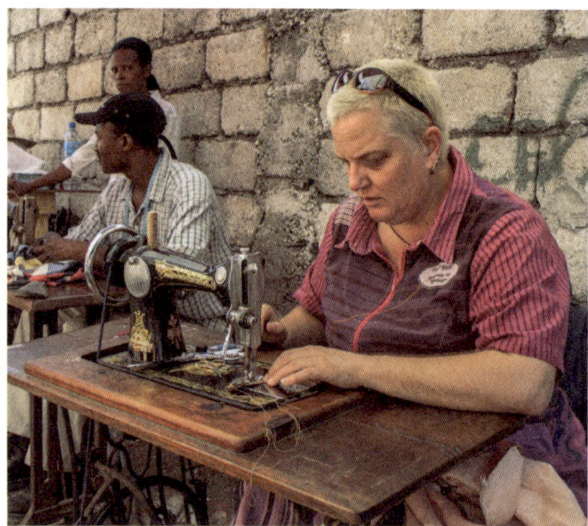

Fig. 2.8
Carole Frances Lung and Jonas Labaze
working on the 'Made In Haiti' project.
Photo: Polly Savage

Fig. 2.8
Carole Frances Lung ak Jonas Labaze
ap travay sou pwojè 'Fèt an Ayiti'.
Foto: Polly Savage

The term 'ghetto' is traced back to the sixteenth century gated Jewish district of Venice, an early mechanism for defining and containing an immanent other, today echoed in the UN's designation of 'red zones' in Port-au-Prince, which their staff (and post-disaster aid administrators) are strongly advised to avoid. The biennale emerged in the nineteenth century as the progeny of the Colonial Exhibition; a device for defining and hierarchising rigidly policed nationalist paradigms. Both institutions were thus engaged in demarcating and regulating social zones. The Ghetto Biennale proposed that, in conjunction, the boundaries of these zones might be neutralised, working symbiotically as a kind of cultural anti-venom, to produce what the press release termed 'a third space'[14]. 'It's like electricity', explained Eugene, 'when you put positive and negative together, the light comes on!'[15] This was not, of course, the first attempt to bridge these social chasms. Assimilation of the urban poor has long served to inject novelty into jaded art systems, and more recently, to satisfy cultural funding criteria. The organisers of this, and future Ghetto Biennale editions, have inherited a formidable series of pitfalls to navigate.

pou kondisyon Gran Ri yo. Yo te bay travay ki t ap fèt sou plas preferans. Yo jwenn finansman pou peye yon machinn lokasyon ak 2 entèprèt, men aprè sa, patisipan yo te oblije peye tout lòt depans yo. 28 novanm 2009, atis yo kòmanse rive, soti Ozetazini, Jamayik, Ostrali, Syèd, Lafrans, Italy, ak Angletè. Konsa twa semèn kolaborasyon te kòmanse, aprè yon dènye jounen ekspozisyon ak spektak sou yon ki te fèt nan yon lakou sou Gran Ri.

Nan yon sans ki ka parèt biza, istwa geto ak istwa byenal makonnen depi lontan. You toulede kòmanse nan vil Venis, epi toulede liye avèk kesyon delimitasyon idantite, avèk kesyon eksklizyon. Mo "geto" a soti nan 16yèm syèk, lè tout jwif Venis yo te bare nan pwòp zòn pa yo, dèyè yon kokenn baryè. Sa te kreye yon kominote apa, ki pa t gen dwa melanje avèk rès popilasyon vil la. Sa vle di, se te yon fason pou kreye yon sòt de moun andeyò. Jounen jodiya, nou ka wè menm bagay la, nan jan Nasyonzini deziyen "zòn wouj" nan Pòtoprens, kote manm staf pa yo ak lòt chèf èd imanitè yo pa sipoze mete pye. Konsèp "byenal" la soti nan 19yèm syèk la, kòm rezilta sa k rele "Ekspozisyon Kolonyal" la: se te yon fason pou defini epi mete an yerachi yon seri standa nasyonalis ak rijid. Konsa, toulede enstitisyon yo, ni geto a ni byenal la, te egziste pou delimite epi pou kontwole zòn sosyal yo. Geto Byenal la oze pwopoze ke fwontyè zòn sa yo ta ka netralize si yo marye konsèp "geto" a avèk konsèp "byenal" la ansanm, pou sèvi kòm remèd pou tout pwazon kiltirèl ki egziste nan sosyete a, pou kreye sa nòt pou laprès la rele "yon twazyèm espas."[14] "Se kòm kouran," eksplike Eugène. "Lè w mete pozitif la ak negatif la ansanm, limyè a limen!"[15] Natirèlman, se pa premye tantativ pou rekonsilye divizyon sosyal sa yo. Depi lontan, moun ap eseye sèvi avèk asimilasyon popilasyon bidonvil yo pou bay yon sistèm da ki deja blaze yon nouvo lavi. Dènyeman, gen moun k ap sèvi avèk menm koze asimilasyon sa a pou satisfè kritè finansman kiltirèl yo. Òganizatè Geto Byenal sa a, ak tout Geto Byenal k ap vini yo, se eritye yon vyè etitaj ki chaje ak pyèj yo dwe evite.

An Ayiti, menm jan ak lòt peyi, gen anpil atis ki sèvi avèk geto a kòm yon sous enspirasyon yo eksplwate pou kore yon ideyal primitif. Se

14. John Keiffer, Ghetto Biennale 'Call for Submissions' www.ghettobiennale.org Last accessed 12/11/09 **14.** John Keiffer, Geto Byenal 'Rele pou aplikasyon' www.ghettobiennale.org denye aksè 12/11/09 **15.** Andre Eugene, Personal Communication Port-au-Prince 23/12/09 **15.** Andre Eugene, Kominikasyon pèsonèl, Pòtoprens 23/12/09 **16.** Renato Rodrigues da Silva, (2005) 'Hélio Oiticica's Parangolé or the Art of Transgression' *Third Text* Vol. 19, Issue 3, Me, Routledge: London p214. **17.** Andre Eugene, Kominikasyon pèsonèl, Pòtoprens 23/12/09.

In Haiti, and elsewhere, artists have often drawn on the ghetto as a source of raw inspiration, to support Primitivist paradigms. In his appropriation of Rio de Janeiro's Favela de Mangueira in the 1960s and '70s, Brazilian artist Hélio Oiticica positioned the favela as a site for 'deintellectualisation'[16] (desintelectualização), the imaginary obverse of the 'excessive intellectualisation' of the city's art circuit (oblivious to the fact that, as Eugene observed, 'there are all kinds of people in the ghetto; artists, writers, intellectuals').[17]

Nevertheless, as Richard Pithouse observes, the ambiguity remains that the lack of regulation and institutional framework which on one hand provides the conditions for these autonomous spaces, represents on the other hand a total absence of the basic state services required for a viable urban life (water, electricity, sanitation, refuse removal)[18]. There is also therefore the risk that this precariousness and deprivation is romanticised as a revolutionary space. In an art market which feeds on capitalist critique, the strategies by which Grand Rue residents cope with social depravation paradoxically represent considerable cultural capital today, since, as Josephine Berry Slater observes, 'a vicarious worship of all things bricolaged, improvised and threadbare – read pauperised – has taken hold… the acid bath of poverty is the urbane consumer's chemical peel of choice.'[19]

Another danger is therefore that this unregulated zone of creativity will in time revert to an institutional model, whether by developing its own structures of power and zones of exclusion, by being restaged for the museum, or through unacknowledged recuperation by the culture industry. In these mediated scenarios, the distinctions between the ghetto and the Biennale risk being actively reinforced, as at the 27th São Paulo Biennale in 2006. Drawing on Oiticica's ideas, the Biennale's education department initiated the Centre-Periphery Project (projeto centro-periferia), establishing five 'education centres' in the city's favelas, where residents were to be 'conceptually prepared' for a visit to the Biennale. Weekly buses ferried the freshly-educated favela residents to the exhibition, while a second bus took Biennale visitors in the

konsa yon atis brezilyen ki rele Hélio Oiticica te sèvi avèk Favela de Magueira nan Rio de Janeiro nan ane 1960 ak 1970 yo. Li deziyen favela sa a kòm yon sit "dezentelektyèlizasyon"[16] ki vle di yon kontrepwa imajinè pa rapò ak atis lavil yo ki "twò entelektyèl" (san yo pa pran kont "gen tout kalite moun nan geto a: atis, ekriven, entelektyèl," jan Eugène konstate).[17]

Sepandan, kòm Richard Pithouse konstate, toujou gen konfizyon, paske menm absans kontwòl ak ankadreman enstitisyonèl ki rann espas otonòm sa yo posib, se menm kondisyon ki reprezante yon absans total sèvis debaz ki esansyèl pou yon vi vivab nan vil la (dlo, kouran, sanitasyon, trètman dechè).[18] Se konsa gen yon risk: etranje ka ideyalize oubyen glorifye prekarite ak mizè kòm yon espas revolisyonè. Nan yon mache atizay ki viv sou kritik kapitalis, menm taktik atis Gran Ri yo itilize pou yo siviv reprezante, paradoksalman, yon gwo kapital kiltirèl. Jan Joseph Berry Slater konstate, "Yon adorasyon endirèk tout sa ki debwouya, tout sa ki enpwovize, tout sa ki dechire — an di *pauperisé* — ki pran elan… yon beny asid mizè se *peeling chimique* konsomatè lavil yo pi pito."[19]

Kidonk, yon lòt danje se ke zòn kreyativite sa yo, ki egziste san reglemantasyon, kapab, avèk tan, tounen yon modèl enstitisyonèl. Sa ka fèt si yo devlope pwòp estrikti pouvwa ak zòn eksklizyon pa yo, oubyen si endistri kiltirèl la vin pran yo san li pa rekonèt vrè atis yo. Nan senaryo sa yo, diferans ant geto a ak Byenal la riske ranfòse. Se sa k te rive 27yèm Byenal São Paulo nan lane 2006. Baze sou lide Oiticica, depatman ediksyon Byenal la kòmanse Pwojè Sant-periferi a (Projeto centro-periferia), ki te etabli senk "sant edikasyon" nan favela vil la, kote yo te bay rezidan yo yon "preparasyon konsepsyèl" pou yo te ka vizite Byenal la. Chak semèn, bis te mennen rezidan favela ki apenn edike yo al nan Byenal la, pandan yon dezyèm bis te menen vizitè Byenal la al fè touris nan favela. Pou konfime "fwontyè envizib" sa yo,[20] sekirite te leve avèk fòs epi arete yon gwoup jèn atis gratifi Pichação pandan pwochenn Byenal São Paulo a nan lane 2008. Atis sa yo te nan paviyon, an, yo t ap fè yon entèvansyon nan yon galri vid ki te deziyen yon espas "patisipasyon."

16. Renato Rodrigues da Silva, (2005) 'Hélio Oiticica's Parangolé or the Art of Transgression' *Third Text* Vol. 19, Issue 3, May, Routledge: London p214. **17.** Andre Eugene, Personal Communication Port-au-Prince 23/12/09. **18.** Richard Pithouse, 'Thinking Resistance in the Shanty Town' Mute Vol 2 No 3 London 2006 p24. **18.** Richard Pithouse, 'Thinking Resistance in the Shanty Town' Mute Vol 2 No 3 London 2006 p24. **19.** Josephine Berry Slater, 'Editorial' *Mute* Vol 2 No 3 London 2006 p7. **19.** Josephine Berry Slater, 'Editorial' *Mute* Vol 2 No 3 London 2006 p7. **20.** Denise Grinspum, Coletiva de Imprensa da 27a Bienal de São Paulo (konferans laprès) São Paulo 04/10/06.

opposite direction, on a tour of the favela. As if to further reaffirm these 'invisible boundaries'[20], the following São Paulo Biennale, in 2008, saw a group of young pixador graffiti artists forcibly removed from the pavilion by security guards and arrested after their intervention in a gallery space left empty for 'participation'. The terms of engagement here are rigid; the 'periphery' is assimilated as cultural capital, as a conceptual counterpoint, to balance visitor figures or to normalise a sense of crisis, but never as an active agent within that cultural arena.

So to what extent did the Ghetto Biennale avoid these pitfalls? Many of the visiting artists undertook relational, process-based projects, often providing residents with strategies for self-representation, and avoiding excessive mediation or spectacle. UK artist Tracey Moberly continued her long-running 'Mobilography' project, distributing camera phones to youths in Grand Rue, and inviting them to document their daily routines. 'Frau Fiber' (Carole Frances Lung), initiated the ongoing 'Made in Haiti' project with local tailor Jonas Labaze. [Fig. 2.8] Buying bundles of 'Pepe', the second hand clothes shipped in bulk from the US for resale in Haiti which have decimated the country's textile industry, they reworked the clothes into new garments, which were then branded for resale back to US markets.

The event provided a space for close collaboration and creative exchange, with local residents taking part in the majority of projects. Tasmanian artist Nancy Mauro-Flude worked with a group of local children to develop a street performance using hand-made percussion instruments and circuit-bent voice decoders. UK artist Bill Drummond continued his touring choir project The17, twinning a performance by school-pupils from Grand Rue with one by a UK school [Fig. 2.9], and with the help of the area's residents, UK artist Jesse Darling constructed a 'Trash Church' from locally sourced plastic waste, which then became a space for performance, film screenings and music [Fig. 2.10]. Several visiting Haitian artists also participated, including a group from the FOSAJ arts centre in Jacmel, who produced a large mural, and students from Cine Institute, also in Jacmel, who collaborated with US artist and film-maker Flo McGarrell on an adaptation of the final chapter of Kathy Acker's 'Kathy Goes to Haiti'.

The final event was disordered, noisy, intense and euphoric, throbbing with music and colour.

Konsa nou ka wè jan tèm angajman yo rijid: yo sèvi avèk 'periferi' a kòm kapital kiltirèl, kòm yon kontrepwa konsèpsyèl pou prezans vizitè yo osinon pou banalize yon eta kriz, men periferi a pa janm ka patisipe kòm yon ajan ki granmoun tèt li nan espas kiltirèl sa a.

Èske Geto Byenal la rive evite pyèj sa yo? Anpil nan atis etranje yo antreprann pwojè relasyonèl ki baze sou pwosèsis, pou evite gwo spektak, ak pou founi rezidan yo avèk taktik pou reprezante tèt yo. Yon atis ki soti nan Angletè, Tracey Moberly, te kontinye pwojè "Mobilography" li a, kote li bay yon gwoup jèn Gran Ri telefòn ki gen kamera, pou yo te ka dokimante lavi kotidyen. "Frau Fiber" (Carole Frances Lung) te lanse pwojè "Made in Haiti" ("Fèt an Ayiti") a, ansanm avèk tayè lokal ki rele Jonase Labaze. [Fig. 2.8] Yo achte pèpè (rad dezyèm men soti Ozetazini ki depi kèk deseni ap anvayi mache ayisyen epi kraze endistri rad lokal la), yo fè nouvo rad avèk pèpè yo, epi yo voye yo revann Ozetazini.

Evènman sa a te founi yon bèl espas pou kolaborasyon ak echanj kiltirèl te ka fleri, kote rezidan zòn nan patisipe nan pi fò pwojè yo. Yon atis ki soti nan Tasmani, Nancy Mauro-Flude, travay ansanm avèk yon gwoup timoun lokal pou kreye yon spektak avèk tanbou, pèkisyon, ak ti aparèy ki transfòme vwa moun nan. Yon atis ki soti na Angletè, Bill Drummond, kontinye yon pwojè koral ki rele THE17 (17LA), kote li makonnen yon spektak timoun lekòl soti nan Gran Ri avèk yon spektak timoun lekòl an Angletè. [Fig. 2.9] Yon lòt atis soti nan Angletè, Jesse Darling, bati yon "Legliz Fatra" avèk dechè plastik ki soti nan zòn nan; "legliz" sa a tounen yon espas pou spektak, pwojeksyon fim, ak mizik [Fig. 2.10].

Plizye artis Aysian te participè nan Ghetto Biennale la. Te gen ladan yo yon gwoup ki soti nan FOSAJ, yon sant d'art nan vil Jacmel. Yo te pwodwi yon gwo muril. Te gen tou etidyan de Institute Ciné ki kolabore avek yon cinéaste Ameriken, Flo McGarrell. Ansamn yo adapté yon denyé chapit nan fim 'Kathy Goes to Haiti', pa Kathy Acker.

Dènye evènman Geto Byenal la te yon kokenn banbòch, vif ak eksitan, chaje ak debanday, bri, ak koulè. Yon twoup dans soti Jakmèl te fè yon spektak ki rele "Zonbi Zonbi," kote yo ekplore lide ke "se pa sèlman aprè lanmò yon moun

---

20. Denise Grinspum, Coletiva de Imprensa da 27a Bienal de São Paulo (press conference) São Paulo 04/10/06.

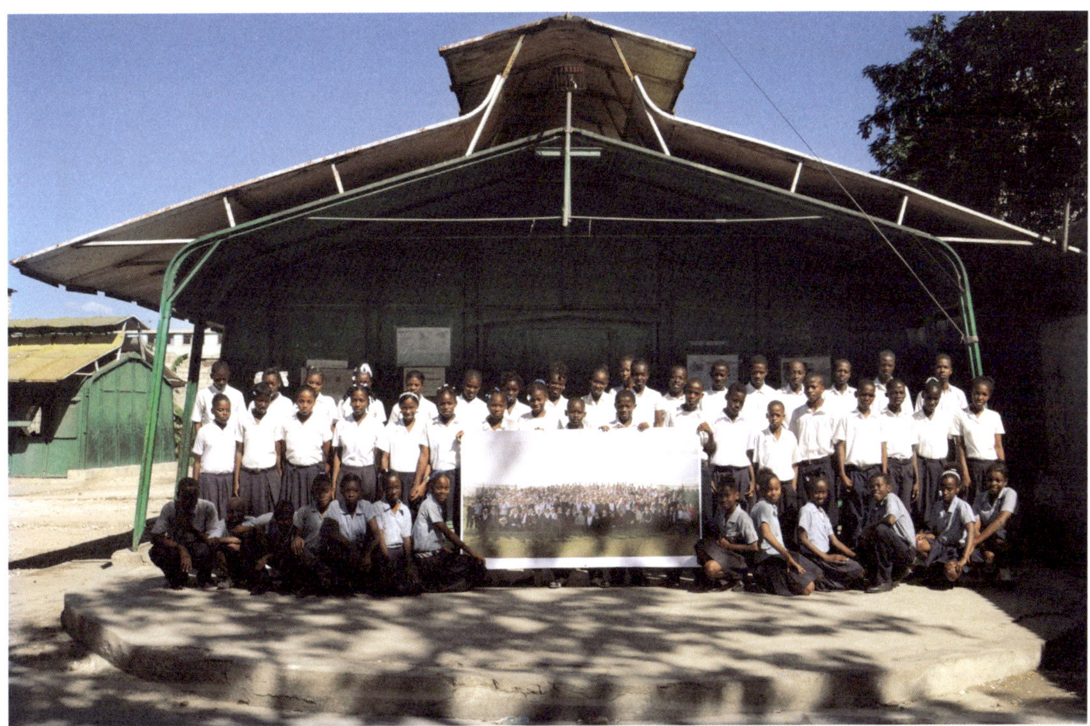

Fig. 2.9
The members of The 17 from the Ecole Nationale
Guillaume, Rue Chareron, Port-au-Prince with
a photograph of the pupils of the school that
performed the same score in Corby, UK.
Photo: Tracey Moberly

Fig. 2.9
Manm yo nan 17LA nan Ecole Nationale
Guillaume, Rue Chareron, Pòtoprens ak yon
foto nan elèv yo nan lekòl la ki fè menm musik
la nan Corby, UK.
Foto: Tracey Moberly

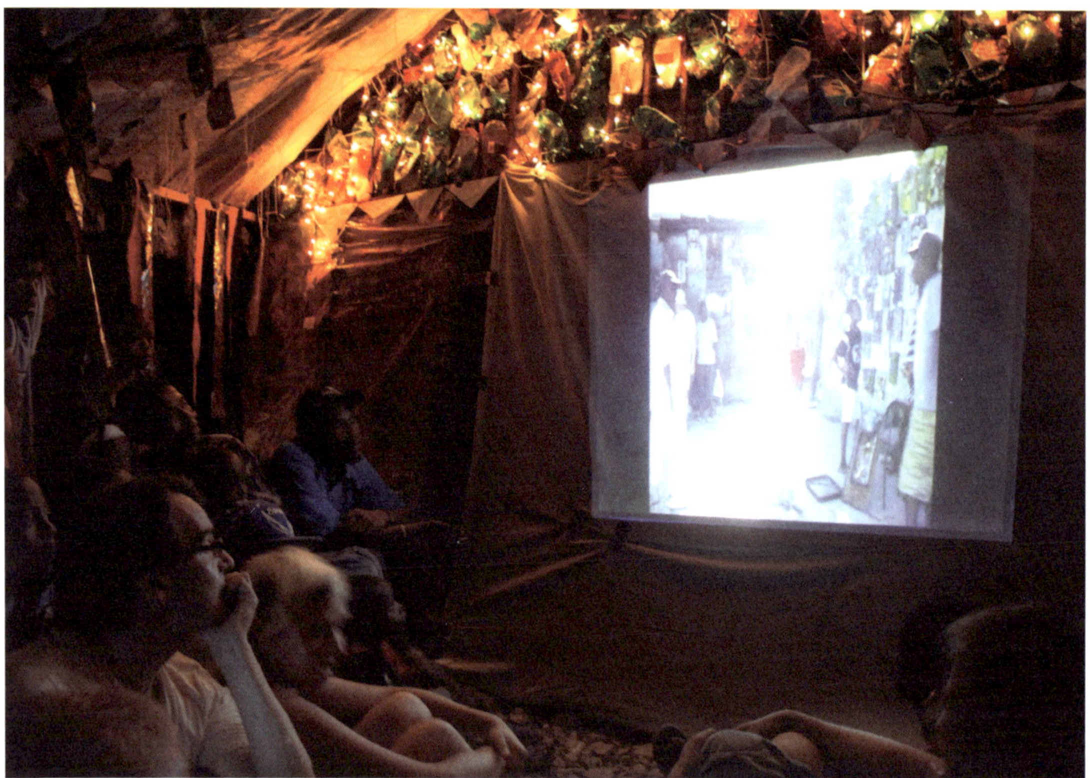

Fig. 2.10 Trash Church collaboratively created by Jesse Darling. Photo: Polly Savage

Fig. 2.10 Fatra Legliz la kreye pa kolaborasyon ak Jesse Darling. Foto: Polly Savage

The Jacmel-based Lakou dance group performed 'Zonbi Zonbi', exploring the notion that 'it's not just after death that a person becomes a zombie … many people become zombies without even knowing it'.[21] Grand Rue group 'Tele-ghetto' comprised a three-man 'film-crew' who interviewed participants throughout the day (including the Minister of Culture) using plastic oil-can 'cameras' and polystyrene 'microphones', whilst other impromptu participants played music and added new works to the walls. 'The best thing about the Ghetto Biennale', said Eugene afterwards, 'was that it mixed everyone up, without any discrimination. White and black enjoyed it and relaxed together. I liked that'.[22] The event also allowed the Grand Rue residents to project a positive vision of their home and their work. 'We hear all the bad things that are said about Haiti on the news', said Mabelle Williams, 'so I'm very happy you all had a chance to see

tounen zonbi… anpil moun vin zonbi san yo pa konnen."[21] Tele-geto, yon "ekip fim" twa nèg Gran Ri ki entèvyouve patisipan Byenal la (menm minis kilti a) avèk yon "kamera" ki fèt ak boutèy plastik ak mikwo ki fèt ak polistirèn. Lòt moun ki jwe mizik epi ajoute kreyasyon atistik sou mi yo. "Pi bèl bagay nan Geto Byenal la," deklare Eugène aprè, "se ke tout moun melanje, san diskriminasyon. Nwa e blan te jwi epi rilaks ansanm. Mwen te renmen sa."[22] Evènman tou te pemèt moun Gran Ri yo transmèt yon bèl imaj lakay yo, yon bèl vizyon travay y ap fè a. "Tout tan nou tande move bagay sou Ayiti lè n ap gade nouvèl," di Mabelle Williams, "donk m te vrèman kontan nou tout te gen posibilite wè jan yon geto ayisyen ye, pou wè se yon kote san vyolans. Li ede nou konprann ke travay nou gen anpil valè pou moun andeyò peyi a.'[23] Louko, ki mouri nan tranblemantè yon mwa aprè Byenal la, deklare, "Jodiya, nan mitan tout

21. Ghetto Biennale: Participants www.ghettobiennale.org Last accessed 13/03/10 21. Ghetto Biennale: Participants www.ghettobiennale.org denye aksè 13/03/10 22. Andre Eugene, Personal Communication Port-au-Prince 23/12/09. 22. Andre Eugene, Kominikasyon pèsonèl, Pòtoprens 23/12/09. 23. Belle Williams, Personal Comment at the Ghetto Biennale conference, Port-au-Prince 18/12/09.

what a Haitian ghetto looks like – to see that it's without violence… It's helped us to understand that our work is of great value in the eyes of the outside world'.[23] Louco, who one month later would fall victim to the earthquake, said 'today, in the midst of all these people, I can sense that the whole world is watching us. I really feel like now I do exist.'[24]

By virtue of its self-organised autonomy, the specificity of the site, and its participatory and relational structure, the first Ghetto Biennale genuinely seemed to disrupt the zones of exclusion entrenched in both contemporary art systems and the geo-politics of the global poor. In this amorphous, chaotic, de-institutionalised space, the distinctions between artist and audience, between city and gallery, and, to a certain degree, between the 'informal proletariat' and the homo viator appeared momentarily blurred. In the conference which followed, consensus was that a liberated, revolutionary space had emerged; a 'germ of the future'. The participants nevertheless expressed divergent desires for, and responses to, the event. For many of the visiting artists and academics with intellectual and creative investment in critique of global capitalism, the event marked a space beyond the critical paralysis of the culture industry. For many of the local artists surviving at the extremity of global capitalism, the event marked an opportunity to gain and control access to systems of representation within the culture industry; a space beyond the ghetto.

In memoriam: Destima 'Louco' Pierre Isnel, Flo McGarell, Laurens Wyllie and all the other artists, writers, intellectuals, musicians, players, workers and fighters lost in the January 12th earthquake, 2010.

The Germ of the Future? Ghetto Biennale: Port-au-Prince, Polly Savage, *Third Text*, July 1st 2010 copyright © Third Text, reprinted by permission of Taylor & Francis Ltd, www.tandfonline.com on behalf of Third Text.

moun sa yo, mwen santi se tout mond lan k ap gade nou. Mwen vrèman santi m kounye a ke mwen egziste vrè."[24]

Avèk òganizasyon atis lokal ki granmoun tèt yo, yon lokal fiks ak spesifik, ak yon estrikti ki ankouraje patisipasyon ak relasyon youn ak lòt, premye Geto Byenal la sanble li te deranje tout bon zòn eksklizyon ki tèlman fikse, ni nan sistèm da kontanporen, ni nan sistèm jeyopolitik pòv yo nan tout mond lan. Espas debanday sa a, san fòm fiks, san enstitisyon fòmèl, te efase tanporèman diferans ant atis ak asistans, ant vil ak galri ak, a yon sèten nivo, diferans ant "pwoletarya enfòmèl" la ak "homo viator." Pandan yon konferans aprè Byenal la, tout moun te dakò ke yon espas libere, yon espas revolisyonè te vin kreye, yon "jèm lavni." Sepandan, patisipan yo te eksprime divès espwa ak repons ki pa t dakò youn ak lòt. Pou anpil atis etranje ak akademisyen, ki te angaje nan kritik entelektyèl ak kreyatif kont sistèm kapitalis global la, Geto Byenal la reprezante yon espas ki deyò yon endistri kiltirèl ki, dapre yo, gentan paralize. Men pou atis lokal yo, k ap chèche lavi nan maj sistèm kapitalis global la, Byenal la te yon chans pou yo gen aksè ak endistri kiltirèl la: yon espas byen deyò geto a.

Nan memwa: Destimare 'Louko' Pierre Isnel, Flo McGarell, Laurens Wyllie ak tout lot atis, ekrivan, entelksyel, mizisyan, aktor, travaye ki te pedi nan tranbleman de te, 12 Janvye, 2010.

The Germ of the Future? Ghetto Biennale: Port-au-Prince, Polly Savage, *Third Text*, Iye jiyè 2010 © Third Text,, reprime pa pèmisyon nan Taylor & Francis Ltd, www.tandfonline.com sou non Third Text.

23. Belle Williams, Pèsonèl kontribisyon nan konferans lan Geto Byenal la, Pòtoprens, 18/12/09, **24.** Destima 'Louco' Pierre Isnel, Presentation at the Ghetto Biennale conference, Port-au-Prince 18/12/09. **24.** Destima 'Louco' Pierre Isnel, Pèsonèl kontribisyon nan konferans lan Geto Byenal la, Pòtoprens, 18/12/09.

REFERENCES REFERANS

Bell, Beverly. Haiti: Post Disaster
Needs Assessment - Whose Needs?
Whose Assessment? 26 February
2010, Haiti-London- Konbit Digest,
Vol 1, Issue 9

Bourriaud, Nicholas. Altermodern
Manifesto in Altermodern Exhibition
Catalogue. London: Tate Publishing
London: 2009

Davis, Mike. Planet of Slums:
Urban Involution and the Informal
Proletariat. New Left Review No 26
March- April London: 2004

Derrida, Jacques. Of Grammatology
trans. Gayatri Chakravorty Spivak.
Baltimore and London: The John
Hopkins University Press 1974

Fleming, Richard. Ghetto Biennale.
The Miami Herald. 2010

Iles, Anthony. We are Ugly, but we
are Here. Mute Vol 2 No 3 London:
2006

Pithouse, Richard. Thinking
Resistance in the Shanty Town. Mute
Vol 2 No 3 London: 2006

Rodrigues da Silva, Renato. Hélio
Oiticica's Parangolé or the Art of
Transgression. Third Text Vol. 19
Issue 3. London: Routledge 2005

Slater, Josephine Berry. Editorial.
Mute Vol 2 No 3 London: 2006

Spivak, Gayatri Chakravorty. A
Critique of Postcolonial Reason.
Cambridge MA and London: Harvard
University Press 1999

Spivak, Gayatri Chakravorty. Can the
Subaltern Speak? in Marxism and the
Interpretation of Culture eds. Cary
Nelson and Lawrence Grossberg.
Urbana and Chicago: University of
Illinois Press 1988

Žižek, Slavov, Knee-Deep. London
Review of Books. Vol 26 No 17
London: 2009

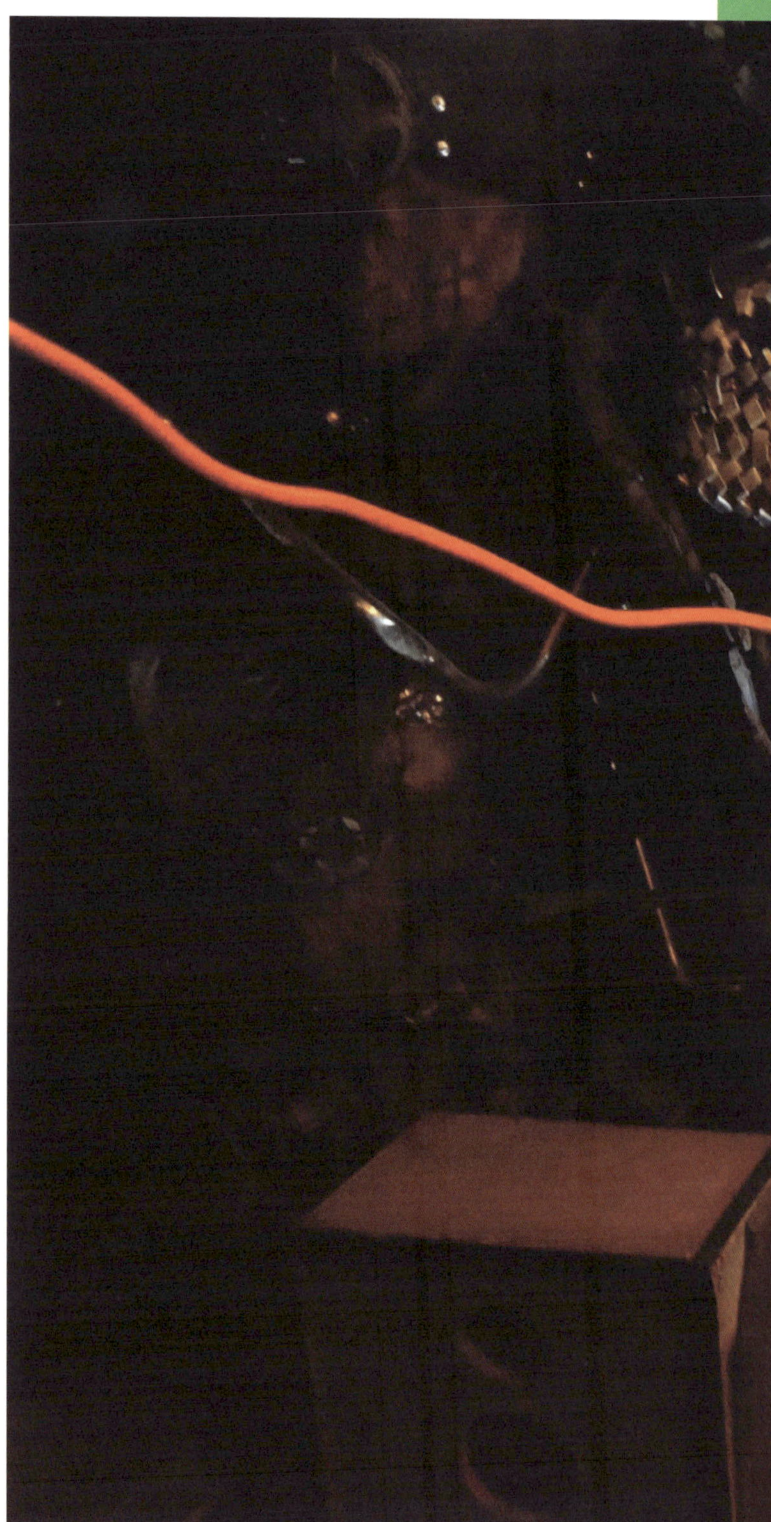

Translation from English to Kreyol by Anna Ferdinand

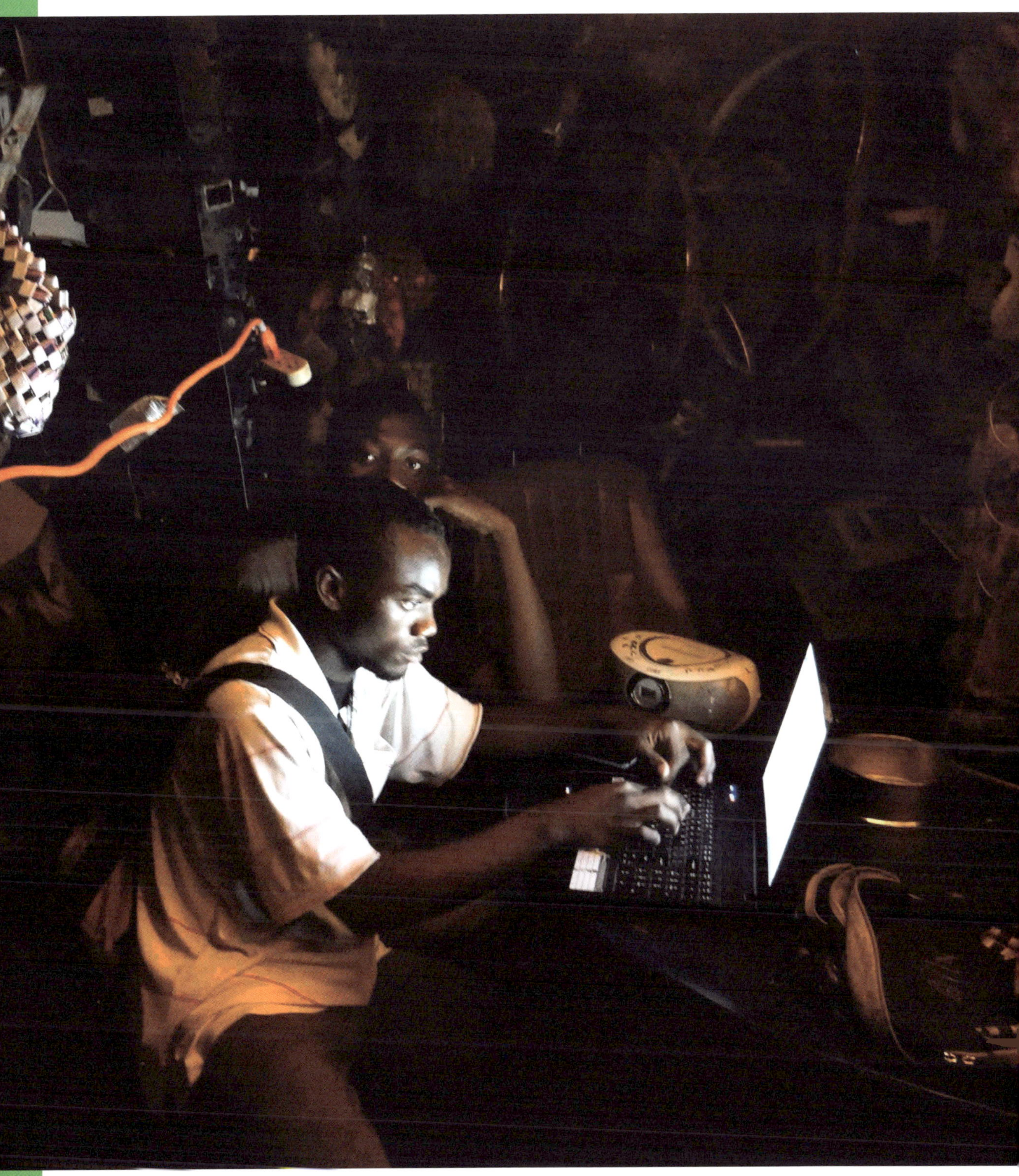

Fig. 2.11 Romel Jean Pierre and Racine Polycarpe
working in Eugene's yard, Port-au-Prince, Haiti
Photo: John Cussans

Fig. 2.11 Romel Jean Pierre ak Racine Polycarpe
kap travay nan lakou Eugene la, Pòtoprens, Ayiti.
Foto: John Cussans

'*Salon des Refusés*'
FOR THE
21ˢᵗ CENTURY

'*Salon des Refusés*'
POU
21ʸᵉᵐ SYÈK LA

2ND GHETTO BIENNALE

2YÈM GETO BYENAL

2011

Andre Eugene (HT)
curator, co-director, site management
konsèvate, ko-direktè, manadjè sit la

Cat Barich (DE)
site logistics, artist liaison
lojistik sit la, atis lyezon

Celeur Jean Herard (HT)
curator
konsèvate

David Frohnapfel (DE)
intern curator, onsite management
konsèvate entèn, manadjè sit la

Evel Romain (HT)
curator, transport and logistics
konsèvate, transpò, lojistik

Lazaros (US)
images, film screenings
fotograf, sit entènèt, pwogram fi

Leah Gordon (GB)
curator, co-director, logistics, press
konsèvate, ko-direktè, lojistik, laprès

Liz Woodroffe (GB | BB)
graphic design
desen grafik

Maccha Kasparian (FR)
site mapping, French translation
konsèvate, manadjè konferans

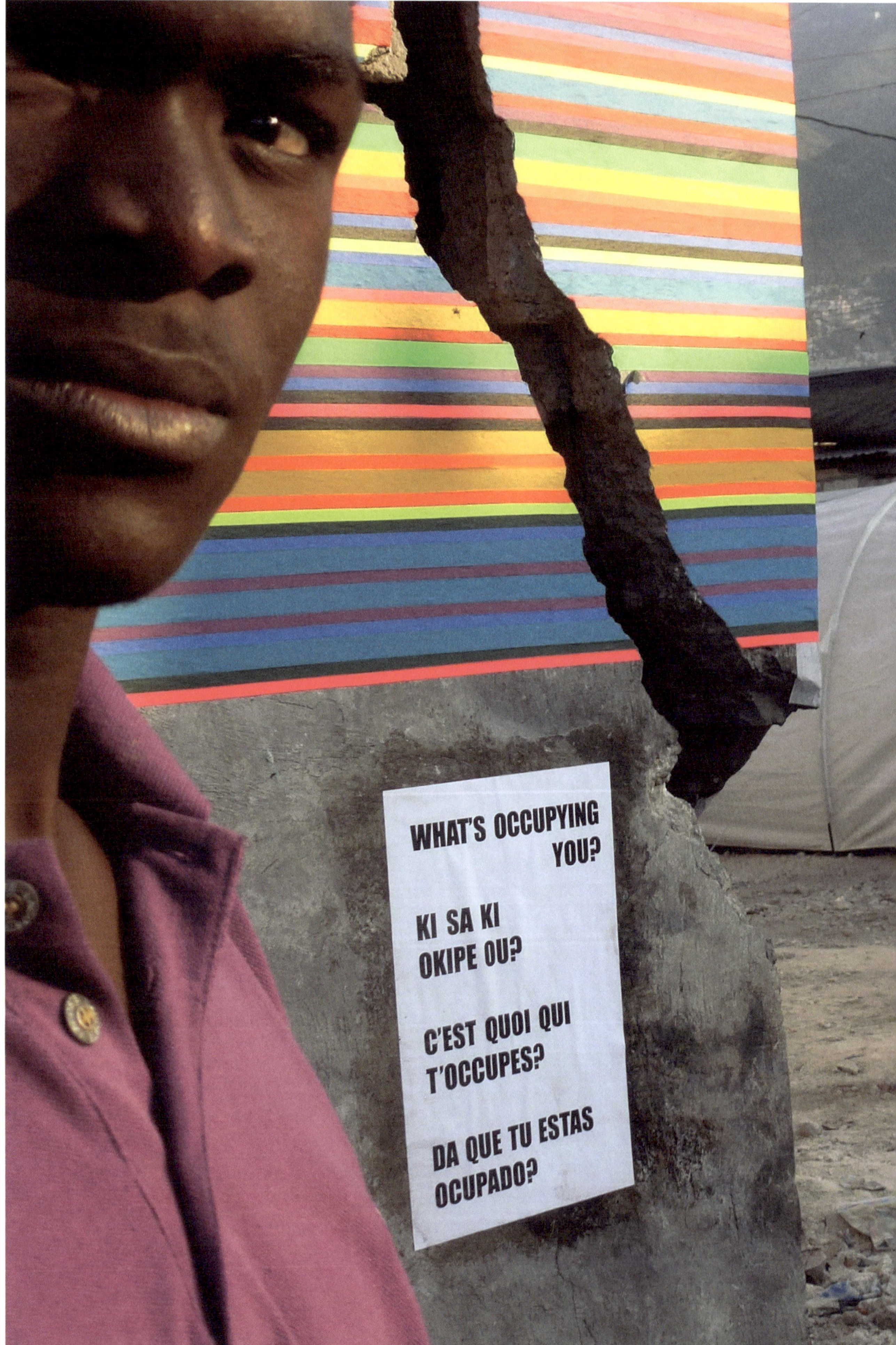
WHAT'S OCCUPYING
YOU?

KI SA KI
OKIPE OU?

C'EST QUOI QUI
T'OCCUPES?

DA QUE TU ESTAS
OCUPADO?

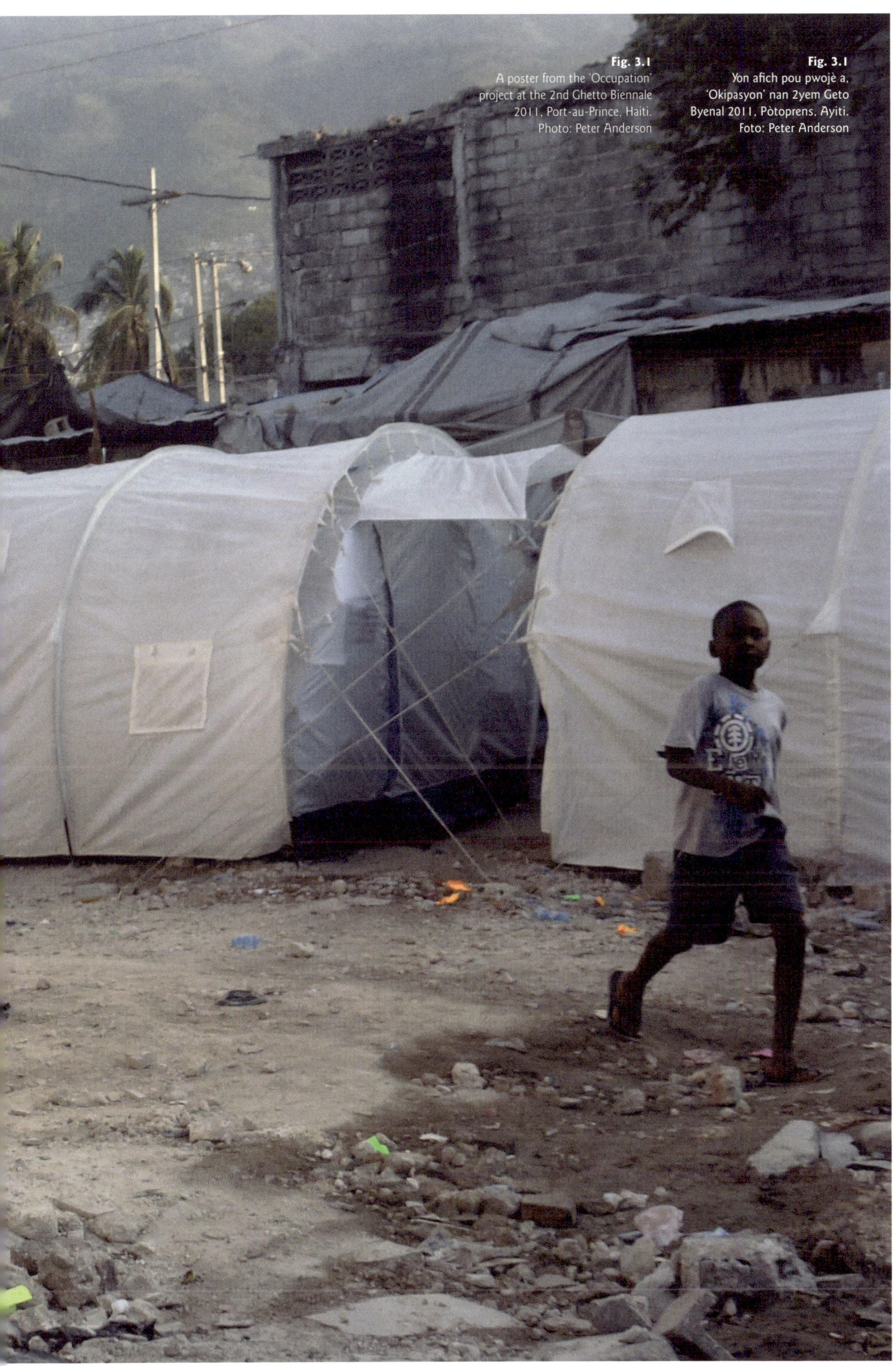

Fig. 3.1
A poster from the 'Occupation'
project at the 2nd Ghetto Biennale
2011, Port-au-Prince, Haiti.
Photo: Peter Anderson

Fig. 3.1
Yon afich pou pwojè a,
'Okipasyon' nan 2yem Geto
Byenal 2011, Pòtoprens, Ayiti.
Foto: Peter Anderson

ARTIST AND PROJECT LIST LIS ATIS AK PWOJÈ YO

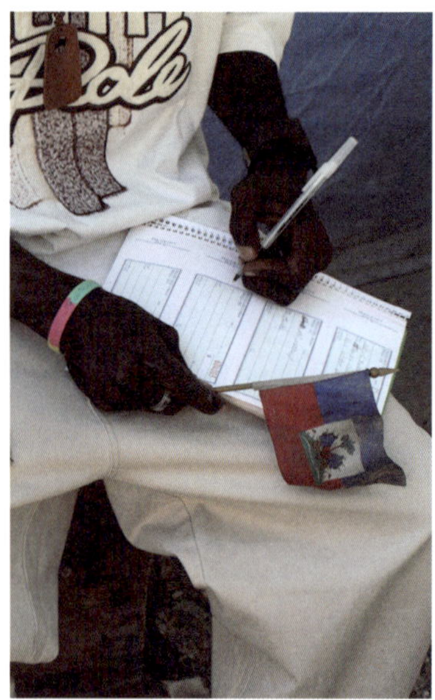

Allison Rowe (CA)
AID FOR USA AND CANADA | ÈD POU ETAZINI AK KANADA

AID FOR USA AND CANADA is a participatory sculpture that confronts the monetary and political relationships between Canada, the United States and Haiti. In the week preceding the opening of the Biennale, an invitation will be extended to residents of the Grand Rue to donate objects, artwork and stories that North Americans would not be able to access without the assistance of the Haitian people. All collected items and recordings will be displayed at the Biennale. All of the aid will then be shipped back to Canada and presented in a public exhibition.

ÈD POU ETAZINI AK KANADA se yon eskilti patisipatif ki ka konfwonte relasyon lajan ak politik ant Kanada, Etazini ak Ayiti. Nan semèn ki vin anvan kòmansman Byenal la, m pral invite moun ki abite Gran Ri pou fè kado objè, travay atistik ak istwa ke moun Amerik di Nò pa ta kapab jwenn aksè san asistans pèp Ayisyen an. M pral ekspoze tout objè ak dokiman yo nan Byenal la. Apwe sa m pral voye tout èd la nan Kanada epi prezante li nan yon ekspozisyon piblik lòtbò a.

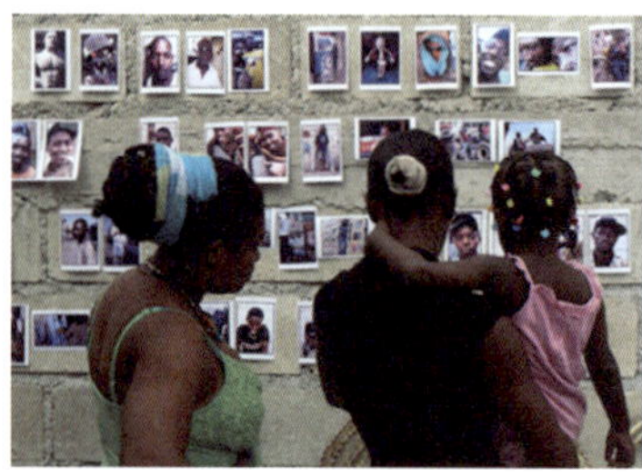

Anderson Family (GB)
FAMILY | FANMI

FAMILY will reflect a reciprocal relationship of us as a family and street family culture in Haiti. We intend to capture urban familial relationships in three stages; street photography, object images and street film.

FANMI pral montre relasyon resipwòk ant nou menm kòm fanmi ak kilti fanmi lari an Ayiti. Nou gen entansyon reprezante relasyon fanmi lavil nan twa etap; fotografi lari, imaj objè ak fim lari.

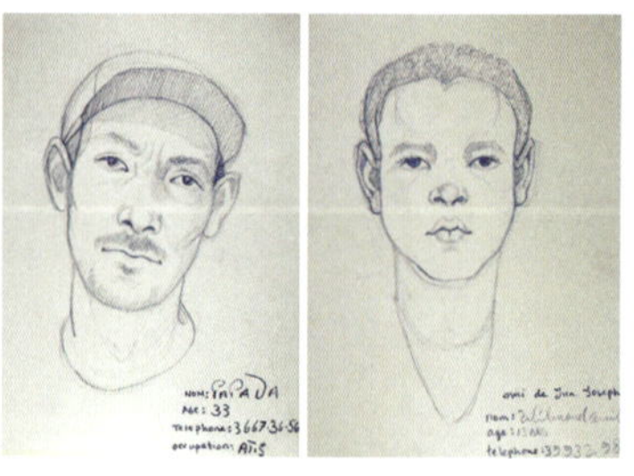

Anna Bruinsma (US)
FACEBOOK : HAITI | FACEBOOK : AYITI

This project plays off of the initial use of the Facebook at Harvard as an elite social networking tool. I will be drawing the faces of different permanent residents of the Port-Au-Prince community. Each portrait will be done over the course of an hour. At the end of the hour I will ask the model for a referral to a local friend or family member and they, hopefully, will be the next model.

Pwojè sa a sonje itilizasyon inisyal Facebook nan Harvard kòm yon rezo sosyal pou elit yo. Mwen pral desine vizaj diferan diferan moun ki rete Pòtoprens. M pral pase yon èdtan pou fè chak pòtrè. Pandan m ap fini, m ap mande modèl la pou l rekòmande m yon zanmi ou yon fanmi nan zòn nan, ke nou swete pral pwochen modèl la.

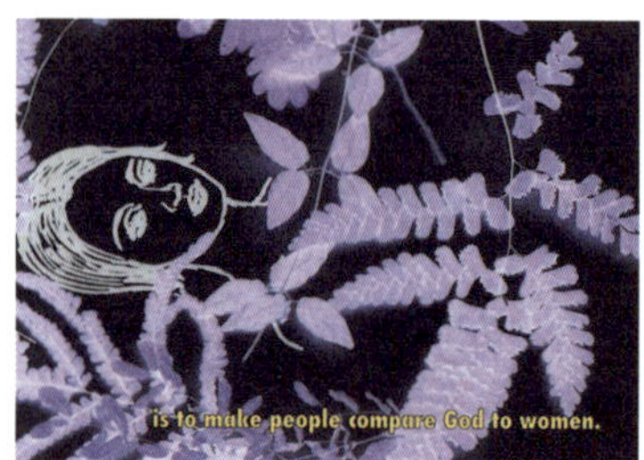

Candice Lin (US)
HAITI DREAMING, DREAMING HAITI | AYITI AP REVE, AYITI NAN REV

Starting with Victor Turner's suggestion that anthropology can be viewed through the lens of performative models, I seek to combine this modality with traditional and new methods for accessing the spirit or unconscious world. The source content of personal dream records, meditations, trance visions, and analyses of cultural myths will be shared by talking, story-telling, and exercises in telepathic transmission.

Nou pati de sijesyon Victor Turner, ki wè antwopoloji tankou yon modèl pèfòmans, mwen eseye konbine modalite sa a ak metòd tradisyonèl oswa tou nèf pou antre nan mond lespri yo. Nou pral pataje sous souvni rèv pèsonèl nou, meditasyon, vizyon pandan nou pran lwa, ak analiz mit kiltirèl yo, pandan n ap pale, rakonte istwa, epi fè egzèsis transmisyon telepatik.

ARTIST AND PROJECT LIST LIS ATIS AK PWOJÈ YO

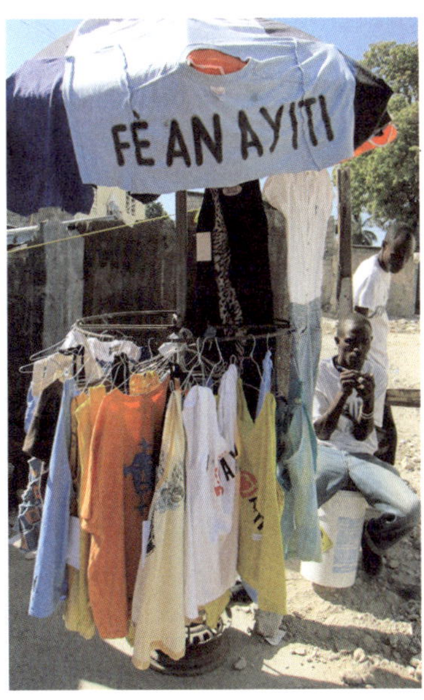

Carole Lung (US)

MADE IN HAITI | FÈ AN AYITI

MADE IN HAITI celebrates two years of good production. After the phenomenal opening of its flagship factory and store at the Ghetto Biennale in the Grand Rue, Port-au-Prince in December of 2009, MADE IN HAITI has become a style destination in the repurposed garment market and pop-up shops have appeared in West Hollywood in California, Madison in Wisconsin and Portland, Oregon. MADE IN HAITI celebrates its second anniversary in Port-au-Prince and Haiti's consumers can look forward to more shopping fun at the Pop-up shop in the Grand Rue.

FÈT AN AYITI ap selebre de ane bon jan pwodiksyon. Apre li fin louvri prensipal faktori ak boutik li nan Geto Byenal la sou Gran Ri-a, nan Pòtoprens pandan mwa Desanm 2009 la, FÈT AN AYITI vin tounen yon destinasyon nan zafè lamòd sou mache rad resikle a. Boutik pop-up rad resikle te parèt tou nan West Hollywood, nan Kalifòni, Madison nan Wisconsin, ak Pòtland nan Oregon. FÈT AN AYITI selebre dezyèm anivèsè li nan Pòtoprens e konsomatè Ayisyen yo a plis bèl bagay toujou nan boutik pop-up nan Gran Ri-a.

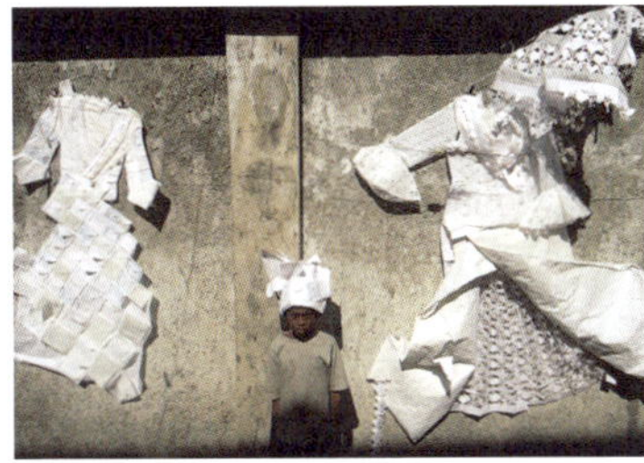

Charlotte Hammond (GB)

THE DRESS THAT TRAVELS | WÒB KI VWAYAJE

THE DRESS THAT TRAVELS connects the past, present and future in its consideration of the female dress as a document, manifest with layered, gendered meanings both within and between Haiti and France. Documents, engravings, letters and other fragments will be used to piece together strong visual imagery of women's clothing from Haitian history from the French archives. The sculptural costumes will then be installed on walls, displayed like masks, around the Grand Rue locality. These performances of the archive aim to bring official historical documentation of the role of Haitian women into dialogue with the day-to-day realities of contemporary gender roles in Haiti.

WÒB KI VWAYAJE konekte tan pase, prezan ak fiti nan konsiderasyon li sou rad fanm kòm yon dokiman ki gen siyifikasyon a plizyè nivo nan kesyon sèks an Ayiti ak Lafrans. M pral itilize dokiman, gravi, lèt ak lòt pyès pou reprezante yon imaj fò de rad fanm nan istwa a pati achiv Franse yo. M pral ekspoze kostim eskilte sa yo sou mi, jan sa konn fèt pou mask yo ozalantou Gran Ri-a. Travay sa vize pou fè rantre de dokiman istorik ofisyèl sou wòl fanm Ayisyen nan dyalòg sou wòl chak sèks yo an Ayiti.

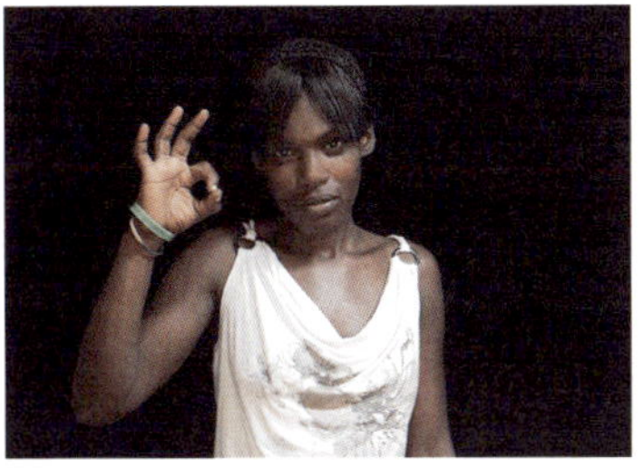

Crystal Nelson (US)

HAITIAN HIP-HOP | HIP-HOP AYISYAN

Officials, journalists, business people (from Haiti and beyond) all express their ideas about Haitians without ever seeking the views of the actual people. The work I will do during the Biennale will address this absence of Haitian subjectivity. My inspiration is the Wikipedia entry about Haitian music, the end of which briefly described Haitian hip-hop. I have been following hip-hop cultural developments in third and fourth spaces and I was surprised to learn about a burgeoning scene in Haiti, and even more surprised I had not heard of it in relation to other growing scenes in the Americas and Caribbean. For this project, I will capture personal narratives of community members by collaborating with Haitian hip-hop artists living in the Port-au-Prince area.

Ofisyèl, biznisman moun ki soti Ayiti ak aletranje, jounalis, elatriye, tout te gen yon bagay pou yo di sou Ayisyen oswa pou Ayisyen, olye de avèk yo. Travay mwen pral fè pandan Byenal la pral adrese absans sijèktivite Ayisyen nan diskou anpil moun. Enspirasyon mwen pati de paj Wikipedia sou mizik Ayisyen, kote nan fen paj sa-a yo dekri Rap Kreyòl . Mwen te swiv devlopman kiltirèl hip-hop la nan espas twazyèm ak katriyèm epi mwen te sezi aprann sou jan rap la devlope an Ayiti. M te plis etone toujou poutèt mwen pat tande pale de sa nan relasyon ak lòt sèn rap kap grandi nan Amerik yo ak Karayib la. Pou pwojè sa-a, mwen pral kolekte istwa manm kominote Rap Kreyòl la k ap viv nan zòn Pòtoprens lan.

ARTIST AND PROJECT LIST LIS ATIS AK PWOJÈ YO

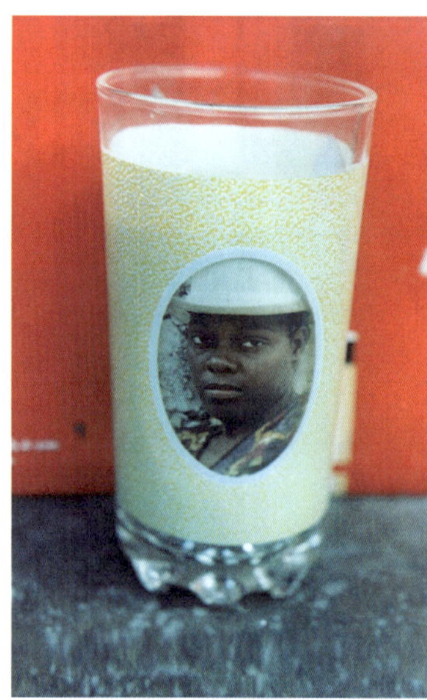

Emilie Boone (HT/US)

THE STUDIO PHOTOGRAPHS OF HAITI | FOTO ESTIDYO YO AN AYITI

The photography studios of Port-au-Prince serve as important sites of Haitian aesthetic practices. Peppered throughout the city, these businesses offer local individuals a means to capture their self-representation through portrait photography. Through an exploration of the particular photographic practices of Port-au-Prince, my project will organise an installation of contemporary portraits obtained from local photography studios during my residency.

Stidyo foto nan Pòtoprens sèvi kòm sit enpòtan nan pratik estetik Ayisyen. Yo tout kote nan vil la e biznis sa yo ofri moun yo yon mwayen pou reprezante pwòp tèt pa yo a pati pòtre yo. Atravè yon eksplorasyon pratik fotografik yo nan Pòtoprens, pwojè mwen an pral òganize yon enstalasyon pòtrè kontanporen yo jwenn nan stidyo fotografik lokal yo.

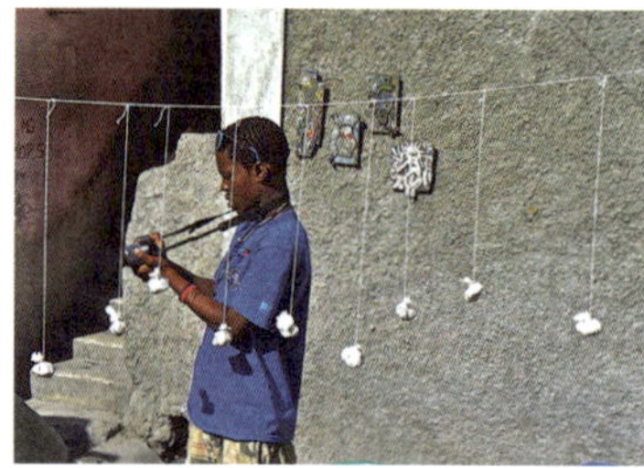

Emmy Eves (US)

VETIVER | VETIV

Haiti is the leading producer of Vetiver essential oil in the world and the production is helping to combat soil erosion. This project created a simple installation hanging muslim bags of fresh vetiver in the neighbourhood to bring a happenstance of fragrance.

Ayiti se pi gwo pwodiktè lwil vetivè nan mond lan, e pwodiksyon plant sa ap ede peyi a konbat ewozyon. Pwojè sa a kreye yon enstalasyon senp ki pandye sache mizilman yo fè ak vetivè fre nan katye lakay yo pou bay bon odè.

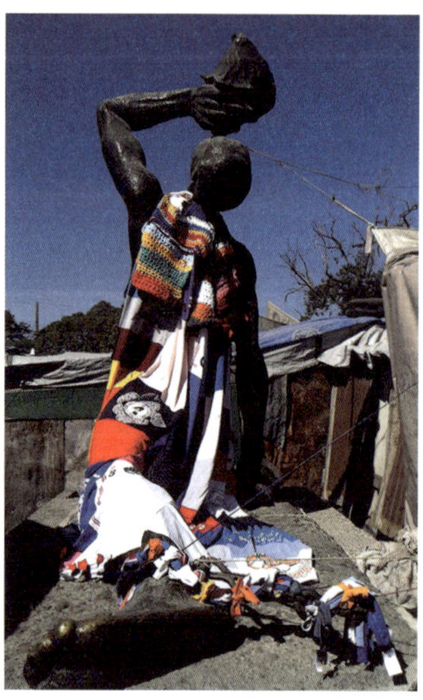

Erin Durban-Albrecht (US) & Shannon Randall (US)

HAITIAN CROCHET | KWOCHÈ AYITI

HAITIAN CROCHET draws on the Ghetto Biennale's explosion of distinctions between high art and popular art forms as well as transformation of spaces and social relationships to weave a tinge of silliness, absurdity, and hilarity into the geopolitics of Haiti. We will use mobile fiber art to 'knit the city' of Port-au-Prince in a transnational collaboration with Haitian artists and other participants in the Ghetto Biennale.

KWOCHÈ AYITI enspire li de jan Geto Byenal la ap kraze distenksyon ant fòm atizay segondè ak atizay popilè, menm jan li transfòme espas ak relasyon sosyal pou li mete yon ti kras foli, absidite ak griyen dan nan jeopolitik Ayiti. Nou pral itilize atizay ki fèt ak fib mobil pou n 'trikote lavil la' nan Pòtoprens nan kad yon kolaborasyon transnasyonal ak atis Ayisyen ak lòt patisipan nan Geto Byenal la.

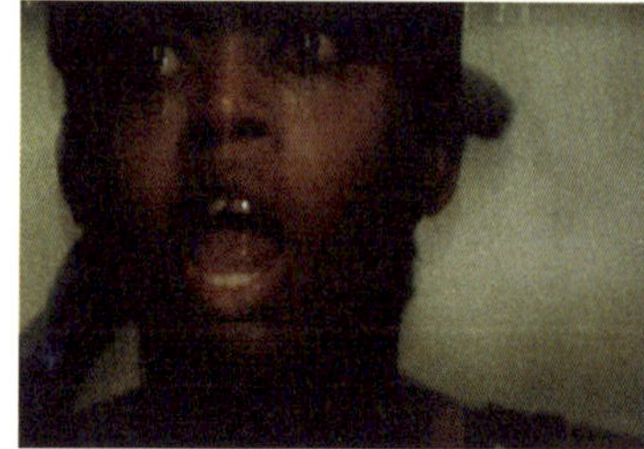

Floris Schonfeld (NL)

CONVERSATIONS WITH THE SPIRITS | KONVÈSASYON AK LESPRI YO

I will attempt to hold a series of conversations with the Vodou spirits. The topic of these conversations will be belief and religion and how these affect human existence both in Haiti and beyond.

Mwen pral eseye fè yon seri konvèsasyon ak lespri Vodou yo. Sijè konvèsasyon sa yo se pral kwayans ak relijyon e fason yo afekte egzistans moun an Ayiti ak lòt bò dlo.

ARTIST AND PROJECT LIST LIS ATIS AK PWOJÈ YO

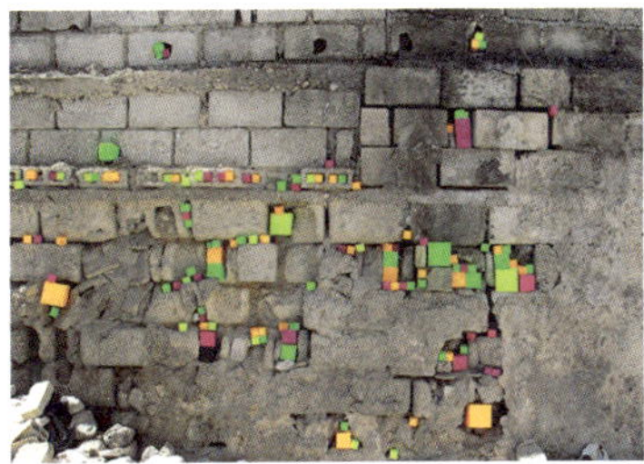

Fungus Arts Collective – James Cooper (BM) & Russell de Moura (BM)

ARCHITECTURAL INTERVENTION | ENTÈVANSYON ACHITEKTIK

Our basic mandate is to intervene with minimal materials in existing (or lack of existing) architectural spaces to profoundly alter perceptions and experiences. Our idea in Haiti is to work with the chaotic and claustrophobic environment and create something expansive and reflective.

Manda debaz nou an se entèvni ak materyèl senp nan espas achitekti ki deja egziste (oswa ki pa egziste) pou fè gwo chanjman nan pèsepsyon ak. Lide nou an an Ayiti se pou travay ak anviwònman an dezòd ak klostwofòb e kreye yon bagay awogan e meditatif.

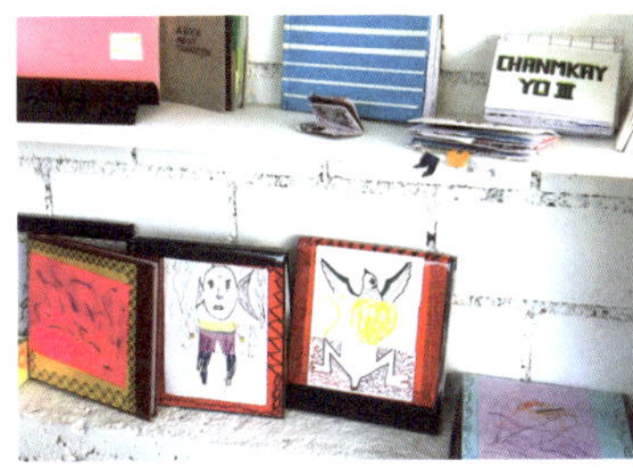

Gina Cunningham-Eves (US)

EXQUISITE CORPSE | EKSKIZ KADAV

I will conduct workshops for the creation of Exquisite Corpse, surrealistic drawings. The completed drawings will be organized and assembled in book covers. Local artists will be invited to collaborate on the decoration of the book covers.

Mwen pral fè atelye pou kreyasyon

Bèl Grenn Kadav, desen sireyalis. Y ap rasanble desen yo nan yon liv. Atis lokal yo pral kolabore pou dekore kouvèti liv yo.

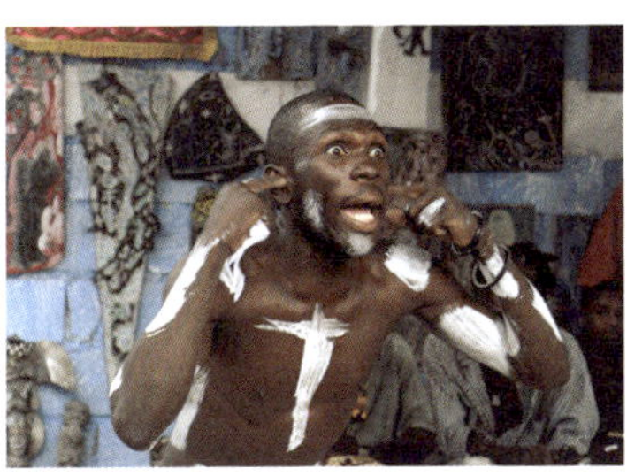

Jakmel Ekpresyon - Ebby Louis Angel (HT), Jean Elie Gilles (HT) & Ivy Jeanne (US)

WEREWOLF | LOUP GAROU

We will facilitate an exchange with Haitians and international visitors. The central theme of the project will be based on the legend of the WEREWOLF, which is a werewolf found in the Haitian folklore as well as in Native American, Canadian and French culture. In Haiti, the WEREWOLF represents a shape-shifting character that often mirrors the social and political struggles about the country's poverty and repression. For the project, the artists will use the loup-garou legend to initiate a dialogue about the erasure and revision of Haitian identity that has been complicated by colonialism and most recently neo-colonialism.

Nou pral fasilite yon echanj ak Ayisyen e vizitè entènasyonal yo. Tèm santral la nan pwojè a pral baze sou lejann LOUGAWOU a, ki se yon pèsonaj nou jwenn nan tradisyon Ayisyen ak nan mit endyen Ameriken, Kanadyen ak kilti Franse. An Ayiti, LOUGAWOU reprezante yon pèsonaj ki ka chanje fòm li e ki souvan reprezante lit sosyal ak politik ki gen pou wè ak povrete e represyon anndan peyi a. Pou pwojè sa a, atis yo pral sèvi ak lejann LOUGAWOU a pou kòmanse yon dyalòg sou disparisyon e revizyon idantite Ayisyen ke kolonyalis ak neo-kolonyalis vin ran pi konplike.

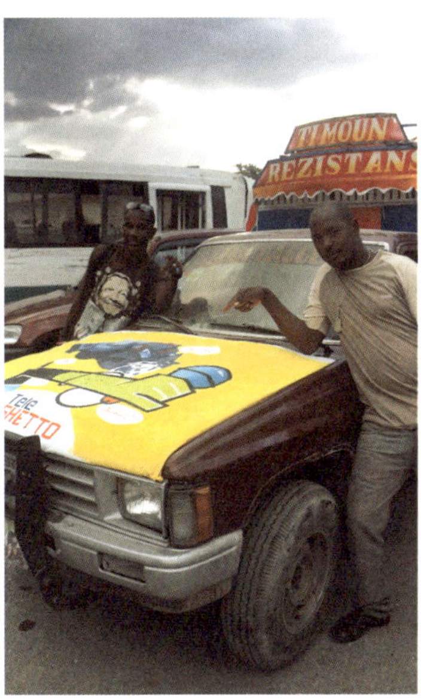

John Cussans (GB)

THE TAP TAP PAINTERS OF PORT-AU-PRINCE | MOUN KAP PENTIRE TAP TAP NAN PÒTOPRENS

I intend to commission the painting of a Tap Tap and produce a video documentary about the project (made in collaboration with artists from Ti Moun Rezistans). It is expected that the final work will make use of proverbs, which have a profound role in Haitian culture and are often used in the decoration of tap taps.

Mwen gen entansyon plase yon kòmand pou pentire yon Taptap epi pwodui yon dokimantè videyo sou pwojè a (an kolaborasyon ak atis Ti Moun Rezistans). Nou atann nou ke travay la pral sèvi ak pwovèb, ki enpòtan nan kilti ayisyen an e ke yo itilize souvan nan dekorasyon Taptap yo.

ARTIST AND PROJECT LIST   LIS ATIS AK PWOJÈ YO

O
OK
OKI
OKIP
OKIPA
OKIPAS
OKIPASY
OKIPASYO
OKIPASYON

Joyce Ip (CN/SE), Roberto Peyre (SE) & Jason Metcalf (US)

OCCUPATION | OKIPASYON

OCCUPATION was a site-specific response to the global 'occupation' movement which created an ad hoc team who asked the question what can occupation mean if you live in a country already occupied by the UN since 2004 and what form of protest can you have in a country where, at one point, 1.5 million people lived in tents after the earthquake? The interventions took the form of a poster campaign and a short film.

OKIPASYON se te yon repons espesifik a mouvman mondyal 'okipasyon (tankou nan Occupy Wall Street)' ki te kreye yon ekip pou mande kisa okipasyon vle di, lè w ap viv nan yon peyi ki deja okipe pa Nasyonzini depi 2004 ak ki fòm pwotestasyon ou ka gen nan yon peyi kote, 1.5 milyon moun t ap viv anba tant apre tremblemanntè a? Entèvansyon atistik sa yo te pran fòm yon kanpay afich ak yon ti fim.

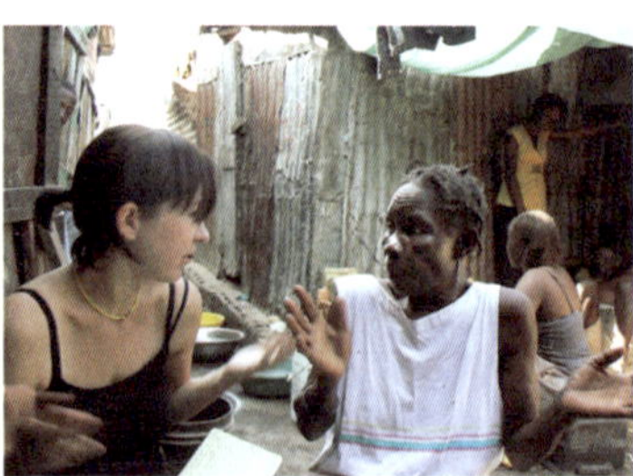

Jurate Jarulyte (LT)

TALK TO ME (SING TO ME) | PALE AVÈ'M (CHANTE POU MWEN)

Andrew Dalby said, 'A language dies every two weeks: what are we going to do about it?' In this project, I will investigate linguistics and the survival of small languages. I believe that each language is witness to a complex system and a unique way of thinking and living. These systems are lost with the death of a particular language. I will work closely with a member of the community and learn a Haitian song and teach a Lithuanian song.

Andre Dalby te di, 'Yon lang mouri chak de semèn: kisa nou pral fè pou sa?' Nan pwojè sa a, mwen pral mennen ankèt sou lengwistik ak fason yon seri de ti lang rive siviv. Mwen kwè ke chak lang se te mwen nan yon sistèm konplèks ak yon fason inik nan fason w ap panse ak viv. Sistèm sa yo pèdi ak chak lanmò nan yon lang patikilye. Mwen pral travay kole ak yon manm nan kominote a epi aprann yon chante Ayisyen epi anseye yon chante Lityanyen.

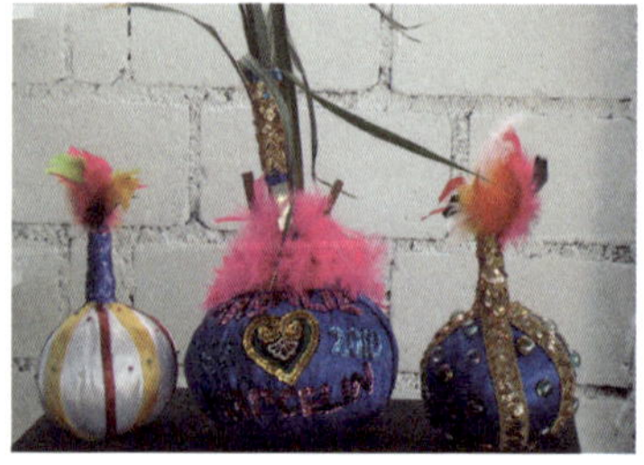

Karen Miranda Augustine (CA)

THE THREE ERZULIES | EZILI YO TWA

THE THREE ERZULIES are three biographical, mixed-media, votive-inspired portraits of local unsung heroines from the neighbourhood of Grand Rue. Inspired by the Vodou spirit Ezili, this work is loosely-based on the Greek myth of 'The Three Furies'. The works will serve to memorialize, celebrate and attract the blessings of three female community ancestors, while conceptually acknowledging the Divine aspects of the Lwa.

TWA ÈZILI YO se twa pòtre biyografik, ak miksmedya ki enspire pa de ewoyin lokal nan katye Gran Ri a. Li enspire pa lespri Vodou ki rele Ezili ae travay sa a baze sou mit Grèk ki rele 'Twa Kòlè yo'. Travay yo pral sèvi pou sonje, selebre ak atire benediksyon twa fanm ki se zansèt kominote a, pandan l ap rekonèt konseptyèlman aspè diven ki gen nan lwa a.

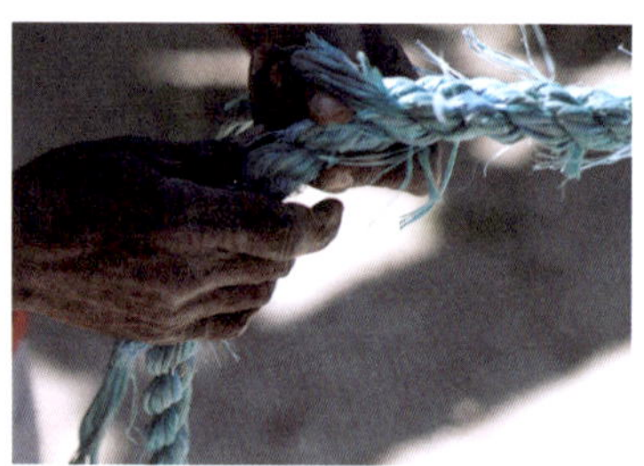

Kendra Frorup (US)

HEN AND COCK I | MAMMAN POUL AK KÒK CHANTE I

As an artist who grew up in the Caribbean, I have always been interested in the influences of culture on expression. The current research that I am undertaking is an investigation of the contributing influences on and within the Caribbean culture. After my first day in Haiti, I was overwhelmed by the beautiful and familiar smell of burning wood and the constant choir of roosters and hens. HEN AND COCK I is a sculpture of hens and roosters molded in wax and installed with a recording of the live hens and roosters roaming the city.

Kòm yon atis ki te grandi nan Karayib la, mwen te toujou enterese nan enfliyans kilti sou ekspresyon. Rechèch aktyèl la ke mwen antreprann se yon ankèt sou enfliyans kontribiye sou kilti Karayib la ak anndan kilti sa. Apre premye jou mwen an Ayiti, bon jan sant familye bwa k ap boule ansanm ak kòral kòk ak poul k ap chante te pote m ale. MAMMAN POUL AK KÒK CHANTE I se yon eskilti poul ak kòk ki modle nan lasi ansanm ak anrejistreman son kòk ak poul yo nan vil la.

ARTIST AND PROJECT LIST LIS ATIS AK PWOJÈ YO

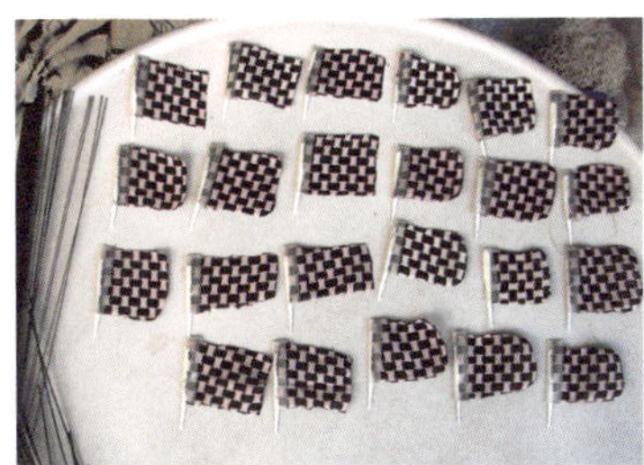

Kwynn Johnson (TT)

THE GRAND RUE GRAND PRIX | GRAN RI GRAN PRI

There are two events that have allowed me to conceptualise this project. The first one occurred in Port-au-Prince and the other at home in Trinidad. During the first anniversary of the 2010 earthquake in Haiti, I was standing near to the tents by the Presidential Palace. As I was waiting for a motor-taxi, a boy of maybe 7-years trotted by, pulling along a toy car led by a string. The body of the car was made from a plastic water bottle. The axle was made from two wooden skewers, which punctured the bottle on either end and the wheels were made from bottle-caps. The second event occurred on my return to Trinidad. My brother and his two best friends are recently married and expecting babies. Recently, all three young men have each invested in US $1,000 remote-controlled toy cars. On afternoons after work they go to my parent's front yard to 'race cars'. With these two events juxtaposed in my mind, it has become the point of departure for my biennale project. I will make a set of cars from recycled materials and organize THE GRAND RUE GRAND PRIX.

Gen de evènman ki te pèmèt mwen rive nan konsèpsyon pwojè sa. Premye a te pase nan Pòtoprens e lòt la te rive nan peyi mwen Trinidad. Pandan premye anivèsè tranblemanntè 2010 la an Ayiti, mwen te kanpe tou pre tant yo bò Palè Nasyonal la. Pandan mwen t ap tann yon taksi moto, yon ti gason, petèt 7 an, pase bò kote m pandan l ap rale yon ti machin jwèt ak kòd. Kò machin nan te fèt ak yon boutèy dlo plastik. Aks la te fèt ak de brochèt an bwa ki te pike boutèy la epi wou yo te fèt ak bouchon boutèy. Dezyèm evènman an rive pandan m tounen Trinidad. Frè m ak de zanmi l yo te fèk marye e madanm yo t ap tann ti bebe. Tout twa jenn gason yo te envesti $1000 nan machin jwèt telegide. Nan apremidi apre yo fin travay yo ale nan lakou paran mwen an pouf è kous machin. De evènman sa yo nan tèt mwen, te sèvi pwen de depa pou pwojè Byenal mwen an. Mwen pral fè yon seri machin jwèt ak materyèl resikle epi òganize yon GRAN PRI sou GRAN RI.

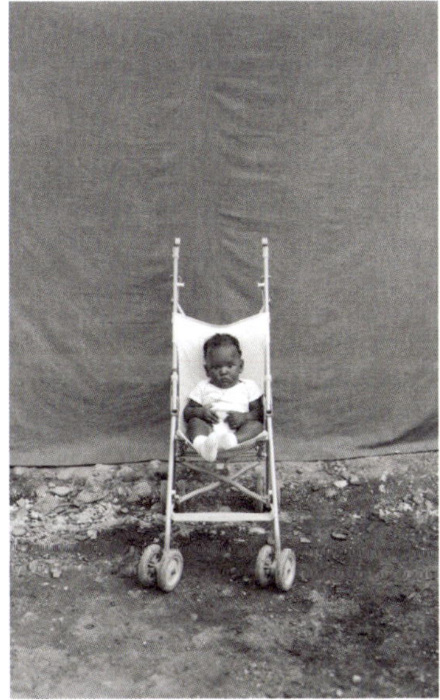

Laura Heyman (US)

DON'T MOVE AGAIN | PA BOUJE ANKÒ

DON'T MOVE AGAIN began with the question asking if someone from the first world can take photographs of people within the third world without voyeurism or objectification. In November 2009, I tested this query by opening a photography studio in the Grand Rue neighborhood in Port-au-Prince, inviting local community members to have their portraits made for free. In the aftermath of the January 2010 earthquake, the project has evolved to include rapidly expanding populations in Port-au-Prince tied to the post-quake reconstruction.

PA BOUJE ANKÒ te kòmanse ak kesyon an mande si yon moun soti nan premye mond lan ka pran foto moun ki nan tyèmond lan san yo pa fè voyèris oubyen objektifiye moun. Nan Novanm 2009, mwen te fè tès sa a pandan m louvri yon estidyo fotografi nan katye Gran Ri nan Pòtoprens. M te envite manm kominote a pou yo fè foto yo gratis. Apre tranblemanntè Janvye 2010 la, pwojè a te evolye pou enkli popilasyon Pòtoprens an jeneral ki t ap grandi e travay nan rekonstriksyon an.

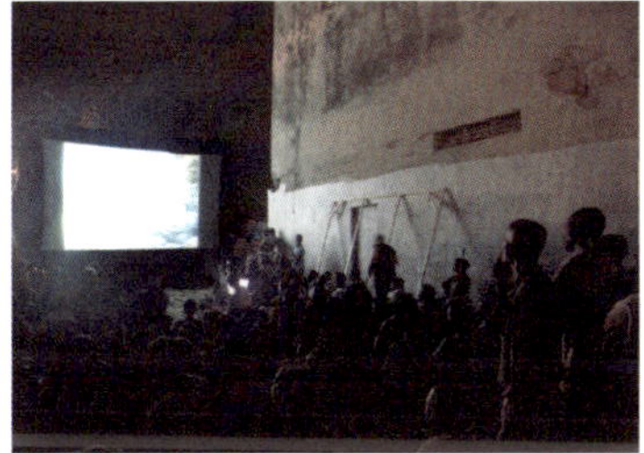

Maureen Towey (US) & Arcade Fire (CA)

PLANET EARTH | PLANÈT LATÈ

The BBC's acclaimed series, PLANET EARTH, is coming to Haiti. With the support of executive producer Arcade Fire, the first episode of PLANET EARTH, Pole to Pole, will premiere at the Ghetto Biennale. The episode has been translated into Haitian Kreyol by Fedo Boyer and has a voiceover from celebrated Haitian-American novelist, Edwidge Danticat.

Seri televizyon ki fè anpil siksè nan BBC a, PLANÈT TÈ, ap vini an Ayiti. Avèk sipò pwodiktè egzekitif gwoup mizik Arcade Fire a, premye epizòd PLANÈT TÈ, ki rele Pòl nan Pòl la, pral montre pou premeye fwa nan Geto Byenal la. Pwogram sa ki tradui an Kreyòl Ayisyen pa Fedo Boyer avèk vwa Edwidge Danticat, romansye Ayisyen-Ameriken selèb la.

ARTIST AND PROJECT LIST LIS ATIS AK PWOJÈ YO

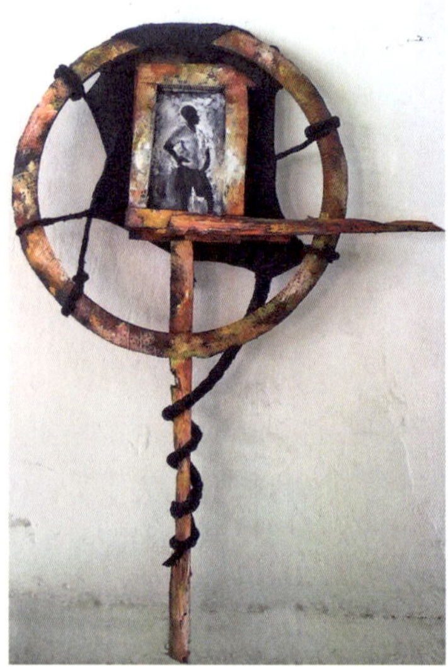

Michael Massenburg (US)

WHO IS INFLUENTIAL | KI MOUN KI ENFLIYAN

This project will consist of a number of images in the form of small paintings to be located in various locations in the community. The question is who is influential in your life? The goal is self-empowerment for the youth and to enhance their creative skills in working for social change.

Pwojè sa a pral genyen yon kantite imaj nan fòm ti penti piti yo dwe mete nan divès kote nan kominote a. Kesyon an se ki moun ki gen enfliyans nan lavi ou? Objektif la se ranfòse jèn yo ak amelyore ladrès kreyatif yo nan travay pou chanjman sosyal.

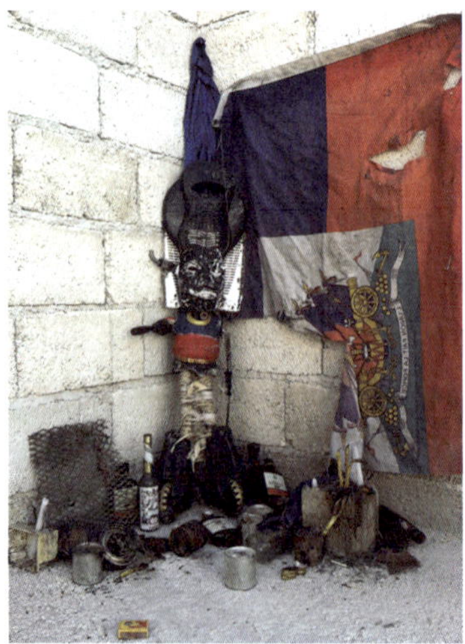

Militza Jean-Felix (HT/US)

FOUND | JWENN

I am a first-generation Haitian-American artist born in Boston and living in San Francisco. My mother was born in and grew up in Jacmel, a city in Haiti known for its artistic community. My father is from Port-au-Prince, the capital city that was heavily damaged by a 7.0 magnitude earthquake in 2010 and the home of the Ghetto Biennale. I will construct a figure out of found objects collected from the streets of Port-au-Prince and then walk the distance between the two cities on foot while carrying the figure. The distance between the two cities is approximately 70 kms and is a test of endurance. The piece is a reflection on the Haitian diaspora and all the struggles people have to endure on their travels. At the end of my journey I will set the figure down, create a contemplative space, light a candle, say a prayer and put it all to rest.

Mwen se yon atis Ayisyen-Ameriken premye jenerasyon ki te fèt nan Boston e k ap viv nan Sann Frannsisko. Manman m fèt epi grandi nan Jakmèl, yon vil an Ayiti ki selèb pou kominote atistik li yo. Papa m soti nan kapital la Pòtoprens, ki te domaje nan tranblemanntè 2010 la e ki se baz Geto Byenal la. M pral konstwi yon figi ak objè m jwenn e kolekte nan lari Pòtoprens, apwe m pral mache distans ki genyen ant de vil yo sou pye pandan map pote figi sa a. Distans ki genyen ant de vil yo se apeprè 70 km epi li se yon tès andirans. Projè sa a se yon refleksyon sou dyaspora Ayisyen an ak tout mizè moun pase nan vwayaje. Nan fen vwayaj mwen e le m tounnen Pòtoprens, mwen pral mete figi m sou tè a, kreye yon espas pou kontanplasyon, limen yon balèn, di yon lapriyè epi finalman mete tout bagay orepo.

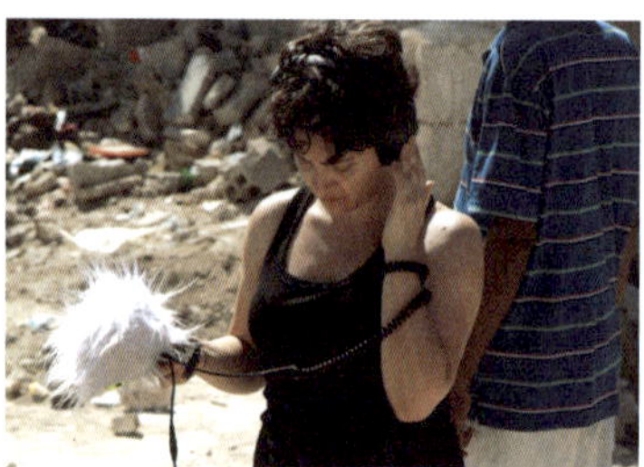

Natalia Matta (CL)

AFTERSHOCK: SOUND OF THE PERIPHERY | APWESHOK: SON NAN PERIFERIK

Seismic waves, the sounds radiated from earthquakes, can induce earthquake aftershocks often long after a quake has subsided. From the tragic events that followed the massive earthquake of January 2010, I will take the sounds of an artists' community from the periphery of Port-au-Prince to the international center of art in Europe.

Vag sismik - son yo ki gaye pandan tranblemanntè - ka pwovoke replik yo, souvan depi lontan apre yon tranblemanntè fin pase. Apwe evènman trajik tranblemanntè janvye 2010 la, mwen pral pote son ki soti nan yon kominote atis periferik nan Pòtoprens bay sant atizay an Ewòp.

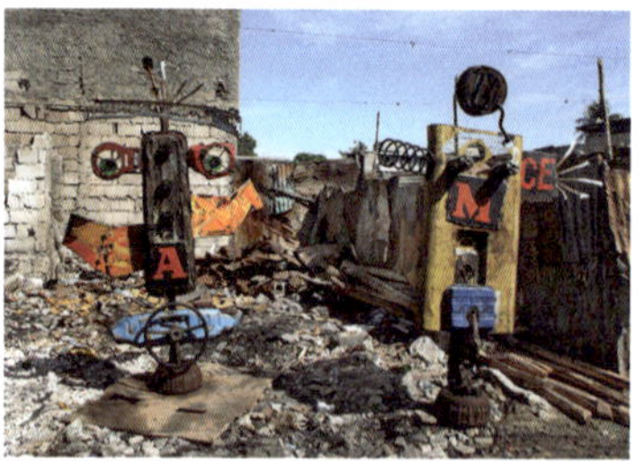

Pascal Giacomini (FR/US)

SCULPTURE | SKILTI

I propose to create several works using rubble, found objects and whatever is available in the surrounding neighborhood.

Mwen pwopoze kreye èv ki sèvi avèk dekonb, bagay mwen jwenn nan lari ak nenpòt bagay ki disponib nan katye ozalantou yo.

ARTIST AND PROJECT LIST LIS ATIS AK PWOJÈ YO

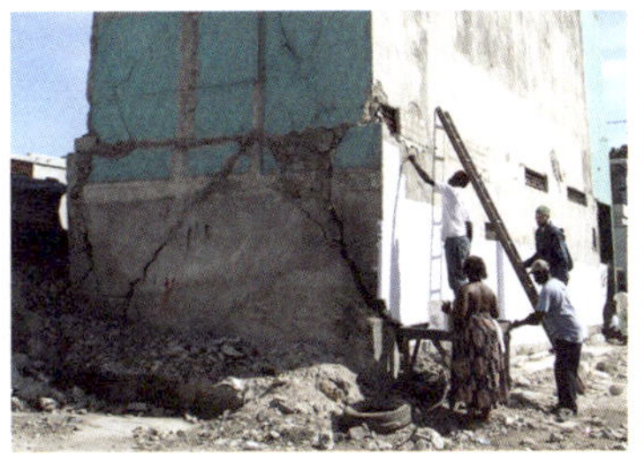

Petri Saarikko (FI) & Sasha Huber (CH)

MESSAGES IN A BOTTLE | MESAJ NAN YON BOUTÈY

MESSAGES IN A BOTTLE poses an intriguing question. How do we send a message, and who is there to receive it? We are interested in exploring drawing as a narrative site-specific activity.

MESAJ NAN BOUTÈY ka poze yon kesyon dwòl. Ki jan nou voye yon mesaj, e ki moun ki la pou resevwa li? Nou enterese nan eksplore desen kòm yon aktivite naratif e spesifik a yon kote.

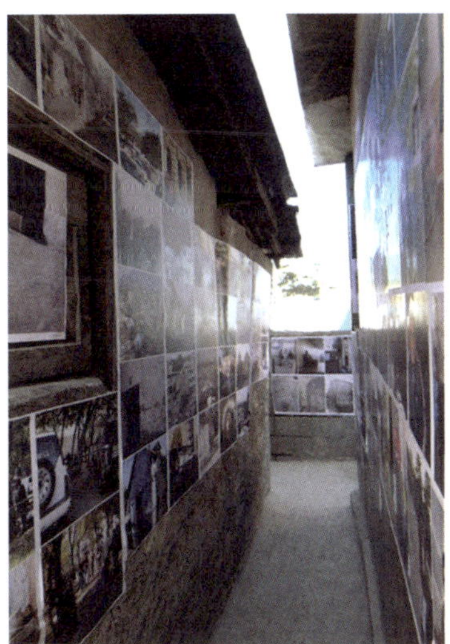

Piroska Kiss (HU)

GHETTO DÉJÁ VU | GETO DEJA VU

Poverty and the increasingly hopeless segregation of the poor is one of the worst social problems in Hungary as well as Haiti. Hungarian poverty has also created its ghettos, which are mostly inhabited by Gypsies. My project involves a series of photos showing the similarities, matching situations, scenes and moments between Hungary and Haiti.

Povrete ak segregasyon san espwa moun pòv yo se youn nan pi move pwoblèm sosyal yo nan peyi Ongri ansanm ak Ayiti. Povrete an Ongri te kreye geto yo tou, ki kote anpil jitan Ongwa rete. Pwojè mwen an genyen yon seri foto ki montre resanblans, sitiyasyon paralèl, sèn ak moman ant Ongri ak Ayiti.

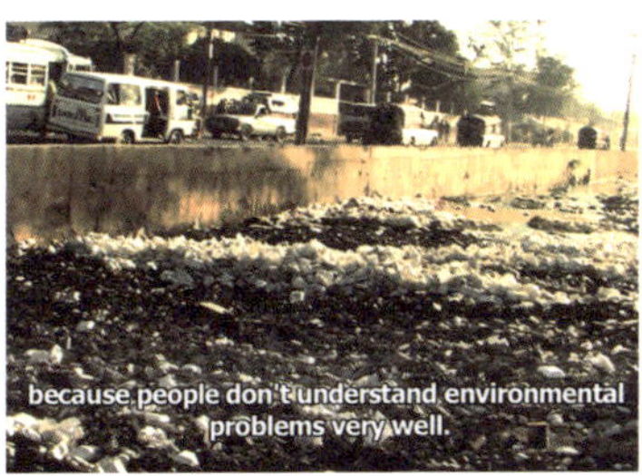

Rebecca Dirksen (US)

TRASH | FATRA

I propose to produce a short film concerning the complex and related issues of trash and environmental degradation in Haiti. Critically, the film will also present the concrete activities of several local grassroots organizations in combating these problems.

Mwen pwopoze fè yon fim sou pwoblèm fatra ak degradasyon anviwònman an Ayiti. Fim lan pral prezante tou aktivite plizyè òganizasyon lokal ki travay sou pwoblèm sa yo.

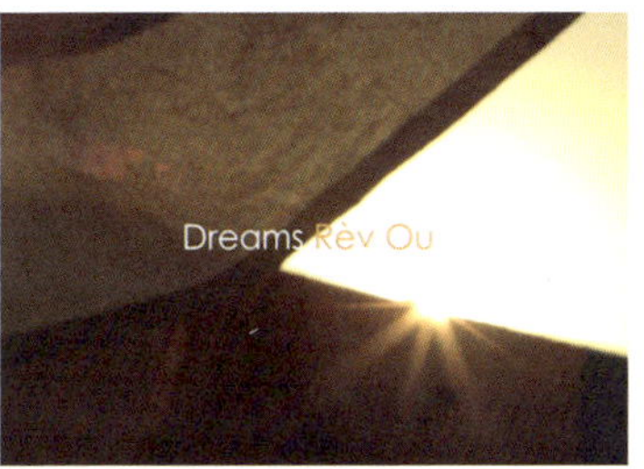

Robert Gomez (MX/US)

FOSTERING A GLOBAL COMMUNITY OF ARTISTS THROUGH CYBERSPACE | ANKOURAJE YON KOMINOTE MONDYAL ATIS ATRAVÈ ENTÈNÈT

Collaborating with the youth art collective, Tele Geto, in Port-au-Prince, I will conduct a digital media workshop to facilitate direct connections between the young artists and the world. The output will be a series of digital videos and digital photographs created by Tele Geto. This project is aimed at youth empowerment and shifting the internet representation of Haiti from one of post-earthquake aftermath to one of cultural production.

Mwen pral kolabore ak kolektif atizay jèn yo, ki rele Tele Geto, nan Pòtoprens. Mwen pral fè yon atelye medya dijital pou cdc koneksyon dirèk ant atis jèn ak rès mond lan. Nou pral pwodwi yon seri videyo dijital ak foto ki te kreye pa Tele Geto. Pwojè sa a espere ranfòse jèn yo epi chanje reprezantasyon Ayiti sou entènèt la pou montre pwodiksyon kiltirèl apre trajedi tranblemanntè a.

ARTIST AND PROJECT LIST LIS ATIS AK PWOJÈ YO

Roberto Peyre (SE)

TRACES OF TOMORROW | TRAS DE DEMEN

TRACES OF TOMORROW, was a study and a discursive research of the local habitats of bats and the corresponding oral folklore concerned with bats. The resulting artwork consisted of a short film based on two recorded songs dealing with bats and lycantropy, and footage of swarming bats called forth by the artist mimicking the call of the bat. In relation to the film the artist also produced a poster campaign depicting Taino imagery of the bat god of the underworld. A minimalist painting made by the seed infused droppings (guano) of bats were also exhibited within the biennale.

TRAS DEMEN se te yon etid ak yon rechèch baze sou diskoukonsènan abita lokal chòvsourit ak istwa ki egziste sou yo an fòlklò oral la. Travay atistik la pran fòm yon ti fim kout ki baze sou de chante anrejistre ki gen pou wè ak chòvsourit likantropi, ansanm ak fim ki ekpoze chòvsourit flotan ki te atire pa atis ki t ap imite apèl chòvsourit yo. An relasyon ak fim nan atis la tou pwodui yon kanpay afich ki dekri imaj tayino yo te gen de yon dye chòvsourit ki rete anba te a. Yon penti minimalist ki te fèt ak tata chòvsourit te ekspoze nan Byenal la tou.

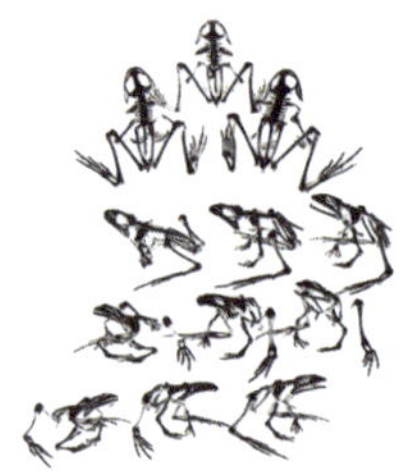

Sarah Delaney (AU)

FROG-A-LONGTIME | KRAPO-A-LONTAN

Frogs serve as bio-indicators, showing us the overall health of an ecosystem. The amphibian community is often the first affected by habitat degradation and loss. Haiti's frogs are in major danger, as is every inhabitant of the island, due to the absence of even a glimmer of its original forested state. The recent rediscovery of several frog species however offers hope that Haiti's declining environmental, and therefore socio-economic health can be reversed. FROG-A-LONGTIME shall be an urban installation comprised of frog skeletons fashioned from charcoal as this material is the current number one cause of deforestation in Haiti.

Krapo sèvi kòm endikatè biyolojik, ki montre nou sante global yon ekosistèm. Kominote anfibyen an se souvan premye gwoup bèt ki soufri degradasyon abita yo. Krapo Ayisiyen yo nan gwo danje, menm jan ak chak abitan zile a, akòz absans forè orijinal li yo. Pa lontan de sa, lè yo redekouvri kèk espès krapo ki ka bay espwa ke sante anviwònman an ak sosyo-ekonomik ka amelyore. KRAPO LONTAN pral yon enstalasyon iben ki konpoze anpil zo eskèlèt krapo a ki te fèt nan chabon paske materyèl sa a se kòz prensipal la nan debwazman an Ayiti.

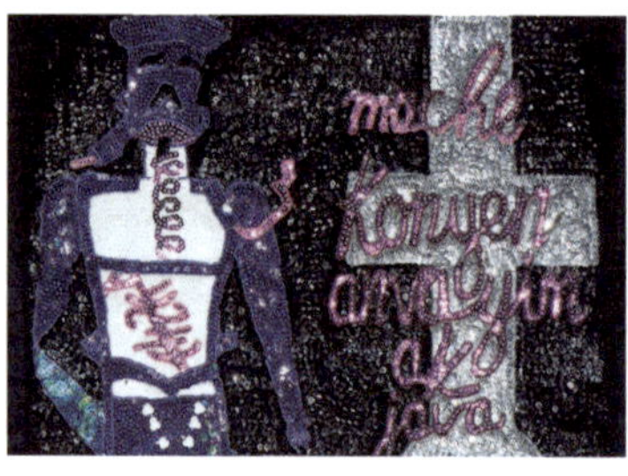

Tracey Moberly (GB) & Marie Ketty Paul (HT)

TEXT-ME-UP-SEX-DRUGS & ROCK'N'ROLL | TÈKS-MWEN-MONTE-SÈKS-DWÒG AK WÒKENNWÒL

I have saved every text message I have ever been sent since 1999. The texts are based on six prominent media figures. The artworks are cross-platform textile pieces worked in both traditional embroidery and in the craft of the traditional Vodou flag, the latter in collaboration with Haitian Flag maker Marie Ketty Paul. All texts for these works are based on the title SEX-DRUGS & ROCK'N'ROLL - worked in the traditional crafts, preserving in great detail the throw away words of our current cellular/mobile technological culture.

Mwen anrejistre tout SMS mwen resevwa depi 1999. Tèks yo baze sou sis moun enpòtan e seleb nan medya yo. Èv yo se de pyès ki melanje plizyè twal bwode nan stil tradisyonèl ak jan sa fèt sou drapo Vodou yo. Dezyèm nan fèt an kolaborasyon ak atis ayisyen, Marie Ketty Paul. Tout tèks pou travay sa yo baze sou tit SÈKS-DWÒG AK WÒKENNWÒL - e mwen travay nan fason atizana tradisyonèl la pou, prezève detay kalite mo nòmalman n ap jete nan kilti teknolojik selilè/mobil nou an.

ARTIST AND PROJECT LIST LIS ATIS AK PWOJÈ YO

Tracey Moberly (GB)
THE TEA PARTY | FÈT TE A

In Boston, Massachusetts in 2011, I symbolically reclaimed the Boston TEA PARTY on the very spot where it was planned. Following this symbolic Boston performance, I gathered a group of artists around a table in an empty swimming pool of a hotel in Haiti for a second tea party.

Nan Boston, Massachusetts an 2011, mwen te resikle nan yon fòm senbolik FÈT TE Boston an, nan kote li te planifye a. Apre pèfòmans senbolik nan Boston sa a, mwen te rasanble yon gwoup atis alantou yon tab anndan yon pisin vid nan yon otèl an Ayiti pou yon dezyèm fèt te.

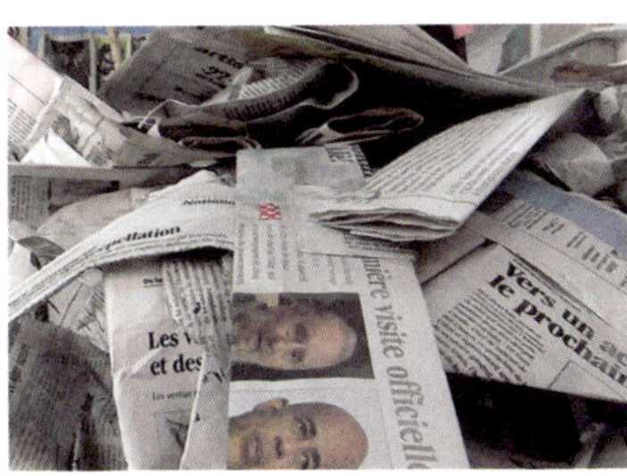

Schallum Pierre (HT) and Helene Matte (CA)
DUO Z | DIYO Z

Life unfolds vertically in some Latin American cities like Valparaiso, says Alejo Carpentier. We propose to follow Carpentier's call to, 'fix the physiognomy of the city'. As a result, our proposal is to examine the dialectic between the urban and the marine in the Haitian capital. Through concrete poetry, performative actions, drawings, and sound recording, we want to explore a psycho-geography of Port-au-Prince.

Lavi dewoule vètikalman nan kèk vil Amerik Latin tankou Valparaiso, jan ekriven Kiben, Alejo Carpentier di li. Nou pwopoze pou yo swiv apèl Carpentier a, pou nou 'ranje fizyognomi vil la'. Kòm rezilta, pwopozisyon nou an se egzaminen dyalèktik ant vil la ak lanmè a nan

Pòtoprens. Atravè pwezi konkrè, pèfòmans, desen ak anrejistreman son, nou vle eksplore yon psiko-jewografi vil Pòtoprens.

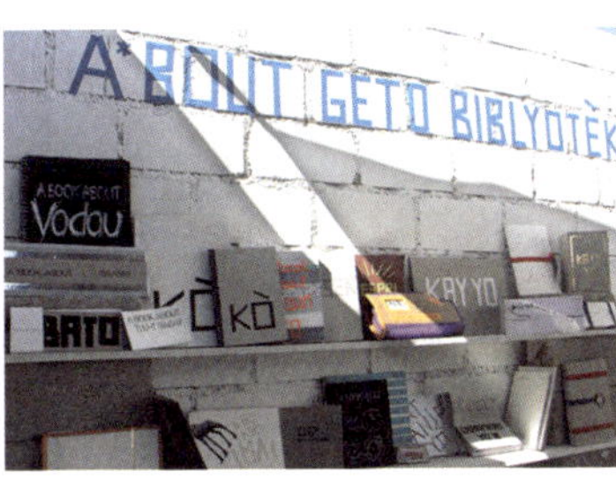

Viola Thiele (DE), Silke Bauer (DE) & Irina Novarese (DE)
A BOOK A*BOUT | YON LIV S*OU

A BOOK A*BOUT is a participatory, community-based art project which invites local artists, inhabitants and the kids of the Grand Rue neighborhood, encouraging participants to express personal views and every-day life experiences in individually crafted artist's books. This generated archive of (non-literate) knowledge will be exhibited in a custom designed temporary library.

YON LIV S*OU se yon pwojè atizay kominotè patisipatif ki envite atis local ak timoun nan katye Gran Ri a, ankouraje patisipan yo eksprime opinyon pèsonèl ak eksperyans lavi yo nan yon seri liv endividyèl ke atis la fabrike li menm. Achiv konesans (san alfabetizasyon) ki vin kreye a pral ekspoze nan yon bibliyotèk tanporè ki fèt espesyalman pou sa.

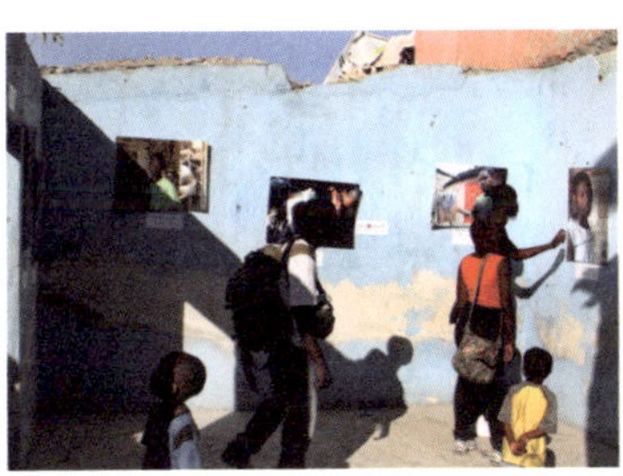

Viv Timoun - Tara Levros, Douce Rousseau, Sophia Blanc, Fritznelson Fortune, Alvarez Chery, Benoit Mackenly, Guirlene

Jean Charles, Claudine Charles, Sony Milfort, Damas Procena, Jordan Joseph, Jasmin Augustin, Ruben Chery, Tania Levros, Roselaure Alfred, Vladjimir Laguerre Alvarez Chery (all HT)
MY HAITI | AYITI PEYI'M

MY HAITI offers a fresh view on a country the Western world only knows as the 'Caribbean's hell hole'. Through the lenses of their cameras Haitian photographers gives a unique insight into Port-au-Prince.

AYITI PEYI M ofri yon vu fre sou yon peyi mond oksidantal la sèlman konnen kòm yon 'twou lanfè Karayib la'. Atravè lantiy yo, kamera fotogwaf Ayisyen yo bay yon vizyon inik de Pòtoprens.

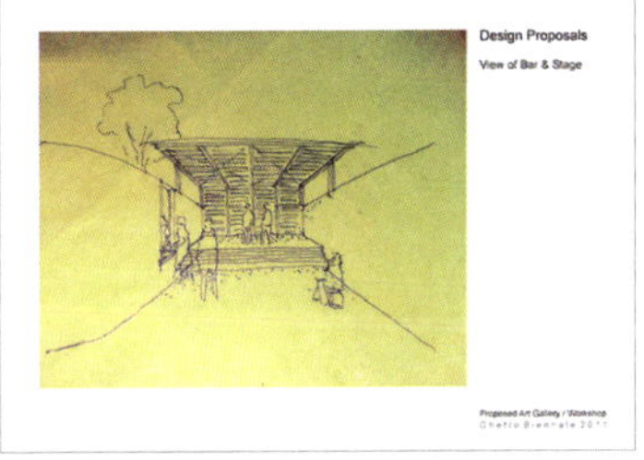

Vivian Chan (MY/GB), Maccha Kasparian (FR) & Yuk Yee Phang (MY/GB)
GHETTO ARCHITECTS | ACHITÈK GETO YO

The team would like to explore how the process of briefing, designing, conducting design workshops and the actual process of construction take place in the ghetto. This site-specific inquiry into the architectural design and building process will result in the manifestation of a children art gallery in Port-au-Prince.

Ekip la ta renmen eksplore kouman pwosesis brifing, konsevwa, fè atelye konsepsyon ak pwosesis konstriksyon an fèt nan geto a. Ankèt sou konsepsyon achitekti ak pwosesis konstriksyon ki spesifik a sit sa ap debouche sou yon galri atizay timoun nan Pòtoprens.

Fig. 3.2 The tent that housed Andre Eugene for one year after the earthquake was turned into an altar as a memory of Louko, his friend, 2nd Ghetto Biennale 2011, Port-au-Prince, Haiti.
Photo: John Cussans

Fig. 3.2 Tant lan kote Andre Eugene te domi pou yon ane apre tranbleman tè a transfòme nan yon badji pou memwa atis Louko, zanmi'l, 2yem Geto Byenal 2011, Pòtoprens, Ayiti.
Foto: John Cussans

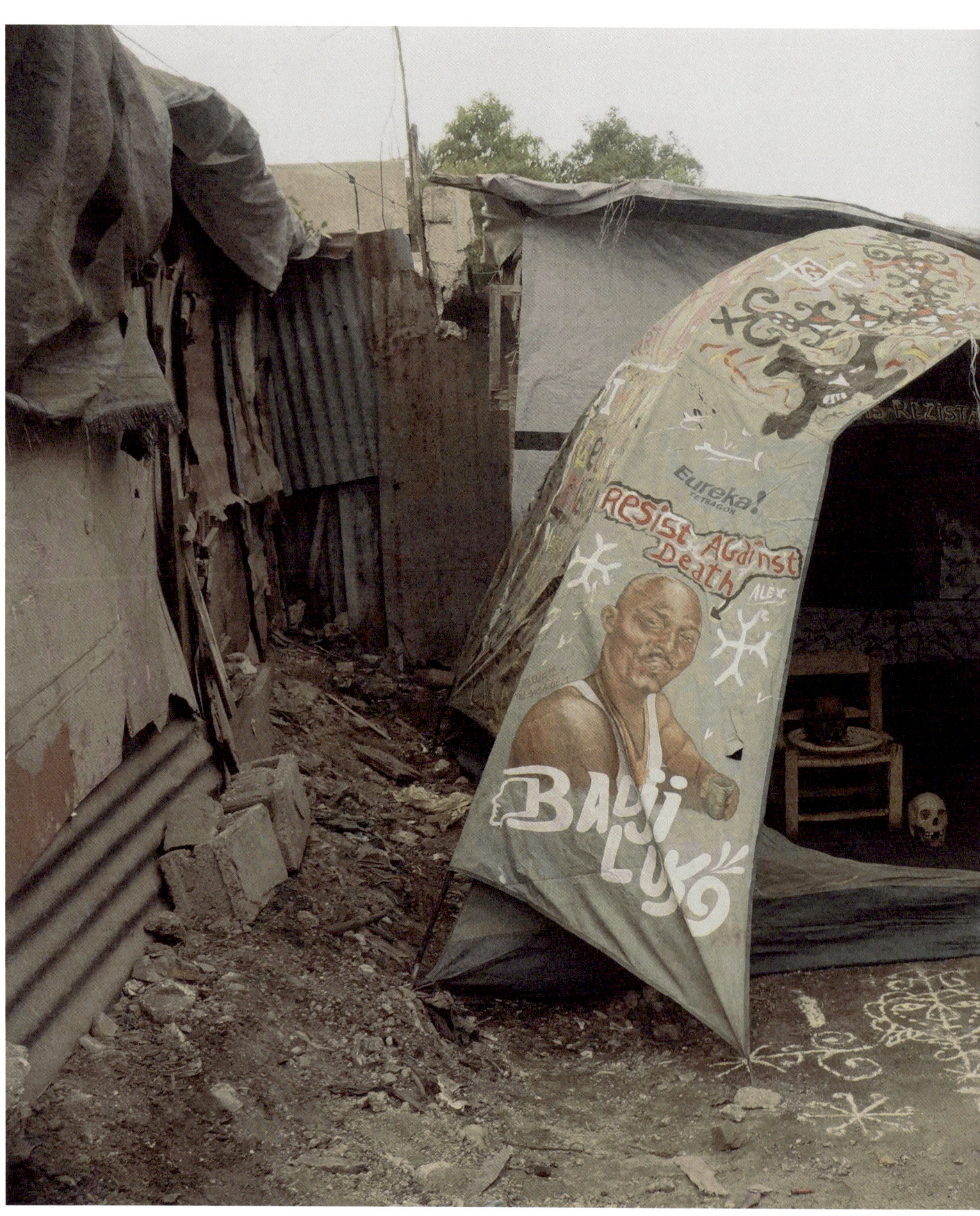

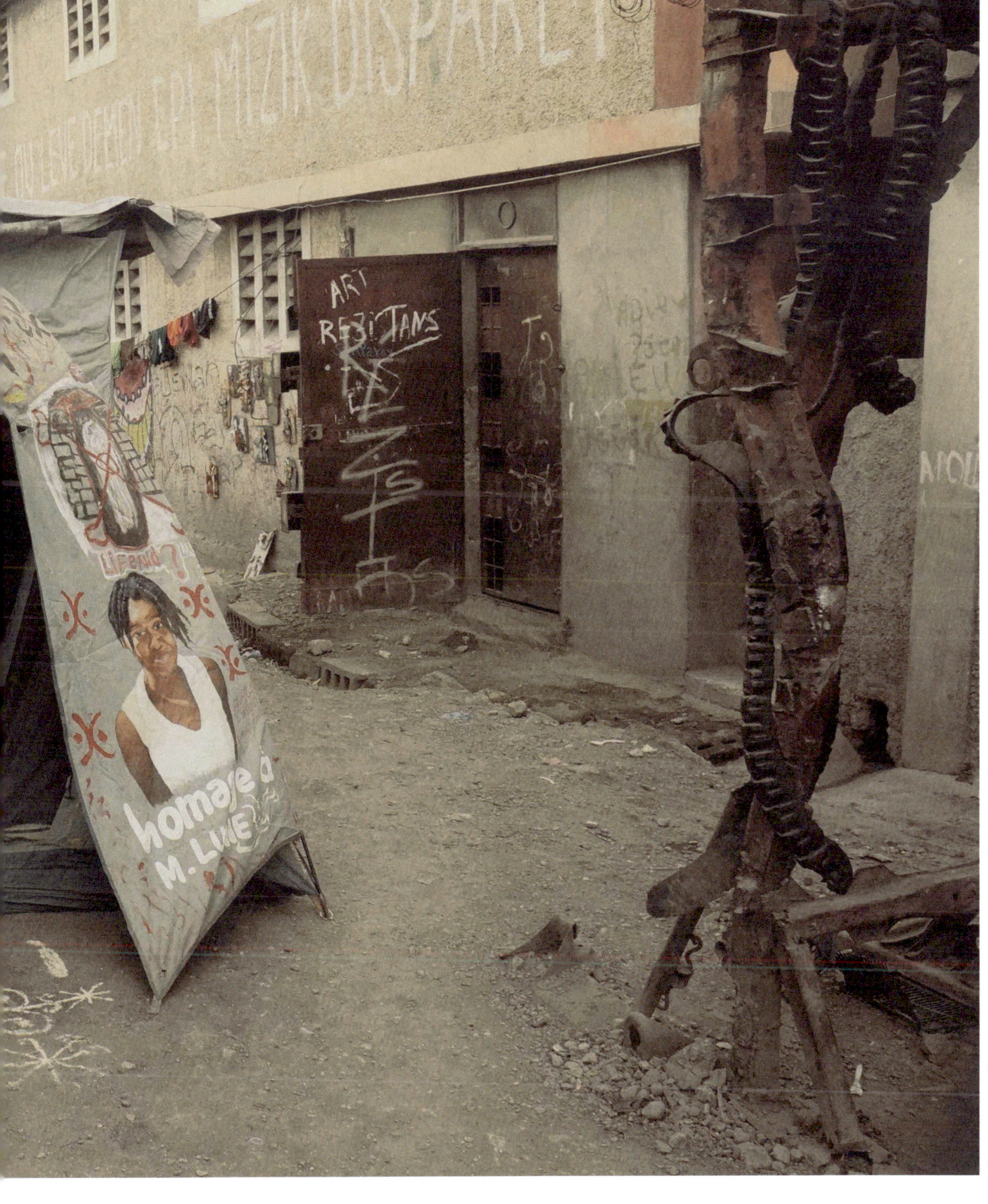
MIZIK DISPARET
OU LEVE DEMEN EPI MIZIK DISPARET
ART
REZISTANS
LIFE nd?
homaje a
M. LUE

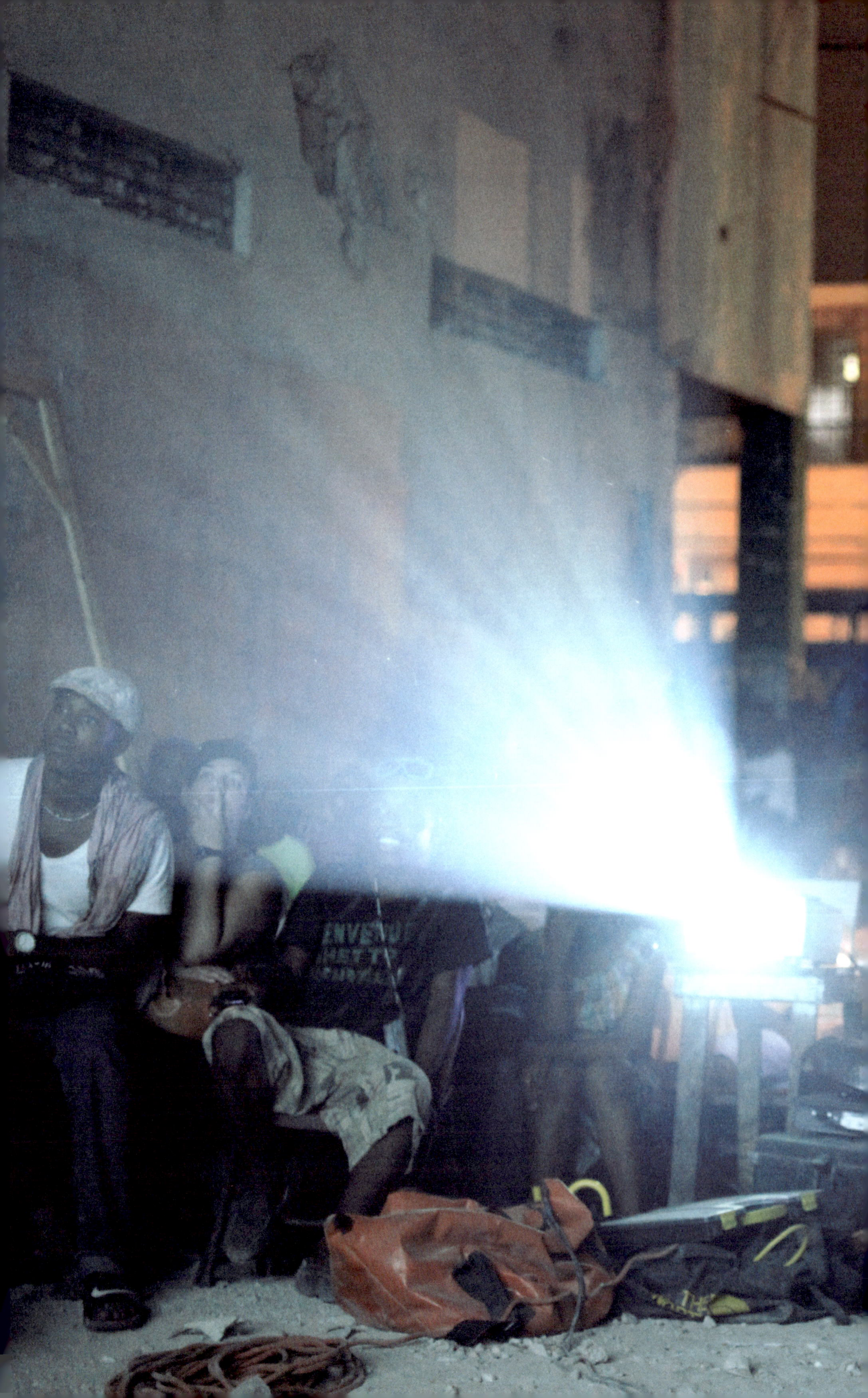

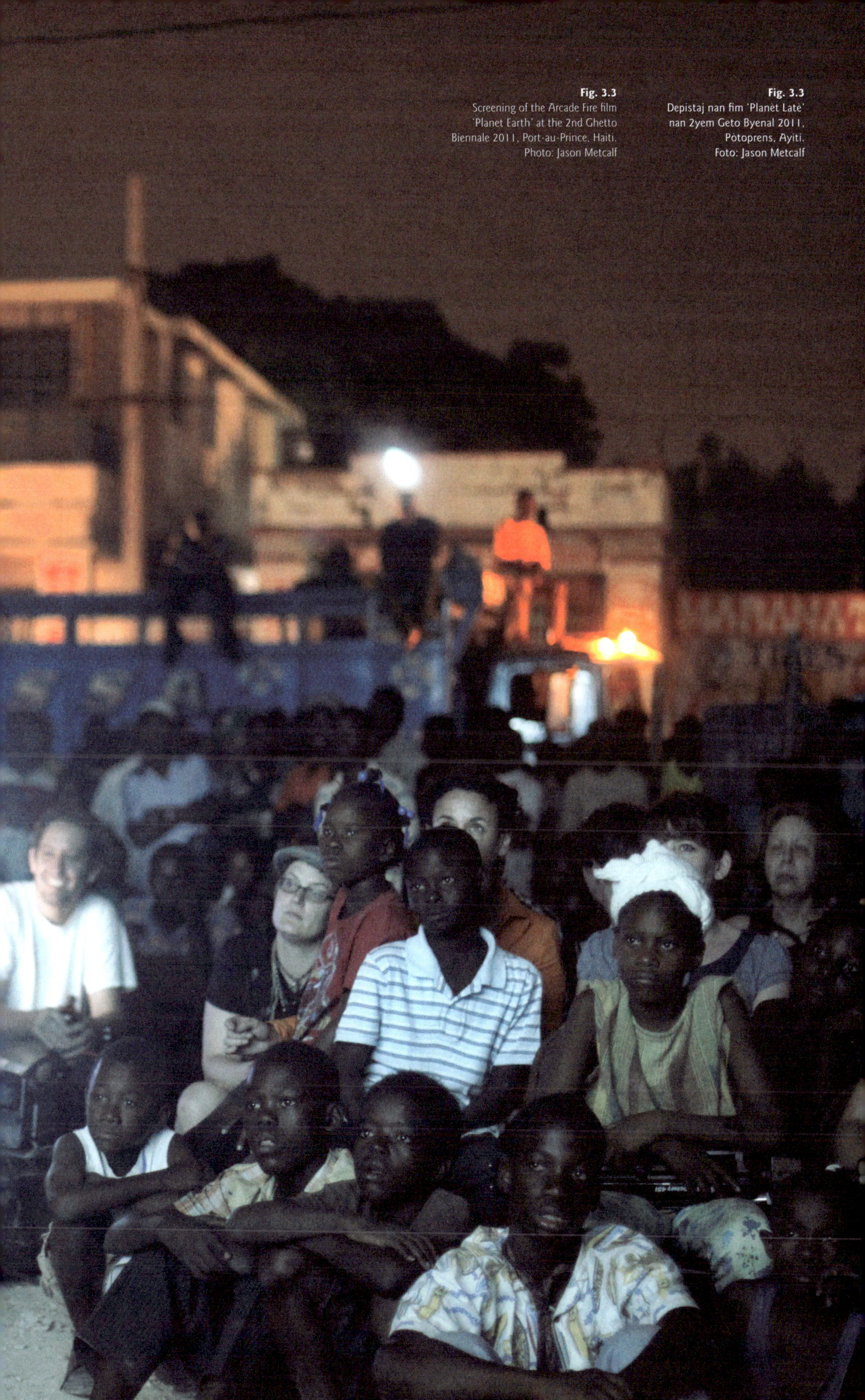

Fig. 3.3
Screening of the Arcade Fire film
'Planet Earth' at the 2nd Ghetto
Biennale 2011, Port-au-Prince, Haiti.
Photo: Jason Metcalf

Fig. 3.3
Depistaj nan fim 'Planèt Latè'
nan 2yem Geto Byenal 2011,
Pòtoprens, Ayiti.
Foto: Jason Metcalf

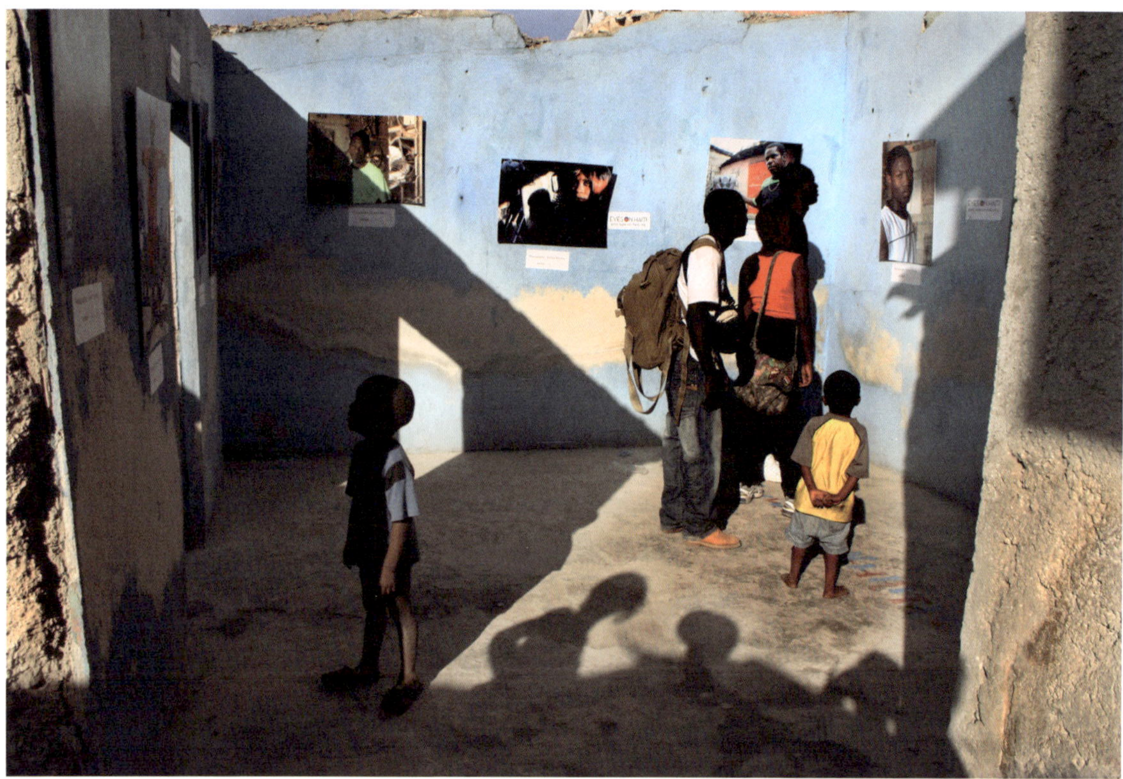

Fig. 3.4 The installation of the Viv Timoun project, My Haiti at the 2nd Ghetto Biennale, Port-au-Prince, Haiti. Photo: Liz Woodroffe

Fig. 3.4 Enstalasyon an proje pa Viv Timoun, Ayiti Payi'm, nan 2yem Geto Byenal 2011, Pòtoprens, Ayiti. Foto: Liz Woodroffe

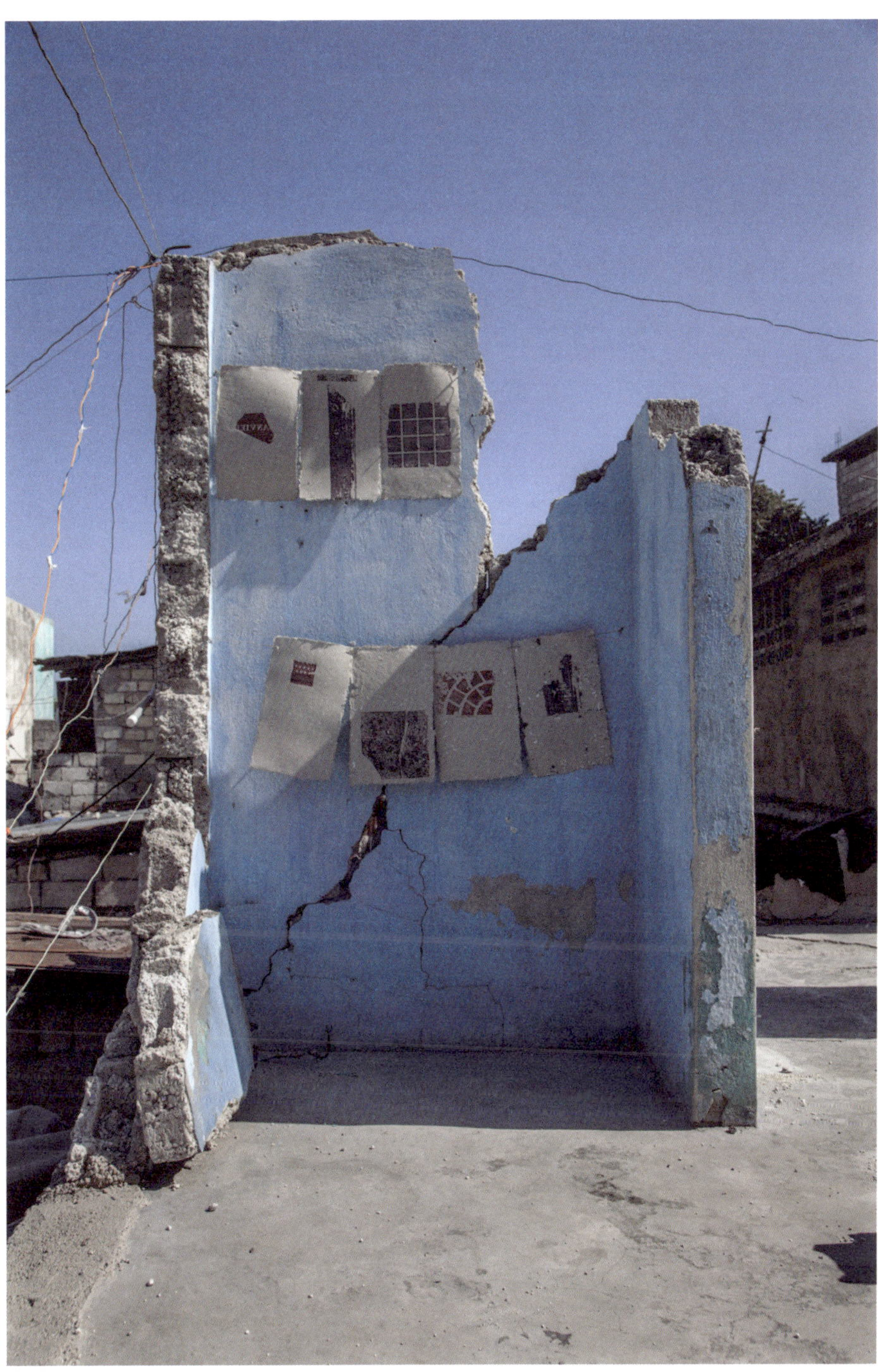

Fig. 3.5
Installation of the Caribbeaan
InTransit project at the 3rd Ghetto
Biennale 2013, Port-au-Prince, Haiti.
Photo: Lazaros

Fig. 3.5
Enstalasyon an proje pa Caribbean
InTransit, nan 3yem Geto Byenal
2013, Pòtoprens, Ayiti.
Foto: Lazaros

FOOTNOTES TO THE GHETTO BIENNALE
NÒT SOU PYE A GETO BYENAL

CHARLOTTE HAMMOND

In December 2011, I travelled from Martinique to Port-au-Prince, Haiti, wearing a pair of flat pink espadrilles. The espadrilles were in fashion at the time in the UK and their lightweight cloth and jute composition might have signalled the following about me: that I am a blan (or foreigner); I have eco-friendly intentions that don't always translate into practical actions and that this is my first time in Haiti. One of the enduring impressions of my experience participating in the Ghetto Biennale is the communistic attitude the local artists held towards possession, possessions, materials and property. In a society that emerged out of what Césaire called 'thingification', where people themselves were traded as things, each repossessed thing becomes undersigned and transformed by the people who exchange it.[1] Whilst working in the Grand Rue neighbourhood, I spent time with local tailor Jonas Labaze, who taught me how to make a woven carnival-style hat out of paper. [Fig. 3.6] Once finished, the hat independently travelled through the neighbourhood from head to head, exchanging owners during the pounding Rara procession and eventually ending up in one of the artist's homes long after I had left Port-au-Prince. [Fig. 3.10] This exchange and movement of objects between the artists in the community challenged my own rigid and individualistic conceptions of ownership and art. This short essay further explores the relationship of both local and visiting artists using one type of material object in particular: the shoe.

Nan mwa Desanm 2011 mwen rive pou kont mwen a Pòtoprens, Ayiti soti Matinik avèk yon ti sandal espadriy woz plat nan pye m. Espadriy yo te a la mòd lè sa an Angletè epi ti twal lejè ansanm ak fòm nan te bay enfòmasyon sa sou mwen: m se yon blan; mwen gen bon entansyon pou anviwònman an ki pa toujou debouche sou de aksyon pratik e se premye fwa mwen vin Ayiti. Youn nan enpresyon ki rete de eksperyans patisipasyon mwen nan Geto Byenal la, se atitid kominotè atis lokal yo genyen pa rapò a posesyon, byen, materyèl ak pwopriyete. Nan yon sosyete ki soti nan sa Césaire rele 'chozifikasyon', kote yo te vann epi achte moun tankou se machandiz, chak bagay yon moun ranmase e pran pou li vin transfòme pa moun ki fè echanj ak li.[1] Nan Gran Ri, mwen pase kèk tan avek yon tayè ki rele Jonas Labaze. Li montre'm ki jan pou m fè yon chapo stil kanaval trese an papye. [Fig. 3.6] Lè m te fini, chapo a vwayaje nan tout katye a, soti sou yon tèt al sou yon lòt, pandan sezon rara tap frape. Finalman, li al ateri kay yonn nan atis yo lontan apre mwen fin kite pòtoprens. [Fig. 3.10] Echanj sa ak mouvman objè sa ant atis nan kominite a vin kontrekare konsepsyon rijid e endividyèl mwen te gen de pwopriyetè ak atizay. Ti Esè kout sa pral eksplore relasyon atis lokalsaka k atis k ap visite yo avèk yon tip de objè byen patikilye: soulye.

---

[1]. In Discours sur le colonialisme (1955: 23) Césaire describes colonisation as 'thingification' (chosification).
[1]. Nan diskou sou kolonyalis la (1955: 23) Césaire dekri kolonizasyon kòm 'bagayifikasyon' (chosification).

Shoes, described by Frances Negrón-Muntaner as 'the lowliest of cultural and corporeal signs' (2016: 65) have told many stories of courage, success and adversity in Haiti and the Caribbean region. Since the colonial encounter between the 'shoeless native' and the 'well-heeled European', shoes have been imbued with social value and have become a fundamental marker of economic conditions. Contrary to the commonly held assumption that shoe production has never existed in Haiti, many of the most famous Haitian artists started out as shoemakers, including Hector Hyppolite, Rigaud Benoit and Robert Saint-Brice who were cobblers by trade before turning to canvas and paint. Shoes thus seem a fitting means of transport back into the world of the Ghetto Biennale. Over the duration of my time in Port-au-Prince my flimsy canvas shoes evolved into two small Grand Rue sculptures. Coated in dust and dirt, they absorbed the oil and tyre fumes and gathered scraps of detritus as I learnt to navigate Boulevard Jean-Jacques Dessalines, home to the Grand Rue artists.

Soulye – ke Frances Negròn-Mauntaner eksplike kòm, 'siy kiltirèl e kòporèl ki pi ba' (2016) - rakonte anpil istwa kouraj, siksè ak advèsite an Ayiti e nan rejyon Karayib la. Depi rankònt kolonyal ant 'endijèn pye atè' ak 'Ewopeyen byen bwòdè', soulye gen yon valè sosyal ki vin yon siy de kondisyon ekonomik. Kontrèman a moun ki ta panse ke pwodiksyon soulye pat janm egziste an Ayiti, anpil atis ayisyen rekoni te konmanse kòm kòdonye. Hector Hyppolite, Rigaud Benoit ak Saint-Brice te kòdonye avan yo lage kò yo nan zafè twal ak pentì. Donk soulye sanble yon bon mwayen pou mennen nou tounen nan mond Geto Byenal la. Apre plizye jou nan Pòtoprens, ti soulye lejè mwen an vin tounen de ti eskilti nan Gran Ri: kouvri ak pousyè e tè, yo absòbe lwil, la fimen kawotchou, epi lòt dechè pandan map aprann navige Boulva Jean-Jacques Dessalines ki se kay atis Gran Ri yo.

Fig. 3.6 Jonas Labaze and Charlotte Hammond making the carnival hat.
Photo: Charlotte Hammond

Fig. 3.6 Jonas Labaze ak Charlotte Hammond fè chapo pou kanaval la.
Foto: Charlotte Hammond

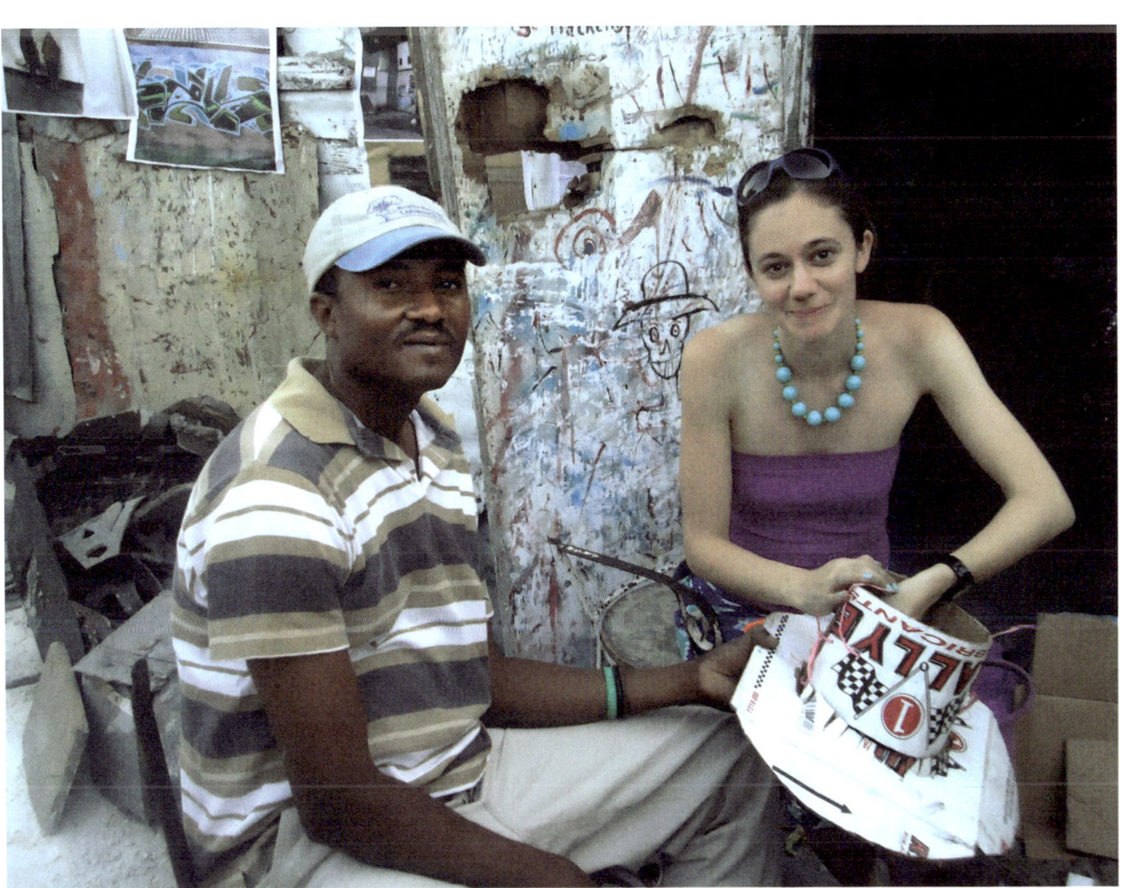

THE SOCIAL LIVES OF SHOES

Since the early period of Hispaniola to the current era of globalization, shoes at a local level have been a medium for transmitting precise social messages in Haiti. In 1492 Columbus exchanged, among other gifts, a pair of red shoes, in return for an ornate woven belt from a young Taino cacique (Parry and Keith, 1984: 40). During slavery, French fashions and colonial hierarchies were projected onto this site, represented as an aesthetic tabula rasa despite indigenous Taino and African traditions of weaving and cloth production.

Haitian author, Marie Vieux Chauvet wrote the novel, *La Danse sur le volcan* (1957), based on the true story of the opera singer, Minette, an *affranchie* (a free woman of colour), who gained considerable success on the stages of Saint Domingue, pre-revolutionary Haiti, in the late eighteenth century and who was criticised by commentators at the time for her lavish dress. [Fig. 3.7] Chauvet's novel illustrates how particular fabrics and extravagant dress styles were worn by the *affranchi* class, to express discontent and opposition to the discriminatory attitudes and policies of Creole society's white elite:

> *A cause du matelot tué, les colons firent pendre pour l'exemple deux hommes de couleur. Bien qu'ils jurassent n'avoir été sur les lieux qu'en spectateurs, on les mena sur la place publique où ils furent pendus à des lanternes après un simulacre de jugement. Par coïncidence ce jour-là, et comme si elles s'étaient donné le mot, des affranchies, délaissant leurs sandales, leurs jupes d'indienne et leur madras, s'exhibèrent avec ostentation sur les places publiques en robe de dentelle et de velours, au bras des plus beaux officiers de la colonie. De plus, elles étaient chaussées, ce qui acheva de rendre furieuses les blanches créoles et européennes. (91)*

> *Because of the sailor killed, the colonists hanged two men of colour as an example. Although they swore to only have been present as observers, they led them to the public square where they were hanged from lanterns following a pretence of a trial. By coincidence, on that day, and as if they had been given the word, the enfranchised, left behind their sandals, their Indian skirts and scarves, and ostentatiously paraded around the public squares in dresses of lace and velvet, on the arms of the most beautiful officers of the colony. What is more they were wearing shoes, which succeeded in making the white Creole and European women furious.*

Shoes were, as Haitian historian Jean Fouchard underlines, the 'first sign of derisory ascent from the level of the beast of labour' (1981: 42). The

VI SOSYAL DE SOULYE YO

Depi epòk Hispaniola jiska epòk globalizasyon jodi a, soulye, a yon nivo lokal, te toujou yon mwayen pou transmèt yon mesaj sosyal. An 1492 Kristòf Kolon fè echanj ak yon jèn kasik Tayino. Pami plizyè kado, li fè echanj yon soulye wouj pou yon bèl sentiwon trese (Parry ak Keith 1984). Pandan sistèm esklavaj la, stil franse ak yerachi kolonyal yo vin tabli an Ayiti, epi fè yon "tabula rasa" estetik malgre tradisyon endijèn Tayino ak Afriken yo nan zafè trese twal.

Ekriven Ayisyen, Marie Vieux Chauvet te ekri, *La Danse sur le volcan* (1957), a pati istwa vrè de yon chantèz opera yo te rele Minnette, yon milatrès *afranchi*, ki te gen anpil siksè nan San Domeng avan peryòd revolisyon an nan fen 18yèm syèk la e key o te konn kritike poutèt bèl rad li te konn mete. [Fig. 3.7] Roman Chauvet a montre jan klas afranchi a te konn itilize de stil twal patikilye ak abiman ekstravagan pou montre jan yo pat kontan e opozisyon yo a atitid e politik diskriminatwa elit blan kreyòl nan koloni an:

> *A cause du matelot tué, les colons firent pendre pour l'exemple deux hommes de couleur. Bien qu'ils jurassent n'avoir été sur les lieux qu'en spectateurs, on les mena sur la place publique où ils furent pendus à des lanternes après un simulacre de jugement. Par coïncidence ce jour-là, et comme si elles s'étaient donné le mot, des affranchies, délaissant leurs sandales, leurs jupes d'indienne et leur madras, s'exhibèrent avec ostentation sur les places publiques en robe de dentelle et de velours, au bras des plus beaux officiers de la colonie. De plus, elles étaient chaussées, ce qui acheva de rendre furieuses les blanches créoles et européennes. (91)*

> *Poutèt maren ki mouri a, kolon yo te pann de milat kòm yon egzanp. Malgre yo sèmante ke se spektatè yo te ye, yo mennen yo sou plas piblik kote yo te pann yo de lantèn ki te la, apre yon similak jijman nan tribinal. Pa aza jou sa a, tankou se antann yo te antann yo, medam afranchi yo te retire sapat yo, jip endyen yo ak mouchwa yo pou flannen nan figi tout moun ak pi bèl ofisye nan koloni an. Sa k pi rèd al, yo te met soulye, sa ki te fè medam kreyòl ak Ewopeyèn yo fache kon kong.*

Soulye, jan istoryen Ayisyen Jean Fourchard di, te 'premye siy pou montre yon ti kras nivo sosyal pi wo ke yon bèt travay' (1981). Zafè flannen an piblik sa pral vin fè endiytie klas plantè blan nan San Domeng monte men wotè. Sa ki pral kontibiye a kòmansman kriz pou debouche sou pwòje revolisyon ak endependans ayisyen an.

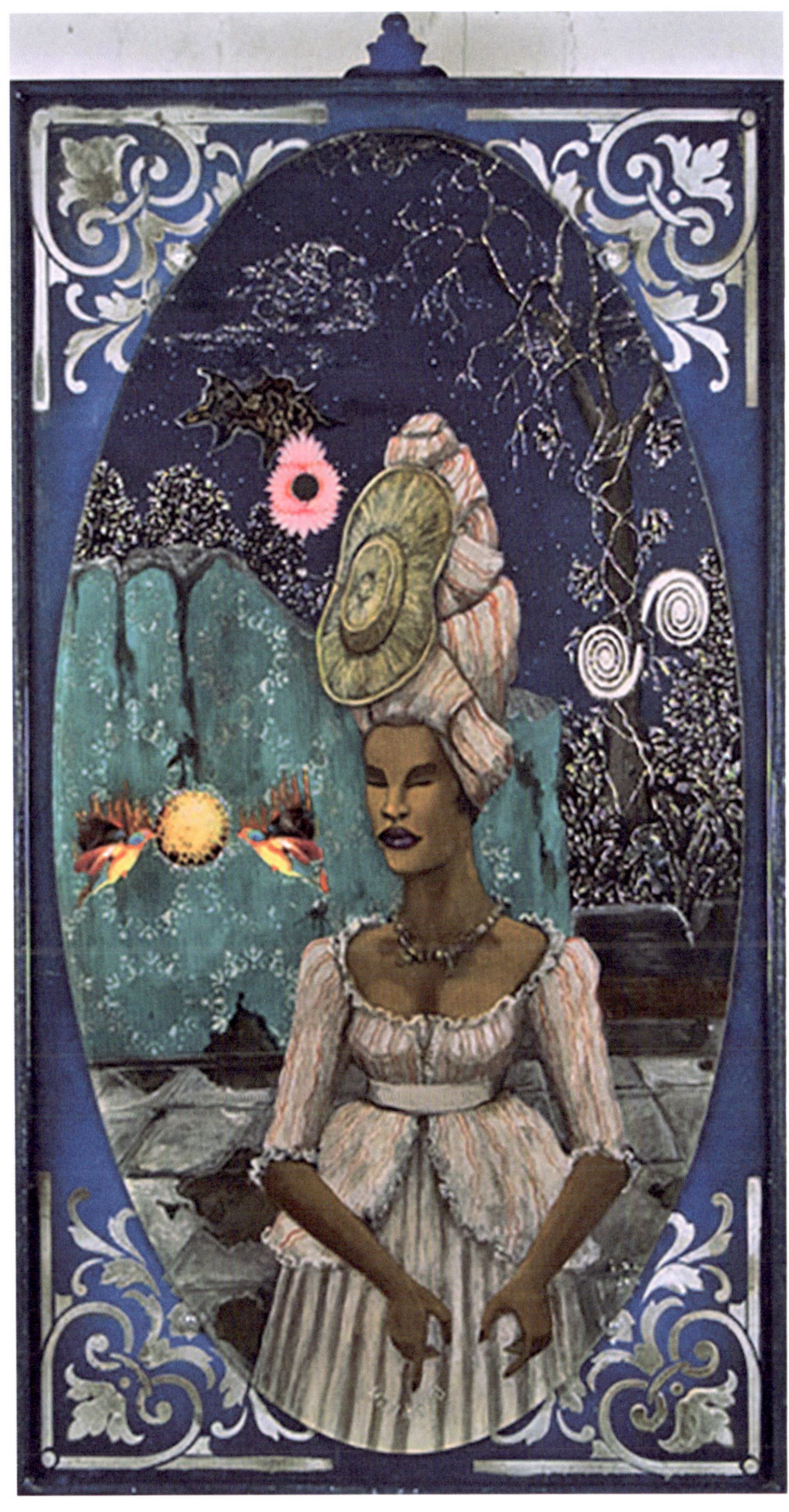

Fig. 3.7 Marabou by Edouard Duval-Carrié (Mixed media on aluminum in artist frame) 28" x 53" (2015) Private collection, Haiti, from the front cover of the English translation of Marie Vieux Chauvet's novel 'The Dance on the Volcano'.

Fig. 3.7 Marabou pa Edouard Duval-Carrié (medya melanj sou aliminyòm nan ankadreman atis) 28 "x 53" 2015 Koleksyon prive, Ayiti, ki nan kouvèti nan tradiksyon an Angle nan roman Marie Vieux Chauvet a 'The Dance on the Volcano'.

public nature of their disruptive parade in this scene ignites outrage amongst the white plantocracy of colonial Saint-Domingue, engendering a category crisis that contributed to the revolutionary project and finally Haitian independence in 1804.

Later, visiting Haiti in 1931, Langston Hughes would describe the country's rural and urban poor as 'the people without shoes'. The people, he wrote, 'whose feet walked the dusty roads to market in the early morning, or trod softly on the bare floors of hotels, serving foreign guests… All of the work that kept Haiti alive, paid interest on American loans, and enriched foreign traders, was done by people without shoes' (1956: 27). Shoes during this period continued to be an important social marker of status in Haiti, distinguishing between the *boujwa* class, who were expected to envelop their feet in leather, and the *peyizan* class who laboured barefoot. As Hughes points out, in the 1930s, 'Articles of clothing in Haiti were not cheap. Taxes were high, jobs scarce, wages low, so the doubtful step upward to the dignity of leather between one's feet and the earth, or a coat between one's body and the sun, was a step not easily to be achieved' (28). Beyond the possession of these articles, they signify, as Chauvet's novel depicts, a mastery of the master's accessories and accoutrements, clothing the wearer with the status and power to trouble colonial hierarchies.

In Haitian society today, everyday shoes are often formal; school and work shoes are made from leather, and great care is taken to ensure feet and shoes are well looked after. Shoe-shiners are still very prominent on the streets of the towns and cities. Sat at a roadside grill next to the Champ de Mars tent camp, I remember feeling ashamed when Guerly Laurent, one of the Grand Rue artists, offered to buy me some new sandals from a street peddler as she wove between the barbeque stalls displaying her wares. Looking down, my espadrilles were no longer recognizable with the soft jute shredded and hanging out the sides. In a nation whose enslaved ancestors were violently dispossessed of all material belongings by French colonists, clothing has become an important visual codifier of self-worth and social improvement. Old, stained or damaged clothing is less likely to command respect. Within the context of reconstruction in the aftermath of the earthquake of 2010 the dust and dirt might have suggested my involvement in a clean-up operation. Yet, in reality, my dusty feet, this dirt on my body, in my hair, in my clothes, is a prime example of what Roland Barthes called 'inverted bourgeois' behaviour (1967). This impermanent sprinkling of dust is

Apre, pandan yon vizit an 1931, Langston Hughes te pale pep pòv nan vil la e andeyo kòm yon 'pep san soulyè'. Pèp sa, li te ekri, 'a pye ki mache wout pousyè al nan machè piblik chak maten bonè, oubyen met pyè dousman sou atè otèl la, kap sèvi visitè etranjè…tout travay ki kite Ayiti tap viv, ki peye enterè sou prè Ameriken, ki enrichi negosyan etrangè yo, te fèt pa moun san soulye' (27). Soulye pandan tan sa kontinye kòm yon siy de nivo klas sosyal enpotan an Ayiti, ki distenge ant klas *boujwa* - ki gen yon ekspektasyon anvlòpe pye yo nan kwi - ak klas *peyizan* ki travay mache pye atè. Jan Hughes fè konnen, nan ane 1930 yo, 'Atik rad an Ayiti te chè. Taks te wo, pat gen travay epi sale te tre ba, se konsa ti etap ensetèn pou monte soti a diyite avèk kwi ant pye moun ak latè, oswa yon rad ant kò moun nan ak solèy la, se te yon etap ki pat fasil pou reyalize.' (28) Pi lwen pase posede bagay sa yo, yo siyifye, jan liv Chauvet montre, yon metriz de akoutreman, rad ki bay estati e pouvwa pou enkyete yerachi koloni a.

Nan sosyete Aysiyen jounen jodi a, soulye pou met chak jou pa two fòmel; soulye pou lekol e travay fèt an kwi, epi yo asire pou pran swen pye yo ak soulye yo, avèk moun nan lari ki netwaye soulye ki tou pa tou nan vil yo. A kote yon gri sou Champ de Mars, mwen sonje mwen te wont anpil lè Guerly Laurent, yon nan atis Gran Ri yo, te oufri'm achte yon ti sandal de yon bòs soulye. Lè'm gade espadril mwen yo, mwen pat ka rekonet yo ankò. Ti jit sou soulye a te shire sou tou de bo yo. Nan yon sosyete ki baze nan istwa de esklavmen Atlantik la – ki deprive moun tout posesyon materyal – rad vin tounen yon siy de vale avèk amelorasyon lavi sosyal an Ayiti. Vye rad tache ou domaje pa mande respè. Nan konteks de rekonstriksyon apre tranbleman tè 2010 la, pousyè ak tè sou ti espadril mwen te ka soujere pàtisipasyon mwen nan pwòpte apre dezas la. Men pandan setan, pye sal mwen, pousyè sou kò mwen, nan chevrè'm, sou rad mwen, se yon bel egzamp de sa Roland Barthes rele konpòtman 'boujwa envèse' (1967). Pousyè lejè sa diferan pase yon gwo sal, ki diferan pase yon pòvrete long tèm, pase yon salte ki 'defòme ko a' (291). Pandan jounen nan mwen pèmet pye'm dezentegre epi kite pousyè pou antre fè infeksyon nan pye'm. Lè fen ti vire neglijan mwen fè a, mwen ka tounen nan chanm otèl mwen an, lave pye'm epi tounen nan mitoloji de kontwòl ijyenik ki fondamantal de ideoloji enperyalis la. [Fig. 3.8] Kòm atis ki patispe, James Cooper, di, 'riches nou pèmet nou ka enpridan avèk byen nou e tet nou, paske nap toujou ka range oubyen ranplase yo kòm nou bezwen.'[2] Nan fen vwayaj mwen an, ti sapat

2. Sa soti de yon korespòdans ant otè a avèk atis la.

somehow different from '"real" dirtiness, different from a long-engrained poverty, from a dirtiness which 'deforms' the body' (291). During the day I allow my feet to disintegrate and the city's dust to seep and infect my feet. At the end of my careless 'venture' I am able to return to my hotel room and wash away the dirt to restore the myth of hygienic control so fundamental to imperialist ideology. [Fig. 3.8] As participating artist James Cooper acknowledged: 'our (comparative) wealth allows us to be more reckless with ourselves and our things, as we can always fix or replace them as needed.'[2] At the end of my trip my expired, unwanted shoes are disposed of without a second thought and when I return to Martinique I am easily able to purchase another pair and start the cycle again.

Many of the visiting artists wore enclosed, low-heeled boots during the Biennale. This secure post-disaster fashion forms a protective barrier, insulating against contamination by polluting substances whilst enabling freedom of movement and facilitating contact between people and things. Shoes have been both means of stratification and an important access-ory for mobility in Haiti. While poor black Haitians farmed the land and loaded the ships, mulatto Haitian elites sent their sons and daughters aboard the ships wearing shoes and coats to study abroad. Strolling by the presidential palace in the Champ de Mars in 1931, Langston Hughes asked a passing Haitian: 'Where are all the people without shoes? I don't see any of them.' The well-dressed man replied, 'Oh they can't walk here. The police would drive them away.' As late as 1952 it was forbidden to circulate within the capital barefoot (Revert). This extension of colonial policy was to ensure that the 'moun andeyo', literally meaning 'people outside' to refer to the rural poor, were kept out of Haitian cities that were guarded as elite strongholds.

'You never really know a man until you get in his shoes and walk around' (To Kill a Mockingbird, Harper Lee)

Artist, James Cooper, used shoes on his return home to Bermuda after the Biennale to highlight some of the challenges and mobility constraints impacting residents of Port-au-Prince at this time. For the Biennale itself, Cooper, along with fellow members of the Fungus Collective, created their 'holding it all together' installation, which consisted of rows of florid lines of tape stuck to a façade of one of the buildings in the Grand Rue neighbourhood. The lines of tape were interrupted by the cracks and fissures of damage caused by the

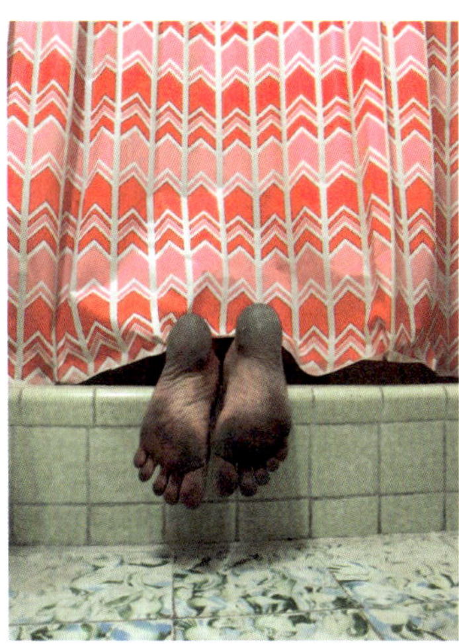

Fig. 3.8 James Coopers feet after a day in Grand Rue, Port-au-Prince. Photo: James Cooper

Fig. 3.8 Pye James Cooper an apre yon jou nan Gran Ri, Pòtoprens. Foto: James Cooper

mwen te jete san m pa gad deye lè mwen tounen Matinik epi mwen achte yon lòt soulye pare byen fasil.

Anpil nan atis vizitè yo te mete bòt femen nan pye yo panda Byenal la. Style pòs dezas sa fòme yon barye pwoteksyon kont kontaminsayon ak polisyon pandan lap fè posib mouvman epi fasilite kontak ant moun e bagay. Soulye se yon mwayen divizyon epi yon aksè enpotan pou mobilite an Ayiti. Pandan Ayisyen, pov e nwa ki te travay tè a epi chaje bato yo, Ayisyen milat anwò yo voye piti yo al monte bato nan bel soulye ak jile al etidye nan payi etranje. Langston Hughes, ki mande yon moun Ayisyen an pasan sou Champ des Mars an 1931: 'Kote tout moun san soulye yo? Mwen pa we yo menm.' Msye ki abyè byen reponn, "o, yo pa ka mache bo isit la. Polis tap mennen yo ale." Jiska 1952 lwa te interdi moun sèkile andedan kapital la san soulye sou pyè (Revert). Ekstansyon de regleman kolonyal sa yo te pou asire ke 'moun andeyo' pat ka antre la vil, yon jan pou pwoteje vil la kòm yon bastyon de moun elit yo.

'Ou pa vreman konnen yon msye jiks askè ou gen chans mache nan soulye li.' (To Kill a Mockingbird, Harper Lee)

Atis, James Cooper, te sèvi ak soulye lè'l tounen Bermuda apre Byenal la pou mete aksan sou kèk nan defi avèk kontrent mobilite ki fè impak rezidan Pòtoprens jounen jodi a. Pou Byenal la, li menm, Cooper, avèk manm parey li de Fungus Kolektif, te kreye instalasyon yo, 'ap kenbe tout ansamn' ki te gen yen yon seri lin wozè tep ki kole sou fasad yon nan gwo kay yo nan katyè Gran Ri a. Lin tep yo te dekòde kote mi a te fann apre tranbleman tè a. Apre Byenal la,

2. Taken from email correspondence between author and artist.

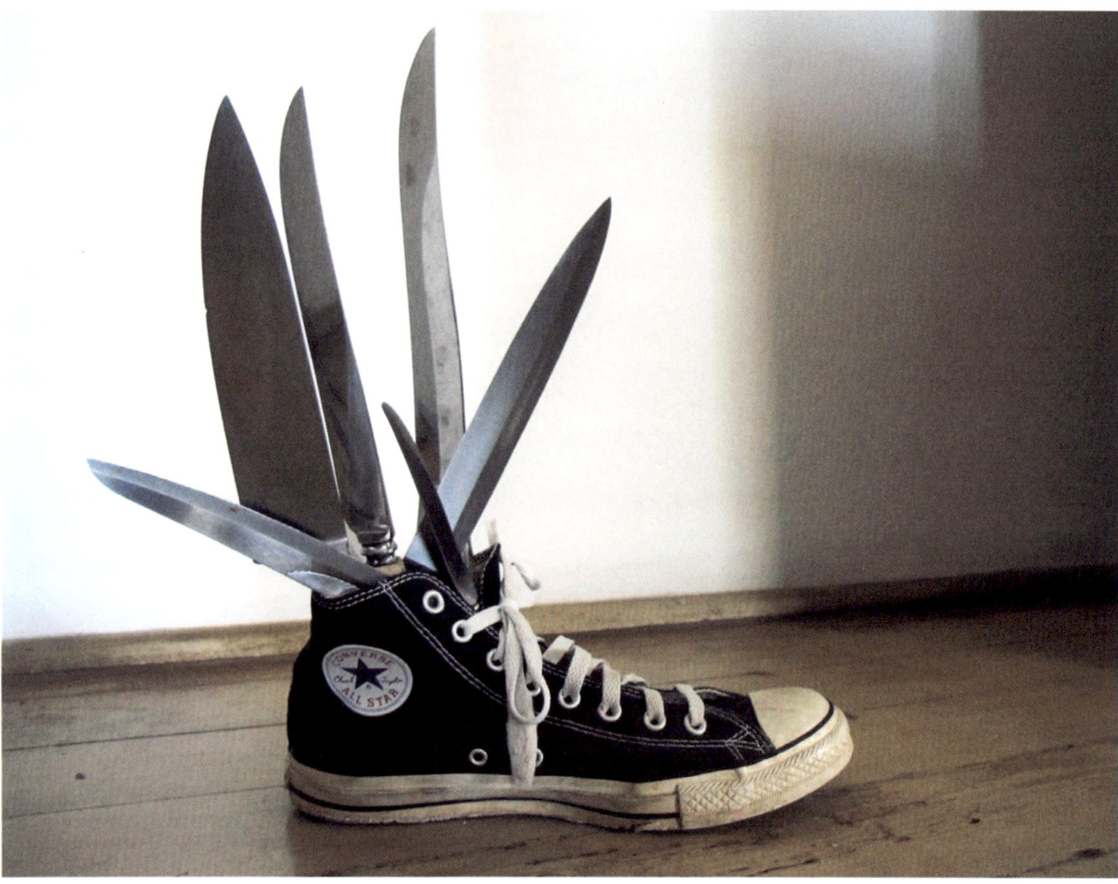

Fig. 3.9 Shoe with knives. Photo: James Cooper **Fig. 3.9** Soulye ak kouto. Foto: James Cooper

earthquake. Following the Biennale, Cooper made a series of shoe sculptures based on his experiences in Haiti. The shoe sculptures came about in response to the artist's experiences in Port-au-Prince, including observations of businessmen wearing dress shoes as they carry on 'as usual', the shoe shine workers on street corners and a minor robbery attempt in the street where the victim feared the perpetrator was in possession of a knife. Talking shoes back home with a friend who had just returned from Costa Rica, he was told how you need to look at a woman's feet to understand who she is. Flip-flops connote a regular girl, running shoes means she is a thief and high heels suggest she is a prostitute.[3] The above experiences together with Cooper's own foot obsessions during the Biennale resulted in a series of sculptures that include splayed kitchen knives jutting out of hi-top trainers and sea urchins bristling inside a pair of men's smart leather shoes. [Fig. 3.9] The poetry of these assemblages speaks less of gender stereotypes but rather the means used by Haitians to escape hunger and hardship as well as the aspirations a pair of shoes can represent.

Cooper te fè yon seri de eskilti soulye ki baze sou eksperyans li an Ayiti. Eskilti soulye yo te fèt kòm yon repons pou obsèvasyon atis la te genyen an Pòtoprens lè li la, pami yo yon moun biznis ki abyè an bel soulye pandan yap kontinye a lavi 'kòm d'abitid,' netwayè soulye nan lari, e pandan yon eksperyans vòl lè yon viktìm te pè moun ki fè zak la gen yon kouto. Lè'l rive lakay li ap pale soulye ak yon zanmi ki fèk soti Kosta Rika, zanmi a di, fok ou gade pyè fanm pou konn ki kalite moun li ye. Ti sandal floup-floup vle di yon fanm nòmal, soulye kouri vle di se volè li ye, epi soulye a talon kikit vle di bouzen.[3] Eksperyans sa yo, ansamn avèk obsesyon Cooper genyen de pyè li pandan Byenal la, te jwen rezilta nan yon seri de eskiliti kite inkli kouto de kwizin gaye sou tenìs hi-top avèk òrsin lame kap pike anba soulye gason, byen bwodè, ki fèt an kwi. [Fig. 3.9] Powezi de asemblaj sa yo pale mwens nan klasman tipik de seks, e plis de mwayen ki sèvi pa Ayisyen pou echape grangou ak difikilte e sitou aspirasyon ke yon soulye ka reprezante.

Atis lokal, Cèleur Jean Hèrard, yon nan fòndatè

---

3. This anecdote was originally published in an interview with Cooper by Allison Harbin in ARC, 7 February 2012.
3. Ti estwa sa te pibliye dabò nan yon entèvyou avèk Cooper pa Allison Harbin an ARC, 7 Fevrye, 2012

Local artist, Céleur Jean Hérard, one of the founding members of the Grand Rue collective, has used shoes to send a different message to the international community. His sculptural relief of second-hand shoes that have been sent to Haiti as in-kind donations from the U.S. draws attention to the recipients of these unwanted items.[4] The piece questions the performance of giving; a hyper-visible participation in global aid which involves the disposal of unsolicited and often useless goods on the doorstep of those deemed in need, who are rarely consulted in the process. This logic of giving at the heart of post-disaster development narratives tends to maintain inequalities between the helper and the helpless, echoing colonial binaries between the white 'saviour' and the black 'primitive' in need of saving. In the context of Haiti, Colin Dayan reminds us that Haitians themselves have often been thought of as disposable, when she flags a racism "that depends for its power on the conceptual force of the 'superfluous', what can be rendered as 'remnants' or 'waste' or 'dirt'… to be 'disposable' is not having the capacity to be dispossessed, to be nothing more than dispensable stuff" (2015, 93). Racial slavery necessitated upcycling of the self. In the shadows of this violent history, as Sibylle Fischer puts it, "universal humanity turns into an act of salvaging" (2015).

Western powers have been persistently attempting to reassert Haiti's economic dependence since its inception as an independent post-slavery state in the nineteenth century. The country's structural dependence on handouts and hand-me-downs from the U.S. was formally recognised in the 1960s when President Kennedy started shipping second-hand goods to Haiti as part of an international aid programme. Yet, the asymmetrical power of this system has its origins in the fabric and clothing castoffs handed down by the master during the colonial period and serves to fix the recipient as a helpless and dependent other.

Although shoes may be costly, their imposed distribution does not constitute a long-term solution to developmental issues affecting the country. In August 2016 a new Haitian shoe factory and showroom opened its doors in Port-au-Prince. The managing director of JL Fine Shoes S.A., Jean Lucien Ligondé, aims to compete with imported shoes as well as the trade in second-hand shoes or 'soulye pèpè'. During the back to school season, the company offered a 20% discount on school shoes and Ligondé is hoping to work in partnership with the minister of education to

Atis Gran Ri a, konn sèvi ak soulye pou voye yon mesaj diferan pou kominote entènasyonal la. Eskilti li ak soulye dezyèm-men ki voye Ayiti kòm donasyon soti Etazini a, tire attansyon an moun ki resevwa bagay sa yo ke yo pa vle.[4] Pyès la kesyone pèfomans dòn, yon patisipasyon èd global, ki inkli byèn ki jete, bagay ke pa mande dabò, ki pi souvan pa sèvyab ki voye sou pòt kay moun ke yo nome moun an bezwen, kote yo preske pa janm fè konsiltasyon avèk yo. Lojik sa, kote yo bay dòn, ki se nan kè naratif developman pòs dezas la, pi souvan li kenbe sistèm de inegalite ant sak ap bay èd la ak sak ap resevwa li, li bay yon ekò de sovè blan avèk nwa kòm 'primitif' ki an bezwen moun sovè yo. Nan kontèks Ayiti, Colin Dayan fè nou sonjè ke moun toujou panse Ayisyen yo menm kòm bagay jete, lè ou pale sistèm rasis la, 'ki depann de fòs konseptyel de pouvwa li sou sak "initil", ki ka ran kom "res" oubyen "deche" oubyen "tè"…pou se bagay "jete" pa menm bagay ak moun ki gen kapasite depoze, pou se anyen de plis ke bagay ki dispensab.' (2015,93) Esklavaj nan sistèm rasis la te gen nesesite pou fè resikilaj de moun nan ale pi wo. Nan gwo lonbraj yon istwa osi vyolan, kòm Sibylle Fischer di, 'imanite inivèsel tounen yon zak de sovtaj.' (2015)

Fòs pouvwa de lwes la toujou fè tanta pou retounen endependans ekonomik sou Ayiti depi komansman li a kòm yon etat endependan pòs esklavaj nan komansman 19yèm syek. Depandans estiktirel peyi a sou dòn avèk dònasyon dezyèm-men soti Etazini te rekonèt fòmèlman nan ane 1960 yo, lè Prezidan Kennedy komanse voye bagay dezyèm-men an Ayiti kòm pà yon pwògwam èd entènasyonal. Men, pouvwa asymetrik sistèm nan, gen orijin li a nan twal e rad ke mete pandan peryòd kolonial la epi sèvi pou amenaje benefisyè yo kòm dependan ki viv selman èd la.

Malgre soulye koute anpil kob, distribisyon ki enpoze a se pa yon solisyon long tèm pou pwòblem devlopmen ki devan peyi a. Denye Aout, nouvo izin soulye Ayisyen ak boutik ouvri pòt yo nan Pòtoprens. Direktè kap jere 'JL Fine Shoes S.A.', Jean Lucien Ligondè, vle fè kòmpetisyon avèk soulye enpòte e sitou soulye dezyèm-men, ou 'souyle pèpè'. Pandan sezon pou tounen lekol, kompani a oufri yon rabè de 20% pou soulye lekòl epi Ligondè espere lap ka travay an patenarya avèk Minis Edikasyon an pou sibvansyone soulye lekòl. Si inisyativ sa se jis yon lot opètinite pou klas anwo Ayiti a poko

---

4. One can see this sculpture in the film 'Sculptors of Grand Rue' by Leah Gordon https://vimeo.com/51848464
4. Ou ka we skilti sa a nan fim 'Sculptors of Grand Rue' by Leah Gordon https://vimeo.com/51848464.

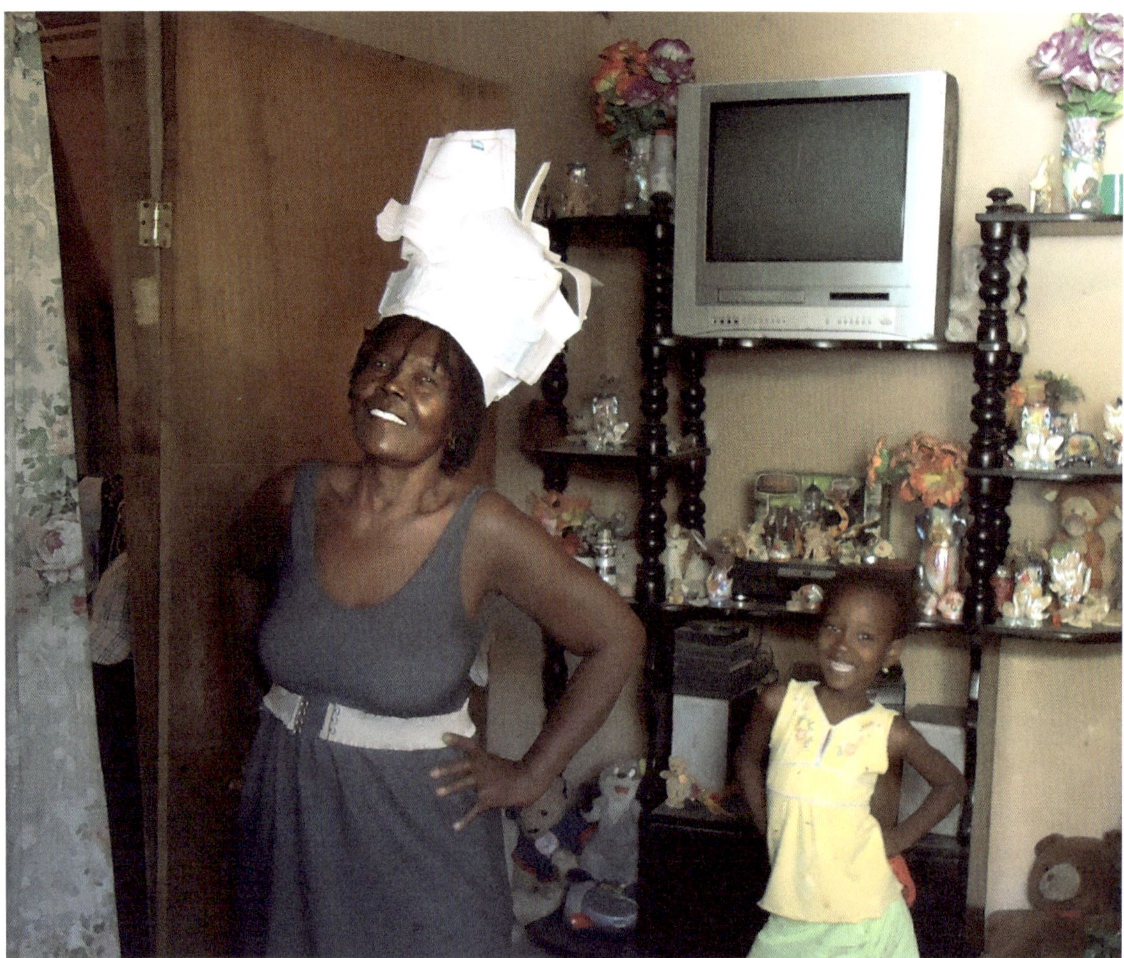

Fig. 3.10 Madame Solange with Kalyn wearing a hat made by Charlotte Hammond in their house in Rue de Magasin de l'Etat, Port-au-Prince. Photo: Charlotte Hammond

Fig. 3.10 Madanm Solage ak Kalyn mete yon chapo fèt pa Charlotte Hammond nan kay yo nan Rue de Magasin de l'Etat, Pòtoprens. Foto: Charlotte Hammond

subsidise school shoes. Whether this initiative is merely another opportunity for Haiti's elite ruling class remains uncertain. The creation of employment and a 'made in Haiti' national production does however seem to answer Celeur's criticism of an overreliance on imported used shoes which have become stained with the mark of servitude and dependence.

Long live national shoes
Down with donated shoes.[5]

fin klè. Kreyasyon travay epi yon 'fèt an Ayiti' pwòdiksyon sanble li reponn ak kritik Celeur la sou depandans twop enpòtasyon soulye dezyèm-men ki tache avèk mak de sèvitid e dependans.

Viv soulye peyi
Aba soulye pèpè.[5]

5. This is the chant of internet user Jean Christophe in the comments that follow the article by Patrick Saint-Pré on J.A. Fine Shoes S.A. which appeared in Le Nouvelliste on 8th August 2016. 5. Sa se chan de Jean Christophe, ki fè komentè ou intènet lou sou atik Patrick Saint-Prè de J.A. Fine Shoes S.A. ki parèt nan Le nouvelliste 8 Aout 2016.

REFERENCES REFERANS

Barthes, Roland. The Fashion
System. Trans.: Ward and Howard.
New York: Hill and Wang, 1983
(1967).

Dayan, Colin. 'The Gods in the
Trunk, or Writing in a Belittered
World' in Kaiama L. Glover and
Alessandra Benedicty-Kokken
Revisiting Marie Vieux Chauvet:
Paradoxes of the Postcolonial
Feminine. New Haven, Connecticut:
Yale University Press, 2015.

Fischer, Sibylle. 'Atlantic Ontologies:
On Violence and Being Human'
e-misférica, 12:1, 2015.

Fouchard, Jean. The Haitian
Maroons: Liberty or Death. New
York: E.W. Blyden Press, 1981.

Hughes, Langston. I Wonder as I
Wander. New York: Hill and Wang,
1993 (1956).

Lee, Harper, To Kill a Mockingbird,
(London: Random House 2010)

Negrón-Muntaner, Frances. 'Celia's
Shoes' in Ramon A. Gutierrez and
Tomás Almaguer The New Latino
Studies Reader: A Twenty-First
Century Perspective. Oakland, CA:
University California Press, 2016.

Parry, John H and Robert G Keith.
New Iberian World: a Documentary
History of the Discovery and
Settlement of Latin America to the
Early Seventeenth Century, New
York: Times Books, 1984.

Revert, Ernest. 'La République
d'Haïti.' Revue de géographie de
Lyon, 27 :4, 1952.

Vieux-Chauvet, Marie. La Danse sur
le volcan. Léchelle: Zellige, 2004.

Translation from English to Kreyol by Anna Ferdinand

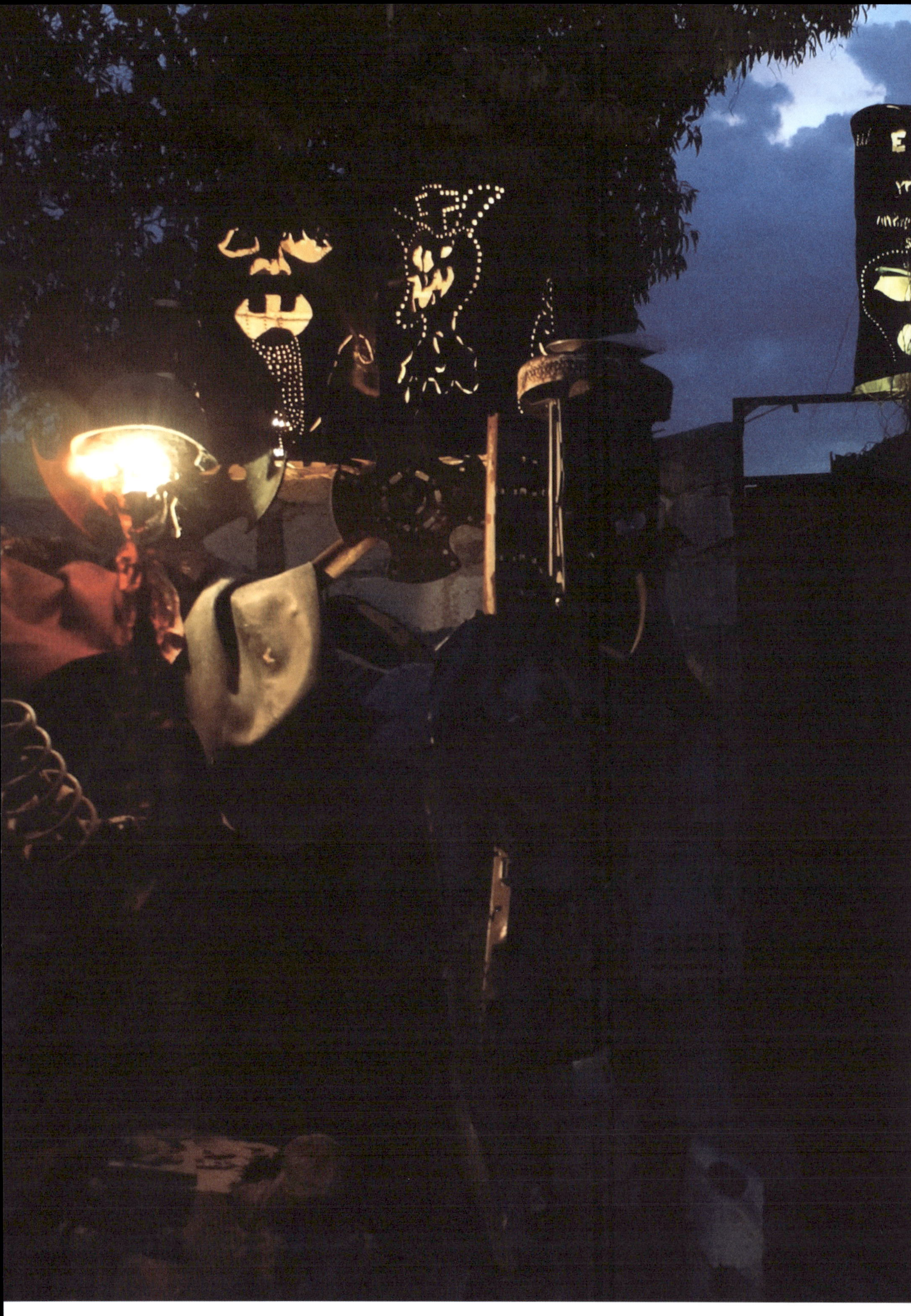

Fig. 3.11 Andre Eugene's yard at dusk during the 2nd Ghetto Biennale 2011, Port-au-Prince, Haiti. Photo: John Cussans

Fig. 3.11 Lakou Andre Eugene nan swa a pandan 2yem Geto Byenal 2011, Pòtoprens, Ayiti. Foto: John Cussans

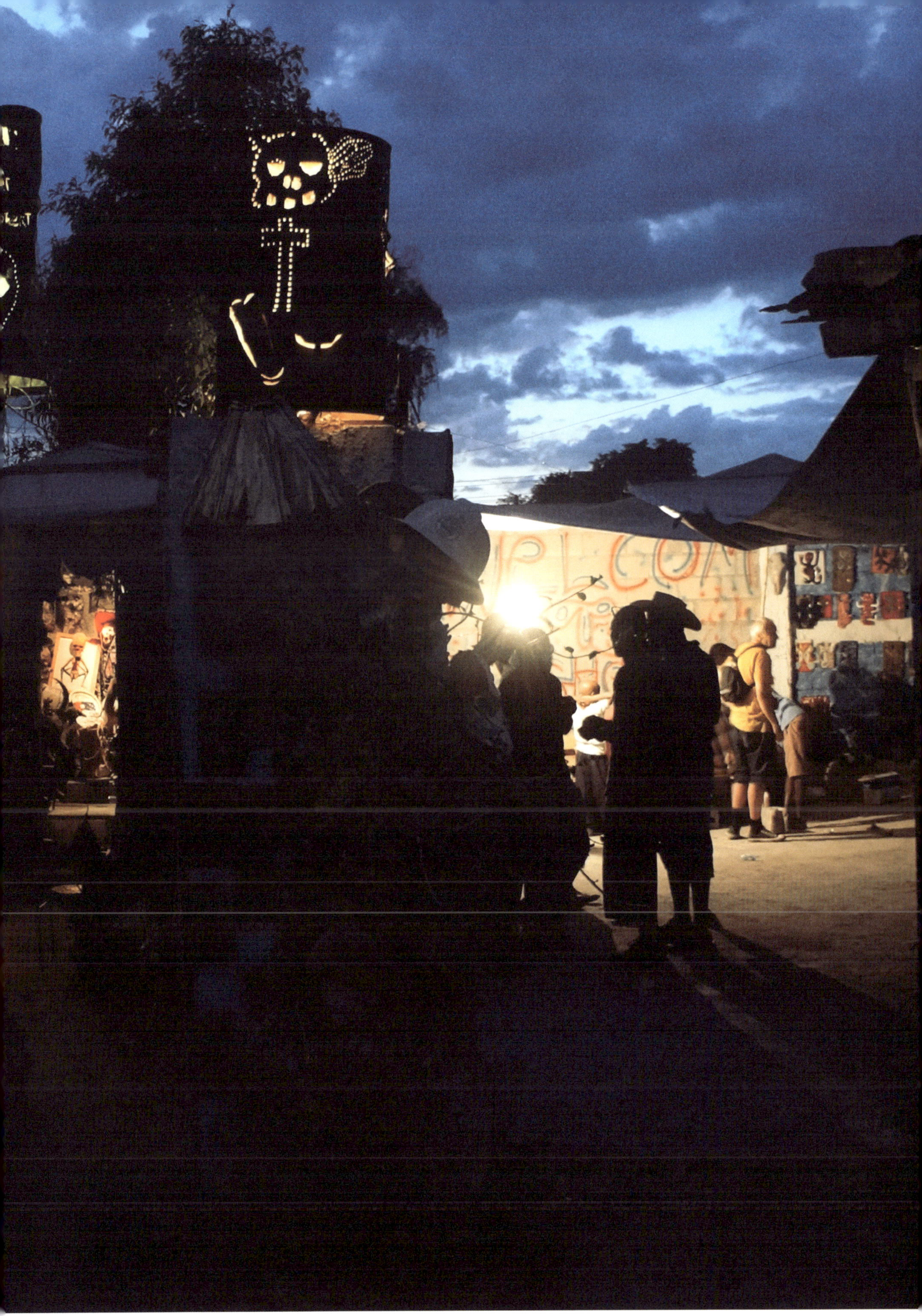

DECENTERING THE MARKET & OTHER TALES OF PROGRESS

DESANT MACHE A & LÒT KONT NAN PWOGRÈ

3RD GHETTO BIENNALE

3YÈM GETO BYENAL

2013

Andre Eugene (HT)
curator, co-director, site management
konsèvate, ko-direktè, manadjè sit la

Celeur Jean Herard (HT)
curator
konsèvate

Claudel Casseus (HT)
curator, onsite management
konsèvate, manadjè sit la

David Frohnapfel (DE)
curator, onsite management
konsèvate, manadjè sit la

Evel Romain (HT)
curator, transport and logistics
konsèvate, transpò, lojistik

Lazaros (US)
images, website admin, film screenings
fotograf, sit entènèt, pwogram fim

Leah Gordon (GB)
curator, co-director, logistics, press
konsèvate, ko-direktè, lojistik, laprès

Laura Heyman (US)
advisory consultant, images back-up
konsiltatif, dezyem fotograf

Liz Woodroffe (GB | BB)
graphic design, social media
desen grafik, medya sosyal

Maccha Kasparian (FR)
site mapping, French translation
kat jewografik, traduksyon Franse

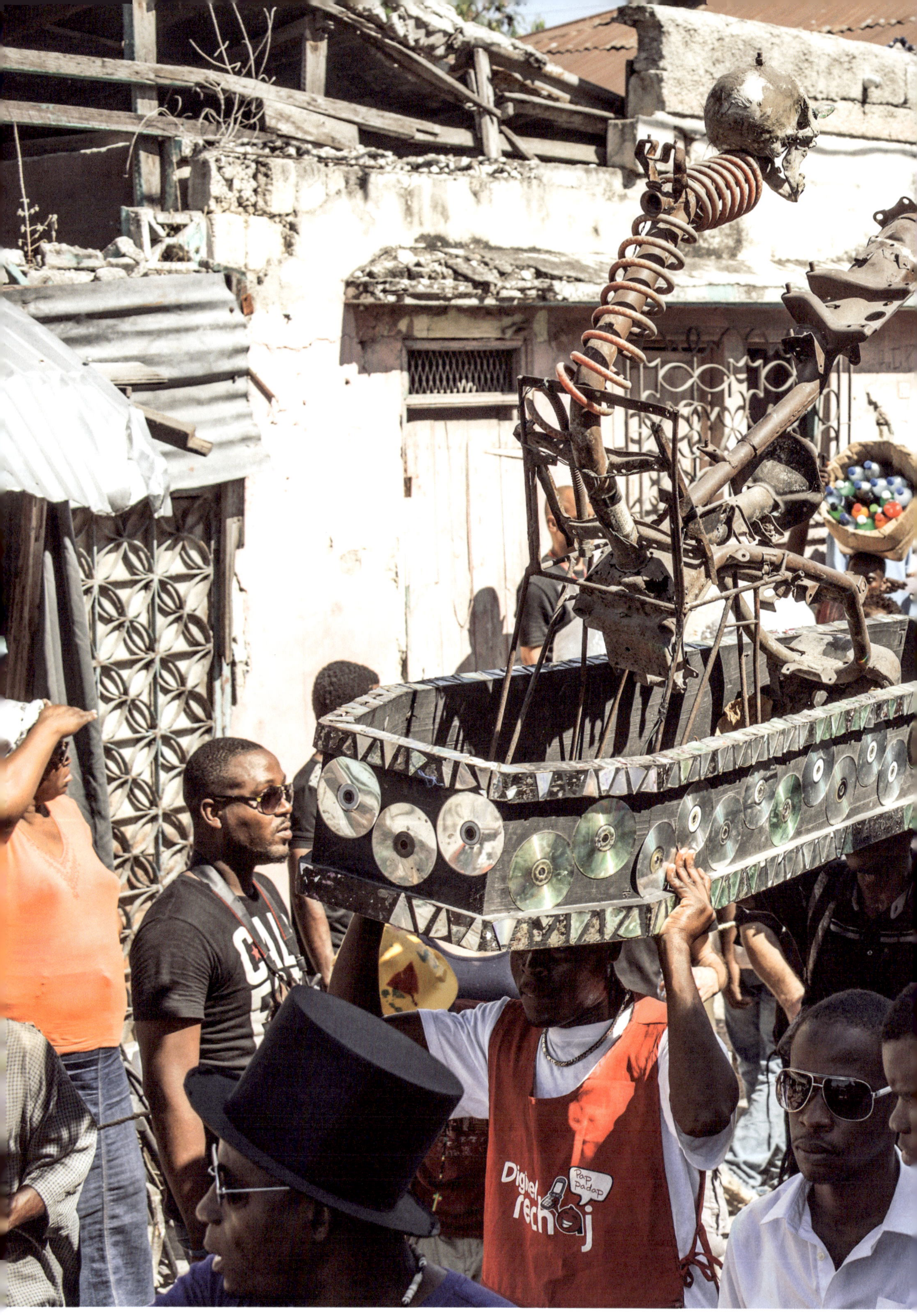

Fig. 4.1 Procession with sculpture by Andre Eugene, 3rd Ghetto Biennale 2013. Photo: Lazaros

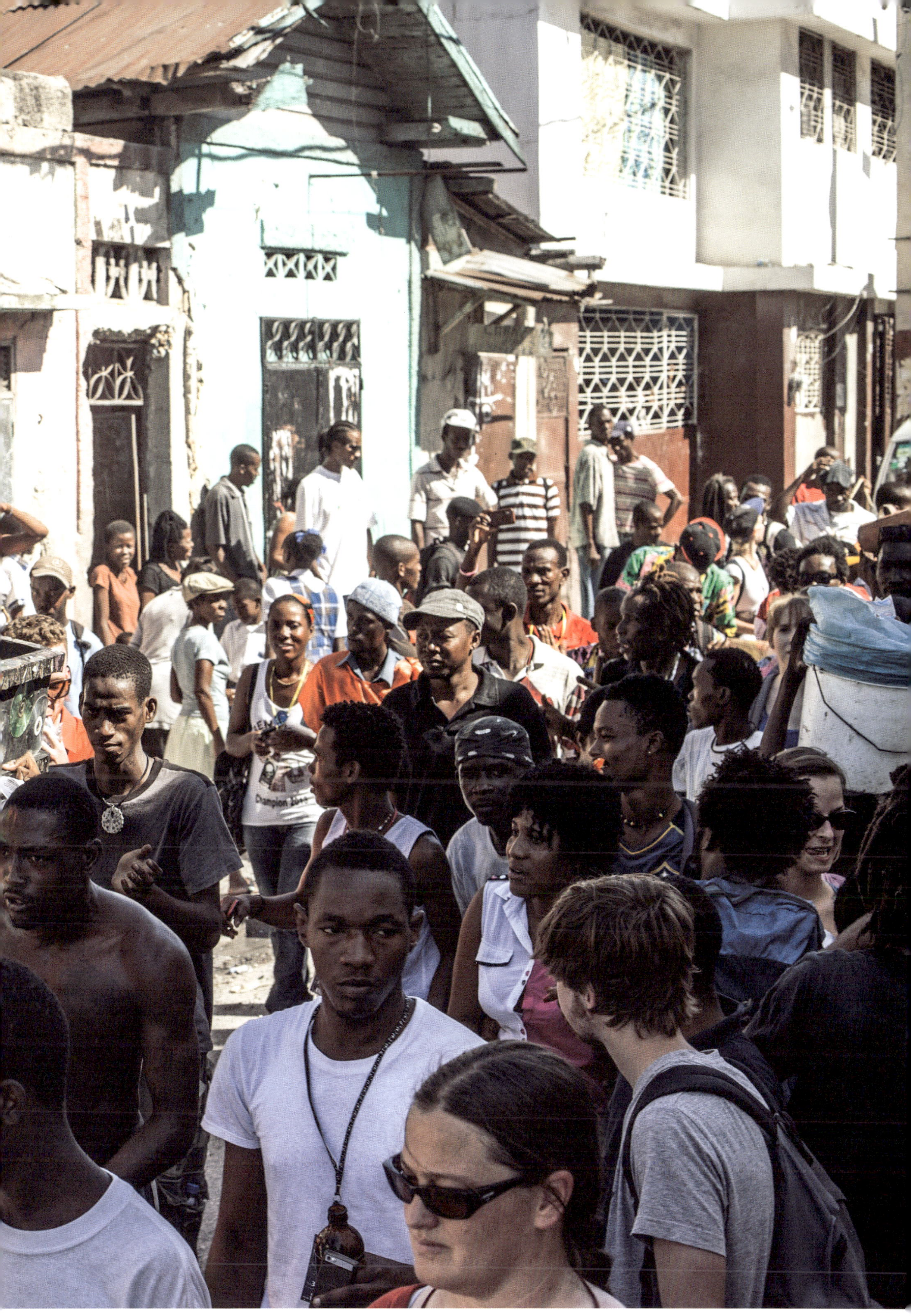

Fig. 4.1 Pwosesyon ak eskilti pa Andre Eugene, 3yèm Geto Byenal 2013, Pòtoprens, Ayiti. Foto: Lazaros

ARTIST AND PROJECT LIST LIS ATIS AK PWOJÈ YO

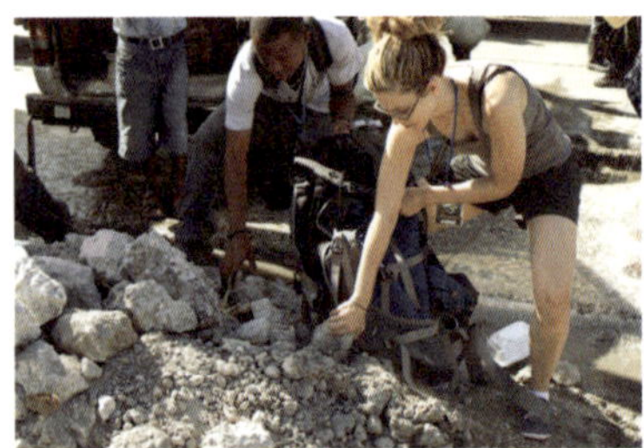

Allison Rowe (CA)
(UNTITLED) RUBBLE | DEBRI (SAN TIT)

UNTITLED (RUBBLE) is a sculpture which responds to minimalist, post-earthquake, living conditions in Haiti and the media fètishization of the country. During the Ghetto Biennale artist Allison Rowe will collect rubble, filing back-packs, crates and suitcases with unwanted cement, dust and debris from the 2010 earthquake. This rubble will be presented at the Biennale in minimalist rectangular and square formations on the ground. After the Biennale Rowe will ship the collected debris in her personal luggage. If the rubble is able to exit the country and enter Canada it will be displayed in the same minimalist forms, on the floor of pristine gallery spaces.

DEBRI (SAN TIT) se yon eskilti ki reponn a kondisyon lavi apre tranblemanntè-a an Ayiti e fetichizasyon peyi a nan medya-a. Pandan Geto Byenal la atis, Allison Rowe, kolekte debri, ranpli sakado, kès ak malet yo a vye siman, pousyè e debri li jwenn apre tranblemanntè 2010 la. Li pral prezante debri sa-a nan byanal la nan yon fòmasyon minimal e rektangilè sou tè-a. Apre Byenal la Rowe ap transpote debri sa-a nan valiz pèsonèl li. Si debri ka kite peyi a e antre Kanada yap ekspoze li nan fom minimal la atè nan espas galeri pristin.

Alphonse Sony (HT)
CLOTHING ART MARKET | MACHE VETMAN AR

I want to present a project with the title CLOTHING ART MARKET. I will realize a project with a number of t-shirts. I will make several photos of art objects and I will print these images on the t-shirts. I want to do this project in a way that I can present more Haitian art objects.

Mwen vle prezante yon pwoje ki rele MACHE VETMAN AR. Mwen pral reyalize pwoje sa avek yon bann mayo, mwen pral fè plizye foto Œuvre D'art e mwen pral enprime foto sa yo sou mayo yo. Mwen vle fè pwoje sa, nan yon fason pou mwen ka prezante plis Œuvre atis ayisyen yo.

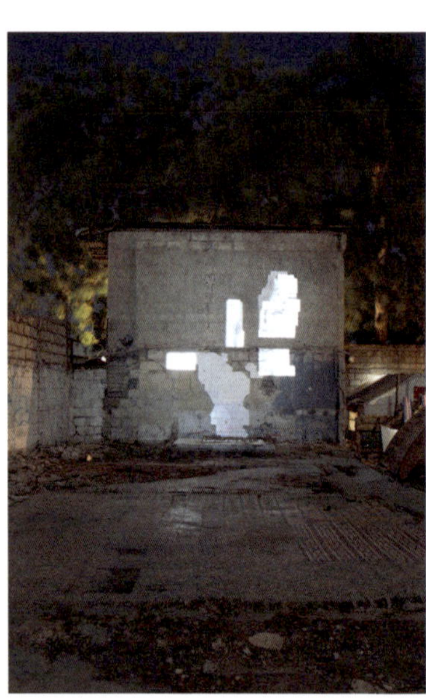

Annette Elliot (US)
DREAMS | RÊV

I will make a site-specific video projection to illuminate the devastated architecture along Grand Rue. The video delineates the aerial geography of the marketplaces in Port-au-Prince. The 2010 earthquake mapped a new topography. From the ruins, tent cities emerged as geomorphic urban plans. The refracted growth of makeshift refugee camps of cardboard, tarp, string and sticks carved a new city form. Maps are sourced from Landsat satellite imagery. The looping 12-minute projection will play from sunset until midnight.

Mwen pral fè yon pwojeksyon videyo pou ilimine achitekti ki devaste sou Grand Rue. Videyo a pral detaye espas yo ayeryen nan mache piblik nan Pòtoprens. Tranblemante 2010 trase yon nouvo topografi. Soti nan tout bagay la kraze, vil tant yo parèt kòm plan transfomasyon jeografik vil yo. Kwasans refrakte nan kan refijye yo ki fèt an bwat katon, moso twal, fisèl ak ti bwa bay pòtre yon nouvo fòm vil. Kat yo soti nan Landsat satelit imagri. Pwojeksyon an bouk 12 minit ap jwe soti nan solèy kouche jouk minwi.

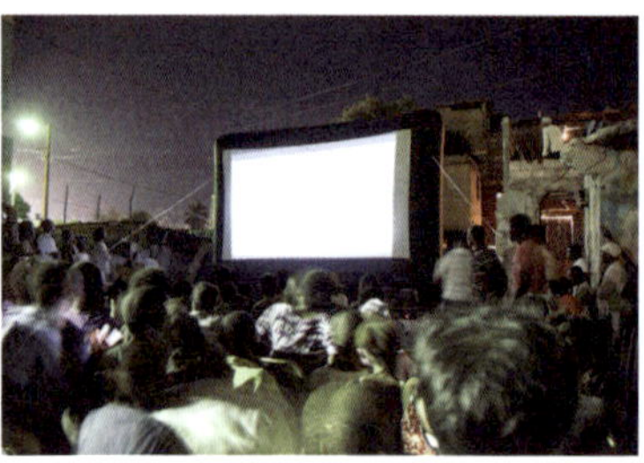

Arcade Fire (CA) & Vincent Morisset (CA)
JUST A RELFLEKTOR | SELMEN YON REFLEKTO

REFLEKTOR is an interactive film directed by Vincent Morisset, featuring the song Reflektor from Arcade Fire. The story follows a young woman who travels between the mistic world and our own. It was shot in Jacmel with the help of the Cine Institute.

REFLEKTO se yon fim entèaktif Vincent Morisset te dirije. Fim sa-a prezante yon chante ki rele Reflektor ki prodwi pa gwoup mizik ki rele 'Arcade Fire'. Istwa-a pale de yon jèn fanm ki vwayaje ant mond pa li ak pa nou an. Yo te filme li Jakmèl avèk èd Sine Enstiti.

ARTIST AND PROJECT LIST LIS ATIS AK PWOJÈ YO

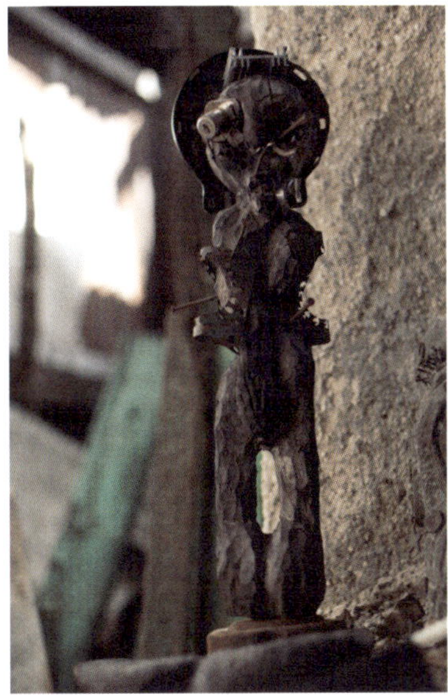

Atis Papa Da (HT)

VODOU BIZANGO MARKET | MACHE VODOU BIZANGO

I would like to do a project entitled VODOU BIZANGO MARKET. I am an artist and a Vodou priest and I would like to do a presentation of art with Vodou. What is VODOU BIZANGO MARKET for me? It represents all that one can find in the mystical cosmos and therefore is like a market for me. In this sense, I want to make a huge Vodou and Bizango altar which will give protection to all the Haitian and visiting artists that participate in the Ghetto Biennale. I will exhibit some pieces that represent all the spirits within the altar. In the name of the master, Similor, good priest, president of Bizango, in the name of Ezili Danto, the queen of Bizango, in the name of all that I can see and all that I cannot see.

Pou twazyem edisyon Geto Byenal la, mwen vle fè yon pwoje ki gen kom tit: MACHE VODOU BIZANGO. Mwen se yon atis e mwen se yon ougan, mwen vle fè yon prezantasyon atistik avek Vodou. Kisa mache vodou bizango a ye pou mwen? Mache vodou bizango a se tout sa ke yon moun ka jwenn nan mond mistik lan, e li se tankou yon mache pou mwen. Nan sans sa, mwen vle fè yon gwo bagi vodou e bizango ki pral proteje tout atis

Ayisyen e Etranje ki patisipe nan Geto Byenal la. Mwen pral eskpoze kelke pyes tou ki pral reprezante tout espri yo anndan MACHE VODOU BIZANGO a. Nan non met Similo bon ougan, prezidan Bizango. Nan non Ezili Danto, renn Bizango. Nan nonm tout sa ke mwen we, tout sa ke mwen pa we yo.

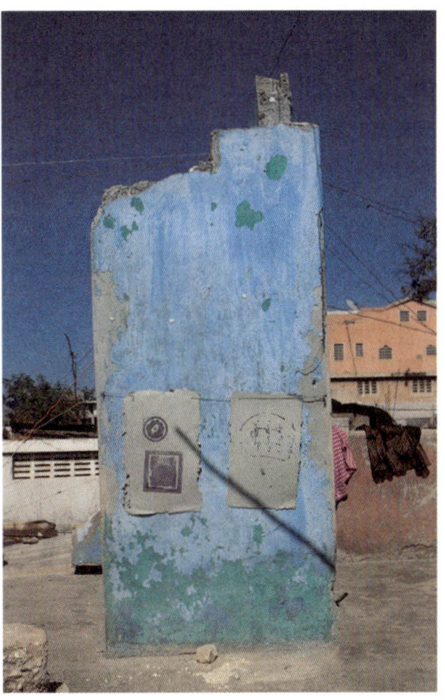

Caribbean Intransit – Marielle Barrow (TT/US), Moira Williams (US), Hadiza Aliyu (TT/NG/US), Lori Lee (US), Kamilah Morain (TT/HT), Peter Maignan (US) & Floating Lab Collective - Jorge Luis Porrata (CU/US), Elsabe Dixon (ZA/US), Edgar Endress (CL/US)

IN SITU | NAN SITU

Caribbean InTransit and Floating Lab Collective propose to create a dialogical platform that could take on the form of a media lab. We will be in the "office" within the Biennale, creating a special issue of Caribbean InTransit. This journal will take multiple forms that will be dependent on the dialogue that takes place and the cultural context of their creation and exhibition. Some forms of the journal will be transferred to silk screen and posted on the walls of the neighborhood.

Caribbean InTransit ak Floating Lab Koletif propoze pou yo kreye yon

platfòm dyalògik ki ta ka pran fòm nan laboratwa nimerik. Nou ap nan "biwo a" nan Byenal la, kreye yon edisyon espesyal de Caribbean InTransit. Jounal sa-a ap pran plizyè fòm ki pral depann sou dyalòg la kap pase ak kontèks kiltirèl la nan kreyasyon yo ak egzibisyon yo. Gen kèk fòm joural la nou pral emprime e afiche sou mi yo nan katye a.

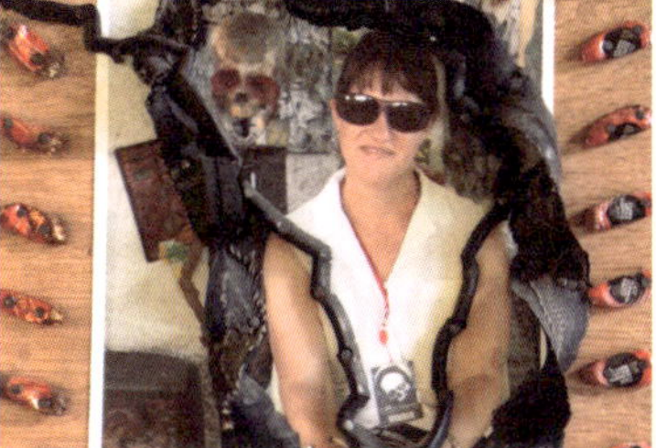

Claudel Casseus (HT), Romel Jean Pierre (HT) & Racine Polycarpe (HT)

REPLACEMENT AND IMAGE TRANSFORMATION | REPLASMAN AK TRANSFÒMASYON IMAJ

After the earthquake, Haiti has become overrun with photographers and journalists, then, Haitians began to distrust the media as they didn't know how these images would be used by either newspapers or NGOs. Our project is inspired by these stories, we chose to change places and become the photographers and the visitors will be the subject.

Apre tranbleman de tè-a, Ayiti te vinn ranpli ak fotograf epi journalis yo, Ayisyen yo te vin pè le moun etranje te fè foto yo, paske yo toujou pa konnen jann Journal ak ONG pral itilize foto sa yo. Proje nou inspire de istwa sa yo, nou te chwazi chanje plas yo, nou tounen fotograf yo e vizitè yo ap sijè.

ARTIST AND PROJECT LIST LIS ATIS AK PWOJÈ YO

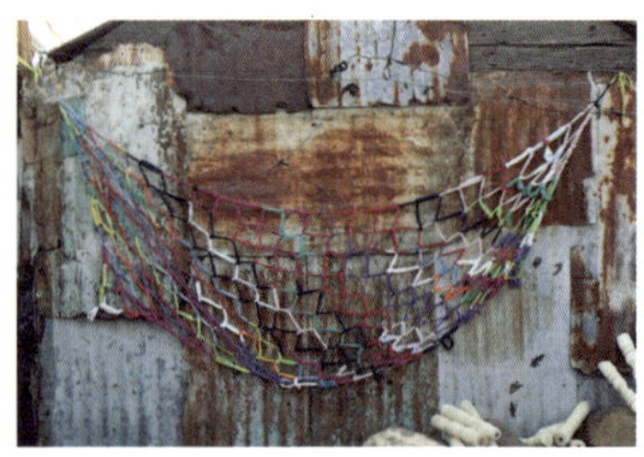

Diedrick Brackens (US)

SEAM RIPPER | BAGAY KI CHIRE KOUTI

I plan to arrive in Haiti with a SEAM RIPPER, a needle, and thread. I am interested in the textile economy of Haiti, I would like to spend my time in the country attempting to understand what types of textile production and exchange are taking place and how a global economy has influenced its markets. I have spent some time researching "pepe" and I want to produce sculpture and fabricate new structures out of this existing resource.

Mwen planifye pou rive an Ayiti avèk yon BAGAY KI CHIRE KOUTI, yon zegwi, ak fil. Mwen enterese nan ekonomi tekstil an Ayiti, mwen ta renmen pase tan mwen nan peyi a eseye konprann ki kalite pwodiksyon twal yo fe e koman ekonomi mondyal te enfliyanse mache li yo. Mwen te pase kèk tan fè rechèch sou pèpè e mwen ap vle pwodwi eskilti ak fabrike nouvo estrikti ki soti nan resous sa à.

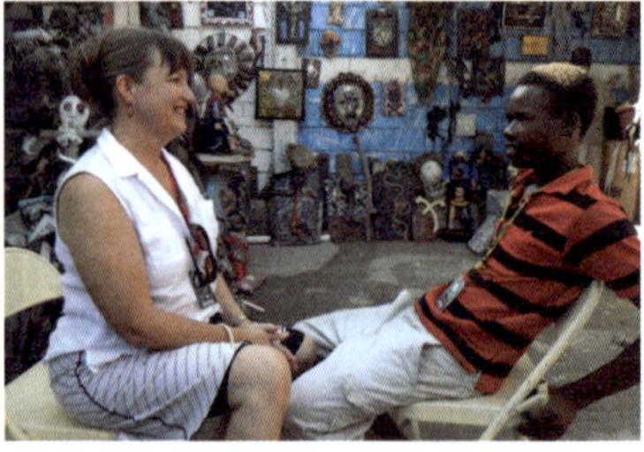

Elizabeth McAlister (US)

EYE TO EYE | JE NAN JE

McAlister will sit across from whomever choses to join her so they can look directly into each other's eyes, for a mutually agreed-upon number of minutes. What does it mean to look directly into another's eyes without looking away? Youth in Haiti are often told not to look directly into the eyes of their elders. American youth are often taught to look others in the eye.

McAlister ap chita fas a fas ak nenpòt moun ki rejwenn li pou yo ka gade dirèkteman nan je chak lòt moun, pou yon kantite minit yo te dakò. Ki sa sa vle di yo gade dirèkteman nan je youn lòt la san yo pa gade deyo? Jèn yo an Ayiti yo souvan di yo pa gade dirèkteman nan je granmoun. Jèn Ameriken yo souvan anseye pou yo gade lòt moun nan je yo.

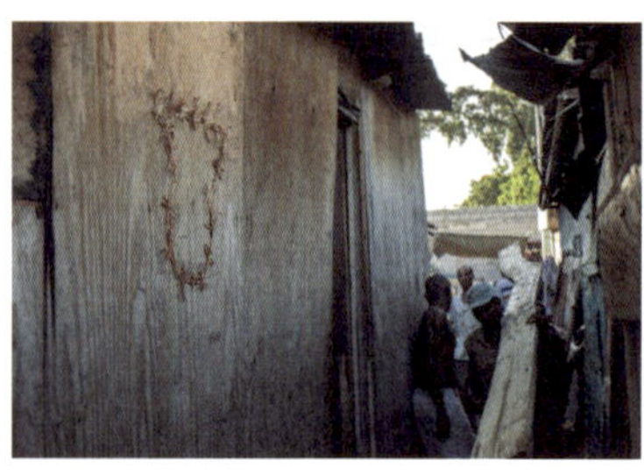

Emilie Boone (US)

WOODEN, WHITTLED MIGHT AND ITS ECONOMIES OF VALUE | AMENWIZE BWA AK VALÈ LI YO NAN EKONOMI

On a quick walk from Andre Eugene's atelier to what used to be Claudel Casseus' family home in Port-au-Prince's Grand Rue artist community, visitors always pass an area where vestiges of an ignored economy are still busy at work. What would it mean to pay attention to these invisible craftsmen in light of the celebrated status the sculptors of the Grand Rue have brought to the entire community? How can we critically think about where the practices of the craftsmen and Atis Reszistans intersect with and depart from each other? I hope to create an installation using the mass-produced wooden vases created by this often-forgotten Grand Rue artisan community.

Pase yon ti mache rapid sot atelye Andre Eugene pou rive kay fanmi Claudel Casseus nan kominote Atis Grand Ri-a nan Pòtoprens, vizitè yo toujou pase nan yon zòn kote yo inyore yon vestij ekonomi ki toujou okipe ap travay. Kisa sa ta vle di pou yo bay atansyon a atizan envizib sa yo limyè stati seleb eskilpte yo nan Grand Ri-a? Ki jan nou ka panse kritikman sou kote pratik atizan yo ak Atis Reszistans kwaze e elwanye youn ak lòt? Mwen espere kreye yon enstalasyon ki sèvi avèk pil vaz an bwa sa yo pa 'souvan-bliye' kominote atizan yo pwodwi.

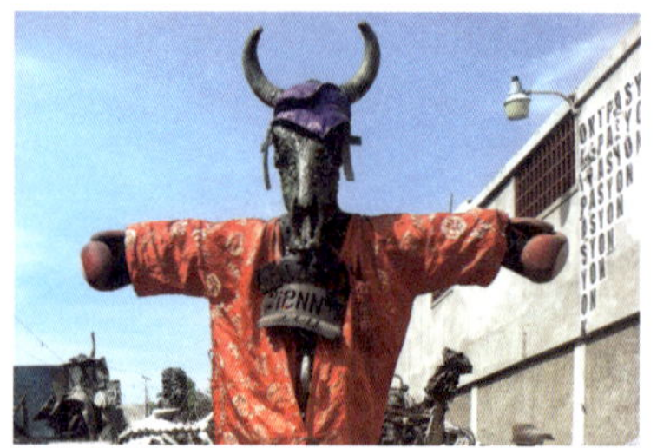

Evel Romain (HT)

MARKET OF DEVELOPMENT | MACHE DEVLOPMAN

MARKET DEVELOPMENT is a market for all artists who want to develop their talents. Looking at their work and how it functions within other artists and their families and art collectors. Because I think if we want our artistic movement to develop, we must give artists more value. I will present this project, through my sculptures and paintings. I want to expose several small collections of my work in my home culture, which will explain why my project is titled MARKET DEVELOPMENT.

Yon MACHE DEVLOPMAN se yon mache pou tout atis ki vle devlope talan yo. Soti nan travay yo ak jan y'ap fonksyone nan mitan lot atis ak fanmi yo e vizitè ak kolektè yo. Paske mwen panse si nou vle ke mouvman atistik la devlope, nou dwe bay atis yo plis valè. Mwen pral prezante pwoje sa, sou eskilti ak tablo penti'm yo. Mwen vle ekspoze plizye ti kolesyon sou kilti lakay, ki pral esplike tit pwoje mwen an ki se MACHE DEVLOPMAN.

ARTIST AND PROJECT LIST LIS ATIS AK PWOJÈ YO

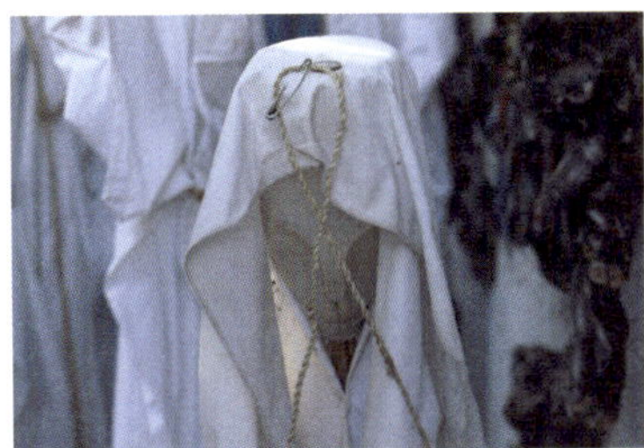

Fanel Ducé (HT)

MACHE ZONBI | ZOMBI MARKET

An exhibit based on the culture of Haiti, answers a question that puts much doubt and fear into the heads of many people, do zombies exist? Well for those who believe I hope this exhibit can communicate with them, that they will take their time to look and make comments. I will produce seven zombies who will be dressed in many different ways, each identified by a different scarf, which proves that each has a master. I will use cords, bottles, matches cloth and many other ritual objects.

Yon expozisyon ki baze sou kilti peyi a, yon chwa ki a chak fwa mete yon paket dout nan tet yon paket moun, zonbi eske sa egziste? Ebyen pou sila ki kwe yo mwen espere ke ekspozisyon sa a rantre nan yo menm, pou yo pran tout tan yo pou gade e fè komantè selon yo menm. Mwen gen poum fè set zonbi k'ap abiye nan plizyè fason diferan, epi kelke mouchwa pou jistifye ke chak zonbi sa yo gen met. Mwen ap fè yon aranjman tol k'ap pentire e travay an abstre. Mwen ap sevi ak kod, boutey, alimet moso twal ak yon paket lot obje anko.

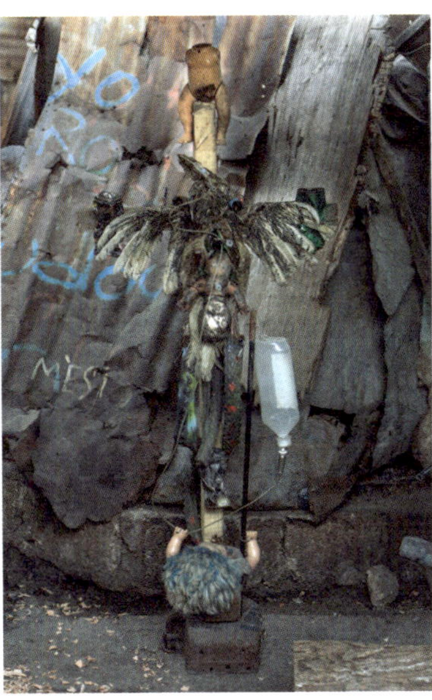

Getho Jean Baptiste (HT)

A PROGRESSIVE MARKET | YON MACHE PWOGRESIS

Does A PROGRESSIVE MARKET exist between artists and collectors? We rarely have art collectors visit us here in Haiti, which often makes many of us discouraged. This situation often makes us obliged to find other methods of supporting ourselves which are easier. In this regard, I will present 'A PROGRESSIVE MARKET' in the form of a sculpture, I will make this work in collaboration with a welder who lives in the neighborhood.

YON MACHE PWOGRESIS, se yon mache ki chita sou baz pwogre ant atis ak kolektè. Pa bo isit atis pa telman jwenn vizit kolektè, se sa ki fè anpil nan yo konn dekouraje. Sitiyasyon sa fè yo oblije chache yon lot bagay ki pi fasil pou yo fè. Nan sans sa, mwen pral travay pou'm ka prezante YON MACHE PWOGRESIS la sou fom eskilti 'm, m'ap fè yon piyes avek fè an kolaborasyon ak yon boss soudi ki rete nan menm zòn ak mwen.

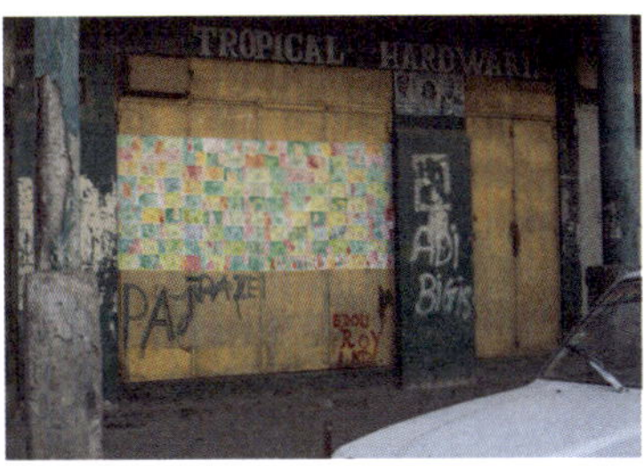

Gina Cunningham (US)

MANGO | MANGO

Mangos are important to many cultures and sold in almost all tropical markets. Haiti is unique in the fact that mango season is all-year round. In addition, the Haitian "Francique" mango is an exceptional piece of fruit prized for its intense tropical flavor. Mangos in the ubiquitous Haitian markets are a sensory pleasure for almost all Haitians. Haitians love and venerate mangos. My plan is to work with the young artists of the Grand Rue to create pictographic documentation of mangos.

Mango se enpòtan nan anpil kilti e vann nan prèske tout mache twopikal. Ayiti se inik lefèt ke sezon mango se tout ane-a. Anplis de sa, Mango fransik Ayisyen an se yon fwi eksepsyonèl paske li gen yon gou entans e twopikal. Mango nan mache tout Ayisyen yo se yon plezi sansoryèl pou prèske tout Ayisyen. Ayisyen renmen e venere mango yo. Pwoje mwen an se pou travay ak jenn atis nan Gran Ri-a pou kreye yon kalite piktografik a mango yo.

ARTIST AND PROJECT LIST LIS ATIS AK PWOJÈ YO

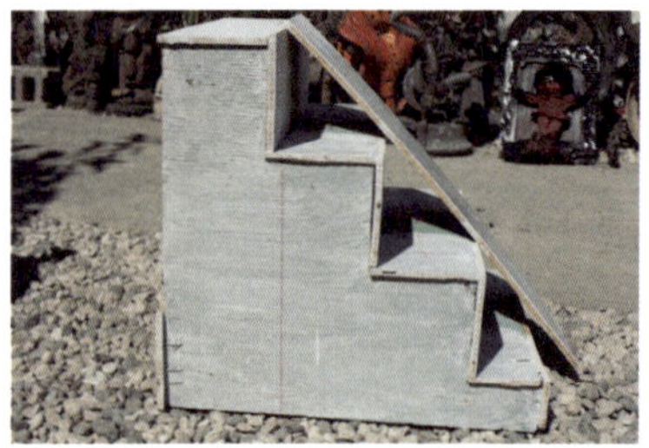

Hiroki Yamamoto (JP)

REPRODUCING ARTE POVERA IN THE THIRD WORLD | REPWODUI ARTE POVERA NAN TWAZYÈM MOND LAN

REPRODUCING ARTE POVERA IN THE THIRD WORLD, is an attempt at making a radical encounter between First World art and Third World art. In this project, I propose to reproduce works of Arte Povera (e.g., Alighiero Boetti, Jannis Kounellis, Pino Pascali, Giuseppe Penone, and Michelangelo Pistoletto) with local artists by using the available materials. The movement of Arte Povera, was originally intended as a resistance to late capitalism and aimed to attack the existing values of established institutions, industry and culture. By reproducing works of Arte Povera, which means literally 'poor art', in the Third World with people living and working there is both the re-enactment of the nature of the movement and the ironical intervention from the Third World to the First World. I would like to see 'the marginality' of the Third World as a site of resistance and present a subversive process that 'the periphery' encroaching 'the center'. The act of remaking works by Arte Povera artists will address issues surrounding capitalism, the globalized art market, exploitative and uneven globalization and the nature of First World hierarchy.

REPWODUI ARTE POVERA NAN TWAZYÈM MOND LAN, se yon esèy pou fè yon rankont radikal ant ar Premye Mond lan ak ar Twazyèm Mond lan. Nan pwojè sa a, mwen pwopoze repwodwi travay Arte Povera (tankou Alighiero Boetti, Jannis Kounellis, Pino Pascali, Giuseppe Penone, ak Michelangelo Pistoletto) avèk atis lokal e sèvi avèk materyèl ki disponib yo. Mouvman-an Arte Povera, te orijinalman gen entansyon kòm yon fòm de rezistans kont Kapitalis la e ki vle atake valè egziste nan enstitisyon etabli, endistriyèl ak kiltirèl. Repwodwi travay Arte Povera, ki vle di literalman 'ar pòv', nan Twazyèm Mond lan e moun kap viv e kap travay la se de bagay, yon re-dediksyon nan nati mouvman an ak entèvansyon ironik Twazyèm mond lan sou Premye mond lan. Mwen ta renmen wè marjinalite Twazyèm mond lan kòm yon sit rezistans e prezante yon pwosesis revolisyonè ke 'periferi a' anvayi 'sant la'. Yon remak travay pa atis Arte Povera pral adrese pwoblèm ki antoure kapitalis, mache mondyal atistik la, eksplwatasyon ak inegal globalizasyon an ak nati yerachi Premye Mond lan.

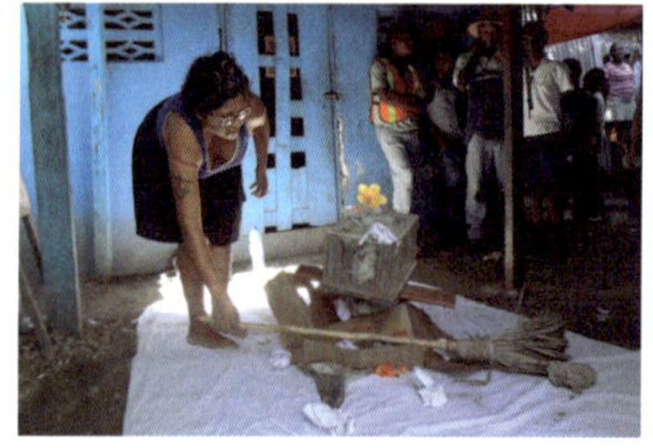

Irina Contreras (US)

SMEDLEY BUTLER | SMEDLI BUTLE

My project explores the complex and layered relationships places share by virtue of colonialism, shared oppression and exploitation. SMEDLEY BUTLER was a major general in the US Marines. He is responsible for the history and continued occupation of the Philippines as well as the Banana Wars, an event that connects Haiti and the DR to Central America. When he left the Marines, he started speaking out against the military industrial complex. I would like to propose an ongoing performance and installation in any public space in the Grand Rue area where I could build a counter monument which is integral to a way of thinking about how and why Smedley's presence should be memorialized.

Pwojè pam eksplore relasyon nan konplèks e kouch plas yo pataje pa vèti nan istwa kolonyal, avèk opresyon e eksplwatasyon. SMEDLI BUTLE te yon gwo jeneral nan Marin Amerikèn. Li responsab pou istwa a e kontinye okipasyon nan Filipin yo e lagè Bannann nan, yon evènman ki konekte Ayiti ak DR nan Amerik Santral. Lè li te kite Marin yo, li te komanse pale kont konplèks militè endistriyèl la. Mwen ta renmen pwopoze yon pèfòmans ak enstalasyon kontinyèl nan nenpòt espas piblik nan zòn Grani Ri-a kote mwen te kapab bati yon kont moniman ki entegral nan yon fason pou panse jenn ak poukisa prezans Smedli a ta dwe memoryalise.

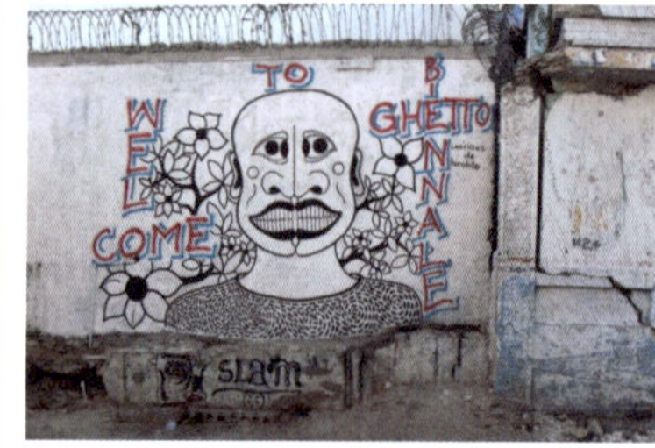

Jean-Bastien Tinant (BE) & Daniel Bajoit (BE)

FILLES DE HIROHITO | FI YO IROITO

We are a multidisciplinary duo and we propose two actions during a three-week period. We will work on a type of hybrid representation that will combine fantasy and realism, mixed with texts in Kreyol as a mural and a cross-cultural set of performances.

Nou se yon duo miltidisiplinè e nou pwopoze de aksyon pandan yon peryòd twa semèn. Nou pral travay ak yon kalite reprezantasyon ibrid ki pral konbine fantezi ak reyalism, melanje ak tèks en Kreyol tankou yon miray ak yon seri de pèfòmans trans-kiltirèl.

ARTIST AND PROJECT LIST   LIS ATIS AK PWOJÈ YO

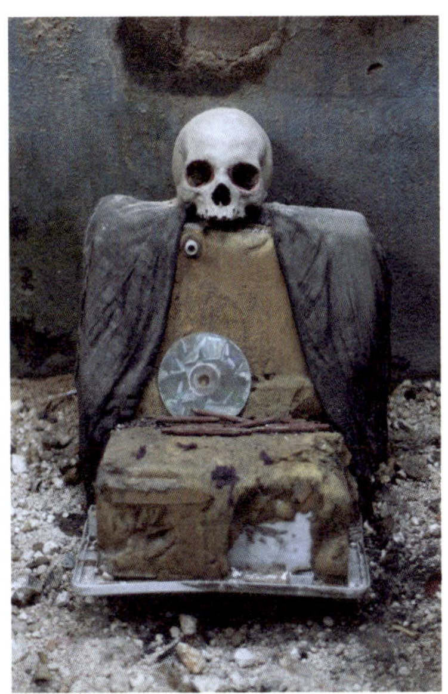

Jean Claude Saintilus (HT)

WORK TOGETHER FOR LIFE | TRAVAY ANSANM POU LAVI

WORKING TOGETHER FOR LIFE is a term that is precious to me because I always love when everyone works together. The Ghetto Biennale in Haiti is a festival of arts that brings many foreign artists and Haitian artists together. I want to imagine a market where all the street vendors put their heads together to understand how best to serve the Haitian population. For this project, I'll do two sculptures that will represent street vendors. I will exhibit these sculptures in my backyard, and I will invite a member of the street vendor community to sell Kreyol food. All the foreign artists and the Haitian artists, will come together to share food in my yard.

Pwoje TRAVAY ANSANM POU LAVI se yon tem ki gen anpil vale pou mwen, paske mwen toujou renmen le tout moun mete tet yo ansanm. Geto Byenal Ayiti a se yon festival atistik ki toujou reyini anpil atis etranje ak atis ayisyen. Mwen vle prezante yon mache kote tout machann yo mete tet yo ansanm pou yo ka sevi popilasyon ayisyenne nan. Pou mwen fè mache sa, mwen pral fè 2 eskilti ki pral reprezante machann yo. Mwen vle ekspoze eskilti sa yo nan lakou lakay mwen, e mwen pral pran youn nan machann ki nan kominote a pou

vin vann manje Kreyol. Konsa tout atis etranje ak tout atis ayisyen yo, pral ka mete tet yo asanm pou manje nan menm lakou.

Jean Daniel (HT)

A MEETING IN THE ART MARKET | YON RASANBLEMAN NAN MACHE ATISTIK LA

What does A MEETING IN THE ART MARKET mean? It is a market that mixes various kinds of art. For example, where you can find a marriage between classical art and recuperation art…but many other styles too…you can find anything inside this market. This is to show that you can take many different art forms and finally form one unique style. I will work with wood, tires, paint on canvas, paintings on wood, and metal.

Kisa ki YON RASANBLEMAN NAN MACHE ATISTIK LA vle di? Se yon mache ki melanje ak plizye kalite ar. Egzanp, kote wap ka trouve yon maryaj ant yon art klasik plis yon art rekiperasyon wap ka jwenn tou, yon paket lot bagay anndan'l. Anfen, se pou montre ke ou ka pran plizye art diferan epi ou fèl ba ou yon sel stil ki inik. Mwen pral travay ak bwa, kawotyou, penti sou twal, penti sou bwa, e metal.

Jean Robert Palenquet (HT)

ENVIRONMENTAL MARKET | MACHE ANVIWONMANTAL

I chose the title ENVIRONMENTAL MARKET, because the area where I live there are many artists who create artworks which sell at the market. They create objects out of materials that most people overlook to create lot of wonderful art.

Rezon ki fè mwen chwazi tit sa ki se, MACHE ANVIWONMANTAL, se paske nan zon kote m'ap viv la gen anpil atis ki kreye des Œuvre d'art pou vann nan mache. Yo chache obje ke moun neglije pou yo kreye yon paket bel bagay atistik.

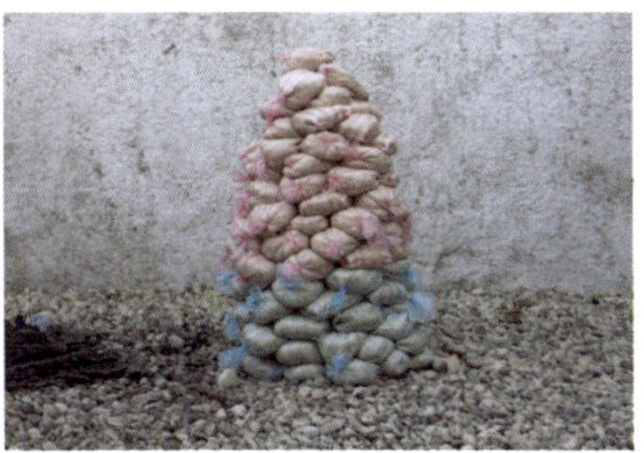

Jefferson Kielwagen (BR/US) & Ryan Groendyk (US)

MONOLITH | MONOLIT

One of the trademarks of colonial exploitation is an uneven relationship of exchange in which one side always takes more than what it gives back. After Aristide's overthrow in 1994, Haiti was forced to drastically reduce its rice import tariffs. Soon the local agriculture suffered problems. MONOLITH is an attempt to reverse this historically-rooted colonial relationship, on a poetic level, by restoring to Haiti that which has been take from it, in the form of a monument that invites local consumption. We feel like rice is the best choice, since it relates to recent historical events and is the most affordable.

Youn nan mak komès yo nan eksplwatasyon kolonyal se yon relasyon inegal nan echanj yon sèl bò ki toujou pran plis pase sa li remèt. Apre ranvèse Aristide an 1994, Ayiti te oblije diminye tarif yo pou enpòte diri etranje yo. Byento agrikilti lokal la soufri anpil. MONOLIT sete yon tantativ pou ranvèse, sou yon nivo powetik, istorik relasyon koloni sa-a, restore an Ayiti ki te pran nan men li, nan fòm yon moniman ki envite konsomasyon lokal yo. Nou chwazi diri, paske li gen rapò ak evènman istorik ki jis pase e ki pi abòdab.

ARTIST AND PROJECT LIST LIS ATIS AK PWOJÈ YO

Jerry Reginald Chery aka Twoket (HT)

INTERNATIONAL ART MARKET | MACHE AR ENTÈNASYONAL

For the third edition of the Ghetto Biennale I want to make a collective piece involving all the Haitian artists and foreign artists. I want to do this to show that all artists are really from the same family. Art is a universal language in which everyone can express themselves. This piece will be represented as INTERNATIONAL ART MARKET, because it will have inspirations of both Haitian and foreign artists.

Nan twazyem edisyon Geto Byenal sa, mwen vle fè yon pyes kolektif ak tout atis ayisyen ansanm ak tout atis etranje yo tou. Rezon ki fè ke mwen vle reyalize pyes sa, se pou'm ka montre tout moun ke tout atis nan mond lan se yon sel kod fanmi yo ye. Paske 'Art' se yon langaj inivesel kote tout moun ka esprime yo. Pyes sa pral reprezante tankou yon MACHE AR ENTÈNASYONAL, paske li pral gen espirasyon ni atis ayisyen, ni atis etranje.

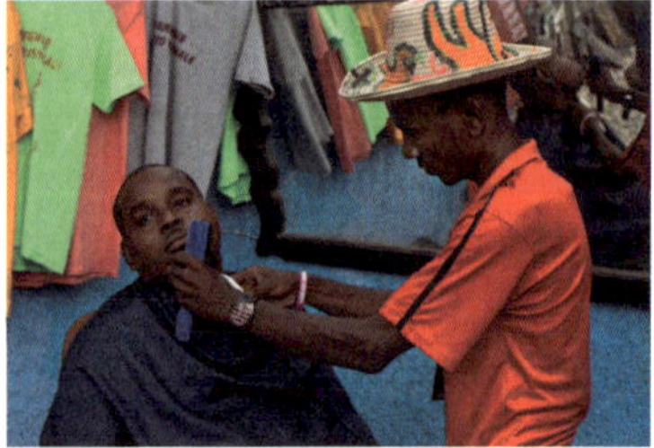

Joseph Constant (HT)

WALKING ART HAIRDRESSER | MACHE KWAFÈ ART

For the next Ghetto Biennale, I want to introduce a new experience that I would like to call WALKING ART HAIRDRESSER. This is a hairdressing project that I would like to present at the Ghetto Biennale for artists in general, regardless whether they are Haitian or foreign, that promotes and offers hair, beards and eyebrows as

works of art.

Pou nouvo Geto Byenal sa, mwen vle prezante yon lot bagay nouvo ki se MACHE KWAFÈ ART. Sa-a se yon pwoje kwafe ke mwen vle prezante nan Geto Byenal la pou tout atis an jeneral, kelkeswa Ayisyen ou etranje ki vle fè yon 'Œuvre d'art' nan cheve yo, bab yo, e sousi yo.

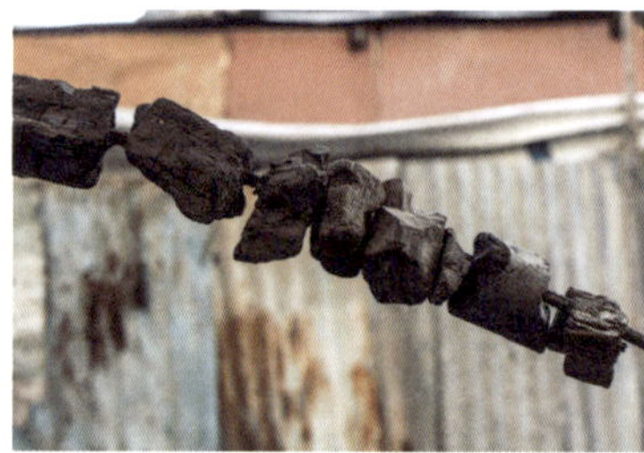

Joseph Winter (UK)

HISTORY II CHARCOAL | ISTWA II CHABON

I want to work with charcoal. Haiti's countryside is deforested by it and its cities rely on it. It is the most profitable fuel that Haitians can harvest themselves. In Port-au-Prince, men squat amongst a sea of the stuff, as they sell it on to city dwellers. It is the combination of charcoal's place in Haiti's market, its materiality and its use as a mark-maker that have drawn me to suggest a response at the Biennale.

Mwen vle travay avèk chabon. Pwodiksyon chabon te kontribiye nan debwazman Ayiti men zon andeyo Ayiti yo e vil yo depan de li. Li se gaz ki pi pwofitab ke Ayisyen ka rekòlte pou kont yo. Nan Pòtoprens, moun chita layite chabon an, le yap vann li a moun ki abite nan vil la. Se konbinezon plas chabon nan mache Ayiti-a, materyalite li ak itilite kòm yon bagay pou fe mak ki fe mwen sijere yon repons nan Geto Byenal la.

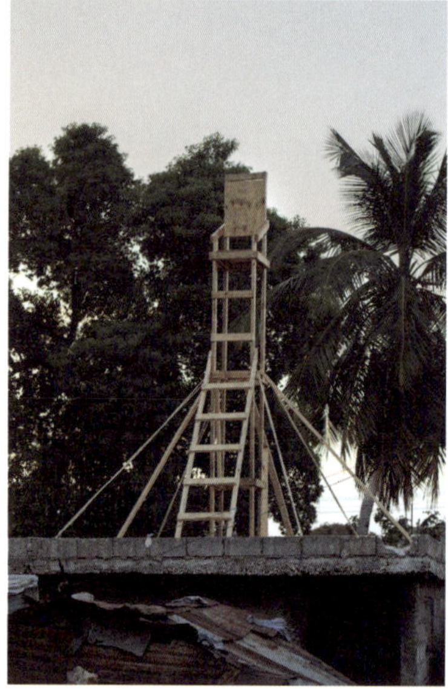

Joseph Winter (UK)

HIGH CHAIR | CHÈZ WO

The sculpture is a chair with legs which are five-metre long, and a ladder ascending to its seat. It stands upon Kokot's roof in Gran Rue, Port-au-Prince. My intention was to erect something higher than anything else in the neighbourhood. The sitter can see far and wide, and is seen from many places too.

Eskilti a se yon chèz ak pye ki gen senk-mèt long, ak yon nechèl ki monte rive nan chèz. Li kanpe sou do kay Kokot sou Gran Ri, Pòtoprens. Entansyon mwen sete pou drese yon bagay ki pi wo pase nenpòt lòt bagay nan katye a. Moun ki chita la ka wè byen lwen ak laj, e li ka wè nan anpil kote tou.

ARTIST AND PROJECT LIST LIS ATIS AK PWOJÈ YO

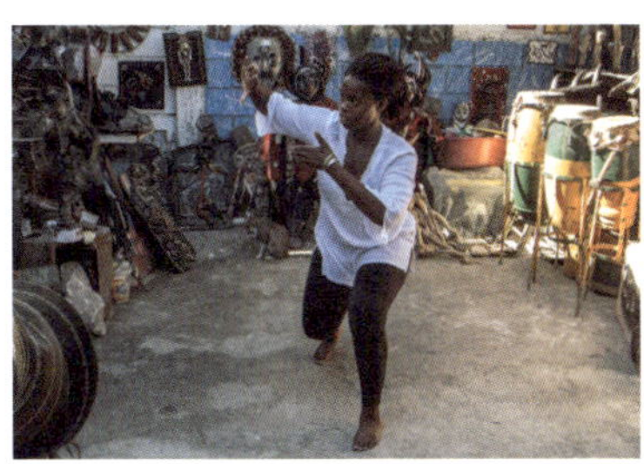

Kantara Souffrant (US)

THINK.LOVE.HAITI | PANSE.LANMOU.AYITI

I have had to fight for my feelings. Growing up, my Haitian mother (as well as other mentors) often told me to 'lock my heart up,' that it was best to 'love with my head and not my heart' because my heart would make me suffer. The lessons seemed clear, that love was not something that we Haitians did, as love was for those who suffered, for the weak-willed, and for the romantics who lacked practicality. These sentiments remind me that 'no one thinks of love when they think of Haiti,' that 'resilient', 'tragic', and 'poor', are easier characterizations of Haitian people than 'loving' and 'love-filled'. In the years following the earthquake, my artistic and scholarly practice has moved towards rethinking these early anti-love sentiments. Might there be such a thing as 'Haitian-Love' and if so, can it be described, felt, and performed? My Ghetto Biennale project, THINK.LOVE.HAITI. traces love as a concept and action in Haiti through a series of embodied performances.

Fok m fè yon goumen pou santiman mwen. Ap grandi, manman Ayisyen mwen (kòm lòt konseye) souvan te di m 'fèmen kè'm', 'ke li te pi bon renmen ak tèt mwen pase kè'm paske kè'm ta fè'm' soufri'. Leson yo te paret klè, ke lanmou pat yon bagay ke nou menm Ayisyen te fè paske renmen te pou moun ki te soufri, pou fèb yo, ak pou romantik yo ki te manke santiman pratik. Santiman sa yo raple'm ke pesonn pa panse lanmou lè yo panse Ayiti,' ki 'resistans','trajik', ak 'pòv', se karakterizasyon pi fasil le moun pale pèp Ayisyen pase mo kòm 'renmen' ak 'renmen-plen'. Nan ane yo apwe tranbleman tè-a, pratik atistik ak etid mwen te deplase direksyon pam pou repanse santiman kont-renmen sa yo. Ta ka gen yon bagay tankou 'Lanmou Ayisyan' e si se konsa, eske nou ka dekri'l, santi'l, ak fè yon pèfòmans sou li? Pwojè Geto Byenal mwen an, THINK.LOVE.HAITI., pral trase renmen kòm yon konsèp ak aksyon an Ayiti atravè yon seri de pèfòmans itilize kò-a.

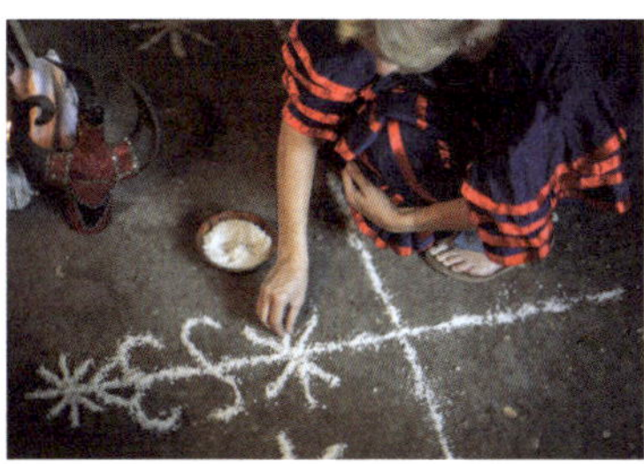

Katy Beinart (UK)

A TASTE OF SALT | YON GOU SÈL

Salt as a material has both shaped trade and migration routes and become part of ritual, preservation, ceremony and the everyday in many cultures, which is manifested in the many poetic and metaphoric uses of salt in language. I have already created the 'Memory Preservation Salts' we made as an imagined product based on "Jinx Removing Salts" purchased in a religious and spiritual aids shop in Brixton Market, which advertises itself as Haitian and has a production facility in Port-Au-Prince. Taking this as a starting point, I am interested in the uses of, and connections, to salt in Haiti, initially through magic and religion.

Sèl kòm yon materyèl ki fome wout komè ak wout migrasyon yo epi vin fe pati seremoni, prezèvasyon chak jou nan anpil kilti. Sa manifeste tou nan anpil itilizasyon powetik ak metafòrikal nan lang. M te deja kreye, 'Sèl Prezèvasyon Memwa' ki yon pwodwi imajine ki baze sou 'Sèl Retire Madichon' achte nan yon boutik espirityèl nan Mache Brikston Lond, ki pibliye tèt li kòm Ayisyen e li gen yon faktori pwodiksyon nan Pòtoprens. M pral pran sa kòm yon pwen depa, mwen enterese nan itilizasyon, ak koneksyon, ak sèl nan Ayiti, okòmansman atravè majik ak relijyon.

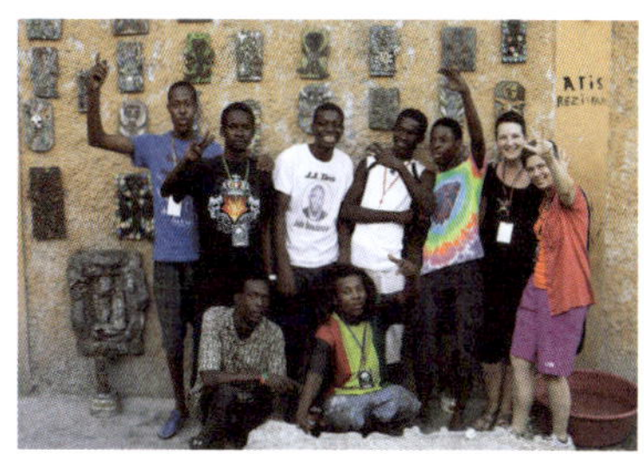

Kuratorisk Aktion (DK)

KURATORISK AKTION | AKSYON KIRATORYAL

KURATORISK AKTION is an all-female curatorial collective engaged in decolonial-transnational feminist work. It was formed with the aim of taking curatorial action against the injustices and inequalities produced and sustained by the order of global capitalism. The collective is currently doing research into issues of just sustainability and will come to Port-au-Prince for the last week of the biennale and will work with members of Timoun Rezistans to exhibit their work.

AKSYON KIRATORYAL se yon kolektif fanm kiratoryal ki angaje nan dekolonyal-transnasyonal feminis travay. Li te fòme avèk objèktif pou pran aksyon kiratoryal kont enjistis e inegalite ki pwodwi ak soutni pa lòd kapitalis mondyal la. Kolektif la ap fè rechèch sou pwoblèm devlopman dirab ak jistis lap vin Pòtoprens pandan denye semèn Byenal la epi nou pral travay avèk manm yo nan Timoun Rezistans pou ekspoze travay yo.

ARTIST AND PROJECT LIST LIS ATIS AK PWOJÈ YO

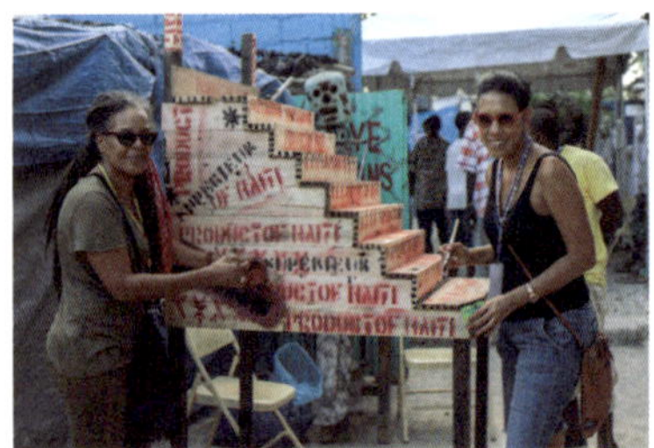

Kwynn Johnson (TT) & Pascale Faublas (HT)

ANOTHER COMMODITY | YON LÒT KOMODITE

Coffee, after oil, remains the second largest commodity traded in the world. In Haiti, ANOTHER COMMODITY is Haitian art, which a large amount of work supplies the art market's demand for themes of eroticism, naive/primitive and Voudou. ANOTHER COMMODITY is a collaborative project on the biennale's theme, the market and looks at how while Haitian coffee has supplied a world market, so too have 'types' of Haitian art become another commodity supplying the art market.

Kafe, apre petwòl, toujou rete dezyèm komodite itilize pou fè kòmès nan mond lan. An Ayiti, yon lòt komodite se ar Ayisyen, ki founi demann sou mache ar la pou tèm erotik, nayif/primitif, Voudou, resikle, jis komès elatriye YON LÒT KOMODITE se yon pwojè kolaborasyon sou tèm Byenal a, Mache a e gade nan ki jan tou kafe ayisyen te apwovizyone yon mache mondyal, se konsa tou gen 'kalite' nan ar Ayisyen ki vin yon lòt komodite kap founi bay mache a ar.

Laura Heyman (US)

WORKSHOP | LEKTI PRAKTIK

Learning how to package and present oneself as an artist is an essential requirement for participation in the international art world. Any artist who wants to play in this field must understand how to navigate and address a wide range of art institutions and their gate-keepers; galleries and directors, museums and their curators, funding agencies and grant officers, artist residencies and admittance panels. Artists who are unfamiliar with these processes are essentially barred from participating in the market. This workshop addresses this knowledge gap through a series of discussions and presentations on professional practices in the arts, conducted on-site in the Grand Rue.

Aprann ki jan ou ka prezante tèt ou kòm yon atis se esansyèl pou patisipasyon nan mond ar entènasyonal la. Nenpòt atis ki vle travay nan karyè sa-a dwe konprann kijan pou navige epi pale ak yon pakèt enstitisyon atistik e moun travay la; galeri ak direktè yo, mize ak kuratò yo, ajans finansman yo ak ofisye yo, rezidans atis e moun kap oganize admisyon. Atis ki pa abitye ak pwosesis sa yo esansyèlman entèdi pou patisipe nan mond sa-a. Atelye sa-a adrese pwoblem manke konesans sa-a atravè yon seri de diskisyon ak prezantasyon sou pratik pwofesyonèl nan boza, ki fèt nan lakou Gran Ri-a.

Laurent Guerly (HT)

MARKET HELP ME TO CARRY | MACHE EDE'M POTE

I want to make a project with the name MARKET HELP ME TO CARRY. It is a market that will represent all Haitian artists in difficult living situations, because of hunger and many relentless problems. I am planning to show a number of art works which explain all of these problems.

Pou twazyem Geto Byenal sa, mwen vle fè yon pwoje ki rele MACHE EDE'M POTE. Se yon mache ki pral reprezante tout atis Ayisyen ki nan difikilte ak lavi-a, akoz de yon bann pwoblem lavi di ak grangou. Mwen pral ekepoze yon kantite travay atistik ki pral eksplike tout jan de pwoblem sa yo.

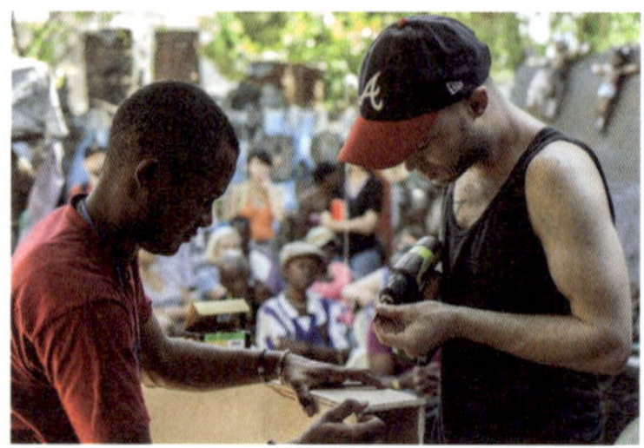

LAZAROS (US)

MULTIVERSAL SERVICES | SÈVIS MULTIVESAL

I propose to make my skills and services available to the institution of the biennale, the participating artists, and the host community in the Grand Rue, all through an organization I created in 2012, MULTIVERSAL SERVICES. This project was born out of a realization that my skills, abilities, and interests are varied and extensive, and out of a desire to utilize these skills and interests while extending the boundaries of my practice. If a party desires to contract me for work, there must be an exchange of goods or services. I will not accept money. The price of this exchange will be determined by negotiation.

Mwen pwopoze met talan ak sevis mwen disponib nan Byenal la, pou tout atis ap patisipe, ak kominote ki sou Gran Ri a. M pral fè sa atravè yon òganizasyon mwen te kreye an 2012 ki rele SÈVIS MULTIVESAL. Pwojè sa a te kòmanse lè mwen te reyalize ke talan ak enterè mwen varye e vaste, e dezi pou itilize ladrès sa yo pandan map pwolonje limit yo nan pratik atistik mwen an. Si yon pati vle bay mwen yon kontra pou travay, dwe gen yon echanj machandiz oswa sèvis. Mwen pap aksepte lajan. Nou pral detèmine pri echanj sa-a pa negosyasyon.

ARTIST AND PROJECT LIST LIS ATIS AK PWOJÈ YO

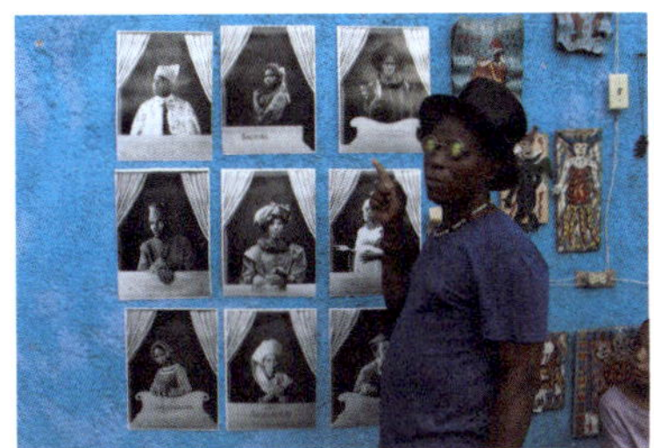

Leah Gordon (GB)
CASTE | KAS

I will print and install my CASTE portraits, completed after the 2nd Ghetto Biennale 2011. At the end of the event the models will be able to take the print of their particular portrait.

Mwen pral enprime e enstale yon seri pòtrè'm ki rele KAS, ke m te fini apre dezyèm Geto Byenal. Nan fen evènman lan modèl kapab pran kopi foto a nan patikilye pòtrè yo.

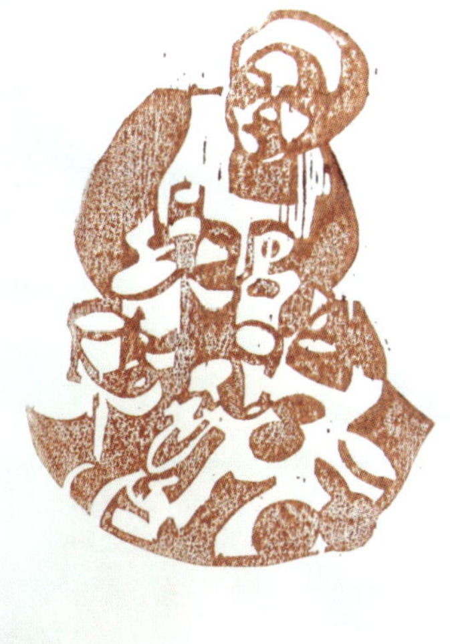

Lee Lee (US) & Rosemarie (HT)
NOURISH | NOURI

I would like to spend three weeks developing artwork rooted in social engagement around the theme of nourishment. In particular, I would like to work with local grandmothers who are maintaining food traditions to build platforms of discussion and collaboration over the breaking of bread together. Through the common language of food, we can explore how our food systems are tied in ways which are destructive to the Haitian community as well as how our food justice movements parallel each other. During the Biennale, I will create a series of dinners occurring two or three times a week. I would like to work with local women, getting the ingredients at market or directly from local farmers.

Mwen ta renmen pase twa semèn devlope travay atistik sou tèm nouriti. An patikilye, mwen ta renmen travay ak granmè lokal yo kap kontinye manje tradisyonel yo epi ap diskite e kolabore ak yo pandan nou ap pataje yon repa. Atravè lang komen nan manje, nou ka eksplore kijan sistèm manje paralèl nou yo petet dekri nan kominote Ayisyen an. Pandan byenal la, mwen pral kreye yon seri de dine ki fèt de oubyen twa fwa chak semèn. Mwen ta renmen travay ak fanm lokal pou sous engredyan yo nan mache-a ak dirèkteman nan men kiltivatè lokal yo.

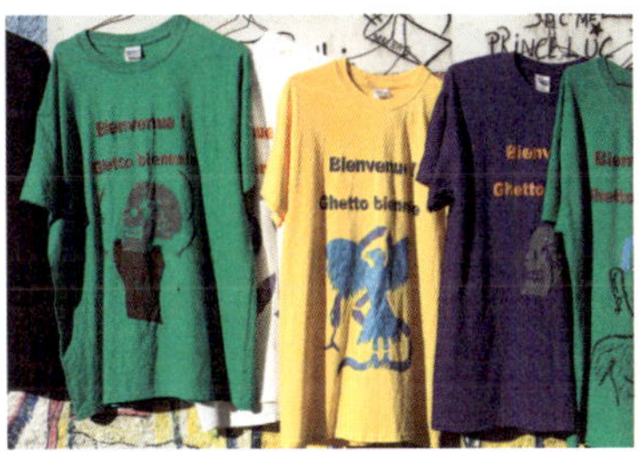

Londel Innocent (HT)
A MARKET TO BENEFIT ALL ARTISTS | YON MACHE NAN AVANTAJ TOUT ATIS

I find it important when all artists assemble, and express and share ideas, they get great results. We have many artists coming from many different countries. The theme this year is the market, I decided to do some sculptures from dolls and tyres and exhibit them on the Grand Rue where everyone can see them. I would like to pose several questions about what these works mean in different cultural context.

Mwen twouve li enpotan le tout atis reyini yap esprime et pataje ide ke yo genyen pou jwenn de bon rezilta san pwoblem. Nou gen anpil atis ki toujou soti nan plizye peyi diferan, ki rantre isit Ayiti. Kòm tem Byenal la ane sa se mache a, mwen deside fè kelke skilti avek poupe kawotchou et ekspoze yo sou Gran Ri a kote tout moun ka we yo san pwoblem, e nap kapab poze'm plizye kesyon sou eskilti sa yo nan lide pou nou ka konnen kisa travay sa yo reprezante nan mond kiltirel la.

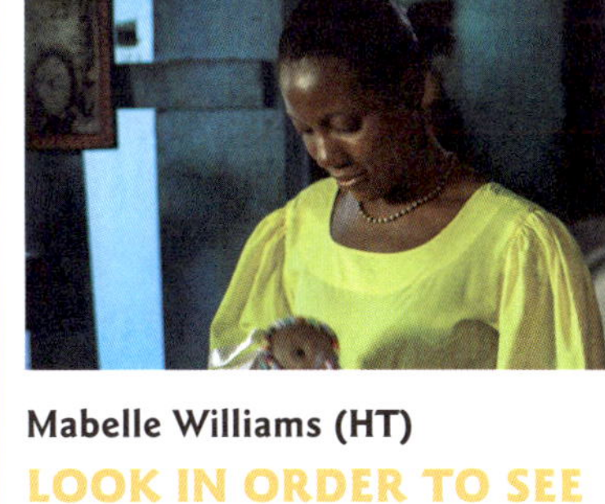

Mabelle Williams (HT)
LOOK IN ORDER TO SEE | GADE POU'W WÈ

Let us calculate the difference between the local market here and the global market there. For the same biennial theme, local market and global market, I will prepare a project so everybody can understand the difference between these different markets. I will prepare a series of photos and explanations about each of these markets and the products people can buy at these markets.

Annou kalkile diferans ant mache local la-a ak mache global la-a. Sou menm tem byennal la-a kise, mache lokal ak mache global, mwen prepare pwoje sa-a ki gen pou pemet tout moun konprann epi fè diferans ant de sot de mache sa yo. Men kijan pwoje sa a pral reyalize, se dapre yon seri de imaj foto ak eksplikasyon sou chak mache yo ak pwodwi ke moun jwenn piplis nan mache sa yo.

ARTIST AND PROJECT LIST LIS ATIS AK PWOJÈ YO

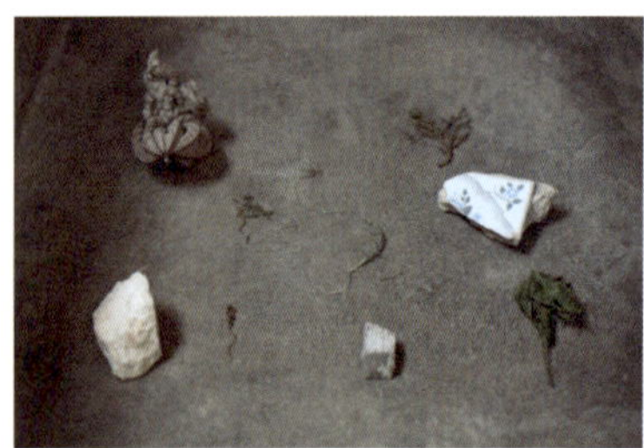

Malin Tivenius (SE)

BOTANICAL LEXICON | LEKSIKON BOTANIK

My aim is to make a BOTANICAL LEXICON. A lexicon of plants perhaps mixed with other things, like common trash or smaller things that can be found on the ground. I will document the items with color drawings and hopefully through conversations with people who know the area, to get information on names, areas of use or other knowledge.

Objektif mwen se fè yon LEKSIKON BOTANIK. Leksikon sa-a pral gen plant e petèt tou ki gen lòt bagay, tankou fatra oswa bagay ki pi piti yo te jwenn sou tè a. Mwen pral dokimante chak atik ak desen koulè e èspere ke nan konvèsasyon ak moun ki konnen zòn nan pral jwenn enfòmasyon sou nenpòt ki non, zòn itilizasyon oswa lòt konesans.

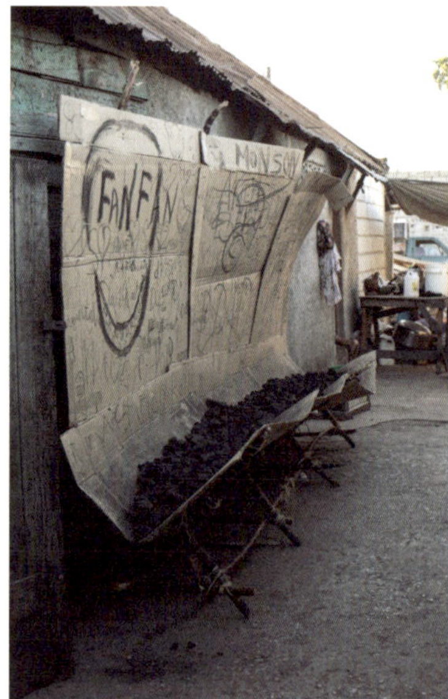

Marilena Crosato (IT)

H. I. WOMEN AND POWER HAITI-ITALY | H. I. FANM E POUVWA AYITI-ITALI

This project aims to address the following issues. How can a woman respond to the dominant logic of power? How can a woman succeed? What are the dynamics that govern the interaction between women, trade and power? H. I. WOMEN AND POWER HAITI-ITALY is an interactive performance which develops in the form of a dialogue and crowd-interaction. The inhabitants of Grand Rue will have the chance to engage in a dialogue and to mold the image of the artist/woman throughout her research process.

Pwojè sa-a gen yon objektif pou adrese pwoblèm sa yo. Ki jan yon fanm ka reponn lojik pouvwa dominan? Kouman yon fanm reyisi? Ki dinamik ki gouvène entèraksyon ant fanm, komès e pouvwa? H. I. FANM E POUVWA AYITI-ITALI se yon pèfòmans entèaktif ak li devlope nan fòm yon dyalòg ak entèraksyon. Moun ki rete nan Gran Ri ap gen chans pou yo angaje nan yon dyalòg ak mwazi imaj la nan fanm/atis la nan tout pwosesis rechèch li.

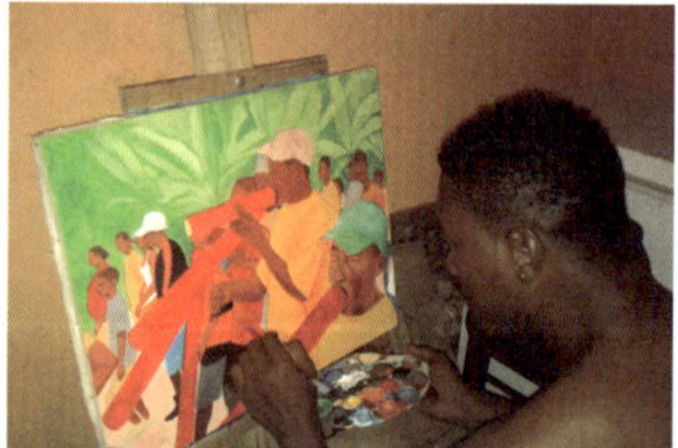

Michael Massaro (US)

CONNECTIONS | KONEKSYON YO

Markets are places of great personal connection for a community. It is my intent to form a connection, and create dialog by sharing process, philosophy, experience and perspective with a local artist to create a visual statement using our two voices. I see this as a wonderful opportunity to learn from and share with others, to exchange ideas, converse, and celebrate local culture with the community, artists from Port-au-Prince and the international community.

Mache yo se kote ki gen gwo koneksyon pèsonèl pou yon kominote. Se entansyon mwen an poum fòme yon koneksyon, ak kreye dyalòg pou pataje pwosesis, filozofi, eksperyans e pèspektiv ak yon atis lokal le nou kreye yon deklarasyon vizyèl ki sèvi avèk vwa nou. Mwen wè sa tankou yon bèl opòtinite pou aprann e pataje ak lòt moun, pou echanje lide, fè konvèsasyon, ak selebre kilti lokal ak kominote espektatè yo, ak atis ki soti nan Pòtoprens ak kominote entènasyonal la.

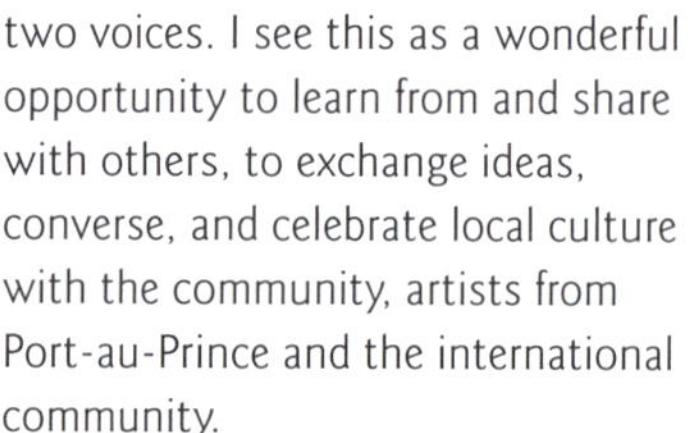

Michel Lafleur (HT)

MYSTICAL WORKS – MACHE MISTE

My project will be to make the visiting artists more mystical. The objective of the Ghetto Biennale, is a meeting of artists from all around the world to share different knowledge and ideas. I will prepare an empty surface by painting it white where all artists can create something which traces their spirit.

Pwoje pam nan se rann atis yo vini pi mistik ke jan yo mistik la. Kom objektif aktivite Geto Byenal la, se reyini tout atis nan mond lan pou yo ka pataje diferan konesans yo genyen. Mwen pral prepare yon sifas vid ki ap pentire an blan kote tout atis ap ka fè yon bagay ki ka trase lespri yo.

ARTIST AND PROJECT LIST LIS ATIS AK PWOJÈ YO

Patrick Elie aka Konbatan (HT), Ronaldo Duborgne aka Sakala (HT) & Katelyn Alexis (HT)

RECOUPERATION MARKET | MACHE REKIPERASYON

For this next Ghetto Biennale, a group of artists decided to put our heads together to present a project called RECOUPERATION MARKET. This is everything that people throw away into the street, all those things that do not have importance in people's eyes. This collective group of artists will take this material and give it value. In this way we will take this opportunity to sensitise the people in the community so we can stop them throwing litter.

Pou pwochen Geto Byenal sa, yon gwoup atis deside mete tet ansanm pou prezante yon pwoje ki rele MACHE REKIPERASYON. Kisa mache rekiperasyon an ye? Mache rekiperasyon an se tout bagay moun jete nan fatra nan lari, tout bagay moun pa bay enpotans nan zye yo. Gwoup atis sa pral pran bagay sa yo pou mete an yo vale. Konsa nou pral pwofite an okazyon sa, pou nou sansibilize tout moun nan kominote a pou nou ka fè yo sispann jete fatra nan lari.

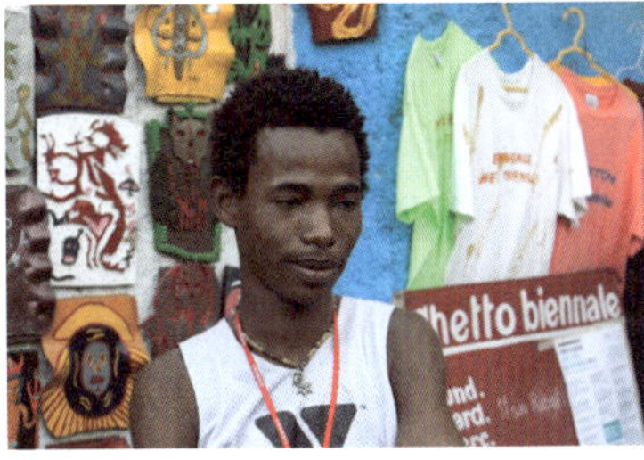

Reginald Centatus (HT)

PHILOSOPHICAL MARKET | MACHE FILOZOFI

PHILOSOPHICAL MARKET is a market where all people (Haitian and foreign) can ask questions. When a person asks questions, they have the right to an explanation for the sense and signification of every work of art that I imagine. PHILOSOPHICAL MARKET is a market to put light into your heart with the questions we pose – this is the basis of philosophy. I will expose thirty works made from painted tires in Andre Eugene's yard and I will show forty more in my own home. Each piece will have a philosophical significance which will allow the audience to pose many different questions.

MACHE FILOZOFI a se yon mache kote tout moun (Ayisyen ou Etranje) kap poze kesyon. Le yon moun poze kesyon, li ap gen dwa ak yon esplikasyon sou sans ak sinifikasyon chak grenn travay atistik ki sot nan panse'm. MACHE FILOZOFI a se yon mache ki pou mete limye nan ke nou ak nan kesyon nap poze, sa se baz Filozofi a. Pou mwen ka reyalize pwoje sa, mwen pral ekspoze trant ti tablo ki fet ak penti e kawotchou nan lakou kay Eugene, mwen pral ekspoze karant lòt tablo nan lakou lakay mwen tou. Chak tablo sa yo pral gen yon sinifikasyon filozofik kote tout moun pral kapab poze kesyon pou yo ka konnen kisa yo vle di.

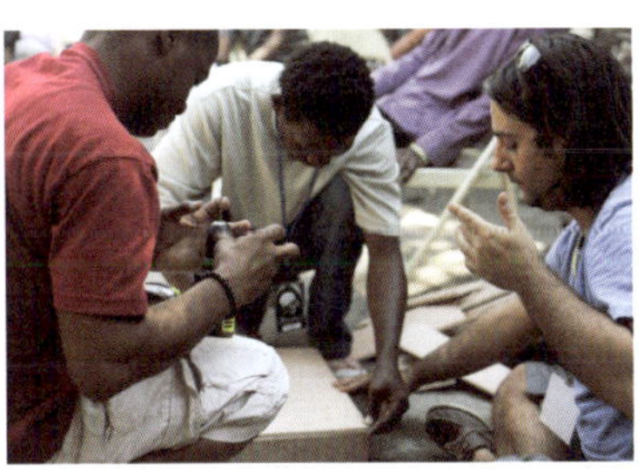

Robert Dimin (US)

THE WESTERN WAY OF SHIPPING | KALITE EKSPÒTE OKSIDANTAL LA

THE WESTERN WAY OF SHIPPING is a conceptual work where I will be teaching the 'Chelsea Standard' of packing and shipping art to Haitian artists. The project is both an empowerment tool so Haitian artists can control the export of their own works and a means to openly discuss post-colonial ideas and the harsh truths represented in Haiti.

KALITE EKSPÒTE OKSIDANTAL LA se yon travay konseptyèl kote mwen pral anseye atis Ayisyen estanda ekspòte-a ki rele 'Chelsea Standard' pou pake e ranje ar ki pral anbake. Pwojè a se tou de yon zouti otonòm pou atis Ayisyen ka kontwole ekspòtasyon nan travay yo ak yon mwayen ouvètman pou diskite sou lide pòs-kolonyal an Ayiti.

Simeon Yvens Junior (HT) & Guyvens Isidor (HT)

THE INFORMAL MARKET | MACHE ENFÒMÈL

We will buy second-hand jeans and trousers, which are called Pepe here in Haiti, so we can recycle them to form shapes and designs that I will cut and sew onto t-shirts to show at the Ghetto Biennale.

Pwoje ke mwen genyen an se kisa. Nou pral achte vye abako ak pantalon nan sa yo rele pèpè poum resikle sou fom desen. Mwen pral koupe nan yo e mwen pral koud yo sou yon paket mayo e poze yo nan Byenal la.

Syndia Leonce aka Bebe (HT) & Aristil Guerline (HT)

LOCAL PRODUCE | PWODWI LOKAL

This project will show that Atis Rezistans has many different types of local production. If we were part of the global market we could sell them to tourists too. We have sandals, leather, chains, earrings made out of coconuts and many other things we like to see at the biennale.

Mwen vinn ak pwoje sa-a poum montre ke nan rezistans gen anpil kalite rekiperasyon atizanal ke nou konn fè kise toujou pwodwi lokal men ke yo jwen nan mache global touris yo kap achte yo. Tankou sandal po kwi, chenn ak zanno ki fet ak po kokoye ak yon latriye lot bagay ke nou konn fè ke nap gen chans we nan Byenal sa-a.

ARTIST AND PROJECT LIST LIS ATIS AK PWOJÈ YO

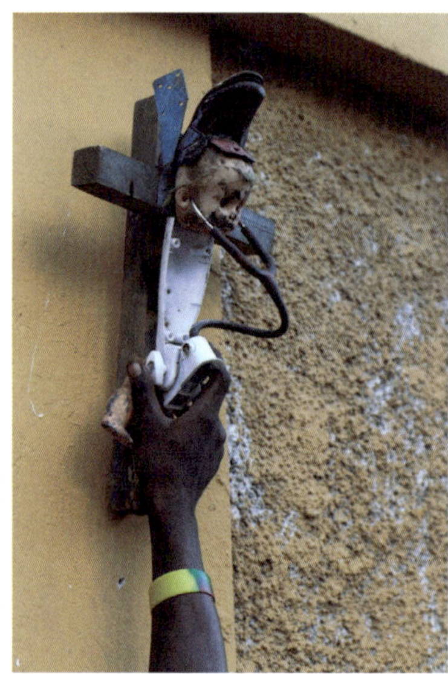

Ti Moun Rezistans – Love Leonce (HT) & Jean Muller Milord aka Soso (HT) & Herold Pierre-Louis (HT) & Evens Richelieu aka Ti Boss (HT) & Mario Pierre Louis aka Prela (HT)

MARKET WITHOUT PEERS | MACHE SAN PAREY

The title of this project is MARKET WITHOUT PEERS. This year a good colleague died very young, not yet twenty, he was called Wender Thelisma. We want to make a homage to the memory of this great artist. Everyone can take this opportunity to purchase the last quality works of art that Wender Thelisma made before he died. Any profits will be given directly to Wender's mother as she has many other children to care for.

Tem pwoje sa se MACHE SAN PAREY. Ide pa nou pou nouvo Geto Byenal sa se pou fè yon bel ekspozisyon ak tout travay atistik yon bon koleg nou kite mouri pandan ane sa ki rele Wender Thelisma. Se yon fason pou nou ka rann yon gwo omaj nan memwa gran atis sa ke nou te pedi an. Tout moun ka pwofite okazyon sa pou yo achete denye kalite travay ke Wender Thelisma te fè avan li te mouri. E si nou ta gen chans pou vann travay li yo, kob sa pral ale direkteman nan men manman Wender. Konsa manman atis la pral ka okipe lot tipitit gason ke li rete a.

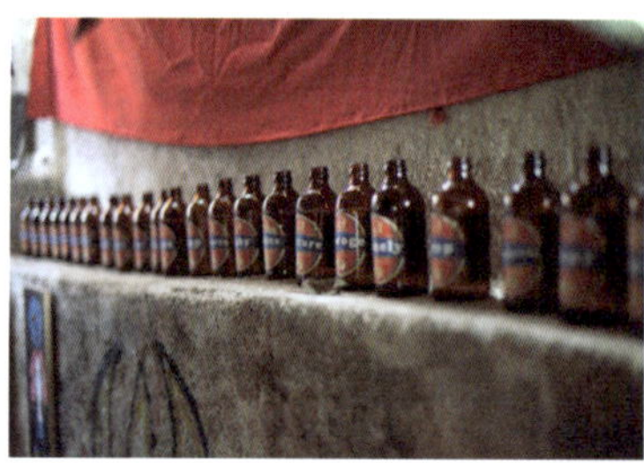

Tom Bogaert (BE)

PRESTIGE | PRESTIJ

PRESTIGE is a brand of beer produced by the Heineken-owned Brasserie Nationale d'Haiti in Port-au-Prince. It is the best-selling beer in Haiti with a 98% market share and so far, the only locally produced beer. In Haiti, I will invite local people to think with me how we can alter the PRESTIGE beer label and link it to iconic Haitian objects or situations thus contributing to the ongoing discussion about import, export, local and global. We will indeed nobly attempt to combine art and non-art, the high and the low, and the ordinary with the extraordinary.

PRESTIJ se yon kalite byè ki te pwodwi pa kompayi Heineken ki rele, Brasserie Nationale d'Ayiti, nan Pòtoprens. Li se byè ki pi byen vann an Ayiti ki kenbe 98% mache a e kounte a se sèlman byè pwodwi lokal la. An Ayiti, mwen pral envite moun lokal yo pou panse avèk mwen ki jan nou ka chanje ti etikèt reklam sou botey byè PRESTIJ e fè paralèl yo ak objè ikonik oubyen sitiyasyon Ayisyen pou kontribye nan diskisyon sou enpòte, ekspòtasyon, lokal ak mondyal. Nou pral, tout bon tantativ, eseye konbine sa ki ar e sa ki pa ar, wotè-a ak anba la, ak òdinè a ak ekstraòdinè a.

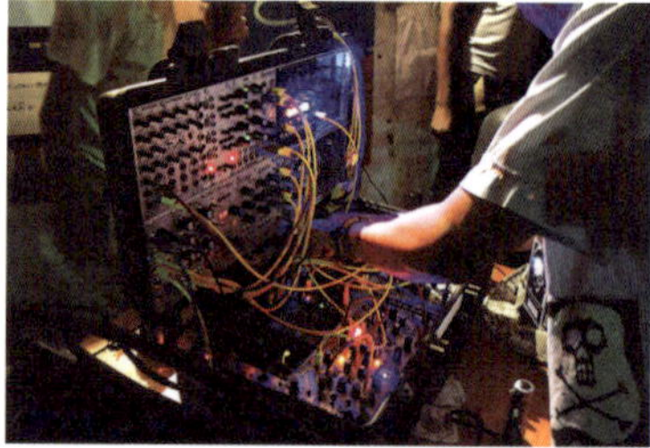

Vision Forum – Per Huttner (SE/FR), Sara Giannini (IT/NL), Jean-Louis Huhta (SE), Sandrine Nicoletta (IT/UK) & Wooloo – Sixten Kai Nielsen (DK), William Rawlings and Martin Rosengaard (DK)

IS MISUNDERSTANDING MISUNDERSTOOD | ESKE ENKONPREYANSYON PAT KONPRANN

Vision Forum, in collaboration with Wooloo, will set up a participatory space focusing on the creative potential of misunderstanding. It will be a place for exchange where people can witness, investigate and collect misunderstandings as a vehicle for knowledge transformation.

Vizyon Forum, an kolaborasyon ak Wooloo, pral kreye yon espas patisipatif ki konsantre sou potansyèl kreyatif nan enkonpreyansyon. Li pral yon kote pou echanj kote moun yo ansanm ka temwen, rechèch ak kolekte malantandi rekonèt kòm yon fòm ki valab pou konesans transfòmasyonel.

Wesner Bazile (HT)

POOR MARKET | MACHE MALERE

When I say the poorest people, I want to talk about those who cannot afford to purchase even a single meal a day. POOR MARKET is an exhibition of work that can speak about this situation.

Le mwen di moun ki pi pov yo, mwen vle pale de tout moun ki pa gen mwayen pou achete menm yon plat manje pandan yon jounen. MACHE MALERE se yon ekspozisyon pou m ka pale de sitiyasyon sa yo.

ARTIST AND PROJECT LIST LIS ATIS AK PWOJÈ YO

Wilerme Tegenis (HT)
ONE MARKET HAND IN HAND | YON MACHE MEN NAN MEN

This year I want to participate with a project called ONE MARKET HAND IN HAND. I chose this title is because I want to show everyone that hand in hand that we can achieve a lot of great things. Because without working together artists will never succeed.

Ane sa mwen vle patisipe ak yon pwoje ki gen kom tit YON MACHE MEN NAN MEN. Rezon ki fè mwen chwazi tit sa, se paske mwen vle montre tout moun ke se ak men nan men ke nou ka reyalize yon paket bel bagay. Paske san men nan men atis yo pap ka reyisi.

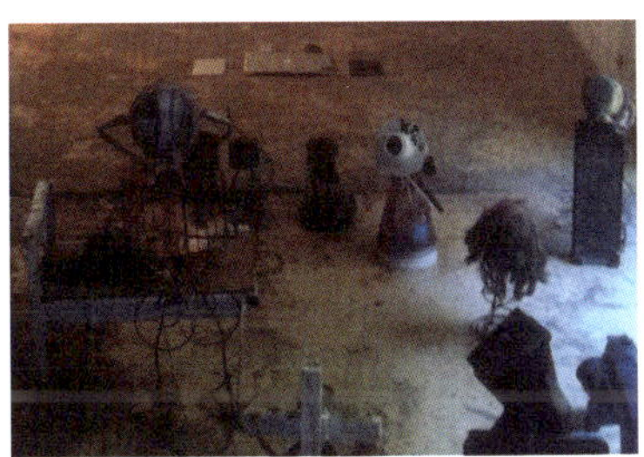

Wooloo (DK)
iGHETTO | iGETO

Wooloo's work for the third Ghetto Biennale proposes a momentary view into the material realities of the international art world taking place inside the local art market. For one hour during the Biennale, Wooloo will display every personal Apple product (iPhone, iPad, iMac, etc.) brought with them into Haiti and will ask their fellow participating artists to do the same. The Apple products will be on display in an empty room in the atelier of Atis Rezistans Kombatan & Katelyne next to the artists' own works.

Pwojè Wooloo a pou twazyèm Geto Byenal la pwopoze yon sel vi momantè de reyalite materyèl nan mond ar entènasyonal la ki pase andedan mache ar lokal la. Pou yon èdtan pandan Byenal la, Wooloo pral ekspoze tout pwodwi pèsonèl Apple (iPhone, iPad, iMac) yo te pote avèk yo an Ayiti epi yo pral mande lot atis etranje ki ap patisipe yo fè menm bagay la tou. Nou pral ekspoze pwodwi Apple la nan yon espas vid nan atelye moun Atis Rezistans ki rele Kombatan & Katelyne akote travay pa yo.

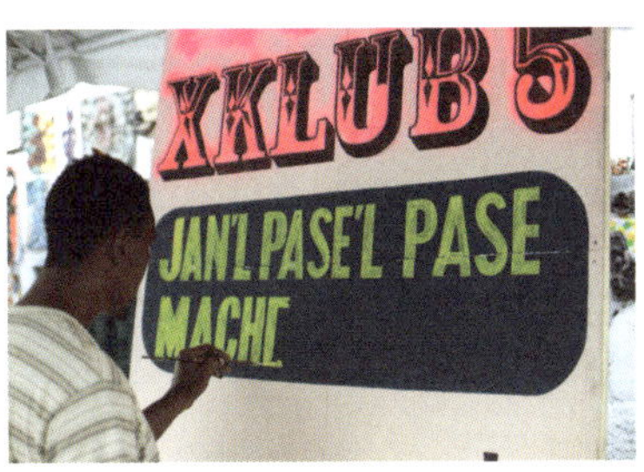

XKLUB – Roberto N Peyre (SE), Joyce Ip (SE), Nanna Dalunde (SE) and Jean-Louis Huhta (SE)
WHAT'LL PASS WILL PASS, WALK THE WALK | JAN PASE'L PASE, MACHE NAP MACHE

The XKLUB operates the borderlines between night club, festival, seminar, temple and exhibition with a ritualistic fervor. For the 3rd Biennale in Port-au-Prince, XKLUB wants to take on some alternative strategies to the site specific urban complexity and its inhabitants. XKLUB intend to set up something like a mobile club space in the guise of something like a mobile catwalk gone sound system possibly gone carnival float. The intention is to facilitate a platform where the creative impulse is expressed through gesture, appearance and musicality rather than art objects, imagery, workshops or talk. We will walk the walk, where body language and made up music instruments do the talk. A wholly dedicated runway where the cats of the Grand Rue and the Biennale are invited to show off and freak out.

XKLUB travay nan fwontyè yo ant klib lannwit, festival, seminè, tanp ak egzibisyon ak yon lafyèv rityalistik. Pou twazyèm Byenal la nan Pòtoprens, XKLUB vle okipe li menm ak kèk estrateji altènatif korespondan ak sit la ki espesifik iben konpleksite ak moun ap rete la. XKLUB gen entansyon pou yo mete kanpe yon bagay tankou yon espas klib mobil ak laparans nan yon bagay tankou yon pase alamode tankou yon sistèm son petèt tankou yon chay kanaval. Entansyon an se pou fasilite yon platfòm kote enpilsyon kreyatif la eksprime nan jès, aparans ak mizikalite pito objè ar, simagri, atelye oswa dyalòg. Nou pral mache mache a, kote lang kò yo ak enstriman mizik pral pale pou nou. Yon paserel dedye nèt kote chat yo nan Gran Ri a ak Byenal la yo ap envite fè grandizè e ale fou.

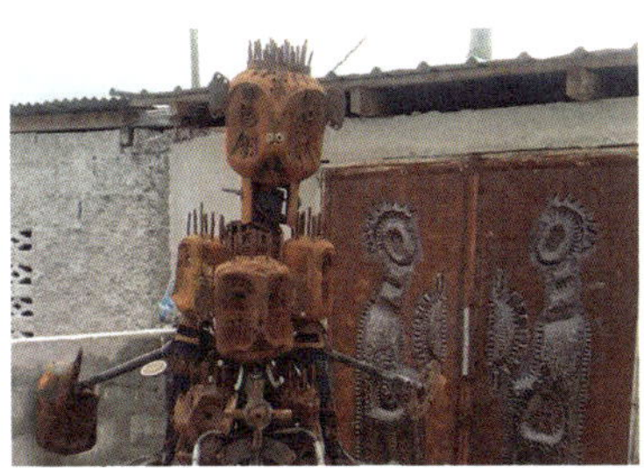

Zaka aka Joseph Marc Antoine (HT)
WORK TO SEE | MACHE POU WE

There is a proverb that says, 'Everything that is shown publicly is good, but just sitting down does not mean you see everything that you supposed to see. You have to work hard to reveal everything that is hidden'. At the crossroad of the new Ghetto Biennale, I want to make an exhibition where I can meet all the visiting artists to discover differences that every Haitian artists has and to admire the talent of every single artist and to bear testimony to our identity.

Gen yon pawol ki di, 'Tout sa ki bon pa kwoke sou plas piblik, chita pa pemet ou we tout sa'w ta sipoze we, men fok ou mache pou'w ka dekouv tout sa ki kache men ki poko devwale'. Nan kalfou nouvo Geto Byenal sa, mwen vle yon ekspozisyon pou'm ka fè tout atis etranje yo dekouvwi diferans ke chak atis Ayisyen genyen, vin admire talan nou chak ki se temwayaj idantite nou.

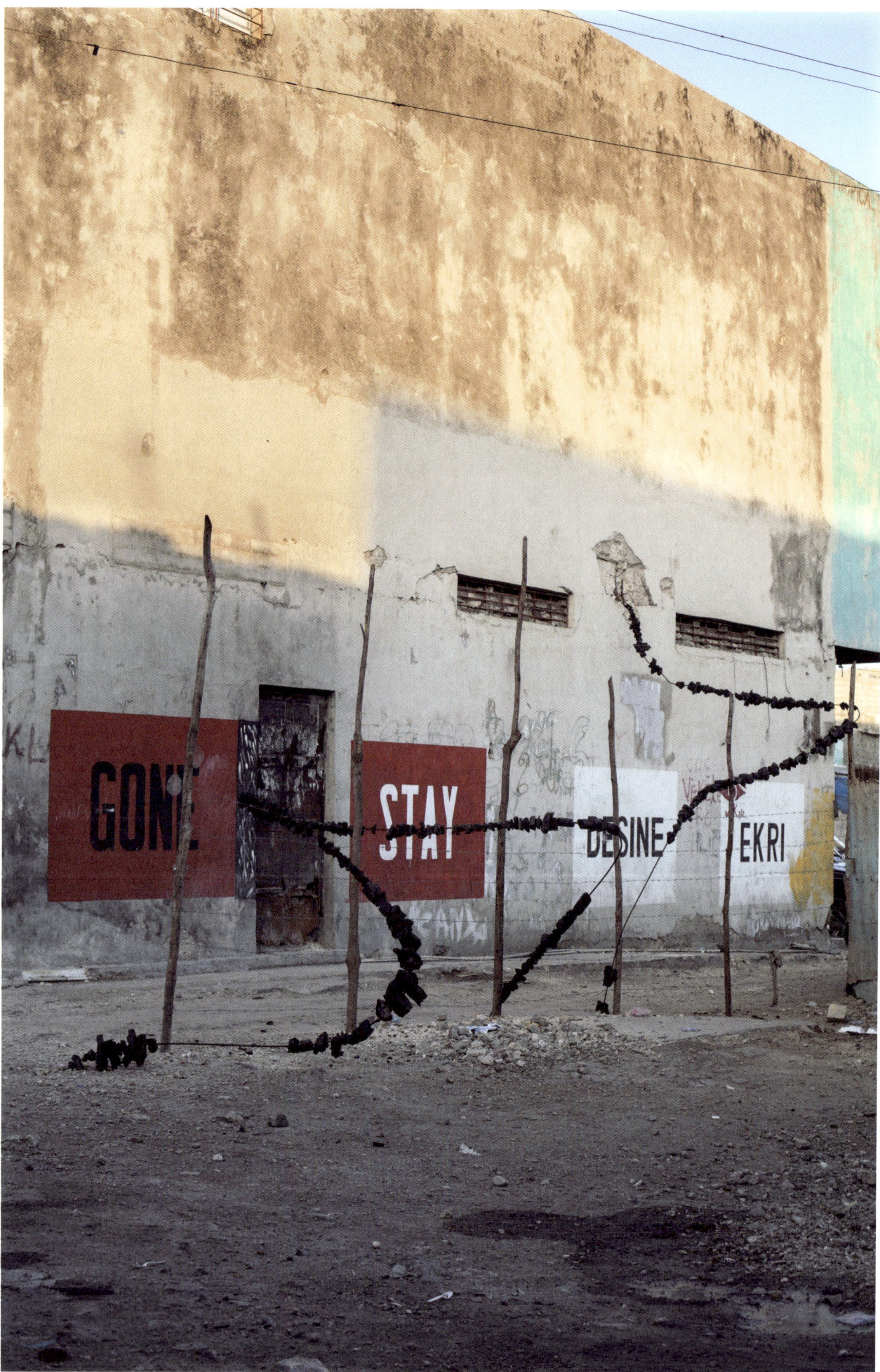

Fig. 4.2 'Charbon' by Joe Winter at 3rd Ghetto Biennale 2013, Port-au-Prince, Haiti. Photo: Lazaros

Fig. 4.2 'Charbon' pa Joe Winter, 3yèm Geto Byenal 2013, Pòtoprens, Ayiti. Foto: Lazaros

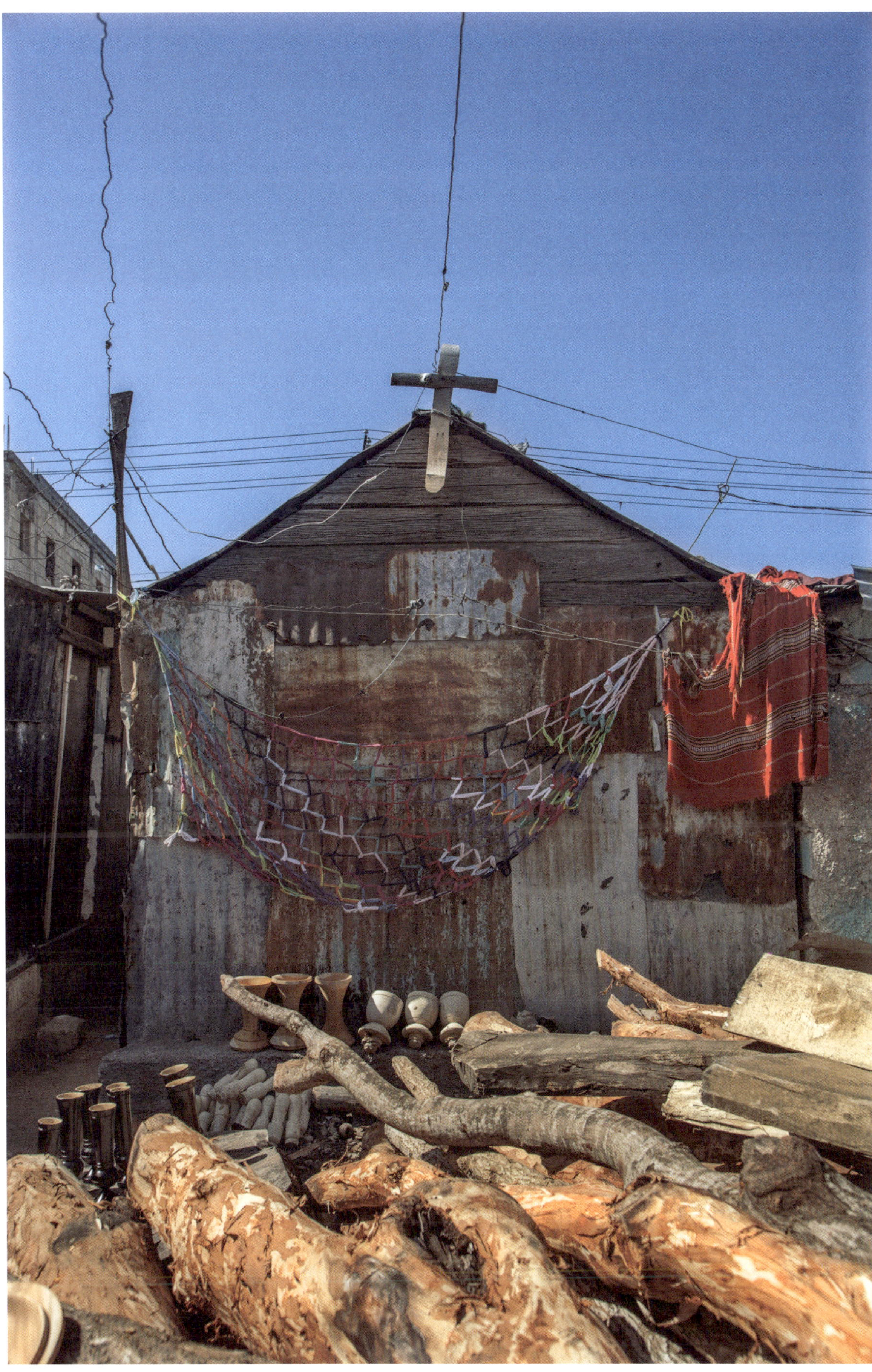

Fig. 4.3 Installation of 'Seam Ripper' by Diedrick Brackens, 3rd Ghetto Biennale 2013, Port-au-Prince, Haiti. Photo: Lazaros

Fig. 4.3 Enstalasyon nan 'Bagay Chire Kouti' pa Diedrick Brackens, 3yèm Geto Byenal 2013, Pòtoprens, Ayiti. Foto: Lazaros

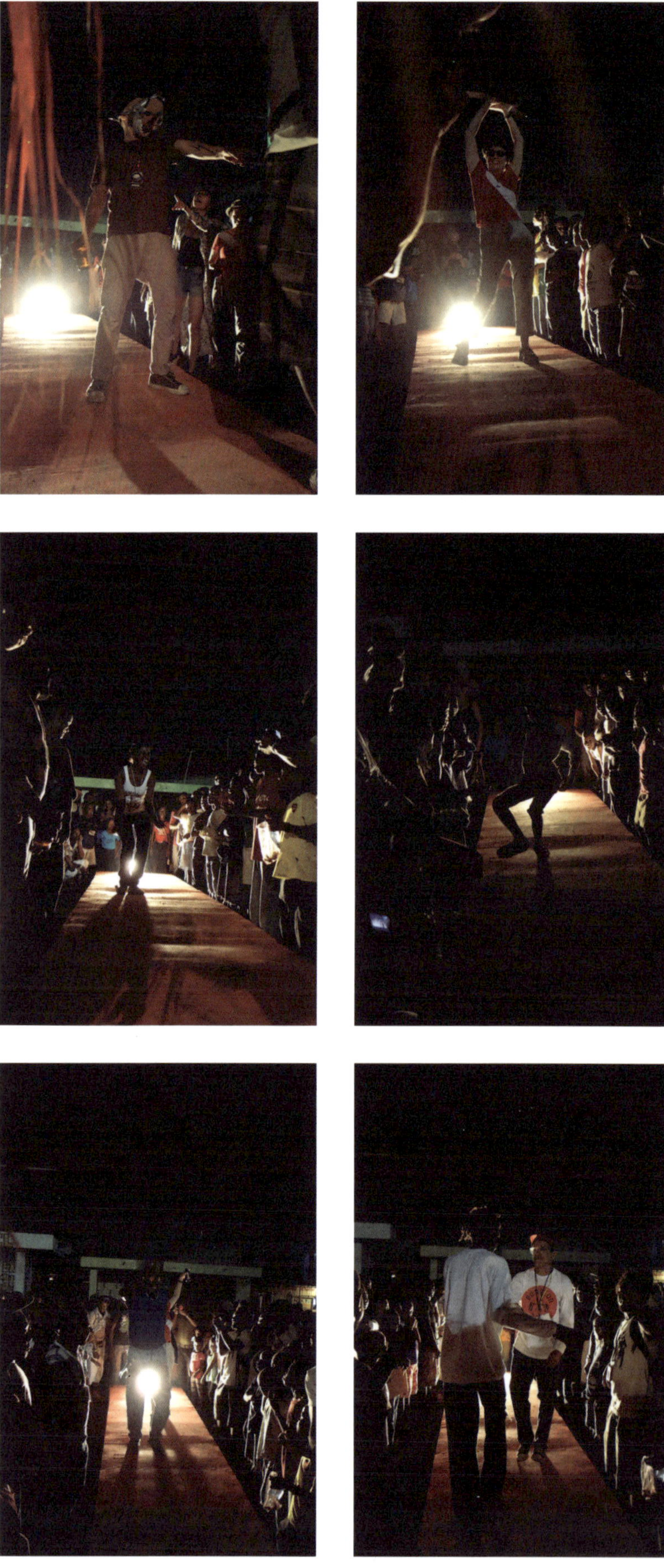

Fig. 4.4 Participants on the catwalk by XKLUB on Rue du Magasin de l'Etat, 3rd Ghetto Biennale 2013, Port-au-Prince, Haiti. Photo: Lazaros

Fig. 4.4 Patisipan yo sou pasaj la pa XKLUB nan Rue du Magasin de l'Etat, 3yèm Geto Byenal 2013, Pòtoprens, Ayiti. Foto: Lazaros

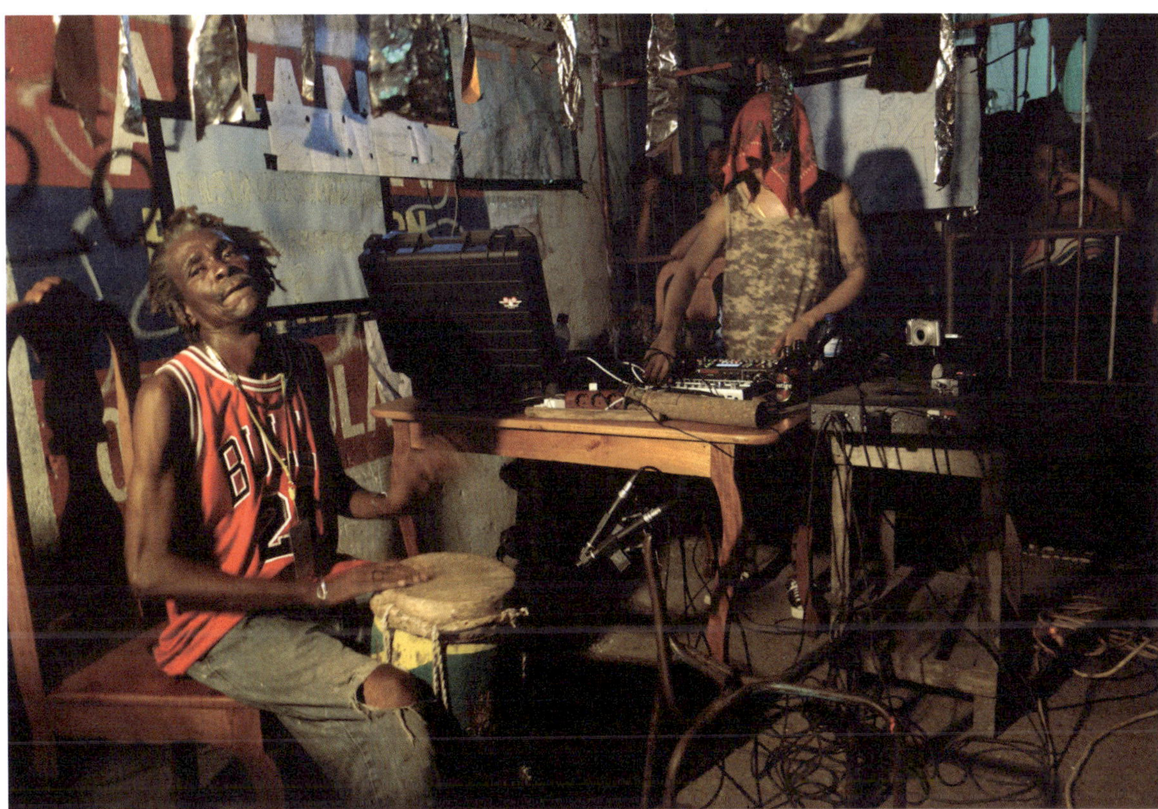

Fig. 4.5 Jean-Claude Saintilus aka Claude playing drums with Jean-Louis Huhta from Dungeon Acid on Rue du Magasin de l'Etat, 3rd Ghetto Biennale 2013, Port-au-Prince, Haiti. Photo: Per Huttner

Fig. 4.5 Jean-Claude Saintilus aka Claude ap jwe tanbou ak Jean-Louis Huhta e Dungeon Acid nan Rue du Magasin de l'Etat, 3yèm Geto Byenal 2013, Pòtoprens, Ayiti. Foto: Per Huttner

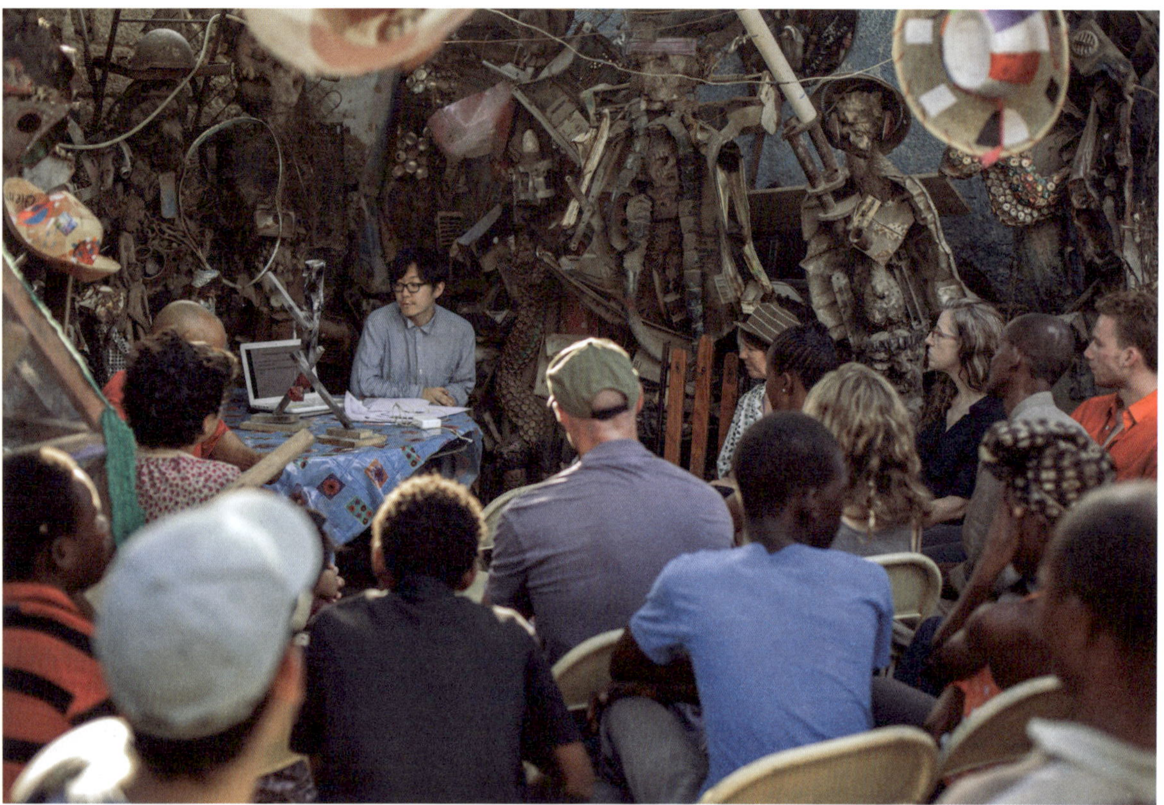

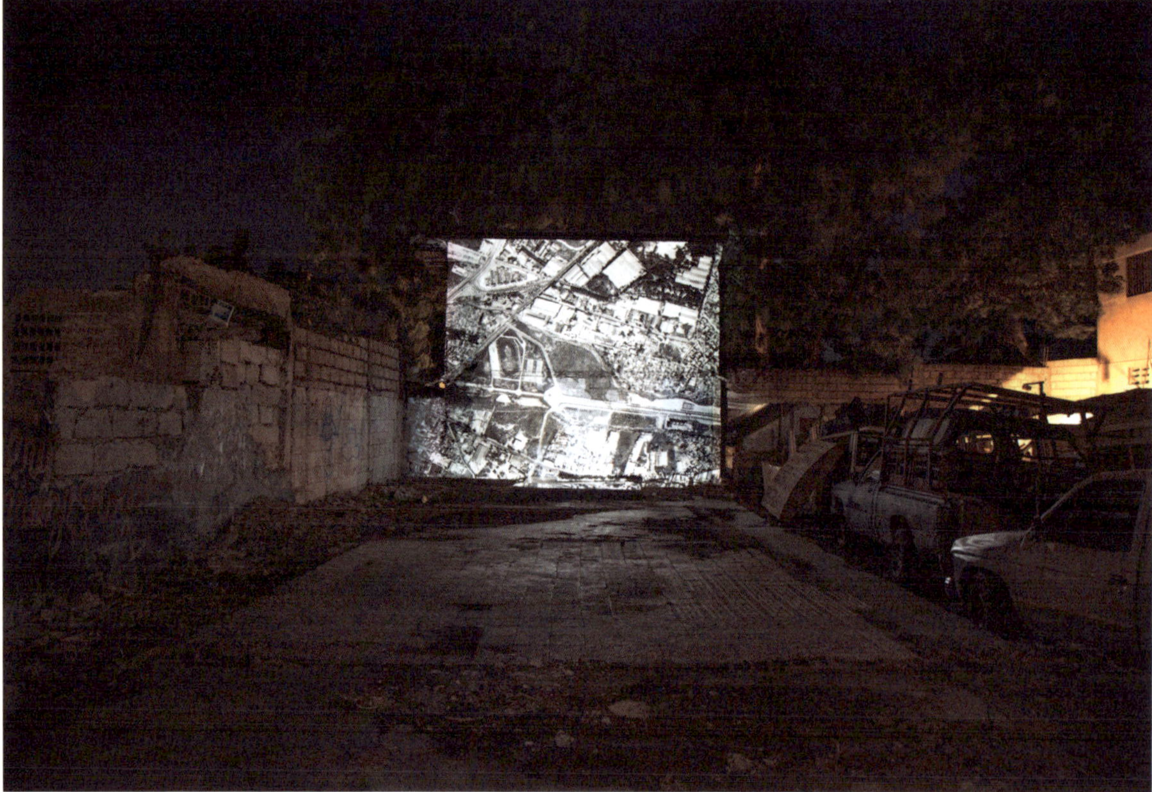

Fig. 4.6 Hiroki Yamamoto gives a workshop on Arte Povera at 3rd Ghetto Biennale 2013, Port-au-Prince, Haiti. Photo: Lazaros

Fig. 4.6 Hiroki Yamamoto bay yon lekti nan Arte Povera nan 3yèm Geto Byenal 2013, Pòtoprens, Ayiti. Foto: Lazaros

Fig. 4.7 Annette Elliot's installation in Lakou Twoket at 3rd Ghetto Biennale 2013, Port-au-Prince, Haiti. Photo: Lazaros

Fig. 4.7 Enstalasyon pa Annette Elliot nan Lakou Twoket nan 3yèm Geto Byenal 2013, Pòtoprens, Ayiti. Foto: Lazaros

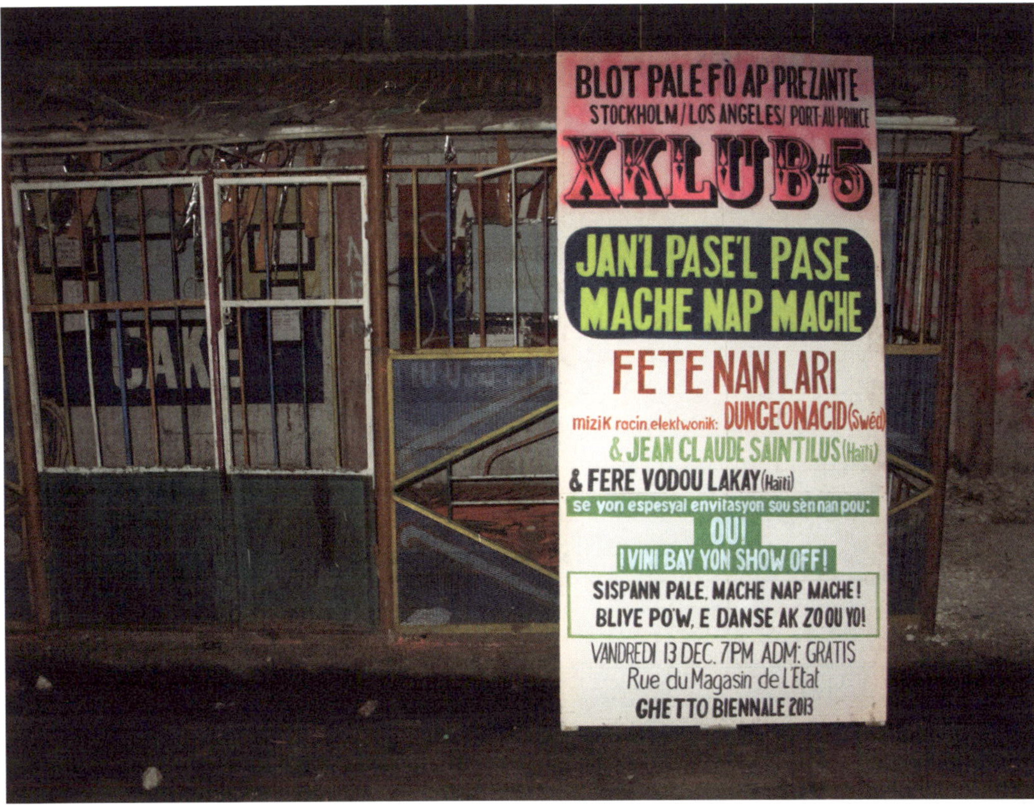

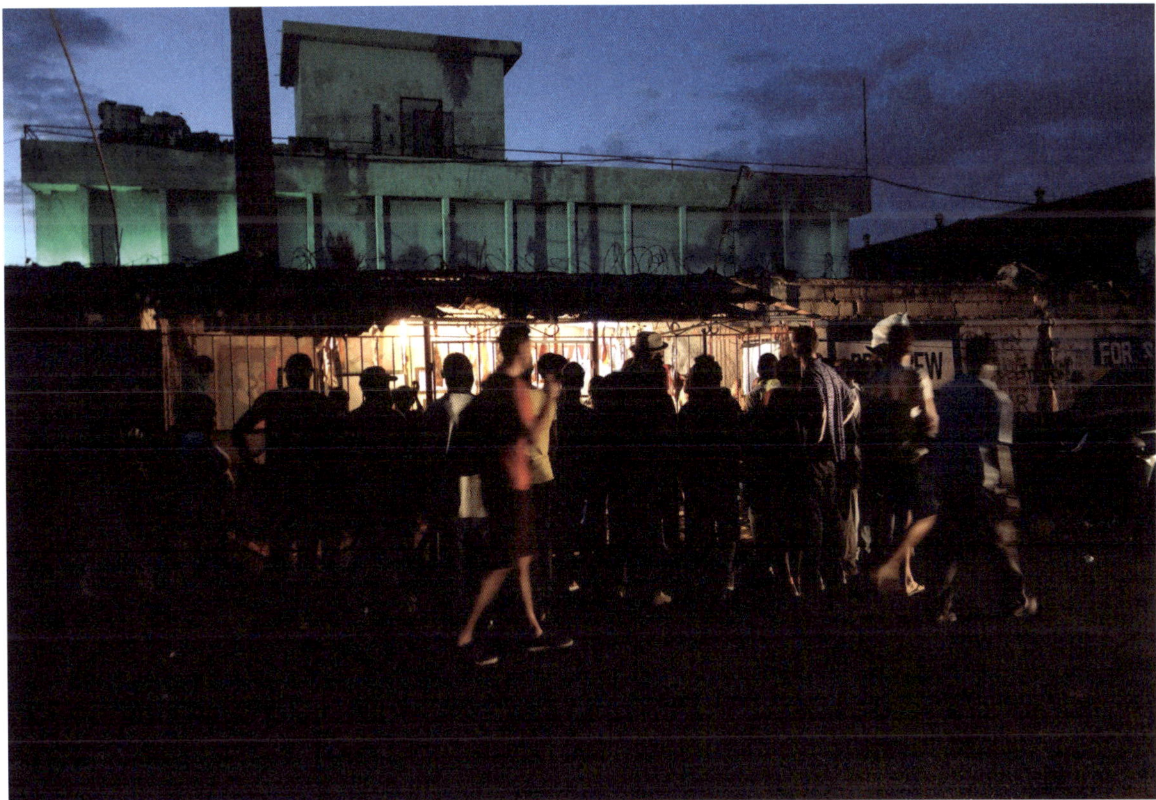

Fig. 4.8 Advert for XKLUB on Rue du Magasin de l'Etat, 3rd Ghetto Biennale 2013, Port-au-Prince, Haiti. Photo: Roberto Peyrer

Fig. 4.8 Reklam pou XKLUB nan Rue du Magasin de l'Etat, 3yèm Geto Byenal 2013, Pòtoprens, Ayiti. Foto: Roberto Peyre

Fig. 4.9 Audience for Vision Forum on Rue du Magasin de l'Etat, 3rd Ghetto Biennale 2013, Port-au-Prince, Haiti. Photo: Per Huttner

Fig. 4.9 Odyans pou Vision Forum nan Rue du Magasin de l'Etat, 3yèm Geto Byenal 2013, Pòtoprens, Ayiti. Foto: Per Huttner

HINGING UPON HISTORY: PHOTOGRAPHY AND THE GHETTO BIENNALE

DEPAN SOU ISTWA: FOTOGRAFI AK GETO BYENAL LA

EMILIE BOONE

The statement "Even our best effort comes with the weight of history" is worth repeating.[1] This assertion was made during the question and answer period after the event, "An Amended History of Haitian Photography: Absence through Presence," which I convened at the 4th Ghetto Biennale. It speaks volumes to photography's complex and often contentious relationship with Haiti. This relationship is one that the curators of the Ghetto Biennale have grappled with for years, but most urgently following the 2011 Ghetto Biennale. In 2011, during the second of what has now been four Biennales, the organizers and many of the Haitian participants were both disheartened and angered that a number of foreign artists wielded the camera lens in service of a particularly divisive visual narrative. For a small set of artists, the circulated images of abject poverty, intimate depictions of suffering, or those that seem to correspond to the western's sensationalized understanding of Vodou, took precedent over the Biennale's larger purpose of respectful exchange.

Due to this crass approach to representation, the Haitian artists desired change and the curatorial team responded. The third and fourth editions of the Ghetto Biennale operated under the auspices of a lens-free mandate, explained in the call for participation with the following language: "The Ghetto Biennale is a *lens-free event* for non-Haitian artists so no video and photography projects will be considered, but there will be a photographer on site

Fras ki di "memn pi bon efò nou a vini avèk pwa istwa" ta dwe repete.[1] Sa te di pandan diskou kesyon e repons apre evenman an ki rele, "yon istwa de fotografi Ayisyen amande: absans pa prezans." Pawòl sa gen anpil pou di sou kompleksite relasyon ke fotografi a genyen an Ayiti. Relasyon ke'l genyen, se yon konsèvate Geto Byenal la ki toujou fe fas avèk li, sitou nan ane 2011 Geto Byenal la. Pandan dezyèm nan kat Byenal ki gen tan fet déjà yo, organizatè yo avèk anpil nan patisipan Ayisyen yo te dekouraje e fache deske anpil nan atis etranjè yo pote kamera nan yon sans pou swiv yon naratif ki pote yon divisyon vizyèl. Pou yon ti gwoup atis - ki souvan tap sikile imaj de povrete, yon soufrans intim, oubyen sa ki gen pou wè a kompreyansyon sansasyonalis ki egziste nan monde oksidan an pa rapò ak Vodou a – imaj yo te vin pran plis elàn ke objektif Byenal la kote yo vizè echanj e respè.

Poutèt apwòch sou reprezantasyon prejige sa, atis Ayisyen te anvi chanje ekip konsèvate yo te reponn. Twazyèm e katriyèm Byenal la ki te vin opere avèk yon manda san lèns Kamera, ki te eksplike nan yon apèl pou patisipasyon nan jan swivant: "Geto Byenal la rete yon envènman *san lèns kamera* pou atis ki pa Ayisyen. Sa vle di, vidyo oubyen pwòje foto pap konsidere, men pral gen yon fotograf sou sit la pou fè dokimantè pwòje yo nan fen evènman pou nepòt moun ki bezwen imaj pou archiv pa yo." Avèk intèdiksyon sa, e avèk

---

1. I'd like to thank and recognize the Ghetto Biennale participant Michael K. Taylor for making this insightful comment.
1. Mwen ta renmen rekonet Michael K. Taylor yon nan patispan Geto Byenal la ki di sa.

to document the projects at the end of the event for anyone needing images for documentation." Given this mandate, and my own investments in advancing the research on photography and the African Diaspora, the following questions became very useful. I wondered what might the larger implications of having a lens-free Biennale be? And was it possible for photography to become an acceptable and useful medium in light of the very reasons for its exclusion from the Biennale? If so, what terms needed to be met?

Answers to some of these questions came up over the course of my two-hour event, which was a presentation and dialogue facilitated, in English and Kreyol, by a local translator. In many ways, the presentation was meant to first introduce audience members to the history of Haitian photography for the purpose of contextualizing —or at the very least preceding— our discussion on the Ghetto Biennale's lens-free mandate. After the presentation, when asked to comment on the policy, the audience shared a range of thoughtful opinions. For example, many of the audience members commented on how the lens-ban impacted the relationship between the visiting and local artists. For some, the ban protected engagement among and between artists by disallowing opportunities for spectacle or a fish bowl effect. Another repeated this theme of protection in a slightly different way by stating that the very presence of a camera prevents each party from making an actual connection, thereby creating a physical division and stilted interaction between people.

This control photography is believed to exert over people was made clear in one comment about how being either behind or in front of the lens changes the very way people act. Accordingly, one person mentioned how people play up for the camera and it changes the atmosphere. This speaker and others also found it liberating not to be behind the lens as there is no obligation to fall back into the present-day norm of taking photographs all the time given the easy access our smart phones make possible. Likewise, for many, it was liberating to be relieved from the surveillance-like documentation that unfortunately has become the norm for many Haitians. For example, one individual expressed his support of the ban by lamenting the possibility that you could be laying down in your house and the next thing you know your photograph is on Facebook or Twitter. His comment illustrated how the power of photography goes beyond the moment of its taking, extending to where and how it is taken, and the mode through which it is circulated. This same audience member adds that if he had been informed of the photograph's taking, and given the opportunity to become more presentable, the malicious nature of the surprise and aggressiveness would be less offensive. Repeatedly, it became evident how much photography structures the very ways people socially organize their interaction with each other.

rechèch pa'm ke'm fe nan avanse rechèch dyaspora Afriken e fotografi, kesyon swivan an te vin itil anpil: Mwen te vle konnen ki implikasyon pi laj ki ta pral genyen avèk yon Byenal san Lèns? Epi eske'l ta posib pou fotografi vin yon mwayen akseptab ak itil pou menm rezon li te ekskli de Byenal dabò? Si wi, ki tèm ki ta dwe ranpli pou sa vin fet la?

Repons a kèk de kesyon sa yo te vini pandan yon prezentayson 2 zè de tan avèk yon dyalòg ki fasilite an Angle e Kreyol, avèk èd de yon tradiktè. Nan anpil fason, prezentasyon an te vle intwodwi a manm odyans la istwa fotografi Ayisyen an, yon objektif ki pou bay konteks avan diskisyon de manda san lèns la. Apre prezentasyon an, lè yo mande komantè sou manda, odyans la te pataje yon seri de refleksyon e opinyon yo. Pa egzamp, anpil nan odyans la te fè komantè sou jan intèdiksyon lèns kamera fè yon impak ant relasyon atis kap vizite, e sa ki lokal yo. Pou kèk ladan yo, intèdiksyon pwoteje angajman youn ak lòt epi fè ke gen yon absans de opòtinite pou fè espektak kote moun santi efè de ti pwason nan yon ti bòl. Yon lot moun repète mem tèm pwotej sa nan yon lòt fason, kote li di, prezans kamera anpeche yon vre koneksyon, ki vin kreye yon divizyon nan kominkasyon ant moun.

Kontwòl sa ke moun kwe fotografi genyen sou moun te vin klè nan yon eksplikasyon moun fè nan rankont lan kote youn nan komantè yo di kè, lè moun vin devan yon kamera, oubyen deye yon kamera, yo vin chanje jan yo aji. Memn jan, yon moun mensyone ke, jan moun aji devan kamera chanje atmosfè a. Moun sa, avèk lòt toujou, te jwen libèrasyon pou yo pa deye lèns kamera, poutèt pa gen obligasyon pou fè foto tout tan jan Smàt fonn potab yo fè posib. Pa egzamp, yon individi fè ekspresyon sipò li pou entediksyon an, kote'l pale de posibilite ke, wap chita lakay ou epi ou vin wè foto ou sou Facebook oubyen Twitter. Pawòl li ilistre pouvwa fotografi genyen pou al pi lwen ke momà li, epi fè'l dire plis pase kote ak kilè foto a vin fèt epi jan li vin sikile. Memn mamb odyans la ajoute ke, si li te enfòme ke foto a tap fèt, epi si li te gen opòtinite pou vin pi presantab, manyè mechan sipriz la tap mwens ofansif. Tan zan tan, li vin klè jan fotografi a vin bat estrikti jan moun pi organize rankont sosyal yo.

Yon moun pale reyalite jan moun tap bay manda Byenal san Lèns la vag. Reg ki dì toujou gen eksepsyon. Pou egzamp, pa rapò a manda, te gen apil opòtinite klandestin kote timoun Gran Ri a te mande foto ak atis vizitan yo. Yon eksepsyon konsa a reg la te ankourajan, epi li reflete pawòl yon lòt atis Ayisyen kote li bay felisytasyon a konsèvate yo poutèt yo byen chwazi yon gwoup atis ki, nan pawòl msye a, ap travay ansamn avèk Ayisyen avèk anpil kouraj ak detèminasyon. Yon lot sije ki vin pale nan diskisyon a soulignye yon

One person spoke of the fact that eventually everyone breaks the mandate. Hard and fast rules always have their exceptions. For example, in regard to the mandate, there were many clandestine opportunities during which the children of the Grand Rue requested selfies to be taken with visiting artists. Such a bending of rules is heartening and reflects a comment made by another Haitian artist in which he praised the curatorial team for carefully selecting a group of participating artists who, in the words of this man, are working together with the Haitians with a lot of courage and a lot of determination. Another topic raised by an audience member highlighted a different kind of exception made to the lens-free mandate. Although visiting artists were prohibited from using a lens, a Biennale-sanctioned individual had the task of documenting artists' process, exhibition display, and work during the periods leading up to and at the final program. Such a singular photographic perspective was seen as limiting and reductive of all the different perspectives available to multiple individuals behind the lens, since one person cannot document everything.

Others spoke of other limitations linked to the lens-ban. One commenter praised how the mandate disabled the taking of negative photographs, but also laments the fact that the complete removal of photography omits a platform that would encourage people to take different kinds of images that could equally relate a powerful and impactful story. A related observation reflected on the possibility of photography as empowering audiences to replace the existing archive of constantly reproduced images with counter images that show the positive and the beautiful. For another audience member, this discussion of good and bad representation had more to do with interpretation, as she explained, that one person may see abject poverty as another viewer may see a father living with his three beautiful children.

One of the most memorable remarks gave voice to an older Haitian woman in Cite-Soleil, unrelated to the Biennale, but very relevant to our discussion given her grounded insight in the face of flippant and utopic proclamations of how change will indeed come to fruition through the mere click of a camera's lens. The story goes that an old woman asked a French photographer, Chantal Regnault, what she was doing that day in the Cite-Soleil, an informal neighborhood in Port-au-Prince, photographing an open sewer. The photographer responds, as many journalists have before, by insisting that she was there to photograph the bad conditions so that the world will know, in order to advocate for change. With sage wisdom the old woman counters, 'O Cheri, they have been photographing this canal of shit for 30 years, and it's still here.' [Fig. 4.10] These photographs, and other ghastly representations of Haiti are indeed still here and arguable here to stay despite efforts to change the archive and engage in productive conversation and artistic projects. Although a range of opinions

lot fòm de eksepsyon a manda Byenal san Lèns la. Malgre intèdiksyon a pou atis vizitan yo pa sèvi ak lèns, yon individi ki sanksyone pa organizatè Byenal la te gen kòm travay pou fè dokimantasyon sou pwose atis yo, egzibisyon an, avèk lòt peryod travay jiska fen pwògwam final la. Yon sèl pèspektif fotografik, yo di, tap limite tout pèspektif ki gen ak plizye individi deye yon lèns kamera, pakse yon sel moun pa ka fè dokimentasyon tout bagay.

Lòt moun pale toujou de limitasyon manda a. Yon moun di li kontan manda paske li fè ak de pran foto negatif sispann, men li plenyen tou poutèt mank opòtinite a pou moun fè yon seri imaj yo ki petèt te ka bay istwa yon empak pozitif. Yon lòt obsèvasyon similè ki fè refleksyon sou posibilite fotografi genyen pou pèmèt yon odyans ranplase lide ki egziste nan tet yo de imaj ki repwodwi nan archiv d'Ayiti avèk kèk imaj ki kontrè a sa e ki montre imaj avèk bel istwa. Pou yon lòt mamb odyans la, diskisyon representasyon byen e mal la gen plis pou wè ak entèpretasyon, li eksplike, kote yon moun ka wè yon povrete ekstrem epi yon lòt ka wè yon papa kap viv avèk twa bel pitit li yo.

Youn nan pawòl ki remàkab se pale de yon fanm Ayisyen ki soti Sitè soley, ki pat gen anyen pou wè avèk Byenal la, men ki te enpotan anpil pou diskisyon nou an poutèt limye li bay an fas bagay ki fasil pou di - pafwa proklimasyon ki soti nan syel de jan bagay sa yo pral chanje si ou peze ti bouton kamera. Istwa li bay di ke yon vye fanm mande yon fotograf fransez, ki rele Chantal Regnault, sa li tap fè jou a nan Site Soley ap kanpe bo yon kanal twalet oubyen egou. Li reponn, kòm anpil jounalis konn reponn déjà, ke li te la pou fè dokimentasyon sou move kondisyon ki genyen pou moun tou pa tou sou mond lan pou li te ka mande chanjman. Avèk sajes, vye fanm nan reponn, 'O cheri, yap fè foto kanal de kaka sa lon tan, epi li toujou la'. [Fig. 4.10] Fotograf sa yo, avèk lòt reprezantasyon led de Ayiti ret la toujou vreman, epi byen petèt, pral rete malgre tout efò pou change archiv la epi engage nan yon diskisyon pwodikif avèk pwòje atistik. Malgre yon seri de opinyon te bay pandan diskisyon a, konsensus general la te panche sou sipòte ekip konsèvate yo pou yon manda san lèns pandan evènman.

Ki jan konsiderasyon de yon istwa fotografi pi long an Ayiti te ka enfòme ki jan pou reflechi sou anpechman kamera? Eske aspe de istwa konpleks sa gen pou wè avèk desizyon pratik e logistik Byenal la? Si wi, ki jan nou chwazi ki aspe istwa sa pou mobilize, reponn avèk, oubyen reflechi sou li. Epi, pi enpòtan, ki jan nou ta dwe aprann istwa sa? Jwenn reponns a denye kesyon sa te yon nan objektif ki Edouard Duval-Carrié, yon Atis Ayisyen-Amèriken nan Byenal 2015 la. Ak tit, "Andedan epi andeyo: Istwa Fotografi Ayisyen," egzibisyon te ofri youn rale sou Ayiti pèspektif fotografi 19yèm

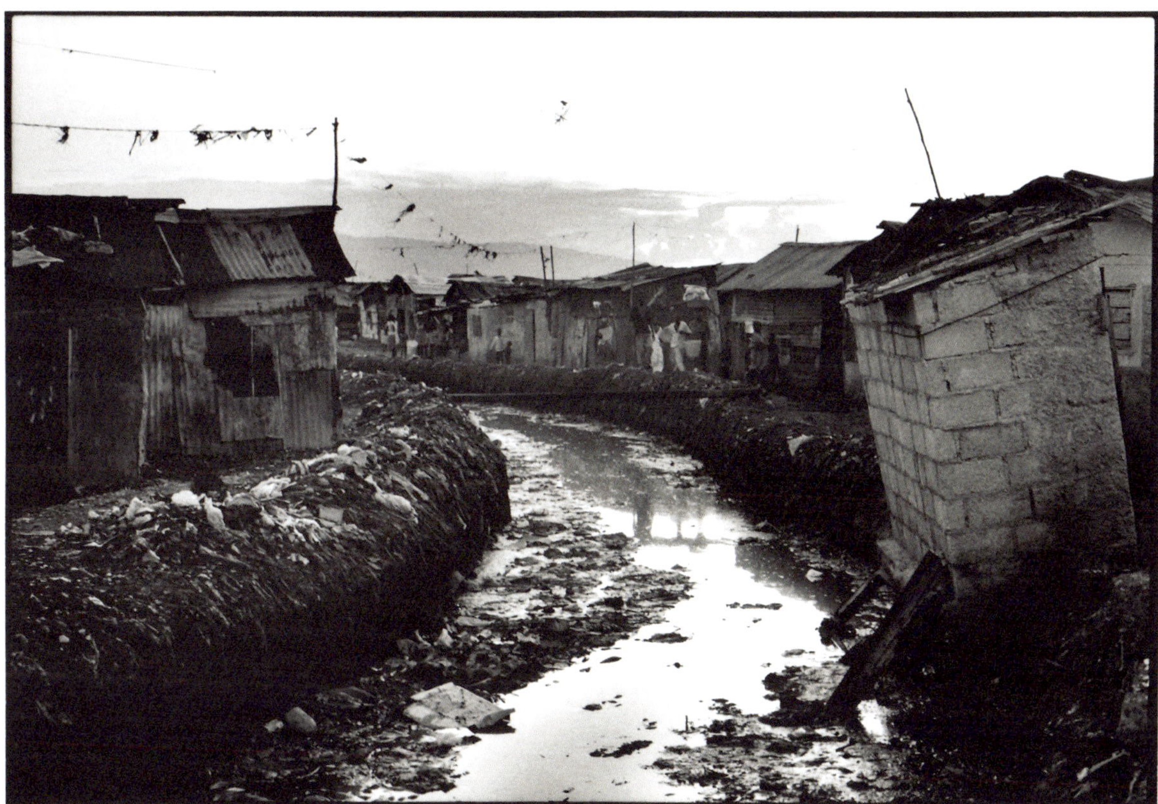

Fig. 4.10 Open sewer in Cite Soleil,
Port-au-Prince, Haiti (1993)
Photo: Chantal Regnault

Fig. 4.10 Yon trou egou ouvri nan
Site Solèy, Pòtoprens, Ayiti (1993)
Foto: Chantal Regnault

was expressed during the discussion, the general consensus leaned in support of the curatorial team's lens-free mandate.

How might considering the longer history of photography and Haiti inform ways of thinking about the lens-ban? Are aspects of this complex history applicable to making practical and logical decisions about the Biennale? If so, how do we choose which aspects of this history to mobilize, respond to or contemplate? And, most importantly, how do we learn about this history? Answering this last question was one of the goals of the 2015 exhibition by Haitian American artist Edouard Duval-Carrié. Titled, "Within and Without: The History of Haitian Photography," the show offered an overview of Haiti through the medium of photography from the 19th century to the contemporary moment. The exhibition is the first of its kind, as is the accompanying catalogue. The show aimed to bring attention to the dichotomy between those images produced by Haitians and those taken by others, thereby alluding to the often-discussed schism informing a range of discussions about photography and Haiti. Duval-Carrié carefully displayed a selection of photographs including journalistic depictions, documentary images, popular forms like studio photography and the critical visual engagements of contemporary artists. The catalog picks up where the limited wall text of the exhibition left off by offering an overview

syek jiska kounye a la. Egzibisyon an se premye a ki konsa, ositou, katalòg la ki akompanye'l. Egzibisyon a te vle attire attansyon a dikotomi ki genyen ant imaj sa ki pwodwi pa Ayisyen yo avèk sa ki fèt pa zot, ki evoke yon divizyon ki enfome yon seri diskisyon sou fotografi an Ayiti. Duval-Carrié pran swen pou ekspoze seleksyon foto ki te genyen depiksyon jounalistik, imaj dokimantè, fotograf nan edstidio popilè epi engagman vizyèl enpòtan de atis kontanporen. Katalòg la vin bay espas kote ni pou ekspoze nan evènman te limite epi li ofri yon ansamn de kafou kote media a ak istwa d'Ayti kontre. Foto ki diferan adrese pa yon seri de ekriven ki investi nan aspe diferean de vi e kilti an Ayiti. Se seri de foto sa yo ki sevi kom yon rapèl de kompleksite de medyòm fotografi a, yon medyòm ki gen relasyon ak zilè a anpil nivo.

Yon nan foto ki pi enteresan, ki repwodwi nan ane 1919, se imaj de dirijan gueriya Charlemagne Péralte ki te diskoute nan disètasyon Laurent Dubois, "Pouvwa e matryzason." [Fig. 5.14, p. 175] Istwa de foto sa an patikilyè reflete youn nan egzamp ki pi rekoni, de wòl enpòtan medyòm sa jwe nan relasyon Ayiti genyen avèk deyo de peyi a avèk tou fòm de resistans domestik. Nan plizye ane de komansman okipasyon Ayisyen a an 1915, Pèralte te opoze ouvètman fòs etranje a pà yon òganizasyon kazi-gouvènamantal, avèk kreyasyon de yon kabine avèk general komisyone avèk lòt

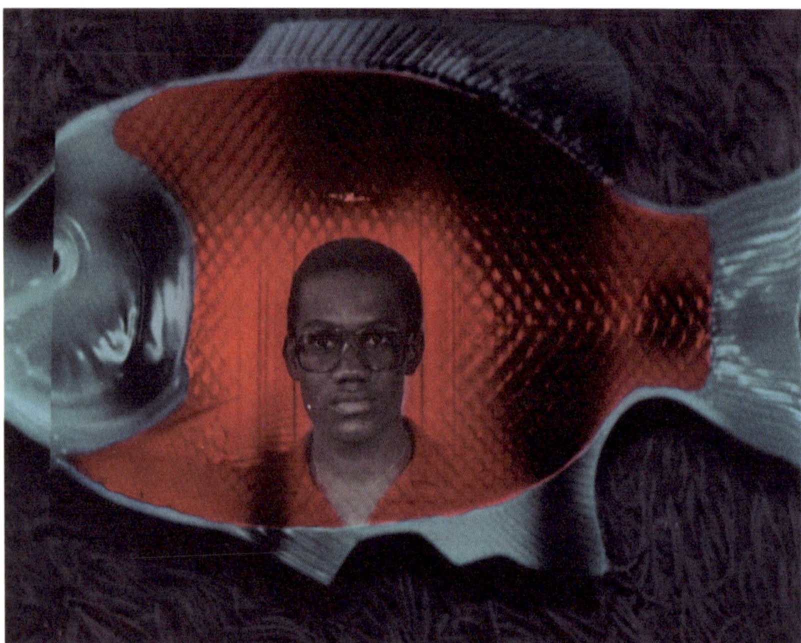

of the medium's intersections with Haiti's history.
Different kinds of photographs are addressed by a cadre
of authors invested in different aspects of Haitian life
and culture. It is this range of photographs that serves
as an important reminder of the medium's complex
and layered relationship with the island.

One of the most compelling photographs reproduced
in the publication is the 1919 image of the Haitian
Guerrilla leader Charlemagne Péralte, discussed in
Laurent Dubois' essay, "Power and Martyrdom."
[Fig. 5.14, page 175] The history of this particular
photograph reflects one well-known example of the
medium's integral role in Haiti's relationship to outside
powers and domestic forms of resistance. Within a few
years of the US Marines' occupation of Haiti starting
in 1915, Péralte openly opposed the foreign power
through the organization of a quasi-government, the
creation of a cabinet, and by commissioning generals
and other officials to fight against the Americans.[2]
As a direct retaliation to his growing threat to US
governance, Péralte is eventually found and murdered
in an elaborate 1919 military operation. The Marines
subsequently carry Péralte's dead body back to St.
Marc and tie his corpse to an unattached door. A
rebel Péraltiste banner on a flagpole is draped above
and behind his head in a manner that exposes his
face, eliminating any question of the man's identity.[3]

ofisyel pou goumen kont Amèriken yo.[2] Kòm chòk
an retou menas li poze a gouvenans Amèriken an,
yo tirè Pèralte nan yon opèrasyon militè an 1919.
Apre, Marin yo pote kadav Pèralte tounen St. Marc
epi yo mare kadav la sou yon pòt ki pa tache a
kay. Yon banyè rebel Pèraltiste te pandrye anlè ak
deye tet li nan yon manyè ki ekspoze figi li, epi ki
elimine kesyon de identite'l.[3] Anpil Ayisyen te
temwen kò a nan yon lokasyon ki tre piblik, ki pale
de entansyon Marin yo te genyen pou prezante
kadav Pèralte kòm yon avètisman.[4] Yon foto pran,
làjeman repwodwi e distribye tou pa tou sou zile a
pa Marin Amèriken yo pou fè intimidasyon detraktè
potansyèl yo. Imaj attiran sa, malgre sa, te gen
yon efè diferan ke sa Marin yo te vle, ki mennen
rekonisyon Pèralte a pep Ayisyen kòm yon mati
tankou kris, ki regade pa Dubois, istorikman, kòm
pi gwo foto de okipsasyon an. Fotografi sa, ki nè
nan represyon, vin yon senbòl de redampsyon. Ki
jan yon konesans jeneral foto Pèralte la sou pà de
patisipan Geto Byenal la derange oubyen remanyè
"pwa istwa" lè ou vin pale de konpreyansyon wòl
fotografi a?

Nan yon atik resan nan Harper Magazine, Edwidge
Danticat oufri yon lot pèspektif de jan fotografi
fonksyone andedan Ayiti, kote li di li tounen yon
espas de fanmi e memwa. Li di ke, "avan aksesabilite

2. Mary A. Renda, *Taking Haiti: Military Occupation and the Culture of U.S. Imperialism, 1915-1940* (Chapel Hill: University of North Carolina Press, 2001), 10. **2.** Mary A. Renda, taking Haiti: Military Occupation and the Culture of U.S. Imperialism, 19-15-1940 (Chapel Hill: University of North Carolina Press, 2001) 10. **3.** Georges Michel, *Charlemagne Péralte and the First American Occupation of Haiti: Charlemagne Péralte: Un Centenaire, 1885-1985* (Dubuque, Iowa: Kendall/Hunt Pub. Co, 1996), 39. **3.** Georges Michel, Charlemagne Pèralte and the Frist American Occupation of Haiti: Charlemagne Pèralte: Un Centaire, 1885-1985 Dubuque, Iowa: Kendall/Hunt Pub. Co, 1996] 39. **4.** Selden Rodman, Haitian Art [New York: The Organization, 1973} 76.

Many Haitians witnessed the body in this very public location, which speaks to the Marines' intention of presenting Péralte's body as a warning.[4] A photograph is taken, reproduced, and distributed throughout the island by the Marines in order to further intimidate potential dissenters. The arresting image, however, had a very different effect than the Marines intended, leading to the Haitian people's recognition of Péralte as a Christ-like martyr and regarded by Dubois, historically, as the most widely recognized photograph of the Occupation. This photography, although born of repression, became a symbol of redemption. How might a general knowledge of Péralte's photograph on the part of Ghetto Biennale participants disrupt or repurpose the "weight of history" when it comes to understanding photography's role?

In a recent Harper Magazine article, Edwidge Danticat offers a different angle on how photographs functions within Haiti by turning to the space of family and memory. She shares that, "Before the widespread accessibility of cameras, photographs like my grandmother's, and even some of mine, were long deliberated over and saved for. They were never meant to be candid or casual. And they were costly, sometimes requiring the equivalent of a day's salary per sitting. The photographer and the photographed knew that they were creating heirlooms, calling cards to generations yet unborn." She continues by explaining that, "When people walk into a photo studio wearing their best finery, they demand control over how they are perceived, and they are aided by various combinations of props (wall prints, radios, bicycles, or even a single flower) and camera tricks (which might make a subject appear as his own twin, or seemingly put him in the presence of angels and ghosts)."[5] [Fig. 4.11, 4.12, 4.13]

Such aspects allude to the rich history of photograph in Haiti, but it's telling has had a limited platform for audiences in the United States and in Haiti alike. However, archives and collections enable aspects of this history to be told. The Marilyn Houlberg collection of photography is an ideal example. An avid collector, Houlberg (1939-2012) focused on the art, photography and culture of Nigeria and Haiti in her role as an art historian, anthropologist, and Professor Emerita at the School of the Art Institute of Chicago. During her long career, she co-curated groundbreaking exhibitions including *The Sacred Arts of Haitian Vodou* and *In Extremis: Death and Life in Twenty-First Century Haitian Art* and authored influential essays such as "Water Spirits of Haitian

en mas de kamera, foto antankou sa granmè mwen, epi menm nan p'am yo, te sere byen sere pou gade e delibere sou yo. Yo pat jamn fèt senèryen e kandid. Epi yon foto koute chè. Li te ka memn mande yon jounen salè pou chita. Fotograf la epi sak ap chita pou foto a te konnen yap kreye yon hèritaj, yon apèl pou generasyon ki poko fèt." Li kontinye eksplike ke, "Lè moun antre nan yon estidyo abiye ak pi bel rad yo genyen yo, yo demann kontwòl de jan yo resevwa nan estidyo a, epi yo sipòte pa yon seri de obje (dekò sou mi, radyo, bisiklet oubyen yon sel flè) avèk yon seri de ilizyon kamera optic (ki ka fe yon sije paret kòm marassa, oubyen mete li an prezans anj oubyen fantom)."[5] [Fig. 4.11, 4.12, 4.13]

Aspe sa yo fè alizyon a istwa rich fotografi an Ayiti, men konesans de sa limite ni pou odyans etazuni a epi ni pou odyans Aysiyen a sitou. Malgre sa, archiv e koleksyon fè ke estwa sa ka bay. Koleksyon de fotografi Marilyn Houlbert se yon

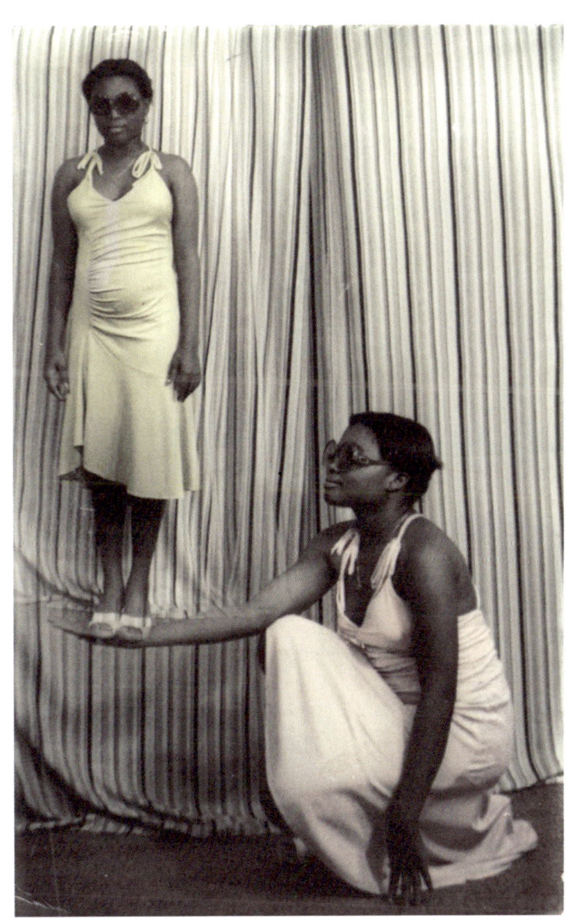

Fig. 4.12 Double portrait (c 1970) Anonymous (Courtesy of the Marilyn Houlberg Estate)

Fig. 4.12 Yon pòtrè enprime doub (c.1970) Anonyme (Koutwazi eritaj Marilyn Houlberg)

4. Selden Rodman, *Haitian Art* (New York: The Organization, 1973), 76. 5. Edwidge Danticat, "Look at Me: Photographs from Africa Past and Present," Harper.org, http://harpers.org/archive/2013/12/look-at-me/ (accessed August 14, 2017). 5. Edwidge Danticat, "Look at Me: Photographs from Africa Past and Present," Harper.org, http://harpers.org/archive/2013/12/look-at-me/ (accessed August 14, 2017).

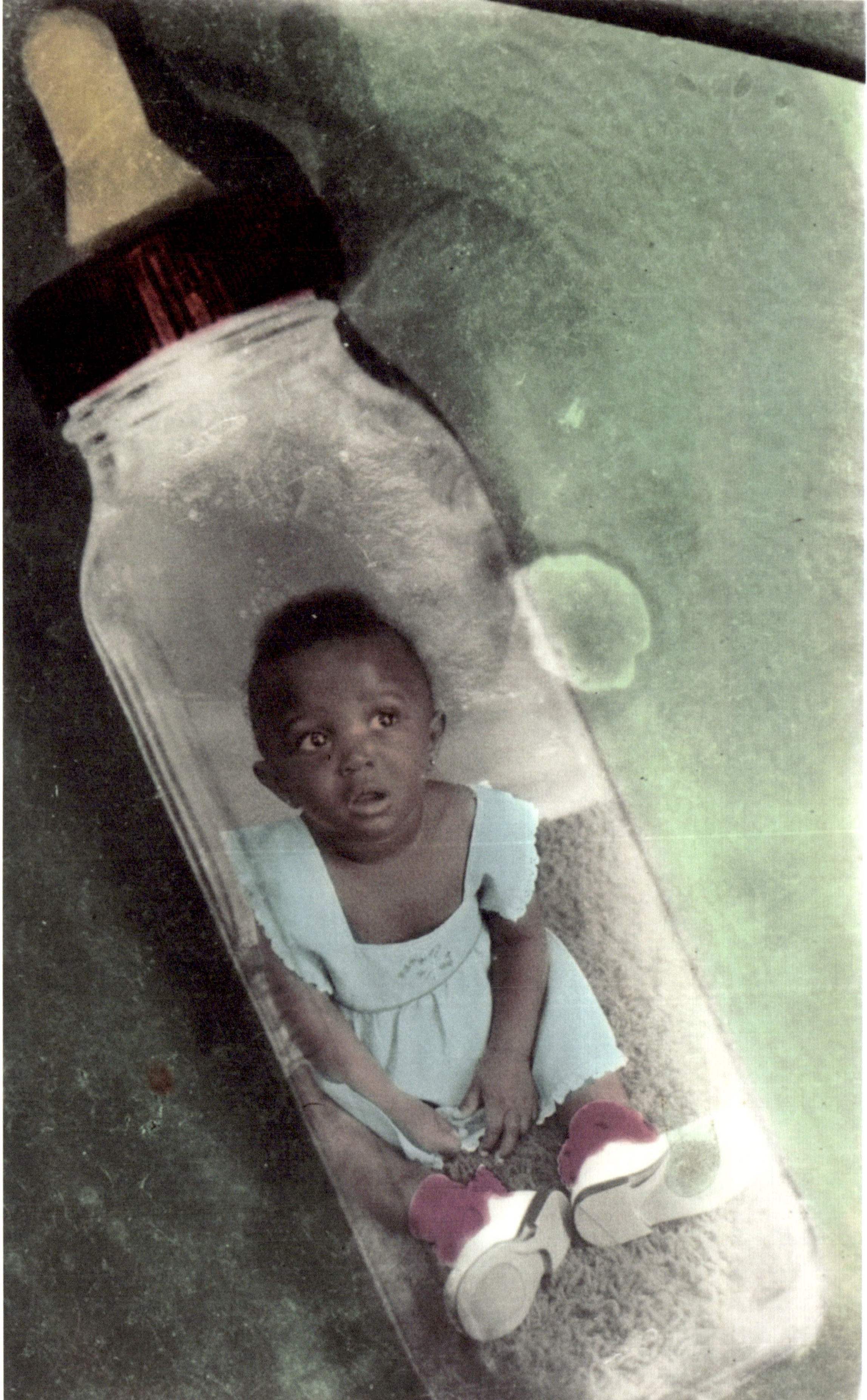

Fig. 4.13 Lying baby double printed to appear as if inside a baby's bottle (1986) *Anonymous* (Courtesy of the Marilyn Houlberg Estate)
Fig. 4.13 Yon pòtrè bebe kouche enprime doub kòm parèt li andedan nan boutèy ti bebe a (1986) Anonyme (Koutwazi eritaj Marilyn Houlberg)

Vodou: Lasiren, Queen of Mermaids" featured in Mama-Wata: *Arts for Water Spirits in Africa and the African Atlantic World*. In regards to Haitian studio photography, Houlberg's publications on the topic are among her unique contributions to African Diaspora art history.[6]

Most importantly, her collection of more than one hundred studio photographs of Haitian subjects range from a 19th century black and white portrait of a formally dressed woman to the contemporary example of a wedding couple featured with The *Dukes of Hazard*-themed bed sheets as a backdrop. Such photographs were often destined for display in Haitian homes, inclusion in albums, or the care of distant family and friends. Because of Houlberg, these photographs have had an alternate fate. Through Houlberg's eyes, their aesthetic attributes were privileged in determining their value and inclusion in her collection. Her interest in manipulated images in particular informed her collecting practice and led to the acquisition of a number of distinct portraits. Ranging from bust portraits situated on top of Romanesque pedestals, to a full-length baby portrait superimposed and contained within a baby bottle, to faces superimposed on the United States one hundred-dollar bill, these fantastical manipulated images reflect the kinds of visual innovation that emerge from local Haitian establishments. What might it mean for a foreign artist to create portraits that —now in retrospect— have a relationship with this archive of existing images, since Houlberg's photographs and other examples have now been slotted into Duval-Carrié's "official" history? And, more importantly, what did it look like to grapple with the "weight of history" in advance of Duval-Carrié's efforts to write this history and the Ghetto Biennale's lens-free mandate?

As one of thirty artists, academics, and writers invited to participate in the 2009 Ghetto Biennale in Port-au-Prince, the artist Laura Heyman, a professor of photography at Syracuse University, arrived three weeks before the show to pursue her studio photography project. The project's starting intention was to set up a roaming photography studio and take

examp ideyal. Yon vre kolektè, Houlberg (1939-2012) fè fokis sou atizay, fotografi e kilti Nijerya avèk Ayiti sou wòl li kom istoryen d'art e yon antwopològ, e Pwofesè Honorè a L'ekol de L'institi de Chicago. Pandan Karyè lontan li fè a, li te ko-konsèvatè yon travay revolisyonè ki rele 'The Sacred Arts of Haitian Vodou and In Extremis: Death and Life in Twenty-First Century Haitian Art'. Li tou ekri yon seri de esè tankou 'L'espri Dlo Vodou Ayisyen: Renn Lasiren' ki te paret nan 'Mama-Wata: Arts for Water Spirits in Africa and the African Atlantic World'. Pa rapò avèk fotografi estidyo an Ayiti, piblikasyon Houlberg sou sije sa se inik nan kontribisyon li fè a Istwa d'Art nan Dysaspora Afriken.[6]

Pi enpòtan se koleksyon li genyen plis pase yon santèn foto estidyo de sije Ayisyen ki varye ant yon potrè 19yèm syek, nwa e blan de yon fanm, byen abiye, jiska yon egzamp kontemporè de maryaj yon koup ki gen yon seri dra avèk tèm 'Dukes of Hazard' kòm deye foto a. Foto sa yo, ki destine pou mi kay Ayisyen, inkli nan albòm, oubyen pou fanmi lwen, oubyen zanmi. Poutèt Houlberg, foto sa yo jwenn yon lot vi. Pou Houlberg, atribisyon ayestetik foto yo te ase privilije pou inkli nan koleksyon li a. Entere li nan imaj ki manipile te enfòme praktik kolèksyon li a epi ki mennen akwizisyon yon nom de pòtrè distenk. Foto yo varye ant pòtrè bis moun ki sitye anle pyedestal women, a pòtrè yon ti bebe andedan yon boutey bebe, a figi ki chita anle yon biyè san dolà Amèriken; imaj manipile efrayik sa yo, reflete fòm de visyon a inovasyon ki soti de etablisman Ayisyen lokal. Sa sa ta vle di, si atis etranje ta kreye pòtrè ki gen relasyon avèk achiv sa yo de imaj existan, deske foto Houlberg avèk lot examp kounye a antre sou istwa "ofisyel" Duval-Carrié? Ki jan sa ta sanble pou konfronte "pwa istwa" an fas efò Duval-Carrié pral fè pou ekri istwa sa, avèk manda intèdiksyon kont lèns kamera?

Antankou yon nan trant atis, akademik, avèk ekriven ki invite patisipe nan Geto Byenal 2009 nan Pòtoprens, atis Laura Heyman, yon profesè fogografi nan Inivèsite Syracuse, te rive twa semèn avan evenman pou swiv pwòje estidyo fotografi li a. Entasyon pwòje a se te fè yon fòm de estidyo

---

6. In addition to "Haitian Studio Photography: A Hidden World of Images," in *Haiti: Feeding the Spirit,* ed. Rebecca Busselle (New York: Aperture, 1992), 58-65 and "Feed Your Eyes: Nigerian and Haitian Studio Photography," *Photographic Insight*, 1, 2-3 (Winter/Spring 1988), 3-8. Houlberg also authored a short text for a young adult audience worth noting. See Marilyn Houlberg, "Haiti through Haitian Eyes," in Haiti issue of *Faces: the magazine about people* (Peterborough, N.H.: Cobblestone Pub, 1992), 30-31. For an examination of African Diaspora art history, see Krista Thompson, "A Sidelong Glance: The Practice of African Diaspora Art History in the United States," *Art Journal*, 70, 3 (Fall 2011), 6-31. **6.** An plus de "Haitian Studio Photography: A Hidden World of Images," nan *Haiti: Feeding the Spirit,* ed. Rebecca Busselle (New York: Aperture, 1992), 58-65 epi "Feed Your Eyes: Nigerian and Haitian Studio Photography," *Photographic Insight*, 1, 2-3 (Winter/Spring 1988), 3-8. Houlberg ekri tou yon teks kout pou yon odyans de jenn. We Marilyn Houlberg, "Haiti through Haitian Eyes," nan nimewo sou Ayiti a ki rele *Faces: the magazine about people*, (Peterborough, N.H.: Cobblestone Pub, 1992), 30-31. Pou yon ekzaminasyon de istwa d'art de Dyaspora Afriken, we Krista Thompson, "A Sidelong Glance: The Practice of African Diaspora Art History in the United States," *Art Journal*, 70, 3 (Fall 2011), 6-31.

photographs that would never be exhibited at the Biennale. Instead, the images produced would remain with the people that they depicted and her Biennale display would be a selection of the transcribed conversation between Heyman and her subject. After setting up an 8 x 10 Deardorff field camera, a makeshift backdrop, and a darkroom, she took portrait photographs of Haitians living in the Grand Rue area of downtown Port-au-Prince. [Fig. 4.14]

As her project progressed, its original intention changed and Heyman, instead of omitting the images, decided to make them her exhibit's main focus. Displayed in a grid formation using the same backdrop featured in all the portraits, the final exhibit made visible what Heyman had initially wanted to keep invisible. After the January 12, 2009 earthquake, her project took another turn. Heyman returned to Haiti and extended this project to include a new series of portraits of the living sitters from her 2009 Biennale show as well as portraits of Haiti's temporary inhabitants including volunteers and Joint Task Force members. A collection of these photographs was featured in the Light Work gallery show "Pa Bouje Anko: Don't Move Again" along with an accompanying exhibition catalog.[7]

For Heyman, the commonality she depends on is the convention of studio portraiture. She regards portraiture as a photographic form that allows certain conversations to happen due to the emphasis the picture taking inherently places on the act of the encounter. Within this encounter, the role of the photographer and the sitter is established through a cultural understanding each person brings to the encounter. Even though practices might depart a little from the set roles, this form of activity has a well-known narrative that all involved know how to engage with and act. The photographer creates the space, sets up the camera and knows when the picture is going to be taken. The sitter, on the other hand, knows that the space is there to pose and perform an intended identity, looks at the camera, and waits for the moment of the pictures taking. This commonality established by the conventions of studio photography reveals that those successfully involved in the above configuration are part of the community.

For Heyman, studio photography becomes a productive mechanism that allows her to displace anxieties about not being part of the local community. This difference defines the paradigm

fotografi potàb, kote li fè foto ki pa ta pral espoze nan egzibisyon Byenal la. Tan pou sa, imaj yo ke li ta pral pwodwi tap rete avèk moun ki sije foto a. Sa li ap ekspoze nan evènman Byenal la tap yon seleksyon de konvèsasyon ak moun li fè foto yo, ekri met sou papye ant Heyman avèk sije li a. Apre li mete yon 8 x 10 Deardorf kamera sou terèn a, yon dekò, yon chamn nwa, li pran pòtrè Ayisyen kap viv nan zòn Gran Ri nan anba la vil Pòtoprens. [Fig. 4.14]

Kòm pwòje li a progrese, entansyon orijinal la chanje epi Heyman, tan pou pa montre foto yo nan evènman, deside fè yo kòm premye fokis nan egzibisyon a. Montre nan fòmasyon yon kadriyaj avèk memn dekò a ki nan chak nan pòtre yo, egzibisyon final la fè paret sa Heyman te vle invizib dabò. Apre tranbleman de tè a 12 janvye, 2009, pwòje li a fè yon lot vire toujou. Heyman te retounen an Ayiti pou fè yon ekstansyon pwòje li a pou inkili yon seri de pòtrè moun ki toujou vivan nan sak te chita pou li nan Byenal 2009 la, avèk pòtre de rezidan temporè, volentè, avèk mamn Joint Task Force. Yon kolèksyon foto sa yo te fokis de yon egzibisyon nan galri Light Work ki rele "Pa Bouje Anko" ki ale ansamn ak katalòg egzibisyon an.[7]

Pou Heyman, li depann de konvansyon komen ki genyen nan estidyo pòtrè. Pou li, pòtrè a se yon fòm fotografik ki pèmet setan konvesasyon ki vin fèt pa rapò ak aksan fè foto a mete sou rankont la. Andedan rankont la, wòl moun kap fè foto a avèk sije a etabli pa yon konpreyansyon kiltirel ke chak moun pote nan rankont la. Menm si pratik sa yo yon ti jan parti de wòl tradisyonel yo, fòm de aktivite sa yo genyen yon naratif ki konnen, kote tout sa kap patisite konn ki jan pou angage. Fotograf la kreye espas la, mete kanpe kamera epi konnen lè pou pran foto a. Sije a li memn, konnen ke espas la la pou pran pòz epi kreye yon identite, gade kamera epi tan foto a fet. Aspe komen sa yo ki tabli pa konvènsyon de estidyo fotografi a, montre ke sak mache ak konvèsyon sa yo pran pati de yon kominote.

Pou Heyman, estidyo fotografi vin you resous pwodiktif ki pèmet li kite enketyid ke li fè sou pa yon kominote diferean. Diferans sa defini yon baz komen ke modèl Geto Byenal la fonksyone. Byenal la fè apel pou pwopozisyon atis ki fè tèm de diferans santral la sa yap fè a pa mwayen kote yo mande tet yo yon kesyon: 'sak rive lè yon atis

---

7. Laura Heyman, *Pa Bouje Anko: Don't Move Again [exhibition]* September 13-October 15, 2010, Syracuse, NY: Light Work, 2010. Heyman graciously shared aspects of her practice with me during email, phone and Haiti-based correspondences starting in October of 2009.
7. Laura Heyman, Pa Bouje Anko: Don't Move Again [exhibition] September 13-October 15, 2010, Syracuse, NY: Light Work, 2010. Heyman ak jenosozite pataje aspè nan pratik li avè'm pa imèl, telefòn ak korespondans ki kòmanse nan Oktòb 2009.

upon which the Ghetto Biennale functions. The Biennale's call for artist proposals put the theme of difference front and center by asking the stated question, 'What happens when first world art rubs up against third world art? Does it bleed?' Heyman arrived in Haiti considering the lack of commonality and the lack of shared community between her and the people she'd encounter as her project proceeded. She depended on studio photography's ability to dissipate or reduce this difference. Heyman made it a point to develop and distribute her photographs to the people she encountered in her makeshift studio. The images, as objects representative of this exchange, then have lives of their own circulating in whatever personal economies of meaning the person decides. The glossy images operate within an undefined and indefinite context. They have the potential, if not the intention, to alter relationships and understandings of what is seen in the future.

Heyman's work represents an important part of the Ghetto Biennale's archive of participants and projects. The series illustrates that it is indeed possible for photography to serve as an acceptable and useful

premye monde vin bouje ak yon atis twazyèm mond lan?' Eske yo bay san? Heyman te rive an Ayiti epi konsidere mank de sa ki gen an komen, epi mank de kominote ant li memn avèk moun ke li rankontre lè pwòje li tap avanse. Li vreman antre nan kapasite estidyo fotografi gen yen pou ka redwi diferans sa. Heyman te asire ke li develope e distribye foto li yo a moun ke'l kontre nan stidyo pòtab li a. Imaj sa yo, kòm obje ki reprezante echanj sa, apre vin gen yon vi ki antre nan ekonomi pèsonel ke moun nan deside li menm. Foto briyan ke'l fè opere andedan yon konteks san definisyon. Yo gen potensyel, si pa entansyon, pou chanje relasyon avèk konpreyansyon de sak wè nan tan kap vini a.

Travay Heyman reprezante wòl enpotan de archiv patisipan e pwòje de Geto Byenal la. Seri de imaj sa yo vin ililstre ke li vreman posib pou fotografi sèvi kòm yon medyum itil andedan konteks Geto Byenal la. Men, tèm sa yo ki te bezwen ranpli pou siksè pwoje li a, te pèmet tou yon seri de pwodiksyon fotografik sou pa kek nan fotograf ki te dangerè pou tout kominote ki ladan nan.

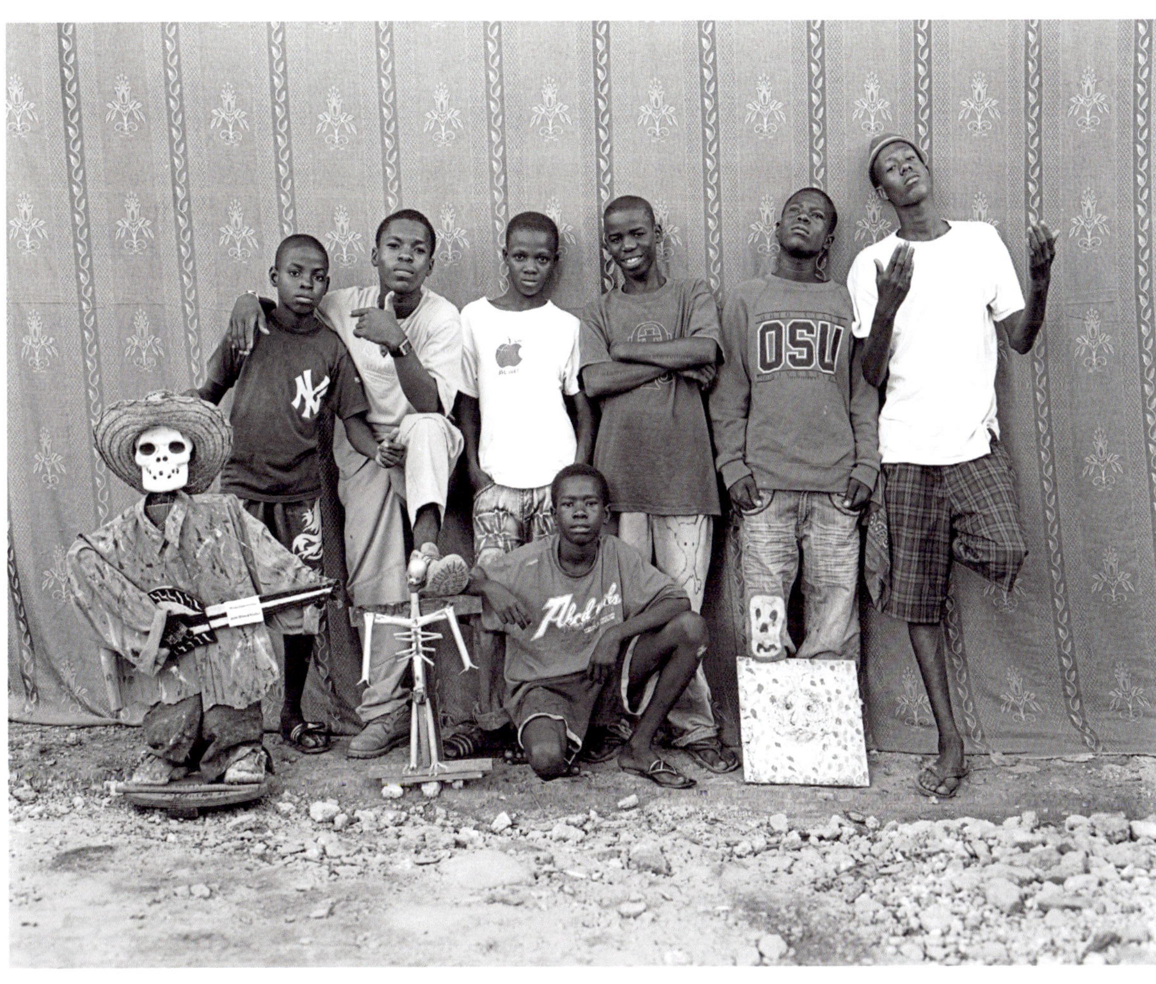

Fig. 4.14 Timoun Rezistans, Port-au-Prince, Haiti (2009)
Photo: Laura Heyman

Fig. 4.14 Timoun Rezistans, Pòtoprens, Ayiti (2009)
Foto: Laura Heyman

medium within the context of the Ghetto Biennale. However, the terms that needed to be met for the success of her project also allowed for a range of photographic production by various photographers that were detrimental to all communities involved. Rightfully, the lens-free mandate started in response to an important problem, one that comes with the "weight of history" that we can only attempt to tackle through our best efforts. My effort, however imperfect, was to find a way to have photography present by way of its very absence, since one side of the dichotomy seems to always hinge upon the other.

Editor's Note

I think it is important to highlight two important projects by Haitian artists which resonate with the issues highlighted in this essay. One took place before the lens ban and one was an immediate response to the ban. "Tele Geto", which was created in 2009 was a radical piece of performance art which was created and performed by four local teenagers, Rossi Jacques Casimir, Alex Louis, Romel Jean-Pierre and Steevens Simeon. They had fashioned a pretend video camera from a plastic litre oil container and used a stick with gaffer tape at the end for a microphone. For three-days they ghost filmed the Ghetto Biennale mimicking the movements of foreign filmmakers with uncomfortable accuracy. This was spontaneous, reflexive and humorous institutional critique. In 2013, as a response to the lens ban three Haitian artists, Claudel Casseus, Romel Jean-Pierre and Racine Polycarpe, created a new work, called Replacement and Image Transformation, which critically reversed the gaze and embedded the ensuing images into recycled sculptures. [Fig. 4.15]

Intèdiksyon Lèns kamera te komanse an repons a yon pwòblem enpòtan, youn ki vini avèk "pwa istwa" ke nou ka jis espere avèk pi bon efò ke nou kapab fè fas ak li. Efò pa'm nan mwen menm, malgre li pa pafe, se pou jwenn yon mwayen pou ke fotografi a prezan, pa rapò ak absans li, paske yon bo dikotomi a toujou panche sou lot la.

Remak Editè a

Mwen panse ke li enpòtan pou mete aksan sou de pwojè enpòtan pa atis Ayisyen ki reyaji ak sijè ki nan atik sa a. Youn te pase anvan entèdiksyon an lantiy ak yon sete yon repons apwe entèdiksyon an. "Tele Geto", ki te kreye nan 2009 se te yon radikal pèfòmans ar ki te kreye ak fèt pa kat jèn adolesan, Rossi Jacques Casimir, Alex Louis, Romel Jean-Pierre and Steevens Simeon. Yo te fè yon kamera videyo fo pretann ak yon botey lwil plastik ak itilize yon baton ak tep gafè nan fen nan pou yon mikwofòn. Pou twa jou yo filme Geto Byenal imite mouvman etranje yo ak presizyon danjere. Sa a sete yon fòm kritik enstitisyonèl ki espontane, refleksif ak komik. Nan 2013, kòm yon repons a entèdiksyon nan lantiy twa atis Ayisyen, Claudel Casseus, Romel Jean-Pierre ak Racine Polycarpe, te kreye yon nouvo travay, ki yo rele Ranplasman ak Imaj Transfòmasyon, ki ranvèse gade ak kritik ak entegre imaj yo nan eskilti resikle yo. [Fig. 4.15]

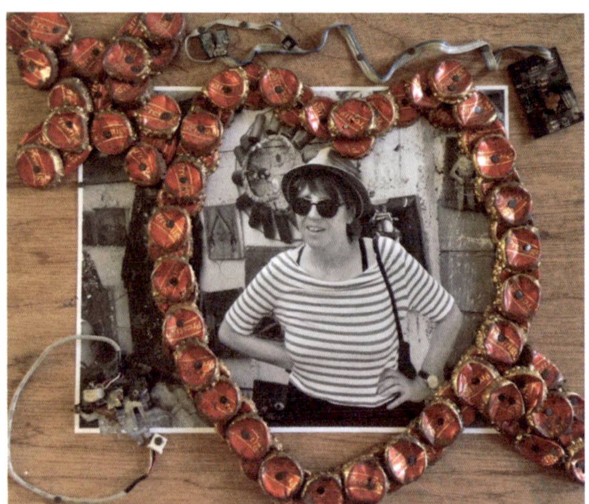

Fig. 4.15 Photographic sculpture of Leah Gordon by Claudel Casseus, Romel Jean-Pierre and Racine Polycarpe (2013) Photo: Liza McAlister

Fig. 4.15 Eskilti fotografik nan Leah Gordon pa Claudel Casseus, Romel Jean-Pierre epi Racine Polycarpe (2013) Foto: Liza McAlister

REFERENCES REFERANS

Danticat, Edwidge. Look at Me: Photographs from Africa Past and Present. Harper.org. http://harpers.org/archive/2013/12/look-at-me/

Heyman, Laura. "Pa Bouje Anko: Don't Move Again", in: Contact Sheet 158. Syracuse: Light Work. 2010

Houlberg, Marilyn. "Haitian Studio Photography: A Hidden World of Images", in: Busselle, Rebecca (ed.) Haiti: Feeding the Spirit. New York: Aperture. 1992.

Houlberg, Marilyn. "Feed Your Eyes: Nigerian and Haitian Studio Photography", Photographic Insight. 1, 2-3 Winter/Spring 1988.

Houlberg, Marilyn. "Haiti through Haitian Eyes," in: Haiti issue of Faces: the magazine about people. Peterborough, N.H.: Cobblestone Pub, 1992.

Michel, Georges. Charlemagne Péralte and the First American Occupation of Haiti: Charlemagne Péralte: Un Centenaire, 1885-1985 Dubuque. Iowa: Kendall/Hunt Pub. Co. 1996

Renda, Mary A. Taking Haiti: Military Occupation and the Culture of U.S. Imperialism. 1915-1940 Chapel Hill: University of North Carolina Press. 2001

Rodman, Selden. Haitian Art. New York: The Organization. 1973

Thompson, Krista. A Sidelong Glance: The Practice of African Diaspora Art History in the United States. Art Journal, 70, 3 Fall 2011.

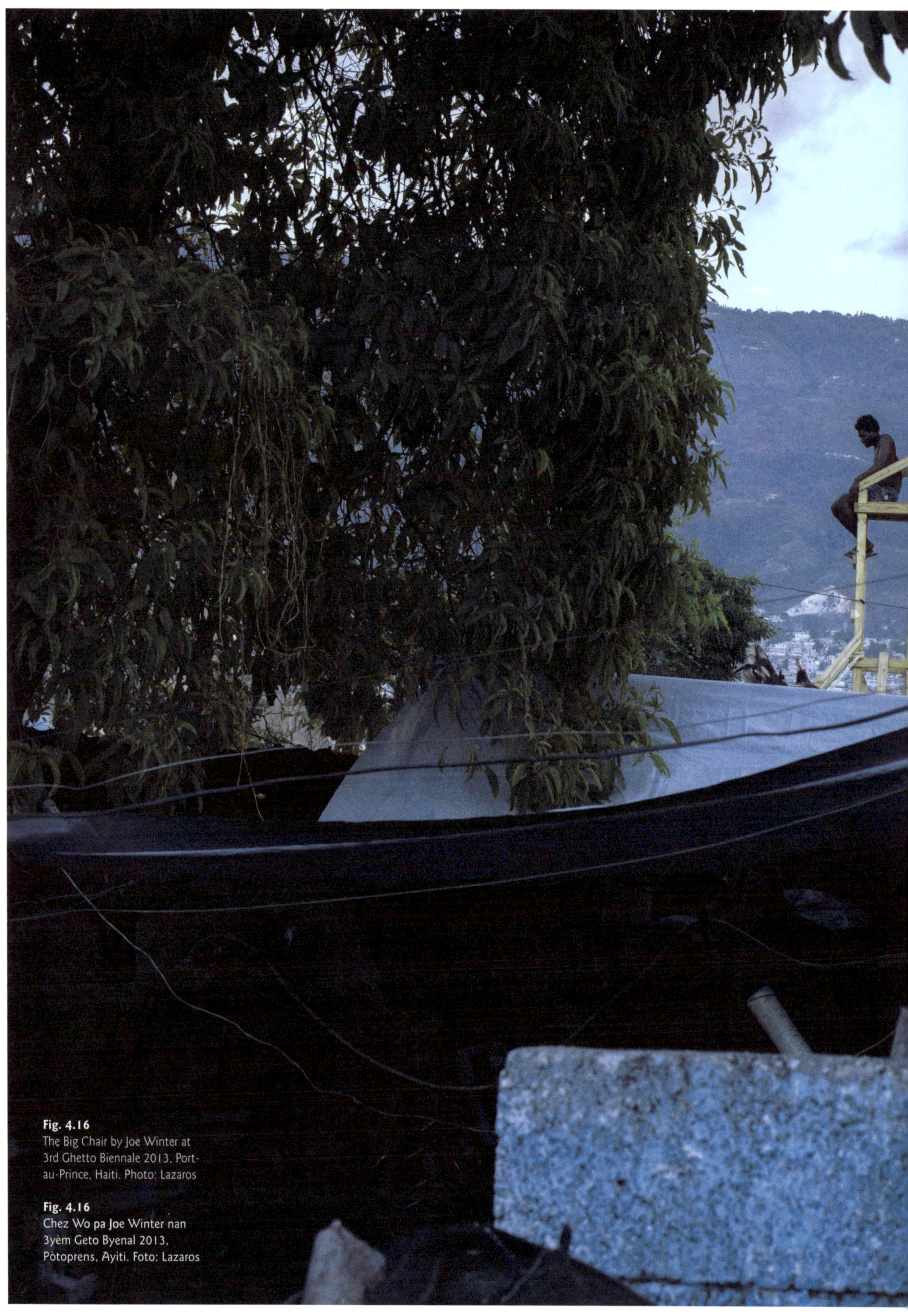

Fig. 4.16
The Big Chair by Joe Winter at
3rd Ghetto Biennale 2013, Port-
au-Prince, Haiti. Photo: Lazaros

Fig. 4.16
Chez Wo pa Joe Winter nan
3yèm Geto Byenal 2013,
Pòtoprens, Ayiti. Foto: Lazaros

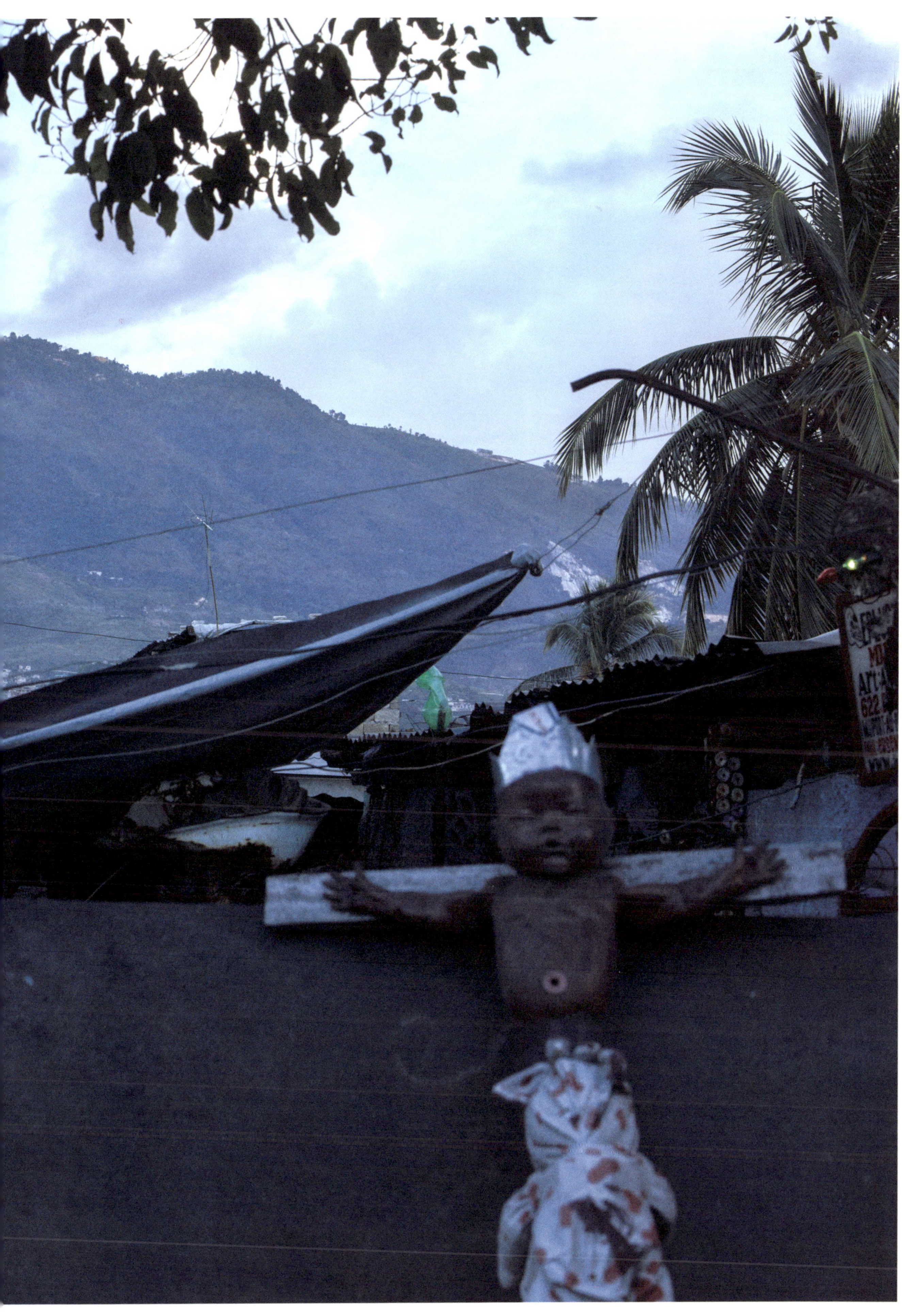

KREYOL, VODOU & THE LAKOU: FORMS OF RESISTANCE

KREYÒL, VODOU & LAKOU A: TWA FÒM REZISTANS

4TH GHETTO BIENNALE

4YÈM GETO BYENAL

2015

Andre Eugene (HT)
curator, co-director, site management
konsèvate, ko-direktè, manadjè sit la

Cat Barich (DE)
curator, site logistics, artist liaison
konsèvate, lojistik sit la, atis lyezon

Claudel Casseus (HT)
curator, onsite management
konsèvate, manadjè sit la

Evel Romain (HT)
curator, transport and logistics
konsèvate, transpò, lojistik

Lazaros (US)
curator, images, website admin, press, film
screening management
konsèvate, fotograf, sit entènèt, laprès,
pwogram fim

Leah Gordon (GB)
curator, co-director, logistics, press
konsèvate, ko-direktè, lojistik, laprès

Laura Heyman (US)
advisory consultant, images back-up
konsiltatif, dezyem fotograf

Liz Woodroffe (GB | BB)
curator, graphic design, social media
konsèvate, desen grafik, medya sosyal

Maccha Kasparian (FR)
curator, site mapping, French translation
konsèvate, kat jewografik sit la,
tradiktè Franse

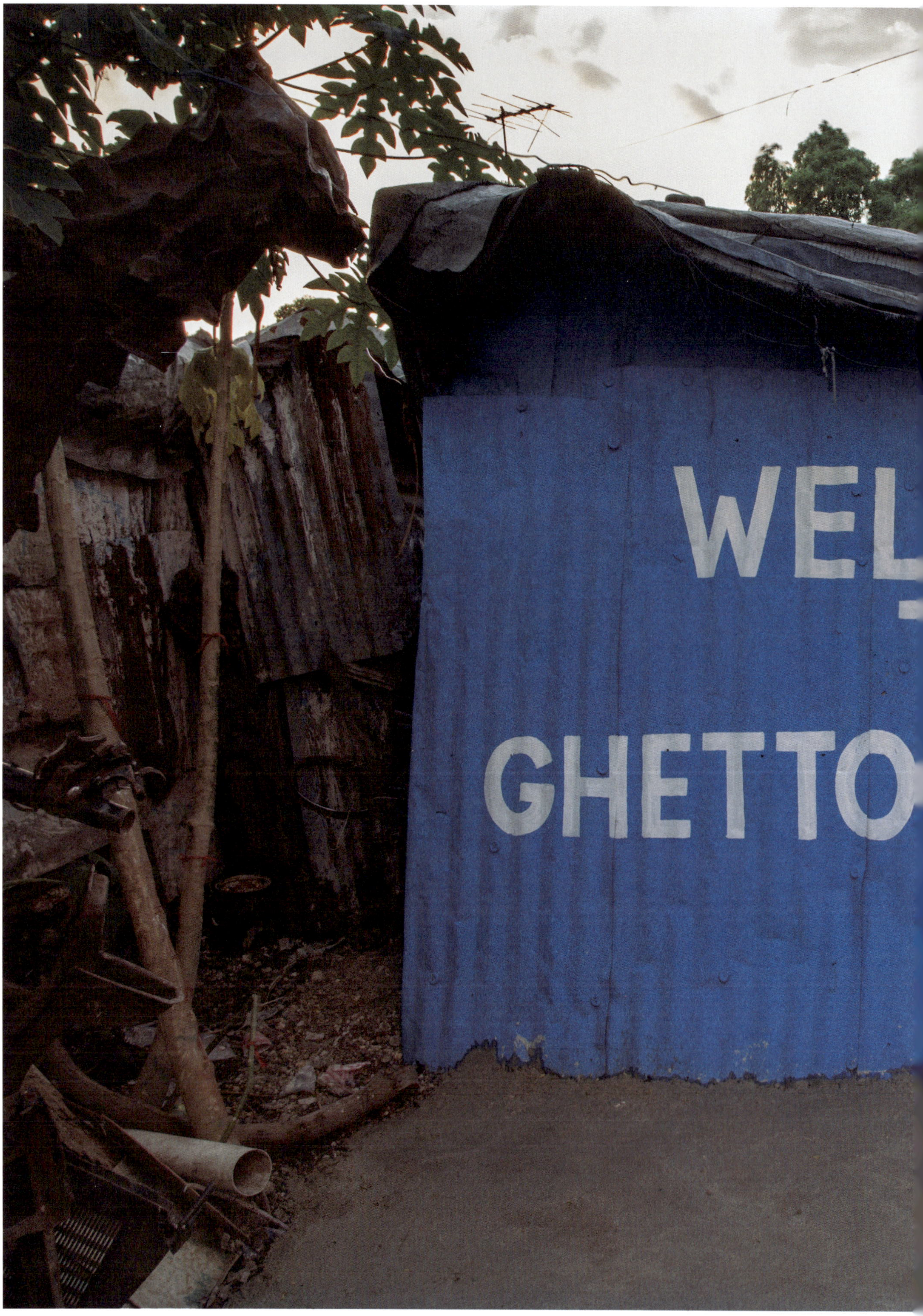

WEL
GHETTO

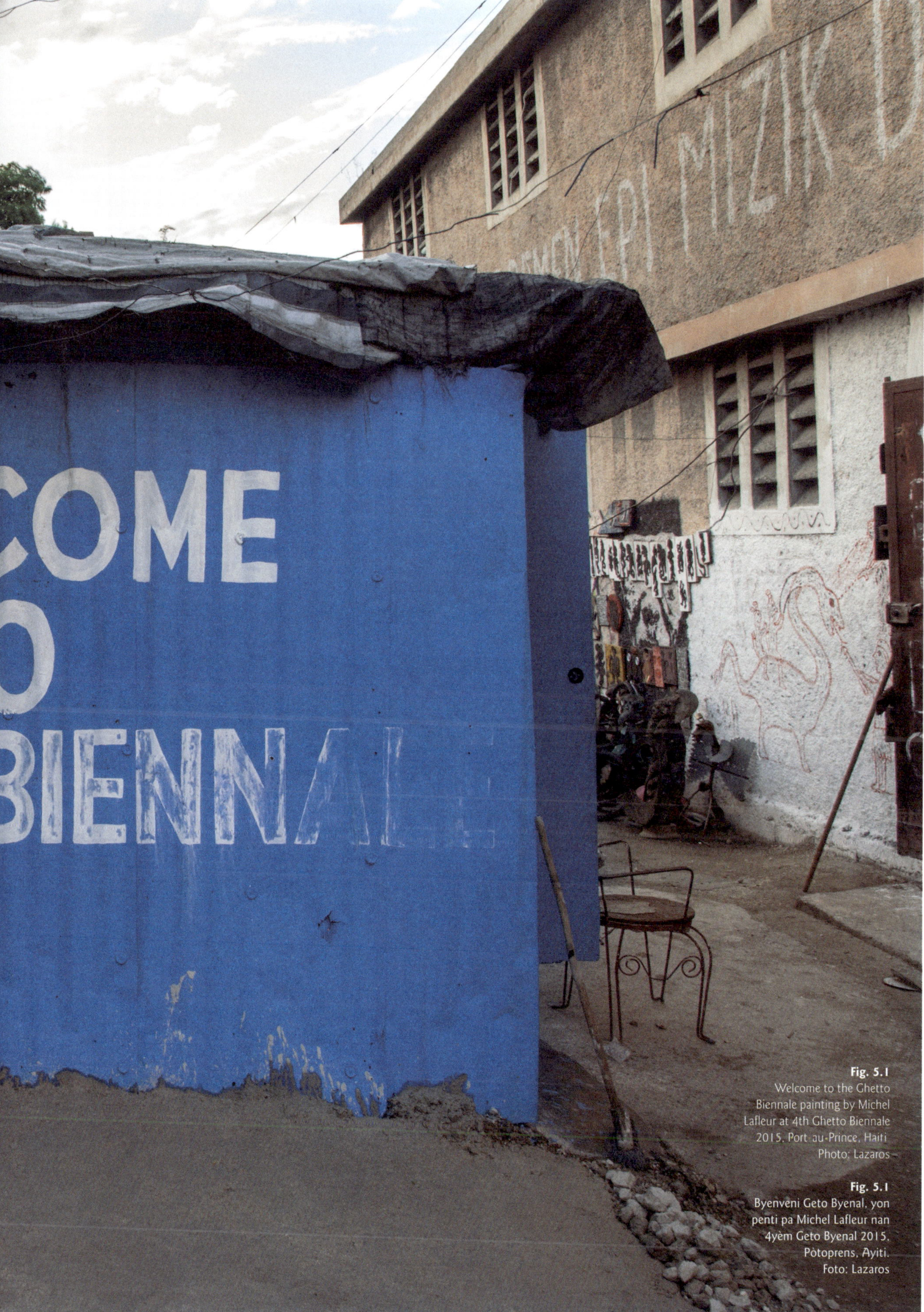

Fig. 5.1
Welcome to the Ghetto
Biennale painting by Michel
Lafleur at 4th Ghetto Biennale
2015. Port-au-Prince, Haiti
Photo: Lazaros

Fig. 5.1
Byenveni Geto Byenal, yon
penti pa Michel Lafleur nan
4yèm Geto Byenal 2015,
Pòtoprens, Ayiti.
Foto: Lazaros

ARTIST AND PROJECT LIST LIS ATIS AK PWOJÈ YO

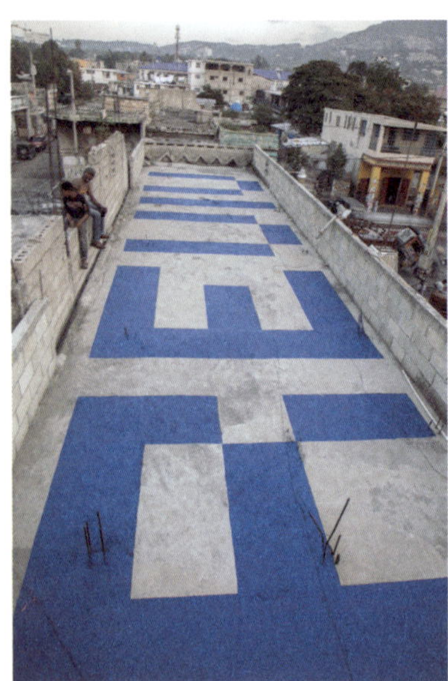

Achim Mohné (DE) & Uta Kopp (DE) with Lisa Bensel (DE)

REMOTEWORDS | MO REKILE YO

REMOTEWORDS is a long-term artistic and interdisciplinary project that subversively inserts messages into virtual global commercial surveillance systems. For the 4th Ghetto Biennale 2015, REMOTEWORDS worked together with Claudel Casseus, local Haitian writer, at a crossroads of Land Art, Media Art, photography, literature, design and navigation technology. Motivated by the theme of resistance, Casseus chose the Kreyol word 'reviv' (to live again) to be painted onto a roof within the neighbourhood in permanent, big letters. As such, the statement will be photographed in the future by Google's satellites and thereby hacking into this system.

MO REKILE YO se yon pwojè atistik ak entèdisiplinè ki anfouye mesaj nan sistèm global siveyans komèsyal. Pou 4yèm Ghetto Byenal la 2015, REMOTEWORDS te travay ansanm ak Claudel Casseus, yon ekriven lokal Ayisyen-an, nan yon kafou ki nan Atizay Tè, Atizay Medya, fotografi, literati, desen ak teknoloji navigasyon. Motive pa tèm rezistans, Casseus te chwazi mo 'reviv' te fè pentire'l sou yon do-kay nan katye a nan pèmanan, gwo lèt. Kòm sa, li dwe pran foto nan fiti-a pa satelit Google la ak ensi hak nan sistèm sa-a.

Adonay Bermúdez (ES) & Steevens Simeon (HT)

BETWEEN ISLANDS | ANT ZILE

The International Video Art Festival BETWEEN ISLANDS emerged from the desire to connect the artistic values of several geographical areas through the symbolic language of video.

Festival Entènasyonal Videyo Atizay la ANT ZILE parèt sòti nan dezi-a konekte valè yo atistik ak plizyè zòn jewografik nan lang lan senbolik nan videyo.

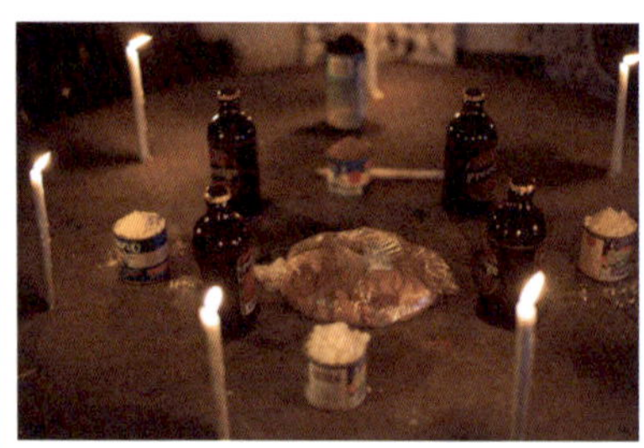

Alberto Danelli (IT/GB)

CONCRETE ART MILITIA #1 | ATIZAY MILISYEN EN BETON #1

CONCRETE ART MILITIA #1 Wants to infuse spirituality in the dominant materialism of Western culture, as a remedy for our growing hunger for consumer commodities. As part of a ritual, the altar displayed the malevolent spirits embedded in Western society in forms of ghostly representations using still and moving images. If the past is always affecting the present, then there this was a chance to use Vodou to intervene over the mechanism of late capitalism.

ATIZAY MILISYEN EN BETON #1 li vini soti nan yon bezwen foure kek espirityalite nan materyalism dominan-an nan kilti Oksidantal, kòm yon remèd kont grangou pou komodite konsomatè. Nan yon seremoni, li te fe yon badji-a ap montre move lespri yo entegre nan sosyete Lwès nan yon fòm reprezantasyon fantòm ki itilize imaj, fim ak foto, te kaptire nan Ewòp. Si tan lontan an toujou afekte prezan an, lè sa-a te yon chans pou sèvi ak Vodou pou entèvni sou mekanis nan sistèm kapitalis la.

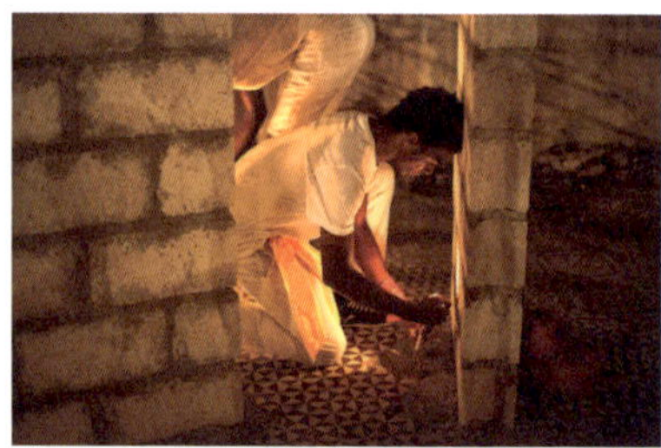

Ann Mazzocca (US), Dasha Chapman (US), Yonel Charles (HT) & Jean-Sebastien Duvilaire (US/HT)

ACTIVATING PETWO'S KINESTHETIC IMAGINATION | AKTIVE IMAJINASYON KINÈSTEZIK PETWO

Through performance ethnography and a collaborative creation of a final performance, the group attempted to engage in a collective re-imagining of Petwo in order to answer the following questions: How can Petwo's "kinesthetic imagination" be harnessed and revisioned through the elaboration of story, dance and collective kinetic experience? How can we summon Bwa Kayiman's call for unification to connect across difference in order to foment a revolution that activates new social imaginings? Can we do so in ways that do not perpetuate the heteromasculine strictures on Haitianness which marginalize women, queers, dancers and artists?

Atrave pèfòmans ètnografi ak yon kreyasyon kolaboratif nan yon pèfòmans final, gwoup la te eseye angaje nan yon kapasite kolektif pou imajine Petwo pou yon reponn a kesyon sa yo: Ki jan yo ka èksplwate ak chanje Petwo "imajinasyon kinèstezik" nan élaboration a nan istwa, dans ak kolektif eksperyans kinetik? Ki jan nou ka rele apèl Bwa Kayiman pou inifikasyon pou konekte atravè tout diferans pou fomante yon revolisyon ki aktive nouvo imajinasyon sosyal? Èske nou ka fè sa nan yon fason ki pa kontinye restriksyon yo heteromaskulin sou moun Ayisyan ki majinaliz fanm, omoseksyèl, dansè ak atis?

ARTIST AND PROJECT LIST LIS ATIS AK PWOJÈ YO

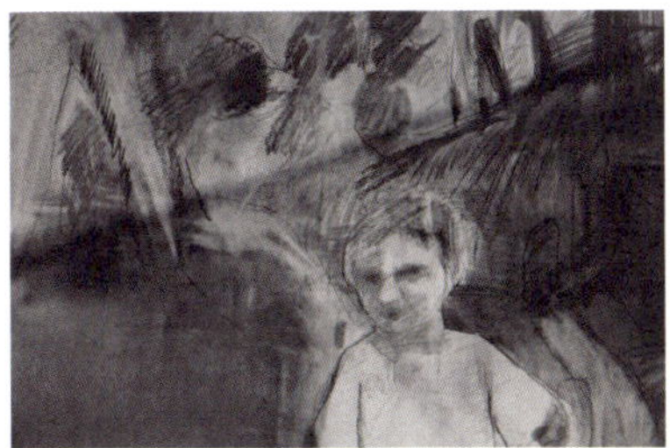

Anna Sebastian (GB)
HETEROTOPIA | HETWOTOPIYA

HETEROTOPIA attempted to tease out the many strands of cultural and historical strata which were a collective response to the terrible displacement of the Slave Trade. Sebastien worked onsite to create largescale drawings which functioned within the genre of magical realism, rendering history, memory and myth indistinguishable.

HETWOTOPIYA te eseye jwenn anpil istwa kiltirèl ak istorik ki te yon repons kolektif pou deplasman terib nan Komès Esklavaj. Sebastien te travay sou plas pou kreye gwo desen ki fonksyone nan genre ki rele réalisme majik, kit e kite istwa, memwa ak mit endistenkteman.

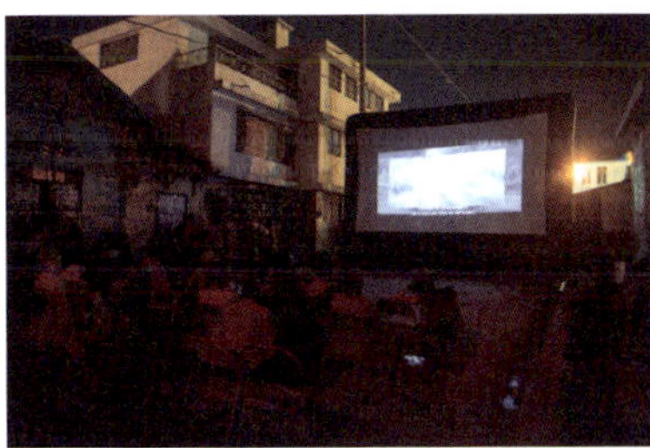

Arcade Fire (CA)
THE REFLEKTOR TAPES | KASÈT REFLEKTO YO

THE REFLEKTOR TAPES is an insight into the making of Arcade Fire's international #1 album Reflektor.

KASÈT REFLEKTO YO se yon apèsi nan pwosesis ap fè plak la entènasyonal la # I pa Arcade Fire ki rele Reflektor.

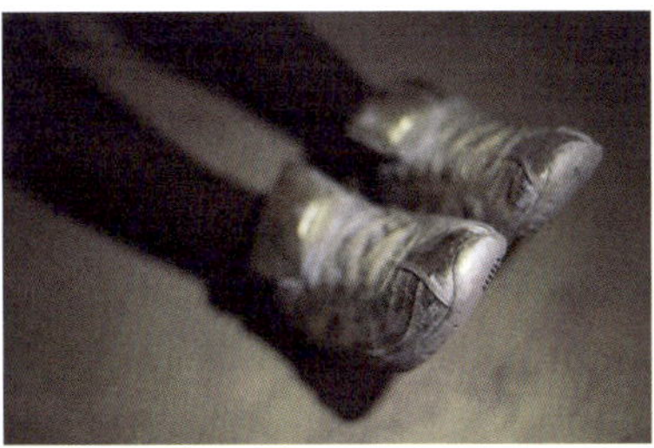

Bryan Rodriguez Cambana (PE)
JERMAINE DUPRI PLAYLIST | SELEKSYON JERMAINE DUPRI

JERMAINE DUPRI PLAYLIST is a performative work that gathered the talents of local tween (10 to 13 year old) artists active in Rap Kreyol. The final project took the form of a concert on a small handmade stage where the young rappers performed six musical sets.

SELEKSYON JERMAINE DUPRI se yon travay pèrformativ ki ranmase jenn talan atis lokal (10 a 13 ane) ki aktif nan Rap Kreyol. Anfen pwojè-a te pran fòm lan nan yon konsè sou yon ti etaj kote jenn rapè yo ka fè plis pase sis perfomans musik.

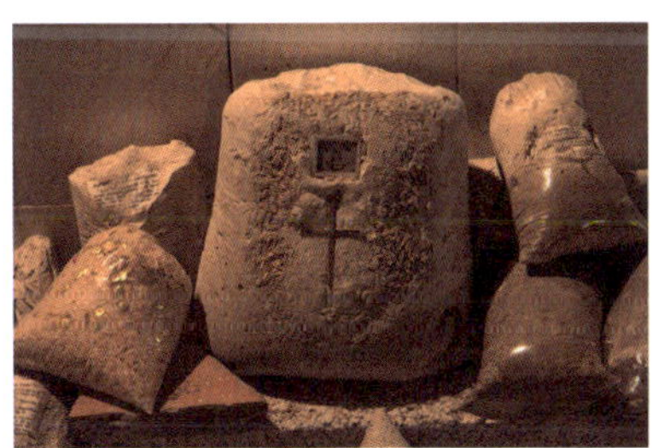

Camille Chedda (JM)
REBUILD | REBATI

REBUILD was a public art work made up from a number of plastic bags filled with cement and embedded with objects associated with Vodou which were sourced locally by the artist. Chedda wanted to invoke ideas of loss associated by the earthquake and also through the system of Transatlantic Slavery.

REBATI sete yon travay atistik piblik te fè ak yon kantite sache plastik. Yo te plen ak siman e atis la te entegre objè yo ki asosye ak Vodou ke atis la te souse lokalman. Chedda te vle envoke lide nan pèt asosye ak tranbleman tè a e nan sistèm nan Tranzatlantik Lesklavaj.

Carl Martin Faurby (DK)
LAKOU FREELANCE | LAKOU ENDEPENDAN

LAKOU FREELANCE was a set of workshops with Haitian artists to discuss art production in the West and Haitian concepts of self-organization. They explored the concept of the Lakou as a model for creating more autonomy for artists in and outside Haiti as well as the problematics of a contemporary art world where mobility, networking and precarious work conditions exclude many cultural expressions.

LAKOU ENDEPENDAN te yon seri seminè ak atis Ayisyen yo pou diskite sou pwodiksyon atizay nan Lwès la ak konsèp Ayisyen nan òganizasyon lokal ak tèt kole. Yo eksplore konsèp kòm Lakou an kòm yon modèl pou kreye plis otonomi pou tout atis nan mond lan. Tou yo te diskite problematik yo nan yon mond atizay kontanporen kote mobilite, rezo ak kondisyon travay delika ka bay eksklizyon pou anpil ekspresyon kiltirèl.

Cat Barich (DE)
ATIS KONSA KONSA DOKTO FEY PUBLIK | THE ARTIST AS HEALER

In the project, THE ARTIST AS HEALER, Cat Barich offered services as a Tellington TTouch© Level II Practitioner and shamanic therapist within the public areas of Lakou Cheri and Ghetto Leanne. During these interactions, Barich shared and taught these healing techniques, but also exchange methods and learnt about Haitian healing techniques both spiritual.

Nan pwojè sa-a, ATIS KONSA KONSA DOKTO FEY PUBLIK, Cat Barich ofri sèvis kòm yon Tellington TTouch© Nivo II Praktisyonè ak kalite terapis chamanik nan zòn piblik yo nan Lakou Cheri ak Geto Leanne. Pandan entèraksyon sa yo, Barich pataje epi li moutre teknik geri sa yo, men tou, echanj metòd ak te aprann enfòmasyon sou teknik geri Ayisyen.

ARTIST AND PROJECT LIST LIS ATIS AK PWOJÈ YO

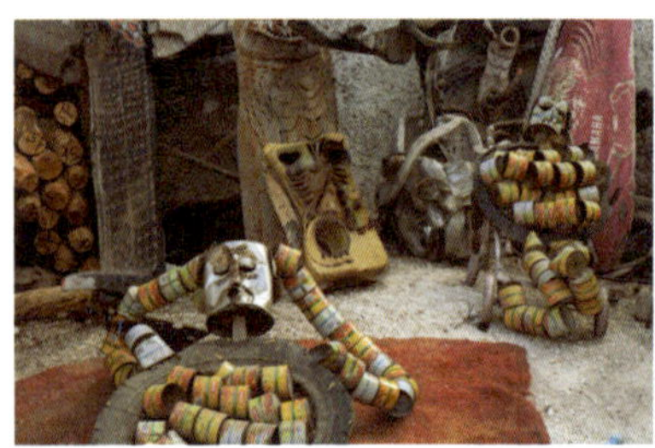

Claude Saintilus (HT)

LAPE NAN VODOU A | PEACE WITHIN VODOU

Saintilus did a performance where he sang and preached the peace within Vodou. He presented some sculptures that represented the same ideals.

Saintilus te fè yon pèfòmans kote li t'ap chante e preche la paix nan Vodou a. Li te montre kèk eskilti ki te reprezante menm ideyal yo.

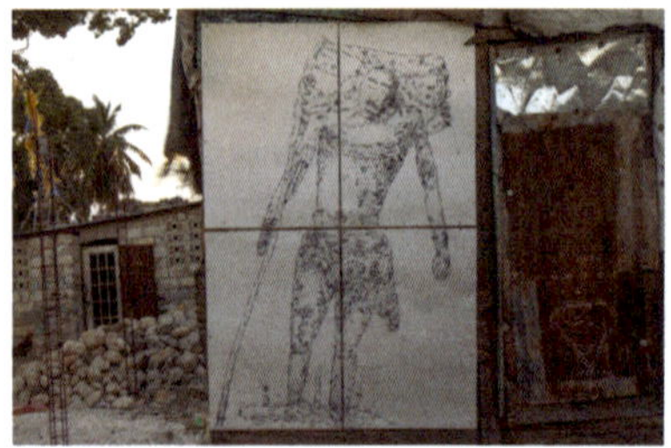

Edgar Endress (CL/US) & Pierre Adler (HT)

THE STORY OF INSTITUTIONS | ISTWA NAN ENSTITISYON

In downtown Port Au Prince one can find many people making rubber stamps. They handcraft stamps for customers using a razor blade with precision and craftsmanship. THE STORY OF INSTITUTIONS explored the meaning of the rubber stamp as a symbol of social legitimacy and as political metaphor. Stamps were commissioned and used to create a version of the seminal photograph of Charlemagne Péralte, the matryrred Haitian guerrilla leader of the Cacos revolution against the US invasion of 1915.

Anba lavil Potoprens moun ka jwenn anpil atizan travay fè tenm kawotchou. Yap fè tenm kawotchou pou kliyan lè l sèvi avèk yon lam razwa avèk presizyon ak pwofesyon. ISTWA NAN ENSTITISYON te eksplore siyifikasyon an nan tenm kawotchou kòm yon lejitimite senbòl sosyal ak kòm metafò politik. Tenm te komisyone epi itilize pou kreye yon vèsyon nan foto selèb Charlemagne Peralte, lidè geriya Ayisyen nan revolisyon an Cacos kont envazyon an US nan 1915 ki te mouri.

Emilie Boone (US)

AN AMENDED HISTORY OF HAITIAN PHOTOGRAPHY: PRESENCE THROUGH ABSENCE | YON ISTWA MODIFYE NAN FOTOGRAFI AYISYEN: PREZANS NAN ABSANS

PRESENCE THROUGH ABSENCE was a performance piece in Kreyol and English comprised of spoken excerpts from interviews about photography in Port-au-Prince. This performance was meant to rupture the Biennale's lens-free mandate. This strategy of circumventing the rules was at the heart of Kreyol, Vodou, and the Lakou, the three major themes of this year's Biennale. At a public meeting in the lakou Boone asked what are the larger implications of having a lens-free Biennale. What are the terms that need to be met for photography to become an acceptable and useful medium in light of Haiti's multifaceted history of photography?

PREZANS NAN ABSANS te yon pèfòmans nan Kreyol ak Angle konpoze pawol sou fotografi nan Pòtoprens. Pèfòmans sa-a vle fe yon to twou nan lalwa di moun etranje paka itilize kodak la pandan byenal la. Estrateji sa-a nan kraze règ yo te nan kè ak Kreyol, Vodou, ak Lakou a, twa tèm nan byenal ane sa a. Nan yon reyinyon piblik nan lakou-a Boone te mande ki sa yo enplikasyon ke moun etranje paka itilize kodak la nan byenal la. Ki sa ki kondisyon ki bezwen pou satisfè pou fotografi yo vin yon mwayen akseptab pou reflechi nan istwa fotografi Ayisyen?

Erin Durban Albrecht (US)

A PEOPLE'S HISTORY OF US IMPERIALISM AND HOMOPHOBIA IN HAITI | ISTWA PÈP LA NAN US ENPEYALISM AK OMOFOBI AN AYITI

A PEOPLE'S HISTORY OF US IMPERIALISM AND HOMOPHOBIA IN HAITI 1915-2015 consists of a collaboratively-created zine about how U.S. interventions in Haiti over the last century shape the constraints and possibilities for gender and sexual liberation in the Black Republic and a roving public forum at the Ghetto Biennale to discuss homophobia in Haiti.

ISTWA PÈP LA NAN US ENPEYALISM AK OMOFOBI AN AYITI 1915-2015 konsiste de yon jounal te kreye tèt ansanm ki eksplore jan entèvansyon Ameriken an Ayiti nan syèk dènye fòme kontrent ak posiblite yo pou liberasyon seksyèl an Ayiti. Li te ye yon fowòm nomadic e piblik nan Geto Byenal la pou diskite omofobi an Ayiti.

Erwan Soumhi (MA/FR)

MIRROR, REVERSE I | MIWA, RANVÈSE MWEN

MIRROR, REVERSE I was a performance project based on the borlette lottery and the corresponding book the Tchala. The borlette players use the Tchala to translate their dreams into lottery numbers. The coded language, symbolic figures, historical elements, Vodou references, that Tchala as a dictionary, articulates were used a basis for the piece. The borlette was considered another process of resistance alike the Lakou, Vodou and the Kreyol language.

MIWA, RANVÈSE MWEN te yon pèfòmans ki baze sou bòlet la ak Tchala-a. Moun ki jwè bòlet itilize Tchala-a pou tradui rèv yo pou bay nimewo lotri. Lang kode, figi senbolik, eleman istorik, referans Vodou, ki Tchala atikile, kòm yon diksyonè, te itilize pou yon baz pou pwojè sa-a. Bòlet la te konsidere kòm yon lòt pwosesis pou rezistans ansanm ak Lakou-a, Vodou e Kreyol.

ARTIST AND PROJECT LIST LIS ATIS AK PWOJÈ YO

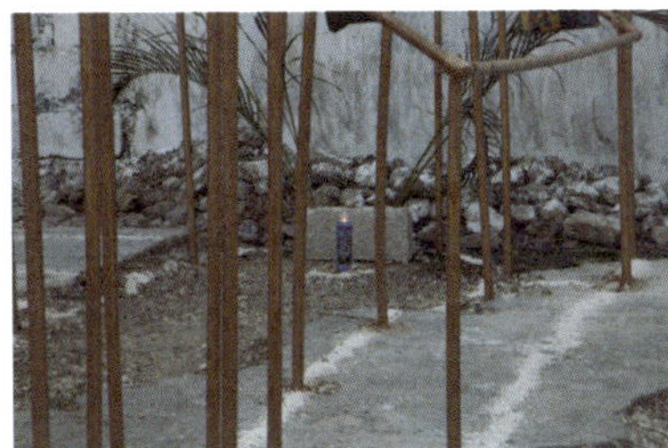

Gabriella Gilmore (GB) & Rachael Minott (GB)

RESURECTION | REZIREKSYON

RESURECTION explored concepts of recreation, memory, spirituality and identity. It examined the process of forming a new cultural space from existing ideas and practices by recreating the structure of the Holy Trinity Cathedral, which had been destroyed for the 6th time by the 2010 earthquake in Haiti.

REZIREKSYON te eksplore konsèp nan rekreyasyon, memwa, espirityalite ak idantite. Li te egzamine pwosesis la ki fòme yon nouvo espas kiltirèl ak lide ak seremoni ki deja egziste pa rekreye estrikti-a nan Katedral Sen Trinite a, ki te kraze pou 6zyèm fwa nan tranbleman tè-a 2010 an Ayiti.

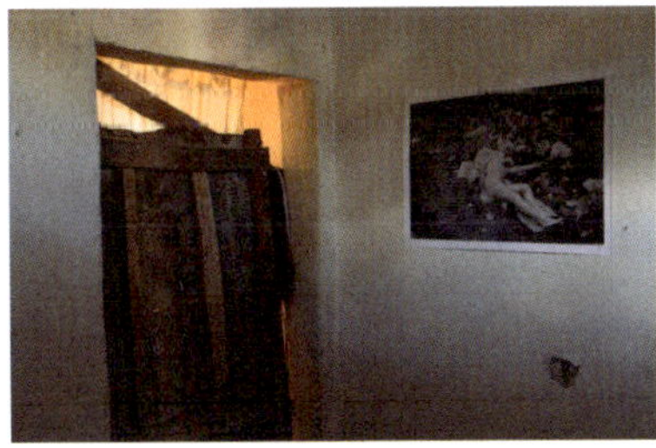

German Vinogradov (RU) & Anna Dorofeeva (curator) (RU/GB)

GERMAN VINOGRADOV SCREENING

Anna Dorofeeva, presented German Vinogradov's work and methods before a screening of his films in a small room exhibiting photography of Vinogradov's interventions. The films represented exhibited the artist's dedication to exploring the fusion of body and landscape within ritualised performance.

Anna Dorofeeva, te prezante travay German Vinogradov ak metòd li,

anvan yon sinema pwojeksyon fim li yo montre nan yon ti chanm montre fotografi ki dekri entèvansyon li menm. Fim sa yo reprezante ekspoze devouman atis la-a genyen pou eksplore fizyon an kont kò nati nan pèfòmans ritwelize.

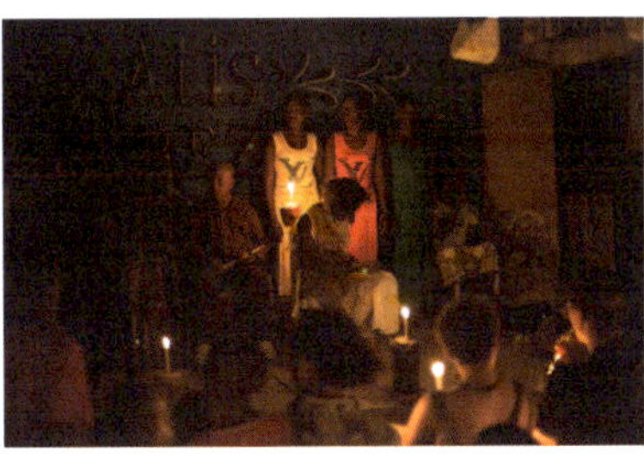

Getho Jean Baptiste (HT)

LAKOU A TOMBE | THE FALL OF THE LAKOU

The Lakou represented Haiti in the theatre play FALL OF THE LAKOU. Baptiste refers to the revolutionary leaders Christophe, Petion, Dessalines and other ancestors who fought to leave the lakou to the people as an inheritance. The project used theatre and music to represent how the Lakou has lost its power in comtemporary Haiti and finished with a ritual which called to Ginen, the ancestral homeland, to save the Lakou.

Lakou a te reprezante Ayiti nan teyat LAKOU A TOMBE Baptiste refere chèf revolisyonè Kristof, Petyon, Desalin ak lòt zansèt ki te goumen pou kite bay lakou-a pou pèp la kòm yon eritaj. Pwojè sa-a te itilize teyat ak mizik pou reprezante jan Lakou-a te pèdi fòs li nan Ayiti kontanporin e fini ak yon seremoni ki rele Ginen, peyi-a zansèt, pou konsève Lakou-a.

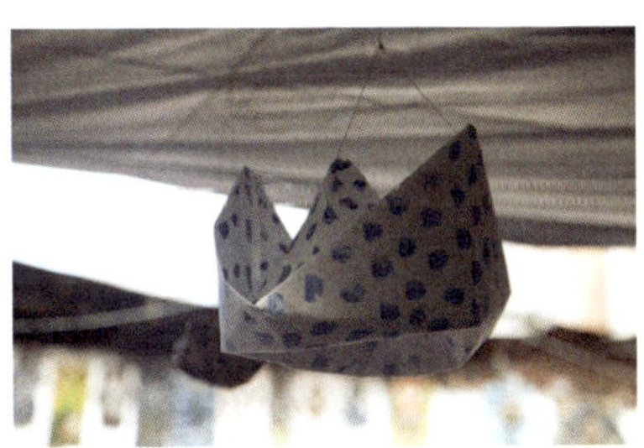

Gina Cunningham (US)

BOAT TREE PROJECT | PWOJE BATO PYEBWA

BOAT TREE PROJECT included research into traditional tree worship in Haiti, in and around the Lakou, and explored the spirits associated with trees, tree folklore and proverbs.

PWOJE BATO PYEBWA gen ladann li rechèch nan adorasyon tradisyonèl pou pyebwa an Ayiti, nan ak bo kote Lakou-a, e eksplore ki lwa yo ki asosye ak pyebwa, tradisyon pyebwa yo epi pwovèb.

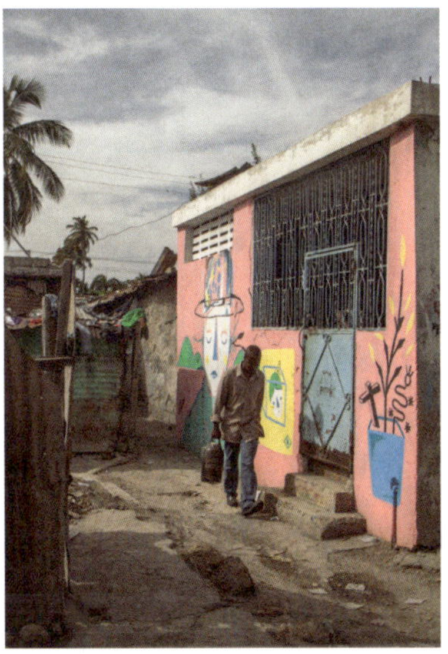

Gustavo Malucelli (BR)

HAITI IN BRAZIL | AYITI NAN BREZIL

HAITI IN BRAZIL was a form of marking and making visible the thousands of invisible Haitians currently living in Brazil, who have few rights but are exploited as a low cost labour source. Malucelli tried to connect Brazil and Haiti by his murals painted in the Lakou which were based both on his experiences and research in Haiti and his Brazilian aesthetic heritage.

AYITI NAN BREZIL te yon fòm pou make ak fè vizib plis pase mil Ayisyen ki envizib men viv kounye-a nan peyi Brezil. Moun sa yo pa gen anpil dwa men yo te eksplwate kòm yon kalite ouvriye pa che. Malucelli te eseye konekte Brezil ak Ayiti pa miral li te pentire nan Lakou-a ki te baze sou eksperyans ak rechèch li an Ayiti ak eritaj ayestetik Brezilyen li.

ARTIST AND PROJECT LIST LIS ATIS AK PWOJÈ YO

Henrike Naumann (DE) & Bastian Hagedorn (DE)

THE MUSEUM OF TRANCE | MIZE-A TRANS

THE MUSEUM OF TRANCE wanted to see what happened when the Haitian practice of spiritual trance clashed with German Trance music culture. They wanted to discuss the representation of Haitian culture in German museums by excoticizing German rave culture and by musealizing it as, 'the other' in the middle of Haiti. The traditional institution, ethnological museum' was appropriated, deconstructed and re-interpreted and transformed into a post-colonial experimental playground.

MIZE-A TRANS te vle wè sa ki te pase lè pratik la Ayisyen nan trans espirityèl fwape ak kilti mizik trans Alman an. Yo te vle diskite sou reprezantasyon an nan kilti Ayisyen nan mize Alman pa mete kilti Alman nan yon mize fo an Ayiti, e reprezante li tankou yon bagay ekzotik. Enstitisyon an tradisyonèl, tankou yon Mize Etnoloji, te apwopriye, dekonstrwi, entèprete anko ak transfòme nan yon lakou rekreyasyon pòs-kolonyal e eksperimantal.

Ismael Ogando (DO/DE) & David Etienne (HT)

ALTAR | BADJI

ALTAR aimed at developing a critical re-evaluation of 'facts on History', shadowed narratives in the context of the Black Atlantic, the Republique D'Haiti and its birth. The ceremonial song dedicated to Erzulie Dantor, a Vodou spirit, was arranged as an 'Aria' in Kreyól and recited by a trained soprano Haitian émigré and queer artist based in Dominican Republic. This was broadcast from Radyo Shak.

BADJI te eseye devlope yon nouvo evalyasyon kritikal nan 'enfòmasyon sou istwa', narasyon kouvri nan kontèks la nan Atlantik Nwa-a, Repilik D'Ayiti-a, nesans li. Chante seremonyal la te dedye a Ezili Danto, yon lespri Vodou, ki atis la te ranje tankou yon 'Aria Opera' an kreyòl e resite pa yon chante Soprano ki ye yon atis Ayisyen émigrée ak masisi ki baze nan Repiblik Dominikèn. Sa a te difize pa Radyo Shak.

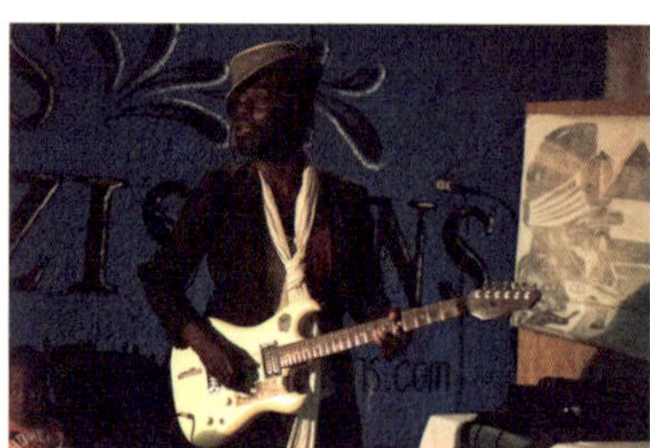

Jackson Thelemaque (HT/FR)

BOUKI'S LIBERATION | LIBERASYON BOUKI

Jackson Thélémaque was born and raised in rural Haiti but has spent most his life in France. The Haitian imaginary is part of his urban reality. For BOUKI'S LIBERATION, Thelemaque took the popular rual folktale 'Bouki and Ti Malice' and using song and story telling attempted to liberate Bouki from his compère Malice, transforming the crossroad into a roundabout.

Jackson Thelemaque te fèt epi grandi nan seksyon riral Ayiti men li te pase pi lavi'l an Frans. Imajinè Ayisyen an se yon pati nan reyalite iben li. Pou LIBERASYON BOUKI, Thelemaque pran istwa popilè riral la 'Bouki ak Ti Malis' e li te chante ak rakonte istwa pou eseye libere Bouki soti nan zanmi'l Ti Malis Animateurs, transfòme kafou-a pou yon lot wout endirèkt.

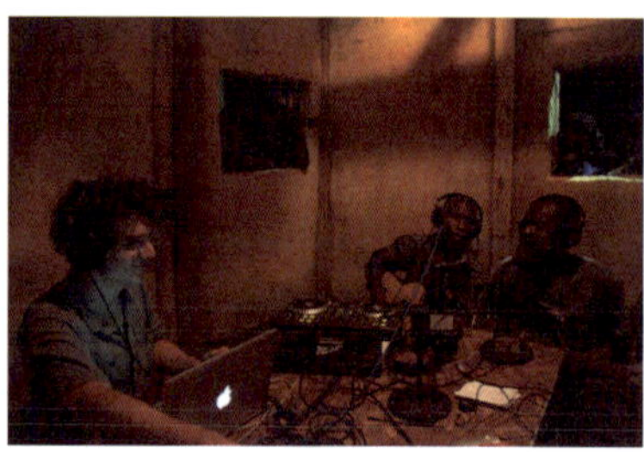

Jake Naussbaum (US) of Clocktower Radio with Richard Fleming (US)

RADIO SHACK | RADYO SHAK

RADYO SHAK was the voice of the 4th Ghetto Biennale 2015. RADYO SHAK broadcast Ghetto Biennale happenings, interviewed artists, public service announcements and musical entertainment over FM radio, internet radio and analog broadcast amplified through speakers and PA set up in the Grand Rue.

RADYO SHAK te vwa a nan 4yèm Geto Byenal 2015. RADYO SHAK emèt nouvel tout bagay te pase nan Geto byenal la, fè entèvyou ak atis yo ak dènye pwojè, fè anons piblik ak jouye mizik sou radyo FM, radyo entènèt ak emisyon analòg anplifye nan baf yo.

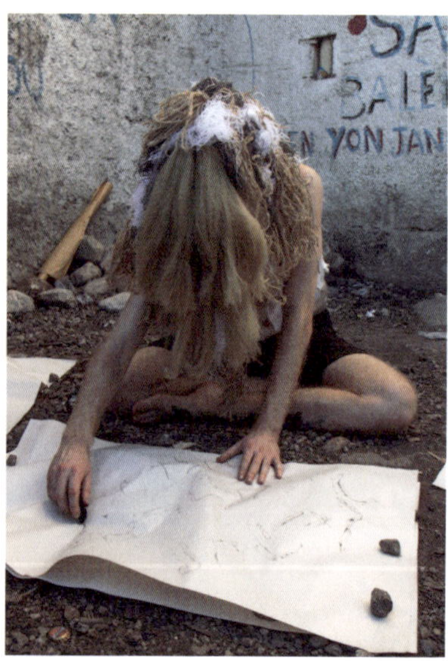

Jamie Ross (CA)

A SCRIPT OF DESIRE | YON ALFABE NAN DESI

A SCRIPT OF DESIRE was a ritual calligraphic performance project in which the artist created sacred space for writing, by actualizing subconscious desire through automatic drawing. A SCRIPT OF DESIRE was motivated by an interest in the sacred and magical logics, especially as articulated by queer people and in queer communities.

YON ALFABE NAN DESI te yon pèfòmans ki kaligrafik e seremonyal kote atis la te kreye espas sakre pou ekri, pa reyalize dezi enkonsyan pa desen otomatik. YON ALFABE NAN DESI te motive pa yon enterè nan yon kalite lojik la ki sakre ak majik, espesyalman jan li atikile pa moun ki nan kominote omoseksyèl.

ARTIST AND PROJECT LIST LIS ATIS AK PWOJÈ YO

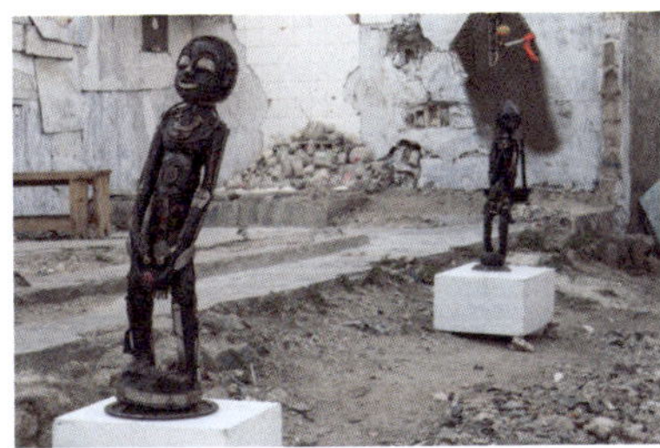

Jean D'Amerique (HT) & Muscadin Fritzgerald (HT)

CHITA TANN | SIT AND WAIT

'SIT AND WAIT' is an expression used often in the Kreyol language in many cases. It is primarily used either when the master of the yard sits and waits for his children when he sends them out to run an errand but also when visitors arrive at someone's yard, to show respect, they must sit and wait for someone to serve you. These are the principles of the Lakou. D'Amerique and Fritzgerald created an installation using recycled sculptures and performed a Vodou slam to explore the rules of the Lakou.

CHITA TANN se yon ekspresyon ki itilize nan lang Kreyol la nan anpil ka yo. Li se sitou itilize lè mèt la chita nan lakou-a epi tann pou pitit li apwe li voye yo soti al fè rann li yon sèvis men tou, lè vizitè rive nan lakou-a, fok yo montre respè pa chita epi tann pou yon moun ka sèvi ou. Sa yo se prensip yo nan lakou-a. D'Amerique ak Fritzgerald te kreye yon enstalasyon lè yo sèvi avèk eskilti resikle e te fè yon slam Vodou ki eksplore règleman ki genyen nan Lakou-a.

Jean Daniel (HT)

VODOU E KREYOL EN ART | VODOU AND KREYOL IN ART

With the project VODOU AND KREYOL IN ART, Daniel explored the Kreyol language and art through the creation of small sculptures which combined these two aspects of Haitian culture.

Avèk pwojè a VODOU E KREYOL EN ART, Danyèl te eksplore lang Kreyol la ak atizay pa kreyasyon an ti eskilti ki konbine de aspè sa yo nan kilti Ayisyen.

Jean Frederick aka Wabba (HT)

ESLAVAJ 21EM SYEK LA | SLAVERY IN THE 21ST CENTURY

SLAVERY IN THE 21ST CENTURY was represented by a large sculpture which represented a house of slavery in the 21st century.

ESLAVAJ 21EM SYEK LA te reprezante pa yon eskilti gwo ki reprezante yon kay nan esklavaj nan 21yèm syèk la.

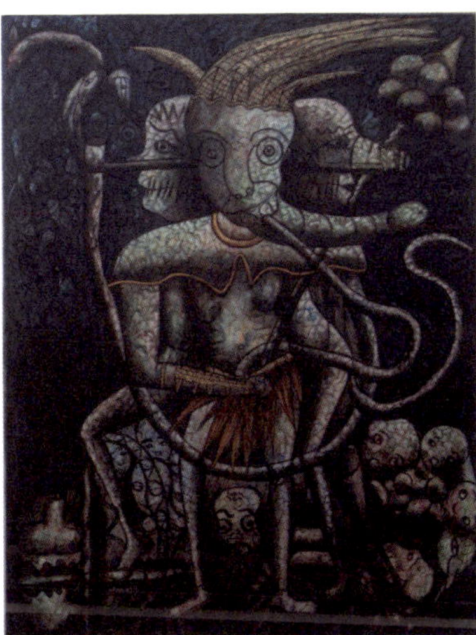

Jean Robert Alexis (HT)

VODOU LAKOU KWAPO | VODOU LAKOU FROG

VODOU LAKOU FROG was a commemoration of a ceremony which is celebrated every year on the 17th October. On this day the frog becomes a healer for sick ancestors. Alexis commemorated this with a series of paintings.

VODOU LAKOU KWAPO te yon komemorasyon nan yon seremoni ki se selebre chak ane sou 17yèm Oktòb la. Sou jou sa a krapo-a vin tounen yon gerisè pou zansèt malad. Alexis komemore sa-a ak yon seri de penti.

Jean Robert Palenquet (HT)

NÈG ENDAN VODOU | THE MAN WITHIN VODOU

THE MAN WITHIN VODOU proposed that every person, whether Haitian or not, all have a spirit that travels with them. Palenquet realised this project through a series of sculptures made from recycled materials.

NÈG ENDAN VODOU pwopoze pou tout moun, si ou Ayisyen oubyen pa Ayisyen, gen yon lespri ki vwayaje ak yo. Palenquet reyalize pwojè sa-a nan yon seri de eskilti li te fè ak materyèl resikle.

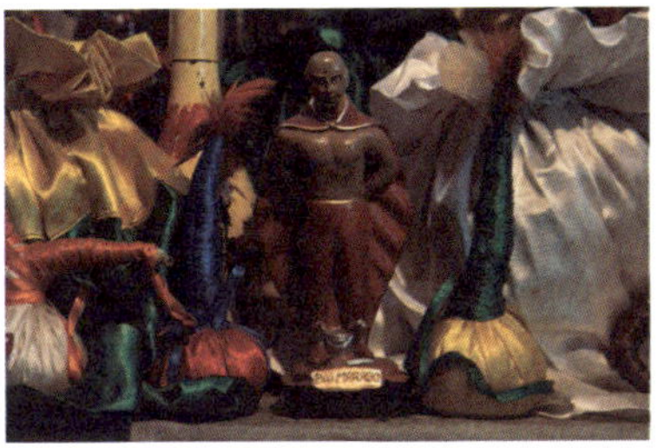

Jefferson Kielwagen (BR/US)

ENTITY SWAP | ANTITE ECHANJ

ENTITY SWAP was a religious interchange project intending to accelerate religious syncretism. Kielwagen transports statues of deities outside of their original contexts and donates them to temples of different religions, under the condition that they are somehow assimilated and incorporated to the local rites and ceremonies. Unlike traditional religious syncretism, which is a product of colonial oppression, this was a voluntary and balanced exchange redeeming syncretic systems from this violence.

ANTITE ECHANJ te yon pwojè te echanj bagay relijye ak lide akselere senkretism an relijyan. Kielwagen transpòte estati a divinité deyò nan kontèks orijinal yo ak mennen yo rive tanp nan relijyon diferan. Li toujou bay kondisyon an yo ke yo pral pase lasimilasyon e finelman enkòpore nan sistèm lokal nan relijyon. Kontrèman ak senkretism tradisyonèl relijye, ki sete yon pwodwi nan opresyon kolonyal, sa-a te yon echanj volontè ak yon sistèm echanj pi balanse ki bay relijye senkretik sa yo yon kalite libète apwe vyolans kolonyal sa-a.

ARTIST AND PROJECT LIST LIS ATIS AK PWOJÈ YO

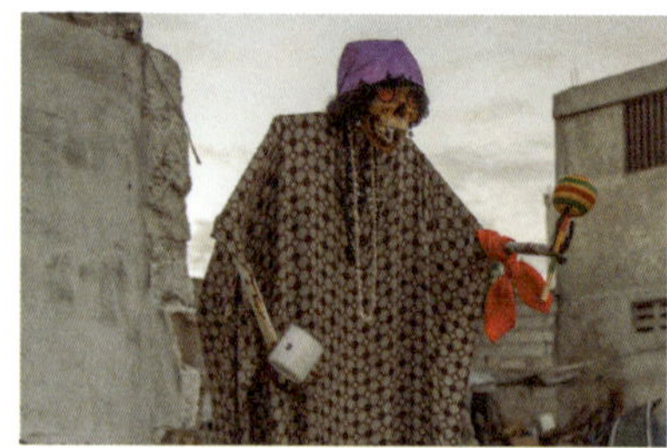

Jerry R Chery aka Twoket (HT)

LAKOU A GEN GRAN MOUN | THE ELDERS OF THE LAKOU

THE ELDERS OF THE LAKOU was a series of sculptures which revered the position of grandmothers within Haitian culture. Twoket wanted to comment on the mystical qualities of the elders within Haitian culture and society as 'the house is the house of the talk of the elders who are a force within Vodou'.

LAKOU A GEN GRAN MOUN te yon seri eskilti ki venere pozisyon grannmoun kembe nan kilti Ayisyen. Twòkèt te vle fè kòmantè sou kalite mistik yo grannmoun genyen nan kilti Ayisyen ak sosyete paske 'lakay se lakay pawol gran moun ki se fos Vodou.'

Joanna Malinowska (PL) & CT Jasper (PL)

HALKA/HAITI 18°48'05"N 72°23'01"W

HALKA/HAITI 18°48'05"N 72°23'01"W was a film projection of the opera Halka by Stanisław Moniuszko, which was staged for the inhabitants of Cazale, a village situated in the mountains of Haiti. Jasper and Malinowska decided to stage the opera in Haiti inspired by the mad plan of Werner Herzog's Fitzcarraldo, who wanted to build an opera house in the Amazon. Fascinated by Fitzcarraldo's faith in the universal power of opera, but not uncritical of the colonizing aspect of his actions, they decided to reveal and undercut its romanticism by confronting a set of very specific geographic, historical, and sociopolitical realities.

HALKA/AYITI 18°48'05"N 72°23'01"W te yon pwojeksyon fim reprezante opera-a rele Halka pa Stanisław Moniuszko, ki te fèt pou moun ki rete nan Cazale, yon ti bouk sitiye nan mòn Ayisyen. Jasper deside fè opera sa-a an Ayiti enspire pa yon plan ki fou pa sineast Fitzcarraldo Werner Herzog la, ki te vle konstwi yon kay opera nan Amazon nan. Fasine pa lafwa Fitzcarraldo genyen nan pouvwa inivèsèl la an opera, men an menm tan an kritike nan aspè kolonyal ak aksyon li menm, yo deside revele ak konplike lide romantik li yo pa konfwonte yon seri reyalite trè espesifik ki jeyografik, istorik, ak sosyopolitik.

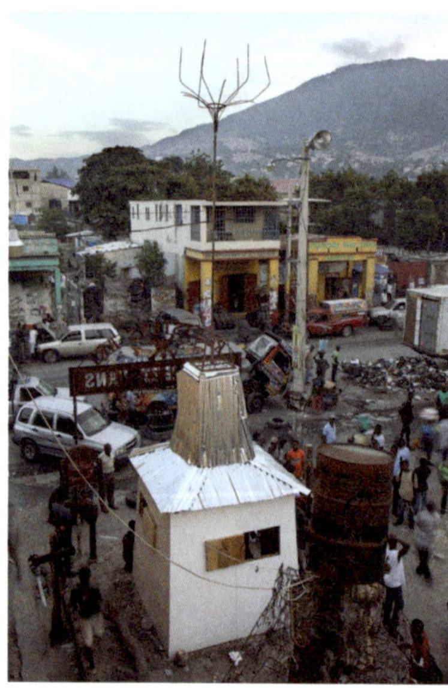

Joe Winter (GB) & Jocelyn Georges (HT)

RADYO SHAK SHACK

RADYO SHAK SHACK was a project to design and construct the iconic building for Clocktower Radio's, Radyo Shak. Winter designed the building based on the design of the corregated iron roofs used on many Port-au-Prince based gingerbread buidings and commissioned local builder Jocelyn Georges to erect it.

RADYO SHAK SHACK te yon pwojè pou desine e konstwi yon ti kay ikonik pou Clocktower Radio-a, ki rele Radyo Shak. Winter te baze desen an sou plafon fè an tòl ki itilize sou anpil kay Gingerbread n Pòtoprens e komisyone mason lokal Jocelyn Georges kit e konstwi li.

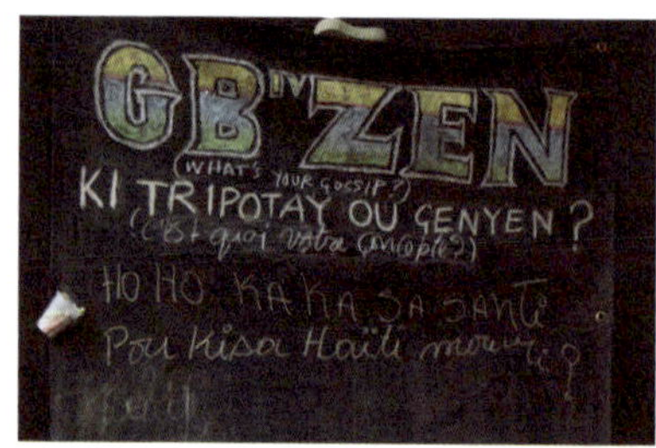

John Cussans (GB)

ZIN: PROVERBS FOR ARTISTS | ZIN: PWOVÈB POU ATIS

ZIN: PROVERBS FOR ARTISTS collected "tele-djol" (rumours transmitted by word of mouth) stories about the interchanges within the Ghetto Biennale. These were collected on a blackboard in the central yard of the Ghetto Biennale and people could write in private or publically. The comments were collected everyday and the board wiped clean and Cussans worked with Alex Louis who translated them every evening.

ZIN: PWOVÈB POU ATIS kolekte istwa "tele-djol" sou echanj yo nan Geto Byenal la. Sa yo te ranmase sou yon tablo nan sent lakou-a nan Geto Byenal la e moun te kapab ekri sou li prive oswa piblikman. Tout kòmantè te ranmase chak jou e tablonwa-a siye pwòp ak Cussans te travay ak Alex Louis ki tradui yo chak aswè.

Joseph Constant (HT)

AKADREMEN VODOU LAKAY | FRAMING THE VODOU HOUSE

FRAMING THE VODOU HOUSE presented a collection of paintings which were framed with recycled plastics. The paintings represented Veves, which are ritual symbols which are emblematic of Vodou representation.

AKADREMEN VODOU LAKAY prezante yon koleksyon tablo yo ki te ankadre ak plastik resikle. Tablo sa yo te reprezante Veve yo, ki se senbòl seremonyal ki se anblèm nan reprezantasyon Vodou-a.

ARTIST AND PROJECT LIST LIS ATIS AK PWOJÈ YO

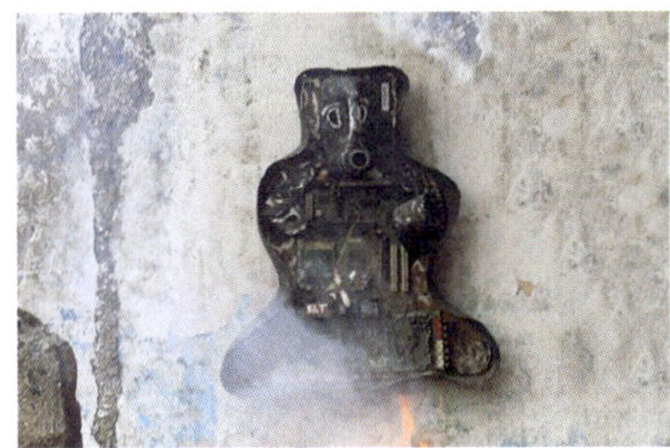

Katelyn Alexis (HT)

LAKOU ST JACQUES | THE YARD OF ST JACQUES

THE YARD OF ST JACQUES speaks about Vodou as the national culture of Haiti. St Jacques is a spirit that came together with many other spirits to help in the struggle for independence.

LAKOU ST JACQUES pale jan Vodou se kilti nasyonal la an Ayiti. St Jacques se yon lespri ki te vin ansanm ak anpil lòt lespri pou ede nan lit la pou endepandans.

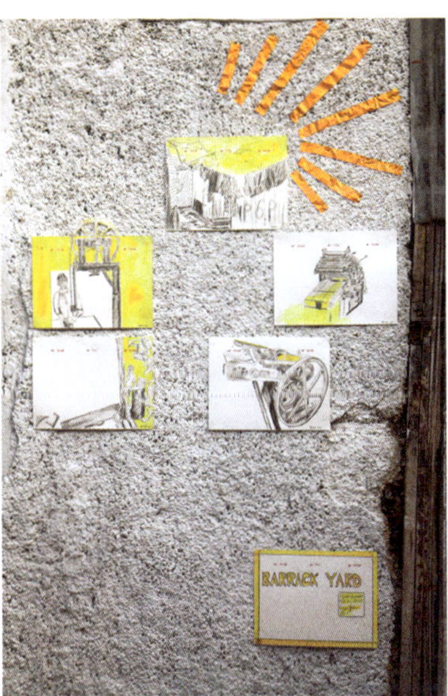

Kwynn Johnson (TT)

BARRACK YARD | BARAKYAD

The BARRACK YARD in Trinidad functioned in a similar manner to the Lakou in Haiti. These were also the spaces where many steel pan and Carnival bands emerged. Haiti's Lakou, Trinidad's Barrack-Yards, and Jamaica's Tenement Yard, have often been spaces in which artists and creative works emerged. BARRACK YARD visually

documented the ways in which the Lakou at the Grand Rue continues to offer a critical space for creative work in the contemporary period.

BARAKYAD nan Trinidad fonksyone nan yon fason menm jan ak Lakou-a an Ayiti. Sa yo sete espas kote anpil gwoup musiz 'steel pan' ak kanaval te parèt. Anpil fwa Lakou Ayiti-a, BARAKYAD an Trinidad, ak 'Tenenmenyad' Jamayikan, te espas ki gen anpil ka fe travay kreyatif. BARAKYAD te dokimante vizyèlman jan Lakou-a nan Granri ap kontinye ofri yon espas kritikal e enpòtan pou travay kreyatif nan peryòd kontanporin an.

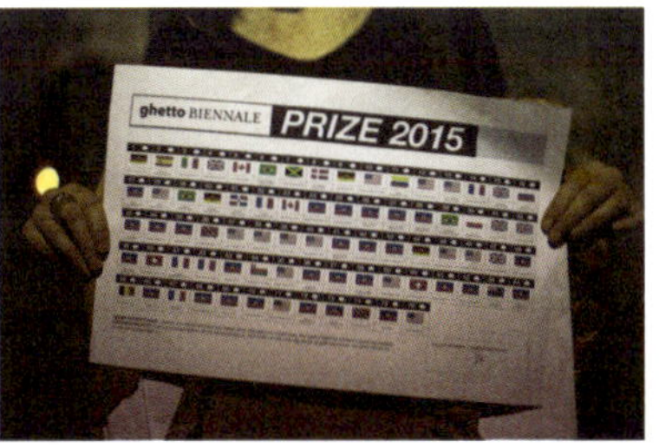

Laura Heyman (US) & Leah Gordon (GB)

JURY PANEL | JIRI PANÈL

JURY PANEL was a project establishing a Ghetto Biennale Art Prize which played with the politics, ephemera and objects generated by and surrounding the phenomenon of the international biennials. Instead of the usual desires to collapse differences between artists, this art prize highlighted them by deferentiating between local Haitian artists and visiting artists. JURY PANEL hoped to signpost and scrutinise the problematics of judging and displaying works coming from diverse discourses.

JIRI PANÈL te yon pwojè etabli yon pwi atizay Geto Byenal la ki eksplore politik, efemè ak objè yo ki te pwodwi pa fenomèn an Byenal entènasyonal yo. Kontrèman dezi abityèl pou kraze diferans ki genyen ant atis, pwi atizay sa-a eseye montre diferans ki genyen ant atis Ayisyen e lokal yo ak atis kap vizite. JIRI PANÈL te espere egzamine e mete aksan sou difikilte nan jije epi montre travay atizay vin soti nan anpil diskou divès.

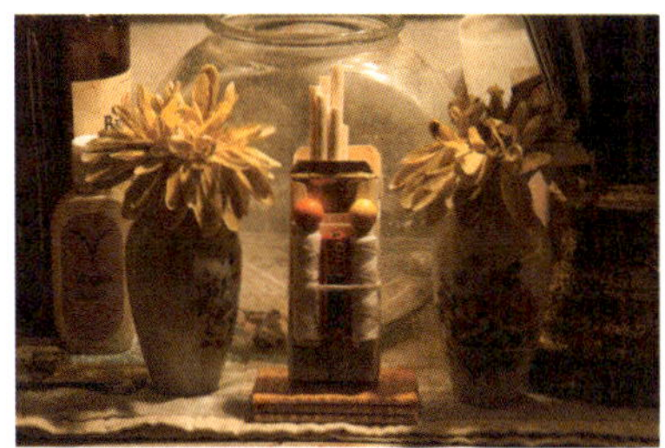

LAZAROS (US)

X.
X.X.
X.X.X.
X.X.X.X.
LAZAROS.
X.X.X.X.
X.X.X.
X.X.
X.

Within folklore, an action is designated as a pseudo-ostension when an individual knowingly re-enacts a legend or myth as a hoax, their actions are witnessed by a third party and which are subsequently believed to be the fulfillment of the legend. In the practice of superstitious ritual, an individual's actions are not dictated by a belief system, institution, or master, but rather by the archetypal symbols and the consciousness inherent in their gesture. Lazaros performed and actualized pseudo-ostensive superstitious rituals as sculptures throughout the Grand Rue.

Nan tradisyon fòlklò, yon aksyon se deziye kòm yon 'pseudo-ostensyon' lè yon moun fè yon repetisyon yon lejand oswa mit kòm yon fo, donk aksyon sa yo ap we pa yon twazyèm pati e apwe moun sa-a kwè lejann sa yo se kòrèk yo ye. Nan pratik la nan seremoni sipèstisye, aksyon yo pa dikte nan yon sistèm kwayans, enstitisyon, oswa mèt, men pito pa senbòl arketipik yo ak konsyans ki nan jès yo. Lazaros fèt ak aktualize rituèl sipèstisye 'pseudo-ostensif' kòm eskilti nan lakay Granri yo.

ARTIST AND PROJECT LIST LIS ATIS AK PWOJÈ YO

Lee Lee (US)

SACRED SOIL - CULTIVATING THE URBAN LAKOU | TÈ SAKRE – KILTIVE LAKOU LAVIL LA

SACRED SOIL - CULTIVATING THE URBAN LAKOU studies the revolutionary aspects that the Lakou, Vodou and Kreyol have much to offer a wider discussion on preserving traditional farming practices in the face of monumental threats from industrial agriculture. Drawing from the historical importance of agriculture in Haiti, the Sacred Soil project created small permaculture gardens to cultivate nourishment at neighbourhood scale built from locally sourced recycled materials, oil barrels and tyres. A celebratory traditional feast of Tchaka for Lwa Azaka, the well-loved god of agriculture, was held at the finish of the project.

TÈ SAKRE – KILTIVE LAKOU LAVIL LA etidye aspè revolisyonè yo ki Lakou, Vodou ak Kreyol la gen pou ofri yon diskisyon pi laj sou prezève pratik agrikilti tradisyonèl le nou gen anpil gwo menas soti nan agrikilti endistriyèl. TÈ SAKRE te komanse gade ki enpòtans istorik la agrikilti genyen an Ayiti e kreye ti jaden pèmakilti yo kiltive nouriti nan katye ki kontswi soti nan materyèl resikle souse lokalman, pa ekzamp dwum lwil ak kawotchou. Atis la te fèt yon selebrasyon tradisyonèl de Tchaka pou Lwa Azaka, espwi pou agrikilti, le li fini pwojè-a.

Leo Morrisey (US)

FOUND (HAITI) | TE JWENN (AYITI)

For FOUND (HAITI) Morrisey created a series of found prints from objects found while walking through neighbourhoods in Haiti. The Cards were sent through the postal system to US arts institutions and friends throughout the artists' stay in Haiti.

Pou TE JWENN (AYITI) Morrisey te kreye yon seri de kat lapòs li te fe ak objè yo li te jwenn pandan lap mache nan katye-a. Li te voye kat sa yo nan sistèm lan lapòs Ayisyen pou rive nan enstitisyon atizay nan Etazini.

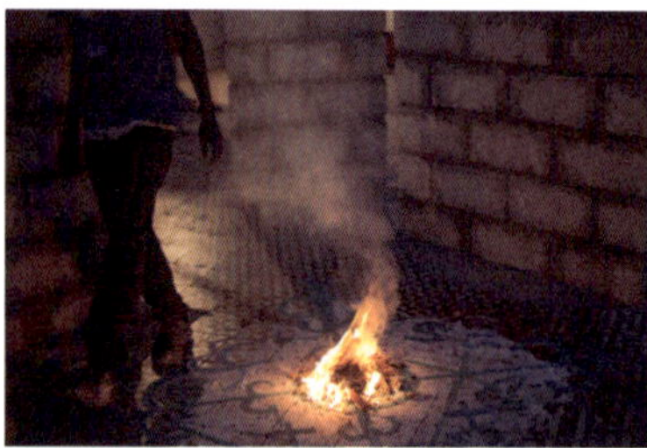

Leonard Jean Baptiste (HT), Sainclair Olwitchneider (HT) & Bijou Makenson (HT)

LANGAJ VODOU A | THE LANGUAGE OF VODOU

THE LANGUAGE OF VODOU showed how everything in Haitian culture originates from the Kreyol language and Vodou practice. The local collective of artists installed paintings, recycled sculptures and collage and in the same space performed a ritualistic parade to tell their story, using drums and fire.

LANGAJ VODOU A te montre ki jan tout bagay nan kilti Ayisyen kòmanse soti nan lang Kreyol la ak seremoni Vodou-a. Kolektif atis lokal sa-a te enstale tablo, eskilti resikle ak kolaj ak nan menm espas te fè yon defile espirityèl, itilize tanbou ak dife, ki te rakonte istwa sa-a.

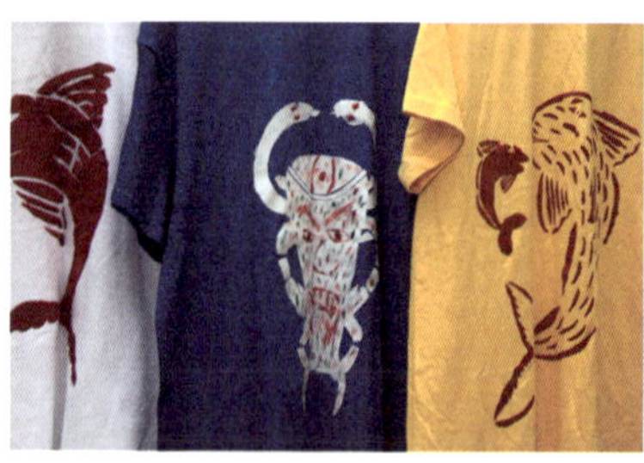

Londel Innocent (HT)

MAYO VODOU | VODOU T-SHIRTS

VODOU T-SHIRTS was a presentation of t-shirts of many different colours. Each t-shirt represented different spirits using veves and symbols. All the t-shirts were for sale during the Biennale.

MAYO VODOU te yon prezantasyon mayo te fèt nan anpil koulè diferan. Chak mayo reprezante lespri diferan itilize veves ak senbòl. Tout mayo yo te pou vann pandan byenal la.

Mabelle Williams (HT)

TI KONTREDANS NAN LAKOU LAKAY | A LITTLE DANCE IN THE LAKOU

A LITTLE DANCE IN THE LAKOU aimed to represent many of the disappearing traditions from the Lakou. Williams attempted to show how the older generation lived their lives, grinding millet and coffee, and eating the way traditional Haitian food.

TI KONTREDANS NAN LAKOU LAKAY te eseye reprezante anpil tradisyon ap disparèt nan lakou-a. Williams te eseye montre ki jan gran moun t'ap viv, pile pitimi ak kafe, e manje fason tradisyonèl la.

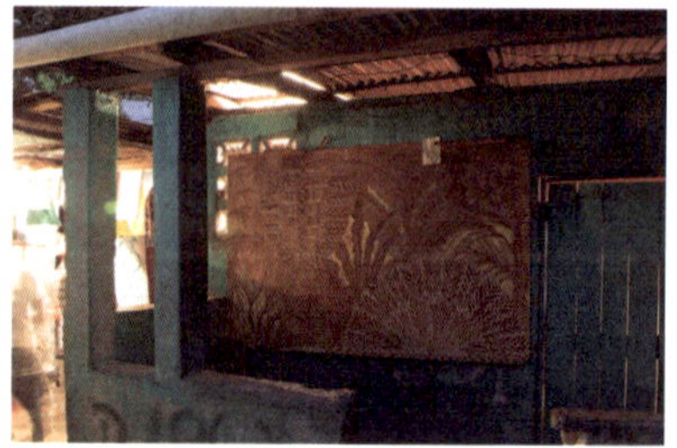

Marc Schmitz (DE) & Dolgor Ser Od (MN/DE)

COLLABORATIVE BY NATURE | KOLABORATIF PA NATI

COLLABORATIVE BY NATURE aimed to explore culture through our relationship with nature. The work created was a painting based on Mongolian spiritual culture and nature and installed in the environs of a local Vodou temple.

KOLABORATIF PA NATI te eseye eksplore kilti-a nan relasyon nou genyen ak lanati. Travay la kreye te yon tablo ki baze sou kilti espirityèl ak lanati Mongolian e te enstale'l nan ozanviron nan yon tanp lokal Vodou.

ARTIST AND PROJECT LIST LIS ATIS AK PWOJÈ YO

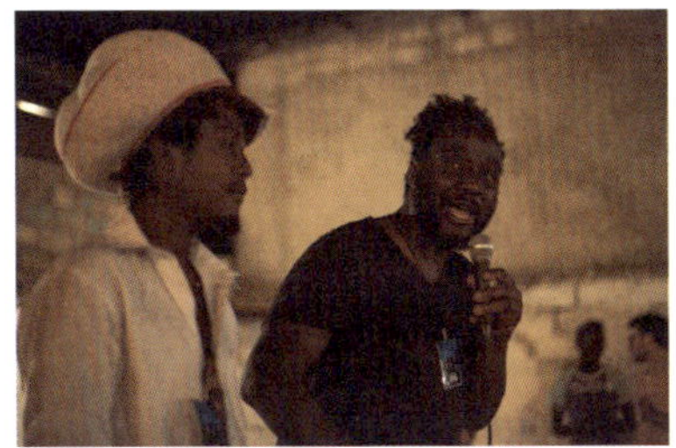

Michael K Taylor (US)

MEMBRANE | MANBRÀN

MEMBRANE explored the notion of a "refugee" as a transition between physical places, spiritual beliefs, technology, and theories. Taylor was exposing the parallel economic, cultural and disaster narratives of the Caribbean and American port cities Port Au Prince, Haiti and New Orleans, LA.

MANBRÀN te eksplore nosyon an de yon "refijye" kòm yon tranzisyon ant espas fizik, kwayans espirityèl, teknoloji, ak teyori. Taylor te ekspoze paralèl naratif ki ekonomik, kiltirèl ak dezas nan de pò yon nan Karayib ak yon nan Etazini: Pòtoprens ak New Orleans.

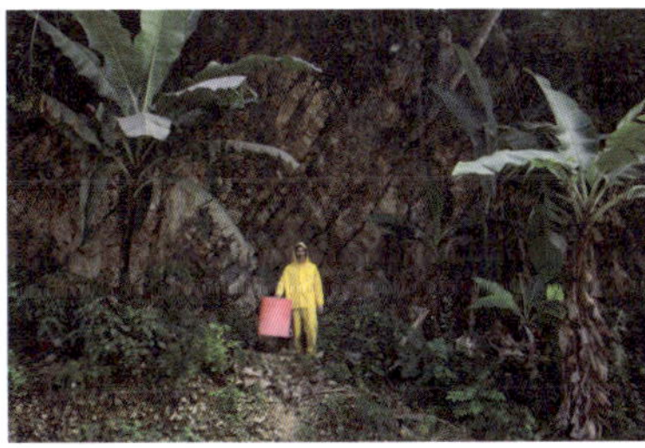

Michael Handley (US)

NON INVERTED SUMMER | ETE PA ENVÈSE

NON INVERTED SUMMER considered the parallels between the meteorological system of symbols to illustrate weather phenomenon and the ceremonial Veve drawings used in Vodou. The project took the artist to the Chaîne De Las Selle mountain range where drawings of Western weather symbols were made onto two-dimensional plates using an alchemical process that combines geo-engineering techniques created to make rain with specific photography materials and processes. The plates were subsequently installed into a small Lakou in the neighbourhood.

ETE PA ENVÈSE te konsidere paralèl ki genyen ant sistèm senbòl meteyorolojik ki ilistre fenomèn klimat la ak desen nan seremoni Vodou-a ki rele Veve. Pou pwojè sa-a atis la te vizite mòn 'Chaîne De Las Selle' kote desen nan senbòl klimat oksidantal yo te fè sou plak lè l sèvi avèk yon pwosesis alchimik ki konbine yon teknik geo-jeni kreye pou fè lapli tonbe ak materyèl e pwosesis espesifik pou fotografi. Plak yo te enstale nan yon ti Lakou nan katye a.

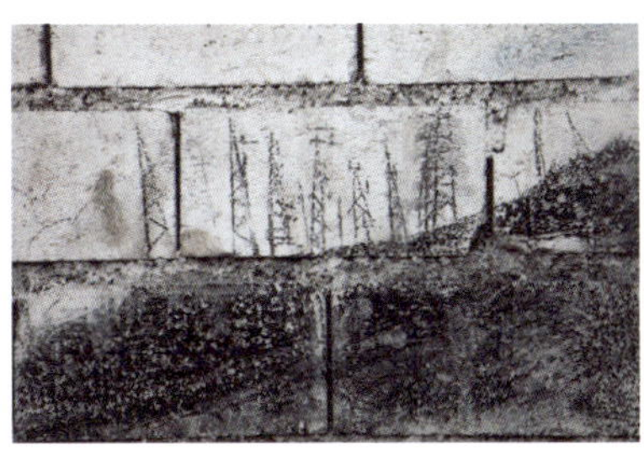

Michael Mulvihill (GB)

CHARCOAL | CHABON

Mulvihill made the project CHARCOAL in response to the social, economic and geopolitical relationships of the charcoal trade in Haiti and parallels with the coal industry of his own Northern British heritage. The charcoal drawings were made in a local yard directly onto the walls.

Mulvihill te fè pwojè CHABON an repons a relasyon yo sosyal, ekonomik ak jeopolitik nan komès la chabon an Ayiti e eseye jwenn paralèl ak endistri chabon nan ki sot eritaj li menm nan Britanik Nò. Desen chabon sa yo te fè nan yon lakou lokal dirèkteman sou mi yo.

Michel Lafleur (HT)

VODOU NAN ART | VODOU IN ART

VODOU IN ART used the Vodou symbols called veves to develop a new visual language.

VODOU NAN ART te itilize senbòl yo Vodou ki rele veve pou devlope yon nouvo lang vizyèl.

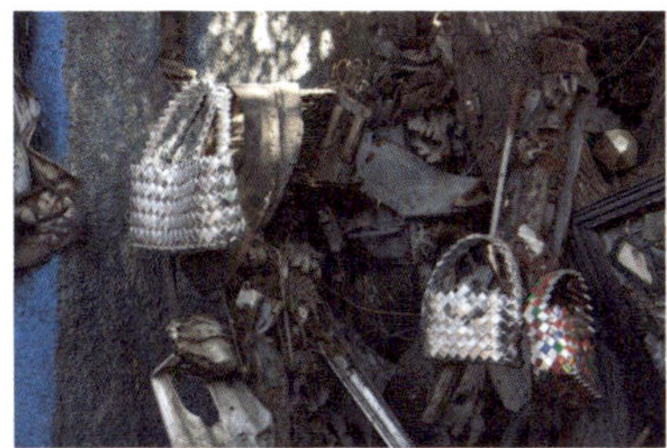

Myrlande Carrenard (HT)

FATRA PA FATRA | TRASH IS NOT TRASH

With the project TRASH IS NOT TRASH, Carrenard exhibited bags made from discarded plastics all decorated with Vodou designs. The artist organised a parade to exhibit her work.

Ak pwojè FATRA PA FATRA, Carrenard te ekspoze sak fèt ak plastik abandone tout dekore ak desen Vodou. Atis la te òganize yon defile pou ede'l montre travay li.

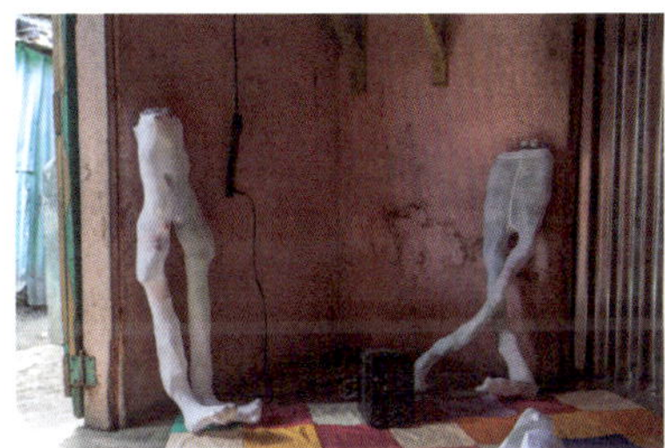

Nastasia Meyrat (CH) & Katrina Meyrat (CH)

CONVERSING IN ART | PAWOL NAN ATIZAY

CONVERSING IN ART wanted to explore what art means in different contexts. This reflection was inspired by the concepts of "cannibalisation" and "carnavalisation" from Jean Baudrillard. It produced an installation depicting a group of people sitting around talking alongside a recording of locally made interviews about the nature of art and culture.

PAWOL NAN ATIZAY te vle eksplore sa ki atizay vle di nan kontèks divès. Refleksyon sa-a te enspire pa konsèp yo nan "kanibalasyon" ak "kanavalasyon" nan Jean Baudrillard. Sete fè yon enstalasyon reprezante yon gwoup moun chita alantou pale ansanm ak yon anrejistreman moun lokal fè entèvyou sou nati-a atizay ak kilti.

ARTIST AND PROJECT LIST LIS ATIS AK PWOJÈ YO

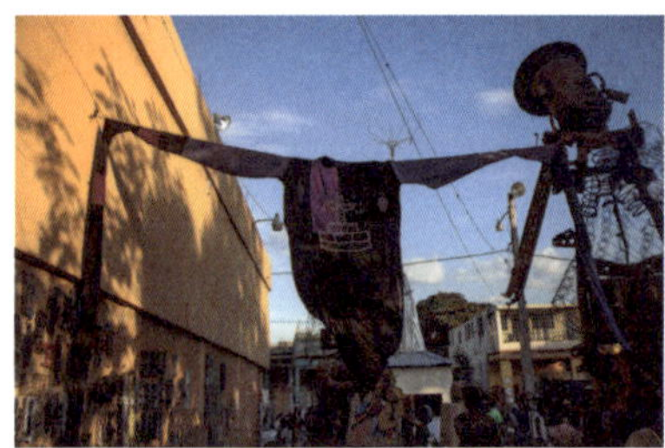

Olivia Berthon (FR/MQ)
HAITIAN CLOTHING | RAD AYISYEN

HAITIAN CLOTHING reworked second-hand fabrics and materials which are shipped to Haiti from the United States, to create an imaginary garment for the Vodou spirit 'Bawon Samedi'. The final work was a disproportionate, gigantic and unwearable shirt which was stretched over the entrance to Lakou Cheri.

RAD AYISYEN retravay rad e twal pepe ki anbake nan Ayiti sot Etas Uni-a, pou kreye yon rad imajinè pou Lespri Vodou-a 'Bawon Samedi'. Anfen travay la te paret kom yon chemiz kokenn, disproporsyone, moun pa ka pote ki te lonje sou papòt la nan Lakou Cheri.

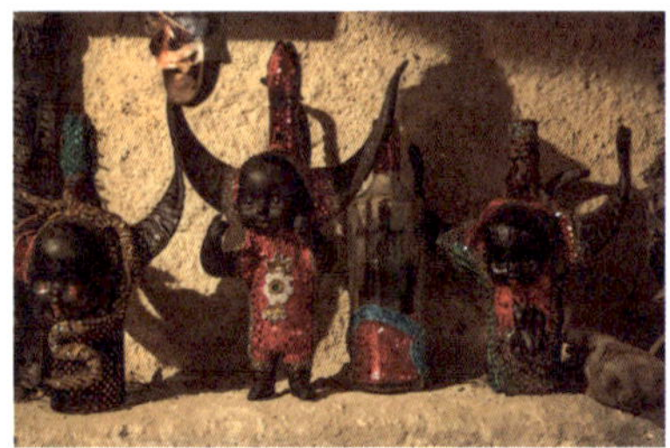

Papada (HT)
VODOU LAKOU OGOU | VODOU IN THE HOUSE OF OGOU

Papada, a Vodou priest (houngan), held a ceremony called VODOU IN THE HOUSE OF OGOU for the spirit Papa Ogou outside the Radyo Shak shack which blessed the project and the entrance to Lakou Cheri.

Papada, yon prèt Vodou, te fèt yon seremoni rele VODOU LAKOU OGOU pou lespri-a Papa Ogou deyò pòt ti kay Radyo Shak la ki beni pwojè-a ak pòtay pou Lakou Cheri.

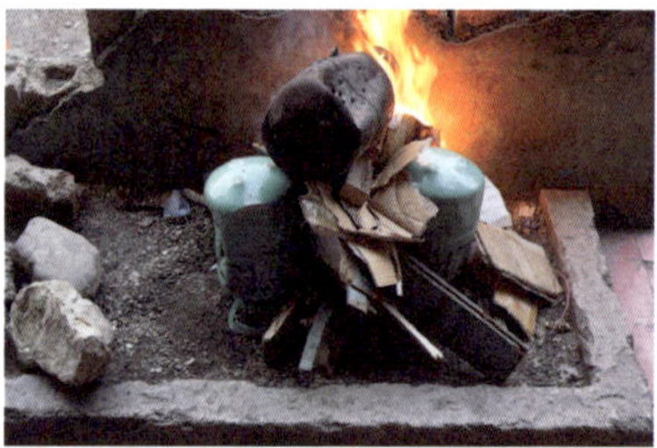

Patrick Elie aka Kombatan (HT)
LAKOU ERITYE | LAKOU HERITAGE

LAKOU HERITAGE celebrated Haiti's independence with an installation and ritual performance using fire and light to respect the ancestors.

LAKOU ERITYE selebre endepandans Ayiti-a ak yon enstalasyon ak pèfòmans seremoni ki sèvi avèk dife ak limyè pou respekte zansèt yo.

Pierre Adler (HT)
LANNWIT VODOU | VODOU NIGHT

VODOU NIGHT was an experimental video installation which depicted a performance by local drummers.

LANNWIT VODOU te yon enstalasyon videyo eksperimantal ki montre yon pèfòmans pa moun lokal ki bat tambou, Claude Sainitilus, Kesner Desrivieres e Guerlinne Istwa.

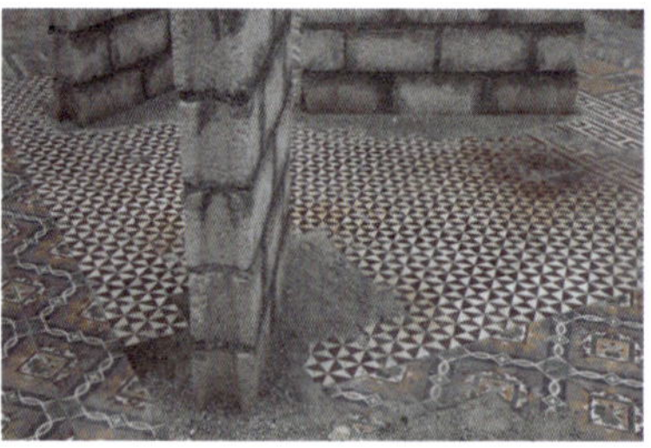

Radhika Khimji (OM)
SAFELY STANDING | KANPE AN SEKIRITE

SAFELY STANDING related to Khimji's first impressions of Port-au-Prince noticing boundary walls embedded with glass for security. In a yard space created by the earthquake, and still bearing the traces of the tiled floors and foundations of the house which formerly inhabited it, Khimji made her scultural/architectural response. SAFELY STANDING was made of three co-joined walls made of breeze blocks and topped with broken glass which stood as a problematized monument to resistance.

KANPE AN SEKIRITE te gen rapò ak premye enpresyon Khimji te genyen le li rive Pòtoprens e remarke mi antèt avèk vè pou sekirite. Nan yon espas lakou kreye pa tranbleman tè-a, epi li toujou revele tras planche fayans ak fondasyon kay la ki te la, Khimji te fè yon repons ki demi eskilti e demi achitekti. KANPE AN SEKIRITE te fè twa mi ansanm ki fèt ak blòk briz e ki gen antèt li vè kase ki te kanpe kòm yon moniman pwoblematik pou rezistans.

Reginald Cenatus (HT)
KREM VODOU E REALITE VI-A | CREAM VODOU AND THE REALITY OF LIFE

CREAM VODOU AND THE REALITY OF LIFE was made up of sculptures made from small discarded metal cans and explained during a performative talk give by Cenatus.

KREM VODOU E REALITE VI-A te fèt ak eskilti yo ki te fè ak ti mamit abandone ak Cenatus te eksplike travay sa-a pandan li delivre yon lekti pèrformativ.

Rony Cadet (HT)
VODOU MARASA | VODOU TWINS

VODOU TWINS was a project celebrating the Vodou spirit Marassa, the divine twins, to prove that Vodou has great force and is a unique mode of living that you cannot find anywhere else.

VODOU MARASA te yon pwojè selebre lespri Vodou ki rele Marassa-a, pou pwouve ke Vodou gen gwo fòs e se mòd inik nan moun kap viv ke nou pa ka jwenn nenpòt lòt kote.

ARTIST AND PROJECT LIST LIS ATIS AK PWOJÈ YO

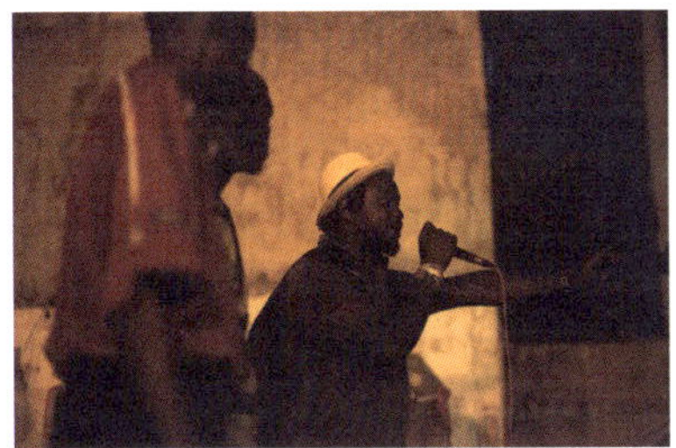

Rossi Jacques Casimir (HT)

VODOU SLAM

VODOU SLAM was a performance of slam poetics on the theme of Vodou accompanied by projected images. Casimir revealed the links between Kreyol, Vodou and the Lakou which crisscrosses his poetry. Kreyol speaks Kreyol understands.

VODOU SLAM te yon pèfòmans nan poezi slam sou tèm Vodou akonpaye pa imaj projetée. Casimir TE parèt aklè koneksyon ki egziste ak Kreyòl, Vodou ak Lakou-a ki travèse pwezi'l. Kreyòl pale Kreyòl konprann.

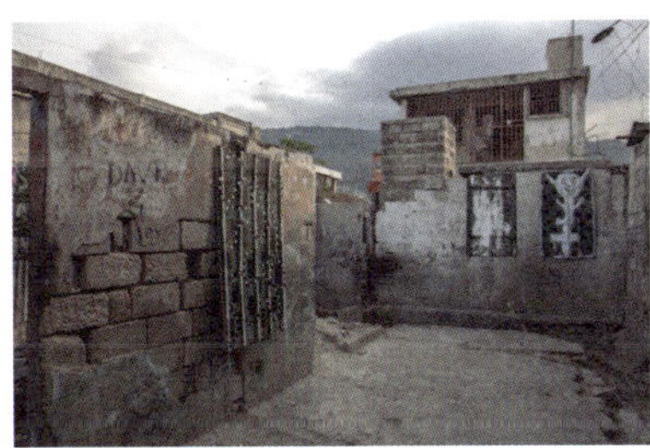

Ryan Neely (US)

NO MASTERS | PA GEN MÈT

"We cannot suppress our brother's liberty without suppressing our own and we cannot murder our brothers without murdering ourselves." Jack Parsons, 1946. NO MASTERS used this quote as a starting point to create a site-responsive installation using materials found in the locality.

"Nou pa ka siprime libète frè nou san siprime libète nou epi nou pa ka touye frè nou san touye tèt nou tou." Jack Parsons, 1946. PA GEN MÈT itilize sitasyon sa-a kòm yon pwen depa pou kreye yon enstalasyon ki reponn sit la ki sèvi avèk materyèl yo te jwenn nan lokalite-a.

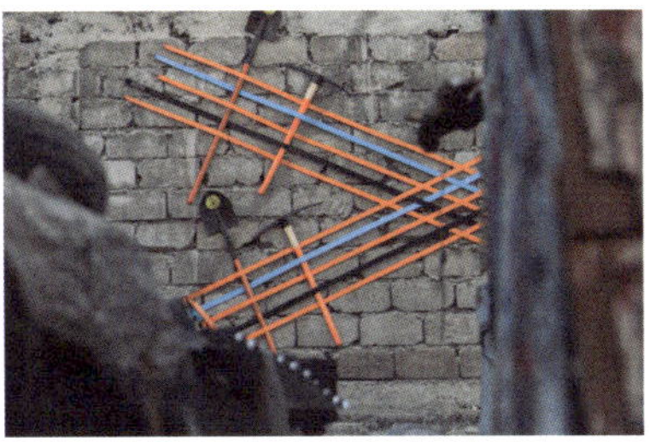

Severin Guelpa (CH)

ARSENALE E GIARDINI (OF TOOLS AND SEEDS) | ARSENALE E GIARDINI (NAN ZOUTI AK GRENN)

ARSENALE E GIARDINI (OF TOOLS AND SEEDS) was an installation that involved creating a public arsenal of tools used for working the land attached by straps, ropes and multicoloured clips brought from Switzerland. This project sat at the crossroad of art, architecture, politics and institutional critique.

ARSENALE E GIARDINI (NAN ZOUTI AK GRENN) te yon enstalasyon ki kreye yon piblik asnal/depo zam ak zouti yo moun itilize pou travay tè-a ki tache la pa koupyè, kòd ak klip milti koulè pote soti nan Laswis. Pwojè sa-a te pozisyone nan kafou-a nan atizay, achitekti, politik ak kritik enstitisyonèl.

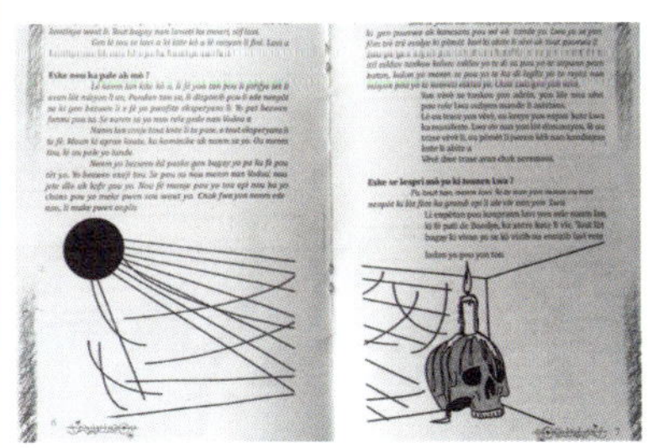

Sony Alphonse (HT)

YON TI LIMLIYE NAN VODOU | A LITTLE ILLUMINATION ON VODOU

A LITTLE ILLUMINATION ON VODOU was a book about Vodou ritual written, printed and distributed during the Ghetto Biennale.

YON TI LIMIYE SOU VODOU te yon liv sou seremoni Vodou kit e ekri, enprime, epi distribye pandan Geto Byenal la.

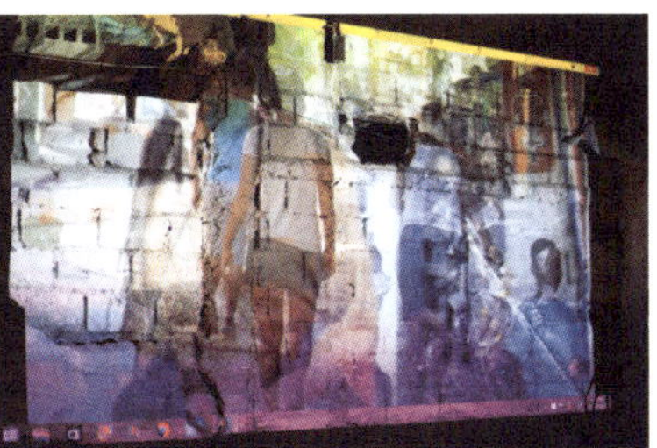

Syndia Leonce, Amazan Esperanta, Jovin Dieunie, Milor Sherline & Vital Geralda (all HT)

VODOU REYALITE | VODOU REALITY

VODOU REALITY was a film produced, directed and featuring the female members of Atis Rezistans. The film had three sections depicting the women searching the streets looking for discarded materials to use to make their work, then they discuss their working methods and finally the women are filmed performing a ritual using 10 Vodou lamps which represented all the spirits engaged in the fight against slavery.

VODOU REYALITE te yon fim pwodwi, ki dirije ak prezante pa fanm yo ki manm Atis Rezistans. Fim sa-a te gen twa seksyon reprezante fanm yo nan lari kap chèche materyèl abandone pou itilize pou fè travay yo, apwe sa yo diskite metòd travay yo epi finalman fanm yo ap filme fè yon seremoni lè yo sèvi avèk dis lanp Vodou ki reprezante tout lespri yo angaje nan batay la kont esklavaj.

ARTIST AND PROJECT LIST LIS ATIS AK PWOJÈ YO

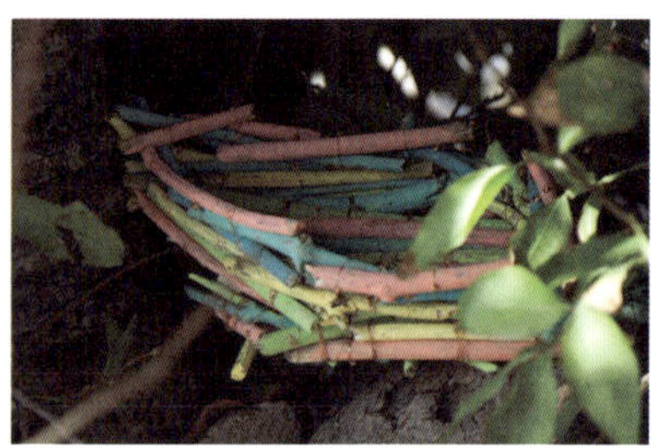

Thomas C. Chung (HK/AU)

LITTLE BY LITTLE | PITI PITI

Utilizing the Haitian language of Kreyol as a point of departure, LITTLE BY LITTLE was inspired by two Haitian proverbs 'Little by little the bird builds its nest' and 'In times of famine, sweet potatoes have no skin'. Chung cooked sweet potatoe pie each week and distributed it throughout the local neighbourhood and created a nest from found wood and installed it in a local tree.

Itilize Kreyòl Ayisyen kòm yon pwen pou depa, PITI PITI te enspire pa de pwovèb Ayisyen 'Piti, piti, wazo fe nich li' ak 'Nan tan grangou patat pa gen po'. Chung te kwit pin patat chak semèn, epi distribye'l nan tout katye-a lokal yo e tou li te kreye yon nich konstwi en bwa resikle e enstale li nan yon pye bwa lokal.

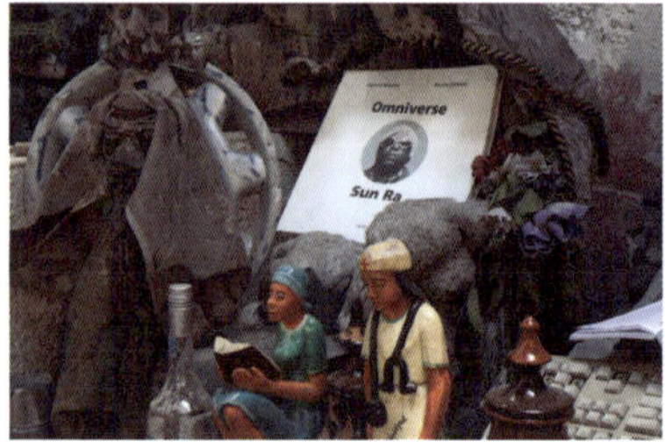

Tom Bogaert (BE/CH)

SUN RA IN HAITI | SUN RA AN AYITI

SUN RA IN HAITI was a work inspired by the apocryphal story that Sun Ra, the legendary African American jazz pioneer, mystic, poet, activist and philosopher, travelled to Haiti and visited Port-au-Prince during his "lost years" somewhere in 1960 - 1961. Bogaert worked with a local Rara band,

Kod Kreyol, to study, learn and perform a Sun Ra masterpiece: "Rocket Number Nine Take off for the Planet Venus" which was performed in a local lakou. Secondly Bogaert worked with Haitian artist Jean-Claude Saintilus to create a site-specific "Sun Ra in Haiti Library" - a makeshift collection of music, video, and printed matter that reveals Sun Ra's legacy in Haiti.

SUN RA AN AYITI te yon travay enspire pa istwa-a apokrif ki Sun Ra, Afriken Ameriken lejand djaz pyonye, mistik, powèt, aktivis ak filozòf la, ki vwayaje en Ayiti e te vizite Pòtoprens pandan ane pèdi'l le 1960 - 1961. Bogaert te travay ak yon bann Rara lokal, Kod Kreyol, yo te etidye, aprann ak fè yon chèf-èv Sun Ra ki rele "Nimewo Wòkèt Nèf Wete pou Planèt Venis la" ki te fèt nan yon lakou lokal. Dezyèmman Bogaert te travay ak atis Ayisyen Jean-Claude Saintilus pou kreye yon sit-espesifik pwoje "Bibliyotèk Sun Ra an Ayiti" - yon koleksyon nan mizik, videyo, ak tèks enprime ki revele eritaj Sun Ra-a an Ayiti.

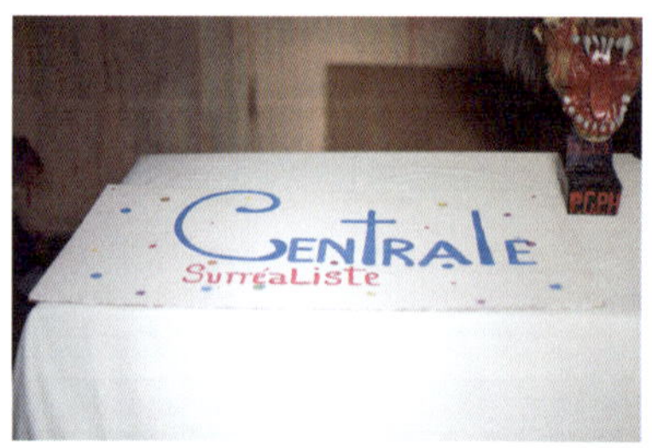

University of Muri (CH)

BRETON IN HAITI | BRETON AN AYITI

The University of Muri is a fictional university founded in 1917 by the critic and metaphysician Walter Benjamin, and the historian of Jewish mysticism Gershom Scholem. After many years of latency, the University was reactivated in 2012, and has since supported fellowships for the political theorist Hannah Arendt, the diplomat and translator Muhammed Asad, and the poet Fernando Pessoa. In 2015, the University collaborated with the Surrealist writer André Breton on his return to Haiti.

Inivèsite Muri se yon inivèsite fiktiv fonde an 1917 pa kritik w metafizisyen an Walter Benjamen, ak istoryen an jwif mistik Gershom Scholem. Apwè anpil ane pa travay, Inivèsite-a te reyaktive nan 2012, epi depi sa li sipòte teorisyèn politik Hannah Arendt, diplomat ak tradiktè-a Muhammad Asad, ak powèt la Fernando Pessoa. Nan 2015, Inivèsite-a kolabore avèk ekriven an Sureyalis André Breton lè li te tounen an Ayiti.

Viktor El-Saieh (HT)

CHALOSKA MANIFESTO | MANIFES CHALOSKA

CHALOSKA MANIFESTO was a performance that used the carnival figure Chaloska as a starting point for discussions about belief systems where fear and violence are paramount. El-Saieh was asking if the act of reviving Chaloska year after year at the annual Carnival symbolizes the desire to keep his memory alive…perhaps as a reminder to future Chaloskas.

MANIFES CHALOSKA te yon pèfòmans ki te konn figi Kanaval Chaloska-a kòm yon pwen depa pou diskisyon sou sistèm kwayans le laperèz ak vyolans yo se esansyèl. El-Saieh te mande si zak la nan repwann Chaloska ane apre ane nan Kanaval la senbolize dezi a kenbe memwa li vivan … petèt kòm yon memwa pou tout Chaloskas nan fiti.

Wesner Basile (HT)

LARENN VODOU | THE QUEEN OF VODOU

THE QUEEN OF VODOU looked at the curative qualities of Vodou and leaf medicine. Basile used music and singing to help relax people in the lakou.

LARENN VODOU te gade kalite yo guérison nan Vodou ak medikaman fèy. Basile te itilize mizik ak chante yo ede moun ka alez nan lakou-a.

ARTIST AND PROJECT LIST LIS ATIS AK PWOJÈ YO

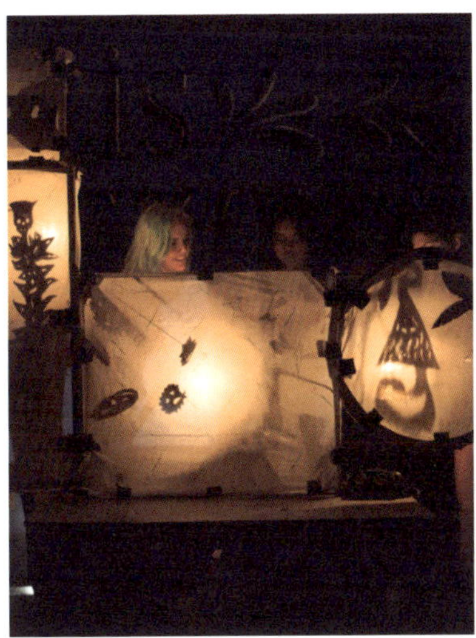

Whitney Raynor, Josie Scanlan & Milissa Orzolek (all US)
LITTLE MARIONETTE DANCE | TI FÈT MARYONÈT

For the LITTLE MARIONETTE DANCE the group worked together with a group of young storytellers to create a light puppet show using the small cut-out tyre figures made by Atis Rezistans. The final work was transformative and other worldly.

Pou TI FÈT MARYONÈT gwoup la rasanble yon gwoup jenn moun konn rakonte istwa e kreye yon teyat mannken ak limyè ki sèvi ak ti poupe kawotchou fèt pa Atis Rezistans. Travay anfen nan te gen yon fason ki transfòmatif e majik.

Wilerme Tegenis aka Zaka (HT)
LAKOU BOSOU | THE LAKOU OF THE BULL

Haiti is a historical legacy, a mystical land which is made from several African tribes and it is the first history of freed slaves. They say all spirits are spirits but each one doesn't dance the same, some heal you, give justice and retribution, but Bosou brings order and respect. THE LAKOU OF THE BULL is consecrated with mystical oil and initiated by Vodou, a mysterious passage. Zaka created a series of art events which described the role of Vodou in the Lakou and the Kreyol language that invokes the spirits.

Ayiti se yon eritaj istorik, yon peyi mistik e ki sòti nan plizyè trtibi afriken e li se premye istwa pèp esklav libere. Yo di tout espwi se espwi men chak pa danse men jan, genyen ki fè gerizon, jistis ak vanjans men Bosou mete lòd ak respè. LAKOU BOSOU se lye mistik konsakwe ak inisye Vodou, se yon pasaj mistik. Nan okazyon geto byenal la Zaka te fe yon seri èv da nan sikonstans evenman-an. Ev say o ap eskplike rol Vodou nan lakou ak lang kreyol ki envoke lespwi yo.

Wilmon Guillaume (HT)
BRASMO

BRASMO was a project that had a rapport with local culture. Within this name you have the fusion of two words. Bras (bracelet) and mo (word). Guillaume made bracelets for people which had their names written in it.

BRASMO sete yon projet ki gen raport avek kilti lakay. Ladan'l ou jwenn de mo te mete ansanm. Premye-a se bras, dezyem nan se mo. Guillaume te ofri moun yo braslè kap gen non yo ekri ladan'l.

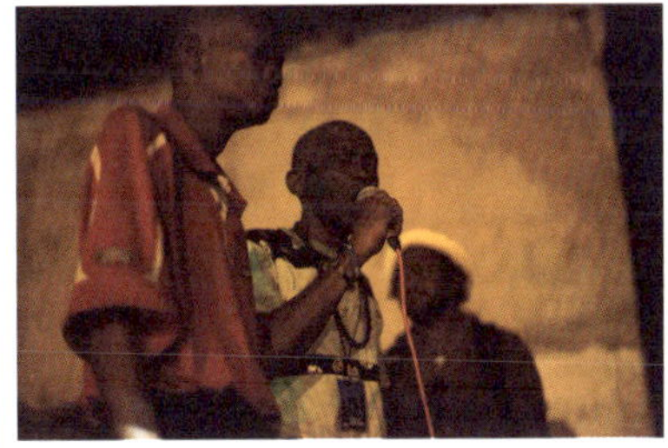

Wilson Bonhomme (HT)
VODOU LAKWA | VODOU CROSSES

Bonhomme represented this project with four crosses: cross of senmbo, cross of the crossroads, the cross behind, the cross Ibo. VODOU CROSSES represents four spirits, and these spirits are all ruled by the Baron.

Bonhomme te reprezante pwoje sa-a ak kat kwa: kwa senmbo, kwa lakwa, kwa deye, e kwa ibo. VODOU KWA te reprezante kat espri, e espri sa yo se bawon ki komande yo.

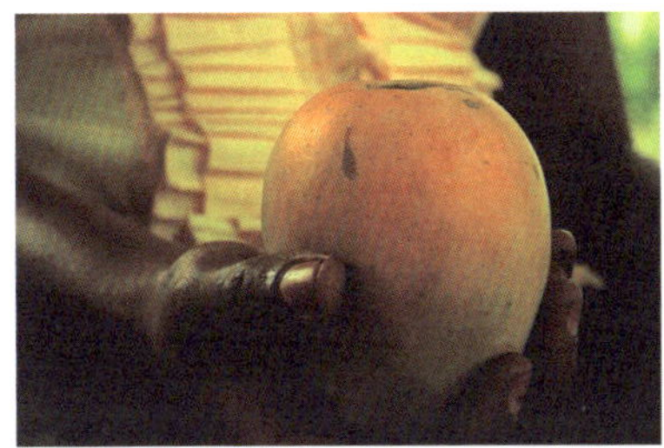

Yao Ramesar (TT)
HAITI BRIDE | AYITI LAMARYE

HAITI BRIDE is a film which follows the story of Marie Therese and Paul who meet in NY. She wants to marry him and re-settle in Haiti. Unfortunately, the ceremony is set for the afternoon of January 12th 2010, date of the earthquake.

AYITI LAMARYE se yon fim ki swiv istwa nan Marie Therese ak Paul ki rankontre nan Nouyòk. Li vle marye'l e komanse viv nan Ayiti. Malerezman, seremoni-a te ranje pou apremidi-a nan 12 janvye 2010, dat tranbleman tè a.

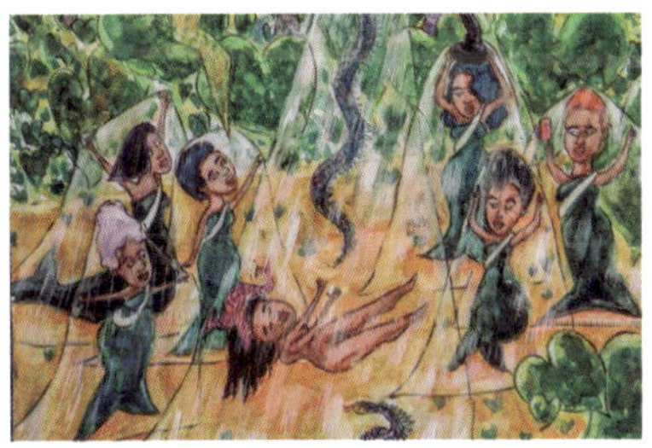

Zeal Harris (US)
FOLLOWING ZORA AKA MS HURSTON | ANNAPWE ZORA AKA MS HURSTON

FOLLOWING ZORA AKA MS HURSTON exhibited narrative, representational work that explored connections between Haitian and African-American folklore and artmaking traditions.

ANNAPWE ZORA AKA MS HURSTON te montre travay naratif e reprezantatif, ki egzamine koneksyon ki genyen ant tradisyon fè atizay e fòlklòrik Ayisyen ak Afriken-Ameriken.

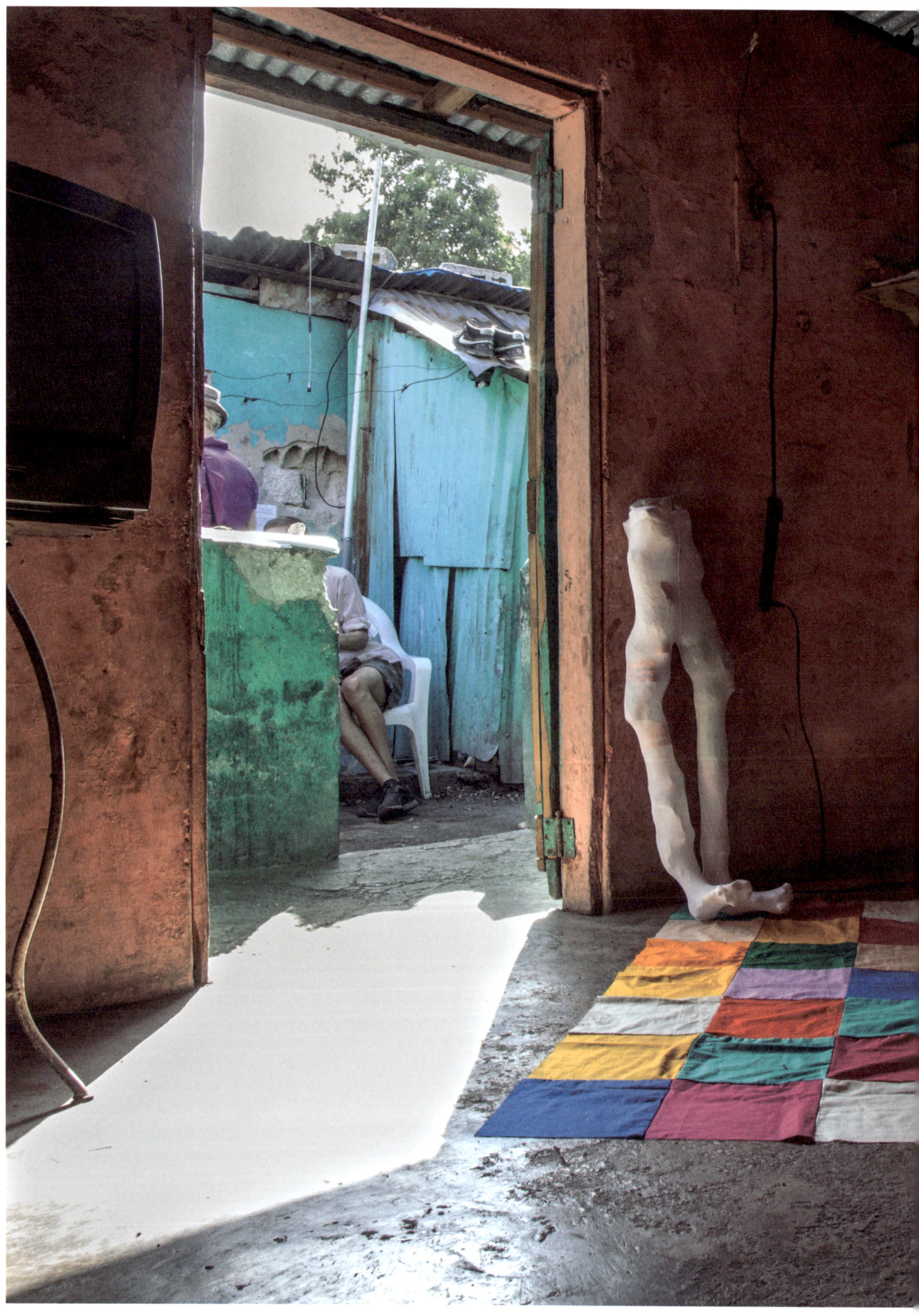

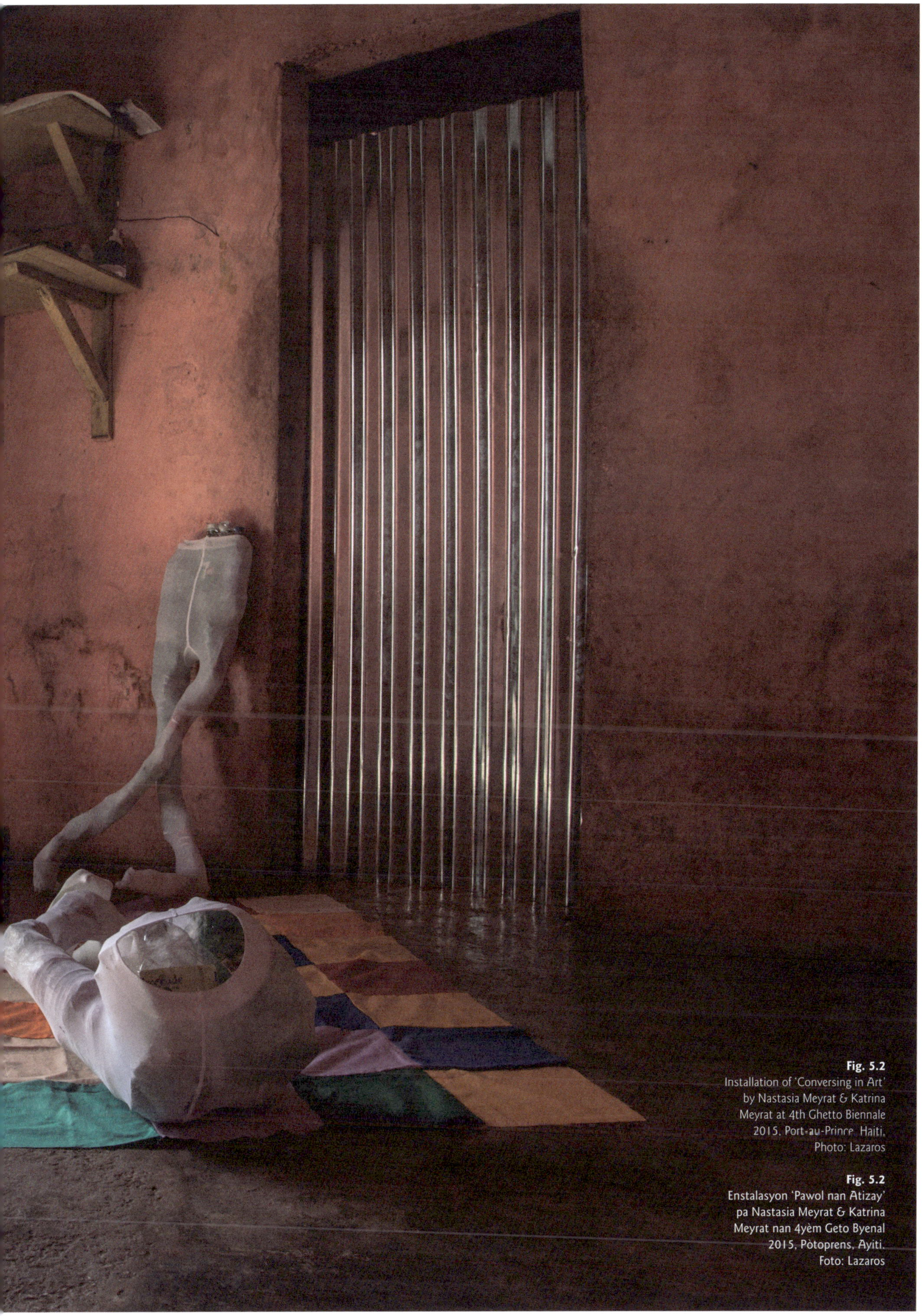

Fig. 5.2
Installation of 'Conversing in Art'
by Nastasia Meyrat & Katrina
Meyrat at 4th Ghetto Biennale
2015, Port-au-Prince, Haiti.
Photo: Lazaros

Fig. 5.2
Enstalasyon 'Pawol nan Atizay'
pa Nastasia Meyrat & Katrina
Meyrat nan 4yèm Geto Byenal
2015, Pòtoprens, Ayiti.
Foto: Lazaros

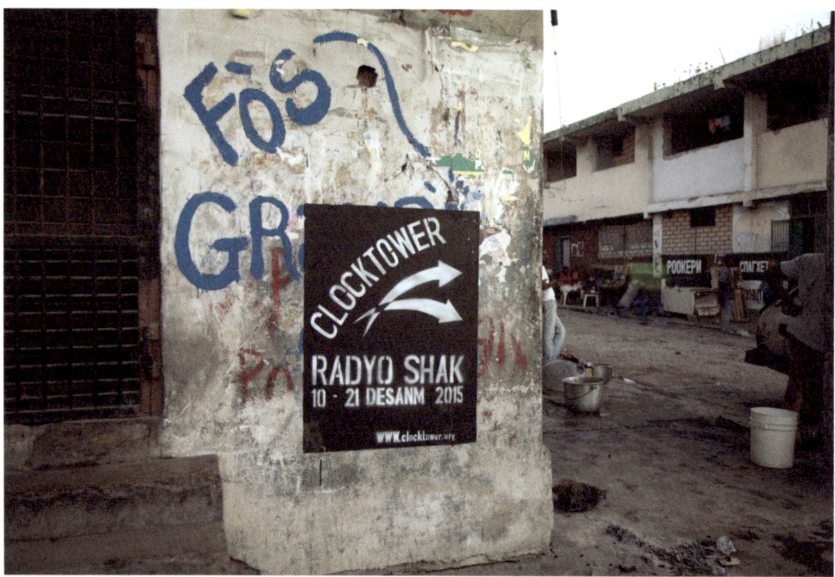

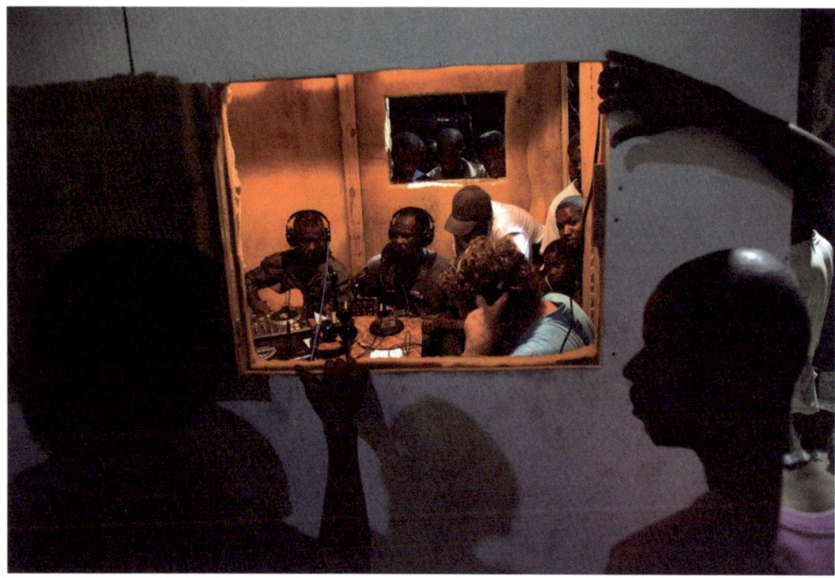

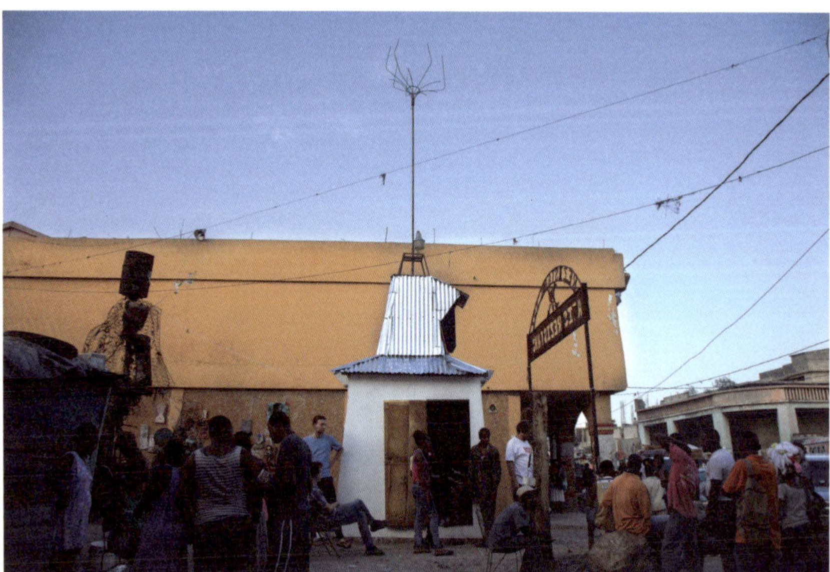

Fig. 5.3 Radyo Shak, a collaboration with Clocktower Radio from Brooklyn, at 4th Ghetto Biennale 2015, Port-au-Prince, Haiti. Photo: Lazaros

Fig. 5.3 Radyo Shak, yon kolaborasyon ak Clocktower Radyo soti nan Brooklyn, nan 4yèm Geto Byenal 2015, Pòtoprens, Ayiti. Foto: Lazaros

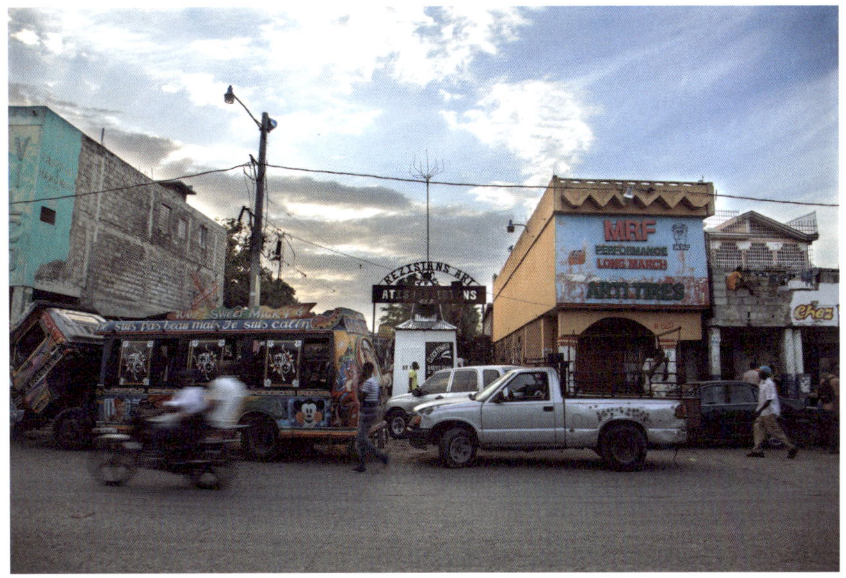

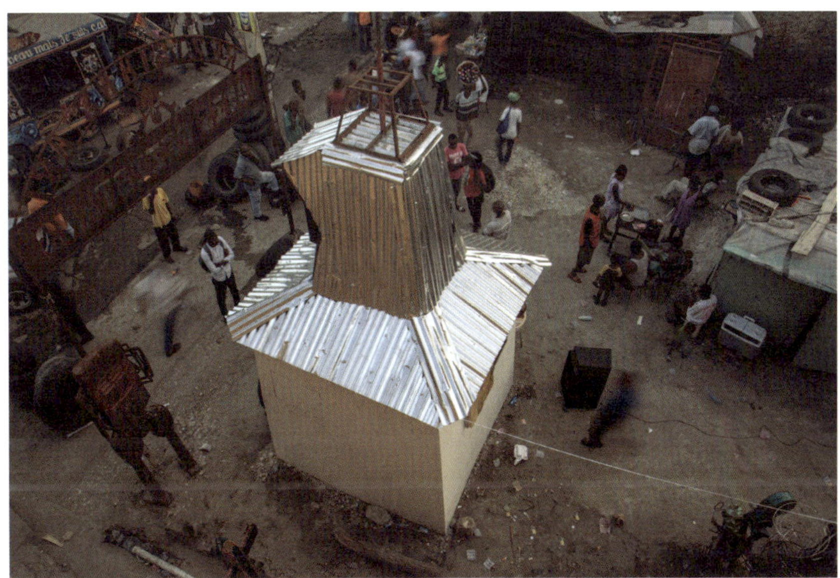

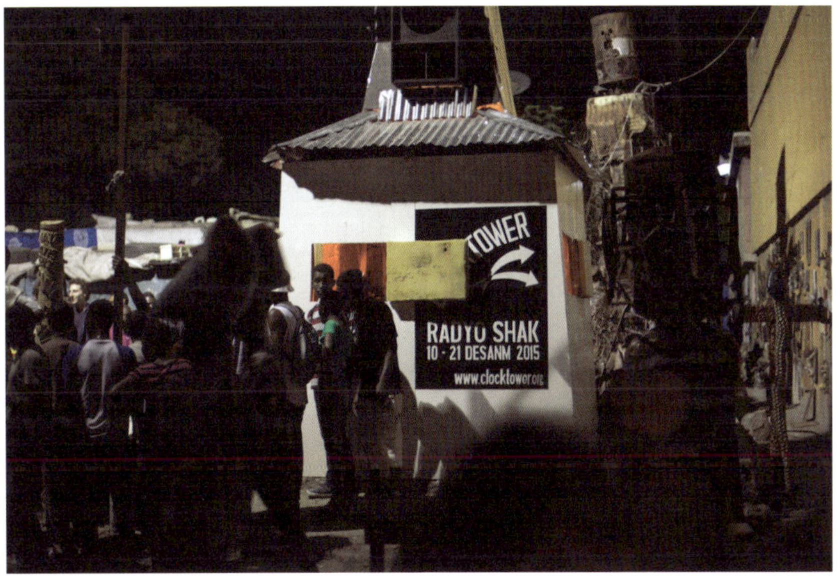

TOWER
RADYO SHAK
10 - 21 DESANM 2015
www.clocktower.org

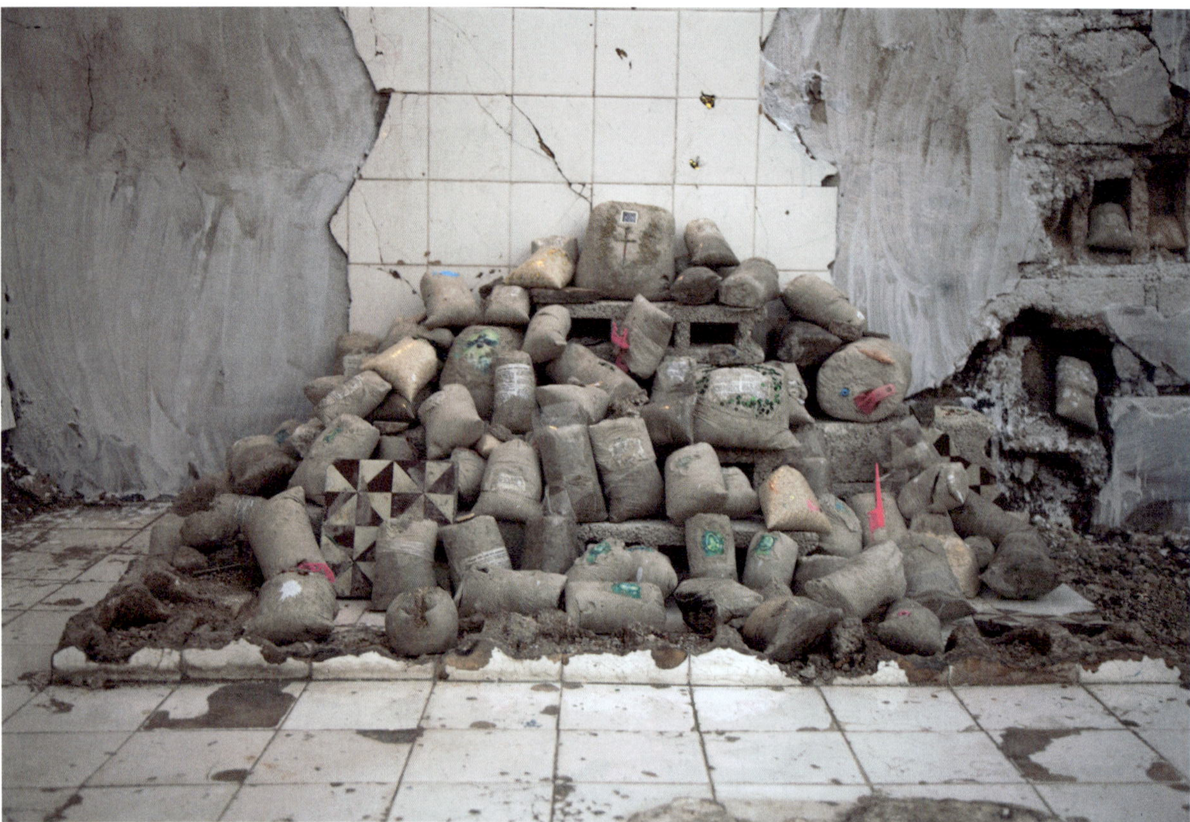

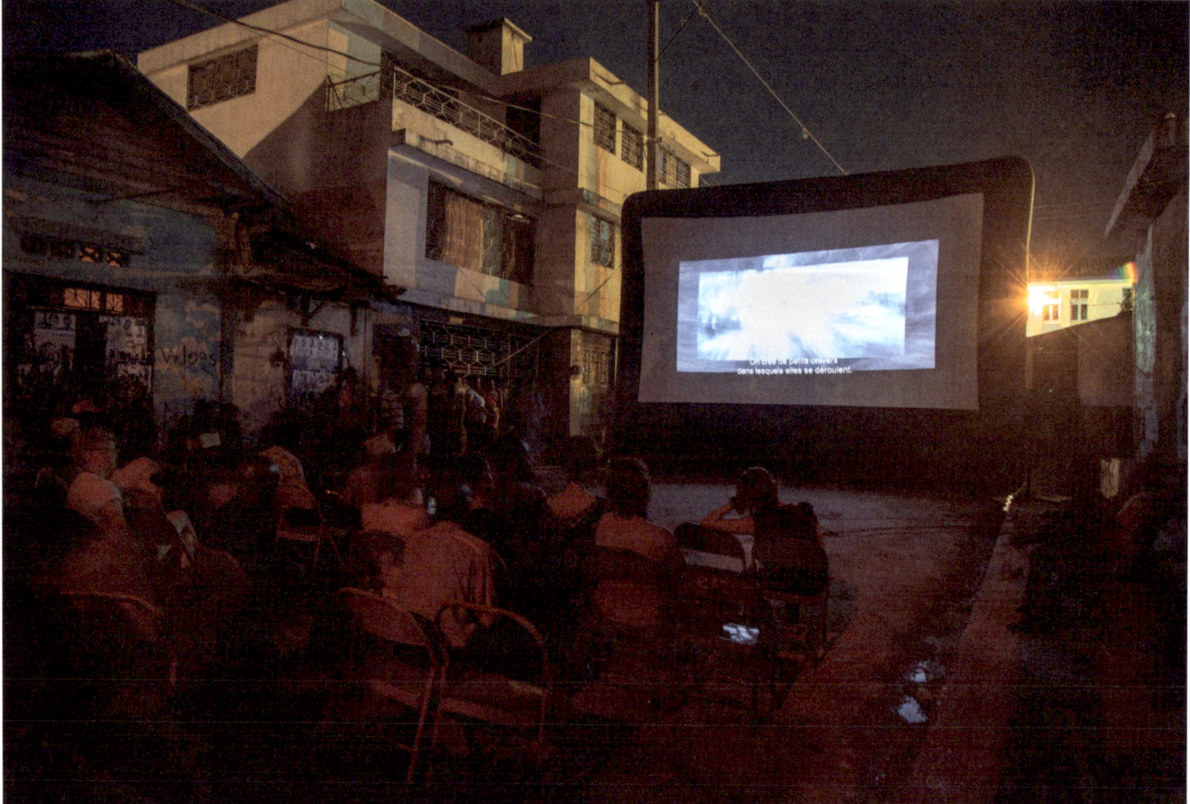

Fig. 5.4 The installation of 'Rebuild' by Camille Chedda at 4th Ghetto Biennale 2015, Port-au-Prince, Haiti. Photo: Lazaros

Fig. 5.4 Enstalasyon 'Rebati' pa Camille Chedda nan 4yèm Geto Byenal 2015, Pòtoprens, Ayiti. Foto: Lazaros

Fig. 5.5 Screening in Rue Carbone at 4th Ghetto Biennale 2015, Port-au-Prince, Haiti. Photo: Lazaros

Fig. 5.5 Depistaj nan Rue Carbone nan 4yèm Geto Byenal 2015, Pòtoprens, Ayiti. Foto: Lazaros

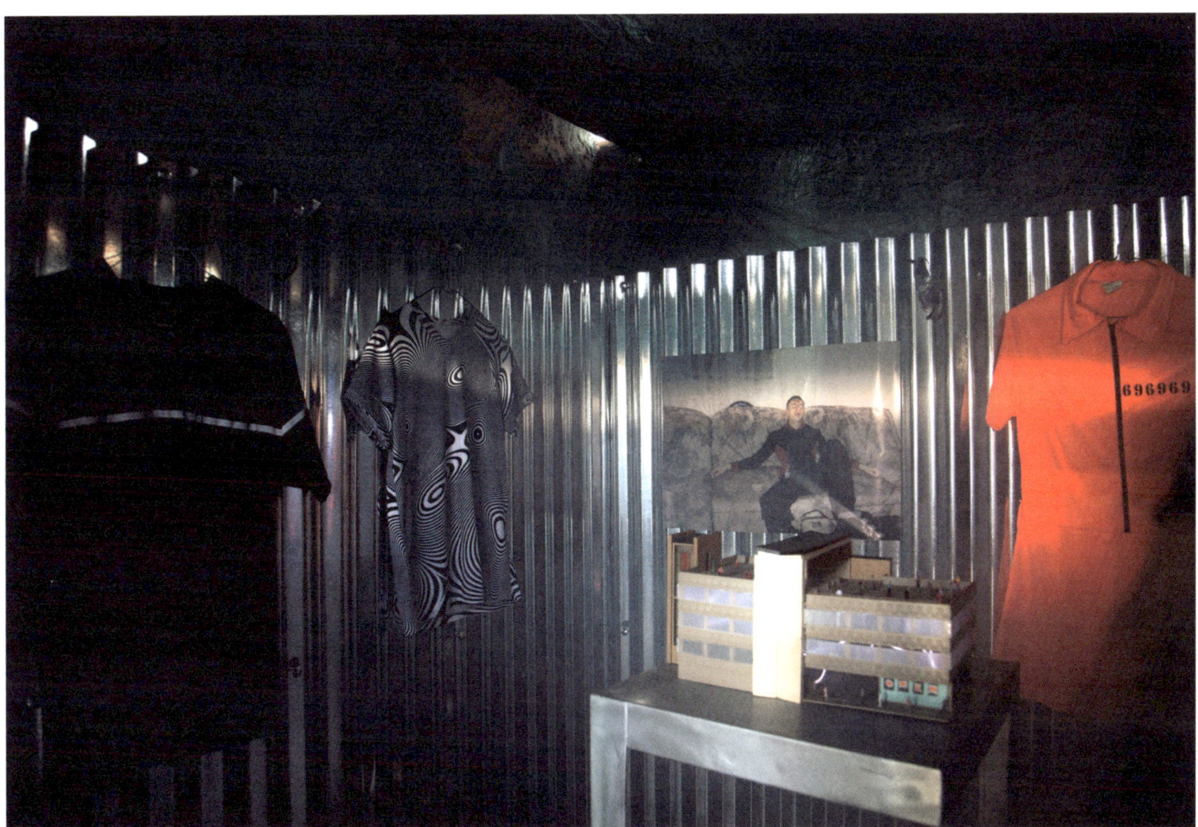

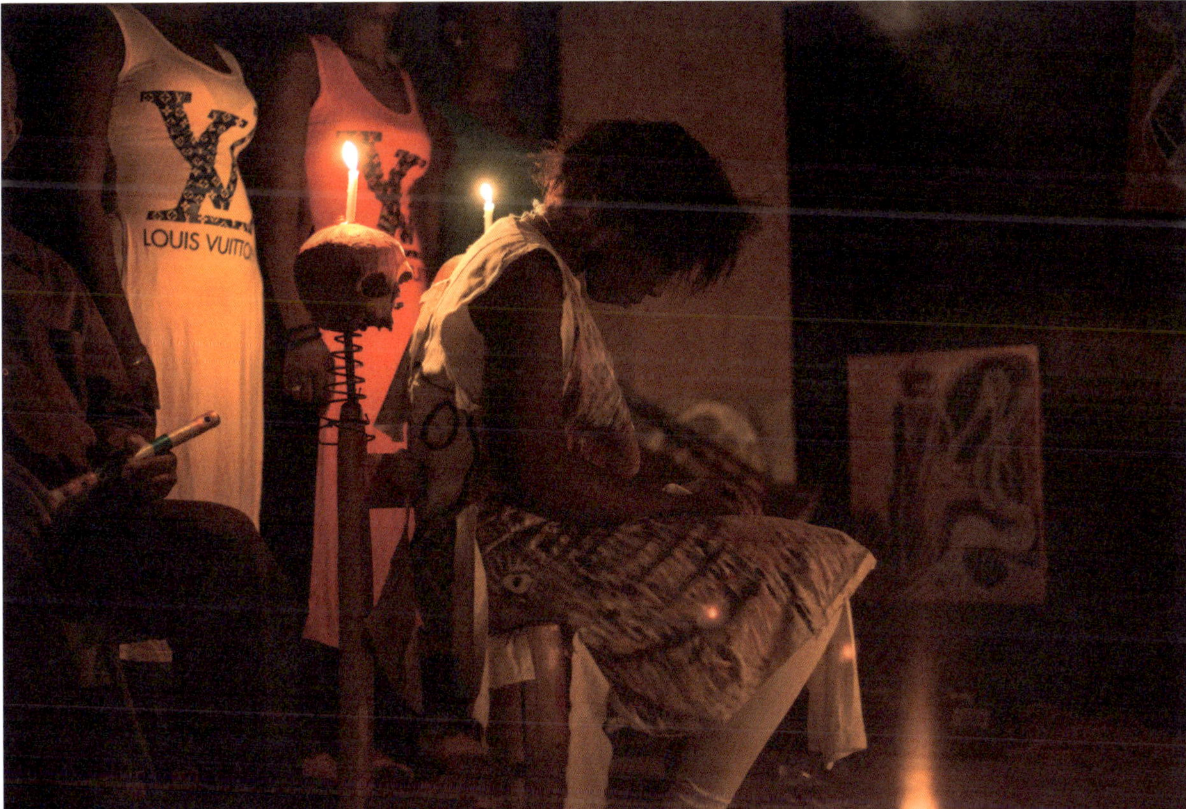

Fig. 5.6 Museum of Trance at 4th Ghetto Biennale 2015, Port-au-Prince, Haiti. Photo: Lazaros

Fig. 5.6 Mize-a Trans nan 4yèm Geto Byenal 2015, Pòtoprens, Ayiti. Foto: Lazaros

Fig. 5.7 The Fall of the Lakou, a theatrical performance directed by Getho Jean-Baptiste at 4th Ghetto Biennale 2015, Port-au-Prince, Haiti. Photo: Lazaros

Fig. 5.7 Lakou a Tombe, yon pèfòmans teyat ki dirije pa Getho Jean-Baptiste nan 4yèm Geto Byenal 2015, Pòtoprens, Ayiti. Foto: Lazaros

CONTESTED CREATIVITIES IN HAITI'S GHETTO BIENNALE
KREYASON KONTESTE NAN GETO BYENAL AN AYITI

PETER HAFFNER

The Ghetto Biennale debuted in December 2009 in the neighborhood of Leanne in downtown Port-au-Prince, just off of Boulevard Jean-Jacques Dessalines, the major street colloquially known as the Gran Rue. From the beginning, the event's participants, organizers, and attendees were presented with logistical, conceptual, and political challenges. Specifically, participating Haitian artists and their foreign counterparts found themselves grappling with dynamics of cross-cultural power and privilege particularly manifested in entrenched histories of crisis and catastrophe in Haiti, issues of tourism, and the broader context of how Haitian Art has been received and interpreted in the twentieth and twenty-first centuries. This paper examines how three projects at the Fourth Ghetto Biennale (2015) addressed, subverted, or side-stepped these issues. I argue that, compared to previous versions, the 2015 biennial most successfully enacted the aims laid out at the event's inception, but that several key points deserve further articulation, clarification, and consideration.

The Ghetto Biennale was conceived in response to the discourses and structures of the globalized contemporary art market, in which prestigious international biennials like Venice, Manifesta, Documenta, and Gwangju, stand as the most outsized manifestations. In the mid-2000s, the work of *Atis Rezistans* (Resistance Artists, also referred to as the Gran Rue sculptors) was beginning to receive international attention. The Gran Rue sculptors were earning reputations as members of a bold and audacious new generation of Haitian artists, attracting the attention of international clientele via the handful of contemporary art galleries in Haiti. Their sculptural work also earned them a degree of notoriety in Haiti

Geto Byenal te komanse nan mwa desanm nan lane 2009 nan katye de Leanne ki chita anba lavil Pòtoprens sou Boulva Jean-Jacques Dessalines, oubyen sa nou rele Gran Ri. Depi komansman, atis yo, organizatè yo, avek patisipan yo te presente avek kèk defi nan domen logistik, konesptyèl ak politik. Espesyalman, atis Ayisyan yo ak atis ki soti aletrange. Atis Ayisyan te vinn fè fas ak polemik ki genyen kote yon gwoup gen plis pouvwa nan sans entèkiltirèl e ki pi privilije nan sans ki manifeste nan estwa fonse de kriz ak kataswof an Ayiti, nan sans touristik, epi nan yon konteks ki pi laj, de jan ar Ayisyan rezevwa nan 20yem syek avek 21yem syek e jan li entèprite pa zot. Redaksyon sa pral fè ekzamin sou twa pwoje ki te fet nan katryèm Geto Byenal (2015) e jan yo fè fas avek dynanamik sa yo, jan yo boulvèse yo, oubyen evite dynamic yo konplètman. Agiman mwen se ki lè nou konpare ak vèsyon byenal anvan yo, byenal 2015 la te pi reyisi nan fè premye objektif ki pale nan komansman evenman, men gen plizye pwen ki merite plis refleksyon, klarifikasyon ak konsiderasyon ki ta dwe fet.

Geto Byenal jwenn nesans li an repons a yon diskou de estrikti mache globalize ar kontanporen, kote se byenal entènasyonal prestijye tankou an Venice, Manifesta, Documenta epi Gwangju, ki kanpe kòm pi gwo examp. Nan mitan lane 2000 yo, travay de *Atis Rezistans* (sculpteur Gran Ri yo) tap komanse resevwa atansyon entènasyonal. Skulpteur de Gran Ri yo tap komanse konu tankou manm de yon nouvo generasyon atis odasye ki tap komanse attire atansyon de yon kliyantel entènasyonal pa rapo avek yon ti gwoup galri ar an Ayiti. Eskilti yo te vin konu ni an Ayiti, ni lòt bo dlo pou travay yo fè avek zo moun, epi patikulèman tèt mò, ki te

and abroad as bones, particularly human skulls, were included in their repertoire of materials. With heightened recognition came invitations to participate in international art exhibitions and events like biennials - important nodes in the international contemporary arts circuit. Visa restrictions, however, often prevented the artists themselves from traveling with their work. As a result of this bureaucratic hindrance, they were also excluded from participating in activities accompanying exhibition openings such as symposia and colloquia, key situations for artists to make important art world connections.

National groups in the Global South such as Haitians who are not of means and often own no property commonly find the barriers to international travel particularly high. This reality is often lost on "First World" curators used to the jet-setting globalized standards of the contemporary art markets. For instance, when Eugène, Jean-Heard Celeur, and Guyodo (the three founding members of Atis Rezistans), were informed that their work would be included in the group show, *Lespri Endependan: Discovering Haitian Sculpture*, at the Frost Museum at Florida International University (2005), the exhibition's curator invited the artists to the opening without realizing the difficulties of traveling to the US (Eugene & Gordon 2016). Like many Haitians struggling to acquire international travel visas, the three artists were denied access to major components of the globalized, contemporary art world by virtue of nationality and socio-economic status.

The Ghetto Biennale was designed to be a collaborative effort that provided a potential alternative: if artists could not leave Haiti for exhibitions and biennials, those events would come to Haiti instead (Gordon 2016). The event's conception was also a collaborative affair. British artist and curator Leah Gordon has been integral to the biennial as one of its primary organizers. She first worked with Atis Rezistans in 2006, as part of a project for the International Museum of Slavery, Liverpool, for which Eugène, Celeur, and Guyodo were commissioned to make *Freedom!*, a large sculpture commemorating the 200th anniversary of the abolition of slavery in the UK. She became close with the artists and witnessed their frustrations in negotiating visa politics just as their art was receiving international attention, and it was Gordon who first conceived of the title for the event. While visiting with a friend in London, Gordon put two seemingly incongruous, opposed words together: "ghetto" and "biennale" (Eugene & Gordon 2016). The word "ghetto" was one often used by the artists in Gordon's film, *The Sculptors of Grand Rue* (2008), to describe their own living situations and subaltern statuses. "Biennale" described an event of wealth, privilege and status – one from which the Gran Rue artists were excluded. The irony that the human remains within their sculptures were allowed unhindered access to these networks as part of exhibitions, while the living bodies responsible for their creation remained stuck at home as the result

enkli nan repètwa materyèl yo kon sevi yo. Avek pi gwo rekognisyon, atis yo vin jwenn envitasyon pou patisipe nan egzibisyon entènasyonal avek evenman tankou byenal – etap enpotan sou sèn ar kontemporen entènasyonal. Men restriksyon viza, pi souvan, vin anpeche atis yo menm voyaje avek èv yo. Yon rezilta de anpechman biwokratik sa, se ke atis yo te ekskli de patisipasyon nan aktivite ki akonpany ouvèti egzibisyon tankou symposia ak kolokwi, sitiasyon ki enpotan pou atis yo fè koneksyon sou sèn mond ar.

Gwoup nasyonal ki localize nan emisfye de sid la, tankou Ayisyan ki pa gen mwayen oubyen okenn pwopryete, pi souvan jwenn barye byen wo ke yo pa ka janbe. Konsèvate pi souvan pa konpran reyalite de sa yo rele "premye monde la" ki abitye voyajè nan bann peyi sou estanda globalize de mache ar kontanporen yo. Pou egzamp, lè fondate de Atis Rezistans Eugène, Jean-Heard Celeur, avek Guyodo, te enfòme ke travay yo pral inkli nan yon expozisyon kolektif sou nom *Lespri Endependan: Dekouverture d'eskilti Aysiyen*, nan Mize de Frost (Frost Museum), nan Inivèste Entènasyonal de Florida (2005), konsèvate egzibisyon a te envite atis yo a ouverti egzibisyon a san li pat ran li kont de difikilte atis yo genyen pou yo voyajè etazini soti Ayiti (Eugene & Gordon 2016). Tankou anpil Ayisyen kap goumen pou jwenn viza, twa nan atis yo te refize aksè nan pi gwo aspe nan mache globalize ar kontanporen poutet nasyonalite yo ak klas socio-èkonomik yo.

Geto Byenal te kreye kòm efò kolaboratif ki te bay yon lòt altènatif: si atis pa ka kite Ayiti pou ale nan egzibisyon ak byenal yo, evenman sa yo ka vini an Ayiti pito (Gordon 2016). Nesans evenman te yon konsepsyon kolabòatif. Atis Angle ak Konsèvate, Leah Gordon se yon moun ki entegral nan komansman byenal kòm yon nan premye organizatè yo. Li komanse travay ak Atis Rezistans nan lane 2006, lè li pàtisipe nan yon pwojè pou Mize Entènasyonal de Esklavaj, Liverpool. Eugène, Celeur, ak Guyodo te jwenn komisyon pou fè yon pyes ki te rele *Liberte!*, yon eskilti komemorasyon de syek de abolisyon des esklvaj an Anglete. Li vin pre ak atis yo, epi vin temwen de fristrasyon yo te genyen ak politik negosye visa a mem lè ar yo tap komanse ap pran elan sou sèn entènasyonal. Se te Gordon ki te premye gen lide fè Geto Byenal la. Pandan yon vizit avèk yon zanmi nan Lond, Gordon vin mete de tem opozan ansanm: "geto" ak "byenal" (Eugene & Gordon 2016). Mo "byenal" te sèvi souvan nan fim *The Sculptors of Grand Rue* (2008), yon jan pou eksplike jan yap viv sou yon tèren marginalize. "Byenal" nan yon bo, se yon evenman de mwayen, de privilèj, - yon lòt bo atis Gran Ri yo pa gen akse. Ironi ki genyen a, kote se zo moun ki fin mouri gen plis akse voyaje ale nan egzibisyon, pandan kreyatè yo ki tou vivan rete femen nan peyi yo poutet yon biwokrasi geo-politik kònplike, pa pedi sou manm Atis Rezistan yo. Fè Geto Byenal an Ayiti te vin

of geo-political bureaucratic complexities, was not lost on members of Atis Rezistans. Hosting the Ghetto Biennale in Haiti provided an opportunity to challenge and invert this narrative of marginalization and bring the global contemporary art network to Haiti.

For the first Ghetto Biennale in 2009, Gordon put out an international open call asking artists to submit project proposals. Accepted projects would be executed in the Leanne neighborhood, through which the Gran Rue runs, in partnership with Haitian artists. International artists were required to pay their own way and purchase or gather materials in Haiti. Eugène's atelier and *lakou* (family courtyard) served as the central site for the event. As one of the original members of Atis Rezistans, and a de facto neighborhood leader, he has worked closely with Gordon in the organizing and logistics of the biennial.

The Gran Rue proved an especially resonant location for the event. It runs roughly north-south through some of the busiest sections of Haiti's capital and, in decades past, was once home to casinos, department stores, and art galleries that catered to foreign tourists disembarking from cruise ships. The length of the Gran Rue, and Leanne in particular, the section of the Gran Rue where the Atis Rezistans live and work, is now a hectic epicenter of commercial and transportation activity, while the tourism industry has long since shifted away from Haiti's capital to other Caribbean destinations. Rows of school buses and *Tap-taps*, the brightly adorned vans and trucks that serve as Haiti's public transit, line-up towards the southern end of the road bound for destinations both near and far within the country. All along the Gran Rue, these vehicles are stationed for maintenance at various intervals, creating the atmosphere of a sprawling outdoor automotive garage. Stepping off the road and onto narrow pathways and corridors that lead through tightly packed clusters of residential dwellings, one finds oneself among small wood-working workshops of (mostly) men maintaining a cottage industry of transportable, carved wooden objects for distribution and sale in other Caribbean countries. This context helped shaped the aesthetic sensibilities of the sculptors of the Atis Rezistans and many of them began as wood carvers producing for the tourist market in earlier years. After tourism dwindled, they began incorporating automotive and industrial waste from the area into their work, as well human bones, recycling and repurposing an array of materials towards creative ends.

Gordon underscores how the exclusion felt by the Gran Rue artists in Haiti also applies to many of those working in the peripheries of a globalized society: "Artists in the contemporary Caribbean art world, especially but not exclusively, are obliged to become organizers as well as producers due to the lack of viable institutions to support education, networks, visibility and distribution" (2016). Such vertical integration among artists comes out of necessity as they seek to

yon okasyon pou bay defi e chavire naratif de majinalizasyon sa, epi rasanble rezo ar entènasyonal la an Aytii.

Pou premye Byenal la an 2009, Gordon fè yon apèl entènasyonal mande atis yo soumèt pwopozisyon pwoje. Pwoje ki aksepte ta pral fet nan katye Leanne, kote Gran Ri pase, nan kolaborasyon avèk atis Ayisian yo. Atis entènasyonal yo te oblije peye pou tet pa yo, epi achte oubyen jwenn materyèl an Ayiti. Atelye avek lakou Eugène te sevi kòm yon sit santral pou evenman. Tankou yon nan manm orijinal de Atis Rezistans, e yon dirijan defakto nan katye a, li travay pre avek Gordon pou organize logistik nan byenal la.

Gran Ri te pwouve yon lokasyon vreman sonan pou evenmàn. Boulva sa ale nan sans nò a sid nan zòn komèsyal ki pi pèple nan kapital la. Nan tan pase, te genyen kazino, magazen, ak galri ar ki te kon sèvi touris etranje ki soti nan bato kwazyè. Zòn Leanne an patikilye, seksyon de Gran Ri kote atis rete ak fè travay ar yo, se yon sant ki gen anpil aktivite ni komèsyal ni transpo. Sa vinn bay zòn nan yon chalè aktivite. Men jan te konn gen touris nan zon nan lontan, li pa menm kounye a epi touris yo gen tan kite Ayiti ale nan lòt peyi nan Karayib la. Kounye a lin sou lin de bis avek *tap tap* - ti kamyon ak bis ki gen penti klere e servi kòm transpò piblik - chita ap tan moun nan bò sid Boulva pou destinasyon, ni lwen, ni toupre. Tout ti kote sou Gran Ri, menm machin sa yo lè yo pran pan, stasyone ap tann mekanik. Sa vinn kreye yon sans kote tout zon nan sanble yon garaj ranje machin ki byen vas. Lè ou kite Gran Ri antre nan ti koridò ki mennen moun sou ti kay kwense yon sou lot, moun sa ta jwenn tet li nan yon ti atelyè kote gason (pi souvan) ap travay bwa. Atelyè sa yo fè travay pou yon ti mache obje bwa, skilte ki transpotab, pou distribisyon nan lòt peyi nan Karayib la. Konteks sa ede bay nesans de sansibilite skilpti Atis Rezistans yo; anpil ladan yo te komanse kòm travayè bwa ki tap pwodwi pou mache touris nan ane pase yo. Apre mache touris diminye, yo komanse ap pran deche de machin ranje avek deche endistriyèl de zon nan, avek tou, zo moun, kote yo fè yon fòm de resiklaj yon seri materyèl entegre li nan travay ar yo tap fe.

Gordon fè konnen ke eksklisyon atis Gran Ri yo santi se menm fòm des eksklisyon santi pa moun kap travay nan lòt kote ki marginalize nan sosyete global la. "Atis nan mond ar kontanporen la, pi souvan oblijè vin organizatè avek produktè yo menm poutet mank de vre ensitisyon ki bay sipò nan domen edikasyon, vizibilite ak distribisyon" (2016). Kalite de entegrasyon vètikal sa yo pami atis yo soti pa yon nesesite pou yo cheche kontwolè mwayen de pwodiksyon, lavant ak egksibisyon travay yo. Ankedreman kiltirel ki ka egsiste nan nasyon ki pi endistriyalize pa existe oubyen gen yon mank de resous nan peyi tankou Ayiti, ki ajoute yon

control the means of production, sale, and exhibition of their work. Cultural infrastructure that may exist in more industrialized nations is either non-existent or under-resourced in countries like Haiti, thereby adding layers to the already crowded set of barriers preventing access to global capital and resources, particularly when it comes to contemporary art markets. By hosting the Ghetto Biennale, Atis Rezistans not only hope to bring the attendant resources, benefits, and networking opportunities provided by other biennales to Haiti, but to interrogate the systematic discrimination that necessitates such an event in the first place.

The agendas and ideologies underpinning the Ghetto Biennale were, and remain, loosely defined, often contradictory, and contested. When the concept of the Ghetto Biennale meets praxis, however, complexities and contestations arise. Such has been the case with every Ghetto Biennale, but in a most pronounced way during the first two occurrences. The debut, in 2009, served as a sort of trial run, in which the results of cross-cultural collaborations and partnerships could be used to gauge the Biennale's success and reveal points of contestation and rupture that might arise. Such was suggested by the first event's "strap line," or guiding theme, provided to guide international artists submitting project proposals: "What happens when First World art rubs up against Third World art? Does it bleed?" The question is an inversion of one placed by Gloria Anzaldúa in which she describes the US-Mexican border as an "open wound" where "the Third World grates against the First and bleeds" (1987:3). Such a provocative theme aligns with the disruptive agenda conceived at the Biennale's outset, and sets a tone in which socio-economic and nation-based power structures could be re-examined. The participants and organizers would also soon learn of the event's potential to reinscribe and reinforce existing, unequal cross-cultural power dynamics that they had intended to confront.

Visiting artists and their Haitian counterparts often differed in their respective agendas. Situations arose in which expectations clashed, often as a result of culturally held ideas about roles of artists and their places within a community. Many of the artists living and working on the Grand Rue have developed their practice in marked contrast to those who have graduated from Masters in Fine Arts university programs. Grand Rue artists often learned their skills through apprenticeships, working under senior artists and craftsmen in a workshop atmosphere. In those circumstances, the act of making art explicitly for sale does not carry the stigma of overt capitalism that such a practice would have among artists in Europe or the US, for example.

As Gordon frames the pragmatics of the Atis Rezistans' situation, "There is an excess of artwork in this neighborhood …so the difficulty is not to make it, but for the artists here the difficulty is in getting the work seen and to sell it." (Eugène & Gordon 2016).

fòm barye ki dèjà founi gwo obstak pou atis yo, epi anpeche plis tojuou aksè a resous kapital global avek lòt resous, partikilyèman nan mache ar kontanporen. Poutet Geto Byenal la ap fet lakay yo, Atis Rezistans swete pa selman pou mennen resous, benifis ak opòtinite fè netwòk ke lòt byenal founi an Ayiti, men tou, yo swete fè fas ak diskriminsayon sistemik ki fè nesesite yon evenman dabò.

Ajanda ak ideoloji yo ki se sous Geto Byenal la te, depi avan epi jis konye a, rete san yon definisyon ki fixe, epi pi souvan li vinn opoze ak pwop tet li, epi tou, vinn konteste. Lè konsep de Geto Byenal la vin yon reyalite sou teren an avek tout filosofi kap gide'l, konpleksite ak kontre karite a paret. Sa vini yon reyalitè nan chak Geto Byenal ki fet, men nan yon fason ki pi fonse nan premye okasyòn a. Premyè a, ki fet an 2009, te sèvi kòm yon fòm tentativ kote rezilta de kolaborasyon echanj kiltirel avek partenarya te ka montre kèk nan pwen de kontestasyon avek frakti ki te ka paret. Sa te sijere nan tèm de premye evènman, ki founi pou gide atis entènasyonal ki tap soumet pwopozisyon pwojè yo: "Sak vin rive lè art de Premye Mond vin fwote avek ar Twazyèm Mond - Eske li blese?" Kesyon sa a se yon envèsyon ki poze pa Gloria Anzaldúa kote li pale de frontyè US/Mexico kòm yon blese ouvè kote "Twazyèm Mond lan grafonè kont Premye a epi li bay san" (1987:3). Tèm pwovokan sa vinn mache avèk ajenda deranjan ki pran nesans nan komansman Byenal la, epi etabli yon lin kote sosyo-ekonomik avèk estrikti pouvwa-nasyon ka vinn re-eksamine. Partisipan avèk organizatè yo ta pral aprann kapasite evenman genyen pou inskri ankò avek ranforse mank de egalite nan dynamik trans-kiltirel yo ki genyen.

Atis ki vizite ak atis Ayisiyan pare yo souvan te difere nan ajenda yo. Sitiasyon a rive kote ekspektasyon te vinn vin kontraye yon ak lòt, ki souvan te yon rezilta de wòl atis è lide kiltirel ki genyen de wòl atis nan yon kominote. Anpil nan atis yo ki tap viv ak travay nan Gran Ri vin develope pratik yo an kontras avek sa ki gradiye avèk yon sètifika invèsite nan ar nan yon pwogram inivesite. Atis Gran Ri yo souvan apran metye yo nan aprantisaj, kote yap travay anba men travayè ki gen plis eksperyans nan metyè a avèk konpetans nan yon atomosfe atelyè. Nan sikonstans sa yo, fè travay atizanal pou vann pa vin pote menm estigma kapitalis ke yon pratik konsa ta genyen pami atis nan Ewòp oubyen Etazini, pou egzamp.

Jan ke Gordon ankadre reyalite sityasyon Atis Rezistans, li di "gen yon eksè èv nan katyè sa … donk difikilte a se pap pa reyisi, men pou atis isi yo, difikilte a se fè moun wè travay la epi vann li" (Eugène & Gordon 2016). Entansyon komersyel sa yo souvan vin kontraye eksperyans atis kap visite yo. Anpil nan atis Gran Ri yo ki patisipe nan Geto Byenal la te gen entansyon vann pyès yo nan evenman epi, souvan, atis Ayisyen yo te eseye vann yo ak

Such commercial intentions often ran counter to the expectations of visiting artists. Many of the Gran Rue artists who participated in the Ghetto Biennale intended to sell their pieces at the event and, often, Haitian artists would pitch their work to the visiting, foreign participants - a gesture that seemed to the latter as inappropriate to the spirit of collaborative art-making. Furthermore, the collaborative efforts were called into question by some of the Haitian participants, who often felt less as partners and more that they were being patronized as apprentices, thus calling labor ethics into question. If certain artists were being treated as employees should they not be paid as such? And, conversely, if partnerships between visiting and Haitian artist were truly collaborative, one should not expect something financial or material in return, necessarily. Preconceived, culturally held ideas about the role, status, and sanctity of art clashed in these circumstances, a situation heightened by the general depth of need felt across Haiti. By and large, the biennial format tends to resist commercializing forces in order to differentiate itself from market-driven art fairs, like Art Basel, The Armory Show, or Frieze, which attract dealers and collectors looking to sell and buy work. The organizers of the Ghetto Biennial, however have taken care not to police the sale of artworks at the biennale by favoring an approach in which collaborating artists are encouraged to manage potentially conflicting commercial dynamics and expectations themselves (Gordon 2016). Not every project at the Ghetto Biennale has faced issues related to art and commoditization, but several instances have arisen that have challenged the organizers and participating artists.

A month after the first Ghetto Biennale, disaster struck Haiti in the form of 7.0-magnitude earthquake whose epicenter was only a few miles outside of Port-au-Prince. The devastation came in two main forms: a huge death toll (estimates range from 20,000 to over 200,000 killed) and massive property destruction. The earthquake also exposed a lack of resources and infrastructure in Haiti to deal with catastrophes on such a scale. As a consequence, Haiti saw a huge humanitarian outpouring of monetary pledges from international countries and a steady stream of foreign volunteers arriving in the hopes of assisting the country's recovery. This dual context of disaster and beneficence provided a stark backdrop for the Second Ghetto Biennale in December 2011, and presented the organizers and participants with a new set of challenges.

Leah Gordon writes that the economic disparities made apparent in the first biennial were heightened within the context of post-earthquake Haiti. The expectations of local youth artists vis-à-vis their visiting counterparts were informed by the proliferation of non-governmental organizations (NGOs) in the country at the time and, as a consequence, many of the young Haitians anticipated an organizational model from the Ghetto Biennale that delivered direct

patisipan Etranje yo – yon jès ki sanble a visitè yo kòm yon bagay ki pa ale nan espri de travay artizanal kolaboratif. Anplis, kèk nan patisipan Ayisyen yo, ki te souvan santi yo mwens kòm patnè vizitè yo e plis tankou apranti anba yo, te mete efò kolaboratif sa yo an kesyon, sa ki te vin mete yon polemik de etik travayè. Si yo te trete sèten atis tankou anplwaye, eske yo pa dwe touche? Sepandan, si patenarya ant vizitè yo ak atis Ayisyen yo te vreman kolaboratif, yon moun pa ta dwe gen atant finansyè oubyen materyèl an retou? Lide prejije, kilitirèl, sou wòl, estati, ak sanktite travay atizanal vin dozado nan sikonstans sa, yon sitiyasyon ki vin pi elve a koz de pwofondè bezwen an Ayiti. Men plis ou mwen, fòma biennale la konn resiste fòs komèsyal la nan yon efò pou li vin diferan de lòt fwa atizanal ki baze sou aspè komersyal, tankou Art Basel, The Armory Show, oubyen Frieze, ki atire machan ar avek kolektè kap cheche vann oubyen achte travay artizanal. Organizatè Geto Byenal pran prekosyon pa polisye vant de ev ar yo nan byenal kote yo favorize yon fason kote yo ankouraje atis yo pou yo jere dynamik komersyal ki te ka mete konfli pou tet pa yo (Gordon 2016). Se pa chak pwoje nan Geto Byenal ki fè fas ak pwoblèm pa rapò a art e komodifikasyon, men plizye enstans arive ki bay defi organizatè yo avek artis ki partisipan yo.

Yon mwa apre premye Geto Byenal, katastwòf vin frape Ayiti nan fòm de tranbleman de ki gen yon magnitid 7.0 avek yon èpisant pa anpil kilòmet Pòtoprens. Devestasyon vini nan de fòm prensipal: yon gwo nonb de moun ki mouri (yo estime ant 20,000 a 200,000 ki mouri) avèk anpil dega pwopriyete. Tranbleman tè te ekspoze yon mank de resous avek enfrastrikti an Ayiti pou jere katastwòf de anplè sa ki rive a. An konsekans, Ayiti vin we yon repons masif de pwomès de peyi entènasyonal, avek yon rivye moun soti lòt bò dlo ki esperè asiste nan ede peyi a refè. Konteks ant dezas e benefis vin bay yon kontras eklatant pou dezyèm Geto Byenal nan Desamn 2011, epi li vin presantè organizatè yo avek partisipan yo avek yon lòt sèri de defi.

Leah Gordon ekri ke disparitè ki te parèt nan premye byenal te vinn pi fonse apre tranbleman de tè a an Ayiti. Atant de jen atis Ayisyen yo pa rapò avek kontrepati pa yo ki tap visite, te enfòme atravè pwopagasyon de oganizasyon non gouvènmanta (ONG) nan peyi a lè sa, epi kòm yon konsekans, anpil nan jen Ayisyen yo tap tann yon mòdel organizayson de Geto Byenal ki potè sipò direk (Gordon 2016). Kòm yo te chwazi avanse avèk yon tèm ki pat angage avèk tranbleman tè a oubyen efè li, Gordon, Eugène e Celeur, konsèvate de dezyèm byenal la, te esperè evite yon atmosfè ki mete yon dinamik donatè/reseptè ki mete moun zòn Gran Ri yo avek atis visitè yo nan opozisyon. Jan Gordon di: "pafwa pwojè ki te sanble travay fò, omwen sou papye, te vinn transfòme nan jès charitab epi atis te vin jige tet yo pou we ki fòm de benifis lokal

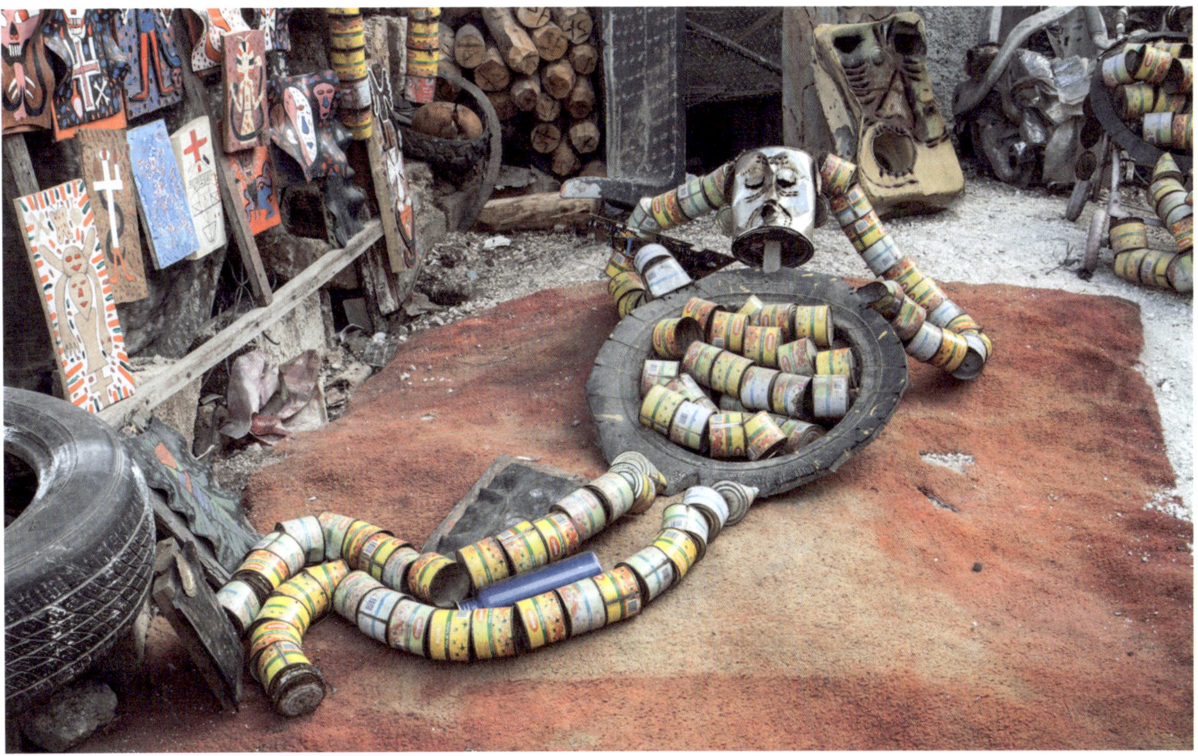

Fig. 5.8 Sculpture by Claude Saintilus (HT), 4th Ghetto Biennale 2015, Port-au-Prince, Haiti. Photo: Lazaros

Fig. 5.8 Eskilti pa Claude Saintilus (HT), 4yem Geto Byenal 2015, Pòtoprens, Ayiti. Foto: Lazaros

support (Gordon 2016). Having deliberately chosen to move forward with a theme that did not engage in the temblor or its effects directly, Gordon, Eugène, and Celeur, the curators of the second biennale, hoped to avoid an atmosphere that set up clear donor/recipient dynamics that put Grand Rue locals and visiting artists in opposition. Some visitors also revised their projects when confronted with the situation on the ground. As Gordon states: "At times seemingly critically strong projects, on paper at least, were transforming into charitable gestures and artists were complacently self-judging on the local benefits of their projects to the community" (2016). In the face of the extreme destruction that the earthquake wrought, such concerns from both sides seem unavoidable in hindsight. The larger, problematic history of humanitarian assistance in Haiti, however, undergirded the organizers' resistance towards efforts to steer the Ghetto Biennale in the direction of direct social action. The earthquake brought to light a situation that had been growing for many years, through which Haiti became known as an "NGO Republic," a designation resulting from the sheer number of aid organizations in the country (Klarreich & Polma 2012). A litany of misguided, and often harmful, international efforts to

pwojè a tap genyen" (2016). Anfas degà ekstrem ke tranbleman de tè a pote an Ayiti, pwòblem sa yo ki soti de chak bò se yon bagay ki pat ka evite nan sikonstans sa, lè nou fin refelchi byen. Pi gwo pwòblem nan, ki se istwa èd imanitè an Ayiti, te vin a la baz rezistans organizatè yo gen pou mennen Geto Byenal nan direksoyon de aksyon sosyal. Tranbleman de tè a fikse yon limyè sou yon sitiasyon ki vin pi gran chak ane, pandan yo vin konnen Ayiti antankou "yon Rebiliblik NGO", yon deziyasyon ki soti de yon chif vas de organizasyon ede nan peyi a (Klarreich & Polma 2012). Yon sèri de efò malenfòme epi danjè nan efò kominote entènasyonal la pou l eseye levi defi ki vin devan popilasyon Ayisyen a apre tranbleman de tè.[1] Apre tranbleman, efò kominote entènasyonal ki san vre kòdinasyon epi enkoyerans, souvan kote des organziyon ap fè menm travay san yon pa pale ak lot, vin pote yon enkyetid, kote moun pa fè òganizasyon konfyans. Relasyon inegal sa yo ki paret nan yon atmosfè de èd, avèk pèfòmans neo-kolonyal ke ni donatè ni reseptè vin jwe, vin bay defi a misyon konsèvatwa de dezyèm Geto Byenal la epi vin ogmante estrikti yerarchize.

An plis de inegalite ki pran nesans li pa rapò avèk

---

1. Wé: Farmer 2003; Katz 2013; Schuller 2012.

alleviate the challenges facing the Haitian population preceded those that followed the earthquake.[1] After the temblor, the disjointed, uncoordinated, and often redundant efforts of competing NGOs in Haiti only augmented local wariness and mistrust (*ibid*). The unequal power relationships that arise within an aid atmosphere, and the neo-colonial performances that both donor and recipient enact, challenged the curatorial mission of the Second Ghetto Biennale and heightened existing hierarchical structures.

In addition to inequalities borne of nationality and visa status, the Second Biennale exposed disparate gender dynamics. According to Gordon, some of the visiting women artists felt sexually harassed by the overt flirtation and sexual advances by some younger male artists, to a degree that many visiting women artists chose to make their work at their hotels rather than on site at the Grand Rue where they felt they were subject to unwanted advances (2016). While enlarged phallic imagery had been present in some Atis Rezistans members' sculptural work long before the first Ghetto Biennale, their proliferation in conjunction with some of the chauvinism on the part of the young men threatened to alienate visiting women participants.[2] Both the issues of the uncomfortable sexual dynamics and the disparities within the partnerships between artistic collaborators arose during the scheduled conference on the final day of the second biennial (Gordon 2016). The organizers planned for the conference as a forum where any participant could express their thoughts and opinions. Passionate contributions to these matters came from all sides but the format allowed for grievances to be aired in a constructive manner and taken into consideration for the next Ghetto Biennale.

The issues related to labor and gender are two specific examples of the challenges experienced during the biennial, ones that, had they gone unaddressed, could have threatened the event's continuation. The organizers' willingness to adapt the format, structure, and exhibition site of the Ghetto Biennale likely allowed the event to reach its fourth, and most recent, iteration in 2015. Visiting women artists mostly felt comfortable and unthreatened working on-site at the Gran Rue in 2015, and the donor-recipient dynamic of 2011 was no longer so pronounced due to changes and organizational interventions implemented following the congress.

The Ghetto Biennale's earlier themes addressed the political and socio-economic dimensions of the international art market, contemporary manifestations of a deeper historical context that has informed the relationships, engagements, and cross-cultural dynamics between Haitian and visiting artists. The theme for 2015, "Kreyòl, Vodou, and the Lakou: Forms of Resistance,"

nasyonalite e estati viza yon moun genyen, dezyèm Byenal vin ekspoze yon inegalite nan dinamik sèks ant fanm ak gason. Dapre Gordon, kèk nan atis famn vin santi pwòblem ak jan jen atis yo tap file yo epi fè advans seksyèl sou yo yon jan ouvè, jiskaske anpil nan fanm ki tap visite yo chwazi fè travay yo nan otèl pa yo tan pou yo fe'l Gran Ri nan sit la kote yo santi moun yo ta pral fè advans seksyèl sou yo, san yo pa mande pou sa. Menm si imaj falik, byen laj, te prezante nan travay kek nan mamb Atis Rezistans, lon tan avan premye Geto Byenal, pwopogasyon travay sa avek chovinism de kèk nan jen msye yo, te vin ekate pàtisipan fanm ki vizite.[2] Tou pwòblem yo, dynamik seksyèl ki fè moun malalez avèk inegalite ki egziste ant partenàya ant kolaboratè atis, vin soti pandan denyè jou konferans la nan dezyèm byenal (Gordon 2016). Organizatè yo te planifye pou konferans la kòm yon fowòm kote nènpot patisipan te ka eksprime panse yo avèk opinyon yo. Kontribisyon pasyone a pwòblem sa yo te soti nan tou de bò. Nan fòm diskisyon sa tout plent vin soti deyo nan yon fason konstriktif epi yo vini kòm refleksyon pou pwochen Geto Byenal la.

Pwòblem ki gen rapò avèk mendèv ak sèks se egzanp espesifik de defi ki te fet pandan byenal la, bagay ke, si li pat adrese nan moman, te ka fè ke evenman pa kontinye. Deske organizatè yo te gen volontè pou adapte fòma, estrikti, epi sit egzibisyon a, sa te fè ke Geto Byenal te rive nan katriyèm, epi denyeman, iterasyon evènman an 2015. Fanm atis kap vizite an 2015 santi you pi alez e san menas pandan yap travay sou sit Gran Ri a an 2015, epi dinamik de donatè-reseptè an 2011 pat menm jan poutet chanjman ki fet avèk entèvansyon organizasyonal ki fet apre kongrè a.

Tèm ki te genyen nan Geto Byenal avan te adrese politik avèk dimansyon sosyo-ekonomik de mache ar entènaysonal, yon konteks de ki jan istwa ap manifeste nan relasyon, angajman avèk dinamik intè-kiltirel ant atis Ayisyen avek atis kap vizite yo. Tèm 2015 lan, "Kreyòl, Vodou epi Lakou: fòm de Rezistans," vin fè fokis diskou a plis sou istwa defi ki anfas Ayiti istorikman. Apèl la mande pou atis konsiderè pwòje ki fè eksplorasyon ki jan atis Ayisyen te itilize lang Kreyòl, pratik relijyon Vodou, ak tradisyon de jan tè lakou a te jere pou kontre karye epi goumen kont sistem ekonomik avek agrikol ki te impose l e ki sanble imilyasyon model plantasyon a. Plizyè egzanp enpòtan sou pwòje ar touche dezas, touris, avek istwa d'Ayiti de plizyè ang, epi klere limye sou wòl Geto Byenal jwe nan fè fas oubyen aliye avèk istwa pwofon ke òganizatè yo te idantifye nan apèl louvri sa.

---

1. See: Farmer 2003; Katz 2013; Schuller 2012. **2.** For a discussion on the significance of the motif of erect penises (known in Haiti as the Kreyòl slang term, zozo) in both Vodou and the work by members of Atis Rezistans, see: Smith: 2010. **2.** Pou yon diskou de siyiifikasyon sans senbolik de gwo zozo ni nan vodou, ni nan travay Atis Rezistans, wé: Smith: 2010.

focused the discourse more historically to engage with entrenched challenges affecting Haiti. The open call asked for artists to consider projects that explored how Haitian Kreyòl language, the religious practices of Vodou, and the land-management traditions of the lakou were utilized by Haitians to counteract and push back against imposed economic and agricultural systems that resembled the indignities of a plantation model. Several key examples of 2015 art projects approach disaster, tourism, and Haitian art history from different angles and provide insight into the Ghetto Biennale's role in contending or aligning with deeper histories as identified by the event's organizers in the open call.

HISTORIES OF DISASTER, TOURISM, AND HAITIAN ART

Disaster and catastrophe have punctuated the history of Haiti since early contact between Christopher Columbus' crew and the Arawak Taino population that inhabited the island of *Kiskeya*, subsequently named *Hispaniola* by its Spanish colonizers, which both Haiti and the Dominican Republic occupy today. Within one hundred years of the first Spanish settlement there in 1492, the vast majority of the indigenous population had been murdered either directly by the colonial settlers, through exposure to European-borne disease, or as a result of enslavement in Spanish mines (Popkin 11). The Treaty of Ryswick in 1697 gave the western third of the island to France, who called their colony *St. Domingue*. Soon, St. Domingue became the most lucrative holding in the French Empire, earning the colony the nickname *La Perle de la Antilles* (The Pearl of the Antilles). The labor of enslaved Africans supported the plantations that produced a wealth of sugar, tobacco, cotton, and indigo. Conditions on these plantations were notoriously brutal for the enslaved laborers. By 1791, the population of enslaved Africans greatly outnumbered that of white French planters and the mixed-race class of *gens de couleur*, further feeding the conditions that would lead to mass revolt in that same year (Popkin 36-40). The violent, prolonged uprisings that marked the years between 1791 and 1804 came to be known as the Haitian Revolution. This period saw circumstances too complex and entangled to explore in great detail here, but after years of death and destruction on a massive scale, the European armies withdrew and the united force of Africans and free people of color declared independence in 1804, naming the new country *Ayiti*, or Haiti. The triumph of victory soon led to the foreign isolation of Haiti as France, the United States, and the United Kingdom all refused to trade with the new nation. France's punitive indemnity depleted Haiti's national treasury, and hobbled the country from the first days of independence.[3]

ISTWA DE DEZAS, TOURIS E ATIZAY AYISYAN

Dezas ak katastwòf mache avek istwa Ayiti depi premye kontak ant ekip Kristòf Kolon avèk popilasyon Arawak Taino ki te ap viv nan zile Kiskeya. *Kiskeya* vin *Hispanola* lè epòk kolon Panyòl. Hispanola okipe jodi a pa Ayiti ak Repiblik Domimiken. Pandan yon syek depi premye abitasyon espanyol nan lane 1492, vas majorite popilasyon endijèn te mouri dirèkteman anba men kolon yo yo, oubyen maladi ki soti an l'ewòp, oubyen akoz travay esklavaj nan min espanyol yo (Popkin 11). Trete Riswik nan lane 1697 te bay en tyè nan bò sid zile a Lafrans, ki rele koloni pa li a *Sen Domeng*. Byento, San Domeng vin kolini ki likratif nan lanpi Lafrans, e vin gen ti non *Lapèl dè Zantiy*. Travay Afriken ki nan lesklavaj te sipòte plantasyon ki pwodwi anpil sik, tabak, koton avek digo. Kondisyon sou plantayson sa yo te vrèman brital pou travayè esklav yo. Jis nan lane 1791, popilasyon Afriken ki te nan esklavaj te vin pi plis pase popilasyon Franse ak klas milat, ki vin plis kreye kondisyon ki mennen yon revòlt masiv nan menm ane sa (Popkin 36-40). Leve kanpe vyolan e dire ki karakterize ant lane 1791 e 1804 te vin konnen kòm Revolisyon Ayisyen a. Epòk sa wè sikonstans twò konpleks e makonnen pou fè gwo eksplorasyon an detay sou yo la, men apre anpil lane pandan kote te gen anpil moun mouri ak anpil destriksyon, lame Ewopeyen te retire kò yo epi fòs ini de Afriken avek moun de Koulè ki lib vin deklare endepandans yo nan lane 1804, epi vin bay peyi a nouvo nonm Ayiti. Sikse de viktwa sa vin mennen yon izolasyon etrange de Ayiti lè Lafrans, Etazini avek Angletè te tout refize fè komès avèk nouvèl nasyon a. Dedomajman pinitiv Lafrans lan te fini avèk trezò nasyonal Ayiti an e vin kokobe peyi a depi premye jou endepandans li.[3]

Kriz ki vini apre – Okipasyon Militè Amèriken (1915-1934), jenosid sou frontye Dominikani (1937), diktati brital, degredasyon anviwònmantal, ratman mange, ravaj de kriz SIDA – tout fè kontribisyon a kliche ki repete pa laprès etranje sou Ayiti kom: "the poorest country in the Western Hempisphere" (Peyi ki pi pòv nan emisfè lwès la). Anplis, dezas sosyal de povrete aji kòm yon miltiplikatè de efe pou lòt imiliasyon ke pèp Ayisyen vin soufri. Mo Geto, ke atis Gran Ri yo vin anbrase, rekònet epi aksepte majinalizasyon kòm yon konsekans kontanporen de dezas istorik d'Ayiti.

Manm Atis Rezistans souvan fè referans a katyè Leanne nan Pòtoprens kòm yon geto, men chwa mo a vin yon refleksyon sou ba estati atis yo ki ap viv ni lòt bo dlo, ni an Ayiti. Kòm yo rete nan yon

---

3. For more on the early years of Haitian statehood and post-revolutionary struggles, see: Bellegarde-Smith 2004; Nicholls 1979; Plummer 1992; Trouillot 1990. **3.** Pou plis enfomasyon de ane komansman l'eta Ayisyen avek li pòs revolusyonè, wè: Bellegarde-Smith 2004; Nichols 1979; Plummer 1992; Trouillot 1990.

Later crises - US military occupation (1915-1934), genocide on the Dominican border (1937), brutal dictatorships, environmental degradation, food shortages, the ravages of the AIDS crisis – all contributed to the cliché repeated by the foreign press of Haiti as: "the poorest country in the Western Hemisphere." Furthermore, the social disaster of poverty has acted as a multiplier effect for the other indignities suffered by the Haitian people. The word "ghetto," as embraced by the Gran Rue artists, acknowledges and embraces marginalization as a contemporary consequence of Haiti's historical disasters.

Members of the Atis Rezistans often refer to the Leanne neighborhood in Port-au-Prince as a ghetto, but the word choice also reflects the subaltern status of the artists themselves both abroad and in Haiti itself. Residing in a part of Port-au-Prince referred to as "downtown," Leanne is often deemed too dangerous to visit for wealthier Haitians and foreigners living "uptown" (an impression easily countered by actual visits to the area). While more established sectors of the Haitian art world have slowly begun to embrace the Ghetto Biennale, and the work of members of Atis Rezistans appears in local contemporary art galleries and in international exhibitions, many still bristle at the word "ghetto," fearing perpetuation of stereotypes about Haiti abroad. For those living in Leanne, however, the word continues to articulate a lived reality.

While the oragnizers of the Ghetto Biennale have grappled with issues of disaster in Haiti on a broad, historical scale, they were confronted with the immediate crisis of the earthquake during the 2011 event. At the time, those living in the capital were still digging out of rubble and thousands were living in makeshift tent cities and, as a result, many Haitians were particularly sensitive to the event's scope and outlook. Did the 2011 Ghetto Biennale fully acknowledge the disaster? Were the organizers bypassing humanitarian concerns of the neighborhood artists? What obligations did foreign participants have towards the welfare of their Haitian counterparts? Was the act itself of holding an event with "ghetto" in the title reinscribing foreign-based assumptions of Haitian destitution? Because of the post-quake proliferation of NGOs and waves of arriving altruistic *blan* (the Kreyòl word for foreigners), many Haitians were wary, especially in the historical light of failed international mobilizations on Haiti's behalf. Some of these humanitarian forays in Haiti after the earthquake have been criticized as disaster tourism (Dupuy). Do the organizers of the Ghetto Biennale also traffic in this type of touristic discourse?[4] The scope of these questions reaches outside of the 2010 earthquake and

zòn Pòtoprens ki rele anba la vil, Leanne souvan se yon zòn ke yo konnen kòm twò Ayisyen ki gen lajan ak etranje ki rete anwo (yon presyon ki vin pa yon verite lè ou vin fè visit a katye a). Pandan gen atis ki pi etabli nan sektè de artizay Ayisiyen ki komanse ap embrase Geto Byenal, epi travay manm Atis Rezistans yo paret nan galri ar kontanporen avek nan egzibisyon entènasyonal, anpil moun vinn twoublè lè yo tande mo "geto," a poutet yo pa vle pèpètye steriotip sou Ayiti lòt bo dlo. Men maglre sa, pou sak rete nan Leanne, se yon reaylite yo viv yomenm.

Pandan organizatè Geto Byenal yo vin fè fas avek pwòblem dezas an Ayiti nan yon gran echè istorik, yo te oblige fè fas avek kriz tranbleman de tè pandan evenman Byenal nan lane 2011. Nan tan sa, sak te rete nan kapital la te toujou ap retire moun anba debri epi plizye mil moun tap viv nan kan ki paret tankou ti vil epi, kòm rezilta, anpil Ayisyen te tre sansib de sijè ak pèspektif evenman. Eske evenman 2011 te vrèman rekonèt dezas la? Eske organizatè yo te kite zafè imanitè katye a deye? Ki obligasyon patispan etranje yo te genyen anvè byenèt Atis Ayisiyèn parèy yo? Eske zak pou kenbe evenman avèk mo "geto" nan tit la vin ranfosè sipozisyon de sou ekstrèm povrete ou jwenn an Ayiti? Poutet pwoliferasyon ONG apre tranbleman de tè a avek anpil blan altwuist, anpil Ayisyen te vijilan, sitou, paske echèk mobilizasyon pou Ayiti. Yo vin kritike kek nan voyaj èd imanitè an Ayiti apre tranbleman kòm yon fòm de touris dezas (Dupuy). Eske organizatè Geto patisipe nan tip de diskou touristik sa yo tou?[4] Magnitid kesyon sa yo vin rive andeyo de tranbleman de tè a epi inkli yon fòm de istwa touristik an Aytit ki pi ansyen, epli li vin kwaze avek pwodiksyon atizay lokal.

Depi Marin Ameriken te fè okipasyon a nan lane 1934, klas komès avek dirijan politik an Ayiti yo te we mache touris kòm yon mirak ekonomik ki ta pral vin ranplase agrikòl kòm endistri ki pi dominan nan peyi a, menm jan sa fet an Jamayik (Thompson 2005). Premye bèl epòk pou touris an Aytii vin fèt apre dezyèm gè mondyal (Plummer). Lewòp te ravage lè sa, epi visatè soti an etazuni avek Kanada te komanse ale nan destinasyon pi pre lakay yo (averill 63). Avni ekonimk e diplomatik "dousman" sa vin egzite akoz US Good Neighbor Policy (Politik Bon Vwazen d'Etazini). Pwògram lan te inkli mache touristik la kòm yon mwayen fè pwomosyon entere Ameriken aletranje. Somè bel epok sa vini apre egzibisyon bisentnè a nan lane 1949 kote yo fe reklam pou yon visyon de Ayiti nan piblikasyon entènasyonal kòm yon kote preindistryel, e pastoral andeyo, epi yon kote ki gen aktivite e modèn nan

4. For analyses and criticisms of the efficacy of aid efforts in Haiti after the 2010 earthquake, see: Van Hoving, Wallis, Docrat and De Vries: 2010; Farmer 2012; and Shuller 2012. 4. Pou analiz avek kritik de efikasite de efò èd an Ayiti apre tranbleman de tè 2010, we: Van Hoving, Wallis, Docrat ak De Vries: 2010; Farmer 2012; ek Shuller 2012.

involves an older history of tourism in Haiti, and its intersections with local art production.

Ever since US Marines ended their occupation in 1934, Haiti's business and political leaders have seen tourism as a potential economic panacea to replace agriculture as the dominant industry in the country, as was the successful case in Jamaica (Thompson 2006). The first "golden age" of tourism in Haiti came in the years after World War II (Plummer). Europe had been ravaged at the time and travelers from the U.S. and Canada began turning to destinations closer to home (Averill 63). "Softer" diplomatic and economic avenues provided by US Good Neighbor Policies included tourism as a means to promote America's interests abroad. The pinnacle of the golden age came on the heels of the 1949 Bicentennial Exposition that advertised a vision of Haiti in international publications as both pastorally pre-industrial in the countryside and vibrantly modern in the capital (Ramsey 201). The Haitian government built tourism infrastructure designed to last beyond the exposition. Cruise ships departing the US stopped in Port-au-Prince and the northern city of Cap Haitien, where hotels, nightclubs, and casinos awaited travelers. At the time, a number of these amenities

kapital la (Ramsey 201). Gouvèman Ayisyen bati efrastrikti pou mache touris la ki te fèt pou'l dire apre egzibisyon a. Bato Kwazyè ki tap soti etazini kanpe Pòtoprens epi an Okap, kote òtel, nayklèb, ak kasino te tou pa tou ap tann touris. Nan epòk sa, yon nomb de atraksyon sa yo te chita sou Gran Ri, pa lwen de kote Geto Byenal fet jodia – yon verite sonan pou residan katye Leanne avèk organazatè evenman.

Pou anpil nan visitè etranje yo, Ayiti gen yon atraksyon egzotik. Kalite inik k'ou jwenn an Aytii, soti nan pèsepsyon de diferans kiltirel ki gen nan peyi a. Moun ki pwogresif e liberal nan politik yo, pi souvan, se voyajè ki soti peyi ki endistrializè, nayson de "Premye Mond" fè eksperyans de kilti Ayisyen an tèm de vre kontras li gen yen avèk kilti konsomasyon lakay yo. Dapre Brenda Plummer, relasyon de ras de peyi yo vin ankadre eksperyans blan Ameriken ki liberal: "de pèspektif [liberal], enterè yo an Ayiti te makonnen ak senpati, ki vin ilistrè mank de pjijman rasyal" (1989:12) Yon aspè de atraksyon Ayiti genyen, Plummer sikjerè, se te jan diferans la te enkòpore nan egzèicis felisitasyon de tet yo touris pwogresè ak sofistike. Ajoute sou ekwasyon

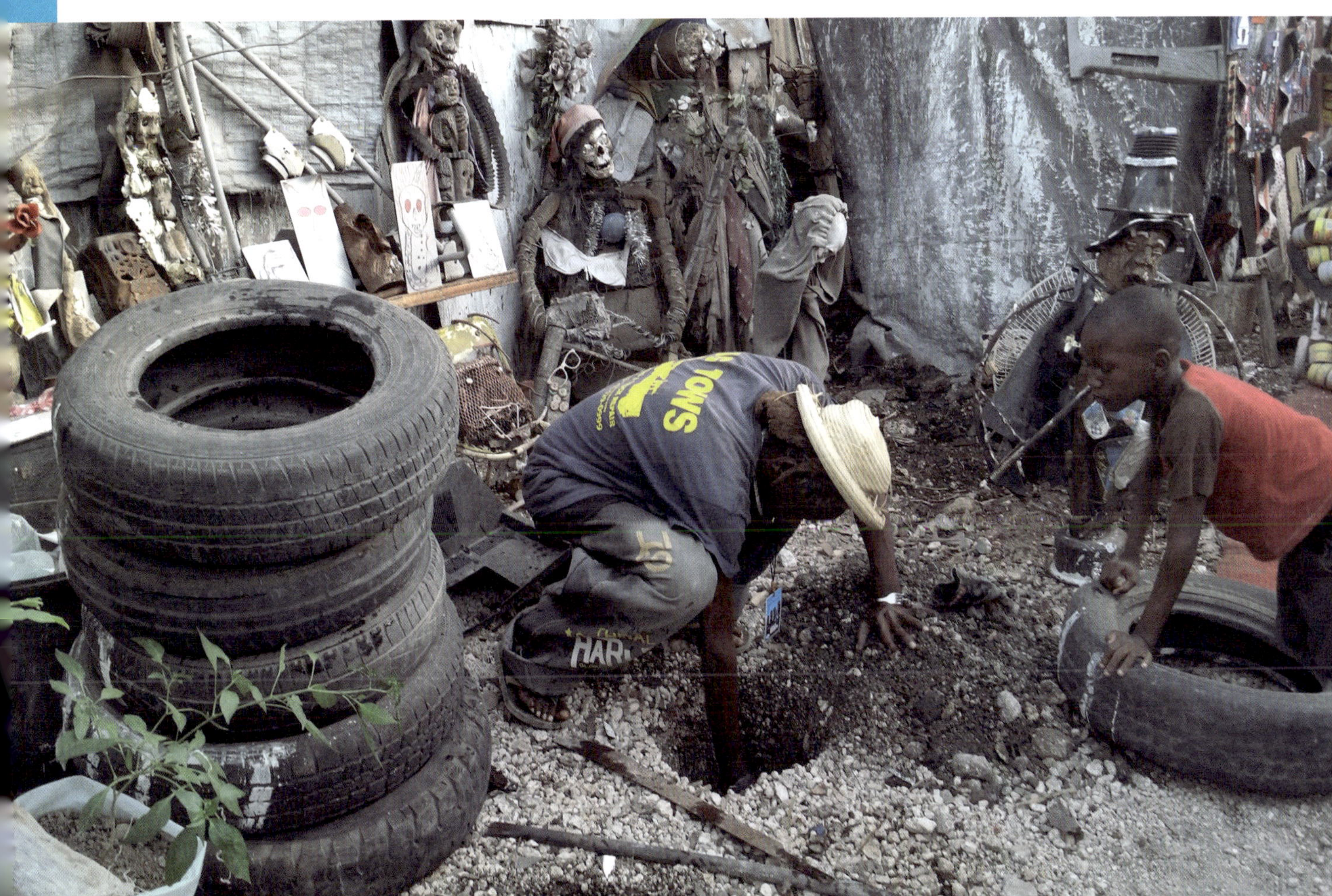

Fig. 5.9 Claude Saintilus (HT) planting a tree in his lakou as part of Lee Lee's (US) 'Sacred Soil' project, 4th Ghetto Biennale 2015, Port-au-Prince, Haiti. Photo: Lee Lee

Fig. 5.9 Claude Saintilus (HT) plante yon pye bwa nan lakou li tou li patisipe nan pwojè Lee Lee (US) 'Tè Sakre', 4yem Geto Byenal 2015, Pòtoprens, Ayiti. Foto: Lee Lee

were situated on the Gran Rue, not far from where the Ghetto Biennale is held today – a resonant fact for residents of Leanne and the event's organizers.

For many foreign visitors, Haiti has exotic appeal. The country's "unique" qualities reside in its perceived cultural differences. Progressive-minded, politically liberal, often white, travelers from more industrialized, "First World" nations experience Haitian culture in terms of its stark contrast to cultures of consumerism back home. According to Brenda Plummer, race relations back home framed the experiences of US white liberals in Haiti: "from [the liberals'] perspective, their interest in Haiti was compounded with sympathy, and also illustrated their lack of racial prejudice" (1989: 12). A component of Haiti's attraction, as Plummer suggests, was the way its difference was incorporated into a self-congratulatory exercise on the part of "sophisticated," progressive-minded tourists. Add into the equation Haiti's relative proximity to the port of Miami, and the country had the makings of a convenient Caribbean vacation for both adventurous travelers and wintering, northern "snow birds" alike.

The so-called "Haitian Renaissance" of artistic creation arose in circumstances of heightened tourism.[5] The Centre d'Art opened in 1944 and as a gallery, art school, and exhibition space in downtown Port-au-Prince that attracted a range of artists from across Haiti's social spectrum. Those artists who came from the Kreyòl-speaking majority and had little formal training in Western academic aesthetic traditions soon became the foremost talents in the emerging "re-birth" of Haitian visual culture. As an essential stop for tourists disembarking from cruise ships the Centre d'Art served as an entry point to Haitian culture (Diederich). With foreign tourists as clientele, the Centre d'Art and its artists thrived. By the mid-1950s, the work of Haitian artists gained the attention of artists worldwide.

By the early 1960s, Francois "Papa Doc" Duvalier was growing more brazen in his violent crackdowns against political opposition creating an atmosphere repellant to expatriate visitors. Cruise ships were still a regular occurrence in the Port-au-Prince harbor in the 1960s, but the numbers of visitors had declined precipitously (Abbot 167). Before Papa Doc's death in 1971, he named his son, nineteen-year-old Jean-Claude - nicknamed "Baby Doc" by the international press - as his successor. Baby Doc's administration sought to repair relationships internationally to attract foreign investment and revamp the tourism economy. These economically liberal policies, collectively known as "Jeanclaudeisme," led to Haiti's so-called second golden age of tourism. For over a decade, from the

a proksimte Ayiti genyen a pò Miami a, epi peyi vin yon destinsayson praktik pou ni touris de avantì, ni "zwazo nyèj" ki kite sezon fredi a.

Sa yo rele "Renesans Ayisiyèn" de kreyasyon atistik leve nan peryòd pandan te gen anpil touris.[5] Sant artizanal vin ouvri an 1944 epi kòm galri, ekol atizana, epi espas pou egzibisyon anba lavil ki atire yon seri atis ki soti nan tout klas sosyal. Atis sa yo te soti nan majorite ki pale sèl kreyol la epi ki pa gen anpil fòmasyon nan tradisyon estetik akademik oksidantal, vin pi gwo talan nan "re-nesans" de kilti vizyèl an Ayiti. Kòm Yon kote ki vin esansyèl pou touris kap debarke bato Kwazyè, Sant artizanal vin sèvi kòm yon pwent dantre nan kilti ayisyèn lan (Diederich). Avek touris kòm kliyan, Sant Artizanal epi atis ladan'l yo vin prospere. Nan mitan lane 1950 yo, yo te vin rekonèt travay atis Ayisyen patou nan lemond antye.

Lè ou rive nan lane 1960 yo, Francois "Papa Doc" Duvalier te vin pi ouvè avèk system kraze zo a kont opozisyon politik. Sa vin kreye yon atmosfè repilsif pou visitè ègzile yo. Bato Kwazyè toujou te kon vini regilyèman nan Pò Pòtoprens la nan ane 1960 yo, men kantite moun ki komm visite bese anpil lè sa (Abbot 167). Avan lamò Papa Doc nan lane 1971, li nome pitit li, Jean Claude ki te gen 19 an – laprès entènasyonal te bal ti non "Baby Doc" – kòm siksesè li. Administrasyon Baby Doc te eseye repare relasyon entènasyonal peyi a pou atire investisman etranjè epi rekonstisyone ekonomi touris la. Politik liberal sa yo, sa yo te rele "Jeanclaudeisme," te mennen sa yo rele dezyèm bel epòk touristik. Pou plis ke dizan, depi ane 70 jiska ane 80 yo, Ayiti fè konpetisyon avek lòt destinasyon nan Karayib la ki atire voyajè pou soley, lamè avèk seks."

Anpil nan atis Ayisyen ki patap ka kreye yon vi avek travay yo avan komansman mache artizana, pran avantai de mache sa ki vin ofri anpil benefis pa rapò a sen artizayl ki pran elan lè mache touristik monte nan mitan syèk la. Kreyasyon vin ogmonte touju nan ane 1970 yo. Presans etranje avèk popilarite artizay Ayisyen vin fè yon ti endistri atis avèk artizan kap fè ti tablo avek eskilti. Atis souvan travay ansanm, men rete anonim, nan atelye yo jan de travay sa yo ak kondisyon mache a te founi rout de Atis Gran Ri yo. Menm Jean-Heard Celeur avek Andre Eugène, fòndatè Atis Rezistans, te komanse kòm Atis ki tap pwodwi pou mache touris lè yo te jenn.

Pandan ane 1970 yo, "atizay touristik" te fèt nan yon gran echel; li komanse ap vide sou mache ar visyel. Atis ak atizan yo ki pwodwi travay avèk yon je sou pèspektif komès, plis ke sou fòm ekspresyon

---

5. For histories of the Centre d'Art and the role of DeWitt Peters, see: Christensen 1975; Hoffman 1985; Lerebours 1989; Rodman 1988.
5. Pou istwa de Sant D'art avèk wòl de De Witt Peters, we: Christensen 1975; Hoffman 1985; Lerebours 1989; Rodman 1988.

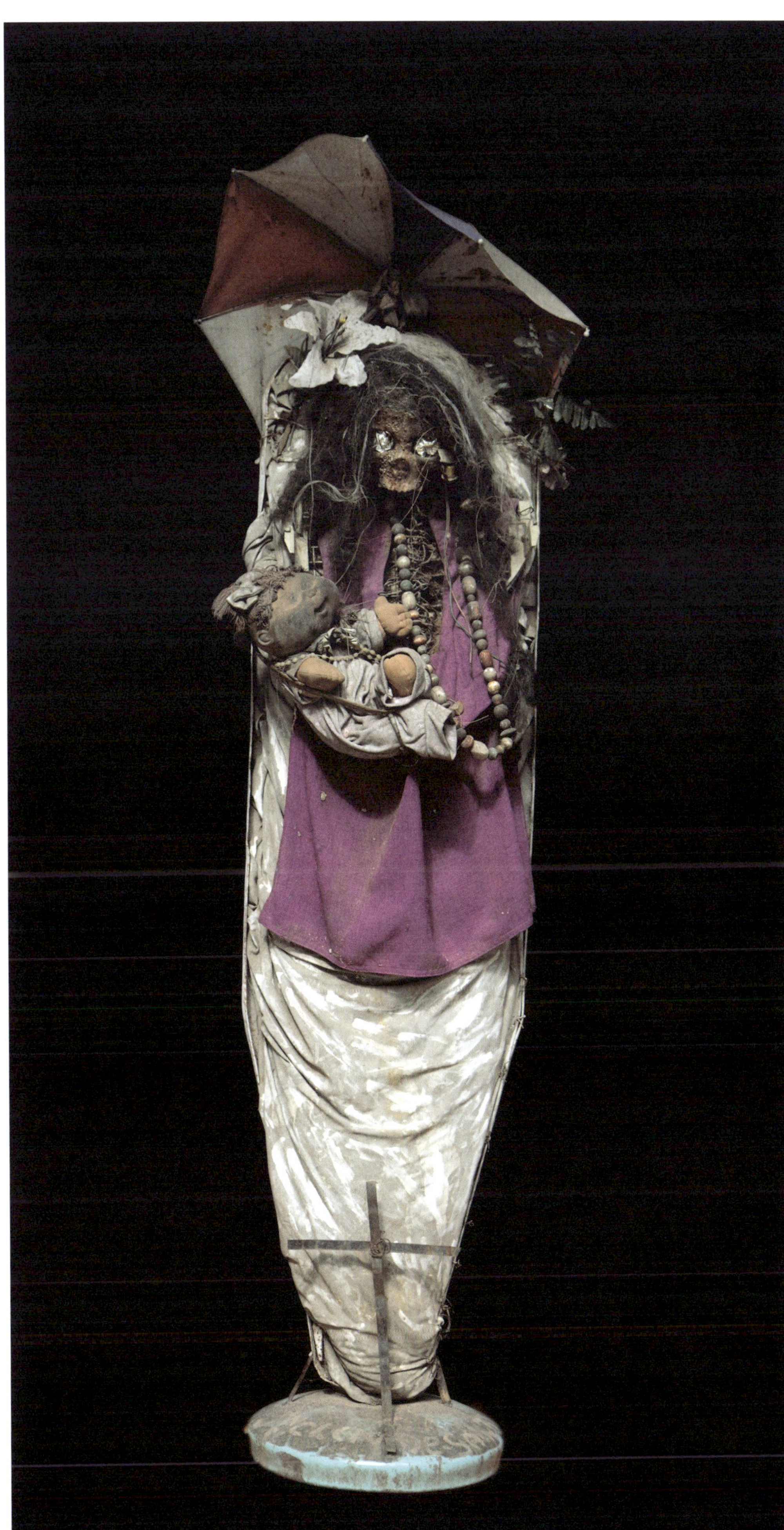

Fig. 5.10
Sculpture called 'Gran
Brijit' by Claude Saintilus
(HT), shown at the 54th
Venice Biennale 2010
(Private collection)
Photo: Leah Gordon

Fig. 5.10
Eskilti pa Claude
Saintilus (HT) ki
rele 'Gran Brijit', te
montre nan 54yem
Byenal Venis la 2010
(Koleksyon Prive)
Foto: Leah Gordon

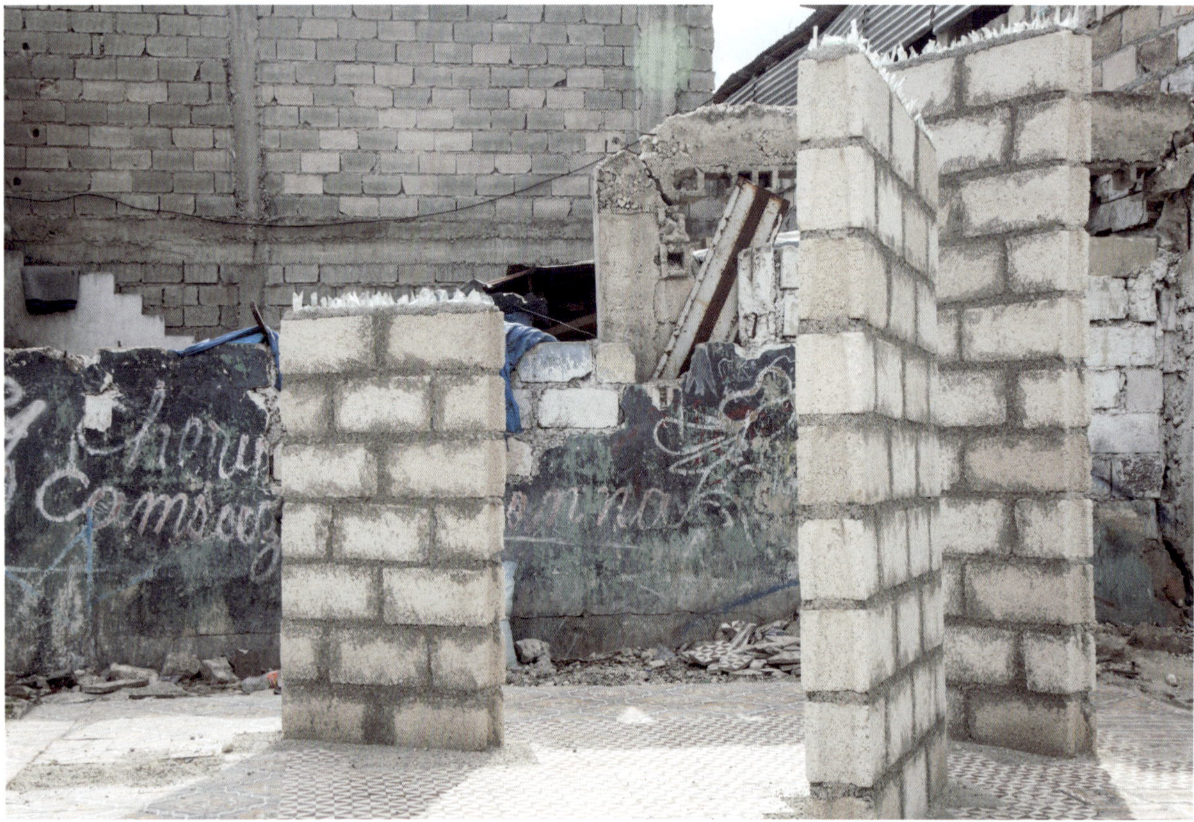

Fig 5.11 Radhika Khimji's (OM) piece called 'Safely Standing' in Lakou Twoket, 4th Ghetto Biennale 2015, Port-au-Prince, Haiti. Photo: Lazaros

Fig 5.11 Radhika Khimji's (OM) pyes ki rele, 'Kanpe an Sekirite', an Lakou Twoket, 4yem Geto Byenal 2015, Pòtoprens, Ayiti. Foto: Lazaros

early 70s to the 80s, Haiti competed with other Caribbean destinations to attract travelers with "sun, sea, and sex."

Haitian artists, many of whom had been unable to create a livelihood from their work prior to the advent of a Haitian art market took advantage of the potentially lucrative, tourist-fueled, arts scene when it arose in mid-century. Output increased even further in the 1970s. The presence of foreigners and the global popularity of Haitian art gave rise to a cottage industry of artists and artisans making small paintings and sculptures. Artists often worked cooperatively, yet anonymously, in workshops or ateliers. Such labor structures and market conditions provided antecedents to the Gran Rue artists. Both Jean-Heard Celeur and Andre Eugène, founding members of Atis Rezistans, started as artists producing for the tourist market at young ages.

By the mid-1970s, "tourist art" was produced on a large scale and began to saturate the visual arts market. Artists and craftspeople who produced work with an eye on its economic prospects, rather than as a self-possessed expression, were considered imitative and unoriginal by many expatriate collectors. Issues

individyel, kote travay yo fè yo te konsidere kòm imitasyon, san orijinalite pa moun kolektè ègzile yo. Pwòblem ki te gen rapò avek otantisite e repwodiksyon an mas te mennen gwo chanjman nan sa tèm "atizay Ayisyen" vle di pou òdyans aletranje, epi jan art Ayisyen te vin mache nan mond lan.

Endistri touristik an Ayiti epi, pa rapò a sa, mache pou atizay, te vin soufri yon seri de kou nan premye ane 1980 yo. Premyeman, kòm epidemik SIDA vin grandi nan yon echel global, Ayisyen te te vin stigmatize kòm moun ki pote nouvèl maladi, sa yo fek identifye ki rele SIDA. Piblik Amèriken a te pè epi vin reaji avèk diskriminasyon de Ayisiyèn (Farmer). Boulvèsman politik an Ayiti te vin fèt pi souvan epi pi fò pandan tan sa. Anplis, li vin pi evidan ke politik Jeansclaudisme te bon pou fanmi Duvalier a avek yon ti gwoup fanmi an Ayiti ki gen richès (Trouillot 218). Vyolans politik la, souvan ki te pèpetyè pa Tonton Makout — atache militè ke Duvalier te genyen - te vin pi feròs toujou. Duvalier finalman kite peyi nan lane 1985. Yon seri de gouvèneman militè ak prezidan ki fè pou yon ti manda kout vin ranpli espas vid ki te genyen apre Duvalier kite pouvwa. Tou de faktè sa yo, maladi ak kriz politik finalman kraze endistri touristik net ale, epi vin soulinyè yon period kote te

related to authenticity and mass reproduction led to major shifts in what the term "Haitian art" signified for audiences abroad, and how Haitian art circulated and moved in the world.

The Haitian tourism industry and, consequently, the art market, suffered a series of blows in the early 1980s. First, as the HIV/AIDS epidemic grew on a global scale, Haitians were stigmatized as potential carriers of this newly identified disease. The US public reacted with fear and discrimination of Haitians (Farmer). Political turmoil in Haiti also became more frequent and pronounced in this period. Additionally, it became increasingly evident that the policies of Jeanclaudeisme were advantageous only to the Duvaliers and a handful of wealthy allied families (Trouillot 218). Political violence, often perpetuated by the *Tontons Macoute*, Duvalier's loyalist militia force, became even fiercer. Duvalier fled the country in 1985 and a series of venal military juntas and short-lived presidencies filled the power vacuum. The two factors of disease and political crisis effectively obliterated the Haitian tourism industry and marked a new period marked by cycles of disaster, violence, and hardship, grimly exacerbated by the 2010 earthquake.

STRATEGIES IN THREE 2015 GHETTO BIENNALE PROJECTS

Many project proposals for the first two Ghetto Biennales in 2009 and 2011 critiqued and challenged institutions of the contemporary art world. The desire of visiting artists to upend capitalistic art-market practices, however, was sometimes at odds with the members of the Atis Rezistans' desire to sell their own work. The specter of "disaster tourism" has also loomed over the proceedings of the Ghetto Biennale, which has presented a challenge for organizers and participants. At what point does the viability of the event depend on the desire and willingness of foreign artists to travel to and work in "ghettos," both the actual one of Leanne and the conceptualized ghetto of the Haitian art world itself?

The fourth installment of the Ghetto Biennale held in 2015 was organized around the theme, "Kreyòl, Vodou, and the Lakou: Forms of Resistance," which addressed themes of Haitian history, culture, and language. Several projects used this theme to confront the factors of disaster, tourism, and Haitian-art history in ways that added complexity and nuance to these issues and, perhaps, provided insight into a way forward for future iterations. The following projects highlight how participants have addressed potential imbalances of agency and power. They also address how previous successes and failures informed the selection of projects by the event's organizers.

American artist Lee Lee rooted her project, *Sacred Soil*, in social practice and specifically addressed the

gen anpil vyolans, la vi di, ki vin pi mal toujou sou tranbleman de tè 2010.

ESTRATEJI NAN TWA 2015 PWOJE GETO BYENAL

Anpil nan pwopozisyon pwojè pou premye de Geto Byenal yo an 2009 e 2011 te kritike epi mande kont a enstitisyon entènasyonal mache atizay kontanporen an. Dezi atis kap visite te genyen pou chavire praktik kapitalis mache atizay la, sepandan, vin kontre avek dezi Atis Rezistans yo te genyen pou vann travay yo. Tèm "Touris Dezas" vini yon non ki menase evènman Geto Byenal, sa ki vin prezante yon pwòblem pou ni organizatè yo, ni patisipan yo. Nan ki pwen kapasite pou reyisi depann de dezi avèk volonte de atis etranje yo pou voyaje epi travay nan "geto," a, ni sak ki aktyel, tankou Leanne, epi sak konsevwa kòm "geto" nan mond artizay an Ayiti a li menm.

Katriyèm Geto Byenal la ki te fèt nan 2015 òganize sou tèm, "Kreyòl, Vodou, ak Lakou: Fòm Rezistans", ki adrese tèm istwa, kilti, ak lang Ayisiyèn. Plizyè pwojè itilize tèm sa a pou konfwonte faktè ki nan istwa katastwòf, touris, ak artizay Ayisiyèn nan yon fason ki te ajoute konpleksite ak niyans nan pwoblèm sa yo epi, petèt, bay konesans pou lavni. Pwojè sa yo mete aksan sou ki jan patisipan yo te adrese move balans nan ajans ak pouvwa. Yo menm tou yo adrese ki jan siksè ak echèk avan ka enfòme seleksyon pwojè yo pa òganizatè evènman an.

Atis Ameriken, Lee Lee, rasine pwoje li, Tè Sakre, nan yon praktik sosyal ki spesifikman adrese kriz anviwònmantal avèk grangou ki genyen an Ayiti [Fig. 5.9]. Nan travay avèk residan katye Leanne, Lee, avek kolaboratè Ayisyen li yo, plante jaden pèmakilti nan plizye lakou e bati depo de semans (seed libraries). Youn nan objektif atis la, se te kreye yon pwojè ki dire plis pase de semen byenal la. Pandan Ayiti vin pi konsantre nan vil yo nan denye 30 lane sa (epi plis toujou apre tranbleman de tè a), agrikilti rete yon gwo tranch nan idantite kiltirel Ayisyen, men li rete anba menas politik manje Amèrikan sa ki vin febli kapasite ekonomik pou pwodwi lokal nan mache Ayisiyèn. Lee vin melanje metoloji mouvman "slow food" nan pwojè li a a epi adapte yo nan konteks Leanne. Li pale de mouvman kòm ekontrè tandans kilti global kap domine e ki fè pwomosyon pou prezèvasyon idantite kiltirèl inik sou yon platfòm ki selebre nouriti. Se yon filozofi ki kite nou al pi lwen de wòl de 'otreman' epi ki vin bay yon konpreyansyon respektye de wòl tradisyon manje jwe nan bay fòs nan yon kominote" (2016). Lee vinn fè yon travay sou menm sije a nan byenal 2013, nouri, kote li travay ansamn avek granmè Ayisiyèn pou fè manje ave yo epi distribye yo a moun nan zòn nan. Travay Lee fè nan tè sakre, vin pran lide nouri, epi ale pi lwen avek depo semans yo avek etablisman jadìn, ke kolaboratè li yo ka jere apre li fin kite Ayiti.

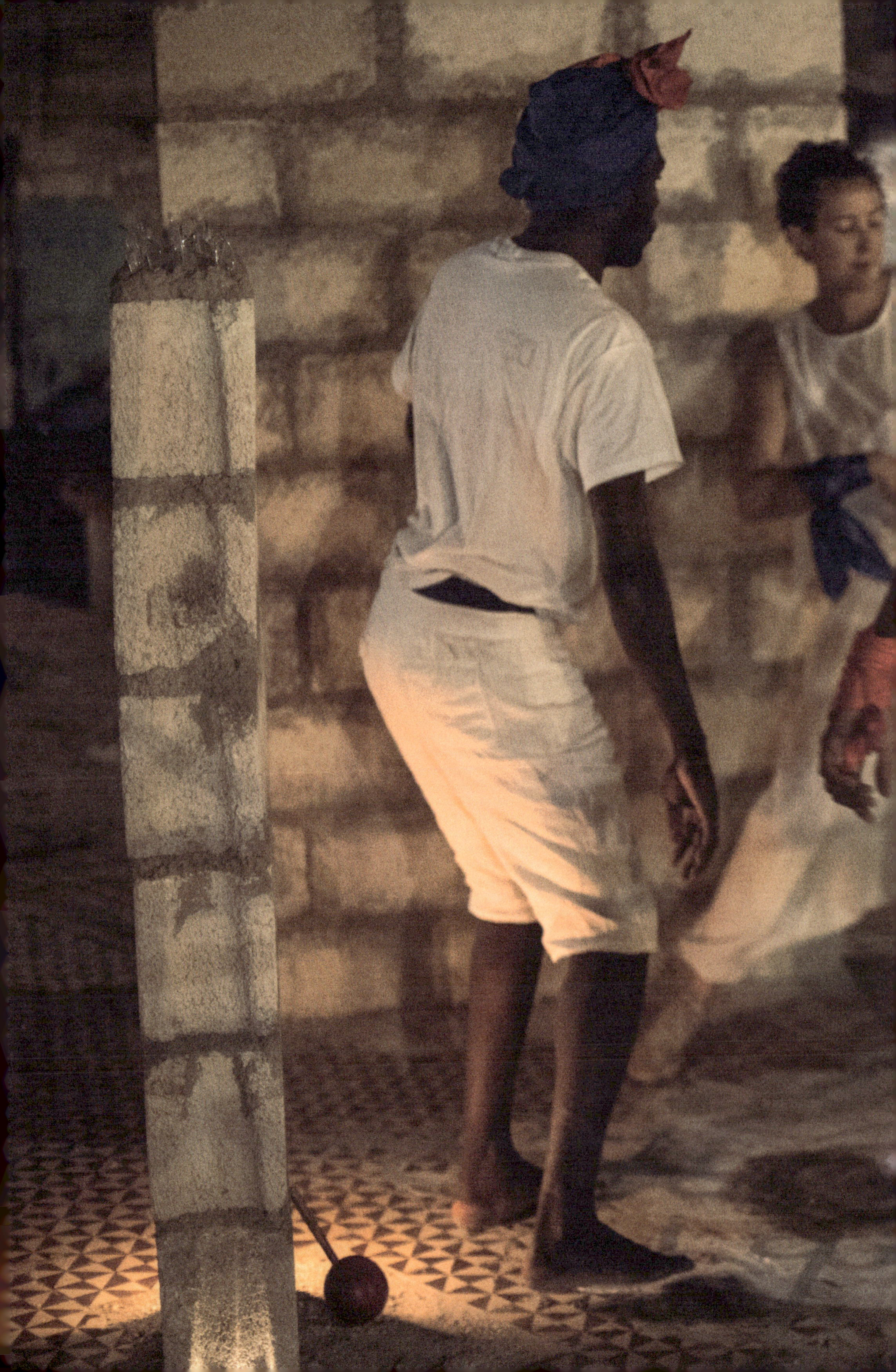

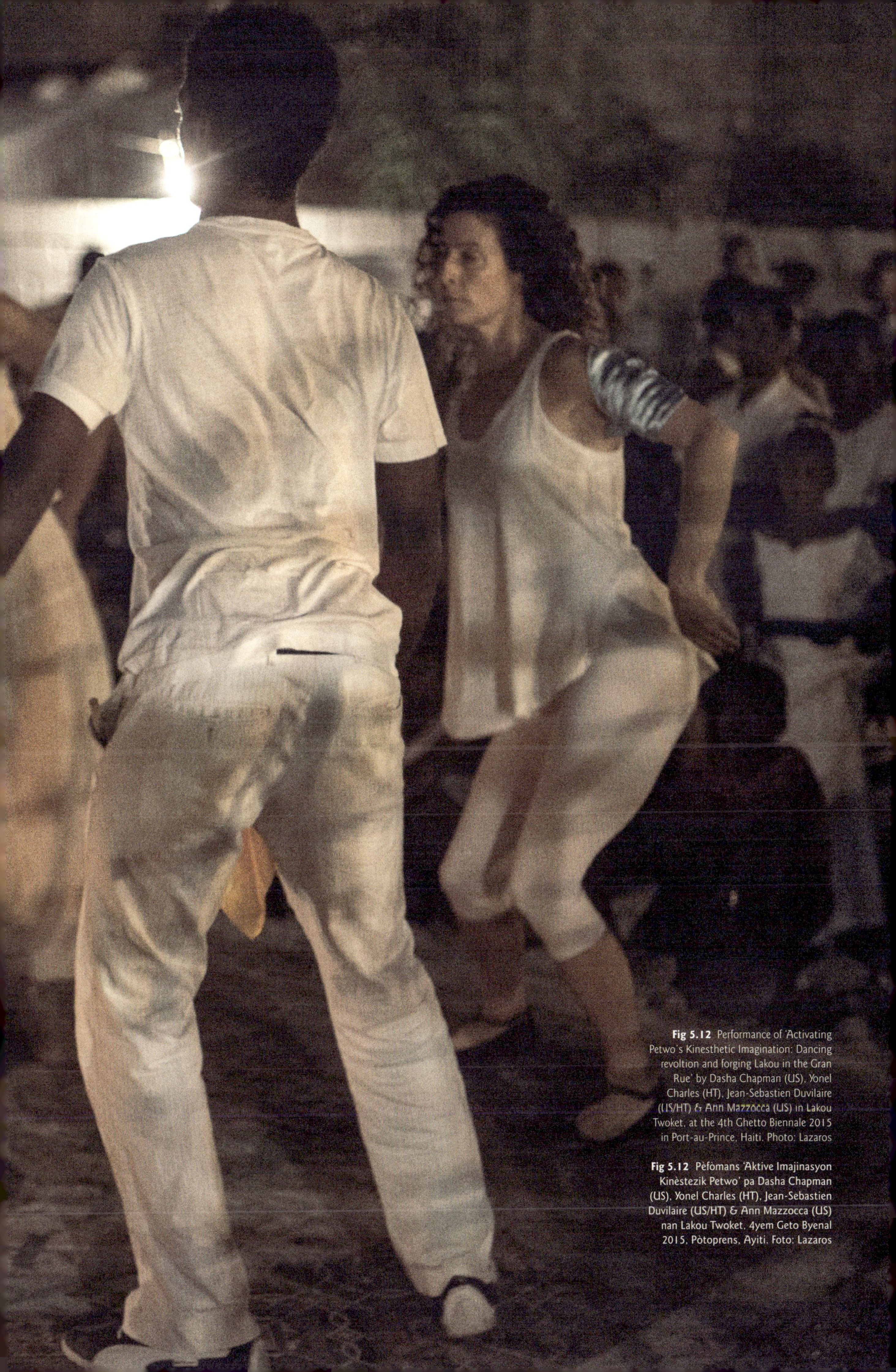

Fig 5.12 Performance of 'Activating Petwo's Kinesthetic Imagination: Dancing revoltion and forging Lakou in the Gran Rue' by Dasha Chapman (US), Yonel Charles (HT), Jean-Sebastien Duvilaire (US/HT) & Ann Mazzocca (US) in Lakou Twoket, at the 4th Ghetto Biennale 2015 in Port-au-Prince, Haiti. Photo: Lazaros

Fig 5.12 Pèfòmans 'Aktive Imajinasyon Kinèstezik Petwo' pa Dasha Chapman (US), Yonel Charles (HT), Jean-Sebastien Duvilaire (US/HT) & Ann Mazzocca (US) nan Lakou Twoket, 4yem Geto Byenal 2015, Pòtoprens, Ayiti. Foto: Lazaros

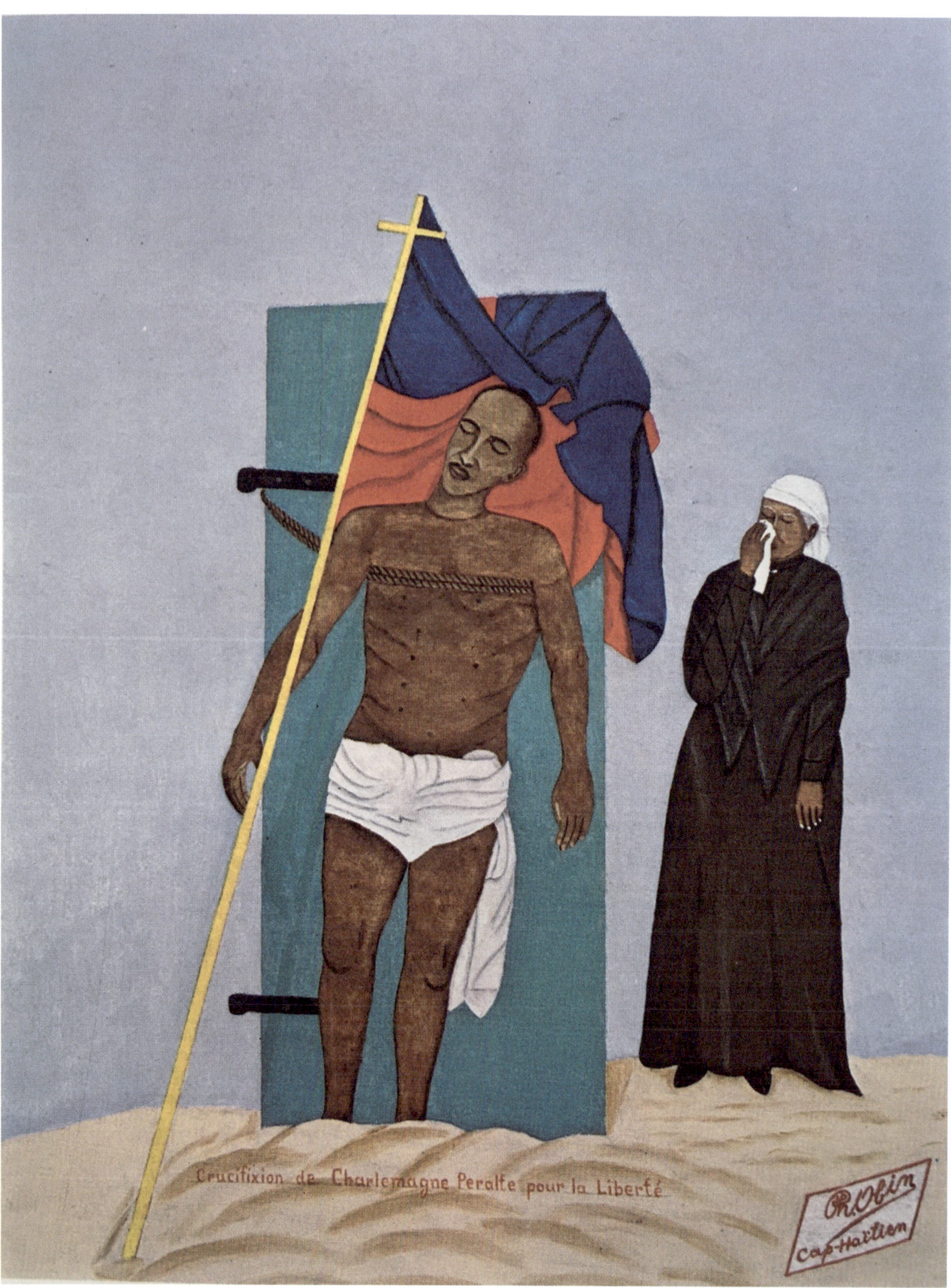

Fig 5.13 Philomé Obin (HT 1891-1986)
*The Crucifixion of Charlemagne Péralte
for Freedom [Crucifixion de Charlemagne
Péralte pour la Liberté]*, 1970
Oil on Masonite
19 ¼ x 15 ½ in. (48.9 x 39.37 cm)
Milwaukee Art Museum, Gift of Richard
and Ema Flagg
M1991.139
Photo: Efraim Lev-er

Fig 5.13 Philomé Obin (HT 1891-1986)
*Krisifiksyon Charlemagne Péralte pou
Libète [Crucifixion de Charlemagne
Péralte pour la Liberté]*, 1970
Lwil sou makoneri
19 ¼ x 15 ½ in. (48.9 x 39.37 cm)
Milwaukee Art Museum, Yon kado soti
nan Richard ak Ema Flagg
M1991.139
Foto: Efraim Lev-er

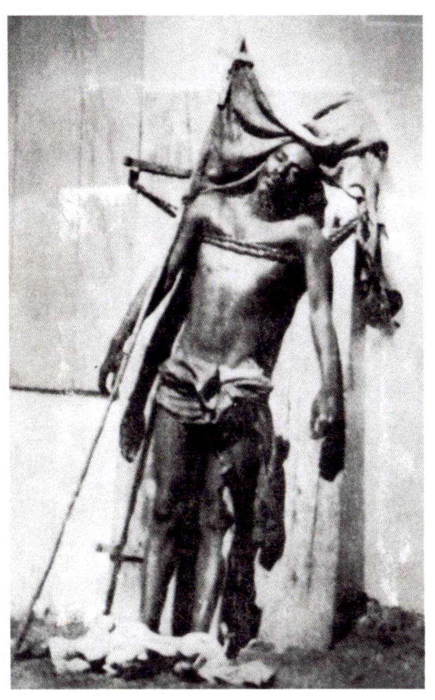

Fig 5.14 Photograph of the body of Peralte
Photo: National Archives Photograph No. 127-n521221

Fig 5.14 Foto kadav Charlemagne Péralte
Foto: National Archives Photograph No. 127-n521221

environmental crises and food shortages in Haiti [Fig. 5.9]. Working with residents in the Leanne neighborhood, Lee and her Haitian collaborators planted permaculture gardens in several lakous and established seed libraries. One of the artist's goals was to create a project that lasted beyond the two weeks of the biennial. While Haiti has become increasingly urban in the past several decades (and even more so since the earthquake), agriculture remains a major facet of Haitian cultural identity, yet it remains under threat from US food policies that undermine the economic viability of Haitian-grown products. Lee approached her project by weaving in methodologies from the Slow Food movement and adapting them to the context of Leanne. She describes the movement as "an antithesis to the dominating 'global' culture trend" that "promotes the preservation of unique cultural identities on a celebratory platform of nourishment. It is a philosophy that allows us to step beyond the role of 'other' and come to points of respectful understanding about the role of food traditions in maintaining strong community" (2016). Lee also tackled food issues for her project for the 2013 biennial, *Nourish*, for which she collaborated with Haitian grandmothers to make meals and distribute them to local residents. Lee's work with *Sacred Soil* takes the approach of *Nourish* further through the establishment of gardens and seed libraries, which her collaborators can maintain and nurture beyond her presence in Haiti.

Lee reyisi adrese tèm 2015 byenal la avek ouvèti li fè sou tradisyon Ayisyen yo. Ansamn avèk kolaboratè li yo, Lee plante pye bwa natif natal an Ayiti vin ka bay fwi tankou zaboka, bannann, ak papay, e ki vin bay lonbraj tou. Pwojè li tou te vin mache avèk materyal ke atis Gran Ri yo te sèvi tankou pyès machin avek kawotchou machin jete kòm plantè nan jaden yo. Claude Saintilus, yon manm Atis Rezistans lontan, te youn nan premye moun ki bay lakay li pou pwojè Lee a. Pou komanse pwojè a, li fè yon apèl a Azaka, youn nan lwa Vodou agrikòl. Zak spirityèl Saintilus te fè a vin plase pwojè Lee nan karfou tèm Geto Byenal 2015 lan: Vodou, Kreyòl e Lakou. Lee vin genyen premye pri pou travay li apre vòt ki fèt nan kongre a nan fen byenal la, yon prèv de efikasite pwojè a, epi, petèt, yon chanjman nan atitid ki gen pa rapò a seks.[6] Sa te premye fwa ke organizatè byenal yo te fè yon kompetisyon pami patispan yo epi lè fèt ke yon fanm genyen pri a montre gen pwogrè nan avansman nan atitid seksis e chovenis.

Claude Saintilus ap travay avèk Andre Eugène depi mitan lane 1990 yo. Kolaborasyon li fè ak Lee vin ranfòse pwopozisyon pa li pou pwojè byenal la, kote li te di "mwen pral fè yon kote mwen ap danse ak preche lapè andedan Vodou a. Mwen gen kèk eskiliti ki pral represante pwojè'm tou" (Gordon 2015). Kòm yon skiltè, Saintilus souvan enkòpore tet mò nan travay li nan mezi moun tout bon, epi li presante

6. Tout atis ki pàtisipe nan Geto Byenal vote pou pri a.

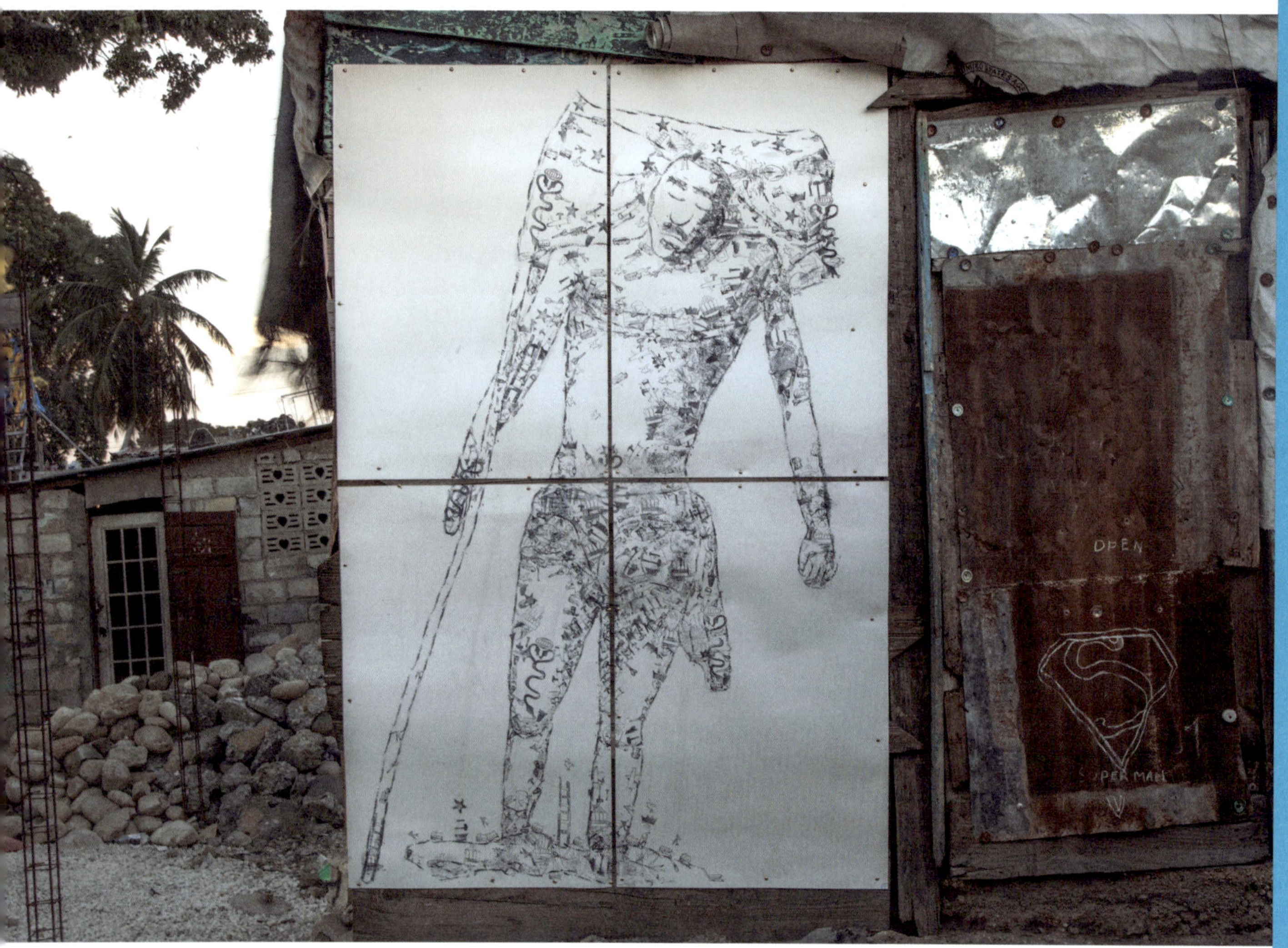

Fig. 5.15 'The Story of Institutions' by Edgar Endress (CL/US), 4th Ghetto Biennale 2015, Port-au-Prince, Haiti. Photo: Lazaros

Fig. 5.15 'Istwa Nan Enstitisyon' pa Edgar Endress (CL/US), 4yem Geto Byenal 2015, Pòtoprens, Ayiti. Foto: Lazaros

Lee successfully addressed the theme of the 2015 biennale and its overtures to Haitian traditions. With her collaborators, Lee planted trees native to Haiti that would yield fruit like avocado, plantain, and papaya, and also provide shade. Her project also aligned with the materiality used by Gran Rue artists by employing used metal car parts and discarded rubber tires as planters in the gardens. Claude Saintilus, a longtime member of Atis Rezistans, was one of the first to volunteer their homes for Lee's project. To initiate the project, he performed an invocation to Azaka, the Vodou deity of agriculture. Saintilus' spiritual act placed Lee's project firmly at the intersection of the 2015 Ghetto Biennale's themes: Vodou, Kreyòl, and the lakou. Lee won first prize for her work during voting that took place at the congress held at the biennial's end, a signal of the project's efficacy and, perhaps, shifting attitudes regarding gender.[6] This

travay li nan plizye egzibisyon entèansyonal. Travay li vreman rasine nan pratik spirityèl Vodou Sou travay li ki fèt a tet mò a, li di, "Lè yon moun mouri, mwen renmen pran tèt li, epi fè l viv ankò. Mwen pran tet mò a epi mwen kreye eskilti avek li. Mwen fe'l viv anko" (Gordon 2012). Metòd enkòporasyon moso kò moun, oubyen pyès machin ke yo jete, rad pèpè, avèk lot objè ke moun voye jete, ki vin anpile, ke Saintilus anplwaye a, se yon bagay typik nan travay atis Gran Ri yo [Fig. 5.8 & 5.10]. Deske pwopozisyon pwojè li fèt nan yon sans ouvè avèk yon aksan sou pèfomans, sa vin soulignè fòs byenal 2015 lan kote pratik pou yon objektif pandan evènman an, vin komplimante e ajoute sou pwopozisyon pwojè ki egziste deja. Kolaborasyon li fè avèk Lee soulignye tou, ki jan pratik atizay sosyal gen kapasite pou yo vin enkòrpere andedan media atizay visyl ki pi tradisyonel tankou penti ak eskilti.

---

6. All participating artists in the Ghetto Biennale had a vote for the prize.

was the first time the biennial's organizers held a competition among the participants and the fact that a woman won shows progress towards addressing previous concerns over sexism and chauvinism.

Claude Saintilus has worked with Andre Eugène since the mid-1990s. His collaboration with Lee supplemented his own proposal for the biennial, in which he stated, "I will do a performance during which I am singing and preaching the peace within Vodou. I have some sculptures that will represent my project too" (Gordon 2015). As a sculptor, Saintilus often incorporates human skulls into life-sized figures, and he has presented his work in several international exhibitions. His work is deeply rooted in the spiritual practice of Vodou. Of his use of skulls, he says, "When a person dies I like to take his head and make him live again. I take his skull and I create a sculpture from it. I make him live again" (Gordon 2012). Saintilus' method of incorporating human fragments with thrown-away automotive parts, second-hand clothing, and other discarded, accumulated objects, is typical of many of the Gran Rue artists' work [Fig. 5.8 & 5.10]. The open-endedness of his proposal and emphasis on performance highlights the strengths of the 2015 biennial in which embodied, ad hoc practices enacted during the event itself, complemented and supplemented pre-existing project proposals. His collaboration with Lee also signals how social arts practices have the potential to be incorporated into more traditional visual arts media like painting and sculpture.

Visiting artist Radhika Khimji's sculptural work *Still Standing* reflects the flexibility of the biennial's organizers in accommodating for shifting project goals. Khimji built three monoliths out of cinderblocks on the property of Twoket, a Grand Rue artist whose home collapsed during the earthquake [Fig. 5.11]. Cleared of rubble and largely empty, a raised foundation still exists where the house once stood. Upon arrival in Haiti, Khimji encountered the now-exposed multi-colored mosaic tile work that once served as the interior floor, one of the remaining physical indicators of the house, and changed her project. An Omani artist living in London, Khimji's original concept was based on 19th century paintings in India where Calcutta residents were commissioned to represent themselves for consumption by British audiences, a project that Khimji says "made a subject look at themselves as an object" (Khimji 2015). Upon arrival in Port-au-Prince, however, Khimji felt increasingly apprehensive about her original proposal, which she feared would exoticize Haitians with whom she participated. Instead, she purchased construction materials and erected three walls at angles to each other, each about eight feet high. She then affixed shards of broken glass to their tops in the same manner that many homes in the Haitian capital are protected from thieves – a type of makeshift barbed wire. *Still Standing*, in contrast, protects against nothing and has none of a wall's functionality. The work instead functions as symbol. According to Khimji, when she asked Twoket if he preferred her making the

Atis vizitè Radhika Khimji gen yon eskilti ki rele "Kanpe toujou" reprezante fleksibilite organizatè byenal yo nan fè akomodasyon pou pwojè ki chanje objektif. Khimji bati twa gwo eskilti ki fet an blòk sou lakou Twoket, yon atis Gran Ri ki te gen kay ki kraze pandan tranbleman de te a [Fig. 5.11]. Yon fondasyon ki gen yon ti wotè rete nan espas vid ki san debri kote kay la te ye. Lè li rive an Ayiti, Khimji vin dekrouvi yon mozayik milti koulè ki te sèvi kòm sòl andedan kay la, youn nan eleman kay la ki rete, sa ki fè li vin lide pwojè a. Kòm li se atis Omani kap viv an Anglatè, lide orijinal li te baze sou konsèp penti 19yem syek kote yo te bay rezidan Calcutta komisyon pou reprezante tet yo pou odyans Anglez, yon pwojè ke Khimji di "fè moun gade tèt yo kòm yon objè" (Khimji 2015). Sepandan, lè li rive Pòtoprens, Khimji vin santi li pi krentif sou pwopozisyon orijinal li a ke li panse te rann Ayisyèn ki patisipe yo egzotik. Tan pou fè sa, li achte materyèl epi fè twa mi ki chak kanpe a yon ang, yo chak a wit pye de wòtè. Apre li met moso boutey kraze sou tèt mi yo menm jan yo fè kay yo nan kapital la pou vole pa antre - yon tip de fil fè endijèn. Kanpe toujou, okontrè a yon mi kay, pa pwotojè ayen, epi li san fonksyonalite. Travay la fonksyone kòm yon senbòl, dapre Khimji, lè te mande Twoket si li prefere li fè yon bagay ki pi pratik tankou yon estriki ki fè lonbraj oubyen bay refij, men li reponn non, kote li di li prefire mi yo rete kòm yon moniman. Travay yo vinn enkòpore nan plizye pyès pèfòmans lòt vizitè yo te fè. Dasha Chapman, Yonel Charles, Jean-Sebastien Duvilaire ak Ann Mazzocca te pèfòme pyès yo, aktivasyon nan imaginasyon kinèstezik Petwo: Revolisyon nan dans epi fòje lakou nan Gran Ri a, tout otou moniman Khimji yo, sa ki vinn ajoute siyifikasyon ni pou travay Khimji, ni pou lakou Twoket lan [Fig. 5.12].

Pou pwojè p'al, Listwa Enstitisyon yo, Edgar Endress, yon atis Chileyen kap viv Etazini, te travay avek bòs ki fè so nan Pòtoprens. Avek kout men Pierre Adler, yon kolabòratè Ayisyen, Endress vin obzève moun kap byen fè so ak kawotchou, ki te annapre vin enprime sou materyo spesifik a bezwen chak kliyan yo. Endress te komisyone dirèkteman Calicien Banel, yon bòs so ki soti nan zòn nan epi youn nan twa frè ki aprann bizniz fanmi an, pou fè yon seri de imaj ki anapre pral fè parti de yon travay konplè sou papye. Ni "sans ofisyel" so a, ni semyotic (etid de siy e senbol) glise imaj enprime a te attire Endress. Imaj yon avyon, pa egzamp, te ka gen plizyè kalite siyifikasyon sosyal, pa rapò a kliyan an. Yon avoka de imigrasyon Ayisyèn oubyen yon biznisman ki travay nan enpòte/eksopòtasyon te ka mande yon imaj konsa pou represante sèvis yo. Avyon an tou te ka yon senbòl de mobilite sosyal, ke yo sèvi kòm reprezentasyon de yon enstiti Angle nan kapital la, pou egzamp. Pwen ki vle fèt la, dapre Endress, se ke imaj yon avyon se pa senpleman yon avyon, men li fonksyone kòm langaj nan depwaman li, ki pran siyifikasyon li dapre konteks la avek lòt faktè (2015).

work into something more "practical," like shade or shelter, he responded negatively, preferring the walls as monuments (*ibid*). The works were also incorporated by other participating artists and used in several performance pieces. Dasha Chapman, Yonel Charles, Jean-Sebastien Duvilaire and Ann Mazzocca performed their piece, *Activating Petwo's Kinesthetic Imagination: Dancing Revolution and Forging Lakou in the Gran Rue*, within and around the monuments, adding layers of meaning and resonance to both Khimji's work and Twoket's lakou [Fig. 5.12].

For his project, *The Story of Institutions*, Edgar Endress, a Chilean artist living in the US, worked with local rubber-stamp makers in Port-au-Prince. With the help of Pierre Adler, a Haitian collaborator, Endress observed these tradesmen making precisely carved stamps in rubber, which were then printed on materials specific to each of their customer's needs. Endress directly commissioned Calicien Banel, a local stamp-maker and one of three brothers trained in the family business, to make a series of images to then be deployed as part of a finished work on paper. Both the "official-ness" of stamps and the slippery semiotics of the resulting printed image attracted Endress. The image of an airplane, for example, could signify several types of mobilities, depending on the client. A Haitian immigration lawyer or a businessman who works in imports/exports might request such an image to indicate their services. The airplane could also be an icon of social mobility, used in the materials for an English-language institute in the capital, for example. The point being, according to Endress, that "an image of an airplane is not just an airplane," but functions like language in its deployment, taking on meaning according to context and other factors (2015).

Many examples of this linguistic fluidity were present in the stamp-maker's inventory, which Endress foregrounded and repurposed. The colonial history of rubber stamps also inflected *The Story of Institutions*. Stamps, while rendered obsolete in more digitally advanced countries of the world, still have relevance and usefulness in a country like Haiti that relies on more analog technologies. Business people and entrepreneurs expect stamps to legitimize and validate their enterprises and make them "official." This legacy of official stamps stems from colonial bureaucracies. Their hand-made quality also highlights the conceptual divide between "art" and "craft." What types of images are privileged enough to be considered "art," and which of those are relegated to the sphere of craft? This debate has informed the history of art from indigenous and "Other" cultures in Western arts institutions, and applies to Haitian visual culture in

Anpil egzamp de flilyidite lengwistik sa te prezante nan envantè bòs so a, yon travay ke Endress reobjèktifye nan sans pa'l. Listwa kolonyal so a bay nan *the Story of Institutions*. So, ki vin yon bagay demode nan peyi ki pi advanse dijitalman, toujou gen enpòtans e sèvi nan yon peyi tankou Ayiti ki depan de teknoloji analogik. Moun komès avek espere ke so ka bay entrepriz yo lejitimite ak validasyon e fè yo "ofisyèl". Eritaj ofisyel de so sa soti nan biwokrasi kolònyal. Kalite so ki fèt a men vin soulignye divizyon konsepsyèl ki gen ant atizay avèk atizana. Ki kalite imaj ki gen privilèj pou yo konsidere yo kòm atizay" e ki sak ladan yo ale nan atizana? Deba sa te enfòme istwa ar sou pèspektiv kilti ki soti nan enstitisyon atizay oksidantal, epi ki aplike a vizyèl an Ayiti an patikilye.[7] Nan yon move sans, yo te vin aplike tèm "atizay touristik" la a travay plizye atis ayisyen, ki tap travay anonym e a gran echèl. Tèm sa vin gen menm valè avèk tèm Atizana, kote yo jije yon objè oubyen yon èv selon kontèks seremonyèl li oubyen valè ayestetik li. Lè li itilize imaj bòs so a nan pwojè li, Endress angaje avek menm sistèm de valè nan pwojè li fè pou Geto Byenal.

Lè li fin ranmase yon denye envantè de imprimasyon so nan men Banel, bòs so a, Endress vin sevì avek so yo pou kreye yon pyes sou papye ki pi laj e ki baze sou yon imaj enpotan nan istwa Ayisyen nan 20yem syèk. Fotograf kadav Charlemagne Peralte te vin distribiye nan yon echel masiv apre li fin mouri an 1919 nan men fòs Marin Ameriken [Fig. 5.14]. Peralte te dirijan de lamè *Kako* ki fè yon gran rezistans de militè Ameriken nan premye ane okipasyon a. *Kako* yo yo menm vin pran yon idantite eroyik ak fòklorik, epi efò yo te jwenn yon sipò masif nan popilasyon an, sitou lè ou gade abi avèk mechanste ke marin Ameriken yo tap fè. Apre lè fòs Ameriken yo te tire Peralte nan yon batay kout zam, yo mete kadav li chita preske toutouni pou yo pran foto l, ke yo vin sikile sou tout jounal an Ayiti kòm prèv lanmò dirijan Kako a. Foto dwòl sa vin fè parti nan fòkloric nasyonal d'Ayiti kòm senbòl rezistans Ayisiyèn ak doulè okipasyon nan yon peyi ki okipe pa yon fòs etrange.

Listwa Enstitisyon avek imaj enpotan sa nan istwa Atizay Ayisyen. Imaj kadav Peralte te rekonstitisyone plizye deseni apre piblikayson'l nan yon pentì Philomè Obin, yon mamb depi komansman Sant Dar. Kòm yon jèn msye, Obin te temwè de antre soti fòs Peralte nan Nò de Ayiti. Obin refè imaj la nan *The Crucifixion of Charlegagne Peralte for Freedom* (1970) kòm yon alegori de nasyonalis an Ayiti [Fig. 5.13]. Nan sa Obin fè, Peralte Kenbe drapo Ayisyen an epi manman'l kanpe kote'l ap kriye

---

7. Pou li plis fason a ki atis kon negosye oubyen jan yo pran advantay de kategori glise de art touristic avek tou emplikasyon ki gen yen, we: Graburn, 1976: Jules-Rosette 1984; Steiner 1994

particular.[7] The derisive label of "tourist art" has been applied to the work of many Haitian artists who work anonymously and on a mass scale. Such a label is subject to the same valuation as "craft," in which an object or artwork is judged on its use value or ritual context, rather than its aesthetic values. By employing the imagery of a rubber stamp maker in his project, Endress engaged with these same regimes of value in his project for the Ghetto Biennale.

Once he amassed a final inventory of rubber-engraved images from the stamp maker Banel, Endress then used the stamps to create a larger work on paper based an important image from twentieth-century Haitian history. The photograph of the corpse of Charlemagne Peralte was widely distributed in Haiti after his death in 1919 at the hands of US Marine forces [Fig. 5.14]. Peralte was the leader of the *caco* guerilla soldiers who violently resisted the US military in the occupation's early years. The *cacos* themselves took on the role of folk heroes, their efforts garnering widespread local support, especially in light of the abuses and atrocities enacted by the Marines. When US forces finally killed Peralte in a gun battle, his half-naked body was propped up and posed for a photograph which was then circulated in newspapers across Haiti as proof of the insurgent leader's death. The grim photo became part of Haitian national folklore as both a symbol of Haitian resistance and the wounded pride of a country occupied by a foreign power.

The Story of Institutions engages with this important image from Haitian art history. The image of Peralte's corpse was repurposed decades after the photograph's publication in a painting by Philomé Obin, a prominent early member of the Centre d'Art. As a young man, Obin was a witness to the comings and goings of Peralte's forces in Northern Haiti. Obin recasts the image in *The Crucifixion of Charlemagne Peralte for Freedom* (1970) as an allegory of Haitian nationalism [Fig. 5.13]. In Obin's version, Peralte holds the Haitian flag and is flanked by Peralte's weeping mother, who mourns her son's crucifixion. Endress also used the image of Peralte's crucifixion for a work on four panels "drawn" entirely out of the commissioned stamp images. The panels were then assembled and hung on the exterior of a small dwelling next to the site of the biennial [Fig. 5.15]. *The Story of Institutions* speaks to histories of Haitian occupation and visual culture, and reflects on how the "disasters" of foreign occupation are remembered and reproduced in Haiti. This image addressed the various forms of US occupation of Haiti since the invasion in 1915, whether through its direct military presence or factors related to economics, diplomacy, and culture (2016).

pou li epi an dey pou krisifiksyon pitit li a. Endress tou sevì avek imaj krisifiksyon Peralte nan yon travay a kat pano tablo ki byen trase avèk imag sou so a. Yo te rasanble pano yo e pandye yo andeyò yon ti kay a kote byenal la [Fig. 5.15]. Listwa enstitisyon yo pale de istwa Okipasyon Ayisyen avek yon kilti vizyèl, e fè refleksyon kijan "dezas" sou okipasyon etranje yo te songe e repwodwi an Ayiti. Imaj sa te adrese nan plizye fòm okipasyon an Ayiti depi envasyon nan lane 1915, ke se swa a travè prezans milititè oubyen faktè ki gen rapò ekonomik, diplomatik, ak kiltirèl (2016).

Endress angage nan diskou yo avèk yon mwayen tankou so ke yo abitye itilizekòm "mekanis disiplin" nan sistèm de pouvwa e kontwòl (Foucault). Kòm yon nivo lengwistik ki ajoute sou sa, Endress di, "imaj Charlemagne fòme pati nan imaj ki fè parèt semiyotikman panse sibkonsyan nan reprezantasyon klasik soufrans ki baze nan tradisyon Jideo-Kretyen - nan ka sa, imaj sa se krisifyksyon Kris (2016). La, Endress tre konsyan de sa W.J.T Mitchell (2005) di sou imaj tankou sa de kadav Peralt "vle", epi ki pa dwe "ni pou rete nan istwa imaj, ni monte na yon istwa atizay, men pou wè yo kòm individi ki konplèks e ki okipe plizyè pozisyon ak idantite" (47). Marin petèt te vle itilize imaj la kòm yon senbòl fòs ak dominasyon, men olye sa rive, atis tankou Obin ak Endress itilize l nan diskisyon ki pi laj sou kapasite, pouvwa ak soumisyon.

Sa fè sis ane depi tranbleman de tè a pase, epi, pandan anpil Ayisyen toujou ap fè fas avek efè dezas la, yo te pliz ou mwens adrese pwoblèm ki te pi vizib yo. Moun ki te rete nan kan tant yo vin rete lòt kote. Nouvo batiman gouvènman kòmanse ranplase sak te tonbe nan kapital la, epi mwens travayè ONG rantre nan peyi a. Malgre yon mezi de amelorayson kozmetik, Ayisyen toujou ap fè fas avek pwòblem ki pi fon pa rapò ak dezas la. An tèm de atizay vizyèl yo, touris enfliyans yon mache atizana ki mèg, rete yon fakte enpòtan. Geto Byenal 2015 demontre kapasite evenman an genyen pou fè kontribisyon enpotan avek entèvansyon sou domèn sa yo.

Kòm egzamp ke nou sot wè yo vin diskoute la montre yon fokis sou pwojè ki baze sou pèfomans, sou pwoblèm sosyal ki genyen, sa vin posibilite pli laj nan sans konsepsyèl e nan mwayen pou angaje a travè diskou. Chak fwa yo fè Byenal la, patisipan entènasyonal avek patisipan lokal yo kontinye ap negosye obstak kiltirel ak politik yon jan pou vin fè intewogasyon system de pwodiksyon kiltirel la kote atis ap patisipe intèkiltirèlman. Seten mitoloji nan "premye mond" la sou estati inik artizay vin detwi lè yo fè fas ak nesesite pou siviv e viv byen, ki mache

---

7. For more on the ways in which artists have negotiated or taken advantage of the tricky category of tourist art and all its implications, see: Graburn 1976; Jules-Rosette 1984; Steiner 1994

Endress engages with discourses through which tools like rubber stamps have been employed as "disciplinary mechanisms" in systems of power and control (Foucault). As an added linguistic layer, Endress states, "the image of Charlemagne Peralte forms part of the images that semiotically surface subconscious thoughts of classic representations of suffering anchored in the Judeo-Christian tradition" – in this case, that image is of Christ's crucifixion (2016). Here, Endress is attuned to what W.J.T. Mitchell (2005) says images like the one of Peralte's corpse "want," and that is "neither to be leveled into a 'history of images' nor elevated into a 'history of art,' but to be seen as complex individuals occupying multiple subject positions and identities" (47). The Marines may have intended for the image to be symbol of power and domination but, instead, artists like Obin and Endress have deployed it within larger discourses of agency, power, and subjugation.

Over six years have passed since the earthquake and, while many Haitians are still dealing with the effects of disaster, the most visible challenges have been addressed to varying degrees of success. People living in tent camps have been relocated and dispersed, new government buildings are replacing those destroyed the capital, and the flow of NGO workers to the country has slowed. Despite a measure of cosmetic improvements, Haitians continue to deal with those deeper issues related to disaster. In terms of Haitian visual arts, tourism and the influence of a fickle art market remain resonant factors. The 2015 Ghetto Biennale demonstrated the event's potential to make important contributions and interventions in these areas.

As the examples discussed have illustrated, a focus on more performative and socially engaged projects broadens the conceptual possibilities and modes of discursive engagements. With each successive iteration, the international participants and their local collaborators continue to negotiate thorny cultural and political hurdles in order to interrogate the systems of cultural production in which artists participate cross-culturally. Certain precious myths in the "First World" about art's singular, vaunted status are shattered when faced with the necessities of survival and well-being, which seems to align with the point the biennial's organizers were trying to make all along. Projects proposed for future Ghetto Biennales could take the examples of Lee Lee, Radhika Khimji, Edgar Endress, and other unmentioned artists as guide-points for how to propose and execute successful, effective works moving forward, that acknowledge the fatuous qualities of post-industrial capitalism in the international art world, while recognizing the realities of life in urban Haiti.

A version of this article appeared in the journal *Art & the Public Sphere*, December 2016, Volume 5, Issue 2.

avek pwen ke òganizatè byenal yo tap eseye fè depi okòmansman. Pwòje ki pwopoze nan Geto Byenal kap vini yo te ka pran egzamp sou Lee Lee, Radhika Khimji, Edgar Endress, avek lòt atis ki pat mensyone kòm gid pou ki jan pou pwopose avek egzekite travay ki reyisi e ki efikas pou mache pi devan; pwòje ki rekonèt kalite sistèm kapitalis pos-endistriyèl sou mache art entènasyonal, pandan li rekonet tou reyalite vi ki genyen nan lavi vil an Ayiti.

Yon vèsyon atik sa a parèt nan jounal la *Art & the Public Sphere*, Desanm 2016, Vol 5, Nimewo 2.

REFERENCES REFERANS

Averill, Gage. A Day for the Hunter, a Day for the Prey: Popular Music and Power in Haiti. Chicago Studies in Ethnomusicology. Chicago, Ill: University of Chicago Press, 1997.

Bettelheim, Judith. "Lam's Caribbean Years: An Intercultural Dialogue." Miami Art Museum, May 2008.

Breton, André. Surrealism and Painting. 1st artWorks ed. Boston, Mass. : New York, NY: MFA Pub.; [Distributed by] D.A.P./Distributed Art Publishers, 2002.

Christensen, Eleanor Ingalls. The Art of Haiti. Philadelphia: Art Alliance Press, 1975.

Daniël J. Van Hoving, Lee A. Wallis, Fathima Docrat and Shaheem De Vries (2010). Haiti Disaster Tourism—A Medical Shame. Prehospital and Disaster Medicine, 25, pp 201-202. doi:10.1017/S1049023X00008001.

Diederich, Bernard. Bon Papa: Haiti's Golden Years. Princeton: Markus Wiener, 2008.

Dupuy, Isabelle. "Haiti's New Tourists." New York Times. 6 Sept 2011. Print.

Endress, Edgar. "Re: Ghetto Biennale questions." Message to the author. 29 May 2016. E-mail.

Eugène, Andre & Leah Gordon. "Leah Gordon, Andre Eugène, and Alanna Heiss." Interview with Alanna Heiss, Richard Fleming and Jake Nussbaum. Clocktower Productions. 29 February 2016.

Farmer, Paul. AIDS and Accusation: Haiti and the Geography of Blame. Comparative Studies of Health Systems and Medical Care #33. Berkeley: University of California Press, 1992.

The Uses of Haiti. 2nd ed. Monroe, Me: Common Courage Press, 2003.

Foucault, Michel. Discipline & Punish: The Birth of the Prison. Translated by Alan Sheridan. 2nd edition. New York: Vintage Books, 1995.

Gordon, Leah. The Sculptors of the Gran Rue. Soul Jazz Records/Films. 2008. Film.

"I'm Dead Already…I Just Haven't Been Buried Yet," In Extremis: Death and Life in 21st-Century Haitian Art. Cosentino, Donald J., ed. Fowler Museum at UCLA, 2012: 161-169.

ghettobiennale.org/4th-ghetto-biennale-2015/about/. doi: 3 June 2016. 2015.\

Personal Interview. 28 May 2016.

Leah Gordon: "You Can't Always Curate Your Way Out! Reflections on the Ghetto Biennale", in: Sarah Dornhof, Birgit Hopfener, Barbara Lutz, Nanne Buurman (eds.), Situating Global Art : Topologies – Temporalities – Trajectories (Bielefeld: Transcript), 2017.

Graburn, Nelson. Ethnic and Tourist Arts: Cultural Expressions from the Fourth World. Berkeley: University of California Press, 1976.

Hoffman, L. G., and Davenport Municipal Art Gallery. Haitian Art: The Legend and Legacy of the Naïve Tradition. Davenport, Iowa: Published for the Davenport Art Gallery by Beaux Arts Fund Committee, 1985.

Jules-Rosette, Bennetta. The Messages of Tourist Art: An African Semiotic System in Comparative Perspective. Topics in Contemporary Semiotics. New York: Plenum Press, 1984.

Katz, Jonathan. The Big Truck That Went by: How the World Came to Save Haiti and Left behind a Disaster. New York: Palgrave Macmillan, 2013.

Khimji, Radhika. "Radhika Khimji – Safely Standing." Ghetto Biennale – Radyo Shak. Interview with Richard Fleming and Jake Nussbaum. Clocktower Productions. 29 February 2016.

Klarreich, Kathy, and Linda Polman. "The NGO Republic of Haiti." The Nation, November 19, 2012.

Lee, Lee. "Re: Ghetto Biennale questions." Message to the author. 24 May 2016. E-mail.

Lerebours, Michel-Philippe. Haïti et ses peintres: de 1804 à 1980 : souffrances & espoirs d'un peuple. Port-au-Prince, Haïti: Imprimeur I, 1989.

MacCannell, Dean. The Tourist: A New Theory of the Leisure Class. Rev. ed. New York: Schocken Books, 1989.

Mitchell, W.J.T. What Do Pictures Want? Chicago, Ill: University of Chicago Press, 2006.

Morris, Randall, "The Style of His Hand: The Iron Art of Georges Liautaud," in Sacred Arts of Haitian Vodou. University of California, Los Angeles. UCLA Fowler Museum of Cultural History, 1995: 383-395.

Nicholls, David. From Dessalines to Duvalier: Race, Colour and National Independence in Haiti. Cambridge Latin American Studies, no. 34. Cambridge [Eng.]; New York: Cambridge University Press, 1979.

Plummer, Brenda G. The Golden Age of Haitian Tourism. New York: Columbia University-New York University Consortium, 1989. Print.

Haiti and the United States: The Psychological Moment. The United States and the Americas. Athens: University of Georgia Press, 1992.

Popkin, Jeremy D. A Concise History of the Haitian Revolution. Viewpoints = Puntos de Vista. Malden, MA: Wiley-Blackwell, 2012.

Pratt, Mary Louise. Imperial Eyes: Travel Writing and Transculturation. London; New York: Routledge, 1992.

Ramsey, Kate. "Vodou and Nationalism: The Staging of Folklore in Mid twentieth Century Haiti." Women & Performance: A Journal of Feminist Theory 7, no. 2 (1995): 187–218. doi:10.1080/07407709508571216.

Rodman, Selden. Where Art Is Joy: Haitian Art: The First Forty Years. 1st. ed. New York: Ruggles deLatour, 1988.

REFERENCES REFERANS

Schuller, Mark. Killing with Kindness:
Haiti, International Aid, and NGOs.
New Brunswick, N.J: Rutgers
University Press, 2012.

Smith, Katherine Marie. "Gede Rising:
Haiti in the Age of Vagabondaj."
University of California, Los Angeles,
2010.

Stebich, Ute. Personal Interview. 29
August 2015.

Steiner, Christopher Burghard. African
Art in Transit. Cambridge [England];
New York: Cambridge University Press,
1994.

Thompson, Krista A. An Eye for the
Tropics: Tourism, Photography, and
Framing the Caribbean Picturesque.
Objects/histories. Durham: Duke
University Press, 2006.

Trouillot, Michel-Rolph. Haiti, State
against Nation: The Origins and
Legacy of Duvalierism. New York:
Monthly Review Press, 1990.

Twa, Lindsay J. Visualizing Haiti in
U.S. Culture, 1910-1950. Farnham,
Surrey; Burlington, VT: Ashgate, 2014.

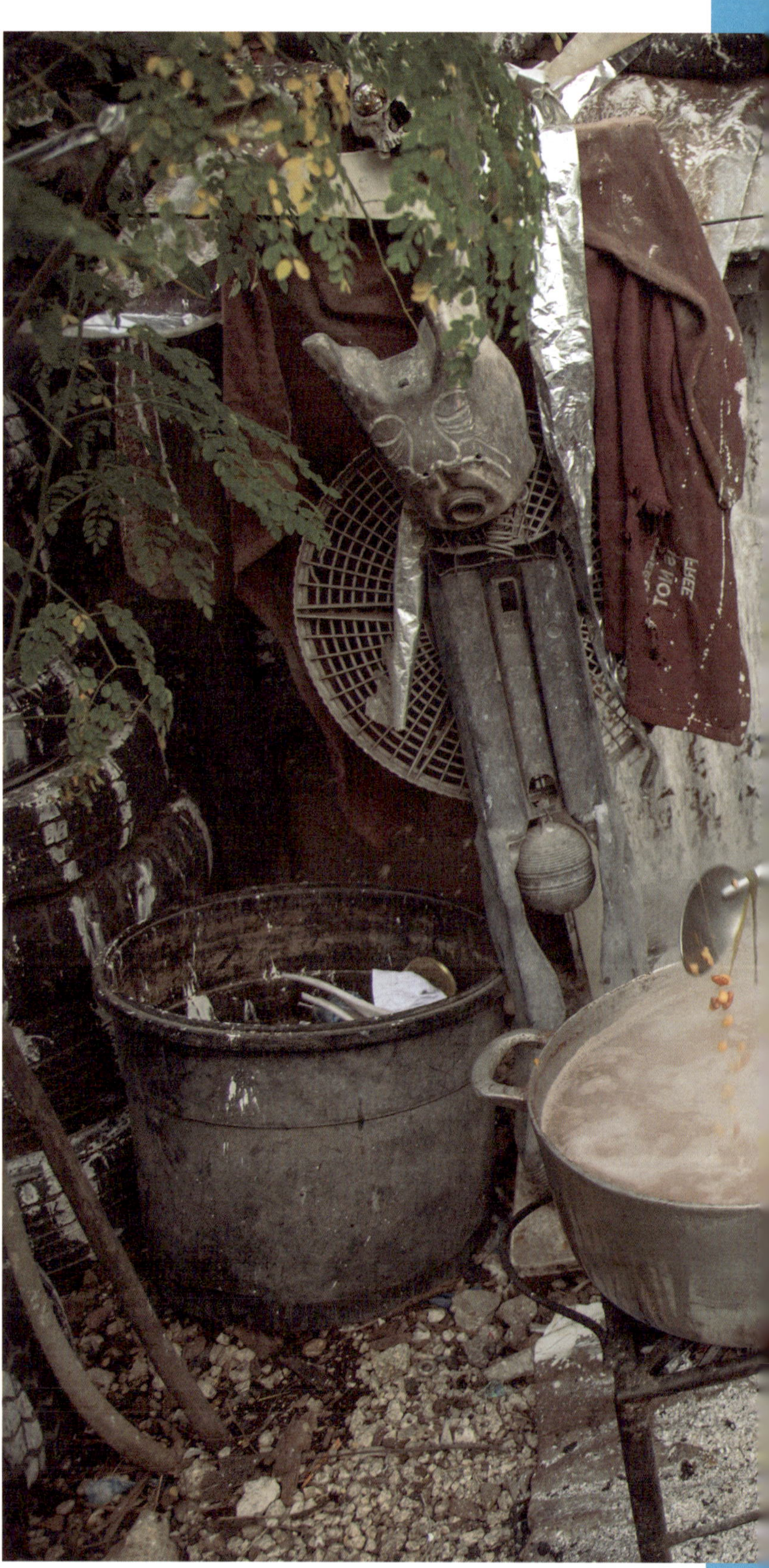

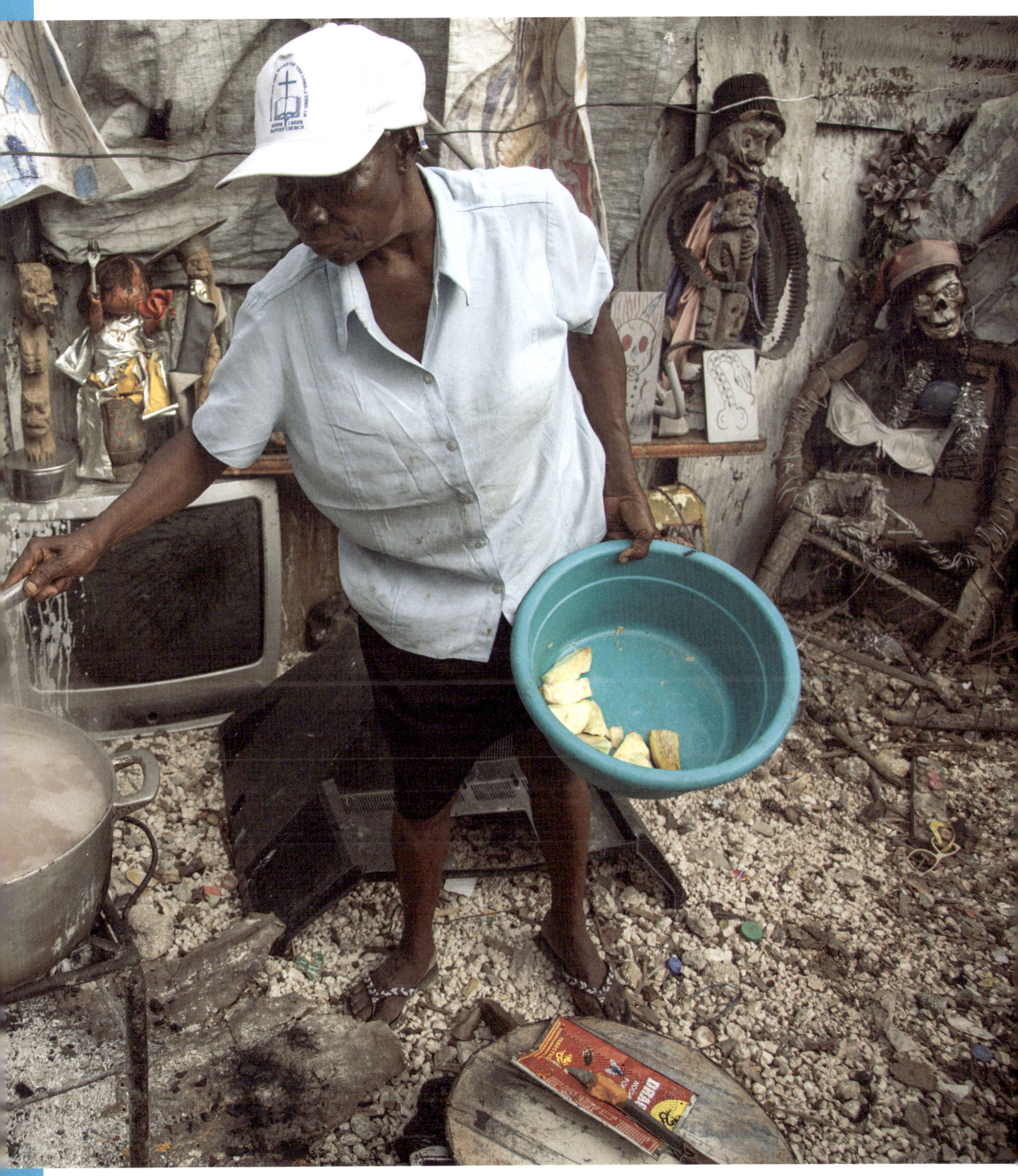

Fig. 5.16 Rose-Marie cooking food for the 4th
Ghetto Biennale 2015, Port-au-Prince, Haiti
Photo: Lazaros

Fig. 5.16 Rose-Marie kwit manje pou 4yèm
Geto Byenal 2015, Pòtoprens, Ayiti
Foto: Lazaros

OUTRO
DÈNYE
PAWÒL

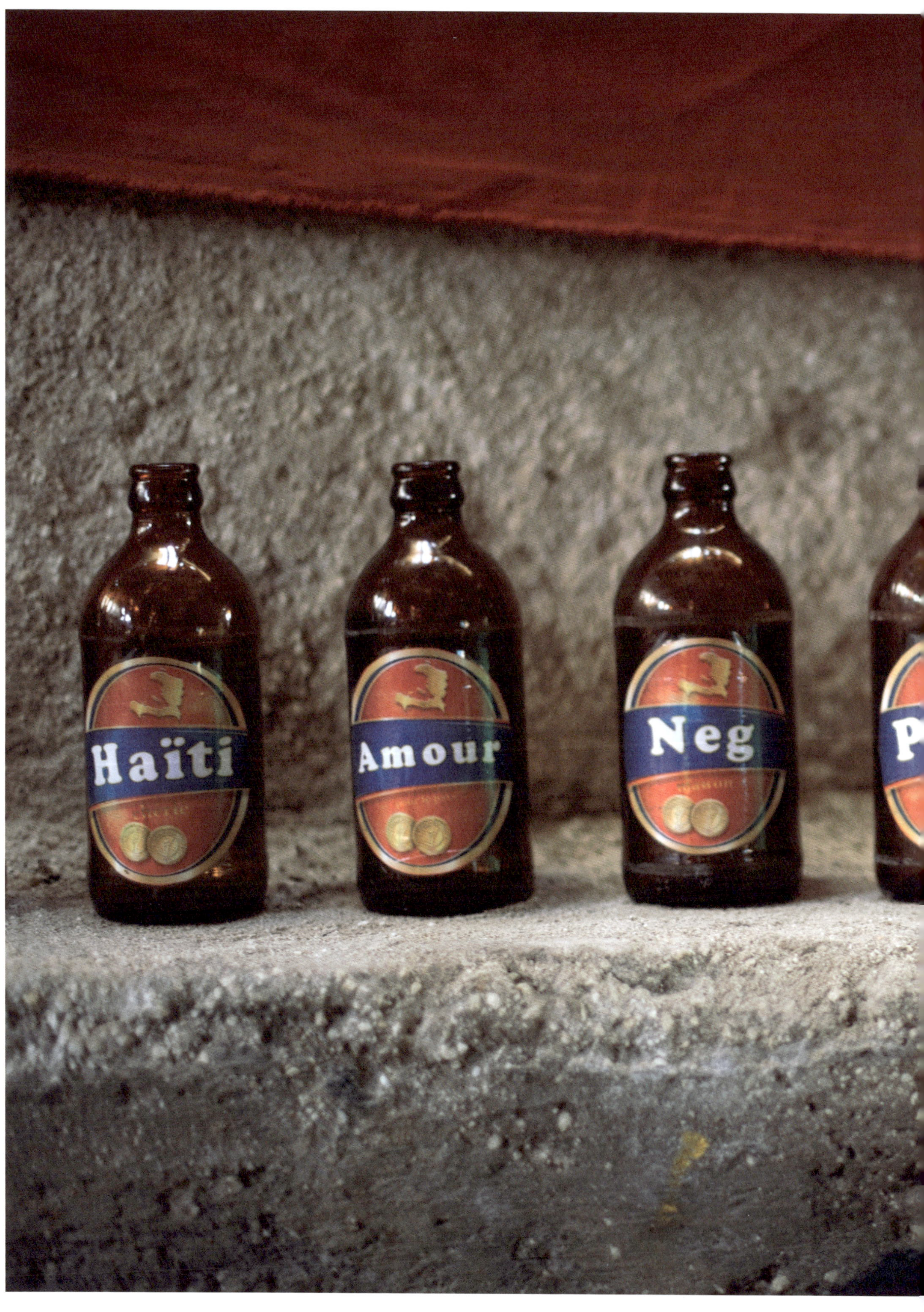

Haïti
Amour
Neg
P

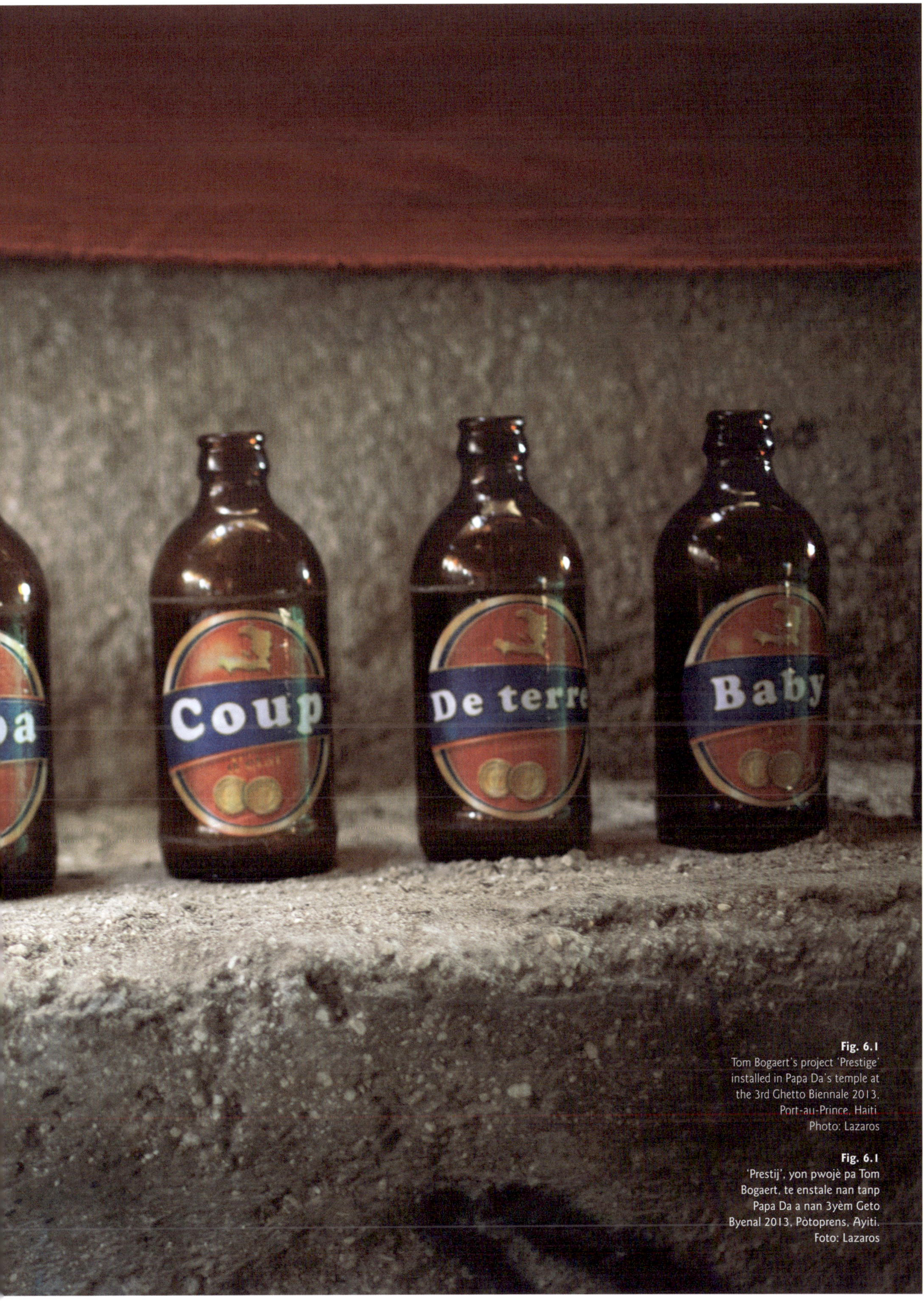

Fig. 6.1
Tom Bogaert's project 'Prestige'
installed in Papa Da's temple at
the 3rd Ghetto Biennale 2013.
Port-au-Prince, Haiti
Photo: Lazaros

Fig. 6.1
'Prestij', yon pwojè pa Tom
Bogaert, te enstale nan tanp
Papa Da a nan 3yèm Geto
Byenal 2013, Pòtoprens, Ayiti.
Foto: Lazaros

WEIRD COMMERCE AT THE GHETTO BIENNALE (PROVERBS FROM THE GOSSIP WALL)

KOMÈS LA DWÒL NAN GETO BYENAL LA (PWOVEB AVÈK ZEN KI EKRI SOU TABLO A)

JOHN CUSSANS

Ti machoun'n a yon dola ou fé sòs
With one dollar we can make a sauce

The history of the Atis Rezistans community in Lakou Cheri might help to explain what, for me, is the most important work of the Ghetto Biennale: the production of artworks created cooperatively by visiting artists and their Haitian hosts, and the challenges encountered and overcome in doing so. Ever since the establishment of the Centre D'Art by the American Dewitt Peters in 1944, Haitian artists have largely depended on the patronage of international and local collectors, and the sales of work to international visitors. Although the patronage system and tourist market managed to survive the Duvalier era relatively intact, there was little scope for the development of the critical and progressive currents within Haitian art that characterised the international modernisms and neo-avant-gardes of the 50's, 60's and 70's elsewhere. Instead Haitian art continued to develop along the lines established by the artists of the 1940's and 50's, inspired by folk art, craft traditions and Vodou-Catholic iconology and ceremonial artefacts, often reflecting the expectations and tastes of international tourists. After the collapse of the Duvalier regime in the late 1980's, when tourism went into steep decline in Haiti, a number of artists from Lakou Cheri, who traditionally produced tourist art for the nearby Iron Market, began using their traditional wood-carving and metalwork skills to create the brutal, unsettling and often comedic large-scale sculptures of grim and lascivious Guede spirits - associated with the nearby cemetery - that have become representative of what we might call the Atis Rezistans School. [Fig. 6.2, Fig. 6.3] These sculptures, which combine wood, metal, bones, skulls, car parts and found objects from the local area, express, in a striking way, the extremity,

Ti machoun'n a yon dola ou fé sòs
With one dollar we can make a sauce

An 2010 twa pwofesè sikoloji nan Inivèsite Bristish Columbia ekri yon atik pou jounal Behavioral and Brain Sciences ki rele "Moun ki pi dwòl nan monn nan?" WEIRD ki vle di dwòl an anglè, se yon akwonim pou Western, Educated, Industrialised, Rich and Democratic ki an kreyòl se Oksidantal, Edike, Endistriyalize, Rich epi Demokratik. Yo te ililize akwonim sa pou dekri ki tip de sosyete ke moun reprezante kòm ''nòmal'' nan majorite etid sou konpòtman yo fè nan inivèsite (majorite Ameriken). Mwen itilize tèm sa an jeneral pou mwen pale de milye sosyal atis vizitè nan Geto Byenal an Ayiti yo. Baz pwopozisyon an se ke atis WEIRD la genyen ide ki byen defini sou sa yon pyès la vle di, de valè li ak fonksyon sosyal li. Ide sa yo soti nan lekòl boza WEIRD, edikasyon inivèsitè epi inivè boza yo kotwaye WEIRD, men nou pa nesesèman retwouve ide sa yo nan moun ke domèn sa pa enfliyanse. Vizyon WEIRD la jeneralman li itopik, li ideyalis, pwogresif e sosyalman responsab, li konsidere ke la se yon bagay ki an opozisyon ou byen nan yon fason, ki ka konropi, pa pragmatis ou byen objektif komèsyal finansye. Menm jan Hans Abbing poze deba a nan Why are artists poor? (Poukisa atis yo pòv?) Kwayans sa yo plis baze sou yon mit epòk Romantik la ki di ke la se yon bagay ki sanse "sakre"². Mwen te kapab ajoute ke dominans teyori kritik Maksis nan lekòl avèk inivèsite WEIRD yo ranfòse sans sakre sa. Sa ki transfòme kwayans prèske teyolojik sou finalite sakre la a, an kwayans ki kritik, anti kapitalis epi ki emansipatè sosyalman.

Tou nouvo, tou dous
Everything new is sweet

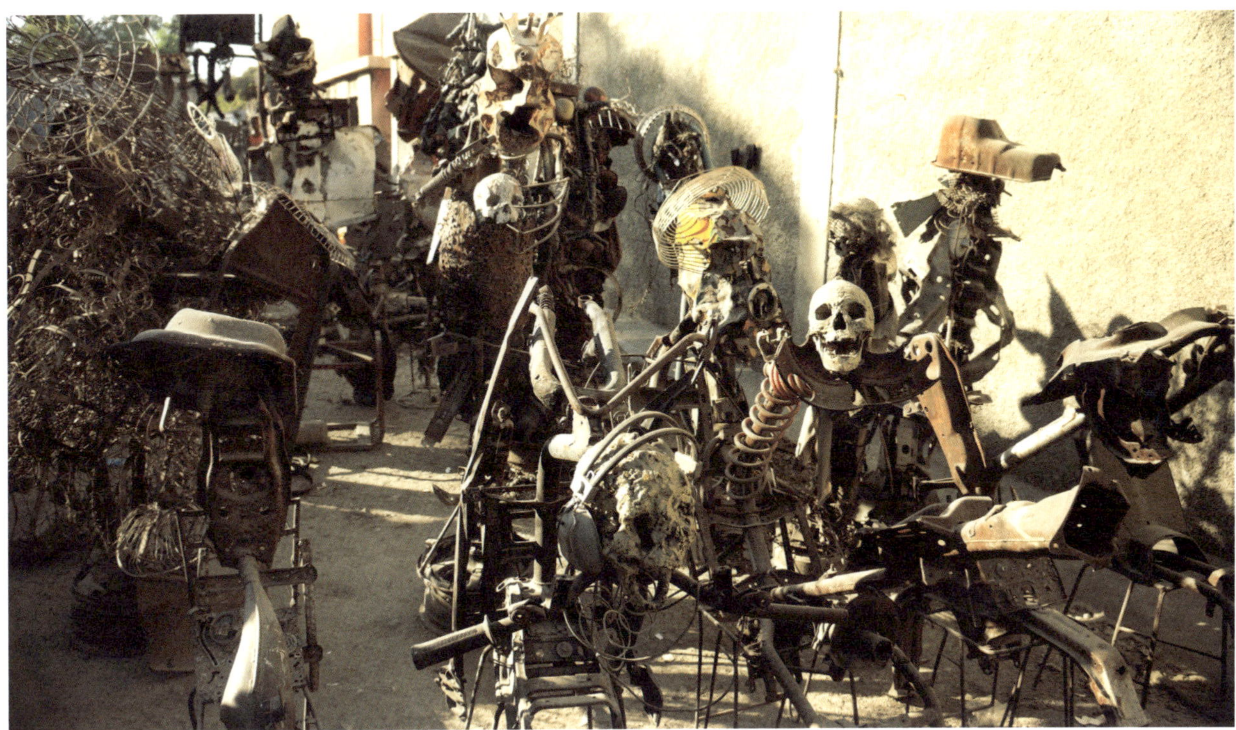

Fig. 6.2 Sculpture by Atis Rezistans in Lakou Cheri, 2nd Ghetto Biennale 2011, Port-au-Prince, Haiti. Photo: John Cussans

Fig. 6.2 Eskilti yo pa Atis Rezistans nan Lakou Cheri, 2yèm Geto Byenal 2011, Pòtoprens, Ayiti. Foto: John Cussans

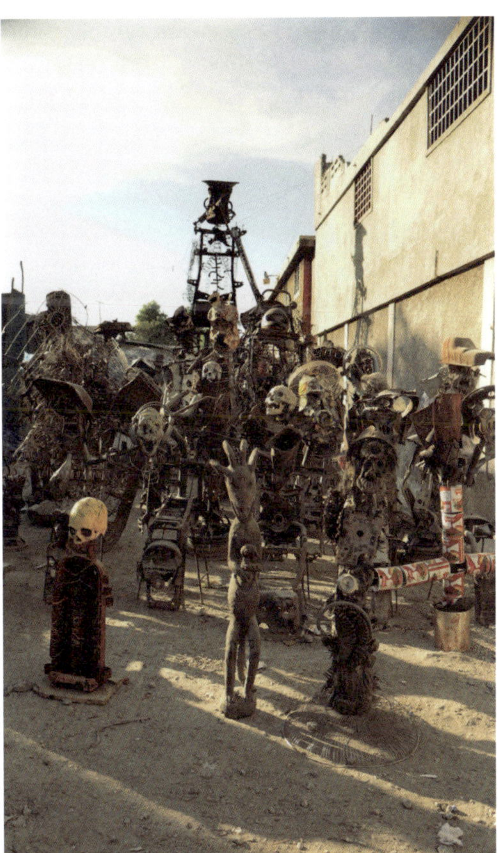

Fig. 6.3 Sculpture by Atis Rezistans in Lakou Cheri, 2nd Ghetto Biennale 2011, Port-au-Prince, Haiti. Photo: John Cussans

Fig. 6.3 Eskilti yo pa Atis Rezistans nan Lakou Cheri, 2yèm Geto Byenal 2011, Pòtoprens, Ayiti. Foto: John Cussans

Geto Byenal se yon aktivite entènasyonal ki fèt nan Pòtoprens, kapital peyi Ayiti. Se Leah Gordon, yon fotograf epi reyalizatè britanik, ansanm avèk yon kolektif atis Ayisyen, Atis Resistans, de atis ki ap viv epi travay nan zòn Lakou Cheri bò Granri ki mete li sou pye. Apre ane 80 yo, lè endistri touris la te degrengole, atis avèk atizan ki te konn pwodui atik pou touris nan Lakou Cheri bò mache an fè, deside sèvi avèk talan tradisyonèl yo nan travay sou bwa epi dekoupaj fè pou kreye de gwo eskilti ki brital epi chokan e menm defwa komik tou sou fanmi lwa Vodou Gede yo, lwa ki sonm makab epi libèten e ki gen rapò avèk simityè a ki tou pre a. Eskilti sa yo ki konbine bwa, fè, zo, tèt mò, pyès machin e lòt bagay ke yo rekipere nan zòn nan; mete aklè nan ki kondisyon materyèl yo fèt. Depi lè sa, kominote atis sa te komanse travay sou non Atis Rezistans (manm pi ansyen e granmoun yo) epi Timoun Resistans ki se pitit Atis yo. Eritaj pwodiksyon tradisyonèl pou touris yo nan Granri toujou rete e li kontinye fè pati yon dinamik ke yo pa rekonèt vreman men ki se baz ki kenbe byenal la. Byenal la sot selebre katriyèm reprezantasyon li antan ke yon aktivite ki a mwatye fwa atistik e a mwatye yon eksperimantasyon sosyal.

rawness and material conditions in which they are made. The legacy of traditional tourist art production still survives in the Grand Rue and continues to be a largely unacknowledged dynamic underpinning the exchanges - economic, creative and personal - between the Lakou Cheri community and their guests.

Everything new is sweet
Tou nouvo, tou dous

The Ghetto Biennale experience rarely leaves visitors unaffected. Upon leaving the airport in Port-au-Prince they will likely be struck by the marked poverty of the country compared to the one they departed. The reality of Haiti's material, economic and infrastructural poverty is made tangible on the chaotic and bumpy journey from airport to hotel. Grand Rue is itself a major commercial and transit artery for the city and, as such, is particularly choked with traffic, debris and exhaust fumes during the day. Its roads, mostly unlit at night, are filled with treacherous potholes and open drains that often spill over into the streets forming pools of effluent, oil and debris. The daily movement of goods and people along "the rue" means that there is always work to be done, wares to be sold and money to be made there. [Fig. 6.4] But the conditions in which people live in and around Lakou Cheri, with no access to continuous running water or electricity, no basic sanitation or plumbing, no public services to speak of, and one toilet for sixty people, make it a far more materially impoverished environment than anything a visitor is likely to have encountered in the poorest parts of Europe or the USA. [Fig. 6.5]

On the whole the local people of Grand Rue are Kréyol-speaking Haitians who live in conditions of global-grade poverty. Many, though not all, are Vodouisants/Catholic, some Protestant, and most would describe themselves as Black (as opposed to White/*Blanc* or Mulatto/*Milat*). The visiting artists are of various races, ethnicities, and religions (or not), speak English and other languages (but usually not Kréyol) and live in conditions of relative global affluence. Most of the visitors are educated to university-level, most of the locals are not. Most of the visitors are progressive, unequivocally humanitarian, socially, sexually and culturally liberal, egalitarian, democratic and of a generally Left-leaning political persuasion. Some of the locals share these values. Others may not. The visiting artists are mixed gender, the local artists mostly male. Obviously, there are many different attitudes and beliefs within the two groups and my characterization of them is very rudimentary. I certainly don't mean to suggest that there aren't common values, interests and affections between the two groups, or that cultural differences aren't quickly overcome during the event. But as any artist who has been involved realizes, no amount of artistic collaboration and goodwill between locals and visitors is going to change the fundamental disparity of wealth and opportunity between the two groups on a macro scale, and the general absence of a shared discourse about international contemporary art and its fashionable theoretical discourses.

Yap pale nap travay
They're talking, we're working

In 2010 three psychology professors at the University of British Columbia wrote a paper for the journal of Brain and Behavioral Studies entitled 'The Weirdest People

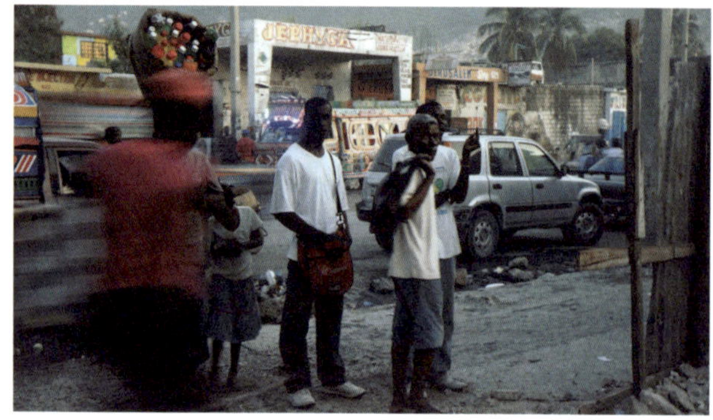

Fig. 6.4 People on Grand Rue by the entrance to Atis Rezistans, 2nd Ghetto Biennale 2011, Port-au-Prince, Haiti. Photo: Alex Louis

Fig. 6.4 Moun ki sou Gran Ri pa pòtay Atis Rezistans, 2yèm Geto Byenal 2011, Pòtoprens, Ayiti. Foto: Alex Louis

Yap pale nap travay
They're talking, we're working

Li ra pou moun ki vini vizite Geto Byenal la ale san ke eskperyans la pa touche yo. Lè yo rive nan ayewopò Pòtoprens la, mwen kwè ke mizè ke yo wè nan peyi a ka make yo pa rapò peyi yo sòti a. Ou gentan wè konsekans plis depandans peyi a sou ONG entènasyonal yo (espesyalman depi tranbleman de tè 2010 la epi epidemi kolera ki te komanse apre li a) e ti rantre dola ameriken ke yon ti gwoup touris pote a, li vizib lè ou wè jan chofè taksi yo ap fè konpetisyon pou yo jwenn pasajè. Reyalite tanjib povrete ekonomik e striktirèl Ayiti a vizib sou wout pou soti ayewopò a pou rive nan otèl la. Se ke nenpòt jan ou mete figi ou lè ou fè fas a povrete sa, ke ou rezistan ke kè ou sansib, li afekte ou. Granri se yonn nan atè komèsyal prensipal nan vil la kidonk li chaje sikilasyon, fatra epi lafimen moflè pandan jounen an. Lannuit, pi fò wout yo pa genyen limyè, yo chaje twou ke w pa toujou wè, genyen bouch egou ki pa kouvri ki ap koule nan lari a, yo fè ma dlo sal ki chita e ki melanje ak lwil. Machandiz avèk moun toujou kreye mouvman nan lari a, sa vle di toujou genyen travay pou fè, machandiz pou vann e lajan pou brase. Men nan kondisyon moun yo ap viv nan Lakou Cheri e nan zanviron yo, kote dlo pa vini nan tiyo tout tan, ni pa genyen kouran tout tan, kote manke asenisman avèk plonbri elemantè yo, kote sanse pa genyen sèvis piblik e kote yon twalèt ap sèvi pou 60 moun, sa vle di ke anviwònman sa genyen plis mizè materyèl pase nenpòt kote ke nou di ki pi pòv nan Wayòm Ini.

An jeneral, moun nan Granri se de Ayisyen ki pale Kreyòl ki ap viv nan yon sitiyasyon povrete ki genyen mondyal. Anpil nan yo, menm si se pa tout, Vodouyizan/Katolik, kèk nan yo Pwotestan, e pi fò nan yo di ke se Nwa yo ye, kidonk yo pa ni Blan, ni Milat Ayisyen. Atis vizitè soti nan plizyè ras, etnisite, relijyon, (ou byen yo pa genyen relijyon). Yo pale Anglè ou byen lòt lang tou (men souvan yo pa pale Kreyòl) e fason yo viv relativman rich globalman. Pi fò nan

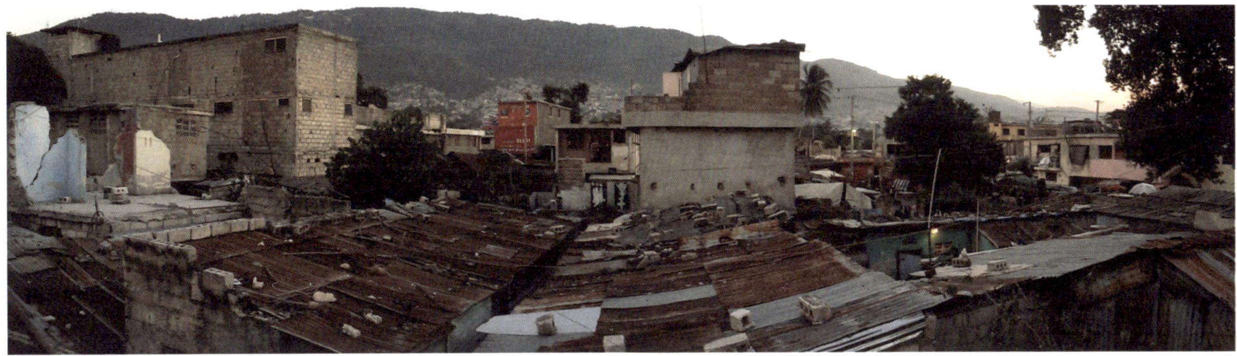

Fig. 6.5 Rooftops near Lakou Cheri, 4th Ghetto Biennale 2015, Port-au-Prince, Haiti. Photo: John Cussans

Fig. 6.5 Moun ki sou Gran Ri pa pòtay Atis Rezistans, 2yèm Geto Byenal 2011, Pòtoprens, Ayiti. Foto: John Cussans

in the World?'[1]. WEIRD, an acronym for Western, Educated, Industrialized, Rich and Democratic, was used to describe the kinds of society that people taken as representative of "normality" in most human behavioral studies conducted at (mainly North American) universities come from. I'm using it here to designate, in the most general terms, the social background of the visiting artists to the Ghetto Biennale. The basic proposition is that WEIRD artists tend to have very specific ideas about art's meaning, value and social function, received from their WEIRD art schools, university educations and participation in WEIRD artworlds, that are not necessarily shared by people who live outside that realm. The WEIRD outlook is generally a utopian, idealistic, progressive and socially responsible one, which often sees art as antagonistic to, or somehow corrupted by, commercial, monetary or purely pragmatic aims. As Hans Abbing argues in Why Are Artists Poor?, such beliefs are based largely on the thinly-veiled Romantic myth that art is somehow Holy, avant-gardist assumptions that it should be somehow critical of social inequity and injustice, and the broadly Marxist moralism that it should not be tainted by Capitalist interests or motives[2].

Making work with members of the Lakou Cheri community is a fundamental part of the Ghetto Biennale experience. Without the support and goodwill of local people it is hard to imagine any work getting made at all. For many of the visiting artists such experiences constitute the principle reward for participating in the event. For locals, collaboration with visiting artists can be a life-changing experience too, and the relationships

vizitè sa yo genyen diplòm inivèsite, pi fò nan moun nan zòn nan pa rive nan inivèsite. Pi fò nan vizitè yo pwogresif, yo pa kache ke yo imanite, yo se de liberal nan milye sosyal, kiltirèl, e seksyèl, se moun ki kwè nan egalite tout moun, yo demokrat e jeneralman yo plis genyen afinite avèk ide de goch nan zafè politik. Anpil nan moun nan lokal yo kwè nan menm valè sa yo. Genyen lòt ki pa kwè nan yo. Atis vizitè yo se fi tankou gason, atis lokal yo pi fò se gason. Li evidan ke pami toulede gwoup yo genyen plizyè atitid diferan e kwayans diferan e jan mwen dekri karaktè yo a se yon deskripsyon byen sipèfisyèl. Sa pa vle di ke pa genyen de valè, enterè e de afesyon ke yo pataje ansanm, ou byen ke diferans kiltirèl ki ka prezante pandan aktivite a, yo pa depase yo byen vit. Men atis ki enplike yo ka wè ke pa genyen ankenn kolaborasyon atistik ou byen bònfwa ant atis lokal yo avèk vizitè yo, ki pral chanje disparite fondamantal ki genyen nan richès avèk opòtinite sou gran echèl.

Gen yon ti moun ki di yon blan li grangou epi blan an di li tann li pral dèyè manje. Lè li tounen li tounen ak yon grenn Marinad… (lol!!!!)

A little child says to a white person 'I'm hungry.' The white person says 'Wait for me, I'm going to get you some food.' The man comes back with one little patty… (lol!!!)

Lè vizitè yo travay avèk manm nan kominote Lakou cheri a, jeneralman, se yon eksperyans ki touche yo pwofondeman. Eksperyans sa, kote pa vreman genyen echanj lajan, se yonn nan pi gwo rekonpans

1. Henrich, Joseph, Heine, Steven J. and Norenzayan, Ara 'The Weirdest People in the World?' Behavioral and Brian Sciences Volume 33 / Issue 2-3 / June 2010, pp 61-83 Cambridge University Press 2010 (http://www2.psych.ubc.ca/~henrich/pdfs/WeirdPeople.pdf). **1.** Joseph Henrich, Steven J. Heine avèk Ara Norenzayan, 'The weirdest people in the world?' Behavioral and Brain Sciences "Moun ki pi dwòl nan lemon? "Syans sou Sèvo avèk Konpòtman". Liv 33, Piblikasyon 2-3, pp 61-83, Jwen 2010, Cambridge University Press, 2010 (http://www2.ps[i]ych.ubc.ca/~henrich/pdfs/WeirdPeople.pdf) **2.** Hans Abbing Why are Artists Poor? The Exceptional Economy of the Arts (2002) University of Amsterdam Press **2.** Hans Abbing Why are Artists Poor? The Exceptional Economy of the Arts, (Pouki sa atis pòv? Ka patikilye sou Ekonomi pou la) University of Amsterdam Press, 2002

they form often continue well after the biennale. But while the principle benefits for visitors are largely experiential, for the locals the direct financial rewards for participation are much more important. Some of the complexity, frustration and difficulties experienced by visitors to the biennale involve negotiating this asymmetry, and the exchanges (monetary, artistic or otherwise) that take place must confront and overcome clear linguistic, economic and cultural barriers. It is largely in the overcoming of these differences that the most valuable learning experiences are had, the most unexpected, rewarding and inspiring works are made, and lasting relationships forged.

Gen yon ti moun ki di yon blan li grangou epi blan an di li tann li pral dèyè manje. Lè li tounen li tounen ak yon grenn Marinad…(lol!!!!)

A little child says to a white person "I'm hungry". The white person says "wait for me, I'm going to get you some food". The man comes back with one little patee…(lol!!!)

Since the second Ghetto Biennale of 2011, which was significantly shaped by the consequences of the 2010 earthquake, I have personally taken a reflective and gently critical view of the inter-cultural peculiarities of the event, and particularly the inter-personal dynamics operating between the visiting artists, the event's organizers and members of the local community. It was in this spirit that I proposed to make a "gossip wall" at the 4th Ghetto Biennale in 2015.

One of the three curatorial themes of GBIV was 'Kréyol', the native language of Haiti, spoken by the majority of the population, and particularly the poor and less educated. In order to find out what local residents in Lakou Cheri thought about the biennale, I hung a large piece of blackboard-painted canvas in the main yard, left a pot of chalks beside it, and invited people to write their zen (Kréyol for gossip) about the event onto it. [Fig. 6.6, Fig. 6.7] The zen was documented after each day and the blackboard sponged clean for the following. The first piece of gossip came from local artist Mabelle Williams, one of the few female Haitian artists involved in the event:

Fok ou ta la pou'w ta wè 3 blan ki al nan mache jis Petyonvil sak pi bel la ki saw panse yo al achte? Yo al acchte plim poul

You had to be there to see three white people going all the way to the market in Pétionville just to buy chicken feathers.

The brunt of this gossip was a group of blancs (wealthy international visitors, whether black or white) so unfamiliar with the markets of Haiti that they would rather travel several miles to procure materials for artworks that they could have bought just around the corner (i.e. in Grand Rue). What makes the joke funnier for locals is that Pétionville is one of the wealthiest parts of Port-au-Prince, home to Haiti's most affluent residents and the location of its more established and respectable art galleries. The anecdote reveals an important fact about the concrete economics of the Ghetto Biennale. Beyond bringing attention to the work of Atis and Ti Moun Rezistans, and raising important questions about the role of contemporary art in a severely imbalanced global-cultural economy, one of the event's practical economic functions is to bring revenue, in the form of tourist dollars, into Lakou Cheri. So every dollar spent elsewhere is a dollar lost to the community. Beyond hotel costs and flights, most of the visitors' expenditure during the event involves buying goods and services from people who are directly or indirectly involved with the Lakou Cheri community. A common frustration expressed by visitors is how much money they end up spending there. This may come as a surprise for a country commonly identified as the poorest in the Western hemisphere, but it is not uncommon in places where tourism generally operates above and beyond the wider society. It also has to do, in part, with navigating the steep currency gradient between US dollars and Haitian gourdes. Break a $10 bill and you'll get approximately 600 gourdes. In order to simplify the unstable relationship between the two currencies, Haitians use a virtual currency called the Haitian dollar: 1 Haitian dollar = 5 gourdes, a permanently fixed rate. So $10 US = 600 Gourde = $120 Haitian. This translation between US dollars, Haitian dollars and gourdes can make negotiating prices in Haiti, which are usually informal, a confounding affair that takes time to master. And once your dollars are broken they soon dissipate into the wider economy. Sometimes it just seems simpler, at least for those with sufficient disposable wealth to do so, and a poor head for currency conversion, to hand over a $10 or $20 bill and wait for a response: enough or not? Your change will usually be handed back to you in a handful of gourdes.

The most characteristic economic difference between visitors and locals at the Ghetto Biennale is that money generally flows from the former to the latter, while the trade in artworks generally flows in the opposite direction. Their relative affluence and transient presence in Haiti puts visitors in the position of potential buyers of Haitian art, a category that most WEIRD artists are generally unaccustomed to. A WEIRD artist might well visit a friend's studio to discuss their work, and point out a particular work that is exceptionally good. Their friend may thank them. But they would probably not ask how much they would give for it, or be disappointed if they didn't want to buy it. At the GB however, a visit to a local artist's studio is often taken as an opportunity for the artist to sell work. This can be a disconcerting and confusing experience for WEIRD artists, who generally don't regard art as something they want to own. So while the visiting artists are making participatory, socially-engaged, ephemeral and non-commercial artworks, their Haitian colleagues are making sculptures, paintings and other artisanal goods that they expect the visitors to buy from them at good prices. In other words, WEIRD artists often find themselves in the position of patrons in Haiti, a potentially disconcerting

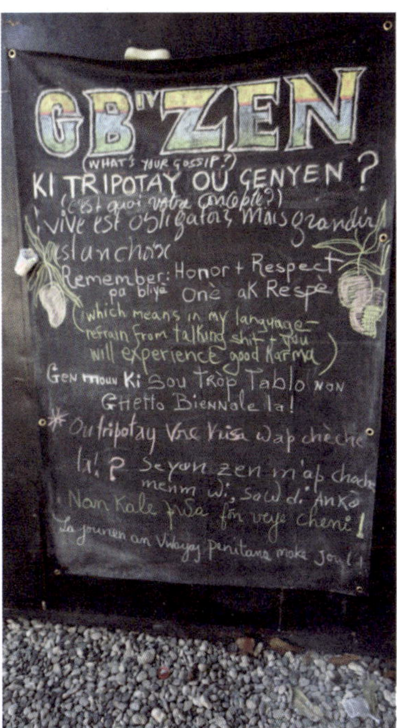

Fig. 6.6 Gossip wall in Lakou Cheri at the 4th Ghetto Biennale 2015, Port-au-Prince, Haiti Photo: John Cussans

Fig. 6.6 Mi tripotay nan Lakou Cheri nan 4yèm Geto Byenal 2015, Pòtoprens, Ayiti Foto: John Cussans

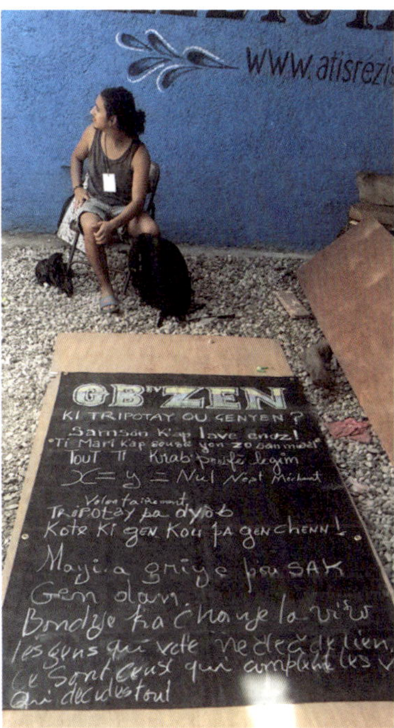

Fig. 6.7 Gossip wall in Lakou Cheri at the 4th Ghetto Biennale 2015, Port-au-Prince, Haiti Photo: John Cussans

Fig. 6.7 Mi tripotay nan Lakou Cheri nan 4yèm Geto Byenal 2015, Pòtoprens, Ayiti Foto: John Cussans

kapab etone anpil moun paske se yon peyi ke yo abitye konsidere tankou peyi "ki pi pòv nan emisfè lwès la", men sa rive souvan ke kote touris yo ap fonksyone nan yon klas apa de sosyete a. E se paske tou, pant pou ou monte pou ou konpran relasyon ant lajan local la avèk dola ameriken an rèd. Si ou chanje 10 dola, li ap ba ou 600 goud apèprè. Pou kapab senplifye to a ki pa stab ant de lajan sa yo, Ayisyen yo itilize yon lòt lajan vityèl ke yo rele dola Ayisyen. 1 dola Ayisyen= 5 goud e to sa pa janm chanje. Donk 10 dola Ameriken= 600= 120 dola Ayisyen. Echanj ant dola ameriken, dola ayisyen e goud la vin rann machandaj an Ayiti, ki souvan se yon bagay enfòmèl, pa fasil pou konprann e li pran tan pou w metrize li. Lè yo chanje

experience for those who usually hope to be the beneficiaries rather than the benefactors of "funding for the arts".

This troubling situation is aggravated by the fact that most of the visitors are relatively poor in their home countries. Many are young, recently graduated, self-funding and without institutional support. It's not uncommon to hear them explaining to their Haitian colleagues that, back home, they are poor too. And it's true. Artists in developed countries like the UK are generally poor relative to other professionals. To make things worse - and in some ways to amplify a WEIRD artist's potential identification with the poverty of their Haitian colleagues - the UK art world has a Gini coefficient (the statistical measure of economic inequality) as high as that of Haiti. There is therefore a similar disparity of wealth between the richest UK artists and the majority of their low-earning artistic colleagues as that between the wealthy elites of Pétionville and their compatriots in Grand Rue. But of course, relative to most of the artists in Lakou Cheri, who, as urban Haitians can expect to earn on average $400 per annum, the visitors are still very wealthy, despite their relative poverty compared to "blue chip" artists in the WEIRD world.

It can come as something of a culture shock to these WEIRD, poor and idealistic visiting artists, that they are in fact remarkably rich, not only in financial terms, but also in terms of the social, economic and professional opportunities they have as artists in the WEIRD world, where universal primary and secondary education, universal health care, fully-functioning state apparatuses, public services and state-subsidized arts funding are taken for granted. The consequence of this inescapable asymmetry is that visiting artists are repeatedly confronted with the reality of their fiscal, social and material security relative to their hosts. It is something that can generate a high degree of cognitive dissonance for WEIRD artists, who don't ordinarily see themselves as a privileged global class. The experience of finding oneself far richer than one's hosts while trying to maintain a belief in art's sacred, emancipatory, non-commercial and socially progressive function, can be a profoundly confusing and potentially transformative one.

Se annepye ki pou ba wou enpotans twal kay
A centipede can teach you the importance of an old rag.

As we have seen, for visitors, the rewards for participation in the Ghetto Biennale are largely immaterial: new knowledge, learning and experiences; a significant addition to one's artistic CV; and a measure of cultural capital that can increase their chances of securing exhibitions and future funding (as long as the Ghetto Biennale retains its credibility in the WEIRD artworld). What the locals get is revenue from the sales of their work; a large infusion of US dollars into the local economy during the few weeks of the event; the opportunity to meet and work with international artists and to learn from them; to develop friendships and social

dola ou ba yo a, yo fonn byen vit nan ekonomi global lan. Defwa li parèt pi senp, di mwens pou moun ki genyen lajan ase e ki pa twò fò nan zafè fè kalkil pou chanje lajan an, pou peye avèk yon biyè 10 dola ou byen 20 dola epi mande si li ase? Sa rive souvan ke yo remèt ou yon lyas goud pou monnen.

Diferans ekonomik ki make eksperyans vizitè avèk atis lokal yo pi plis nan Geto Byenal la, se ke lajan pase nan men vizitè yo pou ale jwenn moun lokal yo, tandiske jeneralman echanj nan domèn la se nan lòt sans la li konn fèt. Paske yo relativman genyen mwayen e kòm vizit yo kout an Ayiti sa vin mete vizitè yo nan pozisyon ke yo tounen de achtè potansyèl pou la Ayisyen, yon kategori ke laplipa atis ki nan kategori WEIRD la pa abitye ladan l. Atis ke nou konsidere tankou WEIRD yo ka pase nan estidyo yon zanmi, diskite de travay li, di l yonn nan zèv li yo patikilyèman bon. Zanmi a ap remèsye yo men mwen pa kwè ke yo pa t ap mande yo ki pri li, ou byen pou yo ta desi si yo pa ta vle achte li. Poutan nan Geto Byenal la, depi ou rantre nan estidyo yon atis lokal, yo deja pran sa tankou yon opòtinite pou yo vann. Se yon eksperyans ki twouble atis WEIRD yo paske jeneralman, yo pa gade la tankou yon bagay ke yo ta renmen posede oubyen ke yo gen mwayen pou achte, yo pa konsidere tèt yo tankou de mesèn ou byen de koleksyonè. Pandan ke atis vizitè yo ap kreye de zèv atistik patisipatif, ki angaje sosyalman, ki pa dire epi ki pa komèsyal, kolèg ayisyen yo ap fè eskilti, penti epi atizana pou vizitè yo ka achte a bon pri.

Se annepye ki pou ba wou enpotans twal kay
A centipede can teach you the importance of an old rag.

Yon lòt rezon ki fè vizitè yo pa prevwa depans nan byenal la, se ke nan peyi yo, pi fò nan atis sa yo sanse pòv. Anpil nan yo se jèn moun ki fenk gradye, se yo menm ki mete lajan pou fè pwojè pa yo e pa genyen enstitisyon ki ap ba yo sipò. Sa rive souvan ke ou tande yo ap eksplike kolèg ayisyen yo ke nan peyi yo, yo menm tou yo pòv. Nou ka di ke atis nan peyi devlope tankou Wayom Ini pi pòv parapò a moun nan lòt pwofesyon. Statistik resan montre ke an mwayèn atis nan Wayom Ini, avèk travay atistik yo sèlman, fè mwatye nan salè medyan an ki se £20,000. Sa ki mete yo tou pre salè minimum nan, e chif sa yo desann anpil lè yo depase laj 45-50 an. Sa ki pi mal la — e nan ka sa li fè atis WEIRD yo ta kapab idantifye tèt yo a sa atis ayisyen ki pòv ap pase — se ke nan monn atistik Wayom Ini a gen yo kowefisyan Gini, ki se mezi statistik inegalite ekonomik la, ki wo tankou pa Ayiti a. Menm inegalite ki ekziste ant atis ki pi rich nan Wayom Ini a, epi majorite kolèg yo ki pa fè anpil lajan an, se li menm ki ekziste ant elit ki genyen lajan nan Petyonvil avèk konpatriyòt yo ki an Granri a. Men byen si lè ou konpare atis Lakou cheri ki, antan ke Ayisyen ki ap viv lavil, kapab fè 400$ pa ane, ou ka konsidere vizitè yo vreman antan ke rich, malgre ke yo sanse pòv parapò lòt atis WEIRD "blue chip" yo, "blue chip' ki vle di ki fè anpil lajan.

networks with artists outside of Haiti; and to get greater international visibility for their work.

What is therefore shared between visitors and locals in the Ghetto Biennale is a learning experience brought about by meeting and working with people with different artistic outlooks, traditions and expectations; artistic credibility within a global arts context; the creation of new works for exhibition; opportunities for future collaborations and artistic partnerships; and the creation of new social networks. What differs are the long term economic benefits of participation, which for the visitors will accrue immaterially over time and for the locals is expressed in concrete economic terms for the few weeks of the GB (after which it will largely dry up). Cultural capital accrued by locals through participation in the GB will occasionally transform into opportunities for funding, group shows, new artistic initiatives, or access to higher level art education in Haiti or abroad. But this is unusual, given the relative lack of art institutions in Haiti and arts organizations, and the inequality of access to them for poorer Haitians with neither French nor English as a second language.

Sigen paròl pyej gen repons dyan'm
Difficult questions need a firm answer

The Ghetto Biennale was founded to question and test the unacknowledged disparities of wealth and opportunity in an age of global art and international biennales, something it continues to do. But it can do nothing to change the asymmetry of means, income and opportunity between the international visitors and the local community of Lakou Cheri. And nor would it claim to. What it always aimed to do, and has to some extent achieved, is to bring awareness of this disparity to a wider international art audience, an awareness that only truly comes with the actual experience of making art in the lakou. And this experience is the unique selling point of the Ghetto Biennale for its international participants.

Since its inception the organizers of the Ghetto Biennale have worked hard to prevent it becoming a formal institution. But with each iteration the curating team has inevitably grown in experience and confidence, and since 2009 the number of participating artists has tripled. Despite this the GB has lost none of its rawness and intensity, and the experience for most participants is ultimately a rewarding and profoundly transformative one. But it can also be a deeply troubling one, especially for guests who find themselves a long way from the security and goodwill of the event's organisers and Lakou Cheri community, confronted by the disquieting realities of a country much poorer than their own. For visitors to the Ghetto Biennale the existential rewards have much to do with the shock of encountering a world of creativity flourishing in conditions that most WEIRD people would find intolerable in their home countries. Such rewards are earned from the overcoming of the personal, material and psychological obstacles they encounter trying to make work in the rue, and their dependency on the good will and cooperation of their hosts.

While visiting artists may gain in experience and knowledge through this, local artists benefit most from the potential for future collaboration. Although it can do nothing materially to change the fact of extreme wealth inequalities in the global artworld, the Ghetto Biennale can work to facilitate a culture of mutual aid by which the experiences, expertise and learning of artists from the WEIRD can be combined with the creativity, initiative and experience of their Haitian hosts. What local artists need most from the Ghetto Biennale are creative projects and partnerships facilitated by their international guests (and associated funding institutions) that can extend the spirit of cross-cultural cooperation and mutualism beyond Haiti and the lakou and into WEIRD worlds. The challenge for visitors who want to maintain their WEIRD ideals about the socially transformative and emancipatory powers of contemporary art is to create works that have this capacity in the longer term. Without this their participation in the Ghetto Biennale is merely a form of artistic poverty tourism, the existential rewards of which gain them cultural capital in the WEIRD artworld, but do nothing to affect the scales of inequality that the Ghetto Biennale exposed them to.

Pagen pryé ki pa gen amen
Every prayer has an amen

An earlier version of this text was published in The Happy Hypocrite '#ACCUMULATOR_PLUS', issue 9 (edited by Hannah Sawtell) in June 2016. The Kreyol translation in this catalogue was from the earlier published text.

Sa atis lokal yo avèk kominote a bezwen, se de rantre lajan stab epi lòt opòtinite tankou Geto Byenal la, gras a tout pwojè kreyatif e tout patenarya li kapab ofri. Defi a pou vizitè yo ki vle kenbe ideyal WEIRD yo nan zafè pouvwa transfòmasyonèl, sosyal ou byen pou emansipasyon ke la kontanporen genyen, se pou yo kapab kreye de travay ki kapab fè fas a konfwontasyon avèk sa ki pa inivèsèl. Si sa pa fèt, pou atis WEIRD yo, patisipasyon yo nan Geto Byenal la ap sanble touris atistik sou do pòv, yon eskperyans ki ka pèmèt yo kapitalize nan monn WEIRD la pou fè konpetisyon pou rekonesans, vizibilite avèk estati.

Pagen pryé ki pa gen amen
Every prayer has an amen

Yon lòt vèsyon pi bonè nan tèks sa a te pibliye nan The Happy Hypocrite '#ACCUMULATOR_PLUS', volim 9 (modifye pa Hannah Sawtell) nan mwa Jen 2016. Kreyòl tradiksyon an nan katalòg sa a te soti nan tèks la kit e pibliye pi bonè.

Translation from English to Kreyol by Marie-Ange Magloire

CONVERSATION ABOUT THE GHETTO BIENNALE

KONVEZASYON SOU GETO BYENAL LA

Fig. 6.8 Claudel Casseus and his mother, Marie France Moralien, Grand Rue, Port-au-Prince, Haiti. Photo: Leah Gordon

Fig. 6.8 Claudel Casseus ak mamman li, Marie France Moralien, Gran Ri, Pòtoprens, Ayiti. Foto: Leah Gordon

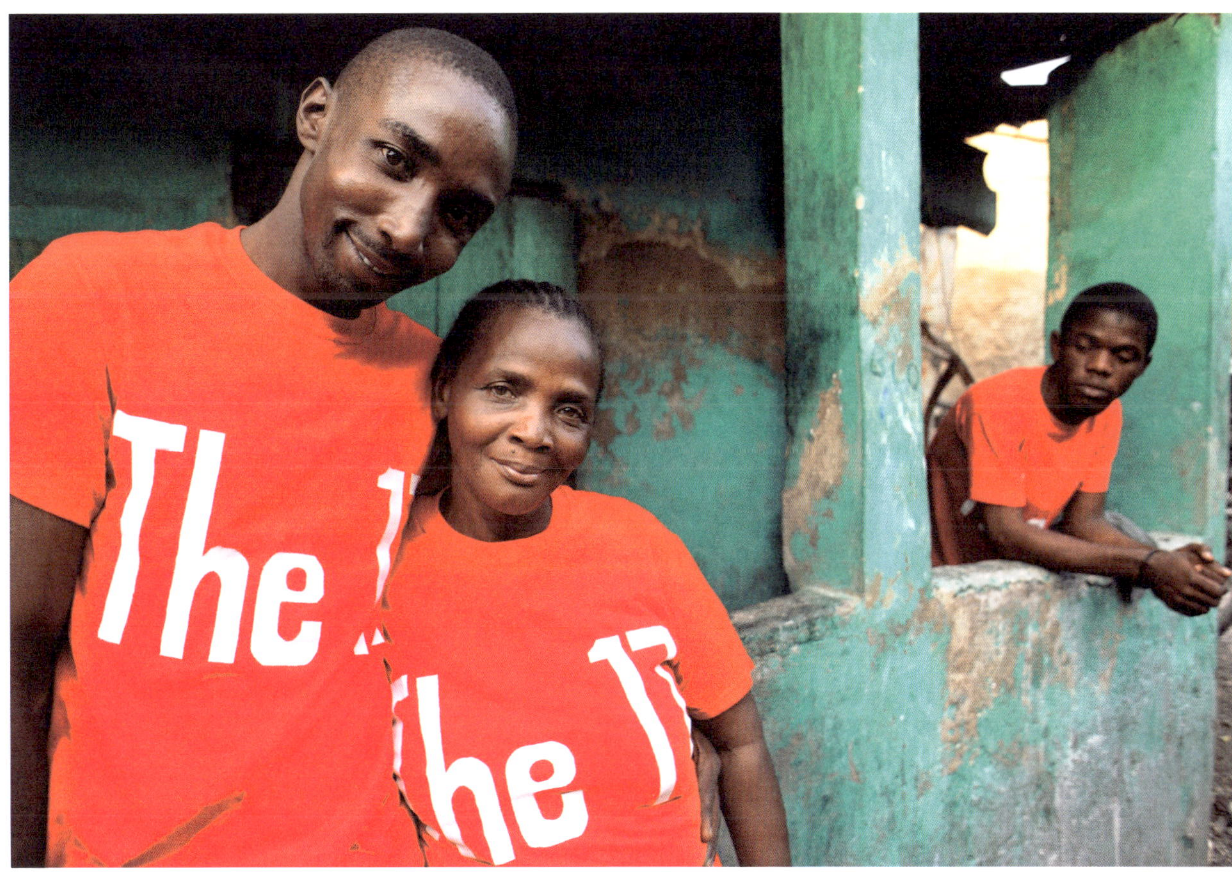

Conversation about the Ghetto Biennale between Claudel Casseus (curator and onsite manager), Andre Eugene (curator and co-director), Evel Romain (curator and transport logistics) and Jean-Claude Saintilus aka Claude (artist) held at the St Anne Bar, Place St Anne, Port-au-Prince in October 2016.

Konvèsasyon sou Geto Byenal la ant Claudel Casseus (konsèvate ak manadjè espas), Andre Eugene (konsèvate ak ko-direktè Geto Byenal la), Evel Romain (konsèvate, transpò ak lojistik) ak Jean-Claude Saintilus aka Claude (atis) ki te fèt nan Sen Ann Ba la, Plas Sen Ann, Pòtoprens, Oktòb 2016.

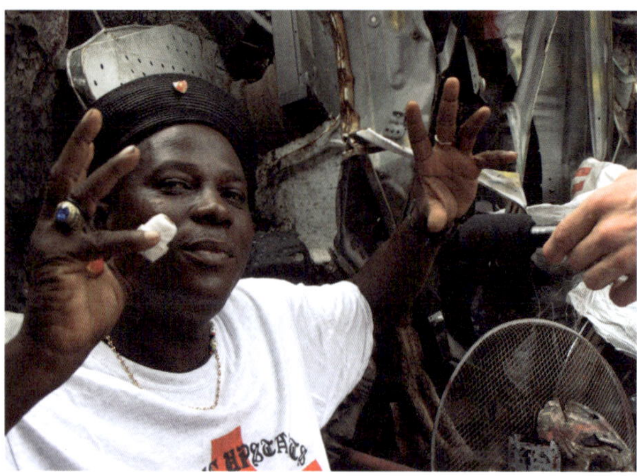

Fig. 6.9 Andre Eugene in his work space, Grand Rue, Port-au-Prince, Haiti. Photo: Chantal Regnault

Fig. 6.9 Andre Eugene in his work space, Grand Rue, Port-au-Prince, Haiti. Photo: Chantal Regnault

Fig. 6.9 Andre Eugene nan atelye li, Gran Ri, Pòtoprens, Ayiti. Foto: Chantal Regnault

CLAUDEL

They say that there have been international Biennales that have helped develop neighborhoods and local artists. Do you think that this has happened with the Ghetto Biennales that have already taken place? We will start with Andre Eugene for him to give his opinion on this.

EUGENE

Yes, I think it has happened already because when you look closely there has been lots of progress made in this movement because when we first began there were many people who were afraid. When I say afraid, I mean that there were people who didn't know whether things would go well or go badly. With time, as things developed they saw that things went well. Now I say that this, for me, feels like a beautiful success. I believe that the first Biennale and the last were the best.

From time to time you have to try to motivate others. To challenge what you know is bad and make some changes for the better. In this sense, I think the Ghetto Biennale opens doors in many ways for other artists. In the past, there were many problems for artists to travel but now, since the Ghetto Biennale, it has become much easier. We meet many people and artists from other lands which permits easier movement, it feels more solid. I think it's a big experience for me because I remember the first time me and Celeur were going to travel it was for an exhibition at Florida University, an exposition we were going to help all artists to get visas but me and Celeur we did not get visas. We were able to travel after that and it seemed to be due to the Ghetto Biennale. Even after the Ghetto Biennale it has become much easier for people to travel. I believe that it's a good thing that this has brought to the community. This is my opinion. I don't know what Claude's opinion is or anyone else's.

CLAUDE

For me it has already started happening. Look, I went to the Embassy for a visa and I wasn't refused. There are many big things that have happened already. Its these things that helped me get up on the stage to perform. I will make noise and have a party at all the Ghetto Biennales because it's the source of my life as an artist. There are things I did not have and it's this that has given them to me. That's my opinion.

CLAUDEL

Yo di gen kek Byenal entènasyonal ki pase ta ede devlope katye a ak atis lokal yo eske nou panse sa te gentan rive deja nan Geto Byenal ki pase deja yo? Nap komanse avèk Andre Eugene.

EUGENE

Wi m'panse ke sa rive deja paske lè'w byen gade gen anpil progre ki fèt nan mouvman sa, paske lè nou te komanse la gen anpil moun ki te yon ti jan pè, lèm di pè a se nan yon sans, gen moun ki pa konnen si lap byen pase si lap mal pase, kek tan te pase lè bagay la fèt, yo wel byen pase, kounye a la m di sa bon, son bel reyisit pou mwen menm. Mwen panse premye Byenal la avèk denye Byenal m'panse ki pi bon.

Statikman fow tanzantan pou'w ap fè mouvmante, pou'w fè motivasyon, pou'w rantre nan sa'w konnen ki pa bon pou'w chanje'l, epi'w mete sa ki bon ladan li pou'l vin nomal, alò nan sans sa m panse li ouve yon pòt pou anpil lòt atis yo. Pa egzanp, lontan lè pou atis yo vwayaje te konn gen paket pwoblèm, kounye a li vin yon ti jan pi fasil avèk Geto Byenal la, nou fè rankot avèk lòt moun, anpil atis etranje tou ki vin pemet ki rann mouvman yon tijan pi fasil, pi solid, m panse se yon gwo eksperyans pou mwen menm, paske'm sonje premye fwa mwen menm a Celèur ta pral pati se te nan Inivèsite Florida, yon ekspozisyon nou tap fè tout atis yo te jwenn visa. Mwen menm ak Céleur nou pat jwenn viza, apre sa nou vin pati se avan Geto Byenal la, men apre Geto Byenal la sa vin rann tach la chak jou vin pi fasil pou tout moun, m'panse se yon bon bagay li apote pou anvironman an, sa se opinyon pam m'pa konn pou opinion Claude oubyen lòt moun yo.

CLAUDE

Pou mwen menm li fèt deja, gade mwen al anbasad la mwen pa pran refi, gen yon paket gwo bagay ki fèt la tou, se yo ki fèm monte sou etaj sa tou, e map toujou fè lobey nan tout Byenal yo, paske se li ki sous atis mwen paske gen bagay mwen pat genyen se li ki fèm genyen'l, se ke li bon sa se opinyon pam.

CLAUDEL
And you Evel, what can you say?

EVEL
I feel very directly that the Ghetto Biennale does a great deal for the local community because as soon as the people in our area hear that the Biennale is about to happen everyone starts to get ready and everyone wants to do something. It's an activity that makes the area feel bigger and stronger, so after that I'm satisfied.

CLAUDEL
Do you feel that all participants benefit equally? What do you say Eugene?

EUGENE
In my opinion all participants benefit. Even those who are not members of Atis Rezistans benefit. Really even people we know who are not members. Even people we don't know. I think everyone finds something that benefits no matter what.

CLAUDE
I think all the participants benefit. Even participants that come from Carrefour and Leogane, artists that travel from far to participate in the Biennale. They say my friend, I've come to participate with you because I see all the artists here. I say to them you are welcome here as everyone can participate freely. Everyone is always thinking about the Biennale, everyone is asking when will the Biennale will happen in 2017 and that's because it's so good for them.

EVEL
For me it's not only the participants who benefit from the Ghetto Biennale because the intensity of the Biennale is so great that even those passing by in the street have time to benefit. So, if that's the case, you can imagine what it's like for us that are inside the energy of the Biennale!

CLAUDEL
What I can say is that the Biennale is something that is positive for the neighborhood. It's something that's so big it's not only the neighborhood that benefits. Even the hotels benefit. The Oloffson benefits and that's not even in our neighbourhood, and also when you think the Park Hotel also does well. You could say it's an event that brings lots of progress and possibilities inside the country. Lots of fruits for everyone. Everyone who participates will find something somehow that will satisfy them. It's something so positive within the community I actually think it should be done each year instead of every two years. Because there are so many people asking if there will be a Biennale every year. They always forget that it happens every two years. I'm trying to say that it's really positive and our local participants benefit greatly from it.

CLAUDEL
E ou men Evel kisa'w ka di?

EVEL
Pou mwen menm direkteman Byenal fè yon paket bagay pou sosyete a paske depi sosyete nan zon nou an tande Byenal pral rive tout moun fè preparasyon, chak moun an mouvman pou yo fè yon bagay kanmenm, kit li te art, kit li te fè yon ti kob, kit li te fè yon bagay kanmenm, se yon aktivite ki mete zon nan lajman laj, men apre sa, pou mwen menm mwen satisfè.

CLAUDEL
Dezyem kesyon map mande eske nou panse tout patizan nou yo benefisye egalman sa'w ka di Eugene?

EUGENE
Wi pou mwen menm tout patizan nou yo te benefisye, menm moun ki pa patizan nou tou benefisye, paske menm moun nou konnen, menm moun nou pa konnen kite moun nou te panse oparavan ki renmen bagay la yo benefisye, m'panse tout moun jwenn yon bagay kanmenm.

CLAUDE
M'panse tout patizanm net benefisye, menm moun ki sot jis Kafou, Leogane vin patisipe nan Byenal la. Yo di monche m'vin patisipe avew paskem we tout atis yo la, nou vin patisipe avèk nou m'di yo byen vini, tout patisipe net. Paske tout moun ap panse avèk Geto Byenal la, gen moun kap mande kile Byenal la ap fèt an 2017, si telman bagay la bon pou yo.

EVEL
Pou mwen menm se pa sel patizan nou yo selman ki benefisye, paske entansite Byenal la bay chans ak menm moun kap pase nan lari tan pou yo benefisye. M'pa bezwen di'w sa lap fè pou nou menm ki anndan Byenal la!

CLAUDEL
Mwen menm sa'm ka di, Byenal la telman se yon bagay ki pozitif andan kominote a, li se yon bagay ki telman elaji, ki pa menm selman se kominote a ki benefisye'l, nou kapab di menm nan nivo otel, ou konprann, Oloffson benefisye anpil de sa tou poum montre'w sa pa nan antouraj nou ditou, lè nou pran Pak Otel se toujou menm bagay la toujou, setadi se yon bagay ki pote anpil progre anndan peyi a, anpil fwi pou tout moun, tout moun ki patisipe ladann kanmenm wap jwenn yon bagay ke ou satisfè de li menm. Setadi se yon bagay ki tre pozitif anndan kominote a, se sak fè mwen menm si li te ka fèt chak ane li tap pi bon, ke chak 2 zan an paske gen anpil moun ki toujou ap plenyen yo toujou ap mande eske Byenal ap fèt pou fèn ane a. Yo toujou bliye si se chak de zan Byenal la sipoze fèt, setadi ke se yon bagay ki vreman pozitif patizan nou yo benefisye anpil de li.

CLAUDEL

OK gentlemen, do you think that the Biennale causes division within the community? If so, why?

EUGENE

I think that in all things there are positive and negative. I believe that there are many people who bring division and bring good things also. When you look at this movement and see what it's done is good for everyone but there are always some people who don't like it. You always find that in life because that's what life is made of. Something I'd like to resolve is the idea of giving artists money. I will give you the reason why I say this. In all things that you go to it's the artist that pay.

And when you see within our movement what happened last time when Leah gave local artists money it destroyed things completely. It shouldn't be like this. You saw these people saying put my name on the list too, "Give me money". Logically, they should be the ones bringing money. This is what I think is the division within the Biennale. There are other things but I would like the others to give their opinions.

CLAUDE

In the Biennale with regards to division I am not in division with anyone. It's other people who bring division here. It's the question of those who are jealous and envious that come to destroy things. I am not in division with anyone. I don't know anything about that. But there are people who come here inside the Biennale to divide and destroy. We don't understand. That's my opinion. This money that Eugene mentioned. Well they don't have to give it to me. It's my work that will save me.

EVEL

I'm approaching this logically and I think that before we give any artists money we should have a meeting. I think we meant well but miscalculated because for me it's money thrown away that doesn't take care of anything because it's not really the people in the neighborhood that get it. This money puts lots of division between the so-called small artists. This is the problem in any Biennale. I don't say not to give money to the local artists but we must organise it correctly.

CLAUDEL

How do you think we can change it to make it better?

EUGENE

What can we do to make it better? We will put more creativity in the heart of the Ghetto Biennale and get more serious people involved to conserve the spirit. The works are getting bigger and larger and the event should be a chance for decentralization.

CLAUDE

Me too I say give the people that are coming more security and let them go into the environment let them raise hell. That'd be good for me.

CLAUDEL

OK mesye eske nou panse Geto Byenal la koze divizyon anndan kominote a? E si se sa poukisa?

EUGENE

Mwen menm mwen panse, ou konnen nan tout bagay gen pozitif, gen negative. Mwen panse gen anpil neg ki pote divizyon tou, ki pote bagay ki bon tou, men divizyon yo pote a, lè'w gade lè mouvman an fèt li bon pou tout moun, men gen yon seri de moun ki pa renmen'l, ou toujou jwenn sa nan lavi paske se de sa lavi a fèt. Epi tou gen yon lòt bagay m ta renmen rezoud afè pa bay atis yo kob la, map baw rezon ki fèm dil la wi, paske nan tout bagay ou ale se atis la ki peye.

E depi ou we mouvman sa ki sot la denyeman an pou Byenal la kob la, Leah vin bay la li vin kraze bagay la net, oparavan li pat konsa ou gen pou we sa di met nonm tou, "banm kob" men lojikman se yo ki pou ta pote kob, mwen se sa'm panse kom divizyon ki fèt nan Byenal la. Gen lòt bagay toujou menm ta renmen lòt neg yo bay opinyon pa yo.

CLAUDE

Nan Byenal si se pou divizyon mwen m'pa nan divizyon ak peson moun, se lòt moun ki pote divizyon la, se yon kesyon de egri ki vin kraze bagay la, m'pa nan divizyon avèk peson afè divizyon an m'pa konnen'l mwen menm, men gen moun ki egri ki vin la anndan Byenal la ki vin kraze, divize'l ou pa konpran sa se opinyon'm sa. Afè lajan an Eugen di a la mwen m'byen renmen'l tou paske se zev pa'm kap sove'm mwen menm, li te met pa banm mwen se zev pa'm kap sove'm

EVEL

M panse sa se lojik li ye, premyeman nou te panse avan yo bay ti atis yo kob lan, nou te panse fè yon reyinyon pa rapò avèk sa, menm panse nou te byen reflechi men nou te mal kalkile paske kob sa pou mwen menm se yon kob ki jete li ye, ki pa regle anyen paske vreman vre se pa moun vreman ki pou ta jwenn nan kominote a se yo ki jwenn, e kob sa tou vin mete anpil divizyon nan mitan neg yo di swa dizan ti atis yo, e sak pwoblem nan sa ki nenpot Byenal lan fok nou korije'l, m'pa fin di pa bay li non men fok nou panse pou nou korije'l.

CLAUDEL

Kijan nou panse nou ka chanjel pou li vin pi bon?

EUGENE

Kisa nou panse poun ka fèl vin pi bon? Nap mete plis kreyativite ladan li epi nap met plis moun serye pou konseve bagay la tou. Ouve bagay la pi laj de tout fason se louveti a dekonsantre desantralizasyon se li menm ki pi enpotan e lan jan sa tou lap pi bon.

CLAUDE

Mwen menm tou wi se bay moun kap vini yo sekirite epi lage yo nan anvironman an la epi lobey epi n santi'n anfom.

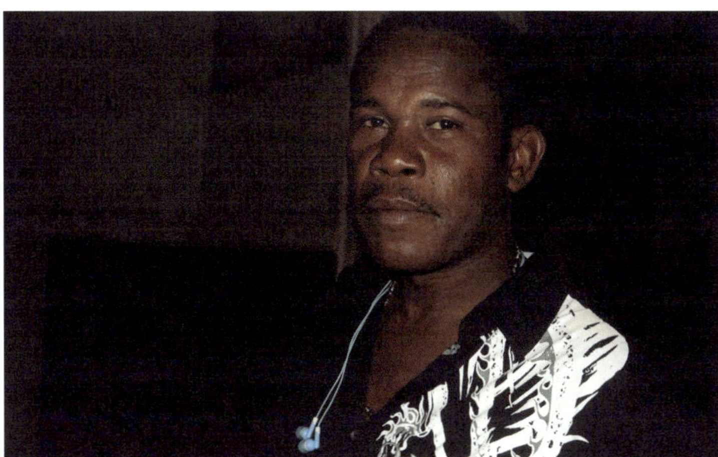

Fig. 6.10
Evel Romain, Grand Rue, Port-au-Prince, Haiti.
Photo: John Cussans

Fig. 6.10
Evel Romain, Gran Ri, Pòtoprens, Ayiti.
Foto: John Cussans

EVEL

Anyway, there are tourists entering the country so we can say that what we are doing is a form of patriotism, we can consider the Biennale as a form of tourism. There are many people who would like to know where Machand Dessalines is or how to visit the Citadelle. We can create an event that can also show these things to the people during the Biennale.

CLAUDEL

What in the opinion of each person would make this better?

CLAUDE

Have it happen here in Haiti every year. That's my opinion.

EUGENE

Have it each year here and every two years in a foreign land.

EVEL

Yes, I understand what Eugene said is good. I can follow up with that by saying we will have a Biennale in 2017 but yes it would have been better if we had one in 2016 too.

CLAUDEL

For me if it could happen every day that would make me happy. Because I'm not going to lie to you. I'm living in a country where the only activity that I have is the art movement and I have no steady employment so this is the only time that I get a breather if you know what I mean? For me the Ghetto Biennale should happen every month and every day I wake up I should find myself in the Biennale because it's the only thing that gets me more contacts and it's enabled me to accomplish many things in my life. In my opinion if it could happen every day it would be good. Each person has their opinion and the directors should think on this because we are hurting and the Biennale is not a game.

EVEL

Kanmenm mwen kapab di sa kap paret pi bon kelkelan swa jan li ye se yon pati touris kanmenm li ye ki rantre anndan peyi an si nou pran tout san genyen kom patrimwan nou, nou antre nan Byenal lan yon egzanp. M kapab di tankou gen anpil moun ki ta renmen konnen petet machan kote Dessalines te rete oubyen nan katye li te rete yon egzanp mbay tankou Sitadel la tou. Nou kapab fè kreye evenman sa yo rantre yo pou fè we

CLAUDEL

Kisa nan opinyon chak moun bagay sa yo pi byen?

CLAUDE

Sak pi byen pou mwen men menm nan se fèl chak yon lane, se sa ki opinyon pam nan mwen menm.

EUGENE

Mwen opinyon pam se fèl chak ane isit epi chak dezan yon lòt kote tankou a leteranje.

EVEL

Wi mwen ka konprann sa Eugene di an se bon m ka fè swiv ak sa li di an pa egzanp nap gen Byenal 2017 men an 2016 lan nou te sipoze gen yon pozisyon Ghetto Byenal tou.

CLAUDEL

Pou mwen menm sil te ka fèt chak jou m'tap kontan. Paske m'pap baw manti mwen menm senseman imajine map fonksyone nan yon peyi se selman aktivitem genyen se selman nan mouvman art lan ok m'pa gen yon anplwa nan peyi a yon peyi wap mal fonksyone se lè sa kanmenm omwen ou ka di ou rale yon souf anndan peyi a "ou konprann sam diw lan" pou mwen menm Geto bienanal te sipoze fèt chak mwa chak jou chak joum leve m'te sipoze wem nan Byenal telman mwen menm se sel bagay ki fèm gen plis kontak, se li menm ki pemet m reyalize yon paket bagay nan lavi m. Setadi pou mwen menm opinyon pam sil te ka fèt chak jou li tap bon anpil setadi chak moun bay opinyon pa yo mpa konnen dirijan yo a reflechi sou sa paske nap frape wi Byenal la nou pa nan jwet.

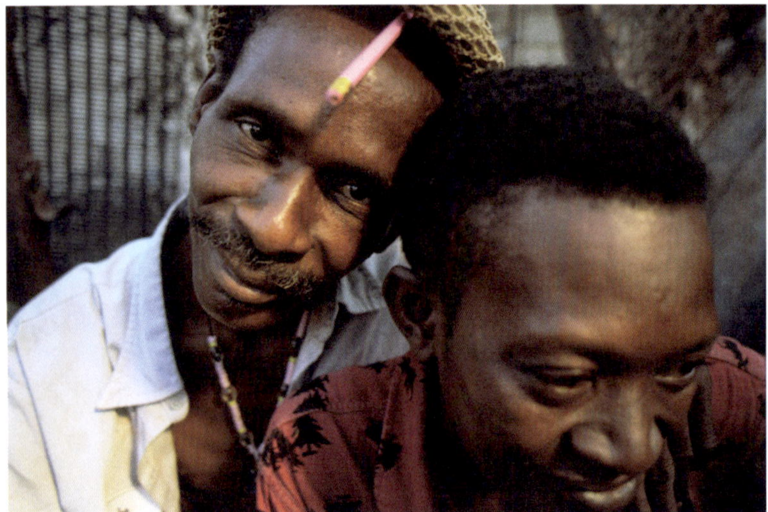

Fig. 6.11 Jean-Claude Saintilus aka Claude with Jean-Robert Palanquet, Grand Rue, Port-au-Prince, Haiti. Photo: Leah Gordon

Fig. 6.11 Jean-Claude Saintilus aka Claude ak Jean-Robert Palanquet, Gran Ri, Pòtoprens, Ayiti. Foto: Leah Gordon

CLAUDEL

What was your favourite event in the Biennale?

EUGENE

I'm full of examples Claudel. For example, Trash Church was really important and also the RAM concert was a big event. Finally one of the most exciting events was when we had the exhibition at the French institute for the less established artists

CLAUDE

For me it was RAM and the exhibition at the French Institute.

EVEL

For me I think that the French Institute was an important event. I myself benefitted from it. In the future I would like to see a regular event which would give the visiting artists a chance to see more of our own work in this kind of context.

CLAUDEL

As far as I'm concerned, I think the Ghetto Biennale is a major event. By that I mean every small thing we create within us should make it become more beautiful and finally completely different…like Eugene says. The French Institute exhibition was a great event that allowed young artists to have more visability. If they could try to manage their practice they could develop a strategy to always have exhibitions to have their works seen all over the country. If they could continue with this I think it would be good. If RAM came to play it would be a big event, even though last time we had a lot of problems. I think we need to maintain the same high standards and then we could have a Biennale with a great deal of success.

CLAUDEL

Kisa ki pi favori pyes nan Byenal la?

EUGENE

Ah m chaje Claudel. Ebyen egzanp kom ou di chaje pa egzanp legliz fatra te yon bel evenman tankou bagay RAM nan se yo gwo evenman avèk ekspozisyon nan Enstiti Franse avèk jen atis yo se youn nan pi gwo evenman pou mwen

CLAUDE

Pou mwen menm se RAM avèk ekspozisyon Enstiti Franse a.

EVEL

Bon pou mwen menm mwen panse se mye paske Enstiti Franse a li te voye anpil pratikman mwen menm mwen te benefisye de sa byen ke selman sam ta renmen pou ki ta fèt kom evenman anko pou nou ta panse plis pou nou ta fè yon kreyatif pou atis ki soti a letranje yo pou we vreman vre ke nou bay yon bagay de nou.

CLAUDEL

Bon jann li sa di de evenman selon mwen menm Geto Byenal la an maje pati se yon gwo evenman li ye setadi chak ti bagay nou pral kreye anndan'l yo ou konprann tankou jan Eugene di an se pou fèl vin pi bel se pou fè bagay la vin sanble yon lòt bagay ki konpletman difèran ou koprann tankou jan Eugene diw lan. Enstiti Franse se te yon gwo bagay la sa ap pemet ke ou bay jen atis yo plis vizyalite ou koprann si yo te ka toujou esye jere sitiyasyon sa yo kreye yon strateji toujou fè yo ekspozisyon pou plen yon jou pou bay lòt jen atis yo opotinite pou yo we yo atrave peyi an nan klas atistik lan setadi sa mpanse ke sin ta kontinye avèk sistem sa li tap bon se youn nan pi gwo evenman li te ye RAM ki tap vin jwe la tou se tap yon gwo bagay malerezman nou te jwenn anpil difikilte euhh..menm mpanse si nou kenbe sou menm longe donn sa yo nap toujou gen yon Byenal avèk anpil reyisit.

Translation from Kreyol to English by Jacques Richard Miguel

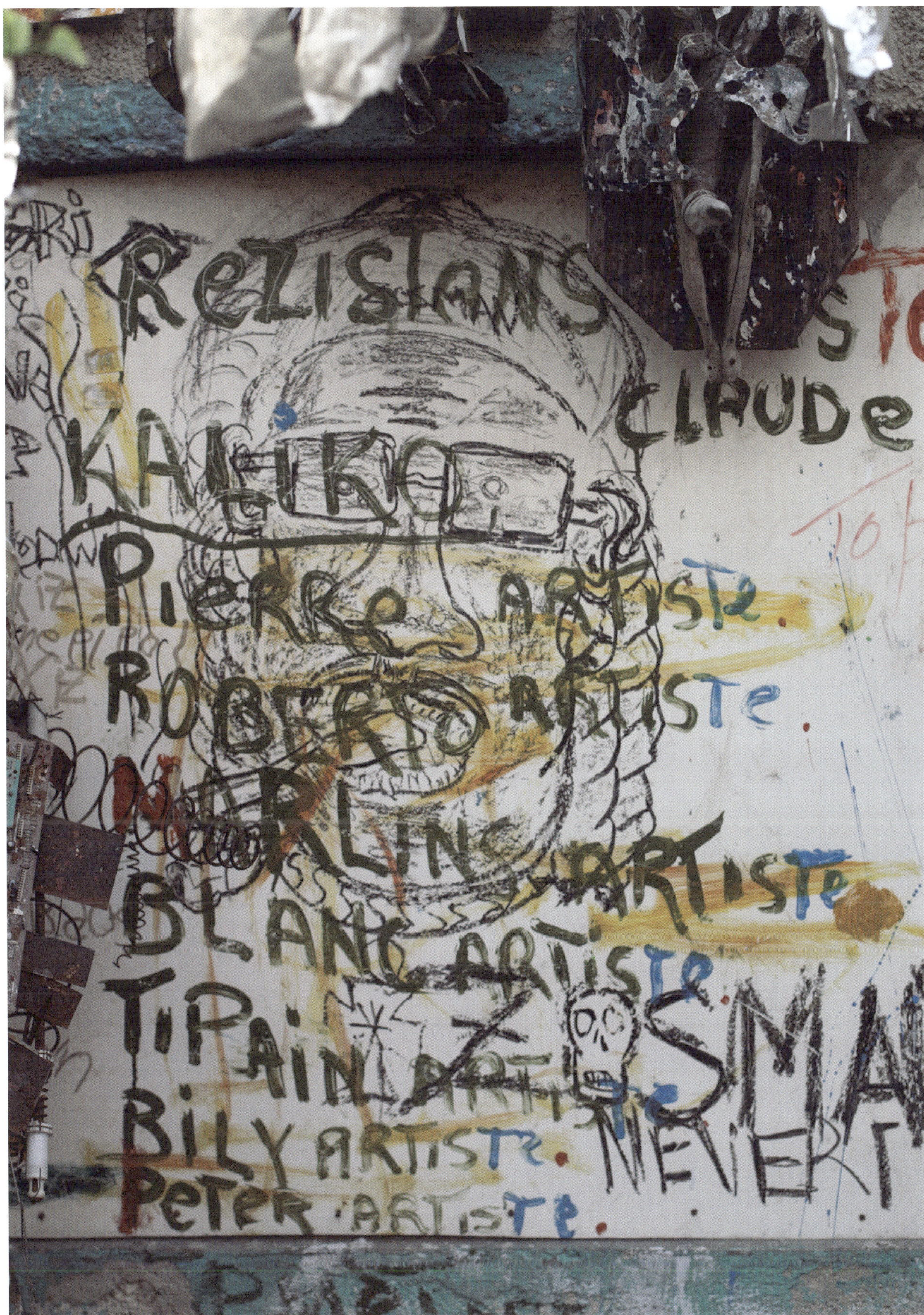

Fig. 6.12 A wall in Lakou Cheri, Port-au-Prince, Haiti. Photo: Lazaros

Fig. 6.12 Yon miray nan Lakou Cheri, Pòtoprens, Ayiti. Foto: Lazaros

JE NAN JE: HAITIAN VISUAL EPISTEMOLOGIES
JE NAN JE: EPISTEMOLOJI VIZYÈL AYISYEN

ELIZABETH MCALISTER

Hold the gaze of another person for as long as you both can last. Gaze at someone looking back at you. Is it uncomfortable? Excruciating? Unbearably intimate? Freeing? Is it a meditation? Is it a relief? Yes. It is all of this.

This was my reciprocal performance piece at the Ghetto Biennale: to agree with another person on a number of minutes we would look into each other's eyes. To stand, or sit, or dance, with our eyes locked. Ten minutes, twenty minutes, an hour. Our gaze fixed.

This project is a simple, intimate way for two artists to engage. I say two artists because when any two people play this deliberately, they become artists. It's a form of deep play, and each person is both player and audience. One enters the realm of creativity and spontaneity within a form. It is especially effective across different cultures and languages because there is no need to speak. One can speak, or sing, or laugh, of course. But regarding another in silence offers the most intensity.

Why did I choose to play "Eye to Eye" in Haiti? Not to imitate Marina Abramovic. I had forgotten I had seen her perform this at the Museum of Modern Art until I played with the Haitian artist, Romel Jean-Pierre, in the lakou at the Ghetto Biennale. Romel pointed out that what we were doing was what the art world calls derivative. So be it. We did it in our own way and danced if the spirit moved us. Abramovic set up strict rules for her performance, but we simply agreed to keep gazing into the others' eyes.

Former Haitian President René Préval once famously said "Look me in the eye and I'll look you in the eye," before delivering a difficult message to the population.

Gade yon lòt moun nan je pou osi lontan ke nou tou de kapab. Gade yon moun k ap gade w. Èske sa mete w malalèz? Jouk li fè w soufri? Eske w santi l twò entim? Jouk li fè w soufri? Eske li fè w santi w lib? Èske se yon meditasyon? Èske se yon soulajman? Wi. Li tout bagay sa a yo.

Sa a se zèv pèfòmans resipwòk mwen nan Geto Byenal la: pou mete w dakò ak yon lòt moun sou yon kantite tan nou youn pral gade nan je lòt. Pou nou kanpe, oswa chita, oswa danse, je nan je. Dis minit, ven minit, inèdtan. Je nou fiks, youn nan lòt.

Pwojè sa a se yon fason senp, entim pou de atis fè lyannaj. Mwen di de atis paske nenpòt ki de moun ki jwe jwèt sa a espre vin atis nan moman an. Se yon tip jwèt an pwonfondè, kote chak moun se jwè ak spektatè an menm tan. Y ap rantre nan domèn ki kreyatif ak espontane anndan menm yon strikti. Li espesyalman efikas atravè diferan kilti ak lang paske nou pa bezwen pale. Kapab gen pale, oswa chante, oswa ri, byensi. Men lè je nan je a fèt an silans li pi entans.

Poukisa mwen chwazi jwe "Je nan je" an n Ayiti? Pa pou m imite Marina Abramovic. Mwen te bliye ke m te wè l fè pèfòmans sa a nan Museum of Modern Art jiskaske mwen te jwe l ak atis ayisyen an, Romel Jean-Pierre, nan lakou Geto byenal la. Romel fè m wè ke nan milye atis la yo rele sa nou t ap fè a yon derive. Tanpi. Nou te fè l nan pwòp fason pa nou yo epi si lide nou te di nou sa tou te danse tou. Abramovic te gen de règ strik pou pèfòmans pa li an, men nou te jis antann pou nou fikse youn nan je lòt.

Defen Prezidan René Preval te fè bwi yon fwa le l te di "Gade m nan je a epi m ap gade w nan je," jis anvan li

The expression became a *pwen*; a political slogan about frankness, transparency, and other issues. A pwen (literally "point") is a targeted word or slogan, but it's also flexible. Although a pwen has an intended audience, it is also indeterminate, just obtuse enough to allow people to avoid direct confrontation. Pwen can also be material objects infused with transforming power in the Afro-Haitian spiritual system known as Vodou. To look upon a power object such as a *"pwen cho"* (hot point) is to risk being affected by it. Looking in general demands caution on the part of the viewer.

Looking and seeing are culturally specific, and this performance piece brings face to face—and eye to eye--Haitian, American, and other visual epistemologies. It allows us to explore and play with ideas different cultures have about looking. Much has been written about the Western gaze, and the tendency of Europe to center itself and regard cultural Others from positions of power. Active looking in and of itself can be a form of domination, and a male one at that.

As for me, an energy had built up in me since my childhood in the United States. I was taught to look people in the eye when addressing them, and that this was good manners. But I discovered that if I focused an unwavering stare at someone, they would become uncomfortable very quickly. Even grown-ups. How powerful my green eyes were! Later a Haitian friend quoting the French song, would describe them as "yeux revolver," "revolver eyes."

Our daughter could not look me in the eye when she came to live with us. She was nine years old when her mother died in Haiti, and so she came to live with her father and me in New England. Her mother raised her not to meet the gaze of adults. Lowering the eyes was a sign of respect. Since I had been raised to look grown-ups squarely in the eye. I was irritated with her at first, poor thing.

te bay nasyon an yon mesaj difisil. Ekspresyon an te vin tounen yon pwen; yon eslogan politik sou pale fran, transparans, ak lòt kesyon. Yon pwen se yon mo oswa eslogan ki vize yon moun, men li fleksib tou. Malgre ke yon pwen gen yon sib, li ase vag, ase twoub pou pèmèt moun evite konfwontasyon dirèk. Pwen kapab tou yon objè materyèl ki ranpli ak pouvwa nan sistèm espirityèl afwo-ayisyen an ki rele Vodou a. Si yon moun gade youn nan objè pouvwa sa a yo, pa ekzanp yonpwen cho li riske ke objè a afekte li. Jès gade a mande pou moun k ap gade a fè sa ak prekosyon.

Gade ak wè se de bagay ki espesifik nan cha kilti, epi zèv pèfòmans sa a mete fasafas - je nan je - epistemoloji vizyèl Ayisyen, Ameriken, ak zòt ankò. Li pèmèt nou eksplore ak jwe ak lide diferan kilti genyen sou gade. Yo ekri anpil sou jan moun nan peyi devlope gade moun ki diferan, epi sou tandans Lewòp genyen pou li bay tèt li plis enpòtans epi gade sa ki Zòt kiltirèlman pa anba. Gade dirèk kapab yon fòm dominasyon, epi yon fòm dominasyon gason met sou sa.

Kant a pou mwen, gen yon enèji k ap bouyi anndan m depi m timoun Ozetazini. Yo te montre m gade moun nan je lè m ap pale avè yo, se sa ki yon timoun byenelve. Men, mwen te vin dekouvri ke si mwen fikse yon moun san rete, trè vit yo vin malalèz. Menm granmoun. Je vèt mwen yo te pwisan, adje! Lontan apre yon zanmi Ayisyen pral site chansonèt franse a, di m ke m gen "yeux révolver" (je revolvè).

Pitit fi nou an pa t ka gade m nan je lè li fèk ap vin viv avèk nou. Li te gen nef an lè manman l mouri an n Ayiti, ki fè ke li te vin viv ak papa l avè m nan New England. Manman l te ba l edikasyon pou li pa gade granmoun nan je. Bese je ou se yon siy respè. Pwiske mwen yo te ban m edikasyon pou m gade granmoun nan je, nan kòmansman sa te nève m anpil, podyab.

Se poulèt sa mwen te remake sa lè, apre mwen te fin fè yon prezantasyon, yon pèsonaj trè serye te vin kote

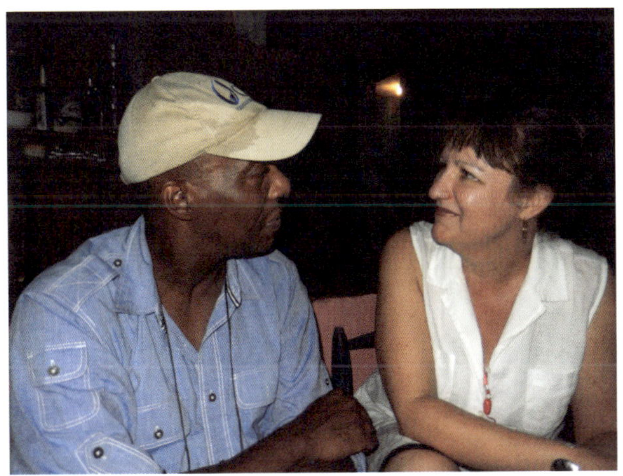

Fig. 6.13 Elizabeth McAlister and the sevitè. Photo: Atis Rezistans
Fig. 6.13 Elizabeth McAlister e sevitè a. Foto: Atis Rezistans

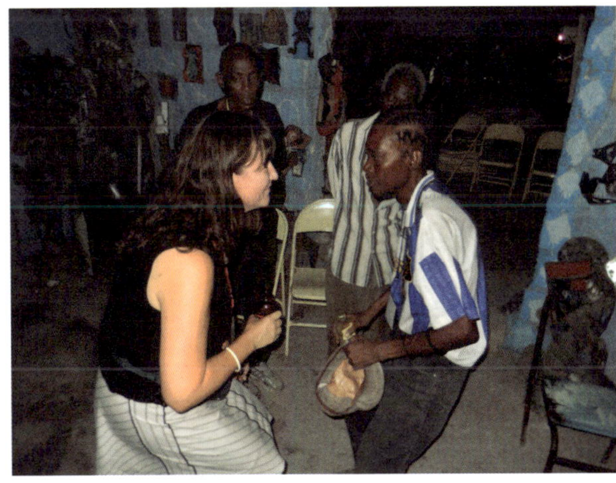

Fig. 6.14 Elizabeth McAlister dancing eye to eye with Palenquet. Photo: Atis Rezistans
Fig. 6.14 Elizabeth McAlister danse je ak je ak Palenquet. Foto: Atis Rezistans

This is why I took note when a Haitian gentleman approached me intently but could not look me in the eyes after a talk I gave. He studied my collarbone instead of my eyes. The gentleman introduced himself as a sevitè, a spirit-worker in Afro-Haitian religion. He invited me to his temple in Port-au-Prince. "Nap tann ou," he said. "We are waiting for you."

We became fast friends in Port-au-Prince, but it was still rare that he looked me in the eye. Apparently the sevitè is clairvoyant, and sees things in people's eyes that he prefers not to see. Eye contact is too much psychic information, too painful to bear. I convinced him to look me in the eye. I had by then learned to calibrate my gaze, and even to send love and healing. That was the beginning of the piece in Haiti. In his temple, the sevitè and I worked up to a long, steady gaze, both transmitting healing and love. [Fig. 6.13]

The piece at the Ghetto Biennale, healing as it was for many of us who performed it, arguably went against the grain of the etiquette and ethics of the gaze in Haiti. Children are often instructed not to look directly at their elders out of respect, and there is a sense that seeing can involve both power and danger. Not everything is meant to be seen by everyone. To sit in the cross-hair of many pairs of eyes—in the event of a scandal, say—can make a person vulnerable. Looking can engender jealousy, and for that reason infants' clothing is sometimes pinned with small beads called *djok*, to deflect any envious emotions brewing in the community. Power objects may feature small mirrors that serve to deflect the heat of the gaze, human and spirit alike. Meanwhile, to look with downcast eyes is the essence of the "cool" in some African art, and a sign of one who possesses otherwordly power. This way of knowing through vision, the principles of hot and cool, are also at work in Haitian art and healing forms.

The Haitian artists at the Biennale met me fully and completely in the piece, from the children to the elderly. Romel Jean-Pierre understood immediately its healing potential. "I'm going to try to connect to the utmost possible," he pronounced. He breathed deliberately and went into meditation. He told me that he was trying to pass a bad memory to me so he could be rid of it. I separated the memory and sent half up the mountain and half under the sea, with the middle buried in the ground.

The artist Celeur Jean Hérard transformed into a bizarre character, twisting and jerking his facial features to alarm me, and I felt unsettled, I'll admit. Jean Robert Palenquet and I drank beers and danced, holding our gaze and laughing all the while. [Fig. 6.14] A 67-year-old gentleman, who lost sight in one eye because of a car battery exploding, played the piece. He told me that if someone steals from you then you know automatically because they cannot look you in the eye. "Je wont je" in Creole literally means "eye ashamed of eye." Several young men boasted to their friends about how they were going to 'dominate' me and 'win.' One of them

mwen men li pa t gade mwen nan je. Li fikse kolèt mwen olye li gade m nan je. Mesye a di m se yon sevitè li ye, yon moun ki gen konesans. Li envite m nan peristil li Pòtoprens. Li di m "N ap tann ou."

Nou vin bon jan zanmi Pòtoprens, men se pa fasil li gade m nan je. Aparamman sevitè a gen bon tèt, epi li wè bagay nan je moun nan ke li ta pito pa wè. Gen twòp enfòmasyon ki pase lè de je kontre, bagay ki twò dilere. Mwen konvenk li pou l gade m nan je. M te deja konnen ki jan pou m kontwole jan m gade, rive menm mete lanmou ak gerizon ladan. Se nan sa zèv sa a kòmanse an n Ayiti. Nan peristil li a, sevitè an avè m fè yo travay kote nou gade je nan je, fiks, yon rega ki pote lanmou ake gerizon. [Fig. 6.13]

Zèv nan Geto byenal la, byenke li te pote gerizon pou anpil nan nou ki te fè l, te ale nan sans kontrè byenseyans ak pratik jan moun gade an n Ayiti. Souvan yo di timoun ke gade granmoun nan se derespektan, epi gen yon enpresyon ke gade ka bwote pouvwa ak danje. Se pa tout bagay ke tout moun dwe wè. Pou w chita nan mitan yon pakèt je k ap gade w - pa ekzanp apre yon eskandal - ka fè yon moun vin frajil. Gade ka mennen jalouzi, se pou sa yo koud ti grenn yo rele djok nan rad ti bebe pou pwoteje yo si gen jalouzi nan vwazinaj la. Objè mistik konn gen ti miwa ladan yo pou detounen chalè je, keseswa zanj oswa moun. An menm tan, nan kèk atizay Afriken gade pa anba sa montre yon moun ki poze, li montre ke se yon moun ki gen gwo pouvwa mistik. Metòd sa a, kote w kore konesans ou nan gade, nan prensip cho ak frèt, ou jwenn li tou nan pratik atizay ak gerizon ayisyen.

Atis ayisyen yo nan byenal la te kontre ave m sanpousan nan zèv la, sòti sou timoun rive sou ti granmoun. Romel Jean-Pierre te konprann pouvwa gerizon li touswit. Li finalman deklare: "M pral eseye konekte ak plis moun ke m kapab." Li pran yon gwo souf, epi li kòmanse fè meditasyon. Li di m l ap eseye pase yon move souvni ban m konsa li ta tou debarase l de li. Mwen fann souvni an epi mwen voye mwatye anwo mòn lan ak mwatye anba lanmè a, epi m pike mitan an nan tè a.

Celeur Jean Herard vin chanje an pèsònaj dwòl, vire tounen tout po figi l nan tout sans pou fè m sezi, fò m di tou ke l te twouble m. Jean Robert Palenquet avè m t ap bwè byè ak danse, je nan je ak tout dan deyò. [FIG 6.14] Yon pèsònaj 67 an, ki te pèdi yon grenn je akòz yon batri machin ki pete, te jwe nan zèv la. Li di m konsa si yon moun vòlè nan men w a p toujou kon sa paske yo pa p ka gade w nan je. Yo rele sa "je wont je". Plizyè jenn gason t ap fè djòlè ak zanmi yo di konsa yo pral mate m epi genyen. Youn nan yo sispann fikse preske touswit, zanmi l yo pa t gen vant pou ri. Timoun pi ti yo te fè m griyen dan nèt. Yo te pwofite jwe, fè pakèt grimas dezòd, pou eseye fè m delala epi griyen dan m. M chèche rale fi ak tifi vin jwe paske yo te rale kò yo. Lè yo fin rantre nan wòn nan, enèji yo te djanm. [Fig. 6.15]

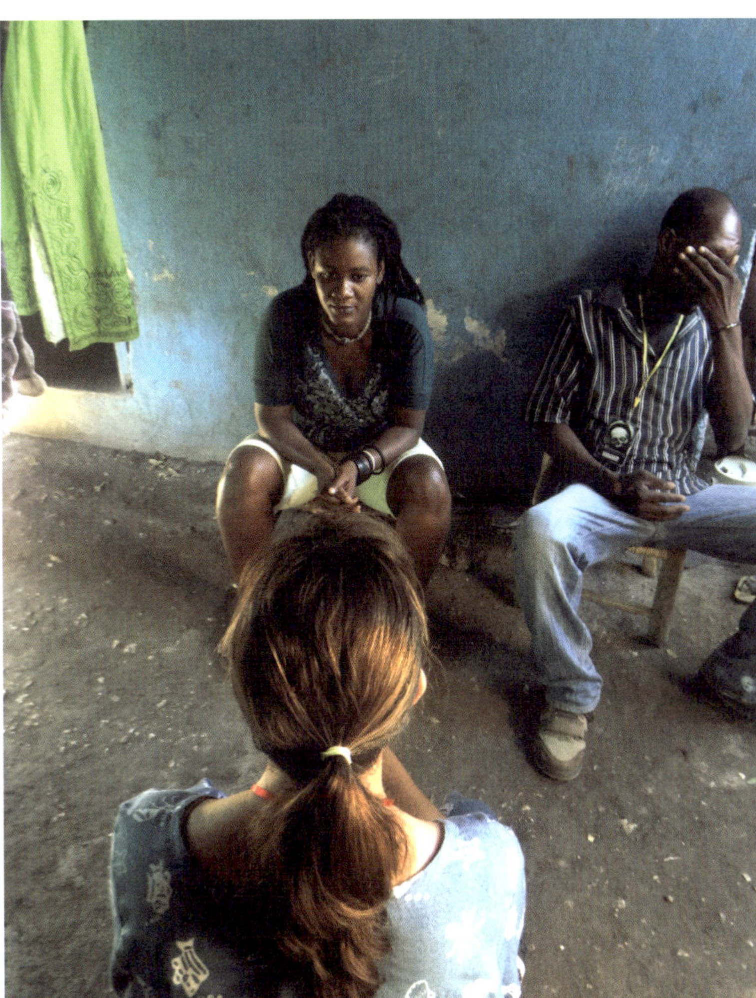

Fig. 6.15
EM and a young woman
in Papa Da's yard.
Photo: Atis Rezistans

Fig. 6.15
EM ak yon jèn fanm
nan lakou Papa Da.
Foto: Atis Rezistans

broke eye contact in a matter of seconds, to the raucous satisfaction of his friends. The small children were hilarious. They used the time to play, to make faces, many of which were obnoxious and meant to make me lose my composure and laugh. I sought out women and girls to play, because they hung in the background. Once playing, their energy was strong and steady. [Fig. 6.15]

To maintain a deep gaze into another person's eyes can feel too intimate, as if it is a stage in communicating whose next stage is uncertain and uncomfortable. It can give rise to a sense that one is playing with power and danger. Yet to persevere in the gaze brings a kind of freedom. Freedom from the strictures of the predatory male gaze, from the idea that the female is meant to arrange herself for the gaze but also to obscure it. It turns the players into those who choose to be seen. It solves the problem of language. One's attention is placed towards the other's eyes and nothing else may interfere. In this case it becomes a meditative state. One becomes calm and sounds and smells become heightened. The pair of players can breathe together. Only the other person's face is before you and nothing else matters. Peaceful. Intimate. An opening to love.

Fikse yon moun nan je kapab bay yo sansasyon twò entim, kòm si se yon etap nan kominikasyon kote pwochen etap la pa klè epi malalèz. Li ka bay enpresyon ke w ap jwe ak pouvwa ak danje. Men lè w byen chita nan gade fiks la li g on jan li libere w. Libere w de jan gason gade fi, libere w de ide ke fi sipoze ranje figi yo pou gason ka gade yo epi an menm tan anpeche gason gade yo. Li fè patasipan yo tounen moun ki chwazi pou moun wè yo. Li rezoud pwoblèm lang. Tout lide w nan je lòt moun nan e pa gen okenn lòt bagay ki ka vin deranje. Nan ka sa a li vin tounen yon eta meditasyon. Ou vin poze epi tout son ak odè vin pi fò. Moun k ap jwe ansanm yo ka respire ansanm. Sèl figi lòt moun nan ki devan w e pa gen anyen ankò ki enpòtan. Lapè. Entimite. Yon ouvèti sou lanmou.

Translation from English to Kreyol by Nadine Mondestin

HAITI IN A CARIBBEAN CONTEXT
AYITI NAN KONTEKS KARIBEYEN

KWYNN JOHNSON

Caribbean writers and artists have long drawn from the fount of Haitian History and Culture. Such that, in 1936, Trinidad's CLR James wrote the play, *The Black Jacobins*, and soon after the book was published in 1938. It remains a seminal work on the Haitian Revolution, and one which continue to inspire scholars in the 21st century. Similarly, the first play by the St Lucian poet Sir Derek Walcott, titled *Henri Christophe* (1949) was also based on the Haitian Revolution. It was followed by *Drums and Colours* (1958) and *The Haitian Earth* (1984), which make up his Haitian Trilogy. In the contemporary period, Trinidad's Professor Michael J. Dash (NYU) and Professor Elizabeth Walcott-Hackshaw (UWI) have also published many outstanding works of scholarship on Haitian history, literature and culture. Trinidadian filmmakers such as Professor Patricia Mohammed directed a documentary titled *The Sign of the Loa* (2006), and Yao Ramesar directed a feature film titled *Haiti Bride* (2014). The Trinidadian political economist and thinker Lloyd Best, also wrote a series of essays and press columns on the post-Duvalier political landscape. In pop-culture, there is the Trinidadian calypsonian, David Rudder, whose 1989 Record album titled *HAITI*, remains his most successful album.

In the region, Jamaica's Professor Matthew Smith of UWI Mona, continues to advance the scholarship on the post-US Occupation - Pre-Duvalier period, publishing seminal works such as *Red and Black in Haiti* (2009). From Barbados, George Lamming in *The Pleasures of Exile* introduces his collection of essays with a contemplation of *All Souls Day* in Port-au-Prince. Cubans such as Wilfredo Lam drew immense inspiration from Haitian culture, as did Alejo Carpentier's novel *The Kingdom of this World* (1949). Celebrated thinkers from the Francophone Caribbean have also produced seminal

Ekriven ak atis Karayibeyen yo te enspire nan kilti ak istwa Ayisyen an pou yon bon tan. Nan ane 1936, CLR James, yon ekriven Trinidadyen, te ekri pyès teyat ki rele, *The Black Jacobins*, e byento apre sa li pibliye yon lòt liv an 1938. Se toujou yon tèks fondamantal sou Revolisyon Ayisyen an, e yon sèl la ki kontinye enfliyanse bagay akademik yo nan 21èm syèk la. Menm jan an tou, premye pyes teyat ki ekri pa powèt ki soti nan Sent Lisi a, Mesye Derek Walcott, te gen tit *Henri Christophe* (1949) ki baze tou sou Revolisyon Ayisyen an. Li te soti plis liv apre sa, *Drums and Colours* (1958) ak *The Haitian Earth* (1984), ki te kreye sa li te rele yon trilogie Ayisyen. Nan peryod kontanporen an, Pwofesè Michael J. Dash, (NYU) ak Pwofesè Elizabeth Walcott-Hackshaw (UWI) tou lède soti Trinidad te pibliye anpil liv ekselan sou istwa, literati ak kilti Ayisyen an. Sineyas ki soti Trinidad yo, tankou Pwofesè Patricia Mohammed dirije yon dokimantè ki gen tit *The Sign of the Loa* (2006), ak Yao Ramesar te dirije yon fim dramatic ki gen tit *Haiti Bride* (2014). Ekonomis politik la e pansè Trinidadyen an, Lloyd Best, te ekri tou yon seri de disètasyon ak atik sou sitiyasyon politik la apre Duvalier. Nan kilti popilè a, chantè nan Calypso Trinidadyen an ki rele David Rudder, te fè yon plak musik an 1989 ki gen tit HAITI, e se plak sa a ki toujou gen plis siksè.

Nan rejyon Karayib la, Pwofesè Matthew Smith, yon Jamayikan ki anseye nan UWI Mona, epi li pwodui travay akademik sou peryòd la an Ayiti apre okipasyon amerikèn lan ak anvan peryòd Duvalier. Smith te pibliye yon liv fondamantal tankou *Red and Black in Haiti* (2009). Yon ekriven Babadyen, George Lamming, entwodui koleksyon atik li yo ki rele *The Pleasures of Exile* ak yon refleksyon sou *All Souls Day* nan Pòtoprens. Pent Kiben, Wilfredo Lam, te jwenn anpil enspirasyon

works on Haitian history such as Edouard Glissant's *Monsieur Toussaint* (1961) and Aimé Césaire's *La Tragédie du roi Christophe* (1970).

Lastly, in the visual arts, a number Trinidadian artists have also touched on themes in Haitian history as a subject for visual exploration. I refer to these examples to not only contextualise my work in Haiti, but in answer to the unfortunate question often posed to me, Why Haiti? Thus, it is within this broader history of creative works in dialogue with Haiti, that I place my own works produced over the past seven years as a Visual Artist and Haitian Studies scholar working in Haiti.

But despite this history and my participation in the last three consecutive editions of the *Ghetto Biennale*, I am often asked *"Why don't you try to find a residency in like Germany, you know, or try to go to Miami, New York, Toronto or London"*. The Ghetto Biennale is similar to the Havana Biennale when it was starting, in that, its political ideology is very clear in its curation. Thus, its move away from the 'white' cube has amplified the voice of the group which it has evidently made uncomfortable. In this way, this reaction from the status quo has very much become inextricably bound to the brand itself. If as Gilles Deleuze has stated, that we ask "not what it means, but rather, how it works, what it does", then this is what the Biennale does, at the moment - It rocks the Caribbean art dealership, curation, participation and viewership boat. But the tides and currents can change. The resident and visiting artists of the Lakou should continue to operate, or be seen as a complement to the artists of the 'white cube', and vice versa: building a diverse Haitian contemporary-art landscape. As a Trinidadian, I know too well the value and beauty of diversity and difference, a situation which formed us in the Caribbean.

nan kilti Ayisyen an, ansanm ak ekriven Kiben an, Alejo Carpentier, ki te ekri *The Kingdom of this World* (1949) baze an Ayiti. Filozòf selèb yo nan Karayib Frankofoni an te pwodui tou kèk liv enpòtan sou istwa Ayisyen an, tankou Edouard Glissant, ki te ekri yès teyat, *Monsieur Toussaint* (1961) ak Aimé Césaire ki te ekri, *La Tragédie du roi Christophe* (1970).

Finalman, nan boza vizyèl, gen kek atis ki soti Trinidad tou ki te itilize tèm nan istwa Ayisyen an kòm yon sijè pou eksplorasyon vizyèl. Mwen bay egzanp sa yo pa sèlman pou montre kontèks travay mwen an Ayiti, men pou reponn a kesyon anmèdan moun souvan poze mwen, "Poukisa Ayiti?" Mwen toujou reponn pa mansyone lòt ekriven ak atis sa yo ki te vin devan mwen pou mande m poum fè rechèch mwen an an Ayiti nan yon kontèks ki pi gwo.

Men, malgre istwa long sa a e menmsi mwen te patisipe nan twa evènman, youn apre lòt, nan Geto Byenal la, moun toujou mande m *"Poukisa ou pa eseye jwenn yon rezidans an Almay oswa eseye ale nan Miami, New York, Toronto oswa Lond"*. Geto Byenal la, se menm jan ak Havana Byenal lè li te kòmanse, nan sa, ideoloji politik li yo trè klè nan estrateji li. Se poutèt sa, yo bay yo refi nan espas galri ki rele 'kib blan' ki te kreye kèk enkyetid nan mond ar a. Nan fason sa a, kèk nan reyaksyon yo soti nan établismen lokal yo anpil ki vin mare ak karaktè li. Si jan Gilles Deleuze te declare pa mande nou "sa li vle di, men pito, ki jan li fonksyone, ki sa lap fè", lè sa a se sa Byenal la fè, nan moman sa a - li defye machann ar Karayib yo, konseye, atis ak odyans yo. Men, kouran ka chanje. Toulede, atis rezidan ak atis vizitè, nan Lakou a ta dwe kontinye opere, oswa parèt tankou yon konpleman ak atis yo ki nan 'kib blan an', e vis vèrsa: bati yon lavi a divès ar Ayisyen. Kòm yon Trinidadyen, mwen konnen twòp bon valè ak bote nan divèsite ak diferans, yon sitiyasyon ki te fòme nou nan Karayib la.

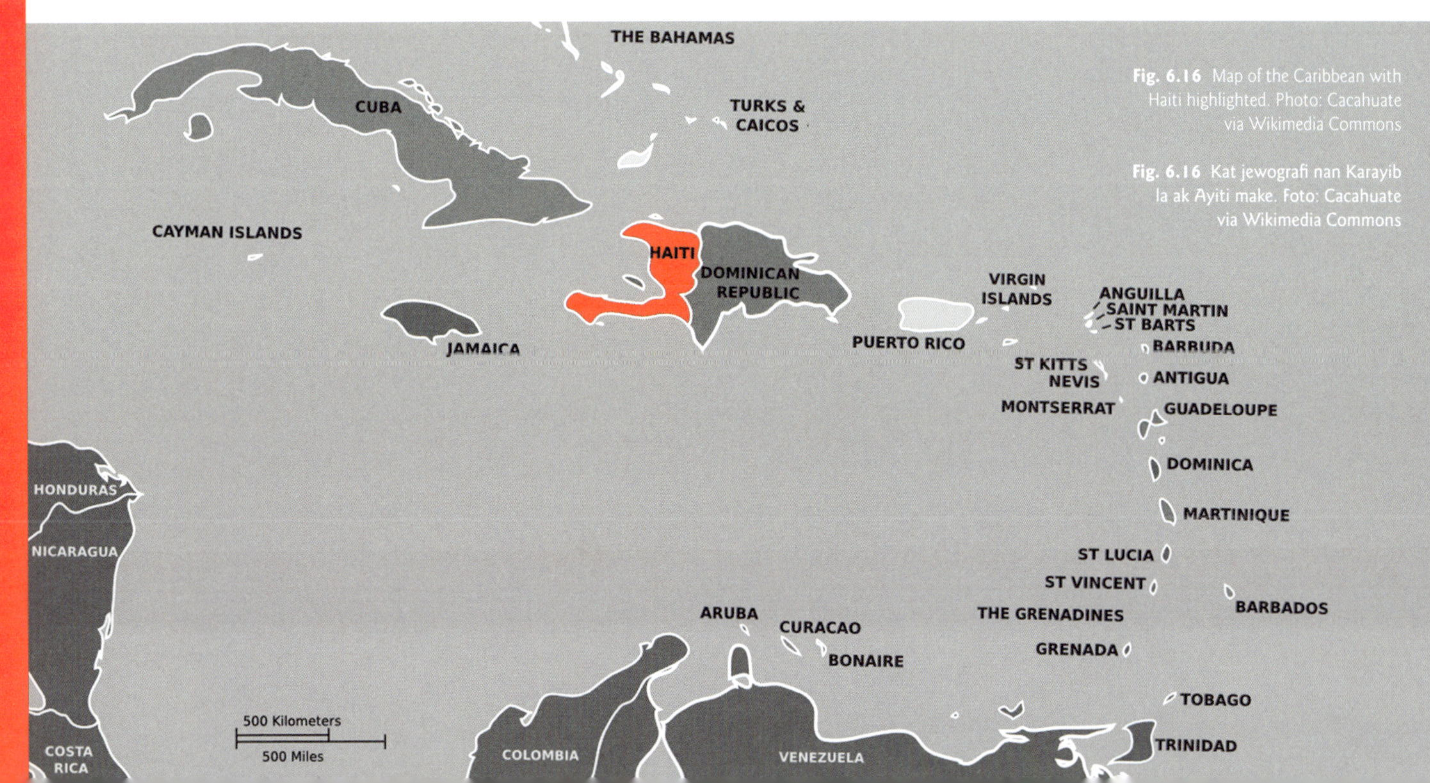

Fig. 6.16 Map of the Caribbean with Haiti highlighted. Photo: Cacahuate via Wikimedia Commons

Fig. 6.16 Kat jewografi nan Karayib la ak Ayiti make. foto: Cacahuate via Wikimedia Commons

IN VODOU, ART IS DIVINE
NAN VODOU, AR SE DIVIN

JEAN-DANIEL LAFONTANT

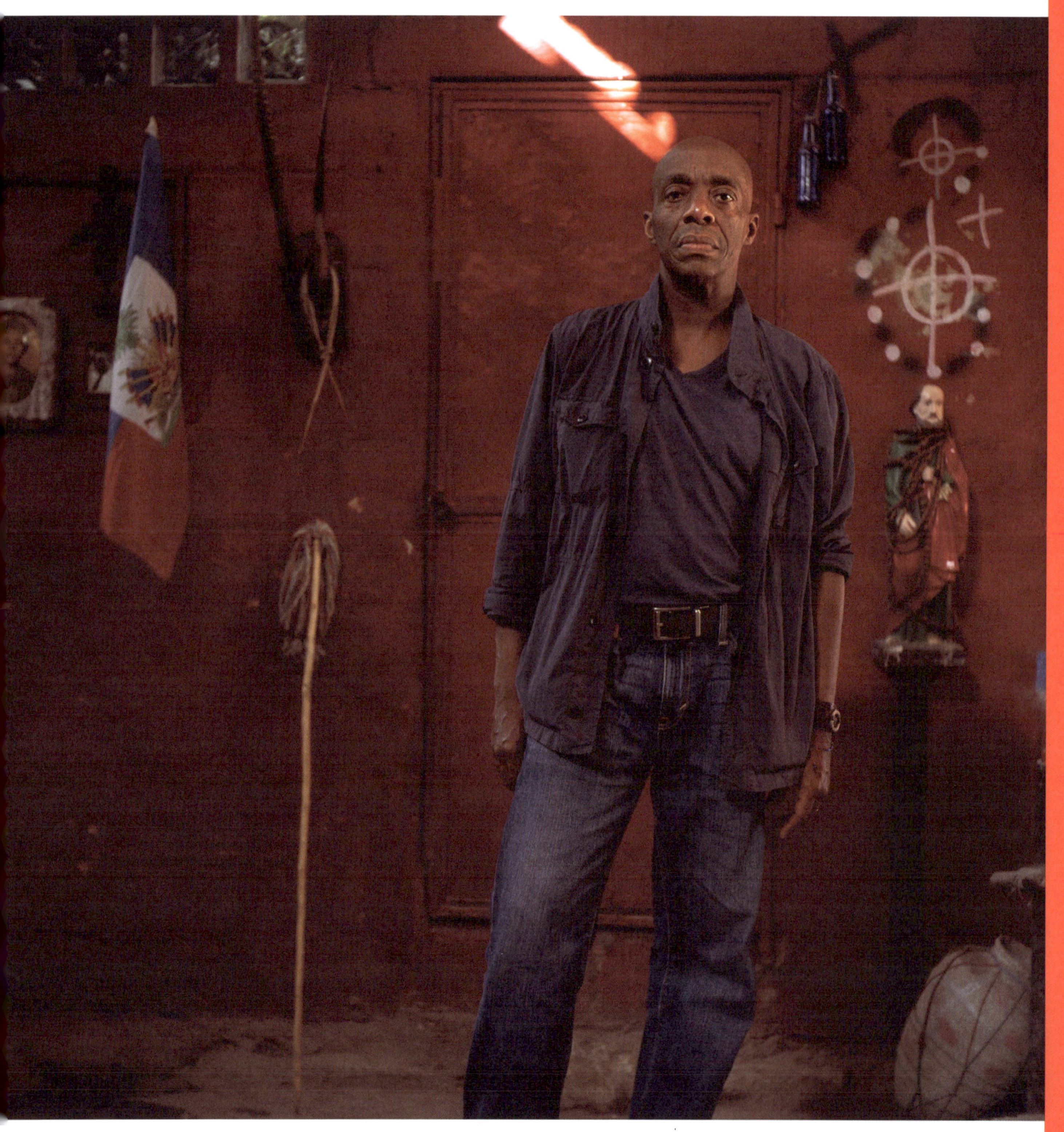

The Contemporary and the Sacred in the Art of Vodou, an Inseparable Fusion

The question that is often asked by the informed or curious visitor when he/she enters the Sacred Vodou Temple Na-Ri-VéH[1] is: "So many artifacts or objects look contemporary, are these authentic Vodou pieces? Whoa, this is so unusual!" [Fig. 6.17]

As the host and Sèvitè[2] of Na-Ri-VéH, I am always astonished by these comments, often baffled and struggling to answer. But in short, my response is very often the same: Na-Ri-VéH is no different from any other peristil.[3] Vodou has been the cradle of Haitian art and creativity. Most of these spiritual sites are traditionally a place of cultural learning, practice, development and exposure. This is an environment where talents are discovered, nurtured and encouraged. A lakou[4] or a peristil are places of complete expression. They are at the forefront of the new, at the crossroad of tradition and embrace or appropriate all individual form of expression. In Vodou, art is divine.

As a rule, the art of Haiti, may it be called: contemporary, outsider, traditional, naïve or else, can't be separated from Vodou and vice-versa.

As a youth, I would often wander around the Greater Bel Air area, innocuously walking through peristil and lakou, innocently discovering badji[5] and djèvò[6]. I was always immersed by these fascinating "weird things" found in the Chanm[7] Petwo[8], hanging on a tree, hidden behind a wall or carefully discarded at the crossroads. It would get scarier and weirder as I would secretly and mischievously discover the "sacred hidden rooms" and Djèvò of Oungan[9] and Manbo[10]. Early on, I realized that each room, each object, each Lwa[11], each energy was distinct. Ordinary objects were transformed; everything had a different touch and was never the same. There would always be that soupçon of new and unseen. The energy and vibration of each object was always unique. Comparable to the spirit of Marassa[12], two identical pieces would vibrate differently; and at times could carry opposite energies.

For the longest time, I believed that I was especially powerful to be able to access these secret and sacred places effortlessly and unrestrictedly. I would realize later that man's curiosity is valued and stimulated. Vodou fuels that desire, encourages learning and arouses the memory through the visual and beyond. These discoveries would progressively build my identity, shape my Haitian character and make me unconsciously a Vodouyizan[13]. As long as there was a sense of respect of the sacred, all the doors were opened. Really? Little did I know, my every moved were monitored, as you don't tamper with the sacred.

Fig. 6.17 Jean-Daniel Lafontant in his temple, Na-Ri-VéH, near Bel Air, Port-au-Prince, Haiti. Photo: Leah Gordon
Fig. 6.17 Jean-Daniel Lafontant nan tanp li, Na-Ri-VéH, pwe Bel Air, Pòtoprens, Ayiti. Foto: Leah Gordon

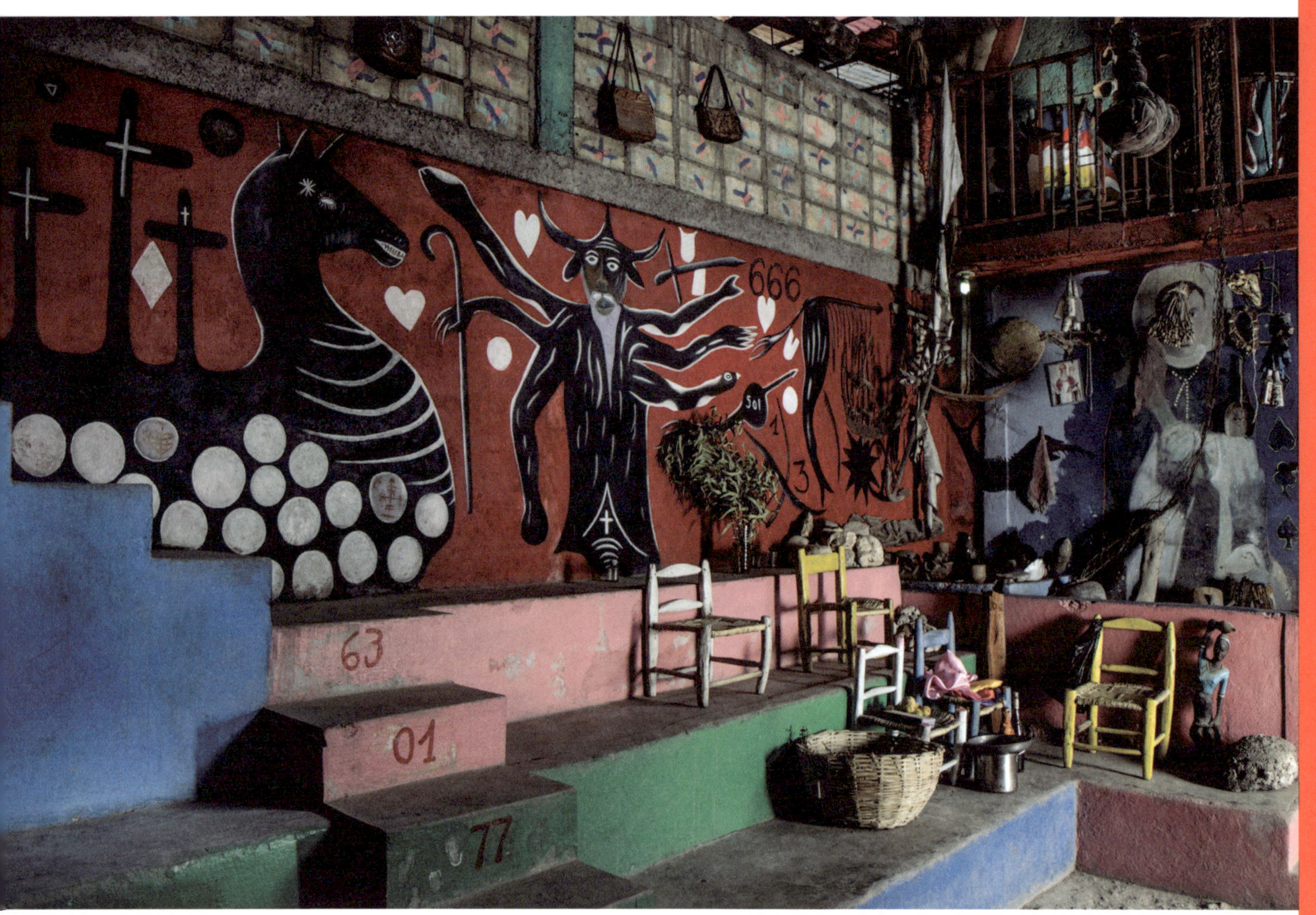

Fig. 6.18 Mural by Frantz Zephirin on the walls of the temple, Na-Ri-VéH, near Bel Air, Port-au-Prince, Haiti. Photo: Moise Pierre

Fig. 6.18 Miral pa Frantz Zephirin sou miray tanp lan, Na-Ri-VéH, pwe Bel Air, Pòtoprens, Ayiti. Foto: Moise Pierre

Art in Haiti is often consciously linked to religious belief and practices. But it is also subliminally influenced by Vodou and mysticism. There is in my opinion a direct connection between the artist's creative process and Vodou, and the other way around. One feeds off the other in an ever-evolving dynamic that continuously transform both Vodou aesthetics and the creative mindset of many Haitian artists.

If God is a creator, the Lwa and energies of Vodou are his favourite medium. Contrary to the popular belief, many artists start by creating specifically for Vodou temples. They would often depict images of Catholic saints but would sometimes transform and recreate these images to the particular preferences of he/she who commissioned the work. Many would conceive imaginative forms seen in a dream or vision. Others would illustrate a creative visual interpretation of a Vodou song or story. [Fig. 6.18]

enfliyans nan Voudou ak mistik. Nan opinyon pa'm, gen yon koneksyon direk ant pwosesis kreyatif pou atis la ak Vodou, epi lòt jan tou. Yon viv de lòt nan yon dynamik kap toujou evolye, kap toujou tranfòme ni ayestetik Vodou a avèk panse kreyatif anpil nan atis Ayisyen yo.

Si Bondye se met, Lwa avèk enèji Vodou se mwayem ke'l pi favorize. Kontrè a lòt kwayans popilè, anpil atis komanse pa fè kreyasyon pou tanp Vodou menm. Souvan yo dekri yon imaj de sen Katolik, men pafwa transfòme yo epi rekreye imaj sa yo, yon jan ke moun ki komisyone travay la ta vle li. Anpil nan atis yo ta vin reyalize travay la kòm yon visyon yo fè nan rèv oubyen yon visyon. Lòt ta ilistre yon entèpretasyon vizyèl de yon chante Vodou oubyen yon istwa. [Fig. 6.18]

In the lakou and peristil, the apprentice would, under the supervision of a skillful initiate (priest/ priestess or other), make a Pakè Kongo[14], paint a Catholic icon, trace a Vêvê[15], stitch a Rara[16] costume, draw an image of the snake representation of Danballah[17], sculpt an esoteric image of Bossou Twa Kònn[18], etc. The Vodou sector may not be the wealthiest or most lucrative market for an artist, but it is nevertheless an important segment of its clientele. In that regard, artists compromise as they often have a spiritual and social responsibility to participate in the life of the peristil. They assume it by waiving or reducing the price of their work. Often, the Vodouyizan that commissions the work does not have the means to pay a lot as there are always more "urgent" priorities. In this population group living conditions are often precarious and the peristil operates as a great window of opportunity for artists giving exhibition space and wider visibility.

Likewise, for the artists that have chosen the macabre as a form of expression, the Chanm Petwo offers no limits to one's creative mind. The conventional collector rarely has an interest for that often ferocious, bloodstained, cruel, morbid or "dark" form of art. This is the case for the Bizango[19], their transformative and powerful visual energy scares many and creates often a sense of discomfort and uneasiness. Dubréus Lhérisson fantastic human skulls do not fall far from that category; but, in Na-Ri-VéH, his creations find comfort on the altar of the Gede[20] next to other skulls used in rituals and ceremonies. [Fig. 6.19]

I was proud to be among the first to purchase a piece from the contemporary artist, Sebastian Jean. I remember seeing that two and a half feet high sculpture and I could not get over its powerful and sinister energy. It reminded me of a spirit of the dead; it reminded me of Baron Simityè[21] in smaller scale. I took it to the temple and was immediately mounted by Tipedan[22], who named the sculpture Gad[23] Gede and commanded that the piece be placed in a particular spot in front of the Gede altar. First, I positioned it at the Poto-mitan[24] facing east for seven days to purify it. It was later suspended on the tree of Granbwa Zile[25] to increase its power before we would proceed with the blessing. The piece was now ready to be charged and placed.

That object was later sold to a European collector and permission was granted by the Lwa who facilitated the commercial exchanged as money was urgently needed for the upcoming ceremonies. A ceremony to "un-charge" the Gad Gede was completed before the delivery of the piece. That piece has not been replaced and although it has been many years I am convinced that it will return home to Na-Ri-VéH.

The financial challenges associated with running a sacred Fran Ginen[26] temple is a deterrent to the conservation of many pieces of great aesthetic and artistic value. The stronger ones are often the first to go, victim of the acute and trained eye of the avid and curious connoisseur. In that instance, Vodou communities suffer the loss of

Nan lakou a oubyen peristil la, apranti ta, anba je yon inisye gen koneysans, fè yon Pakè Kongo[14], penti yon idol Katolik, trase yon Veve[15], koud yon kostim Rara[16], desine yon imaj de yon koulev ki reprezante Danballah[17], skilte yon imaj esoterik Bossou Twa Kònn[18], elatrye. Sektè Vodou a ka pa pi rich la, oubyen mache a ki pi rantab pou atis yo nan sans finansyèl la, men kanmenm, li fè parti de yon tranch nan kliyantèl la. Se konsa atis gen yon responsibilite pou patisipe nan vi peristil la. Yo ka fè sa pa rapò ak rate pri travay yo a, oubyen bese pri travay yo. Souvan, Vodouyizan an ki komisyone travay la pa gen mwayen pou peye anpil kòm gen anpil lòt priorite ki pi 'ijan'. Nan popilasyon sa, kap viv yon vi prikè, peristil la fonksyone kòm yon opòtinite pou atis kap ekspoze e pou bay yo plis vizibilite.

Menm jan, pou atis ki chwazi fòm sa des ekspresyon makab, Chanm Petwo a oufri yon espas san limit pou yon sèvo kreyatif. Kolèktè konvansyonel la ràman gen entere de art enraje sa, fòm ar sa yo ki benyen nan san, mechan, malsen ou 'fè nwa'. Sa se le ka pou 'Bizango',[19] epi enèji vizyèl ke'l genyen ki transfòmatif e fè anpil moun pè, ki kreye yon sans de malalezite. Tèt Mò pa Dubrèus Lhèrisson pa soti lwen de kategori sa; men, nan Na Ri-VèH, kreyasyon li jwen konfò sou tab Gede[20] a kote lòt tèt mò ki sevi nan seremoni. [Fig. 6.19]

Mwen te fyè pou'm pami premye ki achte pyès des atis kontanporen, Sebastian Jean. Mwen sonje le'm wè eskilti sa a mezi de pye edmi epi mwen telman chòke ak pouvwa li te genyen ak yon enèji sinis. Li fè'm sonje lespri yon mò; li fè'm sonje Baron Simityè[21] nan yon ti echel piti. Mwen pote li nan tanp la epi emedyatman, Tipedan[22] monte sou mwen, ki rele leskilti de Gad[23] Gede ki komande pyès sa pou plase yon kote an patikilè sou tab Gede a. Premyeman, mwen pozisyone li nan poto mitan[24] an fas les la pou set jou pou purifye li. Apre, li pan sou pye bwa Granbwa Zile[25] pou ogmante fòs li avan pou'l avanse ak beni a. Pyès la te pre pou'l chaje epi plase.

Objè te vann yon kolektè Ewopeyen epi pemisyon te bay pa lwa a sa ki fasilite echanj komersyel la kòm kob te ijan nan moman pou seremoni ki tap vini yo. Yon seremoni pou 'de-chaj' Gad Gede te fin fèt avan yo bay pyès la. Pyès sa pa janm ranplase, epi menm si'l pran anpil tan, mwen konvenk ke lap tounen lakay li a Na-Ri-VéH.

Chalanj finansyè ki asosyè ak fè mache yon tanp sakre 'Fran Ginen[26]', poze yon pwoblem, pa rapò ak konsèvasyon pyès yo ki gen anpil valè artistik. Sak pi fò, pi souvan, se yo ki premye ale, viktim bon je moun kirye ki achte ar. Nan enstans sa yo, kominote Vodou yo soufri pèd anpil pyès artistik sakre ki vreman bel. Men souvan, moman fè nou aji; e si Lwa dakò, nou fè sa nou genyen pou siviv. Se jan pa nou pou reponn ak bezwen kominote nou a chak jou. Lavi, premye, epi, nou ale devan, ap viv ak tristes nou. Selavi!

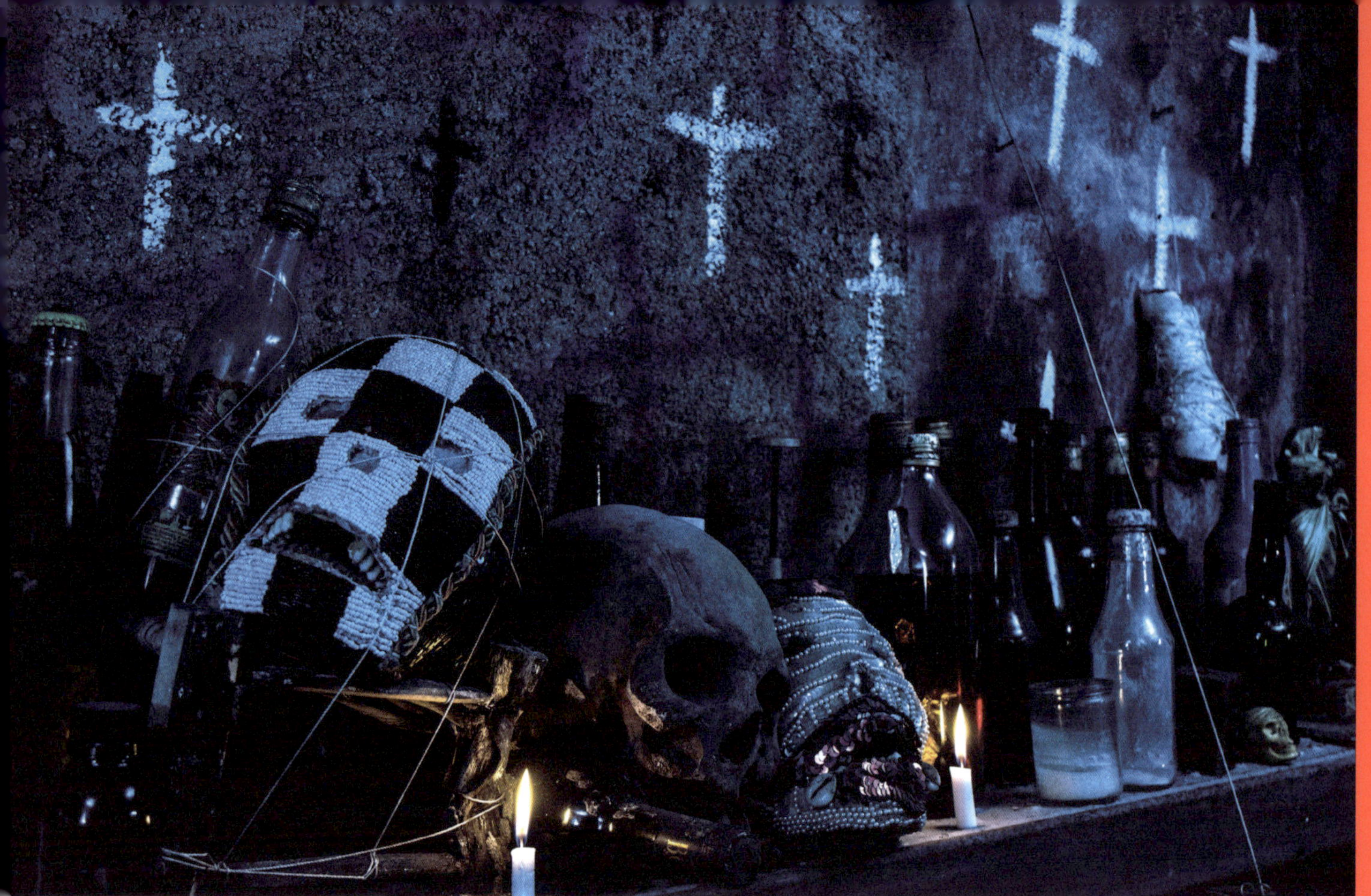

<table>
<tr>
<td>Fig. 6.19 A scull decorated for Gede on an altar in the temple, Na-Ri-VéH, near Bel Air, Port-au-Prince, Haiti. Photo: Moise Pierre</td>
<td>Fig. 6.19 Yon tèt mò dekore pou Gede sou yon badji nan tanp lan, Na-Ri-VéH, pwe Bel Air, Pòtoprens, Ayiti. Foto: Moise Pierre</td>
</tr>
</table>

many sacred and fabulous artistic pieces. But often, the moment dictates our actions; and if we have the blessing of the Lwa, we do what we have to, to survive. It is our way to respond to the daily needs of the community, as the moment dictates the actions of the Vodouyizan. Life first and, we move on, living with our loss and sorrow. Such is life.

Vodou initiates can be considered as a rarely acknowledged group of artists as they often create figures and objects for the specific needs of Haiti's multiple Sosyete[27]. They are often employed and supervised by a manbo, hougan, Bòkò[28] or an assigned member of the Sosyete and they work in the secrecy of a hidden room, a djèvò or secret place. Their creations, generally highly charged, would be less exposed because of the concealed aspect of some more clandestine Vodou practices. The identity of these innovative creators will more commonly remain undisclosed.

Inisye Vodou yo ka konsidère kòm yon gwoup atis yo ki ràman rekonet kòm atis, poutèt pi souvan, yap fè objè ak pyès ki antre nan bezwen de Sosyete Ayiti yo. Souvan yo travay anba je yon Manbo, Oungan, Bòkò[28] oubyen yon manm Sosyete epi yo travay an sekre nan yon chanm kache, yon djèvo oubyen yon lòt kote sekre. Kreyasyon yo, pi souvan gen anpil enèji, pi souvan pa ekspose poutèt aspè sekre ki genyen nan pratik Vodou a ki rete klandestin. Identite de kreyatè inovatif sa yo, pi souvan, rete enkoni.

Anpil nan pyès rityèl sa yo fèt ak woch, bwa, plat pari, epi apre, siman ou lòt materyèl. Estati spektakilè Bizango ki tre popilè, epi ki van sou mache ar entènasyonal, se yon ibrid sa ki klandestin e sa ki ekspoze. Kèk ane pase, Na-Ri-VéH te entegre kèk estati spektakilè sa yo, sa ki rele Bizango, nan Chanm Petwo nou a. Nan rityèl ak seremoni espesifik sa yo, pouvwa de objè ansyen kap degrade yo ki pote enèji

Many of these ritual pieces are made of stone, wood or plaster and later of cement or materials. The popular and spectacular Bizango statues, which are highly collectable and marketed on the international art market, are a commercial offshoot of these creations commodifying a hybrid between the clandestine and the exposed. A number of years ago Na-Ri-VéH integrated some of these these spectacular clothed statues, commonly called Bizango, into our Chanm Petwo. In specific rituals and ceremonies, the power of older decaying sacred objects carrying similar energies are transferred into the new Bizango. The Chanm Petwo of Na-Ri-VéH houses many of these pieces; some more recently acquisitions still waiting to be charged, properly fed and "sacralized" during future rituals and ceremonies.

The first Bizango statue acquired by Na-Ri-VéH, was a powerful "sacred emperor" who's nanm,[29] inherited from a Sosyete from the North of Haiti, has now been sold and replaced by three captains. The piece was recently acquired by the Musée du Quai Branly. We believe that mystically, it is actively working for Na-Ri-VéH, the Sosyete, the Vodou community and the Lwa. Ayibobo![30]

As early as 1806 and throughout the years, victim of countless persecutions, many Vodou objects were destroyed, burned, buried, hidden or stolen. In the 1940's, the most ferocious of these oppression, the Campaign Rejete (rejected) was organized by the US, the post occupation state of Haiti under the regime of Elie Lescot and the Catholic Church. The so called Anti-Superstition Campaign aimed at eradicating Vodou: soul of the Haitian people, source of its resiliency and symbol of its identity and culture.

During that campaign, many Vodouists were arrested, beaten, persecuted and their homes burnt. Others were forced to convert and reject their Vodou faith. The sacred Mapou trees were cut down and many Vodou art objects and artifacts savagely destroyed or stolen. Many Vodouyizan buried, drowned or destroyed their familial sacred objects. Most things related to Vodou were destroyed.

Later, in March 2004 in the midst of a Franco-American occupation of the Haitian soil, evangelical pastors and members of the protestant church publically burnt and destroyed innovative Vodou artistic creations which were exhibited at the Museum of the Ministry of Culture. These included works by Pierrot Bara and his partner, Marie Cassaise, both initiates and members of the large Vodou community of Belair, as well as works by the Sculptors of Grand Rue, André Eugène and Celeur Jean-Hérard.

In 2011, during the cholera epidemic brought by Nepalese soldiers of the United Nation forces in Haiti, vodouyizan were persecuted, killed, their temples dechouke[31] and djèvò burned. They had been blamed for disseminating the disease in the country.

These recurrent and incessant persecutions have made

the possibility of an inclusive chronological inventory of contemporary art in Vodou very problematic; the persecution of Vodou has also significantly discouraged the open production of objects related to the rites. Many artists inspired by Vodou have been constrained and became maroon[32] artists, who hide or deny the source of their inspiration.

On another level these persecutions have forced Vodouyizan to rethink their aesthetic, constantly mutating, evolving and changing their way for the sake of survival. Often, the discriminatory acts have driven involuntary relocations and in these new and often hostile diasporic environments original forms of art are created, often mixing the contemporary with the memory of the traditional expression once used.

Nonetheless, in my opinion, Vodou remains the motor of Haiti's creativity. Amidst the diversity in style and mediums, evidence of Modernism is present in the work of acclaimed Vodou artists such as Murat Briere, Georges Liautaud, Hector Hyppolite, Robert Saint-Brice and André Pierre. This diversity enables a Vodouyizan to use objects either to decorate a peristil or serve the Lwa. In these hybrid spaces, half art gallery, half sanctuary; one feels the powerful emanation of the spirits in the unusual display of objects, irrespective of whether they are called art. In these havens of creativity, one will find peace and strength; emotional or spiritual guidance, and healing or solutions to an unsolved problems. Many people can be touched by a charged art piece full of energy.

The artists Mireille Délice, Pierre Sylvain Augustin aka Payas, Frantz Zephirin, Lafortune Felix, Frantz Jacques aka Guyodo, Dubréus Lhérisson, André Eugène, Myrlande Constant and the late Jorélus Joseph, Pierrot Bara, Marie Cassaise and many others, some unknown, all use direct elements of Vodou and the Lakou. Their objects and

tankou Murat Briere, Georges Liautaud, Hector Hyppolite, Robert Saint-Brice avèk Andrè Pierre. Divèsite sa fè ke Vodouyizan yo sèvi ak objè pou oubyen dekorè yon Peristil ou sèvi lwa. Nan espas ibrid sa yo, yon bo galri ar, yon bo tanp, yon ka santi lespri nan objè yo, menm si yo rele yo 'ar'. Nan espas kreyasyon sa yo, yon ka jwen lapè ak fòs; yon gid emosyonel e espirityèl, avèk yon guerisman pwoblèm ki poko gen solisyon. Anpil moun ka touche pa yon pyès ar ki plen enerji.

Atis sa yo – Mireille Delice, Pierre Sylvain Augustin aka Payas, Frantz Zephirin, Lafortune Felix, Frantz Jacques aka Guyodo, Dubréus Lhérisson, André Eugène, Myrlande Constant avèk sa ki pase - Jorélus Joseph, Pierrot Bara, Marie Cassaise avèk anpil lòt, sa ki koni, sak pa koni, tout se eleman dirèk Voudou e Lakou. Objè yo avèk pwodiksyon artistik ke yo plase nan Tanp la, an djèvo oubyen nan yon pye bwa sakre epi vin diven. Ansamn travay ki ekspoze souvan òganize pa lwa yo nan yon jan yo mande. Yon sèvitè, ki swiv reg espesifik, oubyen sans de sen nan avèk kreyativite pal, ranje epi òganize ar yo, toujou gide pa lespri intènel avèk lwa yo. [Fig. 6.20]

Nan Na-Ri-VéH, yon sans inik entegre vin reflete nan lin famni espirityèl la. Men, nouvo fòm ekspresyon toujou ap melanje, kòm gen yon echanj ant sèvitè a, visitè yo, atis yo, Manbo a, Oungan a, atizan yo ak komite a. Tout pote objè yo jwen, anpil sijere koulè epi kote pou plase li. Yon manm tanp la, oubyen yon etranje kap cheche favé nan men lwa yo, ta oufri pentire chanm yon espri. Pi souvan yo fè'l dapre visyon enspire pèsonel yo.

Eskiltè Frantz Jacques aka Guyodo, avèk yon bon kè dakò pou kreye anpil nan pyès nan tanp nou a epi done yon pyès ki rele 'Dragon Vole'. Li di li se yon

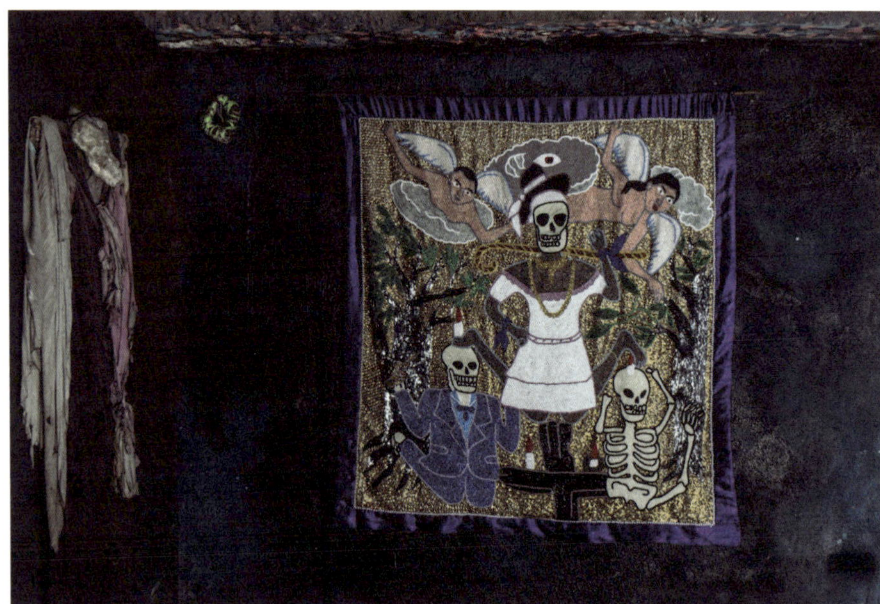

Fig. 6.20
Vodou flag for the Gede by Mireille Délice, in the temple, Na-Ri-VéH, near of Bel Air, Port-au-Prince, Haiti. Photo: Moise Pierre

Fig. 6.20
Drapo Vodou pou Gede pa Mireille Délice, nan tanp lan, Na-Ri-VéH, pwe Bel Air, Pòtoprens, Ayiti. Foto: Moise Pierre

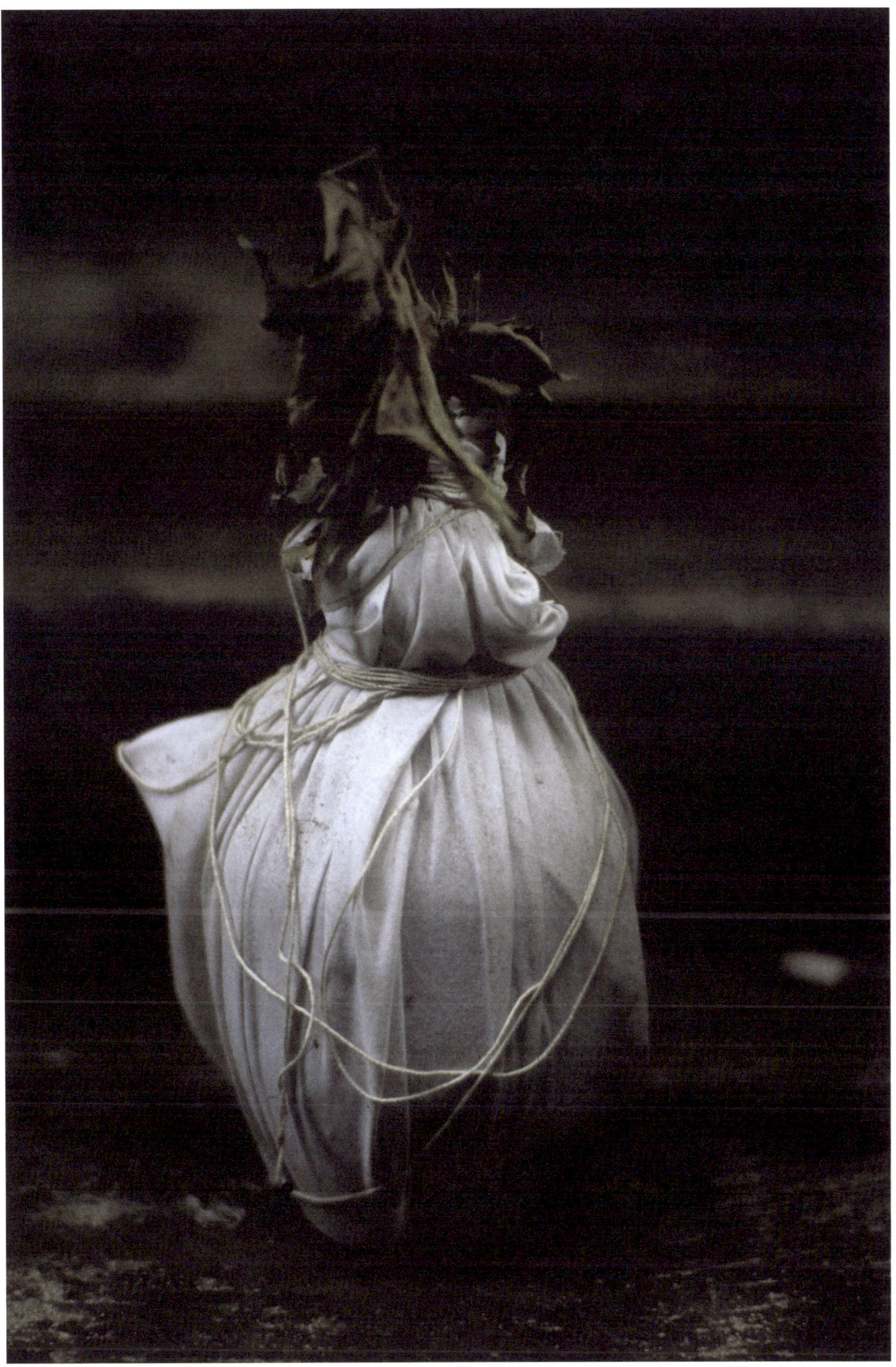

Fig. 6.21
Paket Kongo made from a Govi in a
temple in Bel Air, Port-au-Prince, Haiti.
Photo: Leah Gordon

Fig. 6.21
Paket Kongo te fè ak yon Govi nan yon
tanp lan nan Bel Air, Pòtoprens, Ayiti.
Foto: Leah Gordon

artistic productions are placed in a temple, a djèvò or a sacred tree and become divine. The assemblage of work displayed is often organized by the Lwa in a way that suits them. A sèvitè, following specific rules or using his own sense of scenography and artistic creativity, arranges and organizes the arts, always guided by his inner spirits and the Lwa. [Fig. 6.20]

At Na-Ri-VéH, a sense of integrated uniqueness has been created reflecting the spiritual family lineage. But, new forms of expression are forever intermingling as there is a continuous exchange between the sèvitè, the visitors, the artists, the manbo, the oungan, the artisans and the community. All bring found or acquired objects, many suggest colours and placement. A member of the Temple or a stranger seeking a favour from the Lwa would volunteer to paint the room of a spirit. They will often do it according to their personal inspired vision.

The sculptor Frantz Jacques aka Guyodo, generously created many of the pieces in our temple and donated a piece called "Flying Dragon". He states that he is a contemporary artist whose vision has nothing to do with Vodou but I often question him as to why was he inspired to create in a peristil for a peristi?

André Eugène, an eminent sculptor of the Grand-Rue and founder of the Atis Rezistans movement, and also a good friend of Na-Ri-VéH, was inspired by Papa Loko 33, Ayida Wèdo 34 and Danballah, to create a wooden snake to be placed on the Poto-Mitan. Since we have installed the work within the temple, the spiritual strength of the Poto-Mitan has been reinforced by the energy of that object. [Fig. 6.22]

A Sèvitè or any member of the Vodou "family" guided by the Lwa, coordinates the placement of these objects. Members of the community often recommend or bring ideas of changes; all have an input and share their own energy. Finally, the spirits and Lwa in their divine 'maestria', organize and place all the objects in an artistic mix that is an emanation of Vodou's eclectic culture.

Finally, as an adult and Sèvitè, I feel in Na-Ri-VéH the same energies and vibrations that I did as a young man wandering through the streets of Bel Air. That innocence is gone but the joy of it is still vivid every time I look around the temple. The old and the new are, today again, riding hand in hand in harmonious eclecticism. Ordinary objects are still transformed; everything has a particular touch. These 'weird things' are everywhere and I still find them fascinating. Today, I understand their uniqueness as only I know the history of each of them and their vibrations. I now understand what I felt then. Each piece or object is inhabited by the spirit of man before it becomes the possession of the Lwa. In the modernity of these objects, the Lwa are alive and present. And all these inspired creations are a tribute to the grandeur and magnificence of the Vodou spirits. Ayibobo!

atis kontanporen kote vizyon li pa gen anyen pou wè ak Vodou, men mwen toujou kesyone li, poukisa li enterese kreye nan yon peristil, oubyen pou yon peristil.

Andrè Eugène, yon eskiltè vreman respekte de zòn Gran Ri epi fòndatè mouvman Atis Rezistans, epi yon bon zanmi Na-Ri-VéH, enspire pa Papa Loko³³, Ayida Wèdo³⁴ ak Danballah, pou kreye yon koulev an bwa pou plase sou Poto-Mitan. Kòm nou enstale travay la andedan tanp la, fòs sprityèl de Poto-Mitan vin ranfòse pa enèji objè sa. [Fig. 6.22]

Yon Sèvitè oubyen nepòt nan manm 'fanmi' Vodou a ki gide pa Lwa yo, kòwodone plasman objè sa yo. Manm de kominote a souvan sijere lide de chanjman; tout gen dizon epi pataje enèji pa yo. Finalman, lespri e Lwa yo nan diven 'maestria' òganize e plase tout objè nan yon melanj atistik ki se yon don de kilti eklektik Vodou a.

Finalman, kòm gran moun e sèvitè, mwen santi nan Na-Ri-VéH menm enèji ak vibrasyon ke mwen te santi kòm jèn msye kap mache sou lari nan Bel Air. Inonsans sa pedi, men kè kontan mwen te genyen chak fwa mwen gade tanp la toujou la. Ansyen e nouvo, jounen jodi a, ap mache ansanm nan yon eklektisme an amoni. Objè òdinè toujou tranfòme; tout bagay genyen you touch an patikilè. Bagay 'Dwol' sa yo se tou pa tou, epi yo toujou enteresan pou mwen. Jounen jodi a, mwen konprann orijinalitè yo, kòm se mwen selman ki konprann yo chak avèk vibrasyon yo genyen. Konye a mwen konprann sa mwen tap santi avan. Chak pyès oubyen objè abite pa lespri de lom avan li vin posede pa Lwa a. Nan modènite objè sa yo, Lwa yo vivan epi yo prezan. Epi tout kreyason enspire sa yo, se yon tribi a grandè ak mayifisans espri Vodou yo. Ayibobo!

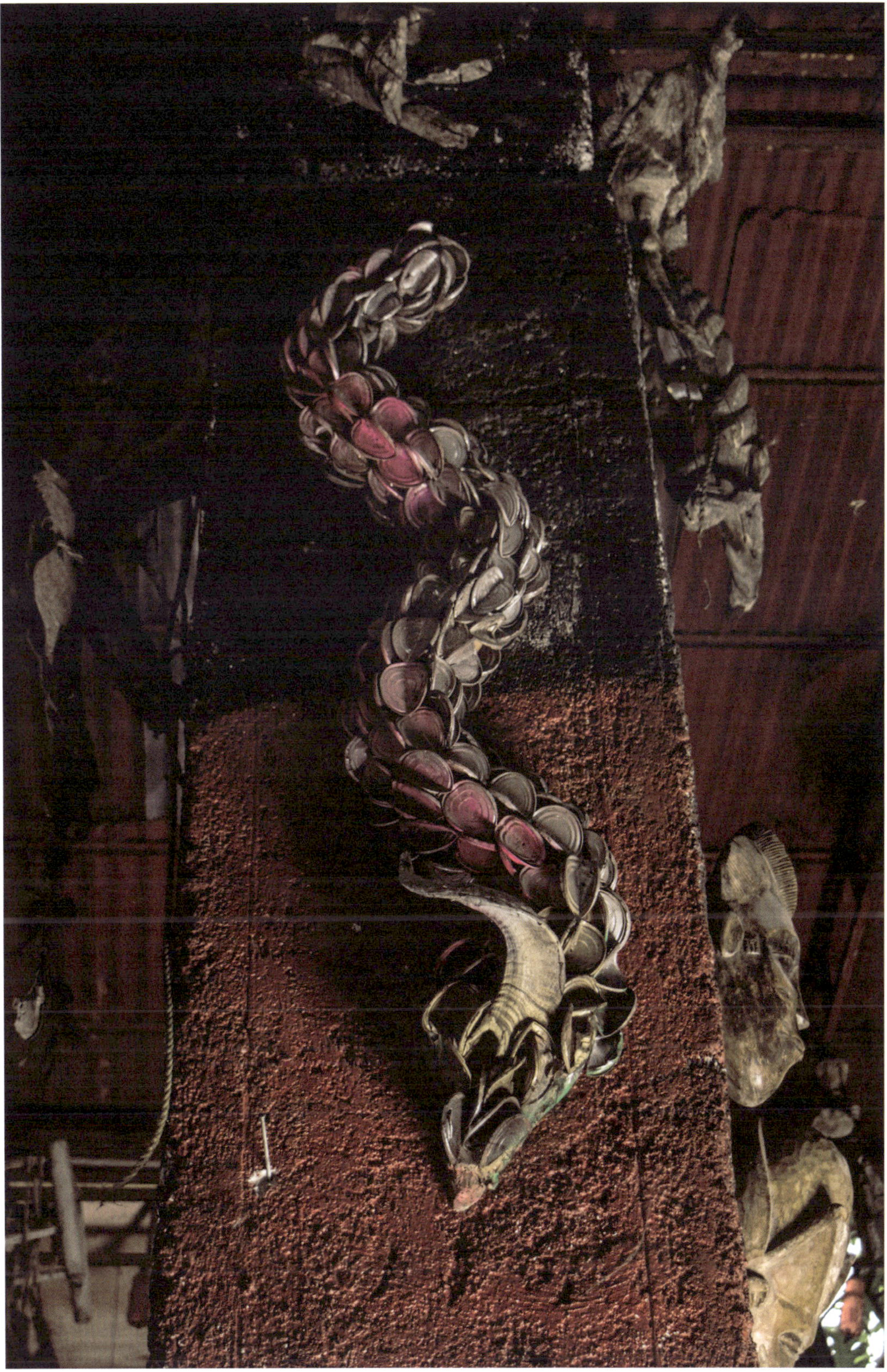

Fig. 6.22
Sculpture by Andre Eugene inspired by Papa Loko, Ayida Wèdo and Danballah, in the temple, Na-Ri-VéH, near Bel Air, Port-au-Prince, Haiti. Photo: Moise Pierre

Fig. 6.22
Yon eskilti pa Andre Eugene enspire pa Papa Loko, Ayida Wèdo e Danballah nan tanp lan, Na-Ri-VéH, pwe Bel Air, Pòtoprens, Ayiti. Foto: Moise Pierre

GLOSSARY OF KREYOL VODOU TERMS

1. **Na-Ri-VéH:** Vodou Temple located in the greater Bel Air, Port-au-Prince, founded 17 years ago on the familial property on which I was born.
Tanp Vodou nan zòn Belair, Potoprens, fondè nan tè familial kote mwen fet.

2. **Sèvitè:** Priest or priestess who manages a Lakou or Vodou Temple – name used primarily in the Greater North of Haiti.
Pret oubyen manbo ki gere yon Lakou oubyen Tanp Vodou – yon non ki sèvi nan Nò d'Ayiti.

3. **Peristil:** Vodou Temple.
Tanp Vodou.

4. **Lakou:** Village, small or big, in which specific Vodou rituals inherent to a family lineage or a specific Ancestral cult is practice. It encompasses also a specific hierarchical structure directed by a chief priest or Ati.
Yon vilaj, piti ou gwo, kote rit Vodou antre nan lin zanset famni sa. Li enbrase yon yerachi striktirel ki Mennen pa yon Pret ou yon Ati.

5. **Badji:** Room, sometimes outside a peristil, where a Vodouyizan places his Lwa.
Yon chanm, ki pa fwa deyo de yon peristil kote yon vodouizan plase Lwa li yo.

6. **Djèvò:** Sacred and secret room in which particular and specific rites are practice. Secrecy is an important element of the Djèvò.
Yon chanm sakre kote kèk rit an pàtikile pratike. Se yon kote sekre, yon eleman ki enpotan de Djèvo a.

7. **Chanm:** Room.
Chanm.

8. **Petwo:** Rite mixing multiple practices (African, Amerindian, European…), creolizing an eclectic practice.
Rit ki melanje pratik miltip (Afriken, Endyen, Ewopeyen) kreyolizasyon de yon pratik eklektik.

9. **Hougan:** Vodou Priest.
Prèt Vodou.

10. **Manbo:** Vodou Priestess.
Prèt fanm de Vodou.

11. **Lwa:** Vodou Spirit.
L'espri Vodou.

12. **Marassa:** Vodou Spirit of the Twins.
L'espri de jimo.

13. **Vodouyizan:** One that practices or adheres to the great principal of Vodou.
Yon ki fè pratik oubyen mache nan prensip Vodou a.

14. **Pakè Kongo:** Ritual object packet with earthy elements and ornamented with fancy fabric and ribbon.
Yon Objè rityèl ki gen eleman tè men ki dekorè ak ribbon ou bel twal.

15. **Vêvê:** Ritual signs inherited from the Amerindians but of unknown origin to them, catalyst to call on the spirits and stimulate universal energies.
Syn rityèl ki heritye pa Endyen des Amerik yo, men san orijin koni, yon katalis pou apel des espri, ki stimile enèji iniversel.

16. **Rara:** Marching bands that takes on the streets during length, leaving the peristil at night and returning in the morning.
Ban apye ki pran lari, kite peristil le swa, tounen le maten.

17. **Danballah:** Lwa Rada represented by one or two snakes. Known for his knowledge of the plants, the secret of the earth and the celestial world.
Yon lwa Rada ki represante pa yon oubyen des koulev. Koni pou konesans de plant yo, sekre de tè a avèk mond syel la.

18. **Bossou Twa Kòn:** Lwa Petwo represented by a red or black bull with three horns. Known for his ferocity.
Lwa Petwo ki represante pa yon bef rouj oubyen nwa ak twa kòn. Koni pa fewosite li.

19. **Bizango:** Secret society from colonial period originated to rebel against slavery. Today, commonly associated with a "macabre" art form using skulls and mirrors on human size red and black cloth statues and other similar objects.
Yon sosyte sekre soti nan peryod kolonyal la ki komanse pou'l konbat esklavaj la. Jounen jodia, li pi souvan asosye ak yon fòm d'art malsen ki sèvi ak tèt mò e glas sou skilti twal wouj e nwa ak lòt objè similè.

20. **Gede:** Spirit of the Dead.
Lespri de Mò.

21. **Baron Simityè:** Lwa of Life and Death, reign over the cemetery.
Lwa de lavi e lamò ki veye semitye la.

22. **Tipedan:** Gede from Na-Ri-VéH.
Gede ki soti Na Ri-VèH.

GLOSÈ TÈM VODOU

23. **Gad:** Guard, Guardian, Protector, Initiation in which a protective object or spirit is introduced in the body often via an incision in the arm.
Gàdyen, bay pwotej, yon enisiasyon kote yon objè ki bay pwotej oubyen yon espri intwodi nan kò souvan pa yon insisyon nan bra.

24. **Poto-Mitan:** The center pole of the temple in which the Lwa and the cosmic energies travel from one dimension to the other. This is compared to the great spiritual tree, the African Baobab.
Poto ki nan mitan Tanp la kote Lwa avèk enèji kosmik voyaje soti nan yon dimansyon, antre nan yon lòt. Li ka konpare avèk yon gran pye bwa spirityèl, Baobab Afriken nan.

25. **Gran Bwa Zile:** Lwa of the forest, the big tree rooted in the water below and that knows the secret of the night, the fauna and the flora. One of the main spirits of many sosyete.
Lwa de fore a, gwo pye bwa rasine nan dlo anba epi ki konnen sekre de nwit la, zeb yo. Yon de pi gwo espri nan anpil sosyete.

26. **Fran Ginen:** Vodou that practices the good and celebrates peace and harmony.
Vodou ki pratike sak bon, ki selebre lapè e harmoni.

27. **Sosyete:** Secret society, brotherhood, Mystical Order.
Sosyte sekre.

28. **Bòkò:** Sorcerer, Healer, Vodou Priest practicing particular rites.
Yon prèt Vodou ki pratike kèk rit spirityèl, yon gerisan.

29. **Nanm:** Soul, Energy, Force.
Enèji invisib, fòs espirityèl.

30. **Ayibobo:** The Vodou equivalent for Amen or Inshallah. It also means we agree or blessing.
Vodou ekivalan pou Amen oswa Inshallah. Li vle di tou, nou dakò oswa benediksyon.

31. **Dechouke:** Uproot, destroy, ransack.
Detwi, devalize, rale jete.

32. **Maroon:** One that would escape slavery, remain in hiding and combat the colonial system.
Yon esklav ki te chape ak viv nan kachet ak batay sistèm kolonyal la.

33. **Papa Loko:** Lwa that gives the ason (sacred gourd of knowledge) and the secret knowledge of Vodou to the initiate.
Lwa ki bay ason an (goud sakre ak konesans) nan inisye a ak konesans sekrè a Vodou.

34. **Ayida Wèdo:** Lwa the serpent spirit – wife of Danballah Wèdo.
Yon lwa ki se lespri sèpan an - madanm de Danballah Wèdo

Translation from English to Kreyol by Anna Ferdinand

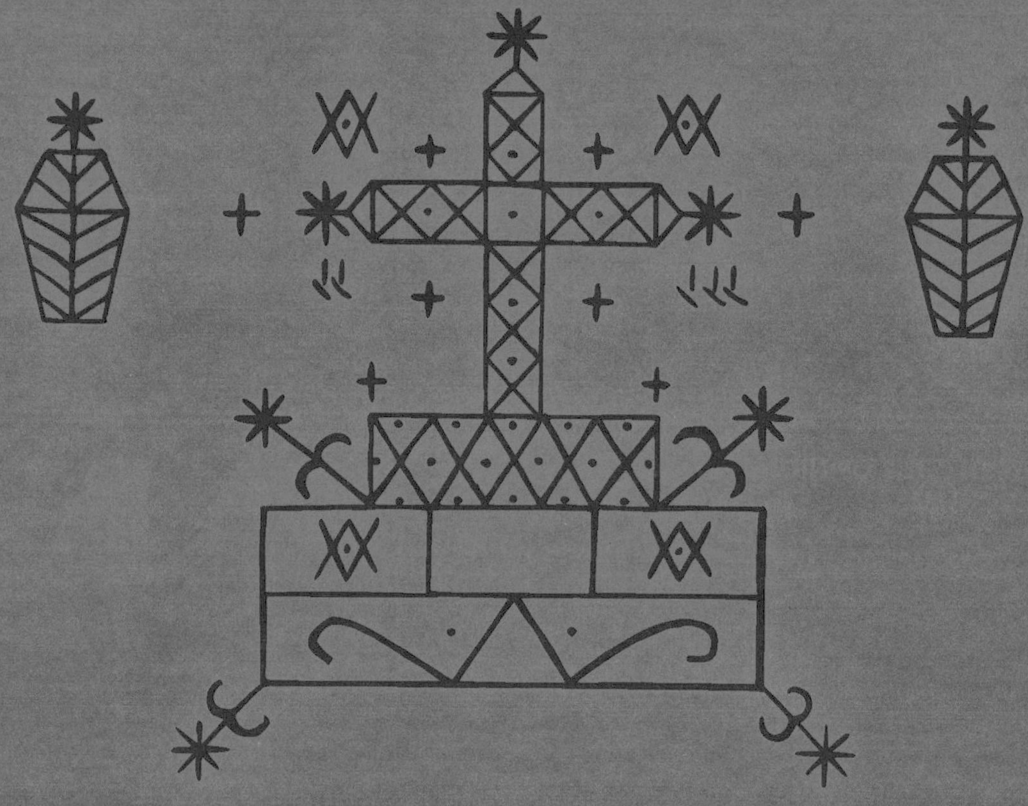

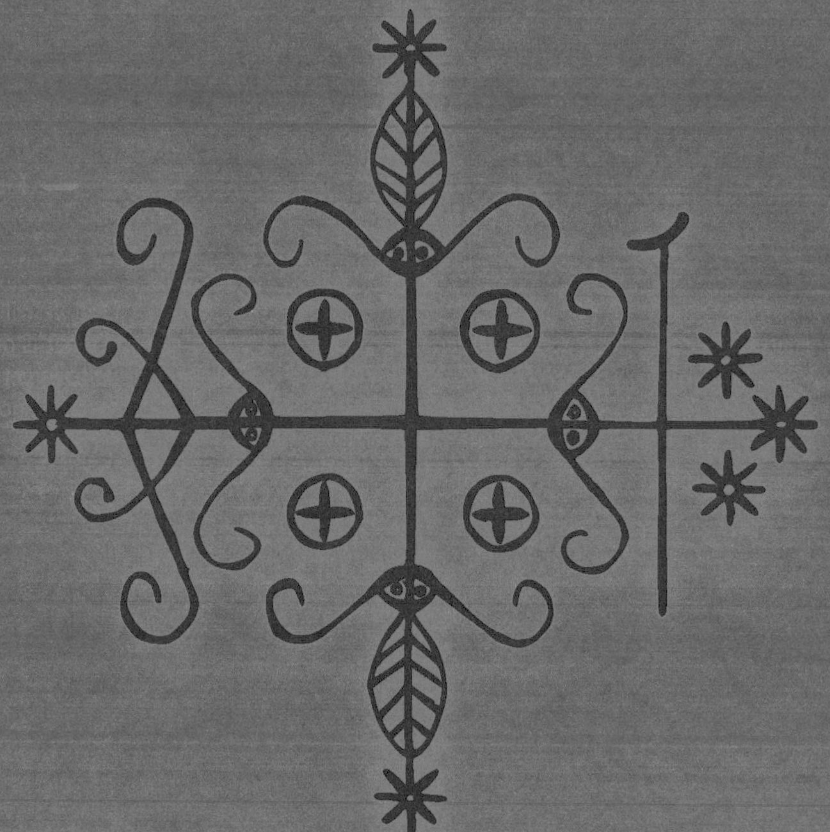

Fig. 6.23
Vêvê Bawon

Fig. 6.24
Vêvê Papa Legba

INTERVIEW WITH ROSSI JACQUES CASIMIR

VODOU

ENTÈVYOU AK ROSSI JACQUES CASIMIR

SLAM

LG: WHAT, IN YOUR OPINION, IS VODOU SLAM?

RJC: Vodou Slam has a relationship with Kreyol culture where we speak about our problems and try to find solutions within the Kreyol roots. For example… Who are we? What are our roots? I am only saying this!

LG: KI SA SA-A YE VODOU SLAM NAN OPINYON OU MENM?

RJC: Vodou Slam se yon raproch ak kilti kreyol kote nou pale de problèm e eseye pote solisyon nan résous kilti kreyol la. Ezanp … Ki moun nou ye. Ki kote nou soti.... Poum site sa yo selman!

LG: HOW MANY PEOPLE ARE DOING THIS AND WHERE DO THEY DO IT?

RJC: There are some young people that just do Slam in Haiti but we don't call this Vodou Slam and just call this Slam. It was just me and my friends that invented Vodou Slam so we can speak about life for Haitians in particular.

LG: KONBYEN MOUN KAP FÈ LI E KI KOTE?

RJC: Gen kek jèn ki fè slam parey men mw pa rele li vodou slam yo jus relel slam selman. Se mwen ki envante sa yo rele Vodou Slam poum t ka pale de ki sa Ayisyen ye an jeneral.

LG: CAN ANYONE PERFORM VODOU SLAM?

RJC: Everyone can do Vodou Slam if they want to speak about the problems of their culture, their traditions, to ask what is Vodou and ask where are their roots.

LG: ÈSKE NENPÒT MOUN KAPAB FÈ LI?

RJC: Tout moun ka fè Vodou Slam si aproch pa yo pale de problèm kilti, mès, kisa ki Vodou e ki kote li soti.

LG: WHERE DOES VODOU SLAM GENERALLY HAPPEN? AT EVENTS, IN YOUR YARDS, IN PUBLIC?

RJC: We can do Vodou Slam wherever we want. It happens all places we can perform.

LG: KI KOTE LI PASE JENERALMAN? NAN EVÈNMAN, NAN KAY MOUN NAN, PIBLIKMAN?

RJC: Nap fè yon Vodou Slam nenpòt plas. Li rive tout kote map jwe.

LG: HOW DOES IT HAVE A RELATIONSHIP WITH VODOU?

RJC: It has a direct relationship with who we are, our origins, our culture, it is in the soul of all Haitians, sadly we are having other cultures thrust upon us (especially the USA) who hope that we will forget who we are and what is our value. They want us to forget our identity. One sole thing, it's not until the biggest drum has finished playing that our identity is anything except Vodou.

LG: KI JAN LI GEN RAPÒ AK KILTI VODOU?

RJC: Li direkteman gen rapo avek sa nou ye, orijin nou, kilti nou, li nan nanm tout ayisyen, domaj yo pote lot kilti (espesyalman Etazini yo) pou fè nou bliye kisa nou ye e kisa nou vo, bliye idantite nou. Yon sel bagay jouk tan manman tanbou poko fin bat idantite nou pap janm lot ke Vodou.

Translation from Kreyol to English by Leah Gordon

HAITI IN DESPAIR

AYITI DEZESPERE

(LIFE IS HARD)

(LA VI DI)

ROSSI JACQUES CASIMIR

Looking back at Haiti, how good it was! Even those who did not work could survive! Nowadays it has reached the pits, it is in decay! Always, it was said: rats eat the hay! You would need a tree of cash (a fountain of gold) to pay the rent! If you do not hustle in the corner dear brother hmm… you'll pay the price! No need to mention the details! Let stop here and talk about the conjuncture! Four in the morning, dare venture out and feel the madness; 14 year-old kids with weapons, the younger ones with surgical knives! A mis-step and you will die with a grind on your face! You won't be buried, the morgue at the General Hospital stinks! Your salvation is Ti Tanyen as it is the easy path!

Play safe: act crazy and join the psychiatric center! Only then, may you claim a chance to reach life expectancy. Today it is your turn, tomorrow will be someone else! Rape turns the brain of every woman into a twisted rag. These men in their violent insanity break in every door! The result for you sister: in nine months you will hit the jackpot! Haiti has become Hollywood, all day long they produce violent films! If you want to meet the main character ask for "Cadet Jacques".

The less violent find salvation in smoking crack! And if you decide not to take that route they call you macaque! What you just heard is nothing at all!!!!

Poverty, poverty, poverty, what a misery for a man growing up in Haiti. What a hurdle, day in / day out, life is a bitch! Even the weakest of us come to gamble with it! For you to win, there should be rigorous morality, one sculpted in rocks! Unluckily, you will be forced to wake

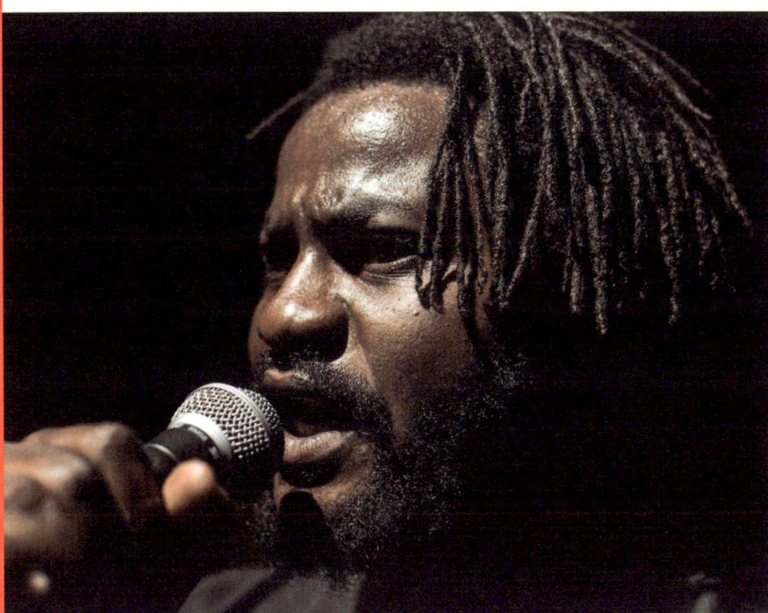

Fig. 6.25
Rossi Jacques Casimir
performing Vodou Slamin
Port-au-Prince, Haiti.
Photo: Edine Célestin

Fig. 6.25
Rossi Jacques Casimir
fè Vodou Slam nan
Pòtoprens, Ayiti
Foto: Edine Célestin

up at midnight with one mindset: carrying your Ghadafi! Don't make that choice, don't choose that route and you will pay the price: you will dilly-dally! At the crossroad, you will whisper: I should have known! As you regret you will be terminated!

Look out, be poised and make the detour! Others sell their body for half a cent! Poor soul, sometimes they even feel ashamed! Don't you be laughing; bitching will do you no good! You play pricy-pricy but you don't have a penny! When you finally struggle to make a quarter, you burn it eating junk on the corner! You are surrounded by filth and trash, and can never bourgeon! You can't, can you? Or has your face faded!

It is a fact that life is harsh; and all the poor have the same refrain! Children is freedom. And they can't even manage a minor crisis? Walking with a couple of bags of rice and have them all at your feet! The scent of the neighbour's food is smoking you out as your lips remain inert. We suffer the wrath of a repugnant bourgeoisie! They are milking life out of the masses!

Our life is a wonder for humanity! They mastermind organization on our back and we are never invited!

How much longer will we be mourning for misery to be buried!

fè kap fè'w di "si'm te konnen"! Li pap dèyè paske'w ap gentan kangrennen!

Gade met tèt nou anplas pou'n detounen! Gen sa ki menm al bay kò yo pou degouden! Podjab gen de fwa yo menm santi yo jennen! Pa griyen dan'w tout tan wap fè gè ak plenyen! Pran pòz tilititchi'w ou pa menm gen yon moso zenglen! Lè'w resi redi pou'w ta fè yon degouden! Kote'w al rekonèt se bò kote yon aleken! Fatra ap fè'w lagè ou pa menm ka bougonnen! Ou pa kapab oubyen se figi'w ki fennen!

La vi a di se vre tout malere gen menm deviz! Pitit se libète e yo pa menm ka jere kriz! Pase ak de sak diri tout moun pran tiz ! Vwazen an ap ba'w la fimen tout bouch ret friz! Nou pran anba sendenden boujwa! Kap pase malere nan paswa!

Vi nou sèvi egzanp pou limanite! Òganizasyon kreye sou do'n e'n pa menm envite! Jouskilè na va pot dèy pou la mizè antere!

Translation from Kreyol to English by Jean-Daniel Lafontant

BLACK BUTTERFLY
PAPIYON NWA

LÉONARD JEAN BAPTISTE & MAKENSON BIJOU

Black butterfly	Papiyon nwa
is my warrior name.	se non vanyans mwen.
A flap of my wings at the door	Aepi zèl mwen franchi papot
fills hearts with fear,	kè sote enstale
Yet, my flight is as brittle as the young bud of life	Poutan voltij mwen pi frajil pase boujon lavi
The day is stretching its body	Jounen an detire ko li
slender like an almond nut,	longè nannan grenn zanmann,
The wind widely spreading its wisdom,	Van an deplwaye grandèt li,
And love regains the vigour of youth	Epi lanmou nan gla zye wou
in the apple of your eyes.	jwenn tout jougans ventan li.
I write to heal my wounds.	Mwen ekri pou geri bosko,
No horizon	Nan pwen okenn orizon
can paint the colours of my sorrow,	ki konnen koulè mizèrere mwen,
Nor any scripture	Ni okenn ekritasyon
can probe depth of my misery.	ki anmezi sonde fondèt malenng mwen mezire.

Translation from Kreyol to English by David Charlier.

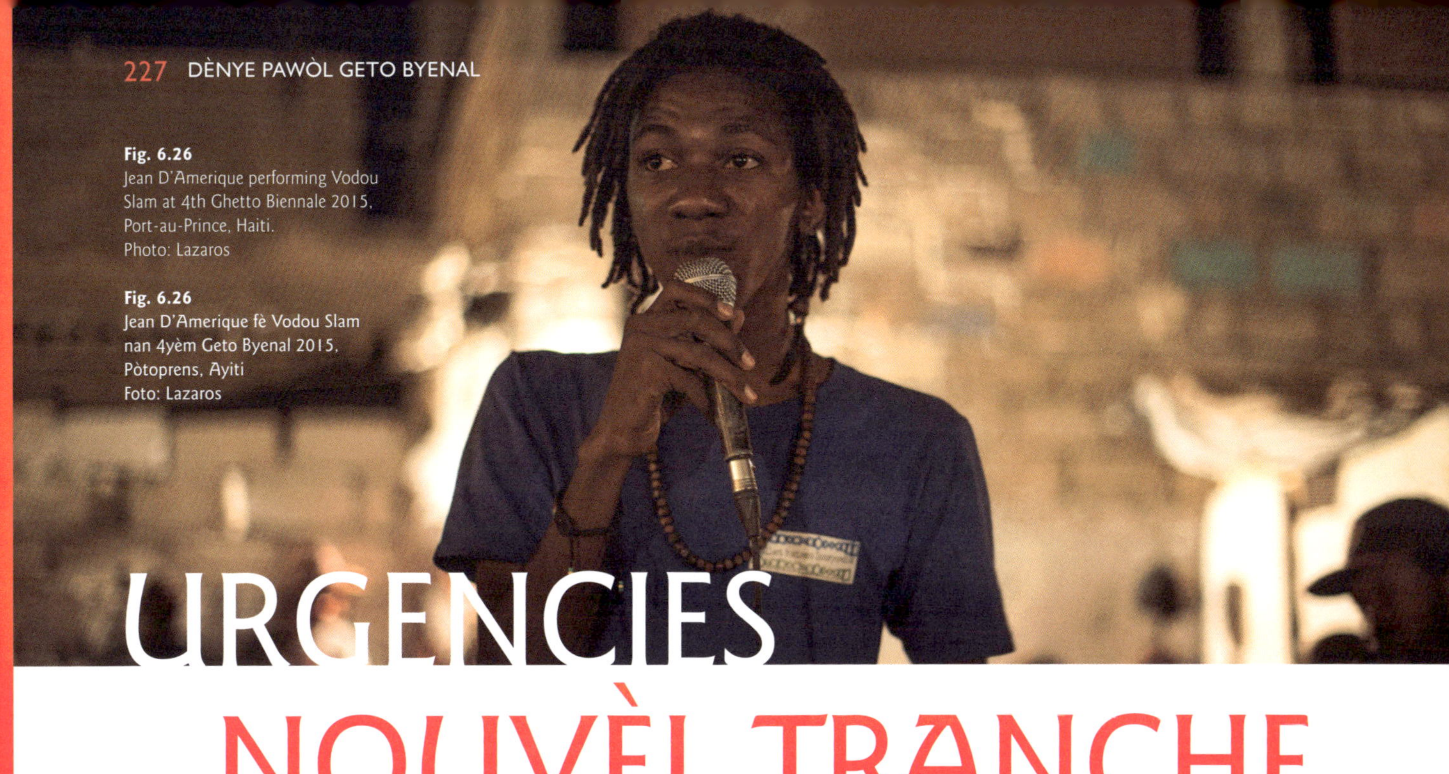

URGENCIES
NOUVÈL TRANCHE

JEAN D'AMÉRIQUE

You know 'bout butterflies? Caressers of the breeze, you know. Souls fastened to flowers coming and going overhead. You know 'bout butterflies? Spirits who delight in turning the ether inside out. People of whirlwinds, you know. Butterflies, man. Black butterflies.

For a while now I've had this desire holding court in my heart, a bolt of lightning that drives my eyes to search in circles. A brutal sun that goes up and down. A lot of people, brothers, sisters, friends, and farmers around here have contracted it. It really hurts, but regardless, like I'm telling you, they've come down with it. Only I could tell you how hot it is inside me. It's seizing my stomach. It's melting me. The very picture of labor pains enveloping me.

Now, one night I woke up and came across Loko, and I told him about it. I whispered it onto butterflies' wings. That same instant Papa Loko carried a voice back to me. It told me that the master of all things says don't come, don't risk the crossing, don't get caught up in wanting without understanding, caught up in flying while leaving your sense on the ground, caught up in pressing forward while your essence is dragging behind. The udder can be swollen and inviting, but weak maws can't find a way to suck at it.

The symphony finishes, but Agwe sends a noise back as rejoinder. Carried easily on the wind, my message went to find Agwe. The message that returned was urgency itself, as in the throes of pain. A small candlelight journeyed out, its echo came back as a volcano—How else would he have brought me up to speed? At any rate I'm leaving well enough alone, okay brother? Don't listen? You're crazy. Since that time I dream and dream that I am counting down the days with a heartbeat high in my chest. I etch my absence onto the closest cities. Katarina, Nassau, Santiago, I hear the sound of their feet on my back, but I sew silence into my soles. Since then, my friend, I fold that dream and store it under my mattress as I wink at the sea.

Ou konn wè papiyon? Anmore van an wi. Nanm ki soude nan flè alevini anlè a. Ou pa konn wè papiyon? Lespri ki pran plezi nan vire lespas lanvè landrèt la. Nonm toubiyon an wi. Papiyon monchè. Papiyon nwa.

Depi kèk tan, mwen gen yon anvi k ap fè larenn nan kè m, yon zèklè k ap viwonnen je m toutan. Yon solèy malen k ap monte desann. Anpil moun, frè, sè, zanmi, abitan bò isit, trape l deja. Anba redi wi, men antouka, jan w wè m di w la, yo trape l. Sèl mwen ki pou ta di w jan bagay sa a cho anndan m. L ap kòde vant mwen. L ap fann mwen. Pòtre yon tranche k ap ouvè kò l sou mwen.

Kounya a, yon lannwit konsa, m leve m al tonbe sou Loko, m lage nouvèl la nan men l. M soufle pawòl la nan zèl papiyon an. Menm kote a, Papa Loko pase yon koutfil. Epi li di m mèt la di m pa vini, li di m pa pran chans travèse, pa antre nan koze anbrase foli san konprann, kesyon vole epi kite tèt ou atè a, kesyon kouri pote fal ou devan pandan lespri w ap trennen dèyè a. Manmèl la gendwa byen dous men ti bouch la tèlman wòwòt li pa fouti jwenn chimen pou al ladan.

Senfoni an ale, men bri Agwe voye tounen. Pawòl la file byen dous nan van an al jwenn Agwe. Men mòd nouvèl ki tounen. Nouvèl tranche. Ti lanp lan vwayaje, eko li tounen tankou vòlkan - kijan pou l te mete m klè la a ankò? Antouka m poze tande frè m. Fè tèt di? Ou fou. Depi lè sa a, m kase revèy mwen t ap konte jou a, ak tout batman antete kè m. M enskri absans mwen nan vil koutkekout yo. Katarina, Naso, Sanntyago, m tande bri pye yo nan do m, men m koud silans nan semèl mwen. Depi lè sa a, zanmi m, m plwaye rèv la mete anba matla epi m koupe lanmè koutje.

Translation from Kreyol to English by Winter Rae Schneider

THINKING ABOUT THE GHETTO BIENNALE WHEN IN KOSOVO

PANSE NAN GETO BYENAL LA LÈ M TE NAN KOSOVO

JOHN KIEFFER

A cafe in Pristina, Kosovo, January 2016. An artist/filmmaker and myself in conversation:

MYSELF
"Let me make sure that I've understood you correctly. What you're saying is you want to escape the trap where all of your work is being seen as representing some kind of national essence or issue, to making work for a while that tries to have no context at all, in order to return to making representational work again in a different way at some point in the future…"

KOSOVAN ARTIST
"Yes, this is not an issue for you. Nobody expects you to represent England or the United Kingdom in your writing. If we are to make a living, we always have to represent Kosovo whether we want to or not. Maybe there is some threshold to cross after which we don't have to represent anything with our work in order to survive, but I don't know if we will ever get there. It's even worse if you've had some massive trauma like a war in your country or a disaster of some kind. Then you can never stop representing! (Laughs) You've just been to Haiti. It must be the same kind of thing there?"

(The above is a very approximate transcript of an almost inaudible mobile phone recording from 2016)

Thankfully almost nothing in Haiti is the same as anywhere else. That much I do know from attending the 4th Ghetto Biennale 2015. But there are some parallels.

These pages are full of examples of work from Haitian and international artists that explore and challenge and probe all aspects of representation during the editions of the Ghetto Biennale. Perhaps the primary art-form and

Yon kafeterya nan Pristina, Kosovo, Janvye 2016. Yon atis / sineyas ak mwen menm nan yon konvèsasyon:

"Kite m asire m ke mwen te konprann ou kòrèkteman. Sa wap di a seke ou vle chape anba pyèj kote yo wè tout travay ou yo tankou reprezantan kèk kalite nasyonal esansyel oubyen kèk pwoblèm nasyonal, pou fè travay pou yon ti tan ki pa gen okenn kontèks ditou, ansotke pou ou retounen nan fè travay reprezantatif ankò nan yon fason diferan sou kèk pwen alavni …"

ATIS KOSOVYEN
"Wi, sa a se pa yon pwoblèm pou ou. Okenn moun pa espere ou pou ou reprezante Angletè oubyen Wayòm Ini nan èv ekri ou yo. Si nou dwe ganye vi nou, nou dwe toujou reprezante Kosovo menmsi nou vle ou pa. Petèt gen kèk papòt pou travèse apre ke nou pa bezwen reprezante anyen avek travay nou pou nou viv, men mwen pa konnen si nou ap janm rive la. Li menm pi mal si ou te sibi kèk chòk masiv tankou yon gè nan peyi ou oubyen yon dezas kèlkonk. Lè sa a, ou pap janm ka sispann reprezante! (Ri) Ou fenk sot Ayiti. Se ka menm bagay la laba a?"

(Pi wo a se yon transkripsyon vreman apeprè yon anrejistreman telefòn mobil ke ou prèske pa ka tande depi 2016)

Erezman prèske pa gen anyen an Ayiti ki menm jan ak lòt kote yo. Mwen konnen tout bagay sa yo nan 4èm Geto Byenal 2015 lan mwen te asiste a. Men, gen kèk ladan yo ki paralèl.

Paj sa yo yo plen egzanp travay atis ayisyen ak atis entènasyonal ki eksplore e defye e sonde tout aspè reprezantasyon pandan edisyon Geto Byenal yo. Petèt

the format of the Biennale, as loose as it is, makes this inevitable. The process of encounter and collaboration – particularly between artists from very different backgrounds – almost automatically gives primacy to issues of identity and representation. At least at first. The other stuff takes longer.

Maybe also the values of the contemporary visual arts make this inevitable. It is hard enough to imagine a Haitian artist getting much publicity in this world, but then almost impossible to imagine an artist from a non-'First World' background whose work was concerned with the crossover between art, class, marginality and materials even registering at all.

Despite its meagre resources – pretty much the philiosophy of 'use what's there' - the Ghetto Biennale has achieved a unique balance between representation and experimentation. No other art event or festival does it in the same way.

It seemed to me that a major concern of many of the visiting participants, as they developed their projects, was how to scale and calibrate their work in an appropriate way for the location. To be seen but to disappear - at the same time. A context such as the Ghetto Biennale – relatively short term, negotiated site, non-institutional etc. – also, in many cases, puts a great deal of emphasis on the international artists' ability to explain their ideas and interpret their work before they have even made it. So, despite the incredible diversity of projects in the Biennale, there could now be said that there is an emerging typology of work from the international artists that acts as a kind of parallel family to the work of the Haitian artists. The ongoing unstable circumstances of living and working in Haiti for the local artists, and the sometimes-radical sense of dislocation encountered by the international artists of course make the Ghetto Biennale far from a controlled environment in which to make work. Despite the fact that the Ghetto Biennale, in its entirety, takes place either in or very close to public space, and many works have or require an audience, it does seem, however, that relatively few of the works made during the Biennales explicitly engage the public (i.e. people who are not artists) in the work itself. This could be the result of an understandable wariness by the visiting artists and the organisers of the vulnerability of relational projects morphing into 'do-gooding' NGO type cultural programmes. But it should be considered that since the Ghetto Biennale started, art and cultural practices that engage with the public or civic realm have become less Eurocentric and more adventurous, and the public, if imaginatively engaged, will rarely do what they are told. This could be a possible progression for the Ghetto Biennale, to be embraced critically rather than avoided through fear of failure.

I have written elsewhere about the stifling effect of the international art market on the contemporary visual arts, often with the collusion of public bodies both cultural and educational.

fòm prensipal ar e fòma Byenal la, jan li lach la, fè sa a inevitab. Pwosesis rankont ak kolaborasyon - patikilyèman ant atis ki gen orijin trè diferan - prèske otomatikman bay premye enpòtans ak pwoblèm idantite e reprezantasyon. Omwen nan kòmansman an. Lòt bagay yo pran plis tan.

Petèt tou valè ar vizyèl kontanporen yo rann sa a inevitab. Li ase difisil pou imajine yon atis ayisyen kap fè anpil piblisite nan mond sa a, men tou, li prèske enposib pou imajine yon atis ki sòti nan yon orijin ki pa nan- 'Premye Mond' lan ke travay li yo te pran ankont kwazman ant A, klas, majinalite e materyèl ki pa menm enskri ditou.

Malgre resous yo mèg - apeprè filozofi sèvi ak sa ke nou genyen an' – Geto Byenal te atenn yon ekilib inik ant reprezantasyon ak eksperimantasyon. Pa gen okenn lòt evènman atistik oubyen festival atistik ki fè li nan menm fason an.

Pou mwen ta sanble youn nan prewokipasyon anpil nan patisipan ki vizite yo, pandan elaborasyon pwojè yo a, se te ki jan pou yo adapte e kalibre travay yo nan yon fason ki apwopriye pou kote a. Pou yo ka wè yo men disparèt - an menm tan an. Yon kontèks tankou Geto Byenal la- relativman yon espas negosye akoutèm, ki pa enstitisyonèl, elatriye - nan anpil ka tou, mete yon gwo anfaz sou kapasite atis entènasyonal yo pou eksplike lide yo e entèprete travay yo anvan menm yo fè li. Konsa, malgre divèsite enkwayab pwojè Byenal la yo, kounya nou te kapab di ke gen yon tipoloji kap sòti nan travay atis entènasyonal yo ki aji kòm yon fanmi paralèl nan travay atis ayisyen yo. Nan sikonstans enstab atis lokal ayisyen yo ap viv e travay, e pafwa boulvèsman radikal atis entènasyonal yo te rankontre fè Geto Byenal la lwen yon anviwònman ki kontwolab pou travay ladann. Malgre Geto Byenal la, an antye, li deroule swa anndan oubyen tou pre espas piblik, e anpil travay gen oubyen mande yon odyans, sanble, sepandan, se kèk nan travay yo relativman ki te fèt pandan Byenal yo ki klèman angaje piblik la (sètadi moun ki pa atis) nan travay la menm. Sa a te ka rezilta yon pridans nou kapab konprann de atis ki vizite yo e òganizatè vilnerabilite pwojè relasyonel ki transfòme an pwogram kiltirèl ONG de tip 'fè-bon'. Men, li ta dwe konsidere ke depi Geto Byenal la te kòmansea, ar e pratik kiltirèl ki angaje domèn piblik la oubyen sivik yo te vin mwens Ewosantrik e plis avantirye, e si piblik la, imajinèman angaje li, yo pral raman fè sa yo di yo. Sa a ta ka yon pwogresyon posib pou Geto Byenal la, pou kritikman anbrase l olye nou evite pè echèk.

Mwen te ekri yon lòt kote sou efè sifokan mache ar entènasyonal la sou ar vizyèl kontanporen an, souvan avèk konplisite kò piblik la alafwa kiltirèl e edikasyonel.

Gen gwo fristrasyon ka atis toupatou ki swete travay deyò enperatif yo nan mache ar a, oubyen tou senpleman pou viv lavi yo nan yon fason diferan.

There is great frustration from artists everywhere who wish to work outside of the imperatives of the art market, or simply to live their lives in a different way. The art market is inherently unstable, based as it is on tradeable assets rather than anything remotely real, but its sheer scale (bigger than many nation states), and the seemingly endless flow of new money from the Middle East and East Asia, make it too slippery and perverse to fail. In fact, over the last 15-20 years, the worse the state of the world economy, the better the state of the art market. In the face of this it seems that a situation where Haitian majority artists, in particular, can make a living without playing either the art market or the tourist art game, is still a long way off. There are as yet no real alternatives to the art market, but what is clear is that when an alternative does emerge it will not come from the market itself or the public agencies that feed it. Other sectors (for example the application of mobile telephony to farming in Africa!) have shown that markets can be completely redefined by grass roots innovation in the non-'First World'. Change in the visual arts economy will come from somewhere completely unexpected and in all likelihood it will come from artists and the public creating value in a whole new way. There's no reason why Haiti should not be a part of that change.

Mache ar a natirèlman enstab, ki baze sou aktif negosyab olye bagay reyèl, men echèl absoli a (pi gwo pase anpil Eta-nasyon), e aparàmman bann nouvo lajan kap soti nan Mwayen Oryan e Azi de lès, fè li twò glise e pèvè pou echwe. An reyalite, pandan dènye 15-20 ane yo, ekonomi mondyal la vin nan pi move eta, e nan pi bon eta nan mache ar a. Nan faz sa a li sanble yon sitiyasyon kote majorite atis ayisyen, an patikilye, kapab ganye vi yo san yo pa jwe ni mache ar a oswa ni jwèt ar touristik, li toujou lwen. Poko gen okenn altènativ reyèl nan mache ar a, men sa ki klè seke lè a gen yon altènatif li pap soti nan mache a.

END WORDS
MO LAFEN

LEAH GORDON

It was expected that I would write the introduction to this catalogue. I have written and spoken too many introductions to the Ghetto Biennale and it has increasingly become something I no longer wish to precede. Catalogues can become touchstones for deeper anxieties and misunderstandings about an exhibition or project. It often appears that the peripheral objects of exhibition, conferences and catalogues alike, are often those which vibrate loudest with the discomforting buzz of the central problematics. Editing this catalogue has enabled a deeper glimpse into the precarious roots and reality of the Ghetto Biennale. Finally, it became obvious that an end note was the obvious escape route.

One major challenge has been to make this catalogue dual language…English and Kreyol. We have been dependent on translators who believed in this project and who no doubt struggled with the, often tortuous, transformation from what is known as 'International Art English' to 'Kreyol'. This especially had to be done in a way that made sense in a Haitian cultural context.

But to consider this project in retrospect is complicated. There has been much criticism, and rightly so. It is difficult to discern whether this is gross misconduct on the side of the privileged West, an exercise in poverty tourism or a 21st century strategy to increase the visibility and mobility of majority class Haitian artists.

One of my personal starting points for thinking about what shape and meaning a Ghetto Biennale might embody was one of the original strap lines of the first Ghetto Biennale: "What happens when first world art rubs up against third world art? Does it bleed?" The line is a transmutation of a quote from a book about the maquiladoras in Juárez, Mexico. The original quote, by Gloria Anzaldúa, states, "The U.S.- Mexican border *es una herida abierta* (is an open wound) where the Third World grates against the First and bleeds." I was interested in the Ghetto Biennale to see what new practices, processes and relationships could emerge from these, often uncomfortable, entanglements.

The Ghetto Biennale's utopian starting points may have proven unattainable in many aspects, but through the process we have been able to recognise pressure points, weaknesses and fissures and made attempts to negotiate, and strategize around them. It has been a slow process with many difficulties along the way but it does appear that a utopian departure – and an ambition for a better future - does not necessarily preclude a critical position. The strapline 'What happens when first world art rubs up against third world art? Does it bleed?', is no longer our primary question. It's not relevant for us to assess *whether* the Ghetto Biennale bled or not, but more important to pinpoint *where and why*. And we need to assess how these ruptures, discharges and hemorrhages are going to lead us to a better understanding of how the Ghetto Biennale can also be a tool to explore class and its relationship to the periphery and the centre in the global art world.

Compiling this catalogue has given me the chance to revisit and reflect on the projects made by the visiting and local artists and reflect on the typology of the works produced. Quieter simpler projects are often privileged over louder more spectacular works, not particularly for ideological reasons, but out of knowledge of the space, resources and economics of the neighbourhood. We have also tended to privilege projects that attempt to engage with Haitian history and culture, with the inherent structural inequalities of the Ghetto Biennale or with the material dilapidation of the site.

From its inception, there have been many artists proposing relational projects. This has sometimes created tension as the often-unequal social contracts between the stakeholders often unraveled the utopic aspirations of some social practice projects. The concept of collaboration has at times been misused and misunderstood. Sometimes collaborations have become, paradoxically, an unconscious device to avoid confronting the divisive power structures within the working conditions of the site. But there have been many relational projects which have been very successful such as the XKLUB catwalk project, Lee Lee's Sacred Soil project and Tom Bogaert's 'Sun Ra Ra' which have usually listened more deeply or embraced Haitian cultural practices.

Works that have either acknowledged, critiqued or embraced the materiality of the art works in the Grand Rue have also felt extremely appropriate. Wooloo's project, iGHETTO, creating a face-off between the wealth of MAC hardware brought to the Grand Rue by visiting artists against the sculptures in Kombatan's space, dually critiqued the economic inequalities of the event and the poor materials of the zone. Hiroki Yamamoto held everyone's attention during a lecture about Arte Povera and his explanation of a Modernist approach to impoverished materials.

Finally, many artists arrive in Haiti with a desire to engage with the religious culture and has led to an aesthetic of the altar. Some could consider this impulse as prurient or a form of neo-colonial 'othering', but on the whole I have found that the artists that wish to engage with the religious aspects of Haitian culture to have grounded their work with deep research and a critical approach such as Ebony Patterson's Jesada, Alberto Danelli's, Concrete Art Militia # 1 and the project based on US magical traditions by Lazaros.

My final word should be to highlight the punk aspect to this project. I was together with a close friend, the architect Vivian Chan (who subsequently took part in the 2nd Ghetto Biennale 2011), when we jointly produced the term Ghetto Biennale. I called Andre Eugene immediately who understood, perhaps not the exact form, but the potential of the fusing of these two unlikely words. The acknowledgment of the powerful wrongness of these two words being placed together was the starting point for the Ghetto Biennale, rather than any particular strategy for a Biennale in Haiti with the normal neo-liberal aims and outcomes.

I was in a folk punk band in the 1980s and the ethos was that you didn't have to be skilled at music, or even able to actually play an instrument, to be in a band. This is the same ethos that Atis Rezistans and myself, bring to the Ghetto Biennale. The punk rock and punk folk movements were reactions to the slightly bloated, at times pompous, self-satisfied, overblown progressive rock and folk scenes of the late 1970s. Whilst the first wave of Punk was very quickly commercialised, it did spawn a second wave which generated a dynamic movement of independent and alternative music market models which took control of the production, distribution and venues. The work in the neighbourhood is shifting and changing, now incorporating digital media, Vodou Slam, performance, DJ'ing and painting. Even though international travel is still difficult for many Haitian artists, there are now many who are really taking advantage of the internet and selling and distributing their works internationally.

Finalman, anpil atis rive nan Ayiti ak yon dezi pou angaje ak kilti relijye a e li te rive ak yon ayestetik badji a. Gen kèk moun ki ka konsidere enpilsyon sa a kòm yon bagay lisansye oswa yon fòm nan 'fè lòt bagay' e newo-kolonyal, men souvan nou te jwenn ke atis yo ki vle angaje ak aspè relijye yo nan kilti Ayisyen yo te fè travay sa a ak rechèch fon epi yon apwòch gen nivo kritikmen tankou 'Jesada' pa Ebony Patterson, 'Atizay Milisyen En Beton # 1', pa Alberto Danelli, a proje pa Lazaros ki baze sou tradisyon majik sot Etazini.

Denye mo mwen dwe mete plis fokis sou aspè Punk nan pwojè sa a. Mwen te ansanm ak yon zanmi'm, achitèk Vivian Chan (ki te patisipe nan 2èm Geto Byenal 2011), lè nou te kreye ansanm tèm Geto Byenal la. Mwen te rele Andre Eugene imedyatman ki te konprann, petèt pa fòm egzat la, men potansyèl fondman de mo sa yo ki enkonpatib. Sete pwen depa pou Geto Byenal la, yon kalite erè pwisan lè de mo sa yo genyen lè yo ansanm, pito yon estrateji patikilye pou yon Byenal an Ayiti ki gen objektif e rezilta newo-liberal e nòmal yo.

Mwen te nan yon bann popilè Punk la nan deseni 1980 e filozofi nou a se ke nou pat bezwen talan nan mizik la, oubyen menm pat dwe jwe yon enstriman byen, pou ou nan yon bann. Se menm filozofi ke Atis Rezistans ak mwen menm, itilize nan Geto Byenal la. Mouvman Punk yo sete yon reyaksyon sou sèn popilè rock pwogresiv kit e paret yon ti kras boure e grès, pafwa ponmpez, otosatisfè nan fen lane 1970 yo. Tou premye sèn Punk lan te komèsyalize rapid, men li te bay nesans pou yon dezyèm sèn ki te pwodwi yon mouvman dinamik de model nan mache mizik ki endepandan e altènatif, ki te pran kontwòl pwodiksyon an, distribisyon e salon muzik yo. Travay nan katye a te chanje e evolye, kounye a vin gen medya nimerik, Vodou Slam, pèfòmans, DJ yo ak penti. Menm si vwayaj entènasyonal toujou difisil pou anpil atis Ayisyen, gen anpil ki ap pran reyèlman avantaj entènèt la e vann ak distribye travay yo entènasyonalman.

Translation from English to Kreyol of the above essay and all the artist and project lists by Leah Gordon

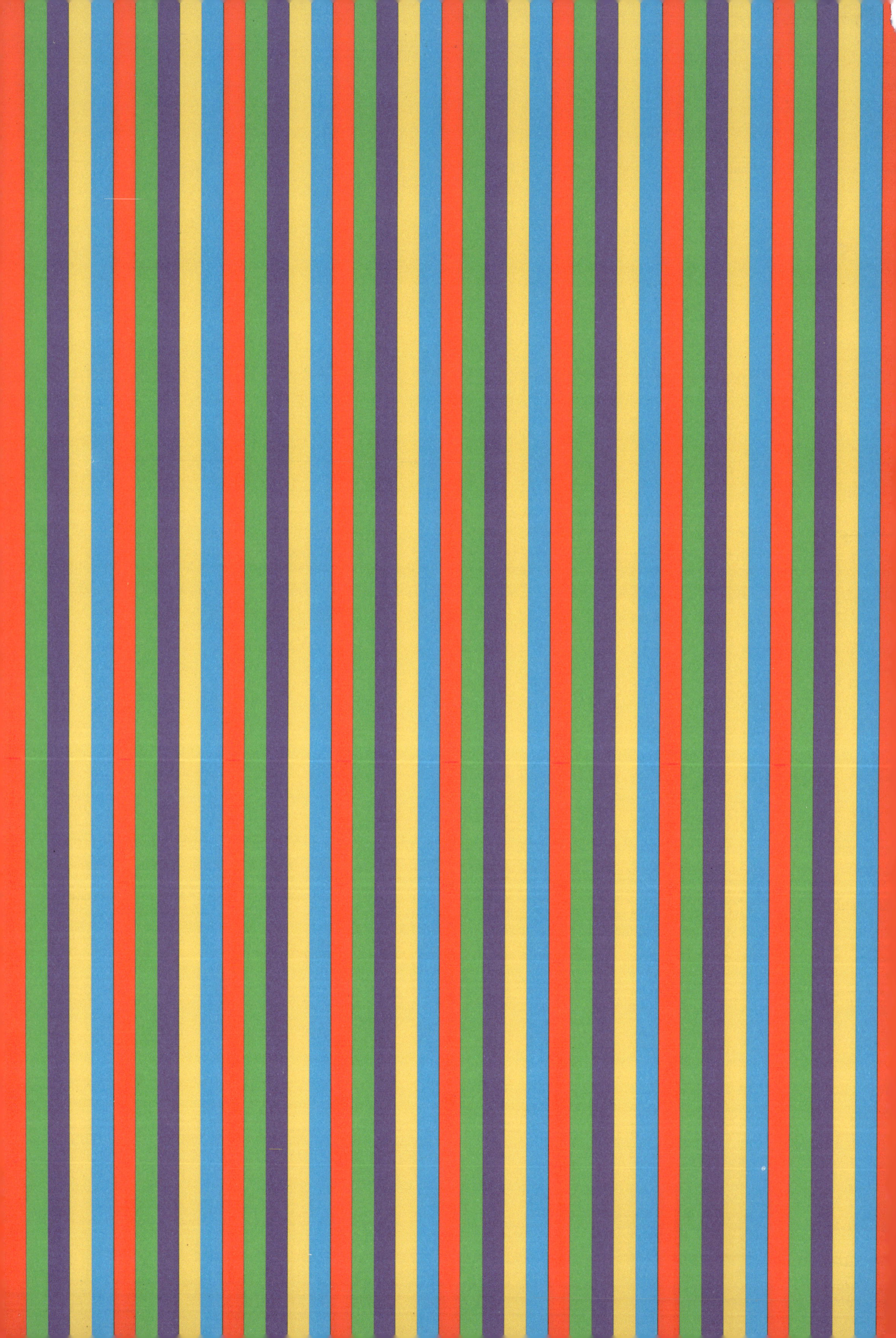